KB191441

경제와 사회 · 1

막스 베버 / 박성환 옮김

문학과지성사

1997

우리 시대의 고전 8

경제와 사회 1

제1판 1쇄 발행__1997년 4월 25일
제1판 6쇄 발행__2023년 2월 20일

지은이__막스 베버
옮긴이__박성환
펴낸이__이광호
펴낸곳__㈜문학과지성사
등록번호__제1993-000098호
주소__04034 서울 마포구 잔다리로7길 18(서교동 377-20)
전화__02)338-7224
팩스__02)323-4180(편집) 02)338-7221(영업)
전자우편__moonji@moonji.com
홈페이지__www.moonji.com

ISBN 89-320-0896-5
ISBN 89-320-0895-7(세트)

GRUNDRISS
DER
SOZIALÖKONOMIK

BEARBEITET

VON

S. ALTMANN, TH. BRINKMANN, K. BÜCHER, J. ESSLEN, E. GOTHEIN, FR. VON GOTTL-
OTTLILIENFELD, K. GRÜNBERG, FRZ. GUTMANN, H. HAUSRATH, H. HERKNER,
A. HETTNER, J. HIRSCH, E. JAFFÉ, J. KAUP, E. LEDERER, G. A. LEIST, FR. LEITNER,
W. LOTZ, H. MAUER, R. MICHELS, P. MOLDENHAUER, P. MOMBERT, K. OLDEN-
BERG, E. VON PHILIPPOVICH, K. RATHGEN, A. SALZ, G. VON SCHULZE-GAEVER-
NITZ, H. SCHUMACHER, J. SCHUMPETER, E. SCHWIEDLAND, H. SIEVEKING,
W. SOMBART, O. SPANN, E. STEINITZER, F. SWART, TH. VOGELSTEIN, ADOLF
WEBER, ALFRED WEBER, MAX WEBER, M. R. WEYERMANN, K. WIEDENFELD,
FR. FREIHERRN VON WIESER, R. WILBRANDT, W. WITTICH, W. WYGODZINSKI,
O. VON ZWIEDINECK-SÜDENHORST

III. ABTEILUNG

Wirtschaft und Gesellschaft

I

Erster Teil

TÜBINGEN 1921
VERLAG VON J. C. B. MOHR (PAUL SIEBECK)

GRUNDRISS
DER
SOZIALÖKONOMIK

III. Abteilung

Wirtschaft und Gesellschaft.

I

Die Wirtschaft und die gesellschaftlichen
Ordnungen und Mächte.

BEARBEITET
VON
MAX WEBER.

Erster Teil.

TÜBINGEN 1921
VERLAG VON J. C. B. MOHR (PAUL SIEBECK)

막스 베버가 인쇄를 준비했던 『경제와 사회적 질서 및 힘』의 제1분책(1921) 표지

GRUNDRISS
DER
SOZIALÖKONOMIK

BEARBEITET

VON

S. ALTMANN, E. VON BECKERATH, TH. BRINKMANN, K. BÜCHER, J. ESSLEN,
E. GOTHEIN, FR. VON GOTTL-OTTLILIENFELD, K. GRÜNBERG, FRZ. GUTMANN,
H. HAUSRATH, H. HERKNER, A. HETTNER, J. HIRSCH, E. JAFFÉ, E. LEDERER,
A. LEIST, FR. LEITNER, W. LOTZ, H. MAUER, R. MICHELS, P. MOLDENHAUER,
P. MOMBERT, K. OLDENBERG, E. VON PHILIPPOVICH, K. RATHGEN, A. SALZ,
R. SCHACHNER, K. SCHMIDT, G. VON SCHULZE-GAEVERNITZ, H. SCHUMACHER,
J. SCHUMPETER, E. SCHWIEDLAND, H. SIEVEKING, W. SOMBART, O. SPANN,
E. STEINITZER, TH. VOGELSTEIN, ADOLF WEBER, ALFRED WEBER, MAX WEBER,
E. WEGENER, M. R. WEYERMANN, K. WIEDENFELD, FR. FREIHERRN VON WIESER,
R. WILBRANDT, W. WITTICH, W. WYGODZINSKI,
O. VON ZWIEDINECK-SÜDENHORST

III. ABTEILUNG

TÜBINGEN 1922
VERLAG VON J. C. B. MOHR (PAUL SIEBECK)

GRUNDRISS
DER
SOZIALÖKONOMIK

III. Abteilung

Wirtschaft und Gesellschaft

BEARBEITET

VON

MAX WEBER

TÜBINGEN 1922
VERLAG VON J. C. B. MOHR (PAUL SIEBECK)

마리안네 베버가 편집한 『경제와 사회』의 초판(1922) 표지

MAX WEBER

WIRTSCHAFT UND GESELLSCHAFT

GRUNDRISS DER VERSTEHENDEN SOZIOLOGIE

MIT EINEM ANHANG:

DIE RATIONALEN UND SOZIOLOGISCHEN GRUNDLAGEN DER MUSIK

VIERTE, NEU HERAUSGEGEBENE AUFLAGE, BESORGT VON

JOHANNES WINCKELMANN

2. HALBBAND

J. C. B. MOHR (PAUL SIEBECK) TÜBINGEN

1 9 5 6

요하네스 빈켈만이 편집한
『경제와 사회』의 제4판(1956) 표지

MAX WEBER

WIRTSCHAFT UND GESELLSCHAFT

GRUNDRISS DER VERSTEHENDEN SOZIOLOGIE

FÜNFTE, REVIDIERTE AUFLAGE,

BESORGT VON

JOHANNES WINCKELMANN

STUDIENAUSGABE

9. bis 13. Tausend

1976

J. C. B. MOHR (PAUL SIEBECK) TÜBINGEN

요하네스 빈켈만이 편집하고 이 책의 번역 대본으로 사용된
『경제와 사회』의 제5판(1972) 1976년본의 표지

경제와 사회 · 1

막스 베버 / 박성환 옮김

차 례

경제와 사회적 질서 및 힘 I
(1918~1920)
〔제1부: 사회학적 범주론〕

제IV장 신분과 계급
1. 개념

경제와 사회적 질서 및 힘 II
(유고: 1910~1914)
〔제2부: 경제와 사회적 질서 및 힘〕

보완: 이해 사회학의 몇 가지 범주에 대하여
　　제1항. '이해' 사회학의 의미
　　제2항. '심리학'과의 관계
　　제3항. 법교의학(法敎義學)과의 관계
　　제4항. '공동체 행위'
　　제5항. '이해 사회적 결합'과 '사회 행위'
　　제6항. '합의 Einverständnis'
　　제7항. '기관'과 '단체'

제I장 경제와 사회적 질서
　　제1항. 법질서와 경제 질서

막스 베버의 『경제와 사회』와의 작별과 재회
──『경제와 사회』를 우리말로 번역하면서

1. 머리말

독일의 사회학자인 텐브룩Friedrich H. Tenbruck(1919~1994)은 1977년 「『경제와 사회』와의 작별Abschied von der *Wirtschaft und Gesellschaft*」이라는 논문에서 세계의 사회과학도에게 막스 베버(1864~1920)의 『경제와 사회』와 헤어질 것을 권고하였다. 이 요구가 실제로 뜻했던 바는 물론 『경제와 사회』가 베버의 작품이 아니라거나 또는 베버의 저술 가운데서도 별로 읽을 만한 가치를 지니고 있지 않다는 것이 아니었다. 텐브룩의 다소 과장된 비판은 베버의 전체 저술에서 『경제와 사회』가 차지할 수 있는 비중이 너무 높게 책정되고 있어 그의 다른 저작에 대한 관심을 저해하고 있으며 이리하여 그의 사회학 전반에 대한 이해를 그르치고 있는 것은 아닌가 하는 우려에서 비롯된 것이었고, 무엇보다도 현재의 편집 상태로는 베버의 의도와 물음을 올바르게 읽어내기가 어렵다는 데 향해져 있었다. 이미 막스 베버의 연구가로서 명성을 드높이고 있던 텐브룩이 『경제와 사회』에 대하여 작별을 고하였다는 사실은 그 자체만으로도 학계에 적지 않은 파문을 불러일으켰다. 왜냐하면 그 당시에도 막스 베버는 마르크스주의가 지배하고 있던 지역을 제외한다면 사회과학 분야에서 세계적으로 유효한 '주화(鑄貨)'로서 통용되고 있었으며 다양한 학문적 유행과 혁신의 외풍에 상관 없이 여전히 국제적인 관심을 누리고 있었기 때문이다. 더구나 『경제와 사회』는 베버의 확고부동한 주저(主著)로 널리 알려져 있었기 때문에, 텐브룩이 제기한 이의가 초래했던 파장은 쉽사리 사그러질 수 있는 성격의 것이 아니었다.

『경제와 사회』와 결별을 하겠다는 텐브룩의 선언은 얼마간 예고된 것이었다. 왜냐하면 그는 1975년 '베버 연구'에 새로운 지평을 개척한 것으로 평가되고 있는 논문인 「막스 베버의 저작 Das Werk Max Webers」에서 주장하기를, 『경제와 사회』는 비록 방대하기는 하지만 미완성의 단편과 유고(遺稿)를 모아놓은 데 지나지 않아서 내용적으로 볼 때 거기에는 만일 그것이 주저라고 한다면 마땅히 발견할 수 있어야 할 어떤 핵심이 될 만한 주제가 결여되어 있다고 했기 때문이다. 오히려 베버가 세계사적인 전망과 문화 비교론적인 방법을 통해서 '합리성'이라는 중심적인 물음을 일관성 있게 추구하고 있으며 서거 직전에 전편을 포괄하는 「서문 Vorbemerkung」(1920)과 함께 기존의 관련 논문들을 수정·보완하여 스스로 출판에 부친 세 권의 『종교사회학 논문집 Gesammelte Aufsätze zur Religionssoziologie』(1920~1921)이 바로 그의 주저라고 텐브룩은 논증하였던 것이다. 이것도 물론 완성을 보지 못한 작품일 뿐만 아니라, 기존의 관련 논문을 부분적으로 증보하여 통일적인 관점 아래 새롭게 편성했을 뿐이기는 하지만 말이다.

나아가서 단순한 형식적인 측면에 있어서도 빈켈만 Johannes Winckelmann(1900~1985)이 편찬한 현재의 『경제와 사회』는 베버의 원문을 충실하게 재현하고 있다고 보기가 힘들다고 지적되었다. 텐브룩은 「우리는 막스 베버를 얼마나 잘 알고 있는가? Wie gut kennen wir Max Weber?」(1975)라고 물음을 던지면서 베버의 사회학을 제대로 해독할 수 있기 위해서는 제대로 된 원문이 있어야 하는데, 바로 이러한 원문이 제공되어 있지 않으며 여기에는 『경제와 사회』도 예외가 아니라고 역설하였다. 사회 조사 Sozialforschung의 성패가 신뢰성을 지닌 자료 수집에 의해 좌우되는 것과 마찬가지로, 그리고 모든 학문이 원문에 의존할 수밖에 없는 것과 마찬가지로, 베버의 사회학에 대한 접근도 그의 원문을 통해서 이루어질 수밖에 없다는 사정을 감안한다면, 아직까지 베버의 믿을 만한 원문이 제공되지 않고 있다는 사실은 일종의 스캔들이라고까지 할 수 있는 일이었다. 그것도 다름아닌 독일 사회학계의 사정이 그러하다는 데 대해서는 아연할 수밖에 없는 일이었다. 그러니 베버의 독일어 원문을 번역해서 이용해야 하는 다른 나라의 사정은 물어볼 필요조차 없었다. 물론 원문이란 저자의 정신을 농축해놓은 것이기 때문에 이를 섭취하기 위해서는 독해의 기술을 필요로 하며 해석의 문화가 전제되어야 한다. 그러나 어떤 해석도 궁극적으로는 원문보다 결코 나을 수가 없다고 할 수 있는데, 막스 베버의 경우에는 『경제와 사회』를 비롯하여 현재 사용되거나 인용되고 있는 베버 저작의 판본에 적지 않은 문제점이 있다는 것이었다.

베버의 사회학에 대한 이해는 베버의 원문을 넘어서서 결코 이루어질 수 없다고 하는 새삼스러운 사실은 오늘날 그의 대명사처럼 알려져 있는 「청교도 윤리와 자본주의 정신 Die protestantische Ethik und der Geist des Kapitalismus」이라는 논문을 통해서도 입증된다. 이 글은 원래 1904년부터 1905년 사이에 『사회과학과 사회정책 연지 Archiv für Sozialwissenschaft und Sozialpolitik』의 제20권과 제21권에 나뉘어 실렸던 것인데, 나중에 수정되어 『종교사회학 논문집』의 제1권(1920)의 일부를 이루었다. 여기서 우리가 주목해야만 할 점은, 그 동안 대부분의 독자들이 접해 온 베버의 「청교도 윤리와 자본주의 정신」이라는 논문은 첫번째 원문(1904/05)이 아니라 두번째 원문(1920)이며, 그럼에도 불구하고 그들은 첫번째 원문을 읽었다고 잘못 믿어왔다는 사실이다. 이러한 사정은 우리말 번역본을 대해 온 국내 독자의 경우에도 예외가 아니다. 첫번째 원문을 손수 되찾아보려는 수고를 마다한 독자에게는 지금까지 베버의 저술을 간행해 온 그 어느 판본에서도 첫번째 원문이 전혀 제공되지 않았던 것이다. 따라서 「청교도 윤리와 자본주의 정신」이라는 논문을 둘러싸고 베버와 그의 비판가들 (브렌타노 Lujo Brentano, 좀바르트 Werner Sombart, 피셔 H. Karl Fischer, 라하팔 Felix Rachfahl, 트뢸치 Ernst Troeltsch, 피쇼프 Ephraim Fischoff 등) 사이에 전개된 논쟁은 첫번째 원문과의 연관 속에 이루어졌던 반면(Weber, 1968b), 베버 사후에 펼쳐진 토론은 주로 두번째 원문을 두고 이루어지는 결과를 초래하게 되었다. 또한 두번째 원문을 상대로 하는 경우에도 사실은 마치 첫번째 원문과 대결을 하고 있는 것처럼 착각하기가 다반사였던 것이다. 그러나 이러한 형식적인 불일치보다 더 심각한 문제점은, 설령「청교도 윤리와 자본주의 정신」의 첫번째 원문과 두번째 원문이 서로 다르다는 사실을 인지하였다고 하더라도 두 원문이 실질적으로 다루고 있는 주제마저 상이하다는 사실을 간과해왔다는 데 있다. 영역본의 역자인 파슨즈 Talcott Parsons(1930)가 바로 그러한 경우이다. 첫번째 원문은 근대 서구의 독특한 자본주의가 결정적으로 도약하게 된 하나의 역사적인 계기를 그 특유의 자본주의 정신과 청교도의 현세적인 금욕의 윤리 사이의 우연한 선택적 친화력에서 발견할 수 있다는 사실을 증명하려 하였다. 이와 달리 두번째 원문은 첫번째 원문을 증보한 것으로서, 베버가「세계 종교와 경제 윤리 Wirtschaftsethik der Weltreligionen」라는 제목 아래 1915년부터 1919년 사이에 차례로『사회과학과 사회정책 연지』에 발표한 '중국 연구,' '인도 연구,' 그리고 '고대의 유대 민족 연구'에 형식적으로뿐만 아니라 내용적으로도 제한적이나마 통합·적응되어 있으며, 이 비교 사회학적인 분석에서 얻어진 세계사적인 시각을 도입함으로써 후기 베버의 원숙한 사회학적 사고를 반영하고 있다. 하지만 이처럼 상이하게 설정된 초기 베버와 후기 베버의 물음을 원문에 의하여 명확하게 구분해서 파악할 수 있는 가능성을 일반 독자는 부여받지 못했던 것이다.

어쨌든『경제와 사회』는 텐브룩의 본문 비판적인 논박에 의하여 실질적인 내용에 있어서 베버의 중심적인 작품으로서의 위치를 상실할 위기에 처했을 뿐만 아니라, 형식적으로도 원문의 상태와 거리가 있다는 의혹을 자아내게 되었다. 그러나 뒤이어 전개된 저술사(著述史)적인 분석을 통해서『경제와 사회』는 근대 서구 문화의 특성과 기원 그리고 운명을 경제와 사회 사이의 연관이라는 세계사적인 전망 아래 체계적으로 분석하고 있는 중요한 작품이며, 같은 주제를 종교와 사회 사이의 연관이라는 세계사적인 시각 속에서 다루고 있는『종교 사회학 논문집』과 더불어 베버의 문화 사회학에 쌍벽을 이루고 있다는 결론에 이르렀다. 다만『경제와 사회』의 이러한 속뜻을 헤아리고 그 현재적 함의를 읽어내기에는 지금까지 출판된 판본은 편집에 있어서 명백히 문제점을 지니고 있으며, 본문이 가능한 한 원저자인 베버의 의도에 상응하게 재구성되어야 한다는 데 의견의 일치를 보게 되었다. 말하자면 우리는『경제와 사회』와 헤어진 채로 있을 수는 없고 다시 만나야 하는데, 이제 관건은 재회가 어떤 형태로 이루어져야 할 것인가라는 것이다. 이 과제는 텐브룩의 이유 있는 간섭으로 인하여 잠시나마『경제와 사회』와 헤어져야 했던 사람들뿐만 아니라, 아직껏『경제와 사회』와 만나본 적이 없어서 작별의 고통을 겪지는 않았지만 한 번 만나보고자 하는 사람들에게도 주어져 있다고 할 수 있다. 따라서『경제와 사회』와의 보다 수월하고 의미 있는 첫 만남 또는 재회가 이루어질 수 있도록 하기 위하여 여기서는 우선 그것이 탄생해서 지금까지의 상태로 성장해온 과정을 개략적으로나마 살펴보기로 한다.

2. 『경제와 사회』의 발생사

지벡 Paul Siebeck이 경영하던 모르 J. C. B. Mohr 출판사는 1904/05년에 절판된『정치경제학 편람 Handbuch der Politischen Ökonomie』(1882)을 더 이상 간행하지 않는 대신에, 완전히 새로운 경제학 모음집 *Sammelwerk*을 구상하였다. 1904년 이래로 모르 출판사에서 속간되었던『사회과학과 사회정책 연지』의 공동 편집자로 참가하던 베버는 1908년 12월에 이 새로운 모음집의 편집을 주도해달라는 지벡의 제의를 수락하였다. 그리고 곧바로 프로그램 작성과 집필자 선정에 착수하여 1909년에 잠정적인 계획의 초안을 구상하였고, 마침내 1910년에는 구체적인「주제 분배 계획 Stoffverteilungsplan」을 시쇄(試刷)할 수 있기에 이르렀다(빈켈만, 1986: 150~55). 이 계획에 의하면 새로운『정치경제학 편람』은 모두 다섯 책 *Bücher*으로 이루어지고, 각 책은 다시 여러 편(篇) *Abteilungen*으로 나누어질 예정이었다. 그리고 제1, 2책에서는 '일반적인 문제 *Allgemeine Probleme*'를 다루고, 제3, 4, 5책에서는 '개별적인 문제 *Einzelprobleme*'를 다루기로 했다. 베버가 집필을 떠맡은 부분은 제4책을 제외한 전 책에 흩어져 있지만 이 가운데『경제와 사회』와 관련된 제1책의 계획만을 발췌해보면 아래와 같다(그리고『경제와 사회』에 관련된 부분을 역자는 임의로 밑줄을 그어 강조해보았다).

〔1909/10년의 주제 분배 계획〕(발췌)
제1책. 경제와 경제학
  I. 경제의 시대와 단계
  II. 경제 이론
  III. 경제, 자연, 그리고 사회
    1. 경제의 조건과 구성 요소로서의 수요와 소비
    2. 경제의 자연 조건
    3. 경제의 기술적 조건
    4. 경제와 사회
      a) 경제와 법(1.원칙적인 관계, 2.오늘날의 상태에 이르게 된 시대별 발전상)
      b) 경제와 사회적 집단(가족 단체 및 자치공동체 단체,

신분과 계급, 국가)

    c) 경제와 문화(사적 유물론의 비판)

IV. 경제학

  1. 대상과 문제 제기의 논리적 성격

  2. 일반 교의사(敎義史) 및 방법사(方法史)에 대한 시대별

    논의.

V. 경제정책 및 사회정책적 체계와 이상의 발전 경과

이 가운데 베버가 자신에게 할당한 기고분은 제III편의 '4. 경제와 사회'와 제IV편의 '1. 대상과 문제 제기의 논리적 성격 Objekt und logische Natur der Fragestellungen'이었다. 이 두 주제에 대한 원고의 마감 시한은 1912년 2월 15일이었기 때문에 베버는 1910년과 1911년 사이에 이를 집필하였을 것으로 추정된다(Schluchter, 1988: 603). 그는 실제로 모르 출판사에 보내는 한 편지에서 예정보다 늦기는 했지만 1912년 8월 15일까지 '경제와 사회'의 원고를 넘기겠다고 예고하기도 했다(빈켈만, 1986: 16).

그러나 새로운 경제학 모음집의 준비가 예정대로 원만하게 진행되지 못하게 되면서 이와 맞물려 베버의 '경제와 사회'에 대한 원고도 하나의 중대한 전기를 맞이하게 된다. 집필을 분담했던 일부 저자가 그 사이에 사망하거나 중병을 앓기도 하고, 잠정적으로 내정되었던 집필자들이 너무 오랜 유보 끝에서야 비로소 참여를 거절하는가 하면, 또다른 일부는 약속을 해놓고서도 원고를 제출하지 않기도 하였던 것이다. 또한 이미 제출된 원고 중에는 베버의 기대에 어긋나는 것도 있었다. 1912년 이래로 발생한 이 같은 일련의 불행한 사태 때문에 출판은 지연될 수밖에 없었고, 제때에 원고를 제공한 저자들뿐만 아니라 출판사도 고통을 겪는 바람직하지 못한 결과가 초래되었다. 이로 인하여 모음집에 야기된 심각한 결함을 보충하는 데 필요한 새로운 저자를 모두 찾을 수는 없었기 때문에 1909/10년에 입안되었

던 원래의 계획에 대한 수정과 집필해야 할 주제의 재구성 및 재분배가 불가피하였다. 편집의 책임을 지고 있던 베버로서는 모음집의 결함을 메우기 위하여 자신의 보다 중요한 다른 일들을 희생하고서라도 그가 집필을 담당한 '경제와 사회'를 대폭 확장하기로 결심하였다. 이와 함께 '경제와 사회'는 비록 유쾌하지 못한 상황에 떠밀려서이기는 하지만 매우 포괄적인 사회학적 저술로 확대될 수 있는 계기가 마련되었다.

그 사이에 모음집에 발생한 또 하나의 외적인 변화는 표제의 변경이다. 1909/10년의 「주제 분배 계획」만 해도 여전히 『정치경제학 편람』이라는 예전의 표제를 사용하고 있었는데, 이제는 『사회경제학 개요 Grundriss der Sozialökonomik』라는 제목이 선택되었다. 이것은 무엇보다도 『정치경제학 편람』의 이전 편집자였던 쇤베르크 Gustav von Schönberg의 저작권을 물려받은 상속인들에 의한 법률적인 압박을 피하기 위해서였다. 그러나 새로운 모음집의 내용과 주제 및 저자가 『정치경제학 편람』의 그것과는 전혀 달랐고, 새로운 모음집이 '편람'이라기보다는 사회경제적으로 지향된 경제학적 교과서 Lehrbuch로서의 성격을 추구했기 때문에, 이를 강조하기 위해서도 표제의 변경은 필요했다. 그리하여 모음집은 『사회경제학 개요』라는 새로운 제목 아래 면모를 일신하게 되었다. 모음집의 새로운 계획은 1914년에 인쇄된 「전집의 편제 Einteilung des Gesamtwerks」에 드러나 있다. 여기서도 1909/10년의 「주제 분배 계획」과 마찬가지로 모두해서 5책을 예정하고 있지만, 예전처럼 책마다 편을 나누지 않고 전체 전집을 여덟 개의 편으로 나누었다. 이것은 불규칙하게 들어오는 원고를 편별로 간행함으로써 출판에 융통성을 기하기 위해서였다. 새롭게 기획된 「전집의 편제」로부터 베버의 『경제와 사회』에 관련된 부분을 보다 상세하게 간추려서 옮겨보면 다음과 같다(그리고 『경제와 사회』에 관련된 부분을 역자는 임의로 밑줄을 그어 강조해보았다).

근대 국가에서의 경제적인 대내 정책
제VIII편　　제4책. 자본주의적인 세계 경제 관계와 근대 국가에
　　　　　　서의 외적인 경제정책 및 사회정책
제IX편　　　제5책. 자본주의의 사회적 관계와 근대 국가에서의
　　　　　　사회적인 대내 정책

이 가운데 베버가 집필하기로 한 부분은 제III편에 속해 있는 'C.
경제와 사회' 가운데 'I. 경제와 사회적 질서 및 힘 Wirtschaft und
gesellschaftliche Ordnungen und Mächte' 이었고, 'II. 경제정책 및 사회
정책적 체계와 이상의 발전 경과 Entwicklungsgang der wirtschafts- und
sozialpolitischen Systeme und Ideale' 는 필리포비치 Eugen von
Philippovich에게 할당되었다. 1909/10년의 「주제 분배 계획」과 비교
해볼 때 이 새로운 「전집의 편제」에서 달라진 점은 우선 '경제와 사
회' 라는 제목이 더 이상 베버의 기고분만을 지칭하지 않는다고 하는
사실이다. 또한 베버의 기고분은 '경제와 사회적 질서 및 힘' 이라는
새로운 제목을 달고 있으며, 형식적으로나 내용적으로 상당히 확대
되어 있음을 알 수 있다. 베버는 이미 작성했던 원고(1910~1911)를
새로운 「전집의 편제」에 맞추어 변형하거나 심화시키는 한편, 추가된
항목의 집필에 들어갔다. 작업은 순조롭게 진행되어 1913년말에는
'경제와 다양한 사회적 질서 및 힘' 사이의 관계에 대하여 '선례를
찾을 수 없는 정연한 이론과 서술' 의 초고를 작성했다고 자부할 수
있기에 이르렀다. 그리고 1914년 4월 출판사에 보낸 한 편지에서는
같은 해 9월이면 인쇄에 부칠 수 있을 것이라고 시사했다. 하지만 그
해 8월에 제1차 세계 대전이 발발하면서 출간은 계획대로 이루어지
지 못하였고, 원고도 미완성의 상태에 머무르게 되었다.
전시(戰時)에 베버는 당시의 정치적 현안에 대하여 적극적으로 입
장을 표명하는 한편, '경제와 사회적 질서 및 힘' 의 원고를 미처 넘
기지 못한 것을 보상하는 마음에서 모르 출판사에 「세계 종교의 경제

26

윤리」에 관한 일련의 원고를 제공하기 시작했다. 이것은 1915년부터 1919년 사이에 『사회과학과 사회정책 연지』에 순차적으로 발표되었다. '종교사회학적 스케치'라는 부제를 달고 있는 이 원고는 '경제와 사회적 질서 및 힘'에 관한 원고와 거의 비슷한 시기에 씌어진 것이었지만, 베버 자신의 말에 의하면 전자를 퇴고하는 작업이 후자보다는 상대적으로 학문적인 부담이 적었기 때문에 먼저 출판되었다.

그가 다시 '경제와 사회적 질서 및 힘'을 완성하기 위하여 진력한 것은 1918년부터였다. 지벡에게 보내는 한 편지에서 그는 부피가 큰 '옛 원고'(1910~14)를 아주 근본적으로 변형하여 보다 짧게 요약할 예정인데, 이것은 분책으로 나뉘어 출간될 것이며 아주 포괄적이고도 두꺼운 책이 될 것이라고 알렸다. 그러나 베버의 때 이른 서거(1920)로 인하여 이 작업은 마무리되지 못하고 말았다. 다만 베버가 그 무렵까지 인쇄를 준비할 수 있었던 첫 부분이 1921년 제1분책 *Lieferung*으로 간행되었다. 그 표제와 내용 목차를 적어보면 다음과 같다.

사회경제학 개요
제III편
경제와 사회
I
경제와 사회적 질서 및 힘
집필자
막스 베버

제I장. 사회학적 기본 개념
제II장. 경제 행위의 사회학적 기본 개념
제III장. 지배의 유형
제IV장. 신분과 계급
······ (미완) ······

이 '새로운 원고 *neue Manuskripte*'(1918~20)의 목차에서 우리가 금방 알 수 있는 점은 그 체제가 '옛 원고'와는 상당한 차이를 나타내고 있다는 사실이다. 물론 '새로운 원고'도 미완성의 상태이기 때문에 이를 통해서 전체적인 윤곽을 짐작하기는 어렵지만(제V장은 '공동체적 결합과 이해 사회적 결합의 유형 *Vergemeinschaftung und Vergesellschaftung*'에 관하여 집필될 예정이었던 것으로 전해지며, 이에 뒤이어 종교사회학, 법사회학, 국가사회학 등에 관한 장들이 작성되었을 것으로 추측되고 있을 뿐이다), 제1차 세계 대전 이전에 작성된 '옛 원고'와는 내용적으로도 이질적인 구조를 드러내고 있다. 또 한 가지 분명한 점은, 베버가 만일 '옛 원고'의 나머지도 마저 다듬어서 '새로운 원고'로 출간하였더라면 그것은 적어도 지금 남아 있는 '옛 원고'의 상태와는 전혀 다른 모습을 보여주었을 것이라는 사실이다. 여하튼 베버는 한편으로는 '옛 원고'를 더 이상 갈무리하지 못한 채 유고로 남겨놓았고, 다른 한편으로는 미완성의 '새로운 원고'를 남겨놓았다. 그리고 '새로운 원고'의 전체적인 체제에 대해서는 어떤 계획안도 남겨놓지 않았다. 우리는 베버로부터 '경제와 사회적 질서 및 힘'에 관하여 완성된 작품을 물려받지 못하고, 그 미완성의 단편이라고 할 수 있는 '옛 원고'와 '새로운 원고'만을 마주하게 된 것이다. 우리가 오늘날 베버의 중요한 작품 가운데 하나로 평가하고 있는 『경제와 사회』는 나중에 편집자들이 '경제와 사회적 질서 및 힘'에 관한 '옛 원고'와 '새로운 원고'를 일정한 방식으로 합해놓은 것이다. 그러면 과연 어떻게 해서 '경제와 사회'라는 표제가 '경제와 사회적 질서 및 힘'이라는 원래의 표제 대신에 오늘날 세계적인 이름을 얻게 되었으며, 편집자들은 어떤 원칙에 따라 베버의 두 원고를 통합하려고 시도하였을까?

3. 『경제와 사회』의 판본

막스 베버의 부인인 마리안네 베버 Marianne Weber는 부군의 서거 직후 그가 유고로 남긴 '옛 원고'를 정리하여 1921년부터 1922년 사이에 『사회경제학 개요. 제III편. 경제와 사회 *Grundriss der Sozial-ökonomik. III. Abteilung. Wirtschaft und Gesellschaft*』라는 표제 아래 제 2, 3, 4분책으로 나누어 출판하였다. 나아가 1922년에는 '새로운 원고'를 담았던 제1분책, '옛 원고'를 담았던 제2, 3, 4분책, 그리고 '옛 원고' 가운데 따로 떼어내어 『사회과학과 사회정책 연지』에 독립적인 논문으로 싣게 하였던 「도시 Die Stadt. Eine soziologische Untersuchung」(1921)에 관한 장(章)을 모두 다시 합하고 제1, 2, 3부 *Teile*로 재편성하여(제1부. '경제와 사회적 질서 및 힘' : 제2부. '공동체적 결합과 이해 사회적 결합의 유형' : 제3부. '지배의 유형')『사회경제학 개요. 제III편. 경제와 사회』라는 표제 아래 이른바『경제와 사회』의 초판을 내놓았다(그 내용 목차는 본 논문의 말미에 옮겨놓았으니 참고하기 바란다). 이리하여 초판은 사실상 그 자체로서 두 개의 판본을 지니게 되었다. 그 밖에 주목해야 할 점은 1921년에 발행된 제1분책에서만 해도 여전히 부제(副題)로 남아 있던 '경제와 사회적 질서 및 힘'이라는 표현은 원고 전체를 위한 표제로부터 사라지고, 제1분책과 내용상으로 일치하는 제1부만을 지칭하는 하나의 하위(下位) 제목으로 격하되었다는 사실이다. 그 후로 '경제와 사회적 질서 및 힘'에 대한 베버의 전체 원고는 그냥『경제와 사회』로만 세상에 알려지게 되었다.

『경제와 사회』의 이러한 형식적인 재구성은 마리안네 베버가 초판을 편집하면서 토대로 삼았던 기본적인 구상과의 밀접한 연관 속에 이루어진 것이었다. 그녀는 본 번역본에도 실려 있는 「초판에의 서문 Vorwort zur ersten Auflage」(1921)에서 지적하고 있다시피 유고로 남

게 된 베버의 '옛 원고'를 '새로운 원고'의 '속편(續篇) Fortsetzung'
으로 해석하였다. 그리고 '새로운 원고'를 제1부로 편성하고 '옛 원
고'를 제2, 3부로 나누었다. 제1부는 '추상적인 abstrakte' 사회학으
로서 체계적이고 간결한 사회학적 개념론을 담고 있으며 이를 예증
하기 위한 수단으로서 구체적인 경험적 자료를 이용하고 있는 반면
에, 제2, 3부는 '구체적인 konkrete' 사회학으로서 이것 역시 단순한
서술을 뛰어넘어 역사적 자료를 이론적 구성물인 개념에 의해 체계
적으로 정리하고 있기는 하지만 여기서는 거꾸로 개념론이 역사적
현실을 보다 예리하게 이해하기 위한 수단으로 이용되고 있다는 것
이었다. 이 같은 편집 전략에 따라 그녀는 팔뤼 Melchior Palyi 박사와
공동으로 본문을 재구성하면서 1914년의 「전집의 편제」에 나타나 있
는 원래의 집필 계획을 바탕으로 하기보다는 원고의 여기저기에 산
재해 있는 전후(前後) 참조 지시 Voraus- und Zurückweisungen와 해
석상의 의미 연관을 중심으로 '옛 원고'를 짜맞추고, '새로운 원고'
는 있는 그대로 수용하였다. 또한 『막스 베버. 전기 Max Weber. Ein
Lebensbild』(1926: 687~98, 425)를 통해서 이러한 이분법적인 편집 구
상을 널리 알리는 한편, 『경제와 사회』를 베버의 '필생의 주저(主著)
Hauptwerk des Lebens' 라고 일컬었다. 『경제와 사회』가 이분법적으로
구성되어 있고, 따라서 내용상의 부분적인 중복은 불가피한 것이었
으며, 전체적으로 볼 때 '옛 원고'와 '새로운 원고'가 몇 가지 결함에
도 불구하고 하나의 작품으로 통합되어 있다는 신화의 단초는 이렇
게 해서 마련되었다. 마리안네 베버는 『경제와 사회』를 맨 처음 편집
하고 나서 이에 관련된 막스 베버의 자필 원고의 대부분을 제대로 보
존하지 않았기 때문에 이러한 신화의 신뢰성을 검증할 수 있는 여지
는 더욱 줄어들게 되었다.

  1925년의 제2판에서 마리안네 베버는 책 전체를 두 권 Bände으로
나누고, 「음악의 합리적 및 사회학적 기초 Die rationalen und
soziologischen Grundlagen der Musik」(1921)를 제3부의 말미에 부록으

로 추가하였다. 1947년에 나온 제3판은 제2판을 그대로 재인쇄한 것이다.

이 후로『경제와 사회』는 독일의 학계에서 아무튼 미완성의 작품인 것으로 알려졌고, 마리안네 베버도 자인하였다시피 적어도 그 상태로서는 신빙성 있는 원문을 재구성하기가 어렵다는 것이 지배적인 견해였다. 그런데 1949년 빈켈만이「막스 베버의 유작(遺作) Max Webers opus Posthumum」이라는 논문에서 마리안네 베버의 판본을 비판하고 본문의 새로운 배열을 제안하면서,『경제와 사회』를 막스 베버의 의도대로 올바르게 재구성할 수 있으며 심지어는 베버가 미처 완성하지 못했던 마지막 부분('국가사회학')까지도 임시변통으로나마 채워놓을 수 있다고 주장하였다. 이것은 하나의 센세이션이라고도 할 수 있는 일이었다. 왜냐하면 그 당시까지만 해도『경제와 사회』의 신뢰할 만한 본문을 구성할 수 있는 막스 베버의 계획은 알 수가 없으며, 그가 1914년에 입안했던 계획은 이 작품의 전체를 구성하는 데 필요한 하나의 단서를 제공하기는 해도 본질적으로는 포기되어 있었다고 한 마리안네 베버의 지적을 일반적으로 믿고 있었기 때문이다. 빈켈만의 뜻밖의 제안은 막스 베버가 1914년의「전집의 편제」에 나타나 있는 계획을 마지막까지 고수하였다는 확신에 토대를 두고 있었다. 이리하여『경제와 사회』는 또 하나의 중요한 전기(轉機)를 맞이하게 된다.

빈켈만은 이른바 '1914년의 계획'에 따라 본문을 다시 새롭게 편성하고 배열하여 1956년에 두 권으로 된 제4판을 내놓았다. 마리안네 베버는 1950년에 세상을 떠났기 때문에 이 새로운 판본을 볼 수 없었다. 빈켈만은 이전 판본의 제1부('경제와 사회적 질서 및 힘')를「사회학적 범주론 Soziologische Kategorienlehre」이라 개칭하는 한편, 마리안네 베버가 제2부('공동체적 결합과 이해 사회적 결합의 유형')와 제3부('지배의 유형')로 분리하였던 '옛 원고'를 제2부로 통합하고 여기에다가「경제와 사회적 질서 및 힘」이라는 제목을 붙였다. 또한

「정당한 지배의 세 가지 순수한 유형 Die drei reinen Typen der legitimen Herrschaft」(1922)이라는 단편을 제2부의 마지막 장(章)인 '지배의 사회학'에 추가하고, 이 장의 말미에는 막스 베버가 계획했지만 실현하지 못한 '국가사회학' 부분을 베버의 다른 저술로부터 발췌하여 마지막 절(節)로서 보충하였다. 이 새로운 체제는 곧 설명하게 될 몇 가지 예외를 제외하고는 지금 일반적으로 통용되고 있는 제5판에서도 거의 그대로 유지되고 있다(따라서 제4판의 내용 목차는 별도로 옮겨놓지 않았다).

이 새로운 판본은 독자에게 접근이 훨씬 용이하도록 짜여졌을 뿐만 아니라 하나의 '의미가 통하는 전체 Sinnganzes'를 지향함으로써 베버의 사회학을 이해하는 데 커다란 기여를 했다. 특히 제2부에 대한 새로운 편집은 '옛 원고'를 재구성하는 데 없어서는 아니될 공헌을 한 것으로 평가되고 있다. 그러나 다른 한편으로 빈켈만은 마리안네 베버가 채용하였던 이분법적인 체제를 더욱 강화하였다. 즉, 제1부는 '일반' 사회학적인 부분으로서 사회학의 기본적인 개념과 방법론에 관한 논술이며 전체 작품에 대한 '일반적인 서론'의 성격을 띠고 있는 한편, 제2부는 '특수' 사회학적인 부분으로서 구체적이고 경험적인 실제의 사회학적 분석을 시도하고 있다는 구분이 바로 그것이다. 본문에 대한 독해(讀解) 가능성에 있어서의 뚜렷한 개선에도 불구하고 빈켈만이 수정한 새로운 판본도 그 기본적인 틀에 있어서는 마리안네 베버의 그것을 크게 벗어나지는 못하고 있는 것이다.

1956년의 제4판이 출간된 직후 1957년에는 제2부의 제I장인 「경제와 사회적 질서 Die Wirtschaft und die gesellschaftlichen Ordnungen」와 제VII장인 「법사회학 Rechtssoziologie」의 초고가 미국에서 발견되었다. 이것은 마리안네 베버가 뢰벤슈타인 Karl Löwenstein에게 증정했던 막스 베버의 육필 원고였다. 이를 『막스 베버: 법사회학 Max Weber: Rechtssoziologie』(1960)이라는 제목 아래 독립적인 책으로 출판하기도 했던 빈켈만은 제4판을 재검토하여 1972년 한 권의 학습본

*Studienausgabe*으로 된 제5판을 발간하였고, 여기서는 「정당한 지배의 세 가지 순수한 유형」과 「음악사회학」 부분을 다시 제외하였다. 그리고 1976년에는 제5판을 두 권의 장정본으로 나누어 출간하는 한편, 『경제와 사회』에 대한 『해설본 *Erläuterungsband*』을 선보였다. 『경제와 사회』처럼 사륙 배판의 판형으로 300페이지를 웃돌고 있는 이 주해서는 본문의 순서대로 본문 비판적인 주석과 함께 풍부한 역사적 자료와 상세한 관련 문헌을 제공하고 있으며 베버의 전체 저술에 관한 참조 지시를 하고 있는데다가 몇몇 중요한 개념에 대해서는 사전(辭典)적 주해를 달아놓아서 본문에 대한 이해를 돕고 있다. 이 새로운 제5판은 적어도 지금까지는 『경제와 사회』의 최종 판본으로 기능하고 있다.

　로트 Guenther Roth와 위티치 Claus Wittich가 『경제와 사회』 가운데 이미 영역되어 있던 부분을 전면적으로 개정하거나 부분적으로 개역하고 아직 번역이 이루어지지 않았던 부분을 초역하여 편집한 영역본(1968)은 판본의 역사에서 특이한 위치를 차지하고 있다. 독일어 판본의 편집자인 빈켈만과 영역본의 편집자들 사이에는 『경제와 사회』의 본문을 다듬는 데 있어서 긴밀한 협조가 이루어졌는데, 독일에서는 빈켈만이 그 성과를 일부 수용하여 1956년의 제4판을 수정한 종이 표지책 *paper back*의 학습본을 1964년에 출간하였다. 세 권으로 된 영역본은 이 수정된 학습본과 제4판을 대본으로 사용하는 한편, 그 사이에 빈켈만과의 협력을 통해서 얻어진 성과를 대폭 수용하였다. 그러기에 편집자인 로트는 1968년 영역본에 부치는 「서문 Introduction」에서 영역본의 본문이 당시에 기획되고 있던 제5판의 독일어 본(1972)과 거의 동일할 것이라고 예상할 수 있었다. 이러한 진술은 물론 영역본이 독일어 원본을 충실하게 재현하고 있다는 전제 아래서만 타당성을 지닐 수 있겠지만 말이다. 영역본은 또한 본문을 구성하는 데 있어서 독일어 원본과 달리 중간 표제를 적잖이 첨가함으로써 독자가 본문 자체로부터 느낄 수 있는 괜한 압박감을 다소 덜어주고 있다는 장점을 지니고 있다. 다만 빈켈만이 제4판부터 보충해 넣은「국가사회학」부분을 영역본은 수용하지 않았다. 그 대신에 베버의 국가사회학적 논문인「새로 질서지어진 독일에서의 의회와 정부 Parlament und Regierung im neugeordneten Deutschland」(1918)를 부록으로 옮겨놓고 있다. 그러나 영역본도 독일어 원본의 이분법적인 체제를 그대로 답습하여 제1부(Part One: 개념적 설명 *Conceptual Exposition*)를 제2부(Part Two: 경제와 규범적 및 실재적인 힘의 영역 *The Economy and the Arena of normative and de facto Powers*)의 '술어적 개요 *terminological summary*'로 인식하고 있기 때문에 그 전체적인 틀에 있어서 독일어 원본을 크게 벗어나 있는 것은 아니다.

영역본에서 우리가 오히려 주목해야 할 점은, 베버가 1913년에 작성한「이해(理解) 사회학의 몇 가지 범주에 대하여 Ueber einige Kategorien der verstehenden Soziologie」(이하에서는「범주·논문」으로 약칭된다)라는 논문의 일부를 편집자가 발췌 번역하여 부록으로 첨부하고 있다는 사실이다. 이것은『경제와 사회』의 제2부에서 사용되고 있는 사회학적 기본 개념이 바로「범주·논문」에서 발전된 것이기 때문에, 그리고 이 기본 개념들은『경제와 사회』의 제1부의 제I장인「사회학적 기본 개념 Soziologische Grundbegriffe」(1920)에서 정의되고 있는 개념과 약간의 편차를 드러내고 있기 때문에, 이러한 차이를 독자에게 유의하도록 하기 위해서인 듯하다. 여기서「사회학적 기본 개념」은 '새로운 원고'(1918~20)인 제1부에 토대를 이루고 있는 범주이고, '옛 원고'(1910~14)인 제2부에 기초가 되어 있는「범주·논문」의 개념들보다 나중에 구성되었으며, 따라서 더욱 진전된 인식 상태를 반영하고 있다는 데 대해서는 두말할 필요도 없을 것이다. 그런데 제1부와 제2부의 기본적인 개념의 일부가 서로 다르다고 하는 사실은 마리안네 베버와 빈켈만이 편집한 판본이 자명한 것으로 여기고 있던 작품 전체의 통일적인 재구성의 가능성에 대하여 의문을 제기하게 하는 하나의 중요한 단서가 되었다.

4. 기존의 판본에 대한 비판

『경제와 사회』에 대한 저술사적인 분석을 통해서 기존의 판본에 대한 본격적인 비판을 개시했던 학자는 이미 머리말에서 언급한 바 있는 텐브룩(1975a, 1975b, 1977)이다. 물론 그 이전에도 정치학자인 몸젠 Wolfgang Mommsen(1974)은 베버가 만일 『경제와 사회』의 집필을 계속하였더라면 마무리할 수 있었을 완성된 '새로운 원고'만을 『경제와 사회』로서 출판에 부쳤으리라고 하는 사실에 대하여 기존의 판본들이 충분한 주의를 기울이지 않았다고 언급하기도 했지만 말이다. 텐브룩은 우선 베버 사후 반세기가 지났는데도 베버의 많은 저술이 불완전한 모습으로 편집 출간되어 있으며, 이로 인해 베버의 사회학에 대하여 적지 않은 오해와 모호한 가정을 초래하였고 부정확한 전망을 열어놓았다고 지적한다. 그리고 이러한 저간의 사정에 대해서는 편집자의 무신경과 독점에도 그 원인이 있지만 다른 한편으로는 그와 같은 상황을 좌시해온 사회과학도와 일반 독자에게도 책임의 일단이 있다는 것이다. 판본의 질은 사회과학의 과제 및 가능성에 대한 자기 이해(理解)와 일반 공중의 관심에 달려 있으며 따라서 결국은 시대의 전반적인 정신적 및 문화적 수준과 척도를 반영하기 때문이다. 신뢰할 만한 원문이 없고서는 베버 사회학의 실체를 제대로 규명할 수 없다는 사정을 고려한다면 판본의 문제는 전적으로 문헌학자나 편집자에게만 맡겨놓아도 좋은 단순한 수공업적 문제가 아니다. 더욱이 근대 사회의 역사적인 발전 과정과 문화적 의의를 이해하는 데 있어서 베버의 사회학이 차지하고 있는 중심적인 위치를 생각해볼 때 불만족스러운 상태의 판본은 더 이상 방치되어서는 아니된다는 것이다. 『경제와 사회』의 경우에도 이러한 사정은 결코 예외가 아니었다.

텐브룩은 제2차 세계 대전 직후 베버의 사회학에 대하여 일반적인 관심과 질적으로 높은 수준의 해석을 기대할 수 없었던 어려운 여건 속에서 빈켈만의 헌신적인 노력에 의해『경제와 사회』가 새롭게 편집되어 나올 수 있었던 것은 상당한 수확이라고 찬사를 아끼지 않는다. 그러나 이 새로운 판본은 우선 외적인 형식만 보더라도 내용을 일목요연하게 포장하지 못하여 접근 자체를 어렵게 하고 있기 때문에 일반 독자의 욕구와 이해(利害)를 경시하고 있어서 학문적 정보로서의 가치를 반감시키고 있다고 비판한다. 또한 마리안네 베버가 편집했던 첫번째 판본의 본문 가운데 빈켈만이 어디를 어떻게 얼마나 수정했는지를 알 수 있도록 하는 단서가 제공되어 있지 않기 때문에, 적어도 본문만 가지고서는 이것이 베버 자신이 최종적으로 완결하여 세상에 내놓은 작품이 아니라 편집자가 독자적인 추측과 판독에 의지하여 재구성한 작품이라고 하는 사실을 쉽게 알 수가 없다는 것이다. 그리고『해설본』은 주해(註解)해야 할 사항을 너무 자의적으로 선정하고 있어서 정작 독자가 필요로 하는 정보를 제공하지 못하고 있는 경우가 드물지 않으며, 참고 문헌을 원칙 없이 장황하게 열거하고 있어서 그 유용성이 손상되었다고 지적하였다.

어쩌면 지엽적일 수도 있는 이와 같은 지적보다 더 중요한 비판은 마리안네 베버와 빈켈만이 편집의 자명한 토대로 전제하였던 이분법적인 체제에 향해졌다. 텐브룩이 보기에『경제와 사회』의 이분법적인 구성은 1914년의 「전집의 편제」뿐만 아니라 그 어느 곳에서도 암시되어 있지 않으며, 작품의 발생사를 분석해볼 때 베버가 '새로운 원고'에서는 '옛 원고'의 계획을 명백히 떠나 있었다는 것이다. 따라서 두 개의 이질적이며 불완전한 원고를 합병함으로써『경제와 사회』를 하나의 고유한 구조를 갖춘 작품으로 재구성한다는 것은 원저자의 의도에 상응하지 않을 뿐만 아니라 불가능하다는 것이다. 이미 알려져 있는 자료만에 의해서도 추론될 수 있는 이러한 결론을 텐브룩은 베버와 출판인 지벡 사이에 25년이 넘도록 오고갔던 편지를 통해서도 뒷받침하였다. 따라서『경제와 사회』의 편집자는 두 원고가 제각기

상이한 시기에 서로 다른 구상 아래 작성된 미완성의 단편이라고 하는 사실을 독자가 인지할 수 있도록 본문을 편성하고 배치했어야 한다는 것이다. 이러한 지적에 대하여 혹자는 사소한 문제를 지나치게 부풀려서 논박하고 있는 것이 아닌가고 생각할는지 모른다. 하지만 『경제와 사회』가 이분법적으로 구성되어 있다는 확신 아래 편집된 판본 때문에 그 동안 베버의 사회학이 기묘하게도 한편으로는 '일반' 사회학, '추상적인' 사회학, '개념론,' '개념 유형론,' '범주론' 등으로, 다른 한편으로는 '특수' 사회학, '구체적인' 사회학, '경험적인' 사회학, '역사적인' 사회학 등으로 나누어지는 결과를 초래하였고 이와 함께 그의 사회학에 대한 이해가 특정한 방향으로 굴절되었다는 사실을 돌이켜보면, 그와 같은 비판이 결코 하찮은 문제를 겨냥하고 있는 것이 아님을 알 수 있을 것이다.

『경제와 사회』에 대하여 맨 처음 이분법적인 체제의 가능성을 타진했던 편집자는 마리안네 베버이다. 그녀는 논문의 발표 형태를 개의하지 않는 부군이 그의 생애를 대표할 수 있는 하나의 번듯한 대작을 남겼으면 하던 평소의 소망을 이 유고를 통해서 손수 실현하려 했던 것처럼 보인다는 것이 텐브룩의 소견이다. 그녀의 무리한 욕심은, 1917년 막스 베버가 출판인 지벡과의 서신 왕래를 통해서 지벡에게 헌정하겠노라고 약속했던 이 책을 임의로 막스 베버의 어머니인 헬레네 베버 Helene Weber에게 헌정된 것으로 처리하도록 출판사에 일방적으로 통고하는가 하면, 『사회경제학 개요』의 일부로서의 '경제와 사회'의 제Ⅲ편에는 원래 필리포비치의 글도 포함시키기로 예정되어 있었는데 이것을 제외하고 베버의 글만 싣기로 계약을 한 데서도 드러난다는 것이다. 어쨌든 그녀는 '옛 원고'와 '새로운 원고'를 하나의 책으로 묶었고, 이 때 내용적으로 중복되는 부분을 해명하기 위하여 초판의 「서문」(1921)에서 개념과 현실의 관계라는 방법론에 기대어 '옛 원고'는 '추상적'인 반면에 '새로운 원고'는 '구체적'이라고 성격을 규정했던 것이다. 하지만 그녀로서는 베버의 거의 모든 저술에 걸쳐 구사되어 있다고도 할 수 있는 일종의 방법론적인 원칙을 『경제와 사회』라는 특정한 책의 편집에 기초가 되는 원칙으로 계속해서 견지할 수는 없었던 것 같다. 왜냐하면 '새로운 원고'를 담았던 제1분책(1921)과 '옛 원고'를 담았던 제2, 3, 4분책(1921/22)을 1922년에 하나의 책으로 합본할 때는 전체를 이분법적으로 편성하지 않고 제1, 2, 3부로 분류하였으며, 제2, 3부의 내용이 제1부에 비하여 더 '특수'하다고 할 만한 근거를 발견할 수 없다고 토로했기 때문이다. 그런데도 두번째 편집자인 빈켈만은 이분법이야말로 『경제와 사회』의 핵심적이고 계획적인 구성 원칙이라고 선언하였던 것이다. 이와 더불어 '새로운 원고'인 '제1분책'은 이른바 '제1부' 또는 '범주론'으로 신화화되고 나아가 이분법적인 체제는 한층 강화되었다. 베버가 『경제와 사회』에서 실제로 사회학적 기본 개념으로부터 출발하여 유형론적인 도식화 과정을 거쳐 방대한 실제적인 역사적 분석을 전개하려 하였던가 하는 것은 충분히 제기해볼 수 있는 하나의 '해석'적인 문제일 것이다. 그러나 『경제와 사회』의 본문을 편집하는 데 있어서는 일단 베버가 의도했던 바를 고수해야 할 것이라고 텐브룩은 비판하고 나섰던 것이다.

그러면 『경제와 사회』에 대하여 베버가 기획하였던 진정한 집필 구상은 과연 무엇이었을까? 여기서 우리가 알 수 있는 명백한 사실은 1914년의 「전집의 편제」에 나타나 있는 집필 구상은 베버에게 있어서 늦어도 1918년 이후로는 이미 타당성을 상실했으며, '1914년의 계획'이 '옛 원고'와는 일치한다고 하더라도 '새로운 원고'를 위한 계획은 여전히 전모를 파악할 수 없다는 것뿐이다. 텐브룩에 의하면 유고로 남겨진 '옛 원고'는 '새로운 원고'를 위해 일부 이용되고 남아 있는 아마도 외적으로 무질서할 뿐만 아니라 근본적으로 내적 연관성이 없는 미완성의 원고 더미였을 터인데, 그리고 이 원고가 모두 『경제와 사회』를 위해 집필된 것인가 하는 것도 불확실하기만 한데(이미 살펴보았듯이 사실 『경제와 사회』의 편집자들은 새로운 판본을 구성할 때마다 몇몇 논문을 보완해넣는가 하면 다시 제외하기도 했다), 그 동안 편집자들은 이 원고 전체를 마치 처음부터 확실한 목적과 일관된 구상 아래 집필된 최종 원고인 것처럼 취급하였고 따라서 원래의 모습대로 재구성할 수 있다고 생각했으며 그저 본문의 올바른 구성 이념과 배열 순서만을 찾고자 했다는 것이다. 그러나 이러한 생각과 우리는 작별을 해야 한다고 텐브룩은 충고했다. 이것은 베버 해석이 주로 『경제와 사회』에 입각하여 이루어지고 그마저도 단편성과 선별성의 차원을 벗어나지 못하고 있던 당시의 상황에서 『경제와 사회』의 기존 판본의 불안정성을 지적하고 베버 사회학에 대한 이해의 편협성을 자각하게 하려는 뜻이었다고 할 수 있다.

그렇다면 '옛 원고' 가운데 어떤 부분이 『경제와 사회』를 위해 작성된 것이고 오늘날 『경제와 사회』의 원고로 사용될 수 있는 것일까? 『경제와 사회』와의 작별은 작품의 보다 정확한 형태를 구현해야 할 미래의 새로운 판본에 어려운 문제를 남겨놓고 있다. 우리가 『경제와 사회』의 진본(眞本)으로 믿고 있는 현재의 판본은 적어도 베버가 이러한 형태로는 의도하지 않았을 불확실한 작품이라는 사실이 분명해졌을 따름인 것이다. 그래도 빈켈만에 의해 편집된 판본이 앞으로 상당히 오랫동안 이용될 수밖에 없으리라는 점을 텐브룩은 누구보다도 잘 알고 있었다. 하지만 바로 그렇기 때문에 우리는 빈켈만의 『경제와 사회』가 편집상의 문제점을 지니고 있다는 사실을 참작해야만 하며, 빈켈만이 나름대로 사려 깊게 가다듬어 편집해놓은 판본은 그러한 사실에 대한 성찰이 전제될 때 효용성을 지닐 수 있을 것이라는 생각이었다. 그러니까 애초에 존재하지도 않았던 작품 전체의 통일적인 구성 이념을 찾아내야 한다는 집착과 긴장으로부터 우리가 자유로워져야만 비로소 베버의 실질적인 사회학적 문제 및 이론에 대한 탐색과 오늘의 우리를 위해 『경제와 사회』를 발전적으로 읽어내는 작업이 성공적으로 이루어질 수 있을 것이라고 텐브룩은 조언하였다. 우리에게는 여하튼 본문이 남아 있으니까 말이다.

텐브룩의 비판은 곧장 사회학계의 반향을 불러왔다. 『경제와 사회』에 대한 올바른 판본의 편집과 아울러 적확한 이해를 위해서는 작품의 역사에 대한 분석이 필수적이라는 사실을 새삼 깨닫게 된 것이다. 그 중에서도 특히 슐루흐터 Wolfgang Schluchter는 「막스 베버의 사회사 Max Webers Gesellschaftsgeschichte」(1978)에 대한 재구성을 시도하던 가운데, 『경제와 사회』가 출판인 지벡의 주문(注文)에 의해 제작된 것으로서 '참고서적인 작품 Nachschlagwerk'의 성격이 농후하다는 텐브룩의 급진적인 견해를 바로 다름아닌 저술사적인 연구를 통해서 반박하고 나섰다. 텐브룩에 의하면 「세계 종교와 경제 윤리」에 관련된 일련의 논문이 『경제와 사회』에 비하여 시기적으로 나중에 작성되었을 뿐만 아니라 실제적인 내용에 있어서도 보다 원숙한 베버의 사회학을 담고 있다고 하지만, 사실상 두 대작(大作)은 1910년부터 1920년 사이에 연속적으로 그리고 교대로 집필된 상호 보완적인 작품으로서 어느 한 쪽만이 주저(主著)라고 하기보다는 서로가 서로를 해석하고 보충해주는 밀접한 관계에 있음을 슐루흐터는 논증하였다. 영역본을 편찬하였던 로트도 「헤어질 것인가 다시 만날 것인가? 막스 베버의 『경제와 사회』의 제5판에 관하여 Abschied oder Wiedersehen? Zur fünften Auflage von Max Webers *Wirtschaft und Gesellschaft*」(1979)라는 논문에서 『경제와 사회』와 『종교사회학 논문집』이 모두 역사학적인 연구가 아니라 사회사적 모델에 근거한 사회학적인 논술임이 분명하며, 이러한 한에서 두 작품 사이에는 정도의 차이만이 존재할 따름이라고 슐루흐터를 거들었다. 나아가 베버로서는 『경제와 사회』가 경제학과 사회학의 가장 까다롭고 논쟁의 여지가 많은 사안을 다루고 있다고 피력했었으며 따라서 이 책을 「세계 종교와 경제 윤리」보다 더 중요하고 어려운 저술로 생각했었다고 한 술 더 떴다.

그러나 슐루흐터나 로트도 『경제와 사회』에 대하여 이분법적인 구성을 설정할 수 없다는 텐브룩의 의견에는 전적으로 동의하였다. 두 원고가 모두 '추상적'이며 '일반적인' 사회학을 담고 있다는 것이었다. 우선 로트에 의하면 제1부와 제2부가 모두 일종의 개념적 유형론이라고 할 수 있으며, 다만 '새로운 원고'인 제1부에서는 고도로 추상화·형식화된 범주론이 학문적으로 보다 엄격하고 세심하게 구사되어 있을 뿐이라는 것이다. 그렇지만 제1부에 대한 영역본이 「사회적 및 경제적 조직의 이론 The Theory of Social and Economic Organization」(1947)이라는 어설픈 표제 아래 '옛 원고'인 제2부와 분리되어 독립적으로 간행된 이후 20년이 넘도록 『경제와 사회』의 전모와 역사 사회학적인 관점이 고려되지 않은 채 개념 정의를 위주로 단편적 및 선별적으로 이용됨으로써 베버 사회학의 이해에 부정적인 역할을 하였음을 상기할 때(제2부는 1968년 완역의 영역본이 나오기 전까지는 부분적으로 거트와 밀즈 Hans Gerth & C. Wright Mills(1946), 라인슈타인과 쉴즈 Max Rheinstein & Edward Shils(1954), 콜리거 Ferdinand Kolegar(1961), 피쇼프 Ephraim Fischoff(1963) 등에 의해 번역 출판되었다), 우리가 베버의 '새로운 원고'와 동시에 '옛 원고'를 조감할 수 있는 처지에 있다는 것은 오히려 다행이라고 하였다. 『경제와 사회』의 완전한 판본을 재구성하는 일이 어차피 불가능하다고 한다면, 베버가 『경제와 사회』의 '새로운 원고'를 완성할 수 있었을 때 이것이 어떤 형태를 띠고 있었을까 하는 문제로 노심초사할 필요가 없다고도 했다. 말하자면 편집상의 문제점을 깨닫고 사용하기만 한다면 현재의 『경제와 사회』와 구태여 작별을 할 필요까지는 없다는 것이었다.

이러한 논쟁에 대응이라도 하듯 『경제와 사회』의 제5판의 편집자였던 빈켈만은 1986년 『막스 베버가 남겨놓은 주저: 경제와 사회적 질서 및 힘. 발생과 사상적 구조 Max Webers hinterlassenes Hauptwerk: Die Wirtschaft und gesellschaftliche Ordnungen und Mächte. Entstehung und gedanklicher Aufbau』에서 작품의 상세한 발생사를 추적하고 난 연후에 새로운 표제와 목차를 제안하였다. 그로서도 작품 전체의 표제를『경제와 사회적 질서 및 힘』으로 변경하는 데 대해서는 이의를 제기하지 않았다. 하지만 바이스 Johannes Weiß(1988)도 서평에서 지적하고 있다시피 빈켈만은 막상 텐브룩의 비판이나 자신의 입장에 대해서는 별다른 해명을 하지 않은 채 예전의 이분법적인 체제를 고수하였다. 다만 제1부를 「일반적인 서문: 사회학의 대상 규정, 방법적 토대, 그리고 개념론 Allgemeine Einleitung: Gegenstandsbestimmung der Soziologie, methodische Grundlagen und Begriffslehre」이라 개칭하고, 제2부에는 「사회적 구조 형식, 제도 및 과정과 그 경제와의 관계 Gesellschaftliche Strukturformen, Institutionen und Prozesse in ihrer Beziehung zur Wirtschaft」라고 하는 새로운 제목을 붙였을 뿐이다. 본문에 커다란 변화가 있다고 한다면 제4판부터 자신이 보충해넣었지만 자의적인 '발명품'이라는 비판을 면하지 못했던 「국가사회학」 부분을 다시 제외하기로 한 것이다. 그는 1985년 11월에 작고하였기 때문에 내용 목차를 약간 보기 좋게 다듬은 것 이외에는 별로 새로운 것이 없는 자신의 제안이 과연 미래의 새로운 판본에 얼마나 반영될 것인지를 알 수 없게 되고 말았다.

한편 새로운『막스 베버 전집 Max Weber Gesamtausgabe』(1984~)의 편찬을 지휘하고 있는 편집자 가운데 한 사람인 슐루흐터는 「『경제와 사회』: 신화의 종말 Wirtschaft und Gesellschaft: Das Ende eines Mythos」(1988)이라는 1985년 12월에 기필한 논문에서 독자적인 저술 사적인 분석을 토대로 지금까지의 연구 성과를 다음과 같이 정리하였다: 1.『경제와 사회』는 2부(또는 3부)로 구성된 하나의 작품이 아니라, 거기에 인쇄되어 있는 본문은 책과 비슷한 형태의 다양한 단편들이라고 할 수 있는 것으로서『사회경제학 개요』라는 하나의 기획 아래 작성된 것이기는 하지만 모두가 하나의 긴밀한 연관을 이루고 있지는 않다. 그리고 베버가 1914년 '옛 원고'의 출판을 미룬 이유는 돌발적인 전쟁 때문이기도 하지만 그것이 미완성의 상태였기 때문이기도 하다. 2. 이제까지『경제와 사회』에 인쇄되어 온 유고는 하나의 전체로서 형성된 것이 아니라 상이한 시기와 기원에서 유래된 것이며 통일성을 지니고 있지 않다. 3. 『경제와 사회』라는 표제는 적어도 베버 자신에 의해서는 인가된 것이 아니기 때문에 다른 표제로 변경되어야 한다는 것이었다.

나아가 슐루흐터는 『경제와 사회』에 대하여 다음과 같은 새로운 편집 방향을 제의하였다. 1. 미완성의 '옛 원고'와 '새로운 원고'가 합쳐져서 하나의 작품을 이룰 수는 없다. 두 원고는 동일한 목적 아래 작성되었지만 상이한 개정(改訂) 단계를 드러내고 있기 때문에 서로 독립적인 초안으로 보아야 하며, 어느 하나를 다른 하나의 이문(異文) *Variante*으로 보아서는 아니된다. 2. 제2부(또는 제2, 3부)에 실려 있는 본문이 실제로 모두 '옛 원고'에 속하는 것인지 다시 검토되어야 한다. 지금까지 『과학론 논문집 *Gesammelte Aufsätze zur Wissenschaftslehre*』(1921)에 실려 온 「범주·논문」(특히 제IV항부터 제VII항까지)은 어떤 경우에든 '옛 원고'인 제2부의 맨 앞에 놓여져야 한다. 그렇지 않고서는 제2부에서 구사되고 있는 개념이 이해될 수 없기 때문이다. 빈켈만은 이러한 차이를 무시하였기 때문에 제1부의 첫 머리에 위치해 있는 「사회학적 기본 개념」이 제2부의 '옛 원고'에 대해서도 타당성을 지니고 있다는 그릇된 판단을 유발했다. '옛 원고'의 방법적 및 개념적 토대로서의 의의를 지니고 있는 「범주·논문」을 베버가 따로 떼어내어 1913년에 별도로 발표한 이유는 한편으로는 자신의 새로운 사회학적 관점을 학계에 널리 알리기 위해서였을 뿐만 아니라, 다른 한편으로는 『사회경제학 개요』의 집필자들이 방법적 및 정치적으로 상이한 진영에 속하는 사람들이기 때문에 사회과학의 체계적인 인식론에 관한 베버 자신의 입장을 여기에 개진한다는 것은 『사회경제학 개요』가 지닌 모음집으로서의 특성에 맞지 않는다고 자제하였기 때문이었다. 3. 베버가 『사회경제학 개요』를 위한 자신의 원고의 표제로 인가한 것은 '경제와 사회적 질서 및 힘'이며, 이 표제는 '옛 원고'나 '새 원고'에 모두 해당된다. 『경제와 사회』라는 표제는 첫번째 편집자였던 마리안네 베버가 이분법적인 체제를 정당화하기 위하여 원래의 표제인 '경제와 사회적 질서 및 힘'을 하나의 하위 제목으로 밀어내린 다음에 임의로 설정한 것이어서, 이분법적인 체제를 포기하면 원래의 표제는 자연스럽게 되살아날 수 있다. 베버의 '이해(理解) 사회학'은 주지하다시피 '사회'라는 개념을 실체화의 위험 때문에 적극 기피하고 있다는 사정을 염두에 둔다면『경제와 사회』라는 표제는 더욱 적절하지 못하다. 다만 두 원고를 구분하기 위해서 '옛 원고'에는 '유고'라는 단서(但書)를 덧붙이는 것이 바람직하다. 4. 두 원고는 집필된 시기의 순서대로 다시 배치되어야 하며, 즉 1909/10년의「주제 분배 계획」이 맨 처음에 오고 '새로운 원고' (제1부)의 마지막 장인 제IV장이 말미를 장식해야 하며, 제시되는 본문에서는 두 원고가 모두 단편적이라고 하는 사실이 명확하게 노출되어야 한다. 요컨대 현재의『경제와 사회』와의 작별은 불가피하며, 어떤 재회가 이루어질 수 있을 것인가 하는 문제는 기존의 판본을 뛰어넘어 어떤 판본이 새롭게 편집될 수 있는지에 따라 해결될 수 있다는 것이다.

그런데『경제와 사회』의 새로운 본문 배열에 하나의 실마리를 제공할 수 있는 발견이 그 사이에 일본의 사회학자인 오리하라 Hiroshi Orihara에 의해서 이루어졌다. 그는 이미 1986년에 독립적으로 텐브룩의 비판을 검토하고 나서 작품 전체의 통일성을 전제로 한 이분법적인 구성이 한낱 신화에 지나지 않으며 정확한 독해에 걸림돌이 되어 왔다는 결론을 도출하기도 했다. 특히 베버가 '옛 원고'와 '새로운 원고'에서 서로 다른 사회학적 기본 개념을 사용하고 있다는 사실이 은폐되었던 것은 이분법적 체제라는 가정이 베버 사회학의 해석에 끼친 영향 가운데서도 가장 해로운 것이었다고 한다. 그러나 텐브룩처럼『경제와 사회』로부터 일방적으로 발길을 돌려서는 아니되고「세계 종교의 경제 윤리」와 상호 분업적인 관계에 있는『경제와 사회』의 '옛 원고'(제2부)를 원래의 모습대로 재구성해내는 작업이 관건이며, 그 다음에 이 원고가 '새로운 원고'에로 발전할 수 있었던 내력과 잠재력을 성찰해보아야 할 것이라고 지적하였다. 그는 우선 1914년의 「전집의 편제」에 나타나 있는 베버의 집필 구상이 적어도 '옛 원고'에 대해서는 여전히 타당성을 지니고 있다고 생각한다. 마리안네 베버와 빈켈만의 오류는 '1914년의 계획'이 '옛 원고'에만 제한적으로 타당한 것으로 생각하지 않고, '옛 원고'와 '새로운 원고'가 통합되어 있는 작품 전체에 대하여 타당한 것으로 추측했던 데 있다는 것이다. 그리하여 마리안네 베버는 이 계획이 막스 베버의 '옛 원고'에 있어서도 이미 파기되었다고 하는 성급한 판단을 내렸고, 빈켈만은 '새로운 원고'를 작품 전체의 개념적 및 방법론적 기초로 생각하는 우를 범했다는 것이다. 나아가 오리하라는 '옛 원고'를 재구성하는 데 있어서 '옛 원고'의 전반에 걸쳐 그물처럼 얽혀 있는 전후(前後) 참조 지시 *Voraus-, Rück- und Andernortsverweise*가 결정적인 지침이 될 수 있음을 밝혔다. 전후 참조 지시의 그물을 확인하는 작업은 실제로는 빈켈만(1986)이 그의 조교인 본피히 Bonfig에게 위임한 바도 있지만 실현되지는 못했었다. 오리하라에 의하면 빈켈만이 이 일을 어쨌든 손수 행하지 않았을 터이기 때문에 그 어려움과 중요성을 제대로 인식하지는 못했을 것이라고 시사하였다. 오리하라는 「막스 베버의 『경제와 사회』와의 '작별'을 넘어서서 그 재구성을 위하여 Über den 'Abschied' hinaus zu einer Rekonstruktion von Max Webers Werk: *Wirtschaft und Gesellschaft*」(1992~93)라는 제목의 2부작으로 이루어진 논문에서 마리안네 베버가 편집한 초판의 제2, 3부('옛 원고')에 나타나 있는 447군데의 전후 참조 지시와 빈켈만이 자신이 설정한 구성 이념에 유리하도록 고쳐 쓴 18군데의 전후 참조 지시의 진위(眞僞)를 면밀하게 추적하였다. 그리하여 텐브룩이나 슐루흐터는 '옛 원고'가 이미 마리안네 베버에 의해 적잖이 변형되었을 것으로 추정하였으며 빈켈만에 이르러서는 그 정도가 더욱 심하다고 했지만, 적어도 마리안네 베버가 펴낸 초판의 본문에는 작품 내적인 전후 참조 지시가 거의 베버의 초고 상태대로 보존되어 있으며 그 내재적인 상호 연관성도 신뢰할 수 있을 만한 것이라는 주장을 오리하라는 할 수 있기에 이르렀다. 왜냐하면 초판본에서 발견되는 447군데의 전후 참조 지시 가운데 아귀가 맞지 않는 곳은 40군데에 불과하며, 이것마저도 막스 베버의 부주의에서 연유한 것이 아니라 그 대부분이 마리안네 베버가 본문을 잘못 배열한 데서 비롯한 것임을 오리하라(1994)는 증명할 수 있었기 때문이다. 전후 참조 지시가 거의 완벽에 가까운 그물을 형성하고 있다는 사실은, 베버가 완성품으로 발표했던 다른 저술에 쳐져 있는 그와 같은 종류의 그물도 완벽하다는 사정을 고려할 때, '옛 원고'가 높은 수준의 완성도와 더불어 체계적인 긴밀성을 지니고 있음을 웅변하는 확고한 기록상의 근거라는 것이다. 따라서 초판에서 틀려 있는 전후 참조 지시가 제대로 역할을 하도록 본문을 다시 배치하고 '옛 원고'의 개념적 토대인 「범주 · 논문」을 통합한다면 '옛 원고'의 진정한 원래의 모습이 '1914년의 계획'대로 복원될 수 있을 것이라고 했다.

이렇게 해서 『경제와 사회』의 편집은 새로운 국면을 맞이하게 되었다. 지금까지의 논의를 종합해보면 아직까지 해결되지 못한 쟁점이 몇 가지 남아 있기는 하지만 미래의 새로운 판본에서는 적어도 다음과 같은 몇 가지 사항은 반드시 수용될 것으로 여겨진다. 1. 이분법적 체제는 여하튼 해소될 것이다. 2. 책 전체를 위한 표제는 '경제와 사회'가 아니라 '경제와 사회적 질서 및 힘'이 될 것이다. 3. '옛 원고'에는 이것이 유고라는 사실이 명기될 것이다. 4. '옛 원고'에는 그 개념적 토대인 「범주 · 논문」의 일부 또는 전부가 어떻게든 첨가될 것이다. 5. 빈켈만이 제4판부터 '옛 원고'에 보완해넣었던 「국가사회학」 부분은 제외될 것이다. 6. '새로운 원고'(제1부)는 '옛 원고'의 앞에 위치하든 뒤에 위치하든 그 자체의 내적 배열은 전혀 문제될 것이 없다. 그러나 '옛 원고'는 어떤 형태로든 새롭게 배열될 것이 분명하다. 다만 이에 대해서 슐루흐터는 텐브룩과 마찬가지로 그 단편성과 미완성을 강조하여 집필 시기에 따른 재배치를 주장하고 있는 반면에, 오리하라는 그 높은 완성도와 내적 통일성을 확신하고서 전후 참조 지시에 의거한 재구성을 권유하고 있기 때문에 상당한 진통이 예상된다.

5. 맺는 말

이제까지 우리는 오늘날 『경제와 사회』라는 이름 아래 세상에 널리 알려져 있는 베버의 초고가 『사회경제학 개요』라는 새로운 경제학적 모음집의 간행과 밀접한 연관 속에서 집필되었던 과정과 그 편집의 경과를 되돌이켜보고 기존의 판본에 대한 최근의 비판적인 저술사적 분석을 살펴보았다. 후세의 사회과학도들의 입에 무수히 오르내리면서도 마르크스 Karl Marx의 『자본론 Das Kapital』처럼 전체로서는 사실상 드물게 읽혀지고 있는 『경제와 사회』는 베버 자신의 표현을 빌리자면 '뜨거운 땀'을 흘려 작성된 노작이다. 그러나 마리안네 베버와 팔뤼의 야심적인 편집과 두번째 편집자인 빈켈만의 부지런한 개선에도 불구하고 현재의 판본이 저자의 의도를 완전히 적중하지는 못하고 있다는 데 의견의 일치가 이루어져 있음을 알 수 있었다. 거기서는 언뜻 보기에 아주 외적인 물음인 작품의 이분법적 구성과 이와 밀접하게 연관되어 있는 내적인 체계적 통일성의 문제가 중심적인 역할을 하고 있었다. 『경제와 사회』가 겪어온 판본의 변화는 그 원고가 다소간에 미완성의 유고라고 하는 사실에서 기인한다고 해야 할 것이다. 그렇지만 빈켈만이 편찬한 제5판은 지금까지 『경제와 사회』의 최종본으로 기능하고 있을 뿐만 아니라 앞으로도 상당 기간 널리 이용될 수밖에 없을 것으로 보인다. 따라서 본 번역본은 제5판을 번역의 대본으로 사용하였다. 그리고 제1부를 한 권에 담고, 제2부를 두세 권으로 나누고자 한다. 『경제와 사회』를 모두해서 서너 권으로 나누어 번역하려는 것이다. 다만 본 번역본에서는 제5판을 있는 그대로 전부 우리말로 옮기되, 『경제와 사회』의 판본에 대한 최근의 비판적인 연구 성과 중에서 학계의 공감을 얻고 있는 부분 가운데 기술적으로 수용이 가능한 사항은 적극적으로 반영해보고자 한다.

빈켈만이 편찬한 『경제와 사회』의 제5판은 제1부와 제2부로 구성되어 있다. 빈켈만은 제1부('새로운 원고')를 「사회학적 범주론」(pp. 1~180)이라 부르고, 제2부('옛 원고')에는 「경제와 사회적 질서 및 힘」(pp. 181~870)이라는 제목을 달아놓았다. 그러나 『경제와 사회』의 발생사에 관한 최근의 연구는 그러한 이분법적 구분이 막스 베버의 의도와 일치하지 않는다고 하는 사실을 밝혀냈다. 제1부와 제2부는 모두 '경제와 사회적 질서 및 힘'이라는 포괄적인 주제에 관하여 제각기 다른 시기에 집필된 서로 이질적인 초고라는 것이다. 그래서 본 번역본에서는 독자가 이러한 사실을 분명히 알 수 있게 하기 위하여 제1부와 제2부라는 제목을 없애고, 그 대신 제1부인 '새로운 원고'에는 '경제와 사회적 질서 및 힘 I(1918~1920)'이라는 제목을 그리고 제2부인 '옛 원고'에는 '경제와 사회적 질서 및 힘 II(1910~1914)'이라는 제목을 새로 달았다. 또한 빈켈만이 사용했던 원래의 제목을 〔 〕 안에 처리하여 새로운 제목의 바로 밑에 위치시킴으로써 독자가 쉽게 참조할 수 있도록 배려하였다. '옛 원고'에는 이것이 유고임을 부기(附記)하였다.

책의 표제로서는 『경제와 사회』를 그대로 두고자 한다. 물론 그 동안의 저술사적 연구에 의하면 미래의 새로운 판본에서는 표제가 '경제와 사회적 질서 및 힘'으로 변경되어야 한다는 데 입을 모으고 있기는 하다. 그리고 모르 출판사 자체의 「막스 베버 전집에 대한 안내서 Prospekt der Max Weber Gesamtausgabe」(1981)에 의하면 『경제와 사회』라는 표제가 새로운 『막스 베버 전집』에서는 '경제와 사회적 질서 및 힘'으로 바뀌어질 것임을 알리고 있다. 그럼에도 불구하고 역자는 일단 『경제와 사회』라는 책명을 사용한다. 우리가 그 동안 『경제와 사회』라는 표제와 매우 친숙해져 있는데, 새로운 이름을 채용함으로써 불필요한 혼동을 야기할 필요는 없다고 보기 때문이다. 베버의 다른 저술을 읽어본 사람이라면 누구나 알고 있다시피 사실은 베버도 자신의 원고를 때로는 그냥 '경제와 사회'라고 지칭하기도 했다. 더구나 본 번역본에서는 '경제와 사회적 질서 및 힘'이라는 명칭을 책 내부에서 '새로운 원고'와 '옛 원고'의 공통적인 제목으로 사용할 것이기 때문에, 두 원고를 포괄하는 책 전체를 위한 표제로서는 『경제와 사회』를 그대로 두어도 크게 해롭지는 않을 것이라고 생각한다.

나아가 본 번역본에서는 '옛 원고'의 첫 머리에 「범주·논문」을 '보완'하고자 한다. 앞에서 살펴보았던 저술사적 비판에서 거듭 지적되었다시피 이 논문에 해설되어 있는 사회학적 기본 개념에 대한 이해가 전제되어야만 '옛 원고'의 독해가 무리없이 이루어질 수 있기 때문이다. 그리고 빈켈만이 보충한 바 있는 「국가사회학」 부분을 제외하려 한다. 이것은 빈켈만(1986)이 자신의 입장을 수정하여 스스로 제안했던 바이기도 하다. 이 밖에 '옛 원고'의 본문을 다시 배열하는 작업은 본 번역본에서는 단념하기로 한다. 그 올바른 배치 상태에 대하여 아직은 학자들 사이에 의견이 수렴되어 있지도 않거니와, 역자의 능력을 넘어서는 섣부른 개입으로 인하여 그렇지 않아도 난해한 본문에 더해서 또다른 혼란을 가중시킬 수는 없는 노릇이기 때문이다. 그러나 장차 '옛 원고'에 대하여 확정적인 새로운 판본이 나온다면 곧바로 수용할 생각이다.

참고삼아 덧붙이자면 『경제와 사회』의 후신(後身)이 될 미래의 『경제와 사회적 질서 및 힘』은 「막스 베버 전집에 대한 안내서」에 의하면 약 1500~2000페이지의 분량을 예상하고 있으며, 모두 세 권으로 분책될 것으로 예정되어 있다. 미래의 이 새로운 판본에서도 「정당한 지배의 세 가지 순수한 유형」과 「음악사회학」 부분은 제외될 것으로 나타나 있다. 빈켈만이 제4판부터 보충한 「국가사회학」 부분도 이 새로운 전집에서는 빠질 것이 확실하다. 『막스 베버 전집』 중에서도 가장 어려운 작업 가운데 하나로 손꼽히고 있는 『경제와 사회적 질서 및 힘』의 출간은 그 예정 연도가 아직 잡혀져 있지 않으며, 출간 연도가 미리 명시되어 있던 전집의 다른 책들도 그 간행이 자꾸만 늦어지고 있다(1981년에 최종 계획이 확정되어 1984년에 그 첫 권을 선보인 새로운 『막스 베버 전집』은 모두해서 33권을 출판하기로 예정되어 있는데, 1996년 현재까지 14권이 출간되었다).

『경제와 사회』는 체계적으로나 역사적으로 포괄하고 있는 분야가 워낙 광범위해서 여러 학문 분야로부터 수용의 대상이 되어왔을 뿐만 아니라, 사회학적 지식의 백과사전적인 창고로 이해되기도 했다. 그러나 사회학의 모든 가능한 영역을 망라하는 일반 사회학을 서술하는 것이 이 책을 기획한 베버의 목표는 아니었다. 오히려 그의 목표는 한편으로는 인류의 역사가 노정해 온 상이한 경제의 형식과 다른 한편으로는 사회 문화적 연관의 제도적 결정체라고 할 수 있는 다양한 형식의 지배, 법, 그리고 종교 사이의 구조적 연관을 체계적으로 분석하는 데 있었다. 베버는 특히 근대 문화에 결정적인 영향을 끼친 근대 자본주의와 여러 가지 사회적 질서 및 힘 사이의 역동적인 관계 속에서 근대 사회와 인간의 운명을 성찰해보고자 했다. 더욱이 베버가 활동하던 당시에는 경제학과 사회과학이 아직 명확하게 분리되지 않은 채 전반적으로 동일시되고 있었다. 따라서 『경제와 사회』가 다루고 있는 내용은 그 사이에 내적 분화를 거듭해 온 사회학의 한 분과인 좁은 의미에서의 '경제사회학'이 취급하는 영역을 훨씬 넘어서 있다. 물론 근대 자본주의가 지니고 있는 시대적 의의에 걸맞게 '경제'라는 실제적인 생활 영역이 하나의 중심적인 관점으로서 전편에 배어 있기는 하지만 말이다.

베버 자신이 그의 다른 저술과 관련하여 『경제와 사회』에 어떤 지위를 부여하였는가, 그리고 미완성의 상태인 본문의 확정적인 형태와 배열 순서는 어떠하였을까 하는 문제에 대해서는 논쟁의 여지가 남아 있다. 그렇지만 한 가지 분명한 사실은, 베버가 그의 생애의 마지막 10년 동안(1910~1920) 줄기차게 추구했던 중심적인 물음에 대하여, 즉 '합리성(또는 합리주의, 합리화)'의 문제에 대하여 이 책은 미완성의 단편이라는 형식적인 제약 속에서도 일종의 체계적인 사회학적 대답을 제시하고 있다는 것이다.

　베버의 합리성이라는 개념은 흔히 근대의 서구 문화만을 설명하고 특징짓는 고정적인 범주로 인식되어 왔다. 그리고 실제로 그의 이론적 및 실천적인 가치 기반은 근대 서구의 합리성이었다. 하지만 그가 거듭해서 강조하였다시피 합리주의란 상대적이면서도 역사적인 개념이며, 내부에 수많은 대립적 내용을 안고 있는 개념이다. 모든 문화와 시대는 제각기의 독특하고 고유한 합리성을 지니고 있으며, 합리성과 비합리성이란 가치 관점에 따라 얼마든지 달라질 수 있는 잠정적인 성격의 것이라는 논리다. 또한 합리화란 삶의 특정한 분야나 방향에 국한되는 개념이 아니다. 그것은 다양한 생활 영역에서 여러 종류의 방향으로 전개되는 사회 문화적인 발전을 담아내는 개념이다. 나아가 제각각의 생활 분야에서 이루어지는 자기 법칙적인 발전들이 일사불란한 평행선을 그으며 진행되는 것은 아니라는 점을 그는 누누이 상기시키고 있다. 이를테면 이론적 합리성과 실천적 합리성, 형식적 합리성과 실질적 합리성 등의 구분은 인간 생활의 그와 같이 역동적인 모습을 파악하기 위해 고안된 개념적 도구였다. 따라서 베버의 합리화라는 개념은 거칠게 말하자면, 인간이 자신의 내적 및 외적인 자연을 인위적으로 가공하여 시간적·공간적으로 다양한 문화의 세계에로 가꾸고 다듬어가는 복잡다단한 과정을 나타낸다고 할 수 있다. 베버는 합리주의, 합리화, 또는 합리성이라는 개념을 다종다양한 성격의 세계 문화와 그 착종된 발전의 이해에 도움이 되는 일종의 '전망주의적 만화경'으로 유연하게 사용한다. 그리고 '합리성'이라는 아리아드네Ariadne의 실에 의지하여 세계사의 미로 속에서 인간이 역사적·문화적으로 산출해내었던 다양한 삶의 가능성을 확인하고, 이것을 사회학적인 이상형적 유형론 *idealtypische Typologie*의 형태로 우리에게 파노라마처럼 펼쳐 보인다. 그러기에 빈켈만은 『경제와 사회』가 '인류의 세계사에 대한 구조적 현상학 *Strukturphänomeno-logie*'을 연출하고 있다고 간결하게 그 성격을 특징짓기도 했던 것이다. 이러한 이론적 성찰을 바탕으로 베버는 서구적 문화 발전의 합리적 요소가 지닌 특징적인 점을 비서구적 문화 영역에서 노정된 고유한 합리성과 차별적으로 대비하여 보다 분명하게 지적하는 한편, 세계사적 보편성과 타당성을 획득한 것으로 믿어지고 있는 근대 서구적 합리주의에 기초한 근대 사회와 문화의 과거와 현재 그리고 미래의 운명을 점검하고 전망해보았던 것이다.

오늘날 서로 이질적인 사회와 문화가 '근대'라는 무대를 배경으로 무차별하게 뒤섞여지고 있는 현실을 두고 볼 때, 바로 인간의 역사적·문화적으로 다양한 삶의 역정을 개관하고 있을 뿐만 아니라 그 가능성과 한계를 진단하고 있는 『경제와 사회』는 이른바 '세계화 *Globalisierung*'의 시대를 살아야 하는 우리에게 세계사에 대한 하나의 사회학적 지형학의 길잡이로서의 역할을 할 수 있을 것이며, '근대'의 문제를 이해하고 극복할 수 있는 일종의 정신적 도구로서 활용될 수도 있을 것이다. 하지만 대부분의 사물이 그러하듯 『경제와 사회』도 우리가 그에게 다가가는 만큼만 스스로의 속내를 드러내 보일 것이다. 『경제와 사회』와의 의미 있는 만남은 결국 우리 자신의 능력과 의지에 달려 있는 것이다.

막스 베버의 『경제와 사회』에 관한 한 그 동안 국내에서는 일반적으로 영역본이나 일역본을 참조해온 것이 사실이다. 그러나 일역본의 경우에는 무엇보다도 여러 사람에 의해 상호 연관 없이 나누어 번역되었기 때문에 개별적인 장(章)이 서로 다른 출판사에 의해 독립적으로 간행되어 있다고 하는 분산성과 용어의 비통일성이 문제점으로 여겨진다. 영역본의 경우에는 여러 학자에 의해 서로 다른 시기에 부분적으로 번역되었어도 로트와 위티치가 나중에 통일적인 연관 속에 정리하여 편집하였기 때문에 일역본에서와 같은 용어상의 비일관성은 얼마간 제거되었지만, 원문의 강조된 부분이 완전히 도외시되어 있을 뿐만 아니라 편의주의적인 축역이 간간이 눈에 띤다. 우리말 번역에서는 영역본과 일역본을 타산지석(他山之石)으로 삼아 가능한 한 그와 같은 결함을 불식해보고자 했다. 그렇다고 해서 영역본과 일역본이 적극적인 의미에서도 역자의 번역에 하나의 척도로서의 역할을 수행하였다는 뜻은 물론 아니다. 역자는 오히려 독일어 원전에 충실한 직접적인 번역을 시도하였다. 난삽하기는 해도 처음부터 끝까지 정교하고 일관된 개념과 양식이 구사되어 있는 원문의 형식과 내용 그 자체를 일단은 있는 그대로 소개하는 일이 무엇보다도 중요하다고 생각했기 때문이다. 그러나 적절한 역어를 선택하는 데 있어서 역자는 수많은 시행착오를 겪어야만 했다. 이러한 고심에도 불구하고 뜻하지 않은 오역의 가능성을 부인할 수 없으며, 필요한 경우에는 수정해나갈 작정이다.

이 제1권은『경제와 사회』의 제5판 가운데 '제1부'('새로운 원고')를 우리말로 옮긴 것이다. 그 가운데 제I장인「사회학적 기본 개념」은 양회수(梁會水,『社會科學 論叢』, 막스 베버 저, 을유문화사, 1975, pp. 73~135)에 의해서 번역된 바 있다. 그리고 짤막한 제IV장이 임영일 · 차명수 · 이상률에 의해 공동 번역되어『막스 베버 선집』(까치, 1991, pp. 147~53)에 실려 있다. 제II장과 제III장은 국내 초역이다.

경제학의 전문 용어를 옮기는 데 있어서는 독일의 뮌헨 대학에서 경제학을 전공한 바 있는 정여천(鄭余泉) 박사의 조언을 참고하였다. 그는 바쁜 가운데서도 독자의 입장에서 제II장을 통독하고 적절하고도 유익한 지적을 해주었다. 그래도 전문 경제학자의 입장에서 볼 때 번역에 미진한 점이나 오류가 발견된다면 이것은 전적으로 역자의 책임이다.

원문에서 따옴표(보기: "Handeln")로 강조되어 있던 부분이 편집 기술적인 이유 때문에 번역문에서는 작은 따옴표(보기: '행위')로 강조되어 있다. 그리고 원문에서 띄어쓰기(보기: Ｈａｎｄｅｌｎ)에 의해 강조되어 있던 부분은 번역문에서는 굵은 고딕체(보기: 행위)로 강조되어 있다. 번역된 본문에서 [ ] 안의 낱말은 편집자인 빈켈만이 첨가한 것이고, 〔 〕 안의 낱말은 역자가 본문의 이해를 돕기 위해서 첨가한 것이다. 빈켈만이 본문에 달아놓았던 편집자 각주도 본 번역본에서는 주해되어 있는 본문의 해당 부분에 바로 뒤이어 [ ] 안에 처리하였다.

원문에 비해서 약간 개선된 점이 있다. 원문에는 약식으로 인용되어 있는 참고 문헌을 번역문에서는 『해설본』에 의지하여 보다 완전한 모습으로 제시하였다. 그러나 『해설본』에 주해되어 있는 내용을 모두 적극적으로 수용할 수는 없었다.

인명 색인과 사항 색인을 작성하는 데 있어서는 제5판의 그것을 대폭 수용하였다.

이 책이 나오기까지 역자는 여기서 일일이 열거할 수 없는 많은 분들로부터 지원과 격려를 받았다. 앞으로 보다 나은 번역과 경우에 따라서는 적절한 바로잡기가 이루어질 수 있도록 지속적인 성원과 아울러 질정(叱正)을 바란다. 그리고 어려운 여건 속에서도 이 현대의 고전을 출판하기로 기획하고 천학비재한 역자에게 중임을 맡겨주신 김병익·정문길 선생님께 고마운 말씀을 드린다.

참고 문헌

Baier Horst/M. Rainer Lepsius/Wolfgang J. Mommsen/Johannes Winckelmann, 1981, *Prospekt der Max Weber Gesamtausgabe*, Tübingen: J. C. B. Mohr(Paul Siebeck).

Fischoff Ephraim, trans., 1963, *The Sociology of Religion*, Boston:

Beacon Press.

Gerth Hans/C. Wright Mills, trans. and eds., 1946, *From Max Weber: Essays in Sociology*, New York: Oxford University Press.

Kolegar, Ferdinand, trans., 1961, "The Household Community" and "Ethnic Groups," in: T. Parsons et el., eds., *Theory of Society*, New York: The Free Press of Glencoe.

Mommsen, Wolfgang, 1974, *The Age of Bureaucracy. Perspectives on the Political Sociology of Max Weber*, Oxford: Basil Blackwell.

Orihara, Hiroshi, 1986, "Nibukosei-shinwa no shuen[Das Ende der Zweiteilungs-Mythen]," *The Proceedings of the Department of Social Science 36*, hg. von The Department of Social Science, College of Arts and Science, University of Tokyo, pp. 1~92.

──────, 1992, "Über den 'Abschied' hinaus zu einer Rekonstruktion von Max Webers Werk: *Wirtschaft und Gesellschaft*. 1.Teil. Vorbemerkung und I.Eine kritische Untersuchung der von Johannes Winckelmann umgeschriebenen Voraus- und Zurückweisungen im Text des 2.Teils," *Working Paper*, Nr. 30, hg. von The Department of Social and International Relations, University of Tokio.

──────, 1993, "Op. cit., 2.Teil. II.Das Authentizitätsproblem der Voraus- und Zurückverweisungen im Text des 2. und 3.Teils der 1. Auflage als eine Vorfrage zur Rekonstruktion des Manuskripts 1911~1913," *Working Paper*, Nr. 36, University of Tokio.

──────, 1994, "Eine Grundlegung zur Rekonstruktion von Max Webers Werk *Wirtschaft und Gesellschaft* Die Authentizität der Verweise im Text des '2. und 3.Teils' der 1.Auflage," in: *Kölner Zeitschrift für Soziologie und Sozialpsychologie 46*, pp. 103~21.

Parsons, Talcott, 1930, "Translator's Preface," in: Max Weber, *The*

Protestant Ethic and the Spirit of Capitalism, translated by T. Parsons, New York: Charles Scribner's Son, 1958.

————, ed.(A. M. Henderson and T. Parsons, trans.), 1964[1947], *The Theory of Social and Economic Organization*, New York: The Free Press of Glencoe.

Rheinstein, Max, ed.(Edward Shils & Max Rheinstein, trans.), 1954, *Max Weber on Law in Economy and Society*, Cambridge, Mass.: Harvard University Press.

Roth, Guenther, 1979, "Abschied oder Wiedersehen? Zur fünften Auflage von Max Webers *Wirtschaft und Gesellschaft*," in: *Kölner Zeitschrift für Soziologie und Sozialpsychologie 31*, pp. 318~27.

Roth, Guenther/Wittich, Claus, ed., 1968, *Max Weber. Economy and Society. An Outline of Interpretive Sociology*, 3 vols., New York: Bedminster Press.

Schluchter, Wolfgang, 1978, "Max Webers Gesellschaftsgeschichte. Versuch einer Explikation," in: *Kölner Zeitschrift für Soziologie und Sozialpsychologie 30*, pp. 438~67.

————, 1988, "*Wirtschaft und Gesellschaft*: Das Ende eines Mythos," in: Ders, *Religion und Lebensführung*, Bd.2., Frankfurt a.M.: Suhrkamp.

Tenbruck, Friedrich H., 1975a, "Das Werk Max Webers," in: *Kölner Zeitschrift für Soziologie und Sozialpsychologie 27*, pp. 663~702.

————, 1975b, "Wie gut kennen Wir Max Weber? Über Maßstäbe der Weber-Forschung im Spiegel der Maßstäbe der Weber-Ausgaben," in: *Zeitschrift für die gesamte Staatswissenschaft 131*, pp. 719~42.

————, 1977, "Abschied von Wirtschaft und Gesellschaft. Zur Besprechung der 5. revidierten Auflage mit textkritischen Erläuterungen herausgegeben von Johannes Winckelmann, Tübingen 1976," *Zeitschrift für die gesamte Staatswissenschaft 133*, pp. 703~36.

Weber, Marianne, 1984[1926], *Max Weber. Ein Lebensbild*, Tübingen: J. C. B. Mohr(Paul Siebeck).

Weber, Max, 1904, "Die protestantische Ethik und der 'Geist' des Kapitalismus. I.Das Problem," in: *Archiv für Sozialwissenschaft und Sozialpolitik*, 20. Bd, 1. Heft, pp. 1~54.

————, 1905, "Die protestantische Ethik und der Geist des Kapitalismus. II. Die Berufsidee des asketischen Protestantismus," in: *Archiv für Sozialwissenschaft und Sozialpolitik*, 21. Bd, 1. Heft, pp. 1~110.

————, 1913, "Ueber einige Kategorien der verstehenden Soziologie," in: *Logos. Internationale Zeitschrift für Philosophie der Kultur*, 4. Band, 3. Heft, pp. 253~94.

————, 1915, "Die Wirtschaftsethik der Weltreligionen. Religionssoziologische Skizzen. Einleitung. Der Konfuzianismus I. II.," in: *Archiv für Sozialwissenschaft und Sozialpolitik*, 41. Bd, 1. Heft, pp. 1~87.

————, 1915, "Die Wirtschaftsethik der Weltreligionen.(Zweiter Artikel). Der Konfuzianismus III, IV.(Schluß). Zwischenbetrachtung: Theorie der Stufen und Richtungen religiöser Weltablehnung," in: *Archiv für Sozialwissenschaft und Sozialpolitik*, 41. Bd, 2. Heft, pp. 335~421.

————, 1916, "Die Wirtschaftsethik der Weltreligionen.(Dritter Artikel). Hinduismus und Buddhismus," in: *Archiv für Sozialwissenschaft und Sozialpolitik*, 41. Bd, 3. Heft, pp. 613~744.

―――, 1916, "Die Wirtschaftsethik der Weltreligionen. Hinduismus und Buddhismus.(Fortsetzung)," in: *Archiv für Sozialwissenschaft und Sozialpolitik*, 42. Bd, 2. Heft, pp. 345~461.

―――, 1917, "Die Wirtschaftsethik der Weltreligionen. Hinduismus und Buddhismus.(Schluß)," in: *Archiv für Sozialwissenschaft und Sozialpolitik*, 42. Bd, 3. Heft, pp. 687~814.

―――, 1917, "Die Wirtschaftsethik der Weltreligionen. Das antike Judentum," in: *Archiv für Sozialwissenschaft und Sozialpolitik*, 44. Bd, 1. Heft, pp. 52~138.

―――, 1918, "Die Wirtschaftsethik der Weltreligionen. Das antike Judentum.(Fortsetzung)," in: *Archiv für Sozialwissenschaft und Sozialpolitik*, 44. Bd, 2. Heft, pp. 349~443.

―――, 1918, "Die Wirtschaftsethik der Weltreligionen. Das antike Judentum.(Fortsetzung)," in: *Archiv für Sozialwissenschaft und Sozialpolitik*, 44. Bd, 3. Heft, pp. 601~26.

―――, 1918, "Die Wirtschaftsethik der Weltreligionen. Das antike Judentum.(Fortsetzung)," in: *Archiv für Sozialwissenschaft und Sozialpolitik*, 46. Bd, 1. Heft, pp. 40~113.

―――, 1919, "Die Wirtschaftsethik der Weltreligionen. Das antike Judentum.(Fortsetzung)," in: *Archiv für Sozialwissenschaft und Sozialpolitik*, 46. Bd, 2. Heft, pp. 311~66.

―――, 1919, "Die Wirtschaftsethik der Weltreligionen. Das antike Judentum.(Schluß)," in: *Archiv für Sozialwissenschaft und Sozialpolitik*, 46. Bd, 3. Heft, pp. 541~604.

―――, 1920, *Gesammelte Aufsätze zur Religionssoziologie*, Bd. I(Vorbemerkung: Die protestantische Ethik und der Geist des Kapitalismus: Die Wirtschaftsethik der Weltreligionen.

Vergleichende religionssoziologische Versuche. Einleitung; I. Konfuzianismus und Taoismus; Zwischenbetrachtung: Theorie der Stufen und Richtungen religiöser Weltablehnung), Tübingen: J. C. B. Mohr(Paul Siebeck).

————, 1921, *Gesammelte Aufsätze zur Religionssoziologie*, Bd. II(Die Wirtschaftsethik der Weltreligionen. II. Hinduismus und Buddhismus), Tübingen: J. C. B. Mohr(Paul Siebeck).

————, 1921, *Gesammelte Aufsätze zur Religionssoziologie*, Bd. III(Die Wirtschaftsethik der Weltreligionen. III. Das antike Judentum; Nachtrag. Parisäer), Tübingen: J. C. B. Mohr(Paul Siebeck).

————, 1921, *Grundriss der Sozialökonomik. III. Abteilung. Wirtschaft und Gesellschaft, I. Die Wirtschaft und die gesellschaftlichen Ordnungen und Mächte. Erster Teil*, [hrsg. von Marianne Weber], Tübingen: J. C. B. Mohr(Paul Siebeck).

————, 1921, "Die Stadt. Eine soziologische Untersuchung," in: *Archiv für Sozialwissenschaft und Sozialpolitik*, 47. Band, 3. Heft, pp. 621~772.

————, 1921, *Grundriss der Sozialökonomik. III. Abteilung. Wirtschaft und Gesellschaft, Zweite Lieferung*, [hrsg. von Marianne Weber], Tübingen: J. C. B. Mohr(Paul Siebeck).

————, 1921, *Die rationalen und soziologischen Grundlagen der Musik. Mit einer Einleitung von Th. Kroyer*, München: Drei Masken Verlag.

————, 1922, "Die drei reinen Typen der legitimen Herrschaft. Eine soziologische Studie," in: *Preußische Jahrbücher*, Band 187, 1. Heft, pp. 1~12.

————, 1922, *Grundriss der Sozialökonomik. III. Abteilung. Wirtschaft und Gesellschaft, Dritte Lieferung*, [hrsg. von Marianne Weber],

Tübingen: J. C. B. Mohr(Paul Siebeck).

————, 1922, *Grundriss der Sozialökonomik. III. Abteilung. Wirtschaft und Gesellschaft, Vierte Lieferung*, [hrsg. von Marianne Weber], Tübingen: J. C. B. Mohr(Paul Siebeck).

————, 1922, *Grundriss der Sozialökonomik. III. Abteilung. Wirtschaft und Gesellschaft*, [hrsg. von Marianne Weber], Tübingen: J. C. B. Mohr(Paul Siebeck).

————, 1922, *Gesammelte Aufsätze zur Wissenschaftslehre*, [hrsg. von Marianne Weber], Tübingen: J. C. B. Mohr(Paul Siebeck).

————, 1925, *Grundriss der Sozialökonomik. III. Abteilung. Wirtschaft und Gesellschaft*, [hrsg. von Marianne Weber], 2., vermehrte Auflage., 2 Hbde., Tübingen: J. C. B. Mohr(Paul Siebeck).

————, 1947, *Grundriss der Sozialökonomik. III. Abteilung. Wirtschaft und Gesellschaft*, 3. Auflage., Unveränderter Nachdruck der zweiten vermehrten Auflag., 2 Hbde., Tübingen: J. C. B. Mohr (Paul Siebeck).

————, 1947[1964], *The Theory of Social and Economic Organization*, [translated by A. M. Henderson and T. Parsons, edited with an introduction by Parsons], New York: The Free Press.

————, 1956, *Wirtschaft und Gesellschaft. Grundriss der verstehenden Soziologie. Mit einenm Anhang: Die rationalen und soziologischen Grundlagen der Musik*, 4. neu hrsg. Aufl., [besorgt von Johannes Winckelmann], 2 Hbde., Tübingen: J. C. B. Mohr(Paul Siebeck).

————, 1960[1967], *Max Weber: Rechtssozziologie*, [Aus dem Manuskript herausgegeben und eingeleitet von Johannes Winckelmann], Neuwied/Berlin/Darmstadt: Hermann Luchterhand.

———, 1964, *Wirtschaft und Gesellschaft. Grundriss der verstehenden Soziologie*, Studienausgabe, [hrsg. von Johannes Winckelmann], 2 Hbde., Köln/Berlin: Kiepenheuer & Witsch.

———, 1968, *Die protestantische Ethik II. Kritiken und Antikritiken*, [hrsg. von Johannes Winckelmann], Gütersloh: Gütersloher Verlaghaus Mohn.

———, 1972, *Wirtschaft und Gesellschaft. Grundriss der verstehenden Soziologie*. 5., revidierte Aufl., Studienausgabe, [besorgt von Johannes Winckelmann], Tübingen: J. C. B. Mohr(Paul Siebeck).

———, 1973, *Gesammelte Aufsätze zur Wissenschaftslehre*, 4., erneut durchgesehene Aufl., [hrsg. von Johannes Winckelmann], Tübingen: J. C. B. Mohr(Paul Siebeck).

———, 1976, *Wirtschaft und Gesellschaft. Grundriss der verstehenden Soziologie*, 6., revidierte Aufl., mit textkritischen Eräuterungen, [hrsg. von Johannes Winckelmann], 2 Hbde. und Erläuterungs bd., Tübingen: J. C. B. Mohr(Paul Siebeck).

Weiß, Johannes, 1988, "Literaturbesprechungen," in: *Kölner Zeitschrift für Soziologie und Sozialpsychologie 40*, pp. 570~74.

Winckelmann, Johannes, 1949, "Max Webers opus Posthumum. Eine literarische Studie," in: *Zeitschrift für die gesamte Staatswissenschaft*, 105. Bd. pp. 368~87.

———, 1986, *Max Webers hinterlassenes Hauptwerk: Die Wirtschaft und gesellschaftliche Ordnungen und Mächte. Entstehung und gedanklicher Aufbau*, Tübingen: J. C. B. Mohr(Paul Siebeck).

Zingerle, Arnold, 1981, *Max Webers historische Soziologie. Aspekte und Materialien zur Wirkungsgeschichte*, Darmstadt: Wissenschaftliche Buchgesellschaft.

부록 1: 『경제와 사회』의 초판의 내용 목차

제1부
경제와 사회적 질서 및 힘

제I장. 사회학적 기본 개념
　　　제1항. I. 방법적 기초
　　　　　　II. 사회적 행위의 개념
　　　제2항. 사회적 행위의 종류
　　　제3항. 사회적 관계
　　　제4항. 사회적 행위의 유형: 관행·관례
　　　제5항. 정당한 질서의 개념
　　　제6항. 정당한 질서의 종류: 관습과 법
　　　제7항. 정당한 질서
　　　제8항. 싸움의 개념
　　　제9항. 공동체적 결합과 이해 사회적 결합
　　　제10항. 개방적 관계와 폐쇄적 관계
　　　제11항. 대표권
　　　제12항. 단체의 개념과 종류
　　　제13항. 단체의 질서
　　　제14항. 행정 질서와 조절 질서
　　　제15항. 경영과 경영 단체, 결사체, 기관(機關)
　　　제16항. 힘과 지배
　　　제17항. 정치적 단체, 교권제적 단체

제2부
공동체적 결합과 이해 사회적 결합의 유형

제5판에의 서문

　『경제와 사회』의 새로운 판본(제4판, 1956)에 대한 서문에서 편집자는 저작의 고유한 구조를 드러낼 몇 가지 관점을 제시했다. 거기서 편집자는 그에 대한 세부 사항을 분석하여 해명한 편집자 자신의 논문을 참고점으로 삼았다.[1] 이 논문에 실려 있는 보다 상세한 설명을 참조하라고 하는 이러한 지적은 대체로 각주로 처리되었는데, 그 내용은 읽혀지지 않고 말았다. 새로운 판본에서 시도된 본문 배열이 확신할 만한 필연성을 지니고 있다는 점과 저작의 내적인 논리가 예전의 부연 설명으로는 분명하게 드러나지 않았던 것이다. 따라서 편집자는 앞으로 상당 기간 확정적인 판본이 될 수정된 신판(제5판)에 대한 서문을 통해서 체계적인(보다 정확하게 말하자면 유형론적인) 편성의 확신할 만한 구조를 다시 한번, 그것도——매우 긴밀한 논리 전개로써——정연하게 개진해보고자 한다. 여기서는 『경제와 사회』의 제1부 *Erster Teil*와 제2부 *Zweiter Teil*의 말미에 논의되지 못한 채 남아 있는 부분도 명백히 편성상의 구상으로부터, 즉 통일적인 구성 이념으로부터 그 윤곽을 재구성해낼 수 있음이 판명될 것이다.

　따라서 새로운 서문은 다소 '기술적인' 검토 이외에(I), 원상 복구된 막스 베버의 본문 배열에 내재되어 있는 구상을 짤막하게 개진하

---

1) 빈켈만 Johannes Winckelmann, 「막스 베버의 유작 Max Webers opus posthumum」 (『국가학 종합 잡지 *Zeitschrift für die gesamte Staatswissenschaft*』, 제105권, 1949, pp. 368~87) ; 다음의 「제4판에의 서문」의 각주 1)을 참조할 것.

려 한다(Ⅱ). 그리고 베버 사회학의 원칙적인 맹아가 끼친 영향을 어쨌든 개략적으로나마 명시해보고자 한다. 말하자면 '주관적으로 생각된 의미'의 방법적인 의의, 그리고 그가 계발한 사회적 행위의 이론과 사회적 행위가 보다 포괄적인 사회구성체로 점차 단계적으로 올라가는 것을 묘사하고 있는 이론의 체계적인 내용을 설명해보려 한다(Ⅲ).

편집자는 신판에서 원래의 본문에 충실하게 자료를 분류하였다. 독일 내에서는 이 신판에 대해서 때때로 이의가 제기되기도 했지만, 최근의 모든 외국어 번역본은 이를 저본으로 삼고 있다. 즉, 스페인어의 제2판(1964)과 이탈리아어 제1, 2판(1961, 1968), 세 권으로 된 미국의 번역본(1968) 및 1971년에 첫 권이 출간된 프랑스어판 등이 바로 그것이다. 그렇지만 미국의 번역판은 장을 더욱 세분하고 있으며, 프랑스어판과 미국어판은 독일인 편집자가 막스 베버의 말년에 작성된 그 밖의 저작으로부터 끌어모아 편찬하여 '국가사회학'이라는 표제를 붙인 마지막 절 *Abschnitt*을 수용하지 않고 있다. 그 사이에 본문을 새롭게 검토하고 저작에 토대가 된 문헌을 상세히 연구하였는데, 그 결과 수많은 오식이 발견되었을 뿐만 아니라, 1956년의 신판에 수록했던 「정당한 지배의 세 가지 유형 Die drei reinen Typen der legitimen Herrschaft」이라는 짧은 서술은 원고의 맥락에 속하지 않고 오히려 1913년에 작성된 논문인 「이해 사회학의 몇 가지 범주에 관하여 Über einige Kategorien der verstehenden Soziologie」의 사상적 범위에 속하기 때문에 본 신판에서는 다시 제거되어야 한다는 판단을 내리게 되었다.[2] 제4판의 제2부의 제Ⅸ장에 있던 제2절이 탈락함에 따라 이제 551페이지부터는 페이지 번호가 8페이지씩 줄어든다. 첫번째 분책에서는 본문을 정정할 필요가 있는 경우에 그 곳을 덮어 붙여서 수정하였다. 두번째 분책은 완전히 새롭게 판을 짰다. 그 때문만

---

2) 상세한 것을 알기 위해서는 막스 베버의 『과학론 논문집 *Gesammelte Aufsätze zur Wissenschaftslehre*』(1968)의 제3판에 대한 서문 pp. IX/X를 참조할 것.

이 아니라, '법사회학'의 제2, 3항의 위치를 바꾸었기 때문에도 페이지와 줄에 있어서 다소 변화가 생겼지만, 그래도 제4판의 원래 페이지 수와 대개는 일치할 수 있었다.

I

막스 베버의 사회학적 주저를 새로이 편집하자는 본 편집자의 제안을 출판사 사장님으로부터 수락받은 것은 1952년이었다. 그 당시에 이 작업을 위한 출발점으로는 막스 베버 자신의 몇 가지 언급이 제시되어 있었다: 우선 그가 『사회경제학 개요 *Grundriß der Sozial-ökonomik*』라는 총서(叢書)의 편집자로서 작성한 전체적인 기획이 있는데, 이것은 1915년에 처음으로——출판 연도 1914년에 대한 모르 J. C. B. Mohr(Paul Siebeck) 출판사의 연례 보고 가운데 막스 베버가 1914년 이래로 편집한 것 중에서 최초의 권들(제I, II, VI, VII 1편 *Abteilung*)이 출간된 것과의 연계 속에서——공개되었다. 또한 막스 베버는 『사회경제학 개요』의 개별적인 낱권을 스스로 편집하면서 「전집의 편제 Einteilung des Gesamtwerkes」에 관한 체계적인 개관을 각 권마다에 첨부했다. 그리고 1915년 같은 출판사에서 조마리 Felix Somary의 『은행 정책 *Bankpolitik*』이라는 저서가 출간되었는데 거기에 출판사의 광고로서 동일한 개관이 온전하게 수록되어 있다. 출판사의 연례 보고(1915)뿐만 아니라 출판사의 광고(1915)도——소수의 예외를 제외하고는——전집의 모든 개별적인 기고분에 대해서 예견되어 있는 집필자의 이름을 열거했다. 막스 베버가 편집해서 출판한 『사회경제학 개요』의 마지막 권(제V편의 제1부)은 1918년에 출간되었고, 제VII편의 최종적인 완결판도 1922년에 「전집의 편제」에 관한 완전한 계획과 함께 출간되었다. 『사회경제학 개요』의 이처럼 체계적인 모든 편성에는 동시에 이 체계적인 편람서에 수록할 베버 자신의 기고분에 대해서 스스로 발전시킨 기획이 포함되어 있었다. 이 기획은 본 책에도 실려 있는 「제4판에의 서문」에 재현되어 있는 바와 같다.

『사회경제학 개요』의 속간을 위해서 제V편의 제1부(1918)에 곧 뒤이어 출판된 책은 막스 베버 자신의 첫번째 분책이었다. 이 책은 베버 자신이 인쇄를 준비하였고 1921년 그의 사후에 출간되었다. 이 책의 표지에는 다음과 같이 씌어져 있었다.

사회경제학 개요

제Ⅲ편

경제와 사회

Ⅰ

경제와 사회적 질서 및 힘

집필자

막스 베버

제1부

이를 면밀하게 분석해보면 막스 베버가 제Ⅲ편 전체의 주제 편성과, 특히 제Ⅲ편의 (첫번째) 주요 부분만을 채우게 될 자신의 기고분의 주제 편성에 있어서 근본적으로 아무것도 변경하지 않았다는 사실을 확실하게 알게 된다. 『사회경제학 개요』는 모두해서 5권, 9편으로 구분되어 있었다. 제1권: '경제의 기초' 내의 처음 몇몇 부분은 '경제와 경제학' (Ⅰ), '경제와 자연' (Ⅱ 1), '경제와 기술' (Ⅱ 2)과 같은 표제를 지니고 있었으며, 이와 마찬가지로 제Ⅲ편의 표제는 '경제와 사회'였고, 이것은 다시 두 개의 주요 부분으로 나뉘어져 있었다.

제Ⅲ편
경제와 사회

I. 경제와 사회적 질서 및 힘
막스 베버

II. 경제와 사회 정책적 체계 및 이상의 발전 경로
필리포비치 Eugen von Philippovich

그런데 막스 베버는 자신의 기고분의 첫번째 분책의 표지를 직접 결정하였고(위를 볼 것), 이 둘의 표지를 비교해보면 그의 기고분에 대한 책의 표제가 그로서는 처음부터 확고했으며 그대로 유지되었다는 것을 분명히 알게 된다. 그것은 '경제와 사회적 질서 및 힘'이라는 표제였다. 이러한 내용의 표제의 위와 '제Ⅲ편. 경제와 사회'라는 표제어의 아래에 적혀 있는 'I'이라는 숫자는, 이 기고가 바로 제Ⅲ편의 첫번째 주요 부분만을 이루고 있을 뿐이며, 그 두번째 주요 부분은 필리포비치가 집필자로 예정되어 있다는 사실을 알 수 있다. 이 사람은 1910년에 같은 출판사에서 '19세기 경제 정책적 이념의 발전'이라는 표제 아래 강연 모음을 발간한 적이 있기도 하지만 1917년에 서거하였다. 그래서 막스 베버는 명백히, 필리포비치가 남겨 놓은 원고를 가장 새로운 모습으로 이어갈 다른 집필자를 물색해야 할 것이라는 생각을 하고 있었다. 그리고 사실상 이 작업은 하이만 Eduard Heimann에 의해 계속되었다. 다만 인쇄된 전체 절은 나중에 제2판 (1924)에서는 제I편에 할당되었다. 어쨌든 이 절은 막스 베버의 서거 이후에는 제Ⅲ편에 수록되지 않았고, 이와 함께 막스 베버가 '경제와 사회'편을 위해 구상했던 기본 생각은 포기되었다. 왜냐하면 그에 따르면 제I 주요부는 경험적으로 행위하는 인간과 그의 존재 세계로부터 출발하여 이해 사회적 결합의 과정을 경험적으로 연구하고 서술하게 되며, 이와 달리 제Ⅱ 주요부는 이념(체계와 이상)을 (겉보기에) 순수한 사상의 운동으로부터 발전하는 것으로 다루는 이념사적 고찰 방식을 위주로 하게 될 것이기 때문이었다.

마지막으로 '경제와 사회적 질서 및 힘'이라는 막스 베버의 표제에 뒤이어 '제1부'라는 말이 부가된 것은, 여기서는 개념적·방법적 논증을 하기로 했다는 점을 설명해주고 있다. 그러니까 이것은 베버의 기고분의 제1부로서, 편집자는 이것을 마리안네 베버의 간결한 표현과 일치되게[3] '사회학적 범주론'이라고 명명하였다. 막스 베버는 여기에 아무런 부제도 달지 않았지만, 그 자신은 간혹 '일반적인 (개념적) 서론'이라고 부르며 어떤 곳에서는 '일반 사회학'이라고도 부르고 있다.[4] 반면에 (아직 그의 책상에서 잠자고 있던) 제2부는 실제적인 내용을 분석하고 서술하기로 되어 있었다.

막스 베버가 서거했을 당시의 이러한 실제 현황을 통해서 판명되는 사실은, 그가 원래 입안했던 자신의 기고분에(그리고 제Ⅲ편 전체에) 대한 계획을 근본적으로는 그대로 유지했다는 것이다.[5] 1922년에 이루어진 막스 베버 유작의 편집은 이러한 구상의 맥락을 파괴하였고, 막스 베버의 표지를 본질적인 점에 있어서 변경된 표지로 대체하였다. 이 변경된 표지는 『사회경제학 개요』의 제Ⅲ편 전체를 위한 표제를 책의 표제로 삼았을 뿐만 아니라, 원래 제Ⅲ편에 속해 있는 제Ⅱ 주요부를 삭제하였다. 그리고 막스 베버 자신이 계획했던 초안을 완전히 도외시한 채 나름대로 본문을 조직했을 뿐만 아니라, 본문 전체를 세 부분으로 나누었는데, 이것은 편집자인 마리안네 베버의 창작

---

3) 마리안네 베버 Marianne Weber, 『막스 베버 전기 *Max Weber — Ein Lebensbild*』 (1926), pp. 687 이하, p. 709.

4) 막스 베버, 『경제와 사회』, 제5판, p. 1(서언), p. 63(주해 1), p. 212.

5) 베버 자신이 변경하였던 내용에 대해서는 이 책에 실려 있는 「제4판에의 서문」에서 설명하였다. 『경제와 사회』, 제5판, p. XXVII.

이며 내용상으로 정당하지도 않다.

이 새로운 판본을 만들어내는 데 참고할 수 있었던 출판물로는 막스 베버 자신의 언급과 이전의 판본 이외에도 세 가지가 더 있었다. 우선 문화과학과 사회과학의 논리와 방법론을, 특히 개념과 개념에 의해 포착되는 것 사이의 관계를 논리 · 방법적으로 분석한 막스 베버의 출간물이 있는데, 여기에는 그의 사후에 마리안네 베버에 의해 『과학론 논문집』(1922)이라는 총괄적인 표제가 붙여졌다. 또한 마리안네 베버가 쓴 막스 베버의 『전기』(1926) 가운데 이와 관련된 진술이 있고,[6] 이미 언급했다시피 편집자가 「막스 베버의 유작」의 구상에 관하여 생각해본 논문이 있다.[7] 이와 달리 이 저작에 대한 막스 베버의 자필 원고는 전혀 남아 있지 않으며, 그가 인쇄를 준비한 부분의 교정쇄도 전혀 없었다.

때문에 1956년 이전에는 새로운 판본을 만들기 위해서 이중의 과제가 설정되어야 했다. 우선 짝을 이루는 이념사적 서술과의 연관이 지양되어 있음에도 불구하고, 막스 베버의 방대한 사회학의 사상적 구조와 내재적 연관이 다시 복구되고 새로운 편집에서 실현되어야만 했다. 다른 한편으로는 무수한, 부분적으로는 의미가 통하지 않을 정도의 본문 훼손과 오식을 가능한 한 제거할 필요가 있었다. 이러한 두 가지 과제는 편집에 있어서 근본적으로 보존적인 성격을 띠고 있었다. 왜냐하면 모든 것을 깨끗이 수정하여 막스 베버의 사유 방법에 나타난 구성 이념을 그의 독특한 사회학이 지닌 설득력에 가능한 한 충실하게 복구하는 일이 중요한 것이지, 편집자 나름의 그럴듯한 사유 도식을 발전시키는 것이 관건은 아니었기 때문이다. 그리고 본문을 수정하는 데 있어서도 모호한 점을 가능한 한 모두 찾아내어 점검하는 일이 요구되었다. 하지만 본문에서 의문스럽거나 오류가 분명한 부분이 있더라도 그 올바른 형식을 정말로 확실하게 증명할 수가

---

6) 마리안네 베버, 『막스 베버 전기』, pp. 425, 687 이하, p. 709.

7) 위의 각주 1)을 볼 것.

없었는데, 그렇다고 해서 편집자가 스스로 고안해낸 서법으로 그 부분을 대체할 수는 없었다. 게다가 그 당시에 우리 도서관들의 상태도 열악하였다. 왜냐하면 편집자가 당시에 모든 종류의 공공 도서관과 연구 도서관을 이용해보았지만 필요한 대부분의 서적을 참고할 수 없었으니, 그야말로 그러한 책들이 없었기 때문이다. 그럼에도 불구하고 제4판에서는 본문을 상당수 조심스럽게 교정했었는데, 지금에 와서 확인해보니 그 중의 극소수만이 철회되거나 다른 종류의 해결책에 의해 대체되어야만 하는 것이었다.

그래서 편집자로서 그 당시에는 어쨌든 교정이 이루어져야 한다고 하더라도 깨끗이 수정되지 않은 상당수의 본문을 원래의 상태대로 둘 수밖에 없다는 점을 분명히 깨달아야만 했다. 이러한 미비점은 주로 제I장과 제VII장, 그리고 신판 제2부에 수록된 사회학적인 '도시유형론'에 해당된다. 편집자로서는 「제4판에의 서문」에서 『경제와 사회』의 원고가 언젠가는 다시 나타났으면 좋겠다는 희망을 피력하는 것말고는 별다른 도리가 없었다.

이러한 소망이 전혀 실현되지 않은 것은 아니었다. 그리하여 매우 다양한 이유 때문에 저작을 전혀 새로운 전제 아래 다시 한 번 수정하고 개선할 수 있게 되었다. 말하자면 독일어 원판본을 지금 새롭게 편집할 필요성이 생겨나게 하는 데 각별한 중요성을 지닌 몇 가지 사정이 그 후에 발생했던 것이다.

다른 무엇보다도 『경제와 사회』의 제2부 가운데 제I장과 제VII장의 원고가 발견된 것은 근본적인 의의를 지닌 사건이었다. 이로 인하여 저작의 이 부분에 대해서 신빙성 있는 본문 교정이 가능해졌을 뿐만 아니라, 동시에 저자의 작업 방식과 문헌 섭렵의 규모를 알게 되었다. 막스 베버의 '법사회학'과 '국가사회학'은 그 사이에 단행본으로 2판째 출간되었다.[8] 점진적인 수정의 결과는 차츰 외국어 번역본에

---

8) 막스 베버, 『국가사회학 Staatssoziologie』, 제2판, 1966; 막스 베버, 『법사회학 Rechtssoziologie』, 제2판, 1967.

토대가 되는 본문으로 사용되었다. 이 점에 있어서 미국 번역본은 특별한 위치를 차지한다. 미국의 번역자들과의 4년이 넘는 밀접한 공동 작업과 상호 교환 속에서 본문 수정과 문헌에 관한 정보가 획득될 수 있었고, 이는 새로운 판본을 만들어내는 데 전적으로 도움이 되었다. 본문을 매만지고 문헌을 조사하는 데 있어서 무수한 문제 제기와 지적·의견, 그리고 도움을 주신 데 대하여 로트 Günther Roth 교수님과 위티치 Claus Wittich 석사에게 이 자리를 빌어 다시 한 번 심심한 감사를 드리고 싶다. 이처럼 많은 성과를 가져다준 협동 작업이 없었더라면, 본문 비판을 통해서 드러난 많은 문제들이 해결되지 못했을 것임이 분명하다. 나아가 이 새로운 독일어판에서도 필요가 닿는 한 본문을 지속적으로 무수히 퇴고함으로써 더욱 깨끗이 다듬었다. 그렇기 때문에 이러한 작업을 통해서 여기에 얻어진 본문 내용은 아마도 이제부터는 비판적인 고찰을 배겨낼 것이라는 기대가 부당한 것이 아니라고 말해도 좋을 것이다. 그렇다고 해서 또 하나의 다른 문제가, 또는 심지어 전혀 새로운 문제가 새롭게 제기될 수 있는 가능성을 배제해서는 아니될 것이다. 아직도 발견되지 않은 원고가 있기 때문에 본문의 수정은 최종적으로 완결된 것으로 생각될 수 없는 것이다.

그에 따라서 본문 교정의 목록은 상당히 늘어날 수밖에 없었다. 이와 반대로 막스 베버의 음악사회학을 실었던 부록은 떨어져 나갔다. 출판사가 이 중요한 저작을 단행본으로 쇄신하기로 결정하고 그 편찬을 전문가의 손에 맡겼기 때문이다. 색인은 보다 일목요연하게 열람할 수 있도록 하기 위해서 인명 색인과 사항 색인으로 나누었다. 두 색인 모두 표제어를 많이 늘렸고 새로운 판에 걸맞게 다시 만들었다.

또한 미국어판의 편찬자와 편집자의 생각을 좇아 본 편집자는 발행인의 동의 아래 본문 비판적인 주해를 대폭 확장하기로 했다. 제4판에서는 이러한 주해가—소수의 개념적 주해와 막스 베버의 다른 저작에서의 논의에 대한 참조적 지시를 제외하고는—대개는 본문에 손을 대거나 그대로 보존하는 이유를 증명하는 데 이용되었다. 나는 이러한 형식의 주해가 충분하지 못하다고 확신하였고, 때문에 주해 자료집은 보다 포괄적인 목적을 지녀야 할 것으로 생각하기에 이르렀다. 본문 비판적인 주해는 이제부터 세 가지 과제를 수행하게 된다. 하지만 동시에 이러한 목표만을 제한적으로 지향할 것이다.

1. 개념적인 본문 주해 및 의문점이 있는 본문의 교정 또는 확인의 정당화,

2. 막스 베버의 전체 저작 가운데 다른 부분에 대한 주해적 참조 지시와 이에 의한 전 저작의 내적인 연관의 증명,

3. 본문에 직접 나타나 있는 문헌에 대한 참조 지시의 전거 증명 및 내용상 본문과 관련이 있거나 본문이 의지하고 있는 문헌의 인증.

여기서는, 본문에서 생각되고 있는 바의 실제 내용을 주해하는 데 도움이 되는 한, 막스 베버 자신이 소유했던 문헌의 표제와 판본을 우선적으로 인증하였다. 반면에 개념과 사실의 순수한 해명이나 계속적인 문제 제기를 위해서는 보다 최근의 문헌을 끌어들였다. 그 중에서도 특히 막스 베버가 집필하면서 섭렵했던 기초 문헌을 밝혀내는 일은 독일 학계의 업무이며 그 사이에 독일 도서관의 장서가 보충되었고 문헌 복제가 진전되었기 때문에 보다 쉽게 성취될 수 있다는 점은 부정할 수 없다.

Ⅱ

수정없이 인쇄되었지만 미완성인 채로 남아 있는 제1부의 구도는 너무 명백하며, 다섯 개의 장으로 구분되어 있음을 알 수 있다. 하지만 막스 베버가 의도했던 '종교적인 공동체 형식에 관한 논의'의[9] 분

---

9) 『경제와 사회』, 제5판, p. 360.

류 도식을 위해 또 하나의 다른 장을 (계획된 제V장의 일반 유형론 이외에) 마련했을 것이라고 가정한다면, 아마도 제1부는 모두해서 여섯 개의 장을 포괄했을는지도 모른다는 가능성을 배제할 수 없는 것처럼 보인다. 요컨대 우리가 이론의 여지없이 인식할 수 있는 점은, 제1부가 '최소한의 사회적인 것 minima socialia'으로부터 출발하여, 즉 이론의 '이상형적으로 극단적인 경우'로서 사회학적으로 중요한 개개인의 행동과 행위로부터 출발하여, 사회적 관계, (단체적으로 조직되지 않은) 인간들의 사회적인 공동 행위, 결합과 집단, 그리고 마지막으로 사회적 단체에로 올라가고, 정치적인 단위 단체에서, 즉 오늘날 이에 전형적인 지역 지배와 근대적인 기관(機關) 국가 Anstaltsstaat에서 그 정점에 이른다는 것이다. 이어서 포괄적인 이해 사회적 결합의 복합체가, 즉 경제와 지배, 그 다음에는 상세한 계층, 집단, 그리고 단체(계급과 신분)가 뒤따른다. 이에 이어 공동체적 결합과 이해 사회적 결합의 유형에 대한 일반적인 서술이 제V장으로서[10] 말미를 장식하게 되어 있었다. 그렇지만 이미 언급했다시피 막스 베버가 종교적인 공동체적 결합과 이해 사회적 결합의 형식에 관한 상세한 유형론을 위해 별도로 제VI장을 할당했을 수 있다는 가능성은 결코 배제할 수 없다.

여기서 또한 막스 베버가 얼마나 자신의 사회학을 언제나 최소한의 사회적인 것, 즉 구체적으로 생각된 의미, 개개인과 다수의 사회적 행위, 그리고 의도적인 사회적 연합과의 밀접한 연계 속에서 발전시키려고 했는가 하는 점을 지적하고 싶다. 이 점은 특히 베버가 종파 Sekte에 깊은 관심을 가지고 있었다고 하는 사실에서 알 수 있다. 그는 거듭해서 강조하기를, 종파가 행위자의 협동·대립·병존 속에서 적어도 원칙적으로는 인간들 사이에 이루어진 모든 근대적인 이해 사회적 결합의(그리고 특히 결사체 제도와 단체 제도의) 원형을 나

---

10) 『경제와 사회』, pp. 43, 58, 65, 73, 75.

타내며, 바로 그렇기 때문에 이러한 원형에서 우리는 근대적인 이해 사회적 결합의 본질을 연구할 수 있다고 하였던 것이다.[11] 뿐만 아니라 종파는 "근대가 형성되던 시대에 하나의 중요한 의미에서 사회적인 집단 구성의 전형 그 자체였으며, 이것은 오늘날 '여론'과 '문화가치' 그리고 '개성'을 주조해내고 있다"는 점을 베버는 역설하였다.[12] 따라서 집단(넓은 의미에서의)은 (단체적 성격을 지니고 있지 않거나 지니고 있는) 지속적인 사회적 관계 상태로서, 그가 보기에는 모든 사회학적 분석과 이론의 출발점이자 일차적인 경험 대상이었던 것이다.

제2부의 의미 있는 구조에 관해서는, 막스 베버 자신이 계획한 초안에 따라 재현된 원고 배열은 순전히 형식적인 측면에서 보더라도 개별적인 부분들이 이제는 무리없이 의미가 통하게 서로 연결되고 접합된다고 하는 사실로부터 추론해낼 수 있다. 개별적인 장과 절 상호간의 위치 및 각 장과 절의 말미와 서두의 연결 고리를 통해서 우리가 확증할 수 있는 사실은, 본 저작 전체가 그 자체로서 하나의 완결된 의미 있는 연관을 이루도록 짜여져 있으며 본질적으로는 교수법적인 취지에 의해 조직되었다고 하는 점이다. 즉, 한편으로는 후속되는 논의마다 의미상 이전의 논의를 전제하고 있으며, 다른 한편으로는 본문의 앞과 뒤를 참조하라고 지시하는 곳에서는——극히 드문 몇몇 예외를 제외하고는[13]——사실상 본문 속에서 그러한 지시에 상응한다고 생각되는 대목이 발견된다. 이 밖에도 막스 베버는 『경제와 사회』에 대한 그의 최종 완료된 원고에서 종교사회학, 법사회학, 지배사회학, 국가사회학이라고 하는 각 장의 제목을 분명히 그리고 문

---

11) 『사회과학과 사회정책 연지 *Archiv für Sozialwissenschaft und Sozialpolitik*』, 제XXXI권, 1910, p. 587: 『사회학 및 사회정책 논문집 *Gesammelte Aufsätze zur Soziologie und Sozialpolitik*』, p. 442: 『종교사회학 논문집 *Gesammelte Aufsätze zur Religionssoziologie*』, 제I권, p. 217.

12) 『사회과학과 사회정책 연지』, 제XXX권, 1910, p. 202.

13) 『경제와 사회』, 제5판, pp. 187, 394, 547, 594.

자 그대로 공표하고 있을 뿐만 아니라 정당화하고 있다.[14]

뿐만 아니라 준수된 자료 배열의 의미는 그 자료에 내재되어 있는 구성 이념을 드러냄으로써 실질적인 내용에 있어서도 명백하게 이해될 수 있다. 나는 이미 다른 곳에서 제시한 바 있는 상세한 논의를 여기에 다시 옮겨놓는다.[15]

제2부의 실질적인 분석과 서술은 막스 베버의 특별한 방법론에서 비롯하는 두 가지의 일반적인 논의로부터 시작된다. 그 하나는 사회학적·경험적인 고찰 방식과 법학적이거나 그 밖의 규범적인 고찰 방식 사이의 관계, 그리고 각 고찰 방식의 대상 영역과 그 상호 관계에 관련되어 있다. 이것은 실질적으로는 경제와 사회적 질서 사이의 원칙적인 관계를 의미한다. 다른 한편으로 본문은 이어서 경제와 사회의 가장 일반적인 사실적 관계, 그 상호 의존의 관계, 그리고 그 경험적인 상호 영향을 분석하고 있다. 이 두 개의 장(제I장과 제II장)은 이와 같이 — 막스 베버의 표현에 의하면 — '사회과학의 가장 일반적인 범주'를 설명하는 제1부로부터 사회적인 특수 형식을 구체적·경험적으로 분석하는 제2부에로 이행하는 단계를 이루고 있으며, 제각기 각 장 고유의 특별한 의미 연관에 따라 정리되어 있다. 제I장(제2부의)의 원고를 면밀하게 고찰해보면, 실제로 막스 베버가 손수 로마 숫자의 대문자 I을 앞에 붙이고 있는 데서 그러한 사실이 증명됨을 알 수 있다.[16]

제III장과 함께 시작되는 그 다음의 분석과 서술은 가장 긴밀하고 특수한 공동체 형식, 즉 가족(가정 공동체)으로부터 시작하여, 거기에서 점차 보다 포괄적인 공동체(의미 영역)로, 즉 씨족, 근린 단체,

---

14) 『경제와 사회』, pp. 18 이하, 25, 27 이하, 30, 38, 157, 168 참조.

15) 빈켈만Johannes Winckelmann, 「막스 베버의 방대한 사회학 Max Webers große Soziologie」(『법철학 및 사회철학 연지 Archiv für Rechts- und Sozialphilosophie』, 제XLIII권, 1957, pp. 117~24).

16) 상세한 것은 막스 베버의 『법사회학』의 제2판에 대한 나의 머리말을 볼 것.

방위 공동체, 경제 공동체, 자치공동체 단체로 올라가고 있다. 이어서——장을 거듭할수록 논의되는 공동체의 범위를 확대하면서——인종적 공동체(제Ⅳ장)가 뒤따른다. 즉, 부족과 민족 그리고 이미 언급된 모든 단체가 제례(祭禮) 공동체 및 정치적 공동체와 맺는 관계를 논의하고 있다. 곧바로 뒤이어서 종교적인 공동체적 결합의 유형(제Ⅴ장)이 논의되는데, 이 공동체는 보편 종교의 형식으로서 그 밖의 모든 종류의 공동체를 포괄하고자 한다는 것이다.

그 다음에 시장의 이해 사회적 결합을 다루면서 시작되는 제Ⅵ장은 미완성으로 남아 있는데, 그때까지 논의된 모든 종류의 공동체에 있어서는 그 의미 구조가 제각기 상이하나마 부분적으로 합리화되어 있는 반면에, 시장은 항상 시장을 구성하고 있는 이해 사회적 결합이 완전히 포괄적으로 합리화된 것으로서 합리화의 원형임이 판명된다는 것이다. 그러나 막스 베버는 이 장에서 그보다 더 많은 것을 언급하고 있다. 시장 현상에 대한 논의는 사회경제학의 본질적인 내용을 이루고 있기 때문에, 이 곳에서 특별히 경제적인 시장 기제와 가격 형성의 기제를——이를 막스 베버는 제1부에서 시장적인 가격 싸움의 상황이라고 한다——서술할 필요가 없다는 것이다. 이에 덧붙여 보충되어야만 할 이야기는, 막스 베버가 나중에 제1부에서 상세하게 분류된 경제사회학을 제시하고 있기 때문에, 제2부의 제Ⅰ장에서는 시장의 이해 사회적 결합을 불충분하고 불완전하게 다루고 있지만 제1부의 제Ⅱ장에서는 분류적으로 논의하고 있어서, 시장의 이해 사회적 결합에 대한 논의를 막스 베버가 사전에 예정했던 장소에 그대로 둔다는 데 대해서 이의를 제기할 수는 없다는 것이다. 게다가 이 장은 여기서 체계적으로 구조에 걸맞는 위치를 차지하고 있다. 이미 앞선 장들에서는 정치적 공동체에 대한 관계가 미리 언급되어 있었는데, 시장의 이해 사회적 결합에서도 그와 똑같이 정치적 공동체에 대한 관계가 사전에 언급되고 있을 뿐만 아니라, 시장에 관한 장의 마지막 문장에서 문자 그대로 정치적 공동체에 대한 이러한 관련이 지적되고 있다. 그와 동시에 한편으로는 시장과 시장의 특별한 시장적 합법성과, 다른 한편으로는 법질서와 법적 공동체 사이의 구체적인 연관을 분명하게 하고 있다.

바로 이처럼 밀접한 관계 때문에 막스 베버는 원래 정치적인 공동체 형식과 법의 사회적 제약성 및 영향을 '정치적 단체'라는 표제 아래 하나의 장 속에서 공동으로 다루고자 했었다. 하지만 그는 사실상 그 어떤 때이른 시점에서 이러한 생각을 포기하고 법에 관한 사회학을 그 자체로서 완결된 서술 속에 취급할 것을 결심했다. 그러기에 법사회학은 유고에서도 이러한 형식으로 발견되었다(제VII장). 이것은 원고상으로도 드러나다시피 막스 베버 스스로가 자신의 계획안으로부터 벗어난 극히 드문 경우 중의 하나이다. 그렇기 때문에 원래 계획했던 제VII장의 나머지 주제들은 '정치적 공동체'라는 독자적인 (제VIII)장으로 통합되었다. 이러한 통합은 이 주제에 관한 논의의 사상적 연관에 상응하는 동시에 정치적 공동체 내에서의 집단적인 세력 분배를, 즉 계급·신분·정당을 포괄하고 있다. 한편으로는 법이 시장과 경제에 인접해 있으며, 다른 한편으로는 정치적인 공동체 구성과 지배 형식의 형성 사이에 밀접한 관계가 있고, 마지막으로 법적 공동체가 정치적 공동체보다, 그리고 정치적 공동체는 또다시 그 자체가 지배보다, 덜 포괄적이기 십상이거나 덜 포괄적일 수 있다고 하는 구조적 요인은, 시장—법—정치적 공동체—지배의 순서로 논의가 배치되도록 하였던 것이다. 마지막 세 장(VII~IX)은 모두 전체 저작 가운데 가장 상세한 논의를 펼치고 있는 곳이며, 여기에 막스 베버가 지극히 각별한 관심을 두고 있었다고 가정해도 틀리지는 않을 것이다.

이리하여 이 책의 구상에 내재해 있는 구조적인 조직의 전망이 드러나며, 일련의 사상이 내적으로 구조화되어 있다는 사실은 이 책의 증명력의 일부를 이루고 있다. 따라서 전체적인 구상은 깨뜨려지거나 파괴될 수 없으며, 만일 그렇게 된다면 이 책을 전체로서 파악할 수 있는 가능성이 의문스럽게 될 것이다.

그래서 막스 베버의 방대한 사회학의 본문 편성이 드러내는 진정한 형태와 그 구성 요소를 살펴보면 그 포괄 영역이 사회적인 행위 형식, 관계 형식, 조직 형식으로 간단없이 확대되고 있으며, 이와 아울러 사회학적으로 중요한 의미 영역도 점차 확대되고 있음을 알 수 있다. 이에 따라 무엇보다도 최종적인 지배 형식이자 아주 일정한 관점에서 볼 때 고도로 합리화된 지배 형식인 합리적 헌법을 갖춘 국가 기관을 분석하고 서술함으로써 사회학적인 전체 저작을 역사적으로뿐만 아니라 체계적으로도 마무리하고자 했다는 점이 분명해진다. 지배를 다루고 있는 방대한 장에서도 우리는 주가 되는 이념을 본문 자체로부터 분명하게 읽어낼 수 있다. 즉, 지배에 관한 장은 관료주의적인 지배에 대한 분석으로부터 시작하고 있는데, 그것은 문맥상 분명히 논술의 정점에 놓일 만한 주제이고,[17] 분석과 논술이 발전됨에 따라—순서에 따라 다음의 대상으로 이끌어가면서—한 절에서 다음 절이 생겨나고 있으며, 이러한 사실은 각 절의 말미와 서두를 보면 명백하게 알 수 있다. 그리고 역사적인 측면에서 볼 때도 절대주의적인 가산제 국가를 마무리짓고 나서 점차 다시 최근의 특별히 기관 국가적인 그리고 합리적·합법적인 발전에로 나아가고 있다. 그러니까 저작은 세세한 점에 이르기까지 주도면밀하게 짜여진, 체계적으로뿐만 아니라 역사적으로도 완결된 편성을 토대로 구상되었으며, 이러한 구상을 포기해서는 아니된다는 점을 제대로 인식해야만 한다. 오히려 이러한 편성 구상은 사상의 전개가 지닌 설득력을 증대시키는 동시에 이렇게 해서 책의 독해 가능성을 증진시키기에 아주 적합한 것이다.

남부 유럽과 북부 유럽의 도시에 관한 절의 위치에 대해서는 별도의 논의가 필요하다고 생각한다. 막스 베버는 그의 매우 다양한 저술

---

17) 『경제와 사회』, 제5판, p. 550(p. 579와 연결되어); 이것은 제1부에서의 평행적인 절차에 상응한다(pp. 122, 124[제2절에 대한 서언]).

곳곳에서 도시가 지닌 정치적인 특수 단위로서의, 즉 자율적인 정치적 단체로서의 특징적인 성격과 특성을 간파했다.[18] 그가 생각하기에 서양의 도시 발전에 독특한 점은 그 밖의 모든 도시의 형성과 비교해 볼 때 유럽 도시의 정치적으로 특수한 성격에서, 즉 독자적인 정치적 고유 권리를 지닌 자율적인 '자치공동체'였다고 하는 사실에서 비롯한다.[19] 따라서 여기에 기획되어 있는 것과 같은 도시 유형론은 단연 ——원래의 계획과 일치되게—— 지배사회학에 속하며, 그것도 지배사회학 가운데 그에 할당된 장소에 속한다. 즉, 체계적인 이유 때문에는 혁명적인 단체로서의 특성 탓에 정당한 지배 형식의 뒤에 위치하게 되었고, 역사적인 고려 때문에는 합리적인 국가 체제와 국가 행정의 선행자인 까닭에 이에 대한 서술의 앞에 위치하게 되었다.

제1차 대전 이전에 작성된 '경제와 사회적 질서 및 힘'의 원고는 완결되지 않은 상태였고 근대 국가와 근대 정당에 관하여 쓰기로 예정되어 있던 절은 나중으로 미루어졌는데, 막스 베버의 때이른 서거로 인해 이 대목은 더 이상 작성되지 못하고 말았다. 따라서 막스 베버가 의식적으로 교수법적인 목적에서 저술한 이 개요적인 저작에는 기본적으로 배우는 학생과 연구를 위하여 빠진 부분(국가사회학)[20]을, 이 문제를 다루고 있는 저자의 세 가지 다른 종류의 출간된 저술로부터 적어도 부분적으로나마 임시 변통으로 보충하였다. 정선된 저작을 오려내어 짜맞추어 넣는 데 있어서는 막스 베버가 계획했던 초안뿐만 아니라 이 외에도 그가 '국가학'에 대하여 구술한 미완성의 마지막 강의 초안을 참조하였다. 그뿐만 아니라 정선된 부분은 전체 저작과의 그 사상적 · 체계적인 관련 속에서 이해될 수 있도록 하여

---

18) 『경제사. 일반 사회사 및 경제사 개요 Wirtschaftsgeschichte. Abriß der universalen Sozial- und Wirtschaftsgeschichte』, 제3판, 1958, pp. 273 이하; 『정치학 논문집 Gesammelte Politische Schriften』, 제3판, 1971, pp. 508, 513.

19) 『종교사회학 논문집』, 제I권, p. 291.

20) 『경제와 사회』, p. 168.

야만 했고, 그 의심할 여지없는 '유형론적 장소'가 분명하게 드러나
도록 해야만 했다. 보충된 단편은 이러한 형식으로는 막스 베버 자신
으로부터 유래하지 않은 기고분임을——신판(1956, 1972)에 대한 두
서문과 본문에 대한 주해 이외에도——삽입된 장소에서 첫 각주에 다
시 한 번 분명하게 명시하였다. 합리적인 행정 조직은 그 합리적인
행정 원칙과 함께 영토 국가 *Territorialstaaten* 쪽에서 자율적인 도시
의 정치적인 고유 단체에 의해 인수되었다고 하는 사실은 막스 베버
가 빈번히 강의한 학문적 의견이기 때문에, 근대적인 국가사회학에
관한 논의는 체계에 걸맞게 도시의 유형론에 접속되어 있다. 이 마지
막 절에는 막스 베버의 이에 해당하는 다른 연관 중에서 지배사회학
의 틀에 모순없이 교재로서 들어맞는 진술만 수용하였다. 이러한 수
용에 있어서는——『경제와 사회』의 이전까지의 내용을 다룰 때와는
달리——표현 어법을 학문적인 저작과 나아가 학습 개요에——정치적
인 평론과 달리——적합하다고 생각되는 그 밖의 부분의 표현 어법에
부분적으로 맞추어야만 했다. 가치 평가로부터의 자유와 과학적 사
회학의 중립적인 성격에 대한 막스 베버 자신의 엄격한 요구에 비추
어 볼 때 아마도 어느 다른 절차를 옹호하기는 불가능한 것처럼 보인
다. 그렇게 수용된 해당 논술의 완전한 원래의 본문은 그 논제가 『경
제와 사회』에 사용 가능한 정수(精髓)를 훨씬 넘어서는 세 가지 별도
의 저술에 예외없이 공개되어 있으며 따라서 언제라도 보충적인 독
서를 위해서 참조될 수 있다. 그 독립적인 성격은 구체적인 예증의
목적을 위하여 부분적으로 이루어진 지배사회학에의 편입에도 불구
하고 결코 침해되지 않는다.[21]

---

21) 막스 베버의 『국가사회학. 합리적인 국가 기관과 근대적인 정치적 정당 및 의회의
    사회학 *Staatssoziologie. Soziologie der rationalen Staatsanstalt und der modernen
    politischen Parteien und Parlamente*』, 제2판, 1966에 대한 「서론」과 주해는 보다
    상세한 논거를 밝히고 있다.

III

우리는 이제부터 막스 베버의 사회학에서 '주관적으로 생각된 의미' 라는 범주의 방법적인 의의와 사회적 행위에 관한 이론의 성과를 짤막하게 조명할 차례가 되었다.[22] 이것은 전체적으로, 개별적인 행위자의 주관적으로 생각된 의미가 사건의 실재적인 연관에 아무것도 기여하지 않으며 단지 확인할 수 있는 경과와 제도의 객관적인 기능의 의미만이 연구의 관심을 일깨울 수 있다는 이론적 견해에 대립되어 있다. 이러한 견해와 달리 사회학적으로 중요한 현상을 야기하는 (산출하거나 유지하는) 것은 항상 사회적 행위이고, 인간의 활동에의 접근은 인간의 행위에 향하여진 호소에 대해서는 인간의 의도를 통해서만 이루어질 수 있다는 것이다.

막스 베버의 사회학에서는 객관적인 의의(의미 체계 및 구체적인 의미 인공물)의 의미와 주관적 · 의도적인 의미가 분명하게 구분된다.[23] 이외에도 또한 인과적 의미가 하위 경우로서 예외없이 구분될 수 있고——이것은 셸팅 Alexander von Schelting과 일치하는 견해이다[24]——, 인과적 의미에는 이와 동등한 방법적 수준에서 객관적 · 기능적인 의미가 대등하게 존재한다는 것이다. 이것은 특히 양적 · 이론적

---

22) 기른트 Helmut Girndt의 『경험과학적 사회학의 기본 범주로서의 사회적 행위 Das soziale Handeln als Grundkategorie erfahrungswissenschaftlicher Soziologie』(뮌헨 대학의 막스 베버 연구소 발행 1, 1967)가 상세한 분석을 제공하고 있다.

23) 빈켈만 Johannes Winckelmann, 『인간과 사회에 대한 막스 베버의 이해 Max Webers Verständnis von Mensch und Gesellschaft』(뮌헨 대학의 막스 베버 탄생 100주년 기념 논문집, 1964 [1966], pp. 223 이하).

24) 셸팅 Alexander von Schelting, 「막스 베버의 역사적 문화과학의 논리적 이론과 특히 그의 이상형 개념 Die logische Theorie der historischen Kulturwissenschaft von Max Weber und im besonderen sein Begriff des Idealtypus」(『사회과학과 사회정책 연지』, 제49권, 1922, pp. 686 이하 [제V장]); 그의 『막스 베버의 과학론 Max Webers Wissenschaftslehre』(1934), pp. 354 이하.

인 방법의 영역에서는 원인·결과의 전문 용어가 크기 질서 사이의 기능적 관계의 정식화에 부적합하게 될 수 있기 때문이다. 이러한 경우에는 "원인과 결과의 관계에 대한 진술 대신에…… 정확하게 측정 가능한 크기 사이의 기능적 관계에 대한 진술이, 그러니까 수학적 옷을 입은 진술이 들어설" 수밖에 없다.[25]

개별적인 사회적 행위의 '주관적으로 생각된' 의미는 개념 정의적인 한계 개념으로서도 결코 고독한 개별적 의미를 나타내지는 않는다. 그 속에는 오히려 주관적인 의미와 기능적인 의미가 대개 동시에 들어 있다. 뿐만 아니라 행위의 지향은 잠재적으로 함께 참여한 행위자(들)로부터 기대할 수 있는 행태의 의미를 필연적으로 포괄한다. 왜냐하면 모든 사회적 행위는 그 개념 정의상 객관적인 상황과 그 작용 연관에 지향되며, 비합리적인 행위조차도 어느 규정하기 어려운 정도까지는 그렇게 지향되는 한편, 전통적인 행위는 원래가 관습적으로 주어져 있는 것과 전래된 것에의 지속적인 순응에 그 본질이 있기 때문이다. 막스 베버는 객관적으로 분별할 수 있는 정황 상태에의 이처럼 항상적인 상황적 지향을 거듭해서 강조한다. 그러한 객관적인 정황 상태에는 다른 사회적 참여자의 행태에의 끊임없는 시의적(時宜的) 또는 잠재적인 지향 이외에도, 사전에 주어져 있는 가치 관련성 및 사실과 기능 방식, 객관적인 조건 판도 *Bedingungskonstellation* 와 이러한 객관적인 조건 판도를 상대하기에 적합한 수단의 의미로 생각된 목표 설정이 있다. 개성적인 행위와 구체적인 의미에는 처음부터 객관적인 의미 내용과 의미 관련성이 담겨져 있는 것이다. 뿐만 아니라 바로 이러한 의도적인 출발 상태조차도 그것이 실행되는 가운데 더구나 사회학적인 과정에 들어가게 된다. 즉, 개별적인

---

25) 슈테그뮐러 Wolfgang von Stegmüller, 「인과성의 문제 Das Problem der Kausalität」 (『과학 이론의 문제. 빅토르 크라프트 기념 논집 *Probleme der Wissenschaftstheorie. Festschrift für Victor Kraft*』, 토피치 Ernst Topitsch 편, Wien 1960, pp. 171~90), p. 182.

개개인은 그의 의도 및 활동과 더불어 이해 사회적 결합을 하게 된다. 개별적인 다수의 행위자의 협력·병존·대립 속에서 불가피하게 의미의 변동 및 융합 과정이 나타난다. 개개인과 그의 의도 및 행위가 사회적 정황과 영속적인 이해 사회적 결합의 과정의 앙상블 Ensemble에 영향을 끼치게 된다는 사실이 '사회화 과정'과 이 과정에 개개인이 얽혀들어가게 된다는 사정의 본질이다. 이것이 아니라면 사회학의 특별한 문제는 존재하지 않을 것이다. 상호 작용의 합계된 결과는 대부분 일종의 변화된 의미로서 사회적인 공동 행위의 결과 속에 투자되어 있는 얼마간은 사회화된 의미를 나타낸다. 그리고 개별적인 사회적 행위자에 의해 상승하는 언제나 보다 포괄적인 의미 영역은——위의 출발 상태에 견주어볼 때——아마도 끊임없이 의미와 행위 결과를 극대로 변형시킬 것이다. 즉, 개별적인 행위자는 그와 관련을 맺고 있는 관계 상태와 제도의 객관적인 기능의 의미를 함께 형성하고 점차 내적으로 수용해야만 하는 것이다. 그 자신이 이러한 현상에 능동적으로 함께 참여한 대가로 말이다.

사회적으로 지향되어 있는 제각기의 개별적인 행위자를 불가피하게 간섭하는 복합체로서 나타나는 것으로는 1. 객관적인 출발 상태(기대해야 할 타인의 행태를 포함하여), 2. 목적·수단·부차적 결과의 인과주의, 3. 그때그때마다 문제가 되는 관계 상태 및 의미 구성체의 객관적인 기능 내용이 있다. 이에 덧붙여 4. 의도적 의미 및 기능적 의미는 이해 사회적으로 결합되어 있는 인간에 의해서 항상 새롭게 사회적 구성체에 설정된다고 하는 사실, 그리고 이 때 다소간에 커다란 소수의 참여자의 목적 관념은 협약이나 다수결에 의해 배제될 수 있다고 하는 사실, 마지막으로 5. 변화된 즉물적 상태가 초래하는, 그러니까 참여자를 '덮치면서' 새로운 대결을 요구하는, 의의 변동과 기능 변동의 현상이 있다. 사회적 구성체 및 사회적 제도의 유효한(흔히 의도되지 않은) 기능과 의도적인 목적 설정의 이러한 분열이 사회적인 의의 변동의 형식으로뿐만 아니라 결정적인 영향력을 행사하는

사회적 정황의 사실적인 변동(사회적 변동·social change)의 형식으로
도 이루어지는 것은 빈번히 관찰될 수 있는 경험적 현상이다.[26] 그러
니까 이해 사회적 결합의 과정이 의미하는 바는, 개개인과 이들의 의
도 및 상호 작용이 보다 커다란 사회적 연관과 결합 속에 복합적으로
섞여들어가며, 그것도 한편으로는 그의 이해 관심이 일깨워짐으로써
(이해 상태에 힘입어, 마침내는 습관에 힘입어) 섞이게 되거나, 그렇지
않은 경우에는 힘이 행사됨으로써, 그러니까 강제적으로 섞이게 된
다는 것이다. 따라서 사회적인 관념·제도, 그리고 힘에의 부득이한
순응은 전적으로 개개인 자신의 이해 관심 때문일 수가 있는 것이다.
어쩌면 그의 행위의 다른 성질을 지닌 목표 방향에 대한 수단으로서
말이다.

막스 베버가 기능적 의미에의 지향에 의해 의미 내용과 동시에 의
미 영역이 확대되는 연관을 어떻게 설명했는가 하는 데 대해서는 화
폐 경제의 예를 지적할 수 있을 것이다.[27] 사회적 제도로서의 화폐는
하나의 객관적인 의미 체계이고, 화폐 경제적인 이해 사회적 결합은
주관적인 의미의 영역이면서도 또한 기능적인 관계의 체계이기도 하
다. 즉, 하나의 목적·수단·부차적 결과의 복합체이다. 그러니까 여
기서는 주관적으로 생각된 의미에 있어서 주관적인 요인과 객관적인
요인이 객관적으로 의미 있는 지향과 주관적으로 의도적인 지향에서
일치하는 것이다. 즉, 이러한 지향은 의미 체계(화폐)와 행위자가 마
주하는 구체적인 상태에 대하여 이루어질 뿐만 아니라, 화폐 경제적
관계에 있는 개별적인 상대방과 자기 자신의 행위의 주관적·의도적
인 목표 설정에 대하여 이루어질 뿐만 아니라, 화폐적 기능 연관과
이러한 기능 연관이 성취해낼 수 있는 것에 대해서도 그와 같은 정도
로 이루어진다.

---

26) 사회적 단체의 의미 변동에 대해서는 예컨대 『경제와 사회』의 제1부, 제I장, 제40
    항; 제2부, 제II장, 제3항을 볼 것.
27) 『경제와 사회』, 제5판, pp. 382 이하.

그리하여 사회적 경과·연관, 규칙성의 의미성에 등급화가 나타난다. 여기서는 개개인의 사회적 행위의 의도가 가장 낮은 등급의 사상적 단위를 구성한다. 그 위에 사회적 관계 내에서의 의미 구조가 그 내부적인 조정과 함께 놓인다. 그리고 다시 이 위에 (다소 느슨하게 결합된) 합의 공동체나 특별한 규약 목적을 설정하고 있는 (조직된) 단체의 상위적인 목표 설정이 놓인다. 이러한 단체에 있어서도 조직 행위의 목표 방향이 변화하게 되면 그 결과로서 목적에 변화가 나타날 수 있으며, 그것도 참여자 및 단체 소속원의 결의된 동의나 암묵적인 동의없이 또는 이러한 동의와 함께 나타날 수 있다. 그러나 사회적인 단체를 그 규약적인 목적 규정과 함께 설립하는 경우에 목적 관념은 이미 하나의 초개인적인 의미 부여를 뜻한다. 목적 규정의 변경은 한편으로는 규약을 변경하거나 의미상 비규약적인 기관(器官) 행위의 수정을 결의함으로써 이루어질 수 있고, 그렇지 않은 경우에는 '전복(顚覆)'을 통해서 이루어질 수 있다. 그러니까 후자의 경우에는 빗나가게 집행하는 기관 참여자를 규약과 일치되게 지시를 내리는 다른 인원으로 대치함으로써 이루어질 수 있다. 그러므로 여기에는 단체 참여자에 있어서의 의미 해석이 존재한다. 일종의 정관화된 지배 질서에 근거한 지배 단체에 있어서는 행정 간부 쪽에서 다수의 찬동과 함께 단체 행위의 책임 있는 목표를 설정하는 일이 중요한 문제이다. 근대적인 형식의 단체 민주제에서는 이러한 지배 단체 그 자체가 비슷한 종류의 단체 구조를 지닌 단체로 구성되어 있다. 이것은 막스 베버가 맨 먼저 북미 합중국에서 분명하게 관찰했던 바와 같다. 현행의 민주제적 '놀이 규칙' 내에서의 '전복'은 합법적으로 이루어지는 '감시 인원의 교체'가 그 실질적인 내용이다. 비합법적인 전복도 있을 수 있으며 또 있다고 하는 사실은 그에 대립되지 않는다.

그러니까 사회적인 관계의 상태에로 점차 자치공동체화하면서, 특히 영속적인 사회적 공동 행위의 사회적인 관계 상태에로 점차 자치공동체화하면서, 특히 단체적 조직의 사회적인 관계 상태에로 점차 자치공동체화하면서는, 저마다가 주관적으로 얻으려고 노력하는 목표 방향과 목적 설정을 관철하는 일이 대개 줄어든다. 개개인이 소수에 머물러 있기 때문에 이러한 목표 방향과 목적 설정을 일종의 전체 의지 *volonté de tous*로 끌어올리지 못하는 한에서는 말이다. 이러한 사정은 바로 특히 지역 법인체가 점차 커져가고 형성되어가는 데 있어서도 유효하다. 여기서는 그와 동시에 물론 단체에 의해 구속되지 않은 의도와 이해 관심이 운신할 수 있는 공간이 성장하며, 이것은 유사시에는 변화된 전체 의지나 다른 성질을 지닌 전체 의지를 구성하게 할 수 있다. 한편 일반 의지 *volonté générale*는 단체 활동의 객관적인 기능 의미를 나타낼 수 있다. 또 한편으로는 단체 활동의 객관적인 기능 의미도——우리가 살펴보았다시피——전체 의지에 의해 획득될 수 있고 합병될 수 있을 뿐만 아니라 전조(轉調)될 수도 있다. 이 때 자유 민주제적인 경험적 단체 형식과 지배 형식 아래서는 전체 의지가 단순한 또는 자격을 갖춘 다수에 의해 구성된다.

또한 이와 아울러 분명한 사실은, 막스 베버가 사회적 현실을 행위의 지향(지향성)과 같은 그 무엇으로 화하게 하지는 않았다는 것이며, 그가 사회적 행위에서 사회적 사건의 하나의 부분 현상을 절대화하였다고 하는 이의도 제기될 수 없다. 그가 사회적 행위를, 이를테면 베르그송Henri Bergson이 사물은 존재하지 않으며 행위만 존재할 뿐이라고 정식화하였던 것과 같은 의미에서, 유아론(唯我論)적으로 보았던 것은 정말이지 결코 아니다.[28] 막스 베버는 다만 '스스로' 성찰하고 행위하는 집합적 인격체의 실체화에 단호히 대항하였을 따름이다.[29] 이와 동시에 그에게는, 모든 '사유 방식의 혁명'에도 불구하

---

28) 베르그송 Henri Bergson, 『물질과 기억 *Matierè et mémoire*』(1896), 최초의 독역본은 1908년에 출간되었다.
29) 『경제와 사회』, 제5판, 제1부, 제I장, 제1항, I의 9번, 제3항의 2번; 『과학론 논문집』, 제3판, p. 439를 참조할 것.

고 외부 세계의 객관적인 실재성에 대한 부인을 철학과 일반적인 인간 이성의 추문(醜聞)으로 표현한 칸트의 힘찬 언사가 깊게 뿌리내려져 있다.[30] 바로 막스 베버는 분명하게 지적하기를, 경험적인 학과들은 '언제나 그 대상 사이의 실재적인 관계가 관건인 곳'에서는 '순진한 실재론'의 토대가 아닌 어떤 다른 종류의 토대 위에서 대상을 취급할 수는 없으며, '다만 대상의 질적인 종류에 따라 다양한 형식으로' 취급할 수 있을 따름이라는 것이다.[31]

사회적 행위에 대해서는 객관적 · 대상적인 세계의 앙상블이 벗어날 수 없이 마주 서 있다. 막스 베버는 명확하게 강조하기를, 사회적 행위는 어디서나 구체적인 출발 상태를 '제약하는 객관적인 실정'에, 즉 객관적으로 주어져 있는 조건 판도에 결부되며, 그 토대 위에서 행하여진다는 것이다.[32] 이 때 행위와 상황은 결코 서로 중개되지 않은 채 대립해 있는 것이 아니라, 현실 속에서 *in actu* 항상 중개된다. 즉, 행위자가 출발 상황에 (주관적으로) 지향함으로써, 행위자가 품고 있는 실재적인 기대를 통해서, 목적 · 수단 · 인과성을 통해서, 주관적인 사전(事前)의 **가망성** (및 객관적인 사후의) 가망성을 통해서, 의도된 **성공**의 통계적인 확률을 통해서 끊임없이 중개된다.[33] 이러한 중개 요인을 통해서 객관적인 상황은——목적 합리적인 지향의 경우에——어느 일정한 선택의 결단을(또는 다수의 그러한 결단을) 촉진한다. 경험과학의 특별한 관심은 그처럼 일반적 또는 구체적으로 촉진하는 정황에 향해지며, 이러한 정황은 경험적인 규칙성과 확률의 인식에 근거를 제공한다.

---

30) 칸트Immanuel Kant, 「순수 이성 비판의 제2판에의 머리말 Vorrede zur 2. Aufl. der Kritik der reinen Vernunft」(1787), pp. XXXIX/XL의 각주.

31) 『과학론 논문집』, 제3판, p. 437.

32) 예컨대 『경제와 사회』, 제5판, p. 227을 볼 것.

33) 이에 관해서는 로트와 위티치 Guenther Roth와 Claus Wittich가 번역 · 편집한 막스 베버의 『경제와 사회』의 영역본: *Economy and Society*, New York 1968, vol. 1, p. 59, 각주 13)의 해명적인 주해도 참조할 것(파슨즈Talcott Parsons).

그러니까 참여자의 행위는 '기대할 수 있는' 사건의 경과에 지속적으로 지향되며, 구조적 정황과 처리 방식을 구체적으로 지각하지 못하고서는 그리고 추구하는 목표 설정에 대한 전망을 세우지 않고서는 전혀 실행될 수가 없는 것이다. 이러한 진행 경과와 규칙성에 대한 (사전의 지속적인) 인식은 일상 행위의 수준에서는 일차적인 경험을 제공하고, 과학의 영역에서는 우선 방법적으로 순화된 경험적인 경험을 제공하며, 마지막으로 수학적으로 정식화된 기능적 인식을 제공한다. 행위과학에 있어서는 인간의 행위가 이러한 진행 경과와 규칙성에 어느 정도나 그리고 어떤 방식으로 뚜렷이 함께 영향을 끼치는가 하는 몫을 확인하는 일이 특히나 필요한 것이다. 이러한 (행위적) 사실성에 대해서도 법칙론적인 지식이 획득될 수 있다.

이해 관심을 지닌 지향적 인간의 의도, 상호 작용, 그리고 협력은 사회와 역사의 사실과 연관에 끊임없이 작용을 하며, 일반적으로 규정할 수 없는 어느 정도까지는 영향을 끼치고 또 형성할 수 있다. 그럴 수 없다고 한다면 행위가 행하여지지 않을 것이다. 그러나 역사적인 사회적 현실의 구조적 정황과 연관은 실제로 활동하는 인간의 관념 세계와 의도를 바로 아주 충분히 규정한다. 인간이——사회적 경험에 힘입어——정황과 연관을 알게 되고 이에 지향되는 한, 그러니까 이에 결부되고 이러한 사실 세계의 앙상블 속에서 인간의 물질적 및 이념적인 이해 관심이 형성되는 한, 그리고 끝으로 인간이 현실을 형성하고 재형성하는 데 있어서 제각기의 목표 관념이라는 의미에서 객관적으로 가능한 것을 적합한 수단으로 달성하기 위하여 '주어져 있는 것' (또는 그러한 것으로 가정된 것)과 이에 내재적인(적합한) 객관적인 가능성을 출발점으로 하는 목표 관념을 발전시키는 한에서는 말이다. 이 때 다양한 사회적 행위자의 목표 관념은——출발 상태와 이해 상태에 대한 그들의 관념에 따라——다양한 성질을 지니게 된다. 즉, 서로 다른 이해 관심이 존재하는 것과 마찬가지로 서로 다른 지각과 구상이 존재하는 것이다. 이처럼 자발적인 성격의 관념 방식에 있어서 관건은 순수한 모사성(模寫性)이 아니다. 여기서는 행위의 목표 방향이 언제나 사변적인 투영 속에서 발전되고 실제로 추구된다.

그러므로 이해 관심이 인간의 사회적 행위를 규정하며 여기에는 생활의 잔인한 필수품 *cruel necessities of life*과의 만남도 포함된다는 막스 베버의 확인에 대하여,[34] 행위하는 인간의 지각과 구상은 전반적으로 흔히 이해될 수 있는 방식으로 그의 사회적·경제적, 그리고 정치적인 존재 상태에 의해 규정되기 마련이라는 보충적인 통찰이 ——현실의 (상호 관련적인) 대립적 경향과 일치되게——마주해 있는 것이다. 이러한 두 가지 인식은 과학적으로도 발견적인 설명 관점으로서 서로 연관을 이루고 있으며, 개별적인 경우에 제시될 수 있는 인과 관계의 대립적인 복수성을 이용한다.

그러니까 법칙론적인 지식은 객관적인 연관에 대해서 발전될 수 있을 뿐만 아니라, 양적·이론적인 서술에서도 합리적 및 비합리적인 행위 의도, 목표 방향, 그리고 의미 있는 진행 경과에 대해서도 발전될 수 있다. 이러한 법칙론적 지식의 보고(寶庫)가 없어서는 인간의 사회적 행위를 규정하는 근거에 대한 이해·해석적인 통찰이 불가능하다. 이와 마찬가지로 의미 이해적인 동기 인식은 그 자체가 다시금 법칙론적인 지식의 형식으로 만들어질 수 있고——또 그렇게 만들어져야만 한다. 그렇게 되어야만 비로소 이해적 인식이 추상적인 인식에 비해 지니고 있는 초부가적인 요소가——인간을 포괄하면서——보장된다. 막스 베버는 행위와 인간에 대한 과학의 특별한 관심사로서의 이해적 인식으로부터 출발하였고, 그의 포괄적인 해석은 바로 사회학을 이러한 이해적 인식의 범위에로 항상 새롭게 끌어들였다.

나는 셈어 및 아라비아어의 표현을 청서하는 데 조언을 해주신 뮌헨대 교수 슈피탈러 Anton Spitaler 박사님께 깊은 감사를 드려야 하

---

34) 『종교사회학 논문집』, 제1권, p. 252.

며, 이집트학적인 정보에 대해서 뮌헨대 교수인 뮐러 Wolfgang Müller 박사님과 베커라트 Jürgen von Beckerath 박사님께 참으로 고마운 말씀을 드려야만 하고, 뮌헨대 교수인 베츠 Werner Betz 박사님께는 독어학적인 지적을 해주신 데 대해서 그리고 뮌헨대의 포그트 Stefan Vogt 씨께는 두번째 분책의 본문의 최종 교정쇄를 재독해주신 데 대하여 심심한 감사를 드려야만 한다. 뿐만 아니라 포그트씨는 별도의 인명 색인을 작성하고, 사항 색인의 페이지 표시를 신판으로 바꾸어 놓았으며, 편집자가 제4판을 낸 이래로 가려낸 모든 추가 표제어를 사항 색인에 편입하는 수고스러운 과제를 떠맡아주었다.

시간을 절약하고 가격을 맞추려는 이해 관심에서 학습본에서는 본문 비판적인 자료의 합본을 유보하였다.

1972년 2월, 뮌헨에서

요하네스 빈켈만

제4판에의 서문

　막스 베버가 남겨 놓은 주저는 지금까지 『사회경제학 개요』의 제III
편의 틀 속에서 편집되어 왔는데, 여기서는 그러한 틀을 벗어나 다른
형식으로 바꾸어 편집해보았다. 이 새로운 제4판은, 편집자가 『국가
학 종합 잡지』에서[1] 제시하였던 기본 원칙에 따라 완성되었다. 중심
적인 착상은 간단하다. 막스 베버의 방대한 사회학의 제1부는 개념론
을 담고 있는데, 제1차 세계 대전 이후인 1918~1920년 사이에 탄생
하였다. 이와 달리 제2부의 원고는 제1차 세계 대전 이전에, 나중에
첨가된 몇 가지 사항을 제외하고 대개는 1911~1913년 사이에 작성
되었다. 저자는 1913년 그의 사회학적 「범주 · 논문」에[2] 대한 서론적
각주에서 처음으로 보다 앞서 작성된 이 원고의 존재를 알렸다. 막스
베버가 『사회경제학 개요』의 제III편: '경제와 사회'로 예정되어 있던
자신의 기고분에 대한 계획을 공표하였을 때는 이미 보다 오래된 원
고가 작성되어 있었다. 이 계획에서 그는 「전집의 편제」를 개관하고
있으며, 이 개관은 우선 1914년부터 출간된 총서의 낱권에 덧붙여졌
다.[3] 원고의 보다 오래된 부분은 철저한 수정을 전혀 거치지 않았기

---

1) 「막스 베버의 유작」(『국가학 종합 잡지』, 제105권, 1949, pp. 368 이하).
2) 「이해 사회학의 몇 가지 범주에 대하여 Über einige Kategorien der verstehenden
　Soziologie」(『로고스 *LOGOS*』, 제IV권, 1913, pp. 253 이하). 『과학론 논문집』, 제2
　판, 1951, pp. 427 이하에 재수록.
3) 이 밖에도 1915년에 발행된 모르J. C. B. Mohr(Paul Siebeck) 출판사의 1914년도 출
　판 보고(pp. 9~13)는 온갖 개별적인 기고분과 그 기대되는 집필자를 열거하면서

때문에, 그 개별적인 구성 부분이 원래의 계획과 일치한다고 해서 놀랄 만한 일이 될 수는 없다. 그래서 원래의 계획은 저작의 구도에 대한 생각을 밝히고 있다. 그리고 나중의 원고는 원래 계획의 맨 첫 절을 하나의 포괄적인 분류학적 범주론으로 발전시키고 있다. 이를 구체적으로 실증하기 위해서 그리고 비교를 가능하게 하기 위해서 이해 사회학의 개요에 대한 베버 자신의 계획을 아래에 베껴 놓았다. 여기서는 내용적으로 이 계획을 토대로 하여 베버의 저작을 편집하였다.

『경제와 사회』라는 책의 이름을 그대로 고수하는 데 대해서는 한 마디 변명을 하지 않을 수 없다. '전체 저작의 편제'를 보면 제Ⅲ편이 『경제와 사회』라는 포괄적인 명칭을 지니고 있다.[4] 하지만 제Ⅲ편 자체는 다시 두 개의 큰 절로 구분되어 있으며, 이 가운데 '경제와 사회적 질서 및 힘'이라는 표제의 첫번째 절만 베버가 작성하기로 되어 있었다.[5] 따라서 그의 방대한 사회학이 담겨진, 『사회경제학 개요』에 대한 베버의 기고분은 실은 '경제와 사회적 질서 및 힘'으로 불리어야 마땅할 것이다. 그럼에도 불구하고 막스 베버가 마지막으로 남긴 이 가장 포괄적인 저작은 『경제와 사회』라는 이름 아래 세계적인 명성을 얻었다. 말하자면 초판의 변경된 최종적인 표제지를 편집하면서 두번째 기고분〔두번째 절〕을 제Ⅲ편에 삽입하지 않기로 하였고, 책의 명칭은 이제 '제Ⅲ편, 경제와 사회. 막스 베버 저'라고 불리우게 되었다. 따라서 막스 베버의 기고는 1922년도에 출간된 이래로 『경제와 사회』라는 명칭 아래 제Ⅲ편 전체를 단독으로 채우게 되

'전집의 편제'를 아주 상세하게 서술하고 있다. 거기에 들어 있는 막스 베버의 기고분의 기획은 '사회경제학 개요'의 낱권에 인쇄되어 있는 '전집의 편제'에, 그러니까 정당하게 원래의 계획이라고 일컬어질 수 있는 것에 문자 그대로 일치한다.

4) 예컨대 '경제와 경제과학,' '경제와 자연,' '경제와 기술'에 관한 부분에 상응하게.

5) 이 편의 다른 절들은 필리포비치 Eugen von Philippovich가 집필자로 예정되었다. 보다 상세한 것은 각주 1)에서 언급한 연구를 볼 것.

었다.[6] 장차 이러한 명칭이 『사회경제학 개요』라는 총서와 상관없이 본 저작의 독립된 형식에 대해서도 고수된다면, 여기에는 두 가지 결정적인 이유가 존재한다. 저작의 내용에 관한 측면에서 결정적인 점은, 저작의 대부분을 차지하고 있는 제2부 전체는 미래에도 또다시 '경제와 사회적 질서 및 힘'이라는 명칭을 지니게 될 것이고, 나중에 작성되었지만 막스 베버 자신이 그렇게 명명하지는 않았던 사회학적 범주론은 단지 제1부로서 앞에 배열되기 때문에, 두 부분을 포괄하는 책명으로는 『경제와 사회』가 실질적으로 매우 적합한 것으로 드러난다는 사실이다. 실천적인 관계에 있어서는 이 표제가 처음부터 막스 베버의 사회학에 도입되었으며, 우리가 바로 이러한 형식으로 부르고 인용하는 데 익숙하고 친숙해져 있다는 사실을 지적하지 않을 수 없다. 『경제와 사회』라는 표제 아래 막스 베버가 작성하기로 했던 기고분만에 대한 원래의 계획은 다음과 같다.

경제와 사회

경제와 사회적 질서 및 힘
1. 사회적 질서의 범주.
   경제와 법 그리고 그 원칙적인 관계.
   단체의 경제적 관계 일반.
2. 가정 공동체, 오이코스, 그리고 경영.
3. 근린 단체, 씨족, 그리고 자치공동체.
4. 인종적인 공동체 관계.
5. 종교적 공동체.
   종교의 계급 제약성; 문화 종교와 경제 신념.
6. 시장의 공동체적 결합.

---

6) 보다 상세한 서술을 알고자 하면 앞서 각주 1)에서 거론한 『국가학 종합 잡지』의 논문을 참조할 필요가 있다(특히 pp. 370/71, 373, 376/77을 참조할 것).

7. 정치적 단체.

　　법의 발전 조건. 신분, 계급, 정당. 민족.

8. 지배.

a) 정당한 지배의 세 가지 유형.

b) 정치적 지배와 교권제적 지배.

c) 정당하지 않은 지배.

　　도시의 유형론.

d) 근대 국가의 발전.

e) 근대의 정치적 정당.

　이 신판은 외적인 편집 구조상 여러 가지 면에서 막스 베버의 원래 계획으로부터 벗어나 있다. 두 원고 더미는 제각기 다른 주제를 다루고 있다. 나중의 원고는 개념 유형론을 발전시키고 있는 한편, 보다 오래된 원고는 사회학적 연관과 발전을 묘사하고 있다. 막스 베버 스스로가 편집한, 『경제와 사회』의 첫번째 분책은 미완성의 개념적 논의의 단초를 열어놓고 있는데, 그 표제에는 '제1부'라고 지칭되어 있다. 범주론에서는 나중의 '개별적인 서술'을 참조할 것을 빈번히 지적하고 제2부에서는 개별적인 서술과는 다른 '일반 사회학'에 대해 언급함으로써 베버는 두 원고의 차이를 강조하고 있다.[7] 때문에 이 신판은 '사회학적 범주론'과 '경제와 사회적 질서 및 힘'이라는 명칭의 실질적인 서술로 이분된 것이다.[8]

　제1부는 막스 베버 자신에 의해 완성된 첫번째 분책의 본문을 그대로 재현하고 있다. 다만 막스 베버가 본문을 편성하면서 사용하였던 중간 표제를 내용 목차에도 항목 사이사이에 삽입하였다. 유고 상태로 남겨진 신분 유형론에 관한 개략적인 묘사는 제1부의 말미에 '부

---

7) 『경제와 사회』, 제4판, p. 212.

8) 참조를 위해서는 마리안네 베버의 『막스 베버 전기』(제1판, 1926, pp. 425, 675, 687 이하, p. 709)도 볼 것.

록'으로 첨가되었다. 제2부는 초기 원고의 본문을 실질적으로 막스 베버의 원래 계획에 상응하게 배열하고 있다. 하지만 본 판본에서는 이 부분을 다음의 네 가지 점에서 베버의 원래 계획과 다르게 편성해 보았다. 원래 계획의 1번에 남아 있는 두 개의 하위 절은 지금까지의 판본들과 다름없이 각각 독립적인 장으로 분리하였다. 2, 3번은 하나의 통일된 장으로 통합하였고, 독립적인 완결된 형식으로 존재하는 법사회학은 원래 계획의 7번에서 법 부분을 제외한 나머지 부분에 할당된 장의 앞에 독립적인 장으로 위치시켰다. 이 모든 것은 이전의 판본에서 유고의 상태에 의거하여 이루어졌던 새로운 편성이다. 막스 베버가 자신의 원래 계획으로부터 벗어난 마지막 부분은, 8번의 d)항과 e)항에서 처음에는 근대 국가와 근대적인 정당의 발전을 제각기 따로 다루려고 했었지만, 1920년에 스스로 인쇄에 부친 범주론에서는 정당의 구조와 기능에 관한 실질적인 서술을 국가사회학에 미루고 있다.[9] 나아가 의회는 근대적인 '대의제적 법치 국가'의 유형을 특징짓기 때문에——그리고 막스 베버에 의해서는 그렇기 때문에 그 특성상 국가 기관으로 다루어지고 있기 때문에[10]——, 하지만 그 기능에 있어서는 다시 "정당과 관련시키지 않고서는 설명될 수 없기" 때문에,[11] 국가의 근대적인 구조 형식과 의회 그리고 정당을 분리해서 다룬다는 것은 불가능한 것처럼 보인다. 합리적인 국가와 의회 그리고 정당에 관계되는 논의는 따라서 여기서는 지배의 사회학을 다루는 장 속에서 하나의 통일적인 (마지막) 절에 통합되었다. 막스 베버의 원래 계획은 이러한 네 가지 점에서 베버 자신의 서술을 통해 실제로 포기되었다고 보아도 좋을 것이다.

편집자에 의해 발전된 배열 제안에 따라 변형된 제2부에서는 이전의 판본에 사용되었던 장과 항의 표제와 제목이 여러 가지로 수정되

9) 『경제와 사회』, p. 168.
10) 같은 책, 제5판, p. 856.
11) 같은 책, p. 172, 4번.

었다. 이러한 수정은 원래의 계획에 맞추어 새롭게 편성할 필요가 있고 내용을 보다 의미 적합하게 통합할 필요성이 분명한 곳에 한해서 이루어졌다. 다른 한편으로 장과 항의 표제와 제목의 표현도 부분적으로는 원래 계획의 그것과 다른데, 이것은 보다 본문의 표현 방식을 따르기 위해서이다. 여기서는 편집자가 앞서 제안했던 바에 따라 몇 개의 표제가 보다 명확하게 작성되었다. 이것은 특히 제IX장의 제7절에[12] 해당된다. 이 절의 표제는 막스 베버에 특징적인 함축성을 위해서 원래의 계획과 일치되게 다시 복구되었다. 더구나 막스 베버가 생각한 의미의 '정당하지 않은 지배'라는 범주에 대한 그 자신의 확증된 진술이[13] 제8절에 실려 있기 때문에 그에 대해서는 의문의 여지가 없다. 정당하지 않은 지배는 도시가 정치적으로 독립적인 '자유로운' 공동체로 구성된 결과—— "자유롭다고 하는 것은 강압적인 지배로부터의 자유라는 의미가 아니고, 전통의 힘에 의해 정당성을 지니고 있으며 모든 권위의 유일무이한 원천인 군주의 권력(대부분 종교적으로 신성화된)이 결여되어 있다는 의미이다"——서양의 중세 문화권에서 처음으로 출현하였다.

　본문 자체를 다루는 데 있어서는 앞에서 언급했던 편성과 표제 그리고 제목을 변경한 것 이외에는 지금까지의 판본에 실렸던 본문을 그대로 실었다. 그러나 본문은 면밀하게 수정되었다. 거기서 인쇄상의 오류가 분명한 것은 모두 제거하였고, 경우에 따라 원고상의 실수인 것처럼 보이는 것도 부분적으로는 출처를 상세하게 조사하여 제거하였다. 힌체 Otto Hintze가[14] 제안했던 본문 교정은 극소수를 제외하고는 수용되었다. 그 교정 제의에서 불가피한 것으로 밝혀진 정정을 제외하고는 본문 자체는 손을 대지 않았다. 다만 제2부, 제IX장의

---

12) 절의 번호는 이제 제5판에 따라 붙여진다.
13) 같은 책, 제5판, p. 827.
14) 『경제와 사회』의 제2판에 대한 서평(『슈몰러 연지 *Schmollers Jahrbuch*』, 제50호, 1926, p. 87과 88).

(미완성된) 제5절에서 편성상의 적절을 기하기 위해 세 군데에서 본문의 자리를 바꾸었다.[15] 음악사회학적 부록은 1921년에 출간된 초판의 단행본과 비교하여 보았는데, 이 초판도 완전히 신뢰할 만한 것은 아니라는 점이 판명되었다. 음악의 합리성과 사회학에 대하여 막스 베버가 행한 연구의 본문에서 발견된 여러 결함도 제거될 수 있었다.

  본문을 점검하는 데 있어서는 일련의 외국어 표현에 관하여 인도학과 동방학 그리고 민속학의 영역에서 기꺼이 정보를 제공하였을 뿐만 아니라 이와 관련하여 수많은 노력을 기울인 비스바덴 Wiesbaden의 디트리히 Ernst L. Dietrich 목사 · 박사님, 할레 Halle/Saale 의 아이스펠트 Otto Eißfeldt 교수님, 튀빙겐 Tübingen의 글라제납 Helmuth v. Glasenapp 교수님, 프랑크푸르트 Frankfurt/Main의 리터 Hellmut Ritter 교수님, 그리고 함부르크 Hamburg의 터머 Franz Termer 교수님께 이 자리를 빌어 편집자로서 심심한 감사의 뜻을 표하고 싶다. 또한 개별적인 전문 용어를 해명해준 데 대해서 플레텐베르크 Plettenberg의 슈미트 Carl Schmitt 교수님, 함부르크 Hamburg의 슈퇴터 Rolf Stödter 교수님, 튀빙겐 Tübingen의 고 브링크만 Carl Brinkmann 교수님께 깊은 감사를 드려야 한다. 끝으로 튀빙겐 Tübingen의 게르스텐베르크 Walter Gerstenberg 교수님은 고맙게도 다양한 음악 이론적 개념을 다시 점검하고 음악사회학의 본문을 최종적으로 교열해주었다. 이 모든 분들이 자기 일을 제쳐두고 도와주었기 때문에, 막스 베버가 유고로 남긴 주저의 신뢰할 만한 본문이 비로소 편집될 수 있었다. 편집자는 특히 출판인 지벡 Hans G. Siebeck 씨께 감사를 드린다. 나는 그에게 베버의 이 저작을 근본적으로 개조하자고 제안했는데, 그는 이 제안을 받아들였고 이에 따른 과제의 실현을 나에게 맡겨주었다. 아울러 이러한 목표를 실현하는 과정에서 출판사는 편집자에게 엄청난 도움을 제공하였는데, 이에 대해서도 감사드린다.

---

  15) 『경제와 사회』, 제4판. pp. 665~69, 684~85, 690~95 〔제5판, pp. 657~61, 676~77, 681~87〕.

『경제와 사회』의 원고를 참조할 수는 없었다. 그 원고는 찾아낼 수가 없고 아마도 분실된 것으로 보아야 하기 때문이다. 나중에 원고가 다시 발견된다면, 이본(異本) 사이의 글귀의 이동과 원본과 서로 다르게 이루어진 판독뿐만 아니라 제2부의 장과 절 그리고 항의 표제가 그대로 고수될 수 있는지의 여부가 새로운 본문 교열에서 판명되어야만 할 것이다. 아마도 그렇게 되면 지금까지의 출판에 있어서 드러난 빈 틈을 메울 수 있을 것이다. 서로 다른 판본의 목록은 제1판 이래로 이루어진 정정에 대해서 알리고 있다. 본문 비판적인 설명도 첨가하였다. 색인은 새롭게 작성되었고 근본적으로 확장되었다. 서로 다른 판본의 페이지 매김을 비교 개관해 놓았기 때문에 본 판본을 지금까지의 판본과 비교하거나 인용문을 찾는 데는 어려움이 없을 것이다. 본문 외곽의 꺾쇠 괄호 속에 들어 있는 페이지는 제2, 3판의 같은 페이지를 가리킨다. 두 권으로 분책하면서 불가피하게 386페이지를 세지 않고 건너뛰게 되었고, 그리하여 제1판의 386~600페이지가 제2, 3판에서는 387~601이라는 새로운 번호를 얻게 되었는데, 이것은 그대로 둘 수밖에 없었다.

어느 모로 보나 지금까지의 판본과 다른 점은 제2부 마지막 장의 끝 절에 종결편으로 추가된 부분이다. 막스 베버가 의도하였던 국가사회학은 실현되지 못한 채 남아 있다. 여기서는 과감하게——주로 교수법적인 관심에서——이러한 빈 틈을 메워보고자 했다. 그의 사후에 편집된 『경제사』[16]와 정치학적 논술인 「새로 질서지어진 독일에서의 의회와 정부 Parlament und Regierung im neugeordneten Deutschland」[17] 그리고 「직업으로서의 정치 Politik als Beruf」[18]라는 강연 중에서 막스 베버의 근본적으로 국가사회학적인 인식을 접합해보았다. 이처럼 대담한 시도에는 상당한 망설임이 뒤따랐고 면밀한 숙

---

16) 『경제사. 일반 사회사 및 경제사 개요』, 제1판, 1923; 제2판, 1924; 증보판, 1958.
17) 1917년 여름에 작성되었고, 1918년에 수정 출판되었다.
18) 1918/19년 겨울 학기에 행하였던 강연으로서, 1919년 가을에 간행되었다.

고가 요구되었다. 편집자는 서두에 언급했던 논문에서,[19] 막스 베버의 사고와 강의 그리고 강연 활동이 만년의 창작 시기에 얼마나 이러한 문제 영역에 기울어져 있었는가를 밝힌 바 있다. 그의 지배사회학의 틀 속에서 국가사회학적인 영역을 서술하는 데는 아직 정교한 마무리가 필요하다. 그 가운데 몇 부분은 사실 예비 작업으로서이기는 하지만 이미 출간되어 있기도 하다. 앞서 언급했던 세 가지 저술의 교과서적인 절과 국가 이론적인 논술에서 베버는 합리적인 '국가'의 사회학적인 형성 과정을 아주 명쾌하게 천착하고 있다. 그 구체적인 서술에서는 주저에서 논의된 개념과 주제 등의 사상적 자료를 채용하고 또한 내적으로 생생하게 활성화시키고 있으며, 이와 아울러 국가사회학적 고찰의 사상적 · 체계적인 장소를 증명하고 있다. 이처럼 막스 베버는 만년에 국가사회학에 대한 기본적인 통찰을 일구어 전술한 저술에서 이미 예비적인 작업을 해놓았다. 저자는 주저에서 그러한 통찰을 최종적으로 마무리해내지는 않았지만, 그 부분은 놀랍게도 이 새로운 판본에서 분명하게 드러난 『경제와 사회』의 전체 구상에 접합되며, 막스 베버의 전체적인 지배사회학의 통일적인 연관을 밝혀주고 있다. 이러한 내적 연관을 토대로 편집자는 주저의 말미에 놓인 국가사회학적인 개별 논술을 사상적으로 세분하여 편성하였다. 제8절의 머리 표제는 사실상 거기에 서술되어 있는 관심사를 막스 베버의 원래 계획과 일치되게 그리고 그의 전문 용어로 표현하고 있다. 항을 나누고 표제를 선택하는 일은 편집자가 할 수밖에 없었다. 편집자는 이러한 초안에 맞추어 여기에 인쇄한 부분을 취사 선택하고 그 배열 순서를 결정하였으며 빈번히 위치를 바꾸고 구조적 · 근본적이지 않은 모든 논술은 제외하였다. 여기서도 본문은 없어서는 아니될 사소한 연결 문장말고는 막스 베버의 것이다. 다만 순전히 가치 판단을 드러낸 부분은 제거하였고, 표현 양식에 있어서는 빈번

---

19) 『국가학 종합 잡지』, 제105권, pp. 372, 376, 386.

히 강연 형식을 서술 형식으로 바꾸었다. 원고가 공개되어 있기 때문에, 이 판본의 각별한 목적을 위해 본문을 그러한 방식으로 취급하는 데 대해서 의혹을 품을 수는 없을 것이다. 이러한 취사 선택에 동원된 세 가지 저술을 간행한 둥커와 훔블로트Duncker & Humblot 출판사의 소유자인 브로어만Hans Broermann 박사님께 선별된 부분의 본문을 복제하도록 허락한 호의에 대해서 각별한 감사를 드리고 싶다.

그렇지만 이러한 노력은 하나의 임시 변통에 지나지 않으며, 체계적인 관점에 따라 이루어진 취사 선택에 의해 정리된 국가사회학 부분은 단편에 불과하고, 여기에 제시된 바와 같은 서술로는 국가사회학의 논제를 망라하지 못한다는 것은 너무도 명백하다. 나아가 어법에 있어서의 일종의 비통일성은 감수할 수밖에 없을 것이다. 그러한 비통일성은 원래의 진술이 필기와 생략을 통해서 부분적으로 변형되었다는 사실에 기인하는 것만은 아니다. 그러한 비통일성을 변호하기 위해서는, 막스 베버의 말을 단지 간접적으로만 전달해주고 있는 필기 노트가 어쨌든 벌써 출간되어 있으며, 첨가된 절에는 이미 출판되어 있지 않거나——그 문체상의 불규칙성 때문에——막스 베버의 사상이나 논증으로 판명되지 않은 것은 결코 들어 있지 않다는 사실을 확인해둘 필요가 있을 것이다. 게다가 여기저기 산재해 있는 진술의 사유 양식이 지닌 변화무쌍한 성격도 어법상의 비통일성을 자아내는 데 일조를 하고 있다. 베버는 게제가 닿을 때마다 해설과 논증을 위해 그러한 진술을 제시하고 있는데, 여기서는 그것을 요약해서 그 이론적인 출처에 걸맞게 '유형론적인 장소'로 되돌려보냈다. 그밖에 상기해두고 싶은 점은, 『경제와 사회』의 여러 층의 원고도 매우 상이한 시기에 작성되었고, 원고에는 종합적으로 유형화하는 사유 형식과 발생론적으로 분석하는 사유 형식 그리고 논쟁적인 사유 형식이 언제나 병존해 있으며, 이는 막스 베버의 작업 방식과 사유 성향에 상응한다는 것이다.

마지막으로 제8절은 분명히 국가사회학에 대한 막스 베버의 기본적인 사상을 그의 다른 저술과 (부분적으로는) 필기 노트로부터 (발췌하여) 제시하고 있기는 하지만, 그것은 원래 다른 연관 속에 위치해 있었다는 사실을 주의해야 할 것이다. 특히 '의회와 정부'라는 논문으로부터 따온 부분은 베버가 상당히 정치적인 프로그램으로 생각하고 작성한 것이다. 이 '관료 제도와 정당 제도에 대한 정치적 비판'은 1918년에 작성되었는데, 그 서언에서 베버는 이러한 비판이 "국가법의 전문가에게는 전혀 새로운 것을 이야기하고 있지는 않지만, 학문의 권위에도 부합하지 않는다. 왜냐하면 의지를 바탕으로 한 최종적인 입장 표명은 학문이라는 수단을 통해서 결단이 내려질 수 없기 때문이다"라고 강조한다. 그 논문에서의 베버의 설명은 19세기 후반부터 발전해나온 의회 민주제라는 일정한 국가 형식을 추출해내고 또한 의식적으로 그러한 국가 형식을 선호하고 있다. 그리고 이러한 가치 판단의 입장은 확인된 사회적 행태에 대해서 '중립적인 과학'이[20] 구현하는 바와 같은 엄격히 경험적인 것이 아니다. 이 점에 있어서는 "어떤 당파적 견해에 대해서나——예컨대 나의 당파적인 견해에 대해서도——매우 불편한 사실이 존재한다"[21]라고 하는 막스 베버 자신의 말은 타당하다. 막스 베버는 '가치로부터 자유로운 사회학 *wertfreie Soziologie*'이라는[22] 의미에서는 학문적이라고 할 수 없는 그의 강연에 개진되어 있는 견해를 여기서 이러한 형식으로 그의 저작에 다시 수용하는 것을 단호히 거부했을 것이다. 그는 의회주의적인 내각 정부에 대한 하스바하 Wilhelm Hasbach의 비판적인 논문을 계기로 그에 대한 자신의 의견을 분명하게 알리고 있다.[23] 그럼에도 불구하고 이처럼 분명한 한계를 안고서 여기에 그의 강연에서 개진된 견해를 다시 옮겨 놓은 이유는, 막스 베버의 이 원칙적인 논술이 국가

---

20) 『경제와 사회』, p. 113.
21) 『과학론 논문집』, 제2판, p. 587 [제3판, p. 603].
22) 『경제와 사회』, p. 140.
23) 같은 책, p. 173.

108

사회학에 대한 그의 통찰을 입체적으로 부각시키고 있어서 인식적으로도 매우 유익한 의의를 지니고 있다고 생각하기 때문이다. 따라서 막스 베버의 사회학을 하나의 전체로서 이해하여 보고자 하는 경우에는 제아무리 본문을 충직하게 재현해야 한다고 하더라도 그 부분을 원래의 '유형론적인 위치'에 억류해서는 아니된다는 것이다.

이러한 여러 관점을 인정한다면, 교수법적인 이유 때문에 그리고 저작을 완성시키기 위해서 전체적인 구상과 실제 내용을 개관하고자 하는 시도는 정당화될 수도 있을 것이다. 또한 합리적인 국가사회학에 대한 막스 베버의 이론적인 기본 통찰은 주저 이외의 다양한 논술에 섞여 있는데, 이를 간취해내지 못하거나, 이 부분이 실제로 속해 있는 보편적 의의를 지닌 체계적인 연관을 제대로 알아차리지 못하게 되지 않도록 배려할 수도 있을 것이다.

이러한 일련의 생각 속에서 여기서는 일정한 부분적인 단편을 발췌하여 따와보았지만, 여전히 현실성을 지니고 있는 막스 베버의 강연인 「직업으로서의 정치」가 하나의 전체로서 지니고 있는 독자적인 의의를 간과해서는 아니될 것이다. 거기에서 그가 합리적인 국가의 활동과 근대적인 의회 제도의 사회학적 전제 조건을 이론적으로 진술한 것은 예비적인 지식에 불과한 것이었고, 그의 진정한 관심사는 표제에 나타나 있다시피 20세기 현재의 생활 조건 속에서 직업 정치가들이 불가피하게 처해 있는 특별한 갈등 상황이다. 강연 자체의 정신적인 중점은 정치적인 직업 생활의 가능성과 귀결 그리고 무엇보다도 정치와 윤리 사이의 내적 갈등에 대한 도덕철학적 논의에 놓여 있지만, 이론적인 사회학으로서는 사회과학적인 기본 지식에만 관심을 기울이게 된다. 그렇기 때문에 그 강연의 고유한 논제는 '국가사회학'이라고 하는 서술의 범위에는 포함되지 않는다. 따라서 여기서는 이 유명한 논술의 본질적인 취지를 전혀 수용하지 않았다.

『경제와 사회』를 조직하고 그 본문을 구성해내고자 하는 모든 노력은, 막스 베버가 세상을 떠나면서 남긴 그의 방대한 사회학이 채 완성되지 못한 상태라고 하는 점을 지나칠 수 없다. 전체적인 계획도 미완성의 상태일 뿐만 아니라, 제1, 2부 자체도 미완성의 상태로 남아 있는 부분이 있으며, 특히 제2부의 국가사회학과[24] 혁명의 이론에[25] 관한 설명이 그러하다. 또한 막스 베버는 1918년 제1부의 범주론에서 획득한 개념 도구를, 전문 용어상으로 아직 1913년의 범주 논문과 동시대의 사유 상태를 재현하고 있는 그 밖의 원고에 더 이상 적용하지 못하고 말았다는 점에서도 『경제와 사회』는 미완성의 상태이다.[26] 따라서 제2부를 이해하기 위해서는 제1부의 개념 유형론 대신에 「범주·논문」에서 다루어진 기본 개념에 대한 분석이 언제나 전제되어야 한다. 그러니까 여기서는 단지 전체적인 구상의 틀만 주어질 수 있을 따름이며, 그것도 그러한 틀이 채워져서 제시되는 한에서만 가능하였다. 하지만 이러한 한계 속에서나마 본 편집이 본문을 의미가 통하도록 성공적으로 조직하여 저작의 내적인 구성과 사상적 구조를 하나의 의미 있는 전체로서 밝혀내게 되었으면 싶다. 그렇게 되었다면 편집자가 의도하였던 목적이 달성되었다고 할 수 있을 것이다. 즉, 막스 베버의 주저를 새로이 편집하여 독해 가능성을 증진시키고 저자의 사상에 보다 쉽게 접근하도록 하여 보다 나은 이해를 가능하게 하는 것이 편집자의 목적이었다. ——연구와 교육 그리고 학습에 유용하도록.

1955년 여름 오버우어젤에서
요하네스 빈켈만

---

24) 『경제와 사회』, p. 168.

25) 같은 책, p. 155.

26) 『과학론 논문집』, 제2판, pp. 427 이하.

제2판에의 서문

저작에서 오식을 제거하였고 보다 편리하게 사용할 수 있도록 하기 위해서 두 권으로 나누었다. 또한 음악사회학적 논술이 부록으로 첨가되었다. 그렇지만 그 내용을 사항 색인에는 수록하지 않았으며, 이를 새롭게 편찬한다는 것은 지금으로서는 불가능하기 때문이다.

이 어려운 저작은 처음에는 크로이어 Th. Kroyer 교수의 서문과 함께 독립된 소책자로 간행되었는데, 그는 전문적인 술어를 면밀하게 점검하는 데 커다란 공로를 세웠다. 이제는 이 논문을——비록 간접적이기는 하지만——이와 가장 연관성이 있는 막스 베버의 저작에 통합시키는 것이 적절하다고 생각되었다. 이 음악사회학적 논문은 저자에 의해 계획되었던 예술사회학을 구성하는 첫번째 부분이다. 동양과 서양의 음악적 산물을 처음 탐구하면서 저자를 사로잡았던 발견은, 바로 음악에서도——겉보기에는 가장 순수하게 감정으로부터 우러나오는 이 예술에서도——이성 Ratio이 그처럼 중대한 역할을 수행하며, 서양 음악의 특성은 서양의 과학과 모든 국가적·사회적 제도처럼 서양에 특수한 종류의 합리주의에서 연유한 것이라고 하는 사실이다. 이 까다로운 자료를 다루던 중 그는 1912년 한 편지에서 그에 대하여 다음과 같은 소견을 피력하였다: "다른 문화권이 훨씬 섬세한 청각과 깊은 음악 문화를 드러내고 있음에도 불구하고, 오직 우리만 '화성' 음악을 지니고 있다는 사실을 설명할 수 있는 어떤 사회적 조건에 관하여 아마도 나는 쓰게 될 것이다. 진기한 일이다!——

우리가 알게 되다시피, 그것은 수도원 제도 *Mönchtum* 의 작품이다."

하이델베르크에서, 1925년 3월
마리안네 베버

초판에의 서문

이 분책 *Lieferung* 〔제2분책〕과 이어지는 나머지 두 권의 분책〔제3, 4분책〕에 실려 있는 『경제와 사회』의 속편 *Fortsetzung* 은 저자의 유고 속에서 발견되었다. 이 속편의 저술은 체계적인 사회학적 개념론을 담고 있는 제1분책의 내용보다 먼저 확정되어 있었다. 즉, 그것은 나중에 첨가된 몇 가지 보완을 제외하고는 대체로 1911년부터 1913년 사이에 작성되었다. 사실 연구자〔막스 베버〕로서는 체계적인 부분을 작성할 수 있기 위하여는 경험적 자료에 대한 통달이 전제되어야 했다. 그는 아마도 체계적인 부분을 더 확충하려 했던 것처럼 보이며, 가능한 한 간결한 사회학적 개념론에 경험적 자료를 내장(內臟)하고자 했다. 이와 달리 독자로서는 속편에 사회학적 현상이 보다 기술(記述)적으로 서술되어 있기 때문에 사회학적 개념론을 이해하고 수용하기가 수월하게 되었다. 제1부의 '추상적인' 사회학과 달리 '구체적인' 사회학이라고 이름할 수 있는 제2부와 제3부에서도 엄청난 역사적 자료가 이미 '체계적으로,' 즉 단순한 기술적 서술과는 달리 '이상형적인' 개념에 의해 정리되어 있다(주로 서술적인 형식은 그 자체로서 하나의 완성된 논술인 '도시'에서만 선택되고 있다). 추상적인 제1부에서는 역사적인 자료가 어디서나 끌어들여지고 있기는 해도 그것은 주로 개념을 구체적으로 예증하기 위한 수단으로 이용되고 있는 반면에, 구체적인 제2부와 제3부에서는 거꾸로 이상형적 개념이 세계사적인 일련의 사실과 제도 그리고 발전을 예리하게 이해하는 데 기여하고 있다.

유고로 남겨진 저자의 이 주저를 편집하는 데는 당연히 많은 어려움이 있었다. 전체의 구성에 대한 계획이 없었다. 『사회경제학 개요』의 제I권의 X페이지와 XI페이지에 스케치되어 있는 원래의 계획은 아직도 전체의 구성을 위한 근거를 마련해주기는 하지만, 본질적인 점에서 포기되어 있었다. 따라서 장의 순서는 편집자와 그의 협력자에 의해 결정되어야만 했다. 몇몇 절은 미완성의 상태이며, 그대로 둘 수밖에 없다. 각 장에서 다루어지게 될 내용의 지침은 '법사회학'에 대해서만 확정되어 있었다. 중요한 전형적인 현상을 설명하기 위해 끌어들여진 몇 가지 예와 몇 가지 특별히 중요한 명제가 여러 차례 되풀이되고는 있지만, 언제나 달리 조명되어 있다. 저자가 전체 저작을 연관성 있게 수정할 수 있는 기회를 가졌더라면, 몇 대목을 삭제했을지도 모르겠다. 편집자는 드문드문 몇 곳에서만 그러한 삭제를 하는 것으로 만족해야 했다. —— 원고의 해독(解讀)에는 출판사의 식자공들이 아주 애를 많이 썼는데, 더구나 유럽 이외의 제도 등에 관한 수많은 외래의 전문 용어를 올바르게 읽는 방법에 관해서는 많은 의문과 문의를 초래하였다. 여러 방면의 전문학자들의 친절한 도움을 받기는 했어도 잘못을 저질렀을 가능성이 있다.

편집자가 이러한 과제를 해결하는 데에는 팔뤼 Melchior Palyi 박사님이 도움을 주었다. 이 전문학자의 희생적이고 헌신적인 협력이 없었더라면 그것은 불가능한 일이었을 것이다. 그는 이로써 불변의 공로를 세웠다.

하이델베르크에서, 1921년 10월
마리안네 베버

경제와 사회적 질서 및 힘 I

(1918~1920)

〔제1부: 사회학적 범주론〕

제I장
사회학적 기본 개념

 머리말. 이 서론적인 개념 정의는 결코 없어서는 아니되지만, 어쩔 수 없이 추상적이고 현실에 생소한 인상을 준다. 이러한 개념 정의의 방법은 어떻든 새로운 것이라고 할 수는 없을 것이다. 그렇기는커녕 온갖 경험적인 사회학이 동일한 사물에 관하여 언급할 때면 사실상 생각하는 바를 이 개념 정의의 방법은——바라건대——보다 합목적적이고 얼마간 보다 정확한(바로 그렇기 때문에 물론 어쩌면 현학적인 인상을 줄 수도 있는) 표현 방식으로 정식화하기를 원할 뿐이다. 이러한 바람은 겉보기에 익숙하지 않거나 새로운 표현이 사용되는 곳에서도 마찬가지다. 『로고스 *Logos*』 제IV권(1913, pp. 253 이하) 〔『과학론 논문집 *Gesammelte Aufsätze zur Wissenschaftslehre*』, 제3판, pp. 427 이하〕에 게재되었던 논문〔「이해 사회학의 몇 가지 범주에 대하여 Über einige Kategorien der verstehenden Soziologie」〕에 비해서 전문 용어를 될 수 있는 한 단순화하였고 따라서 또한 여러 차례 변경하여 가능한 한 쉽게 이해될 수 있도록 하였다. 물론 개념을 누구나 알기 쉽도록 평이하게 만들고자 하는 욕구는 개념을 최대한 엄밀하게 하고자 하는 욕구와 반드시 조화될 수 있는 것이 아니어서, 개념의 엄밀성을 우선해야 좋을 경우에는 그리할 수밖에 없었다.
 '이해 *Verstehen*'에 관해서는 야스퍼스 Karl Jaspers의 『일반 정신병리학 *Allgemeine Psychopathologie*』(1913)을 참조할 일이다(또한 『자연과학

적 개념 구성의 한계 *Grenzen der naturwissenschaftlichen Begriffs-*
bildung〔1913, pp. 514~23〕의 제2판에 있는 리케르트Heinrich Rickert의
몇 가지 소견과 특히 『역사 철학의 문제 *Problemen der Geschichts-*
philosophie〔1892〕에 있는 짐멜Georg Simmel의 소견도 참조할 만하다).
방법적으로는 예전에 때때로 그래왔던 것처럼 여기서도 나는, 고틀
Friedrich von Gottl-Ottlilienfeld이 물론 약간은 이해하기 어렵게 씌어졌
으며 정말이지 어디서나 아주 끝까지 사유적으로 완전한 모습을 갖추고
있지는 않는 그의 저서인 『언어의 지배 *Die Herrschaft des Wortes*』(1901)
에서 보여준 바 있는 선례를 참조하라고 하고 싶다. 내용적으로는 무엇
보다도 퇴니스Ferdinand Tönnies의 훌륭한 저작인 『공동체와 이해 사회
Gemeinschaft und Gesellschaft』(1887)를 참조하라고 하고 싶다. 나아가 슈
탐러Rudolf Stammler의 매우 혼란스러운 저서인 『유물사관에 의한 경제와
법 *Wirtschaft und Recht nach der materialistischen Geschichtsauffassung*』
(1896)과 『사회과학과 사회정책 연지 *Archiv für Sozialwissenschaft und*
Sozialpolitik XXIV』(1907, 〔『과학론 논문집』, 제3판, pp. 291 이하〕)에 실
려 있는 그에 대한 나의 비판을 참조할 일이다. 나는 (『사회학 *Sozio-*
logie』, 1908과 『화폐의 철학 *Philosophie des Geldes*』, 1900에서의) 짐멜의
방법과는 생각된 '의미'를 객관적으로 타당한 '의미'로부터 가능한 한 구
별함으로써 결별하는 바이다. 짐멜은 이 두 가지 의미를 반드시 구분하
고 있지 않을 뿐만 아니라, 빈번히 의도적으로 뒤섞어놓고 있다.

제1항. 사회학의 개념과 사회적 행위의 '의미'의 개념

사회학이란(이 단어는 매우 여러 가지 뜻으로 사용되고 있는데, 여기
서 이해하는 의미로는) 사회적 행위를 해석하여 이해하고 이리하여
그 경과와 영향 속에서 인과적으로 설명하고자 하는 과학을 뜻한다
고 하겠다. 여기서 '행위 *Handeln*'란, 단수의 행위자나 복수의 행위
자들이 자신의 행동〔행태〕*Verhalten*에 주관적인 의미를 결부시킬 경
우의 그리고 그러한 한에서의 인간의 행동(그것이 외적 또는 내적인

행함 *Tun*이든, 행하지 않음 *Unterlassen*이든, 또는 참음 *Dulden*이든 상관없이)을 뜻한다고 하겠다. 그러나 '사회적' 행위는, 어떤 행위가 단수 또는 복수의 행위자에 의해 생각된 의미에 따라 타인의 행동에 관계되며 그 경과에 있어서 타인의 행동에 지향되는 그러한 행위를 뜻한다고 하겠다.

I. 방법적 기초

1. '의미'란 여기서는 한편으로는 a) 사실상 α. 어느 역사적으로 주어진 경우에 한 행위자에 의해 주관적으로 생각된 의미이거나, 그렇지 않은 경우에는 β. 주어진 다수의 경우에 행위자들에 의해 평균적으로 그리고 서로 엇비슷하게 주관적으로 생각된 의미이거나, 그렇지 않은 경우에는 b) 개념적으로 구성된 순수한 유형 속에서 유형으로 사유된 행위자(들)에 의해 주관적으로 생각된 의미이다. 그것은 이를테면 그 어떤 객관적으로 '올바른' 의미나 형이상학적으로 규명된 '참된' 의미가 아니다. 바로 여기에 행위를 다루는 여러 경험과학, 즉 사회학과 역사학이 모든 교의(敎義)적인 학문 *dogmatische Wissenschaft*, 즉 논리학 · 윤리학 · 미학과 구분되는 이유가 있으니, 이들 교의적인 학문은 각각의 연구 대상에서 '올바르고' '타당한' 의미를 탐구하고자 하기 때문이다.

2. 의미 있는 행위와 단지 반사적이기만 한 행동거지 *Sichverhalten*, 즉 주관적으로 생각된 의미와 결부되어 있지 않은 행동거지 사이의 경계는 아주 유동적이다. 사회학적으로 관계되는 모든 행동거지의 아주 상당한 부분은, 특히 순전히 전통적인 행위는(아래를 볼 것), 그 둘 사이의 경계선상에 놓여 있다. 많은 정신 물리학적 현상의 경우에는 의미 있는, 즉 이해 가능한 행위가 존재하지 않으며, 또다른 경우에는 오직 전문가에게만 이해 가능한 의미 있는 행위가 있다. 신비적이고 따라서 언어로 적절히 전달할 수 없는 현상은 그러한 체험에 이를 수 없는 사람들에게는 이해가 불가능하다. 이와 반대로 스스로 똑같은 종류의 행위를 만들어낼 수 있는 능력이 이해 가능성의 전제는 아니다. "시저 *Caesar*를 이해하기

위해서 우리가 시저일 필요는 없는 것이다." 완전히 '추체험할 수 있는 가능성'은 이해의 명증성에 중요하지만, 의미 해석의 절대적인 조건은 아니다. 어느 현상에는 이해 가능한 요소와 이해 불가능한 요소가 흔히 혼합되고 결합되어 있다.

3. 모든 해석은, 모든 과학이 일반적으로 그렇듯이, '명증성 *Evidenz*'을 추구한다. 이해의 명증성은 한편으로는 〔a)〕 합리적인(그러니까 논리적이거나 수학적인) 성격의 것일 수 있거나, 그렇지 않은 경우에는 〔b)〕 감정 이입적인 추체험적(감정적인, 예술적 감수성이 있는) 성격의 것일 수 있다. 행위의 영역에서 합리적으로 명증한 것이란 무엇보다도 그 생각된 의미 연관이 남김없이 그리고 투명하게 지적(知的)으로 이해된 것이다. 행위에 있어 감정 이입적으로 명증한 것은 그 체험된 감정 연관이 완전히 추체험된 것이다. 최대한 합리적으로 이해될 수 있는 것, 즉 그러니까 여기서는 직접 그리고 명백하게 지적으로 의미가 파악될 수 있는 것은 무엇보다도 서로 수학적 또는 논리적인 진술의 관계에 있는 의미 연관들이다. 어느 누군가가 2 × 2 = 4 라고 하는 명제나 피타고라스의 정리를 사유적 또는 논증적으로 이용하거나, 어떤 논리적인 연결 추리를 ──우리의 사유 습관에 따라── '올바르게' 해낸다면, 우리는 그것이 의미하는 바를 아주 명확하게 이해한다. 또한 어느 누군가가 우리에게 '잘 알려져 있는' 것으로 여겨진 '경험적 사실'로부터 그리고 주어진 목적으로부터 그가 적용해야 할 '수단'의 종류에 대하여 (우리의 경험에 따르면) 명확하게 도출되는 귀결을 그의 행위 속에서 실현한다면, 우리는 그것이 의미하는 바를 아주 명확하게 이해한다. 그렇게 합리적으로 지향된 목적 행위에 대한 해석은 어떤 경우에든──적용된 수단을 이해하는 데 있어서──최고도의 명증성을 지닌다. 그런데 우리는 우리 스스로가 범할 수 있거나 그 발생을 감정 이입적으로 체험해볼 수 있는 '오류'('복잡한 문제'를 포함해서)도 그와 같은 정도로 명증하게는 아니지만 설명에 대한 우리의 욕구를 충족시키기에는 충분한 정도로 명증하게 이해한다. 이와 달리 우리는 어느 인간의 행위가 경험적으로 지향될 수 있는 많

은 궁극적인 '목적' 과 '가치'를 완전히 명증하게 이해할 수 없는 경우가 아주 흔하다. 오히려 우리는 그것을 경우에 따라서는 지적으로 이해할 수 있다. 그러나 비록 그럴 수 있다고 하더라도 그 목적과 가치가 우리 자신의 궁극적인 가치와 근본적으로 다르면 다를수록, 우리가 그것을 감정 이입적인 상상력에 의해 추체험적으로 이해할 수 있기는 더욱 어렵다. 이 경우에 우리는 사정에 따라서는 그러한 목적과 가치를 단지 지적으로 해석하는 것만으로 만족할 수밖에 없다. 또는 경우에 따라서는 그 같은 지적 해석이 실패하더라도 바로 그 가치와 목적을 단순히 주어진 사실로 받아들일 수밖에 없고, 궁극적인 가치와 목적에 의해 동기지어진 행위의 경과를 가능한 한 지적으로 해석하거나 가능한 한 감정 이입적으로 엇비슷하게 추체험된 그 기준점으로부터 이해할 수밖에 없다. 예컨대 많은 종교적 · 자선적인 명인(名人) *Virtuosen*의 업적은 그에 둔감한 사람에게는 그렇게밖에는 달리 이해될 수 없다. 또한 극단적으로 합리주의적인 열광('人權')도 이 기준점을 스스로는 근본적으로 꺼려하는 사람에게는 그렇게밖에는 달리 이해될 수 없는 것이다. 시의적(時宜的)인 감성 *aktuelle Affekte*(불안 · 분노 · 명예욕 · 시기 · 질투 · 사랑 · 감격 · 자부심 · 복수심 · 恭順 · 헌신, 모든 종류의 탐욕)과 이들 감성에서 생겨난 (합리적인 목적 행위의 관점에서 보자면) 비합리적인 반응은 우리 스스로가 그러한 감성과 반응을 보다 많이 체험할 수 있을수록 더욱 명증하게 감성적으로 추체험될 수 있다. 그러나 어떤 경우든 그러한 감성과 반응이 그 정도에 있어 우리 자신이 체험할 수 있는 가능성을 완전히 능가한다고 하더라도, 우리는 그 의미를 감정 이입적으로 이해할 수 있고, 그것이 행위의 방향과 수단에 미치는 영향을 지적으로 산정해낼 수 있는 것이다.

그런데 유형 구성적인 과학적 고찰에 있어서는 행동거지의 모든 비합리적이고 감성적으로 야기된 의미 연관과 이것이 행위에 끼친 영향은 그 행동거지가 순전히 목적 합리적인 구성된 경과로부터 '벗어나 있는 것'으로 탐구되고 서술될 때 가장 잘 조감이 될 수 있다. 예를 들어 어떤

'거래소 공황 *Börsenpanik*'을 설명할 때 우선 설명의 목적상, 비합리적인 감성에 의한 영향이 없었더라면 행위가 어떻게 경과했을 것인가를 확인하고 나서, 그 비합리적인 성분은 '장애'로 기록된다. 이와 마찬가지로 어느 정치적 활동이나 군사적 활동을 설명할 때 우선 설명의 목적상, 모든 사정과 함께 참여한 사람들의 모든 의도를 알고 있었더라면, 그리고 우리로서는 타당하게 보이는 경험에 지향하여 수단을 엄격하게 목적 합리적으로 선택하였더라면, 행위가 어떠한 경과로 진행되었을 것인가를 확인한다. 오직 이러한 확인에 의해서만 그 다음에는 그러한 경과로부터 벗어나 있는 것을, 이를 야기한 비합리성에 인과적으로 귀속시키는 일이 가능해진다. 그러니까 엄격하게 목적 합리적인 행위의 구성은 사회학의 이러한 경우에 있어서 그 명증한 이해 가능성과 그——합리성에 결부되어 있는——명확성 *Eindeutigkeit* 때문에 유형('이상형')으로 이바지한다. 이는 모든 종류의 비합리성(감성·오류)에 의해 영향을 받는 실제의 행위를 순전히 합리적인 행동이 기대되는 경과로부터 '벗어나 있는 것'으로 이해하기 위해서이다.

그러한 한에서 그리고 오직 이러한 방법적인 합목적성의 이유 때문에 '이해' 사회학의 방법은 '합리주의적'이다. 그러나 이 같은 절차가 사회학의 합리주의적인 편견으로 곡해되어서는 물론 아니되며, 오직 방법적인 수단으로만 이해되어야 한다. 그러니까 이를테면 합리적인 것이 사실상 삶을 우세하게 지배하고 있다는 믿음으로 곡해되어서는 아니되는 것이다. 왜냐하면 실재 현실에 있어서 합리적인 목적 지향적 숙고가 어느 정도나 사실상의 행위를 규정하고 또 어느 정도나 규정하지 않는가 하는 점에 대해서는 정말이지 최소한의 이야기도 해서는 아니되기 때문이다 (그렇다고 해서 합리주의적인 해석이 행하여져서는 아니될 곳에서 합리주의적 해석이 행하여질 위험이 있을 수 있다는 사실을 이를테면 부정해서는 아니된다. 유감스럽게도 모든 경험은 그러한 위험이 실존한다는 것을 증명하고 있다).

4. 의미에 생소한 *sinnfremd* 현상과 대상은 행위에 관한 모든 과학에

있어서 인간 행위의 유인이나 결과 또는 촉진이나 억제 요인으로 고려된다. '의미에 생소하다는 것'은 '살아 있지 않다'거나 '비인간적'이라는 것과 동일하지 않다. 온갖 인공물은, 예컨대 어느 '기계'는, 오로지 인간의 행위(아마도 매우 다양한 목표 방향의)가 이 인공물의 제작과 이용에 부여했던(또는 부여하고자 했던) 의미로부터서만 해석될 수 있고 이해될 수 있다. 이 의미로 되돌아가지 않고서는 그 기계가 충분히 이해될 수 없는 채로 남게 된다. 그러니까 그 기계에 있어서 이해될 수 있는 바는 그 기계에 대하여 인간의 행위가 '수단'으로서 관계되어 있는 부분이거나, 행위자(또는 행위자들)가 염두에 두었던 '목적'으로서 관계되어 있는 부분이다. 그리고 이러한 '수단'이나 '목적'에 행위자의 행위가 지향되었던 것이다. 오로지 이들 범주 속에서만 그 같은 대상에 대한 이해가 이루어진다. 이와 반대로 생각된 의미 내용이 없는 모든——살아 있는, 살아 있지 않는, 인간 외적인, 인간적인——현상이나 상태는, 그것이 행위에 대해서 '수단'과 '목적'의 관계에 들어서지 않고 다만 행위의 유인, 행위를 촉진하거나 억제하는 요인에 불과한 한에서는, 어디까지나 의미에 생소한 것으로 남게 된다. 13세기 말엽〔(1277)〕에 일어났던 돌라르 Dollart만(灣)의 범람은 (아마도!) 상당한 역사적 영향력을 발휘했던 어떤 이주 현상을 야기한 요인으로서 '역사적' 의의를 지니고 있다. 생명 일반의 사멸 질서와 유기적 순환은, 어린이의 비독립성으로부터 노인의 무력함에 이르기까지, 당연히 일급의 사회학적 영향력을 지니고 있으니, 이는 인간의 행위가 다양한 방식으로 이러한 실정에 지향되어 왔고 또 지향되고 있기 때문이다. 심리적이거나 정신 심리학적인 현상(피로·연습·기억 등, 그리고 이와 마찬가지의 것으로서 예를 들면 일정한 형식의 고행에서 나타나는 전형적인 행복감, 반응 양식에 있어 속도·종류·명확성 등에 따른 전형적인 차이)에 대한 이해 불가능한 경험적 명제는 또다른 범주를 구성한다. 하지만 실정은 그 밖의 다른 종류의 이해 불가능한 주어진 사실의 경우와 궁극적으로 동일하다. 이해적 고찰은 실제의 행위자들처럼 그것을 참작해야 할 '자료'로 받아들인다.

한편 장래의 연구에서는 이해 불가능한 규칙성도 별도의 의미 있는 행동으로 발견될 수 있는 가능성이 있다. 이제까지는 사정이 그러하지 못했지만 말이다. 예컨대 생물학적인 유전질('인종')의 차이는──그것이 사회학적으로 중요한 행동거지의 양식에 끼치는 영향에 관하여, 특히 사회적 행위의 양식에 끼치는 영향에 관하여, 그 의미 관련성의 양식 속에서 통계적으로 적확한 증명이 제시된다면 그리고 그러한 증명을 제시되는 한에서는──이를테면 영양 섭취의 양식이나 노쇠가 행위에 미치는 영향과 같은 생리학적 사실과 마찬가지로, 사회학에 있어 주어진 사실로 받아들여져야 한다. 그리고 그 인과적 의의를 인정한다고 해서, 의미 있게 지향된 행위를 해석적으로 이해한다는 사회학(그리고 행위에 관한 과학 일반)의 과제가 조금도 달라지는 것은 물론 아니다. 사회학은 이해될 수 있게 해석할 수 있는 동기 연관 속에 어떤 점에서 이해가 불가능할 뿐인 사실(이를테면 일정한 목표에 향해진 행위의 빈도나 행위의 전형적인 합리성의 정도와, 두개골 지수나 피부색 또는 그 밖의 다른 종류의 생리학적인 유전적 특질 사이의 전형적인 연관)을 삽입하게 될 것이다. 그리고 이처럼 이해 불가능한 사실은 오늘날(위를 볼 것) 이미 이해 가능한 동기 연관 속에서 나타나고 있다.

5. 이해는 1. 어느 행위(표현을 포함해서)의 생각된 의미에 대한 시의적(時宜的) 이해 *aktuelle Verstehen*를 의미할 수 있다. 예를 들어 우리는, 우리가 듣거나 읽는 2 × 2 = 4 라는 명제의 의미를 시의적으로 이해하거나(사상에 대한 합리적인 시의적 이해), 얼굴 표정에 나타나는 분노의 폭발, 감탄사, 비합리적인 움직임을 시의적으로 이해하거나(감성에 대한 비합리적인 시의적 이해), 어떤 나무꾼이나 문을 닫기 위해 문고리를 붙잡거나 총으로 동물을 겨누고 있는 사람의 행동을 시의적으로 '이해한다'(행위에 대한 합리적인 시의적 이해). 그리고 이해는 또한 2. 설명적 이해를 의미할 수도 있다. 우리는, 어떤 사람이 상인적인 타산이나 과학적인 증명 또는 기술적인 계산이나 그 밖의 다른 행위를 하는데 그 맥락 속에 2 × 2 = 4 라는 명제가 우리에게 이해될 수 있는 의미로 '들어 있

다'면, 즉 우리에게 이해될 수 있는 의미 연관을 얻게 된다면, 2 × 2 = 4 라는 명제를 말하거나 쓴 사람이 바로 지금 그리고 이 맥락에서 그렇게 행 하면서 거기에 어떤 의미를 결부시켰는가를 동기에 상응하게 *motivations-mäßig* '이해한다'(합리적인 동기 이해). 우리는 다음과 같은 경우에는, 즉 나무꾼이 임금을 받기 위해서 또는 자기 자신의 수요를 위해서 또는 기분 전환을 하려고(합리적), 또는 이를테면 '그가 흥분을 달래려고 했 기 때문에'(비합리적), 또는 사격수가 명령에 따라 처형을 하기 위한 목 적에서 또는 적을 싸워 이기기 위해서(합리적) 또는 복수를 하려고(감성 적, 그러니까 이런 의미에서 비합리적) 그러한 행위를 한다는 것을 우리 가 알고 있는 경우에는, 벌목이나 총의 조준을 시의적으로 이해할 뿐만 아니라 동기에 상응하게 이해한다. 마지막으로 우리는, 분노의 밑바닥에 질투, 훼손된 허영심, 상처입은 명예심(감성적으로 야기된, 그러니까 비 합리적으로 동기가 유발된)이 가로놓여 있다는 것을 알고 있을 경우에는 분노를 동기에 상응하게 이해한다. 이 모든 것은 이해 가능한 의미 연관 이며, 이에 대한 이해를 우리는 행위의 사실상의 경과에 대한 설명으로 생각한다. 그러니까 '설명'이란 행위의 의미를 다루는 과학에 있어서는, 그 주관적으로 '생각된' 의미에 따라 시의적으로 이해할 수 있는 행위가 들어 있는 의미 연관의 파악에 다름아니다(이러한 '설명'의 인과적 의의 에 대해서는 아래의 6번을 볼 것). 이 모든 경우에, 그리고 감성적인 현 상에 있어서도, 우리는 사건의 주관적인 의미를, 그리고 의미 연관의 주 관적인 의미도 또한, '생각된' 의미라고 부르고자 한다(그러니까 이 점 에서 통상적인 언어 관행을 넘어서게 되는데, 통상적인 뜻에서 '생각한 다'라는 말은 오로지 합리적이고 목적 지향적으로 의도된 행위에만 사용 되는 것이 보통이다).

  6. '이해'란 이 모든 경우에 a) 개별적인 경우에 실제로 생각된 의미 나 의미 연관을(역사적 고찰에 있어서), 또는 b) 평균적으로 그리고 서 로 엇비슷하게 생각된 의미나 의미 연관을(사회학적인 대량 고찰에 있어 서), 또는 c) 빈번한 현상의 순수한 유형(이상형)에 있어서 과학적으로

구성하게 될 ('이상형적') 의미나 의미 연관을 해석적으로 파악하는 것을 의미한다. 그와 같은 이상형적 구성물은 예컨대 국민 경제론의 순수 이론에 의해 성립된 개념과 '법칙'이다. 그것이 서술하는 바는, 만일 어느 일정한 종류의 인간 행위가 엄격하게 목적 합리적으로 오류와 감성에 의해 교란되지 않고 지향되었다면, 그리고 만일 나아가서는 아주 명확하게 오로지 하나의 목적(경제)에만 지향되었다면, 어떻게 경과했을 것인가 하는 점이다. 실제의 행위는 단지 드문 경우에만(거래소 *Börse*), 그리고 그 경우에도 단지 엇비슷하게만 이상형에 구성되어 있는 것과 같은 경과로 진행된다(그러한 구성의 목적에 대해서는 『사회과학과 사회정책 연지』[에 실려 있는 나의 논문] XIX, pp. 64 이하[『과학론 논문집』, 제4판, pp. 190 이하]와 아래의 11번을 볼 것).

온갖 해석은 명증을 얻기 위해 노력하기는 한다[3번]. 그러나 제아무리 의미가 명증한 해석이라 할지라도 그 자체로서 그리고 이 명증의 성격 때문에 인과적으로 타당한 해석이기도 하다고 아직은 주장할 수가 없다. 의미 명증한 해석은 언제나 그 자체가 단지 하나의 특별하게 명증한 인과적 가설일 뿐이다. a) 핑계삼아 표면에 내세워진 '동기'와 '억압'(즉, 우선은 자인되지 않은 동기)은 빈번히 바로 행위자 자신에게조차 실제적인 연관을 은폐하기 때문에, 주관적으로 솔직한 자기 증언도 단지 상대적인 가치를 지닐 뿐이다. 이 경우에 사회학은, 비록 이러한 실제적인 연관이 구체적으로 '생각된' 것으로서 의식되지 않거나 대개는 완전히 의식되지 않는다고 하더라도, 이 연관을 탐색하고 해석적으로 확인하는 과제에 직면하게 된다. 이는 의미 해석의 극단적인 경우이다. b) 우리가 보기에 '동일'하거나 '비슷하게' 생각되는 행위의 외적 현상에는 극히 다양한 의미 연관이 행위자(들)에게 토대가 되어 있다. 그리고 우리가 서로 '동일한 종류'의 것이라고 생각하는 상황에 직면하여 행하여지는 아주 상이하고 흔히 의미가 바로 대립적이기까지 한 행위도 우리는 '이해한다'(짐멜의 『화폐의 철학』에 있는 여러 예들). c) 행위하는 인간은 주어진 상황에 직면하여 대립적이고 서로 싸우는 여러 충동에 노출되

126

는 경우가 매우 빈번한데, 이를 우리는 모두 '이해한다.' 그러나 '동기 싸움 *Motivenkampf*'의 와중에 있는, 우리가 보기에는 서로 똑같이 이해 될 수 있는 다양한 의미 관련성이 얼마만한 상대적 강도로 행위 속에 표현되는 것이 보통인가 하는 것은 모든 경험에 의하면 지극히 많은 경우에 결코 엇비슷하게라도 어림잡을 수가 없고 결코 확실하게 어림잡을 수가 없는 것이 보통이다. 동기 싸움의 사실상의 결말만이 그 점을 해명한다. 그러니까 모든 가설에서와 마찬가지로 이해될 수 있는 의미 해석은 성과를 통해서, 즉 사실상의 진행 경과에서의 결말에 의하여 검사되어야만 하는 것이다. 그러한 검사는 유감스럽게도 매우 특별한 종류의 그에 적합한 소수의 경우에만 심리학적 실험 속에서 상대적으로 정확하게 달성될 수 있다. 셀 수 있고 그 귀속이 명확한 대중 현상의 (이것도 또한 제한된) 경우에는 통계에 의해 그러한 검사가 이루어질 수 있는데, 경험적 사실에의 근사치는 극히 다양하다고 해야 할 것이다. 그 밖에는, 그 이외의 점에 있어서는 동일한 성질의 것이지만 결정적인 한 가지 점에 있어서는, 즉 제각기 지니고 있는 실제적인 함의 때문에 연구되는 '동기'나 '유인'에 있어서는 서로 다른 모습을 지니고 있는 역사 생활이나 일상 생활의 현상을 가능한 한 많이 비교해보는 가능성이 있을 뿐이다. 이것은 비교 사회학의 중요한 과제이다. 인과 귀속을 달성하기 위해서는 흔히 유감스럽게도 '사유적 실험'이라고 하는 불확실한 수단만이, 즉 동기 연쇄를 구성하고 있는 개별적인 요소를 없었던 것으로 생각하고 나서 그 경우에 진행되었을 만한 경과를 구성해보는 방법만이 남아 있다는 것은 두말할 나위가 없다.

예컨대 이른바 '그레샴 Thomas Gresham의 법칙'은 주어진 조건과 순전히 목적 합리적 행위라는 이상형적 전제 아래 인간의 행위를 합리적으로 명증하게 해석한 것이다. 사실상 어느 정도나 그 법칙에 상응하게 행위가 이루어졌는가 하는 것은, 화폐 제도에서 그때그때마다 너무 낮게 평가되는 종류의 화폐가 사실상 유통에서 사라진다는 사실에 대한 (결국은 원칙적으로 어떻게든지 '통계학적으로' 표현해야 할) 경험만이 가르

쳐줄 수 있다. 경험은 사실상 그 법칙이 아주 전반적으로 타당성이 있다는 것을 가르쳐주고 있다. 인식이 진행된 경과는 실은 다음과 같다. 먼저 경험적 관찰이 있었고, 그런 연후에 해석이 정식화되었다. 이 성공적인 해석이 없었다면 우리의 인과적 욕구는 분명히 만족되지 못했을 것이다. 또 한편으로는 사유적으로 추리된 행동거지의 경과가——우리가 일단 가정하는 바와 같이——실제로도 어느 정도 나타난다고 하는 증명이 없다면, 그처럼 그 자체로서는 제아무리 명증한 '법칙'이라 하더라도 실제적인 행위를 인식하는 데 있어서는 무가치한 구성물일 것이다. 이 예에서는 의미 적합성과 경험적 검증의 일치가 논리적으로 모순이 없으며, 검증을 충분히 확실한 것으로 보기 위한 사례도 충분히 많다. 헬레네 문화의 발전의 특성에 대해 마라톤Marathon, 살라미스Salamis, 플라타이아이Plataiai 전투가 지닌 인과적 의의에 관하여 마이어Eduard Meyer가 징후적 현상(페르시아인에 대한 헬레네의 신탁과 예언자의 행동)을 근거로 만든, 의미상 추론이 가능한 재치 있는 가설은 검증을 통해서만 확증될 수 있는데, 이 검증은 페르시아인이 승리했을 때 (예루살렘, 이집트, 소아시아가) 나타내 보인 행동에 관한 여러 예를 통해서 이루어질 수 있으며, 많은 면에서 어쩔 수 없이 불완전한 채로 남아 있을 수밖에 없다. 여기서는 가설이 지닌 상당한 합리적 명증성이 부득이 검증을 지지하는 버팀목으로서 도움을 주어야만 한다. 하지만 역사적인 인과 귀속이 아주 명증하게 보인다 해도, 이 경우에 가능했던 것과 같은 그러한 검증만이라도 할 수 있는 가능성마저 전혀 없는 경우가 매우 많다. 그렇게 되면 인과 귀속은 바로 결국은 '가설'로 남게 된다.

7. '동기'란 행위자 자신이나 관찰자에게 어느 행동의 의미 있는 '근거'로 보이는 의미 연관을 뜻한다. '의미상 적합하다'는 것은, 어느 행동의 구성 요소들 사이의 관계가 우리의 평균적인 사유 습관과 감정 습관에 의해 유형적인(이를 우리는 흔히 '올바르다'고 말한다) 의미 연관으로 긍정되는 정도로 연관성 있게 경과하는 행동을 뜻한다고 하겠다. 반면에 '인과적으로 적합하다'는 것은, 경험 규칙에 의하면 현상이 실제로

언제나 동일한 방식으로 경과하는 가망성 *Chance*이 존재하는 정도로 어느 현상이 연속해서 이어지는 것을 뜻한다고 하겠다(예컨대, 우리에게 익숙한 계산 규범이나 사유 규범에 따른 어느 계산 문제의 올바른 해결은 이러한 단어의 의미에서 의미상 적합하다. 어느——오늘날 우리에게 익숙한 규범에서 보아—— '올바르'거나 또는 '틀린' 해결이, 그러니까 어느 전형적인 '계산 착오'나 어느 전형적인 '문제의 얽힘'이——통계적으로 나타나는 범위 내에서——검증된 경험 규칙에 따라 일어날 개연성은 인과적으로 적합하다). 그러니까 인과적 설명이란 어떤 방법으로든 어림해 볼 수 있는,——드물기는 해도——이상적인 경우에는 수적으로 제시할 수 있는, 개연성의 규칙에 따라 어느 일정한 관찰된 (내적 또는 외적) 현상에 이어 일정한 다른 현상이 뒤따른다(또는 앞의 현상과 함께 나타난다)는 사실을 확인함을 의미한다.

어느 구체적인 행위를 올바르게 인과적으로 해석한다는 것은 외적인 경과와 동기가 적확하게 그리고 동시에 그 연관 속에서 의미가 이해될 수 있도록 인식되는 것을 뜻한다. 전형적인 행위(이해될 수 있는 행위 유형)를 올바르게 인과적으로 해석한다는 것은 전형적인 것으로 주장된 경과가 (어느 정도는) 의미 적합하게 보일 뿐만 아니라, (어느 정도는) 인과적으로 적합한 것으로도 확인될 수 있음을 뜻한다. 의미 적합성이 결여되면, (외적 및 심리적인) 경과의 규칙성이 제아무리 크고 그 규칙성의 확률을 수적으로 정확하게 제시할 수 있다 하더라도 이해 불가능한(또는 불완전하게만 이해 가능한) 통계적 개연성만 존재한다. 다른 한편으로 사회학적 인식의 의의에 있어서는 가장 명증한 의미 적합성조차도, 사실상 행위가 의미 적합하게 보이는 경과에 따라 일정한 빈도나 근사치를 나타내며 (평균적으로 또는 '순수한' 경우에) 흔하게 진행될 가망성(어떤 방법으로든 제시할 수 있는)이 존재한다는 사실에 대한 증명이 이루어질 수 있는 만큼만, 하나의 올바른 인과적 진술을 뜻한다. 어느 사회적 행위의 이해될 수 있는 생각된 의미에 상응하는 그러한 통계적 규칙성만이 (여기에서 사용하는 단어의 의미에서) 이해될 수 있는 행위 유형, 즉 '사회학적 규칙'이다. 의미가 이해될 수 있는 어느 행위에 관한 그처럼 합리적인 구성물만이 실재의 사건에 관한 사회학적 유형이며, 이 유형은 실재 현실에서 적어도 얼마간 엇비슷하게 관찰될 수 있는 것이다. 추론 가능한 의미 적합성과 나란히 그에 상응한 경과가 빈번하게 나타날 사실상의 가망성도 반드시 커진다는 것은 결코 아니다. 오히려 사정이 이러한가의 여부는 어떤 경우에든지 외적인 경험만이 밝혀줄 수 있다. 통계는 의미 있는 현상에 대해서뿐만 아니라, 의미에 생소한 현상(사망 통계, 피로 통계, 기계 능률 통계, 강우 통계)에 대해서도 그와 아주 똑같은 의미로 존재한다. 그러나 사회학적인 통계(범죄 통계, 직업 통계, 가격 통계, 경작 통계)는 전자의 현상에 대해서만 존재한다(이를테면 수확 통계처럼 두 가지 현상을 모두 내포하는 경우가 빈번하다는 것은 두말할 나위가 없다).

8. 이해가 불가능하기 때문에 여기서 사용되고 있는 단어의 의미에서의 '사회학적인 실태'나 규칙이라고 이름붙일 수 없는 현상과 규칙성은 그 때문에 이를테면 덜 중요하다는 것은 물론 아니다. 또한 그것이 이를테면 여기에서 운위되고 있는 단어의 의미에서의 사회학(이는 사실 '이해 사회학'에 국한시킨다는 뜻을 내포하고 있는데, 이러한 사회학은 그 누구에게도 강제되어서는 아니되며 또 강제될 수 없다)에 있어 덜 중요하다는 것도 아니다. 다만 그것은 이해 가능한 행위와는 다른 곳으로, 즉 행위의 '조건,' '유인,' '억제,' '촉진'의 자리에로 옮겨질 뿐이며, 이는 사실 방법적으로 전혀 불가피하다.

9. 자신의 행동을 의미가 이해될 수 있게 지향한다는 의미에서의 행위는 우리에게는 언제나 하나의 또는 여러 개별적인 사람(들)의 행동으로서만 존재한다.

다른 종류의 인식 목적을 위해서는 개별적인 개인을 예컨대 '세포'의 결합이나 생화학적 반응의 복합체로 파악한다든지, 그의 '심리적' 생활을 개별적인 요소(이것이 어떤 성질의 것이든 상관없이)에 의해 구성된 것으로 파악하는 것이 유용하거나 필요할는지도 모른다. 그렇게 해서 의심할 바 없이 가치 있는 인식(인과 규칙)이 얻어진다. 그러나 우리는 규칙 속에 표현된 이들 요소의 행태를 이해하지는 못한다. 규칙 속에 표현된 심리적인 요소의 행태도 우리는 이해하지 못한다. 더욱이 이 요소들은 자연 과학적으로 정확하게 파악되면 될수록 그만큼 적게 이해된다. 바로 이것은 생각된 의미를 토대로 해석에 이르는 길은 결코 아니다. 그러나 (여기서 사용되고 있는 단어의 의미에서의) 사회학에 있어서는(또한 역사학에 있어서도) 바로 행위의 의미 연관이 파악의 대상이다. 생리학적인 단위의 행태를, 이를테면 세포나 그 어떤 심리적 요소의 행태를, 우리는 (적어도 원칙적으로는) 관찰하거나 관찰을 통해 추론하고자 할 수 있고, 그에 관한 규칙('법칙')을 얻을 수 있으며, 이 규칙의 도움으로 개별 현상을 인과적으로 '설명'할 수 있다. 즉, 규칙 아래 종속시킬 수 있다. 그렇지만 행위의 해석은 이러한 사실과 규칙에 대해서는, 그 어떤 다른 종류의(예컨대 물리학적, 천문학적, 지질학적, 기상학적, 지리학적, 식물학적, 동물학적, 생리학적, 해부학적인, 의미에 생소한 정신 병리학적 또는 자연 과학적 조건 중에서 기술적인) 실태에 대하여 주목하는 정도만큼만 그리고 그러한 의미에서만 주목을 한다.

한편 또다른(예를 들어 법학적인) 인식 목적이나 실천적인 목표를 위해서는 사회적 구성체('국가,' '협동조합 *Genossenschaft*,' '주식회사,' '재단')를 개별적인 개인과 똑같이 취급하는 것이(예를 들어 권리와 의무의 담지자로서 또는 **법적**으로 관련되는 행위의 실행자로서) 합목적적이고 바로 불가피할 수 있다. 이와 달리 사회학에 의해 행위를 이해적으로 해석하는 데 있어서 이러한 구성체는 단지 개별적인 인간의 특별한 행위의 경과와 연관일 뿐이다. 왜냐하면 우리에게는 이 개별적인 인간만이 의미 있게 지향된 행위의 이해될 수 있는 담지자이기 때문이다. 그럼에도 불구하고 사회학은 다른 고찰 방식에서 사용되는 그러한 집합적 사유 구성체를 자신의 목적을 위해서도 이를테면 무시할 수는 없다. 왜냐하면 행위의 해석은 그러한 집합 개념에 대해 다음과 같은 세 가지 관계를 지니고 있기 때문이다. 즉, a) 사회학 자체가 일반적으로 이해될 수 있는 전문 용어를 얻기 위해 부득이 아주 비슷한(흔히 아주 똑같은 종류의 명칭을 지닌) 집합 개념을 가지고 작업을 해야 할 경우가 빈번하다. 예컨대 법학적인 전문 용어 및 일상 언어는 '국가'라는 단어로써 법 개념을 호칭할 뿐만 아니라, 법률이 타당성을 발휘하고자 하는 대상으로서의 사회적 행위라는 실태를 호칭하기도 한다. 사회학에 있어서 '국가'라는 실태는 반드시 법적으로 관계되는 요소만으로 이루어져 있는 것은 아니거나, 반드시 바로 그러한 요소로 이루어져 있는 것이 아니다. 그리고 어쨌든 사회학에 있어서 '행위하는' 집합 인격체란 존재하지 않는다. 사회학이 '국가'나, '국민'이나, '주식회사'나, '가족'이나, '군대'나, 또는 이와 비슷한 '구성체'를 운위할 때면, 오히려 사회학은 그로써 다만 개개인의 사실상의 사회적 행위나 가능한 것으로 구성된 사회적 행위가 일정한 양식으로 경과한다는 사정을 생각할 따름이다. 그러니까 사회학은 그 개념의 정확성과 친숙성 때문에 이용한 법학적인 개념에 완전히 다른 의미를 부여한다. b) 행위의 해석은 다음과 같은 근본적으로 중요한 사실을 주목해야만 한다. 즉, 일상적 사유나 법학적(또는 다른 전문적) 사유에서 사용되는 그러한 집합 구성체는 얼마간 실재하는 것, 타당해야 마땅한 것에 대한 실재적인 인간(재판관과 관료뿐만 아니라 '公衆')의 머릿속에 있는 생각으로서, 여기에 인간의 행위가 지향되는 것이다. 그리고 이러한 생각 자체가 실재적인 인간 행위의 경과 양식에 매우 강력한, 흔히는 바로 지배적인, 인과적 의의를 지니고 있는 것이다. 무엇보다도 얼마간 타당해야(또는 타당하지 않아야) 마땅한 것에 대한 생각으로서 말이다(그렇기 때문에 근대 '국가'는 그 실체에 있어서 상당 부분 이러한 방식으로——인간의 특별한 공동 행위의 복합체로서——존속한다. 왜냐하면 일정한 인간은, 국가가 존속하거나 존속해야 마땅하다고 하는 생각에, 그러니까 그처럼 법적으로 지향된 종류의 질서가 타당하다고 하는 생각에 자신의 행위를 지향하기 때문이다. 이에 대해서는 나중에 논의한다). 사회학의 고유한 전문 용어(a를 참조할 것)를 위해서는 이처럼 법학적으로 타당해야 마땅한 것에 대해서뿐만 아니라 실재적인 사건에 대해서도 일단은 사용되고 있는 개념을 통용어에서 완전히 제거하고 전혀 새롭게 구성된 단어로 대체하는 것이, 극히 현학적이고 장황한 일이라 하더라도 가능할는지 모른다. 하지만 적어도 그처럼 [인간은 집합 개념에 대한 생각에 자신의 행위를 지향시킨다고 하는] 중요한 실정 때문에 이러한 대체 가능성은 당연히 배제될 것이다. c) 이른바 '유기체적인' 사회학(고전적인 전형으로는 섀플레 Albert Schäffle의 재기에 넘친 저서 『사회적 신체의 구조와 생활 Bau und Leben des sozialen Körpers』, 1875~78이 있다)의 방법은 사회적 공동 행위를 '전체'(예컨대 어떤 '국민 경제')로부터 출발하여 설명하고자 하는데, 이 전체의 내부에서 개별적인 요소와 그의 행태는, 이를테면 생리학이 유기체의 '생계' 속에서(즉, 유기체의 '보존 Erhaltung' 이라는 입장에서) 어느 신체적 '기관(器官)'의 지위를 다루는 것과 비슷하게 해석된다(어떤 생리학자의 유명한 강의 명언을 참조할 것: "제x항: 脾臟! 여러분, 우리는 비장에 대해서 아무것도 모릅니다. 비장에 관한 한은!" 물론 그 생리학자는 비장에 대해서 사실은 아주 많이 '알고 있었다' 위치·크기·형태 등등. ——그는 다만 '기능'을 제시할 수 없었을 뿐이다. 그리고 이러한 무능력을 그는 '無知'라고 했던 것이다). 어느 '전체'의 '부분'에 대한 이 같은 종류의 기능적 고찰이 다른 학과들에 있어서 어느 정도나 (부득이) 결정적일 수밖에 없는가 하는 점은 여기서 논의하지 않기로 한다. 생화학적인 고찰과 생역학적인 고찰이 근본적으로 그러한 기능적 고찰로 만족하고 싶어하지 않는다는 사실은 널리 알려져 있다. 해석적 사회학에 있어서는 그러한 표현 방식이 1. 실천적인 예증과 잠정적인 방향 설정이라는 목적에 이바지할 수 있다(그리고 이러한 기능 속에서는 극히 유용하고 필요하다 ——그러나 그 인식 가치를 과대 평가하고 그릇된 개념 실재론에 빠지게 되면 극히 해롭다). 그리고 2. 사정에 따라서는 기능적 고찰만이 우리에게, 어느 연관의 설명에 그 해석적 이해가 중요한 사회적 행위를 발견해내는 데 도움을 줄 수 있다. 그러나 이 지점에서야 비로소 사회학(여기서 이해되고 있는 단어의 의미에서의)의 작업은 시작된다. 우리는 실로 '사회적 구성체'에 있어서는('유기체'와는 달리) 기능적 연관과 규칙('법칙')의 단순한 확인을 넘어서서 모든 '자연과학' (사건과 구성체에 대한 인과 규칙을 설정하고 이로부터 개별 사건을 '설명' 한다는 의미에서의)이 영원히 도달할 수 없는 그 어떤 것을 이루어낼 수 있는 처지에 있다. 참여해 있는 개개인의 행동에 대한 '이해'가 바로 그것이다. 반면에 우리는 예컨대 세포의 행태를 '이해' 할 수는 없으며, 다만 기능적으로 파악하고, 그런 다음에는 그 경과의 규칙에 따라 확인할 수 있을 따름이다. 이처럼 해석적 설명이 관찰적 설명에 비해 이루어내는 부가적인 업적은 물론 해석에 의해 얻어진 성과가 본질적으로 보다 가설적이고 단편적인 성격을 지니고 있다는 대가를 치루고서 획득된 것이다. 그러나 그럼에도 불구하고 이러한 부가적인 업적은 바로 사회학적 인식에 특별한 것이다.

동물의 행태도 우리에게 그 의미가 어느 정도나 '이해될 수' 있는가, 그리고 거꾸로 인간의 행태는 동물에게 그 의미가 어느 정도나 이해될 수 있는가 하는 문제는——이 두 가지 모두 극히 불확실한 의미에서 그리고 문제적인 범위에서——, 그러니까 동물(가축 · 獵獸)에 대한 인간의 관계에 관한 사회학도 이론적으로 어느 정도나 존재할 수 있는가 하는 문제는(많은 동물은 명령 · 분노 · 사랑 · 공격 의도를 '이해'하며 이에 대해서 명백히 때로는 전적으로 기계적 · 본능적으로 반응하지 않고, 어떤 방법으로든 또한 의식적으로 의미 있게 그리고 경험 지향적으로도 반응한다) 여기서 전혀 논의하지 않기로 한다. '자연인 Naturmenschen 의 행태에 있어서 우리가 감정 이입을 해볼 수 있는 가능성의 정도는 그 자체가 본질적으로 동물의 행태에 있어서보다 크지는 않다. 그러나 우리는 동물에 있어서는 주관적인 실정을 확인할 수 있는 확실한 수단을 부분적으로는 전혀 갖고 있지 않으며, 부분적으로는 매우 불충분한 방식으로만 가지고 있다. 동물 심리학의 문제는 주지하다시피 흥미로운 만큼이나 까다롭다. 특히 주지하는 바와 같이 동물에는 매우 다양한 종류의 사회 생활이 존재한다. 즉, 일부 일처제와 일부 다처제적인 '가족,' 무리, 대열, 마지막으로 기능 분업적인 '국가'가 존재한다(이러한 동물의 사회 생활의 기능 분화의 정도는 기관 분화나 형태학적 발달의 분화 정도와 결코 일치하지 않는다. 흰개미에 있어서의 기능 분화가 그러하며, 그 결과 흰 개미의 산출물은 일반 개미와 벌보다 훨씬 분화되어 있다). 여기서는 물론 순수한 기능적 고찰이, 말하자면 해당 동물 사회의 보존을 위해, 즉 그 사회의 영양·방위·번식·개조를 위해 개별적인 유형의 개인들 ('왕,' '여왕,' '노동자,' '병사,' '수펄,' '생식 동물,' '예비 여왕들' 등)이 수행하는 결정적인 기능을 탐구해내는 일이, 적어도 지금으로서는 최종적인 과제인 경우가 아주 흔하며, 연구는 이를 확인하는 것으로 만족할 수밖에 없다. 이러한 확인을 넘어서는 것은 오랫동안, 이 같은 '사회적' 소질을 발휘하는 데 한편으로는 유전질이 다른 한편으로는 환경이 참여할 수 있을 정도에 대한 사변이나 조사에 지나지 않았다(특히 바이스만 August Weismann과——그의 저서 『자연 사육의 전능 *Allmacht der Naturzüchtung*』, 1893은 그 토대에 있어서 실로 아주 경험 외적인 연역적 방법으로 연구하였다——괴테 Alexander Wilhelm Götte 사이의 논쟁이 그러하였다). 그처럼 인식이 기능에 국한되고 있지만, 부득이 그리고 바라건대 잠정적으로만 바로 그러한 기능적 인식에 만족하고 있다는 점에 대해서 진지한 연구는 물론 완전한 의견 일치를 보이고 있다(예컨대 흰개미 연구의 현황에 대해서는 에셔리히 Karl Escherich의 1909년도 저술인 『흰개미 또는 하얀 개미 *Die Termiten oder weißen Ameise*』를 볼 것). 개개의 분화된 유형의 기능이 지닌 '보존상의 중요성'이란 아주 쉽게 파악될 수 있는 것인데, 사람들이 단지 이것만을 식별해내고 싶어 하는 것은 아니다. 그리고 획득 형질의 유전을 가정하지 않는다면 또는 거꾸로 이러한 가정을 할 경우에(그리고 이 경우에 이 가정을 어떤 방식으로 해석하면서) 어떻게 그러한 분화가 설명될 수 있는가 하는 방식에 대한 해명을 얻고 싶어 하는 것만도 아니다. 사람들이 또한 알고 싶어하는 것은 1. 아직 미분화된 중성의 원생체로부터의 분화의 결과에 결정적인 요소는 과연 무엇인가, 2. 분화된 개체의 행동이 (평균적으로) 분화된 집단의 보존 관심에 실제로 이바지하게 이루어지도록 유인하는 것은 무엇인가

하는 점이다. 연구가 언제나 이러한 관점에서 진척되는 곳에서는, 이 같은 연구는 개별 개체에 있어서의 화학적 자극이나 생리학적인 실태(영양섭취 현상, 기생충에 의한 거세 등)를 실험적인 방법으로 증명(또는 추정)함으로써 이루어졌다. '심리학적'이고 '의미 있는' 지향이 실존한다는 것을 실험에 의해 그럴 듯한 사실로 만들려는 의심스러운 희망이 어느 정도나 타당한가에 대해서는 오늘날 아마 전문가조차도 결코 언급할 수 없을 것이다. 이러한 사회적인 동물 개체의 심리에 대하여 의미의 '이해'를 토대로 검사 가능한 그림[像]을 그려본다는 것은 이상적인 목표로서조차도 좁은 한계 내에서만 가능하다. 어쨌든 그러한 그림으로부터 인간의 사회적 행위를 '이해할 수 있기'를 기대할 수는 없고, 바로 거꾸로 거기서는 인간을 유추함으로써 연구가 이루어지며 또 이루어질 수밖에 없다. 이러한 유추는 우리가 일단 다음과 같은 물음을 제기하는 데, 즉 인간의 사회적 분화의 초기 단계에는 순전히 기계적·본능적인 분화의 영역이 개성적으로 의미가 이해될 수 있는 영역과 나아가 의식적으로 합리적으로 창조되는 영역에 비하여 어떻게 평가될 수 있는가 하는 물음을 제기하는 데 아마도 유용하리라고 기대해도 좋을 것이다. 물론 이해 사회학은 인간에 있어서도 초기에는 첫째 성분이 단연 우세하고 그 후에 이어지는 발전 단계에 있어서도 첫째 성분이 언제나 함께 작용한다(그것도 결정적으로 중요하게)는 사실을 인간이 자각하고 있다는 점을 분명히 깨달아야만 할 것이다. 모든 '전통적' 행위(제2항)의 광범한 지층과 심리적 '전염'의 맹아이면서 이 때문에 사회학적인 '발전 자극제'의 담지자인 '카리스마 Charisma'(제Ⅲ장)의 광범한 지층은 그처럼 생물학적으로만 파악할 수 있는, 이해될 수 있도록 해석할 수 없고 동기에 상응하게 설명할 수 없거나 단편적으로만 이해될 수 있도록 해석할 수 있고 동기에 상응하게 설명할 수 있는, 현상에 알아채기 어려운 이행 단계를 거쳐 매우 근접해 있다. 그러나 이 모든 것 때문에 이해 사회학이 스스로가 갇혀 있는 좁은 한계에 대한 자각 속에서 바로 자신만이 이룩할 수 있는 업적을 일구어내는 과제로부터 면제되는 것은 아니다.

오트마르 슈판Othmar Spann의 다양한 연구는 물론 때에 따라서는 그릇된 견해를 표명하기도 하고 무엇보다도 경험적 조사가 아닌 순전한 가치 판단을 토대로 논증을 하고 있지만 빈번히 좋은 생각도 많이 담고 있는데, 어떤 사회학에서든지 사전에 기능에 관한 물음을 제기하는 일(그는 이것을 '보편주의적인 방법'이라고 부른다)이 지닌 의의를 강조하고 있다. 물론 이러한 강조는 의심할 나위 없이 정당한 것이며, 그 누구도 그에 대해서 진지하게 이의를 제기하지 않는다. 우리가 확실히 먼저 알아야만 할 것은 '보존'(그러나 이 외에도 그리고 무엇보다도 바로 또한 문화적 특성의 보존!)의 입장과 어느 사회적 행위 유형을 어느 일정한 방향으로 육성해내야 하는 입장에서 볼 때 어떤 행위가 기능적으로 중요한가 하는 점이고, 그 후에 다음과 같은 물음을 제기할 수 있다. 즉, 어떻게 이러한 행위가 이루어지는가? 어떤 동기가 이 행위를 규정하는가? 사람들이 먼저 알아야만 할 것은 어느 '왕'이, '관료'가, '기업가'가, '포주'가, '주술사'가 무엇을 성취해내는가? 하는 물음을 제기할 수 있는 것이다. 그러니까 어떤 유형적인 '행위'(사실 이것만이 이들 인간을 이 범주 가운데 어느 하나로 특징짓는다)가 분석에 있어서 중요하며 또 문제되고 있는가를, 이 분석에 들어갈 수 있기 전에(리케르트Heinrich Rickert의 의미에서의 '가치 관계성 Wertbezogenheit') 먼저 알아야만 한다. 그러나 이러한 분석이야말로 비로소, 유형적으로 분화된 개별적인 인간(그리고 오직 인간에서만)의 행위에 대한 사회학적 이해가 성취해낼 수 있는 바를 그리고 그렇기 때문에 마땅히 성취해야 하는 바를 행하는 것이다. 어쨌든 하나의 '개인주의적인' 방법이 마치 일종의 (그 어떤 가능한 의미에서) 개인주의적인 가치 평가를 의미하기나 한다는 듯한 엄청난 오해는, 개념 구성의 불가피하게 (상대적으로) 합리주의적인 성격이 합리적 동기의 우세나 심지어 '합리주의'에 대한 긍정적인 가치 평가에 대한 믿음을 의미한다는 견해와 마찬가지로 배제되어야만 한다. 사회주의적인 경제도 사회학적으로는 '개인주의적으로,' 즉 개개인의 — 사회주의적 경제에 등장하는 '관리인 Funktionären'의 — 행위로부터 해석하여 이해될 수 있다. 이는 이를테면 한계 효용설(또는 앞으로 발견해야 할 '보다 나은' 방법, 그러나 이 점에 있어서는 비슷한 방법)에 의해 교환 현상을 개인주의적으로 해석하여 이해할 수 있는 것과 똑같다. 왜냐하면 거기서도 결정적인 경험적·사회학적인 연구는 다음과 같은 물음, 즉 어떤 동기가 이 '공동체'의 개별적인 관리 위원과 구성원을, 마치 이 공동 체가 생겨났고 또 계속해서 존속하고 있는 것처럼 행동하도록 규정하였으 며 또 규정하고 있는가 하는 물음과 더불어 비로소 시작되기 때문이다. 모 든 기능적인('전체'로부터 출발하는) 개념 구성은 그러한 연구를 위한 예비 작업만을 수행할 따름이며, 이 같은 예비 작업이 유익하고 불가결 하다는 데 대해서는──그것이 올바르게 수행된다면──물론 이론의 여 지가 없다.

10. 사람들은 이해 사회학의 많은 명제를 '법칙'이라고 호칭하는 데 익숙해져 있는데, 이러한 '법칙'이란──이를테면 그레샴의 '법칙'처럼 ──어떤 구성 요건이 현존해 있을 때 기대되는 사회적 행위의 경과의 전 형적인 가망성 Chancen으로서 관찰에 의해 확증된 것이며, 이러한 가망 성은 행위자의 전형적인 동기와 전형적으로 생각된 의미로부터 이해될 수 있는 것이다. 법칙은, 순전히 목적 합리적인 동기가 전형적으로 관찰 된 경과의 근거를 이루는 한(또는 합목적성의 이유 때문에 방법적으로 구성된 유형의 근거를 이루는 한), 그리고 그 때 수단과 목적 사이의 관 계가 경험적인 명제에 의하면 명확한 한('불가피한' 수단의 경우에), 최 고도로 이해될 수 있고 명확하다. 이 경우에는 다음과 같은 진술이 허용 될 수 있다. 즉, 만일 엄격하게 목적 합리적으로 행위가 이루어졌다면, 그 렇게밖에는 달리 행위가 이루어질 수 없었을 것이 틀림없다(왜냐하면 참여 자로서는 그의 목적에 도움이 되자면 '기술적인' 이유 때문에 이 수단만 사용할 수 있었고 다른 수단을 사용할 수 없었기 때문이다). 동시에 바 로 이 경우는, 그 어떤 '심리학'을 이해 사회학의 절대적인 궁극적 '기 초'로 여기는 것이 얼마나 그릇된 일인가를 보여주고 있다. 오늘날 '심 리학'에 대해서는 누구나가 약간씩 이해를 달리하고 있다. 어떤 현상을

자연 과학적으로 논하는 데 있어서는 아주 일정한 방법적인 목적 때문에 '물리적인 것'과 '심리적인 것'을 구별하는 것이 정당화된다. 이러한 의미로 그 두 가지를 구별하는 것은 행위에 관한 학과에게는 생소한 일이다. 실제로 오로지 자연 과학적 방법의 의미에서의 '심리적인 것'만을 자연 과학의 수단으로 연구하며 따라서 그 자체로서는 인간의 행태를 그의 생각된 의미를 겨냥하여 해석하지 않는 심리학적 과학의 성과는, 이 과학이 방법적으로 어떤 성질을 지녔든지간에, 당연히 개별적인 경우에 사회학적인 확인에 있어서 의의를 획득할 수 있으며 흔히 고도로 그러한 의의를 지니고 있다. 그러나 사회학이 모든 다른 학과에 대해서보다 심리학적 과학에 대해서 그 어떤 일반적으로 더욱 가까운 관계를 갖고 있는 것은 아니다. 오류는 '심리적인 것'이라는 개념에 있다. '물리적'이 아닌 것은 '심리적'이라는 것이다. 그러나 어느 누군가가 생각하고 있는 어느 계산 문제의 의미는 어쨌든 '심리적'이지 않다. 어느 인간의 합리적인 숙고는, 즉 어느 일정한 행위가 일정하게 주어진 이해 관심에 따라 기대할 수 있는 결과를 촉진시키는가 또는 그렇지 않은가의 여부와, 결과를 겨냥하여 알맞게 내려진 결심은, '심리학적' 고찰에 의해 한 올의 머리카락만큼이라도 더 잘 이해될 수 있는 것은 아니다. 그러나 바로 그러한 합리적인 전제 위에서 사회학(국민 경제학을 포함하여)은 그의 '법칙'의 대부분을 구성한다. 이와 달리 행위의 비합리성에 대한 사회학적 설명에 있어서는 이해 심리학이 사실상 의심할 바 없이 결정적으로 중요한 기여를 한다. 그러나 그렇다고 해서 방법론적인 기본 실정이 조금이라도 달라지는 것은 결코 아니다.

11. 사회학은──이미 여러 차례 자명한 것으로 전제했듯이──유형 개념을 구성하며 사건에 관한 일반적인 규칙을 탐구한다. 개성적이고 문화적으로 중요한 행위, 구성체, 인물을 인과적으로 분석하고 귀속시키고자 하는 역사학과는 달리 말이다. 사회학의 개념 구성은 역사학의 관점에 관련되는 행위의 현실로부터서도, 결코 전적으로 그렇게 하지는 않는다 하더라도 아주 본질적으로, 자신의 소재를 범례로서 이끌어낸다. 사회학

은 자체적인 개념을 구성하고 자체적인 규칙을 탐구하는데, 무엇보다도 또한 다음과 같은 관점 아래서도, 즉 사회학이 그로써 문화적으로 중요한 현상을 역사적으로 인과 귀속시키는 데 어떤 기여를 할 수 있을까 하는 관점 아래서도 그러한 작업을 한다. 사회학의 개념은 모든 일반화적인 과학에서와 마찬가지로 사회학의 추상 작업의 특성 때문에 역사적인 것의 구체적인 실재 현실에 비해서 내용상으로는 상대적으로 실속이 없을 수밖에 없게 된다. 그 대신에 사회학이 제공해야만 할 것은 개념의 증가된 명확성이다. 이처럼 증가된 명확성은, 사회학적 개념 구성이 추구하는 바와 같은 가능한 한 최적의 의미 적합성에 의해 달성된다. 이러한 최적의 의미 적합성은——그리고 이것은 이제까지의 논의에서 주로 고려된 사항이다——합리적인(가치 합리적 또는 목적 합리적인) 개념과 규칙에서 특히 완전하게 달성될 수 있다. 그러나 사회학은 비합리적인(신비적·예언적·영적·감성적인) 현상도 이론적인 개념 속에서, 보다 정확하게 말하자면 의미 적합적인 개념 속에서 파악하고자 한다. 이들 개념은, 합리적인 것이 되었던 비합리적인 것이 되었던, 모든 경우에 현실로부터 멀어지며 현실을 인식하는 데 있어서는 다음과 같은 형태로 기여한다. 즉, 어느 역사 현상이 이러한 개념들 가운데 어느 한 개념이나 몇 개의 개념에 접근해 있는 정도를 제시함으로써 이 역사 현상을 정리할 수 있는 것이다. 예컨대 어느 한 가지의 역사 현상은 그 일부가 '봉건제적인' 성질을, 다른 부분은 '가산제적인' 성질을, 또다른 부분은 '관료제적인' 성질을, 그리고 또다른 일부분은 '카리스마적인' 성질을 지니고 있을 수 있다. 이러한 단어들에 있어서 어느 정도 명확한 것이 생각되기 위해서는 사회학은 스스로가 구성체에 관하여 다음과 같은 성질의 '순수한'('이상') 유형을 구상해야만 한다. 즉, 이 순수한 이상형은 언제나 내부적으로 가능한 한 완전한 의미 적합성의 일관된 통일을 보여주어야 하지만, 바로 그렇기 때문에 이처럼 절대적으로 이상적인 순수한 형식으로는 아마도 어떻든 실재 현실에서는 나타나지 않을 것이다. 이는 마치 어떤 절대적인 진공을 전제하였을 때 산출된 물리학적 반응이 실재 현실에서는 나타나지 않는 것과 같다. 오직 순수한 ('이상') 유형으로부터서만 사회학적 결의론(決疑論) *Kasuistik*은 가능하다. 그 밖에 사회학이 사정에 따라서는 경험적·통계적인 유형과 같은 성질의 평균 유형도 이용한다는 사실은——이것은 별다른 방법적 논의가 필요하지 않은 구성체이다——자명하다. 그러나 사회학이 '유형적인' 경우를 운위할 때는, 사회학은 불확실하나마 항상 이상형을 생각한다. 이상형은 그 자체가 합리적이거나 비합리적일 수 있고, 대개는(예컨대, 국민 경제학적 이론에서는 언제나) 합리적이며, 언제나 의미 적합하게 구성된다.

우리가 분명히해두어야만 할 점은, 사회학적인 영역에서 '평균'이란, 그러니까 '평균 유형'이란 질적으로는 동일한 성질의 의미 있게 규정된 행동에서 나타나는 정도상의 차이만 문제되는 곳에서만 얼마간 명확하게 구성될 수 있다. 그러한 경우가 있다. 그러나 대다수의 경우에 역사적 또는 사회학적 관련성을 지닌 행위는 질적으로 이질적인 동기에 의해 영향을 받으며, 이처럼 이질적인 동기들 사이에서 본래적인 의미에서의 '평균'이란 전혀 도출될 수 없다. 그러므로 예컨대 경제 이론이 의도하는 바와 같은, 사회적 행위에 관한 그러한 이상형적 구성물은 '현실에 생소'한 것이다. 이것이 의미하는 바는, 이상형적 구성물은——이 경우에——이상적이고도 순전히 경제적으로 지향된 목적 합리성의 경우에는 행위가 어떻게 이루어지게 될 것인가를 철저하게 묻는다는 것이다. 이는 전통의 억제, 감성, 오류, 비경제적인 목적이나 고려의 개입에 의해 적어도 함께 규정되는 실제의 행위를 이해할 수 있기 위해서이다. 이러한 이해 가능성은 1. 실재의 사회적 행위가 구체적인 경우에 사실상 경제적인 면에서 목적 합리적으로 함께 규정되거나——평균에 관한 고찰에 있어서는——흔히 함께 규정되는 한 주어진다. 2. 또한 그와 같은 이상형적 물음을 묻는 것은, 실재적인 사회적 행위의 실재적인 경과와 이상형적인 경과 사이의 거리를 통해서 그 사회적 행위의 실제적인 동기에 대한 인식을 쉽게 하기 위해서이기도 하다. 삶에 대하여(예를 들어 정치와 경제에 대하여) 일관된, 신비적으로 야기된, 무우주론적인 태도에 관한 이상형적 구성물은 아주 그에 상응한 절차를 밟아야 할 것이다. 이상형은 보다 날카롭고 명확할수록, 그러니까 이러한 의미에서 세계에 대하여 보다 생소할수록, 전문 용어적, 분류적 및 발견적으로 보다 잘 공헌을 한다. 역사 연구에 의해 개별 사건을 구체적으로 인과 귀속하는 절차는 사실상 그와 다르지 않다. 예컨대 1866년에 있었던 출정의 진행 경과를 설명하기 위해서는 몰트케 Helmut von Moltke뿐만 아니라 베네데크 Ludwig August von Benedek에 대해서도 우선 (사유적으로) 다음과 같은 사실을 알아본다(이들이 전적으로 그리해야만 하는 것처럼 말이다). 즉, 두 사람 모두가 자신과 적의 사정을 완전히 알고 있었고 이상형적인 목적 합리성 속에서 행위하였을 경우에는 어떻게 조치하였을 것인가를 알아본다. 그리고 나서 이러한 이상형적인 구성물을 사실상의 조치 경과와 비교한다. 그리고 다음에는 바로 그 관찰된(그릇된 정보, 사실상의 오류, 사유적 실수, 개인적인 기질, 또는 전략 외적인 고려에 의해 야기된) 거리를 인과적으로 설명한다. 여기서도 (잠재적으로는) 이상형적인 목적 합리적 구성물이 이용된 것이다.

그러나 사회학의 구성적 개념은 외적으로뿐만 아니라 내적으로도 이상형적이다. 실재의 행위는 그 많은 경우에 행위의 '생각된 의미'를 희미하게 반 정도 의식하거나 전혀 의식하지 못한 채 진행된다. 행위자는 행위의 생각된 의미를 알고 있거나 '분명히 자각' 하기보다는 '느끼고' 있으며, 대다수의 경우에 충동적 또는 습관적으로 행위한다. 오직 때에 따라서만, 그리고 대량의 동일한 성질의 행위에 있어서는 흔히 개개인에 의해서만 행위의 (합리적 또는 비합리적인) 의미가 의식될 뿐이다. 실제로 정말, 즉 완전히 의식적이고 분명하게 의미적인 행위는 실재 현실에 있어서 언제나 극단적인 경우에 지나지 않는다. 온갖 역사적 연구와 사회학적 연구는 실재 현실을 분석하는 데 있어서 이러한 실태를 항상 염두에 두어야만 한다. 그러나 그렇다고 해서 사회학이 가능한 '생각된 의미'를 분류함으로써 자체의 개념을 구성하는 것, 그러니까 행위가 사실상 의식적으로 의미에 지향되어 진행되거나 한 것처럼 구성하는 것을 저

142

지해서는 아니된다. 실재 현실을 그 구체성 속에서 고찰하는 것이 관건일 때는, 사회학은 어느 때나 실재 현실에 대한 거리를 고찰하고 그 정도와 종류를 확인해야만 한다.

우리는 바로 방법적으로 불분명한 전문 용어나 방법적으로 분명한 전문 용어 가운데 어느 하나를 선택하고, 다음으로는 비실재적인 전문 용어와 '이상형적인' 전문 용어 가운데 어느 하나를 선택할 뿐인 경우가 아주 빈번하다. 하지만 이 경우에 과학적으로는 후자를 우선적으로 선택해야 한다(이 모든 것에 대해서는 『사회과학과 사회정책 연지』, 제XIX권, 앞의 글〔위의 6번을 참조할 것〕을 볼 것).

II. 사회적 행위의 개념

1. 사회적 행위(행하지 않음이나 참음을 포함해서)는 타인의 과거 행동, 현재 행동, 또는 미래에 기대되는 행동에 지향될 수 있다(예전의 공격에 대한 복수, 현재의 공격에 대한 방어, 미래의 공격에 대한 방위 조처). '타인'은 개별적인 사람, 아는 사람이나 불특정 다수, 그리고 전혀 모르는 사람일 수 있다(예를 들어 '화폐'는 일종의 교환재를 의미하는데, 행위자가 교환을 할 때 화폐라는 교환재를 받는 이유는, 아주 수많은 미지의 불특정 다수의 타인이 미래에 교환을 할 때 그들로서는 그 화폐를 받을 용의가 있을 것이라는 기대에 그가 자신의 행위를 지향하기 때문이다).

2. 온갖 종류의 행위가──외적인 행위도──여기에서 고수되고 있는 단어의 의미에서의 '사회적' 행위는 아니다. 외적 행위는 그것이 즉물적 객체의 행태에 대한 기대에만 지향될 경우에는 사회적 행위가 아니다. 내적 행동거지는 그것이 타인의 행동에 지향될 경우에만 사회적 행위이다. 예컨대 종교적 행동은 그것이 명상, 혼자서의 기도 등에 머무르는 경우에는 사회적 행위가 아니다. 경제 행위(개개인의)는 그것이 제3자의 행동을 함께 고려할 경우에야 비로소, 그리고 오직 그러한 한에서만 사회적 행위이다. 그러니까 아주 일반적으로 그리고 형식적으로 개개인의

경제 행위는 경제적 재화에 대한 자기 자신의 사실적인 처분권이 제3자에 의해 존중된다는 것을 성찰하기 때문에 사회적 행위이다. 실질적인 측면에서는 예컨대 소비에 있어서 개개인의 경제 행위는 제3자의 미래의 수요를 함께 고려하고 자신의 '절약' 방식을 거기에 함께 지향하기 때문에 사회적 행위이다. 또는 생산에 있어서 개개인의 경제 행위는 제3자의 미래의 수요를 지향의 근거로 삼기 때문에 사회적 행위이다, 등등.

3. 인간과의 온갖 종류의 접촉이 모두 사회적인 성격의 것은 아니고, 타인의 행동에 의미 있게 지향된 자신의 행동만이 사회적인 성격의 것이다. 예컨대 자전거를 탄 두 사람의 충돌은 일종의 자연 현상과 같은 단순한 사건이다. 그러나 서로 다른 사람을 피하려는 시도, 그리고 충돌에 뒤따르는 비난, 구타, 또는 평화적 논의는 '사회적 행위'이다.

4. 사회적 행위는 a) 여러 사람의 균일한 행위와도 같지 않으며, b) 타인의 행동에 의해 영향을 받는 온갖 행위와도 같지 않다. a) 만일 거리에서 비가 내리자 많은 사람들이 동시에 우산을 펴든다면, 어느 한 개인의 행위는 (보통은) 타인의 행위에 지향된 것이 아니고, 모든 사람의 행위가 비에 젖지 않으려는 욕구에 똑같은 방식으로 지향된 것이다. b) 개개인의 행위는, 그가 지역적으로 밀집된 '대중 Masse' 속에 놓여져 있다는 단순한 사실에 의해 강력한 영향을 받는다고 하는 사실은 널리 알려져 있다(이것은 예를 들어 르 봉 Gustave Le Bon의 저술과 같은 종류의 '대중 심리학적' 연구의 대상이다). 대중에 의해 야기된 행위. 그리고 분산되어 있는 대중도 동시적 또는 연속적으로 개개인에 (예컨대 신문을 매개로 하여) 영향을 끼치는 다수의 행동에 의해 또 그렇게 영향을 끼치는 것으로 느껴지는 다수의 행동에 의해 개개인의 행동을 대중에 의해 야기되도록 할 수 있다. 일정한 종류의 반응은, 개개인이 스스로를 어느 '대중'의 일부분으로 느낀다고 하는 단순한 사실에 의해서야 비로소 가능하게 되며, 어떤 다른 종류의 반응은 그러한 사실에 의해 저해된다. 그렇기 때문에 개개인이 스스로를 어떤 대중의 일부분으로 느낄 경우에는 어떤 일정한 사건이나 인간의 행동이, 개개인이 개별화되어 있을 경우에는 결

과로서 나타나지 않을(또는 그다지 쉽게 나타나지 않을) 매우 다양한 종류의 느낌을, 즉 기쁨·격분·열광·절망, 그리고 온갖 종류의 정열을 불러일으킬 수 있다. 그렇다고 해서 개개인의 행동과 그가 처해 있는 대중적 상황의 사실 사이에 의미 있는 관계가 존재하는 것은 (적어도 많은 경우에는) 아니겠지만 말이다. 어느 행위가 그런 식으로 순전히 '대중' 그 자체라고 하는 단순한 사실의 작용에 의해 그 경과에 있어서 단지 반사적으로 야기되거나 함께 야기될 뿐, 그러한 작용에 의미 있게 관계되지는 않는다면, 그것은 개념적으로 여기서 고수되고 있는 단어의 의미에서의 '사회적 행위'가 아닐 것이다. 그렇기는 하지만 그 차이는 물론 극히 유동적이다. 왜냐하면 예를 들어 민중 지도자 *Demagogen*에 있어서뿐만 아니라 흔히 대중적인 청중 자체에 있어서도 '대중'이라고 하는 실태에 대하여 다양한 정도의 크기와 해석 가능성을 지닌 의미 관계가 존재할 수 있기 때문이다. 나아가 타인의 행위를 단순히 '모방'(타르드Gabriel Tarde가 이 의의를 중요시한 것은 정당하다)하는 것은, 그것이 단지 반사적으로, 타인의 행위에 자신의 행위를 의미 있게 지향하지 않고서 이루어질 경우에는 개념적으로 특별히 '사회적 행위'는 아닐 것이다. 경계선은 그처럼 유동적이어서, 구분이 전혀 불가능해 보이는 경우가 빈번하다. 그러나 어느 누군가가 그에게 합목적적으로 보이는 가구를 타인에게서 알게 되었는데, 그것을 이제는 자기도 갖추고 있다는 단순한 사실은 우리가 생각하고 있는 의미에서의 사회적 행위가 아니다. 이 행위는 타인의 행동에 지향된 것이 아니고, 행위자는 이 타인의 행동을 관찰함으로써 일정한 객관적인 좋은 기회 *Chance*를 알게 되었으며, 이 좋은 기회에 그는 자신을 지향한 것이다. 그의 행위는 인과적으로 타인의 행위에 의해 규정된 것이지, 의미상 타인의 행위에 의해 규정된 것은 아니다. 이와 달리 예컨대 타인의 행위가 모방되는 까닭이, 그 행위가 '유행'이기 때문이라고 한다면, 그리고 그 행위가 전통적인 것, 모범적인 것, 또는 신분적으로 '품위 있는' 것으로 여겨지기 때문이거나 그와 비슷한 이유 때문이라고 한다면, 거기에는——모방된 타인의 행태에 대한, 또는 제3자에 대한, 또는 이 둘 모두에 대한──의미 관계성이 존재한다. 대중에 의해 야기되는 것과 모방이라고 하는 두 가지 경우는 유동적이며 사회적 행위의 극한적인 경우이다. 우리는 예컨대 전통적인 행위(제2항)에서 여전히 사회적 행위의 이러한 극한적인 경우를 흔히 마주친다. 이들 경우가 다른 경우들처럼 유동적인 이유는, 타인의 행태에의 지향과 자신의 행위의 의미는 사실 언제나 명확하게 확인될 수가 없거나 단지 의식되기만 하기도 하고 완전히 의식되는 경우는 더욱 드물기 때문이다. 단순한 '영향'과 의미적 '지향'은 바로 그 때문에 반드시 확실하게 구별될 수가 없다. 그러나 개념적으로는 그것들이 구별될 수 있다. 물론 '반사적'이기만 한 모방은 적어도 본래적인 의미에서의 '사회적 행위'를 나타내는 모방과 똑같은 사회학적 영향력을 지니고 있지만 말이다. 사회학은 바로 '사회적 행위'와만 관계하는 것은 결코 아니며, 다만 이 사회적 행위가 (여기서 행하여지고 있는 종류의 사회학에 있어서는) 사회학의 중심적인, 과학으로서의 사회학에 있어서는 말하자면 본질적인, 구성 요건을 이루고 있기 때문이다. 그러나 그렇다고 해서 이러한 구성 요건이 다른 종류의 구성 요건에 비하여 지니고 있는 중요성에 대해서 어떤 언질을 준 것은 결코 아니다.

제2항. 사회적 행위의 규정 근거
　여느 행위와 마찬가지로 사회적 행위도 다음과 같이 규정될 수 있다. 1. 목적 합리적으로: 외부 세계의 대상과 다른 인간의 행동에 대한 기대를 통해서, 그리고 이러한 기대를 합리적으로 추구되고 고려된 성공적 결과로서의 자신의 목적에 대한 '조건'이나 '수단'으로 이용함으로써, 2. 가치 합리적으로: 일정한 행동거지의──윤리적·미학적·종교적, 또는 그 밖에 어떻게 해석해도 좋을──무조건적인 고유 가치 그 자체에 대한 의식적인 믿음을 통해서 그리고 성공적인 결과와는 상관없이, 3. 감성적으로, 특히 감정적으로: 시의적인 감성과 감정 상태에 의하여, 4. 전통적으로: 익숙한 습관에 의하여.

1. 엄격하게 전통적인 행동은——순전히 반사적인 모방(앞의 제1항을 볼 것)과 아주 똑같이——우리가 대개 '의미 있게' 지향된 행위라고 부를 수 있는 것의 바로 그 한계에 서 있으며, 이 한계를 넘어서는 경우가 빈번하다. 왜냐하면 그러한 전통적인 행동은 습관적인 자극에 대하여 일단 익숙해진 마음가짐의 방향으로 경과하는 반의식적인 반응에 지나지 않는 경우가 아주 흔하기 때문이다. 익숙해져 있는 모든 일상적 행위의 다수는 이 유형에 접근되어 있다. 이 유형이 〔행위의〕 분류학에 속하는 것은 〔행위의〕 극한적인 경우로서뿐만은 아니고, 습관적인 것과의 결합이 다양한 정도와 의미 속에서 의식적으로 유지될 수 있기 때문이기도 하다(이에 대해서는 나중에 논의될 것이다). 이 후자의 경우에는 이 유형이 2번의 유형에 가까워진다.

2. 엄격하게 감성적인 행동거지도 엄격하게 전통적인 행동과 마찬가지로 의식적으로 '의미 있게' 지향된 것의 한계에 서 있으며, 이 한계를 넘어서는 경우가 빈번하다. 즉, 그것은 일상 외적인 자극에 대한 거리낌 없는 무제한적 반응일 수 있는 것이다. 감성적으로 야기된 행위가 감정 상태의 의식적인 방출로서 나타나는 경우에는, 그것은 일종의 승화이다. 이 경우에 그것은 대개(반드시 그러한 것은 아니다) 이미 '가치 합리화'나 목적 행위 또는 이 둘 모두에로의 길에 서 있다.

3. 행위의 감성적 지향과 가치 합리적 지향이 구분되는 것은, 후자의 경우에는 행위의 궁극적인 방향점이 의식적으로 만들어내어지며 이 방향점에 행위가 일관되게 계획적으로 지향되기 때문이다. 그 밖에는 두 가지 행위 지향이 다음과 같은 점을 공유하고 있다. 즉, 행위의 의미가 행위 너머의 성공적인 결과에 있는 것이 아니라, 일정한 성질의 행위 그 자체에 있다는 것이다. 감성적으로 행위한다는 것은, 시의적인 복수, 시의적인 향락, 시의적인 헌신, 시의적인 명상적 법열, 또는 시의적인 감성의 진정(그것이 조야한 방식으로 이루어지든 또는 승화된 방식으로 이루어지든 상관없이)에 대한 자신의 욕구를 만족시키는 사람의 경우를 일컫

는다.

순전히 가치 합리적으로 행위한다는 것은, 예견할 수 있는 결과를 고려하지 않고서 의무나 품위, 아름다움, 종교적 지시, 공순, 또는 그것이 어떤 종류의 것이 되었든 어느 '과제 Sache'의 중요성이 그에게 명하고 요청하는 것처럼 보이는 그 무엇에 대한 자기의 확신에 이바지하며 행위하는 사람의 경우를 일컫는다. 가치 합리적 행위(우리가 사용하고 있는 전문 용어의 의미에서의)란 언제나, 행위자가 스스로에게 부과되어 있는 것으로 믿고 있는 '계명'이나 '요구'에 따라서 이루어지는 행위이다. 인간의 행위가 그와 같은 요구에 지향되는 한에서만,——행위가 이처럼 지향되는 경우는 언제나 매우 다양한 크기의, 대개는 극히 작은, 단편에 불과하다——우리는 가치 합리성이라는 말을 쓰고자 한다. 앞으로 보게 되는 바와 같이 가치 합리성은 특별 유형으로 강조될 수 있는 정도의 충분한 의의를 지니고 있다. 그렇다고 해서 여기서 행위 유형에 관하여 그 어떤 완벽한 분류를 제시하고자 한 것은 아니지만 말이다.

4. 목적 합리적으로 행위한다는 것은, 자신의 행위를 목적, 수단, 그리고 부차적인 결과에 지향하며, 이 때 목적에 대한 수단뿐만 아니라, 목적에 대한 부차적 결과, 그리고 마지막으로는 여러 가지의 가능한 목적을 서로 합리적으로 저울질하는 사람의 경우를 일컫는다. 그러니까 어쨌든 감성적으로도(그리고 특히 감정적으로도) 행위하지 않고, 전통적으로도 행위하지 않는 사람의 경우를 일컫는다. 이 때 상호 경쟁적이고 충돌하는 여러 목적과 결과들 사이에서 내리게 되는 결단은 그 자체로서 가치 합리적으로 지향될 수 있다. 그럴 경우에 행위는 그 수단에 있어서만 목적 합리적이다. 또는 행위자는 '계명'과 '요구'에 가치 합리적으로 지향하지 않고, 상호 경쟁적이고 충돌하는 여러 목적을 단순히 주어진 주관적인 욕구 활동으로서 의식적으로 저울질하여 그 긴급성에 서열을 매긴 다음에, 가능한 한 이 순서에 따라 목적들이 만족되도록 그러한 서열에 자신의 행위를 지향시킬 수 있다('한계 효용'의 원칙). 그러니까 행위의 가치 합리적인 지향은 목적 합리적인 지향과 다양한 종류의 관계에 있

다. 그러나 목적 합리성의 입장에서 볼 때 가치 합리성은 언제나 비합리적이며, 그것도 행위가 지향되는 가치를 가치 합리성이 절대적인 가치에로 높이 승격시킬수록 그만큼 더 비합리적이다. 왜냐하면 가치 합리성에 있어서 오직 행위의 고유 가치(순수한 신념, 아름다움, 절대善, 절대적인 의무 준수)만이 무조건적으로 고려될수록 가치 합리성은 사실 그만큼 더 행위의 결과를 성찰하지 않기 때문이다. 그러나 행위의 절대적인 목적 합리성은 또한 본질적으로는 구성적인 극단의 경우일 따름이다.

5. 행위가, 특히 사회적 행위가, 오로지 어느 하나의 방식으로 또는 어느 다른 하나의 방식으로만 지향되는 경우는 아주 드물다. 이와 마찬가지로 이러한 지향 방식들은 물론 행위의 지향 방식에 대한 완벽한 분류가 결코 아니며, 사회학적인 목적을 위해서 만들어진 개념적으로 순수한 유형이다. 현실의 행위는 다소간에 그러한 순수 유형에 접근해 있든지 또는 그러한 유형들이 ——이 경우가 더욱 빈번하다—— 혼합되어 있는 상태이다. 그처럼 개념적으로 순수한 유형이 우리에게 얼마만한 합목적성을 지니고 있는가 하는 것은 성과에 의해서만 밝혀질 수 있다.

제3항. 사회적 관계

사회적 '관계'란 그 의미 내용상 서로가 서로를 연달아 염두에 두는 그리고 이에 의해 지향된 여러 사람의 행동거지를 뜻한다고 하겠다. 그러니까 사회적 관계의 실체는 단연 그리고 아주 전적으로: 어느 (의미 있게) 일정한 방식으로 행위가 사회적으로 이루어질 수 있는 가망성이다. 이러한 가망성이 어디에 근거를 두고 있는가 하는 문제는 우선 덮어두고서 말이다.

1. 그러니까 양쪽의 연달아 이어지는 행위에 의한 최소한의 관계가 이 개념의 특징이라고 하겠다. 그 내용은 지극히 다양한 것일 수 있다: 싸움, 적대 관계, 남녀간의 사랑, 우정, 공순, 시장 교환, 어느 협정의 '이행'이나 '회피'나 '파기,' 경제적 경쟁이나 성애(性愛)적 경쟁 또는 다

른 종류의 '경쟁,' 신분적 공동체나 민족적 공동체 또는 계급 공동체(만일 이 마지막에 열거한 실태가 단순한 공동성을 넘어서서 '사회적 행위'를 창출한다면 말이다——이 점에 대해서는 나중에 논의할 것이다). 그러니까 이 개념은, 행위자들 사이에 '연대'가 있는가 또는 바로 그와 정반대인가에 대해서는 아무것도 말하고 있지 않다.

2. 언제나 문제가 되는 것은, 개별적인 경우에 실제로 또는 평균적으로 또는 구성된 '순수한' 유형 속에서 참여자에 의해 생각된 경험적인 의미 내용이지, 규범적으로 '올바르다'거나 형이상학적으로 '참된' 의미가 결코 아니다. 사회적 관계의 실체는, 이른바 '국가,' '교회,' '협동조합,' '결혼' 등과 같은 '사회적 구성체'가 문제 되는 경우라 할지라도, 그 의미 내용상 일정한 방식으로 서로를 연달아 염두에 두는 행위가 일어났거나, 일어나고 있거나, 또는 일어나게 될 바로 그 가망성에 지나지 않는다. 이들 개념을 '실체적으로' 파악하는 것을 피하기 위해서는 이 점이 언제나 고수되어야 한다. 예를 들어 어느 '국가'는, 일정한 종류의 의미 있게 지향된 사회적 행위가 진행될 가망성이 사라지자마자, 사회학적으로 '존재'하기를 그치고 만다. 이러한 가망성은 매우 클 수도 있고 사라질 듯이 작을 수도 있다. 이 가망성이 실제로(아마도) 존재했거나 존재하는 의미와 규모로 해당된 사회적 관계도 존재했거나 존재한다. 예컨대 어느 일정한 '국가'가 여전히 '존재'한다거나 더 이상 '존재'하지 않는다고 하는 진술에 그 밖의 어느 다른 종류의 분명한 의미가 결부될 수는 결코 없다.

3. 서로를 연달아 염두에 두는 행위에 참여한 사람들이 개별적인 경우에 사회적 관계에 동일한 의미 내용을 부여하거나 의미상 상대방의 마음가짐에 상응하게 내적으로 상대방을 염두에 두고 있다고 말하는 것은 결코 아니다. 그러니까 이러한 의미에서의 '양방성'이 존재한다고 말하는 것은 결코 아니다. 서로 사회적 관계에 있는 참여자들의 한쪽에서는 '우정,' '사랑,' '공순,' '계약상의 신의,' '국민 공동체적 감정'을 염두에 두고 있는데, 다른 한쪽에서는 전혀 다른 종류의 마음을 갖고 있어서 서

로 어긋날 수 있는 것이다. 그런 경우에 바로 그 참여자들은 그들의 행위에 다양한 의미를 결부시킨다. 사회적 관계는 그러한 한에서는 양쪽 모두에게 있어서 객관적으로 '일방적'이다. 그러나 그런 경우에도 행위자가 (아마도 완전히 또는 부분적으로 잘못 생각하고서), 상대방이 자기(행위자)에 대해 어느 일정한 마음을 갖고 있을 것이라고 전제하고서 이러한 기대에 그 자신의 행위를 지향하는 한 사회적 관계는 연달아 맺어지게 된다. 이것은 행위의 경과와 관계의 형성에 귀결을 초래할 수 있고 대개는 귀결을 초래하게 된다. 사회적 관계가 객관적으로 '양방적인' 경우는 물론 의미 내용이 서로—참여자 모두의 평균적인 기대에 의하면—'상응'하는 한에서이다. 그러니까 예를 들어, 어린이의 마음가짐이 적어도 아버지가 (개별적인 경우에 또는 평균적으로 또는 유형적으로) 기대하는 바에 가깝게 아버지의 마음가짐에 대응해 있는 한, 아버지와 어린이의 사회적 관계는 객관적으로 양방적인 것이다. 완전하고 철저하게 의미 상응한 양쪽의 마음가짐에 토대를 둔 사회적 관계는 현실에 있어서 하나의 극단적인 경우에 불과하다. 그러나 우리가 사용하고 있는 전문 용어의 의미의 양방성이 결여되어 있다고 해서 사회적 관계가 존재하지 않는 것은 아니고, 그러한 양방성이 결여되어 있는 경우에도 양쪽 행위의 연속적인 관계성이 실제로 결여되는 결과가 나타날 때만 '사회적 관계'의 존재가 배제되는 것이다.

4. 사회적 관계는 전혀 일시적인 성격의 것일 수 있거나, 의미 상응한 (즉, 이 사회적 관계에 타당한 그리고 이 사회적 관계에 의해 기대되는) 행동이 끊임없이 되풀이될 가망성이 존재할 정도로 지속적으로 설정될 수 있다. 오로지 이러한 가망성의 현존만이—그러니까 어느 의미 상응한 행위가 일어날 다소간의 커다란 개연성만이—사회적 관계의 '존속'을 의미한다.—그리고 이러한 개연성을 넘어서는 것은 그 어느 것도 사회적 관계의 '존속'을 의미하지 않는다. 그릇된 관념을 피하기 위해서는 이 점을 언제나 유의해야 한다. 그러니까 어느 '우정'이나 '국가'가 존속하거나 존속했었다는 사실이 의미하는 바는, 우리(고찰자)가 판단하건대

행위가 일정한 인간의 일정한 마음가짐을 토대로 어느 평균적으로 생각된 의미에 따라 일정한 방식으로 이루어지게 될 가망성이 현존하거나 현존했었다는 것이며, 그 밖에는 아무것도 의미하지 않는다(바로 이 항의 2번을 참조할 것). 그러니까 법학적인 고찰에 있어서는 다음과 같은 양자택일이, 즉 어느 일정한 의미의 법규가 (법적 의미에서) 타당하거나 타당하지 않다, 또는 어느 법적 관계가 존속하거나 존속하지 않는다는 식의 양자 택일적인 진술이 불가피한데, 이러한 양자 택일이 사회학적 고찰에 있어서는 타당하지 않다.

5. 사회적 관계의 의미 내용은 변할 수 있다. 예컨대 연대로 이루어진 정치적 관계가 이해 충돌에로 변할 수 있다. 그렇게 되면 우리가 그러한 경우에 어느 '새로운' 관계가 수립되었다고 말할 것인가, 또는 기존의 관계가 새로운 '의미 내용'을 얻게 되었다고 말할 것인가 하는 문제는 전문 용어의 합목적성과 변화[에 있어서]의 연속성의 정도에 대한 물음에 불과하다. 의미 내용도 일부는 지속될 수 있고, 일부는 변할 수 있다.

6. 어느 사회적 관계를 영속적으로 구성하고 있는 의미 내용은 '준칙 *Maximen*'으로 정식화될 수 있다. 참여자들은 상대방이 이러한 준칙을 평균적으로 또는 의미상 엇비슷하게 지킬 것이라고 기대하며, 자신들로서도 (평균적으로 그리고 엇비슷하게) 그들의 행위를 그 준칙에 지향한다. 이 행위가 그 일반적인 성격상 보다 합리적으로—목적 합리적으로 또는 가치 합리적으로—지향될수록 사정은 더욱 그러하다. 예를 들어 연애적 관계나 일반적인 감성적(예컨대 '공순'의) 관계에 있어서는 생각된 의미 내용을 합리적으로 정식화할 수 있는 가능성이 이를테면 사업적인 계약 관계에 있어서보다 훨씬 적다는 것은 당연한 일이다.

7. 어느 사회적 관계의 의미 내용은 상호 확약에 의해 협정될 수 있다. 이것이 의미하는 바는, 그 사회적 관계에 참여하는 사람들이 그들의 미래 행동에 대하여 (서로에게든, 아니면 그 밖의 다른 방법으로든) 약속을 한다는 것이다. 그렇게 되면 그 사회적 관계에 참여한 사람은 누구든지 —그가 합리적으로 고려하는 한—우선 (다양한 정도의 확신 속에서)

보통은, 다른 참여자가 그의 행위를 그(행위자) 스스로가 이해한 협정의 의미에 지향하게 될 것이라는 사실을 계산에 넣게 된다. 그는 그 자신의 행위를 부분적으로는 목적 합리적으로(사정에 따라 다소간에 의미상 '충실하게') 이러한 기대에 지향하며, 부분적으로는 그로서도 그가 생각한 의미에 따라 협정을 '지켜야' 한다는 '의무'에 가치 합리적으로 지향한다. 그 밖에 제9항과 제13항을 참조할 것.

제4항. 사회적 행위의 유형: 관행·관례

사회적 행위의 내부에서는 사실상의 규칙성이 관찰될 수 있다. 동일한 행위자에 있어서 전형적으로 같은 종류의 **생각된** 의미 속에 반복되거나 (경우에 따라서는 또한 그와 동시에) 수많은 행위자들에게 만연되어 있는 행위 경과가 바로 그것이다. 사회학은 행위 경과의 이러한 유형을 연구하는 일에 종사하며, 중요한, 즉 운명적인 개별 연관을 인과적으로 귀속하는 작업을 하는 역사학과 다르다.

사회적 행위라는 태도에서 볼 수 있는 규칙성의 사실상의 존속 가망성이 어느 무리의 인간들 내에서 단지 그것이 사실상 행하여지고 있다는 이유만으로 주어져 있다면 그리고 그러한 한에서는, 그 같은 규칙성의 존속 가망성은 관행 *Brauch* 을 뜻한다고 하겠다. 그처럼 사실상 행하여지고 있는 이유가 오랜 익숙성 때문이라고 한다면, 관행은 관례 *Sitte* 를 뜻한다고 하겠다. 이와 달리 단지 개개인의 행위가 동일한 종류의 기대에 순전히 목적 합리적으로 지향됨으로써만 그 같은 규칙성의 경험적인 존속 가망성이 야기된다면 그리고 그러한 한에서는, 그것은 '이해 상태 *Interessenlage* 에 의해 야기되었다' ('이해 관심에 의해 야기되었다')고 해야 할 것이다.

1. '유행'도 관행에 속한다. 만일 (관례의 경우와는 정반대로) 문제의 행태가 새롭다고 하는 사실이 행위를 그 행태에 지향하도록 한 원인이라고 한다면, '유행'은 '관례'와는 달리 관행을 뜻한다고 하겠다. 유행은

'관습 Konvention'의 이웃에 자리를 차지하고 있으니, 왜냐하면 유행은 (대개) 관습처럼 신분적 위세에 대한 이해 관심에 기인하기 때문이다. 여기서 유행에 대해서는 보다 자세히 논의하지 않는다.

2. '관례'는 '관습' 및 '법'과는 반대로 우리에게 외적으로 보증되지 않은 규칙을 뜻한다고 하겠다. 행위자는 자발적으로, 단순히 '별다른 생각없이' 또는 '편의성' 때문에 또는 어느 다른 이유에서든지간에, 사실상 이 관례를 지키며, 이들 인간의 무리에 속해 있는 다른 사람이 이러한 이유들 때문에 그 관례를 지킬 개연성이 있다는 것을 기대할 수 있다. 그러니까 이러한 의미에서의 관례는 결코 '타당한 것'이 아니다. 즉, 그 누구에게도 그 관례를 함께 따르자고 '요구' 할 수 없다. 관례로부터 타당한 관습에로 그리고 법에로의 이행은 당연히 절대로 유동적이다. 어디서나 사실상 전래된 관례적인 것은 타당한 것의 아버지이다. 우리가 아침이면 대략 일정한 방식으로 아침밥을 먹는다고 하는 사실은 오늘날 '관례'이다. 그러나 아침 식사에 대해서 그 어떤 '구속성'은 (호텔 투숙객 이외의 사람에게는) 존재하지 않는다. 그리고 아침 식사는 반드시 관례가 아니었다. 이와 달리 옷을 입는 방식은, 그것이 '관례'로부터 생겨난 곳에서도, 오늘날 널리 더 이상 관례만은 아니고 관습이다. 관행과 관례에 대해서는 예링 Rudolf von Jhering의 『법에 있어서의 목적 Zweck im Recht』(187~84, 제II권)에 실려 있는 해당된 몇 절이 오늘날에도 여전히 읽어볼 만한 가치가 있다. 외르트만 Paul Oertmann의 『법질서와 교통 관례 Rechtsordnung und Verkehrssitte』(1914), 그리고 최근의 것으로는 바이겔린 Ernst Weigelin의 『관례, 법, 그리고 도덕 Sitte, Recht und Moral』(1919, 이 책은 나와 의견이 일치하며, 슈탐러의 의견에 반대하고 있다)을 참조할 것.

3. 사회적 행위의 경과에서 볼 수 있는 극히 눈에 띄는 수많은 규칙성은, 특히 경제적 행위에서(그러나 여기에서만 그러한 것은 아니다) 볼 수 있는 그러한 규칙성은, 그 어떤 '타당한 것'으로 생각된 규범에 지향되었기 때문에 나타나는 것은 아니지만 관례에 기인하는 것도 아니다.

그게 아니라 단지 참여자들의 사회적 행위의 방식이 그 성질상 그들의 정상적인, 주관적으로 평가된 이해 관심에 그다지도 평균적으로 가장 잘 상응한다는 사실에 기인할 뿐이며, 참여자들이 이러한 주관적인 견해와 지식에 그들의 행위를 지향한다는 사실에 기인할 따름이다. 이를테면 '자유로운' 시장에서 나타나는 가격 형성의 규칙성이 그러하다. 시장의 이해 당사자들은 바로 그들의 행동이라는 '수단'을 자신의 전형적인 주관적·경제적 이해 관심이라는 '목적'과, 그들이 다른 사람의 예견되는 행동에 대해서 품고 있는 전형적인 기대라는 그 목적을 달성하기 위한 '조건'에 지향한다. 그들이 보다 엄격하게 목적 합리적으로 행위할수록 그만큼 더 비슷하게 주어진 상황에 반응한다는 식으로 해서 태도와 행위의 동질성, 규칙성, 그리고 연속성이 생겨난다. 이러한 동질성·규칙성·연속성은, 행위가 어느 무리의 사람들에게서 사실상 '구속적'인 것으로 여겨지고 있는 규범과 의무에 지향되는 경우보다 훨씬 안정적인 경우가 아주 빈번하다. 이 같은 현상은, 즉 자신과 타인의 적나라한 이해 상태에의 지향이 규범적 규제를 통해서——그것도 아주 빈번히 성과를 거두지 못한 채——강제하고자 한 효과와 동일한 효과를 불러일으킨다는 사실은, 특히 경제적인 영역에서 커다란 눈길을 끌었다. 이러한 현상은 바로 과학으로서의 국민 경제학을 탄생하게 한 하나의 원천이었다. 그러나 이러한 현상은 모든 분야의 행위에 적용된다. 이러한 현상은 그 내적인 의식성과 내적인 비구속성 때문에, 익숙한 '관례'에의 단순한 순응에 의한 온갖 종류의 내적 구속과 극단적으로 대립되며, 또한 다른 한편으로는 가치 합리적으로 믿어진 규범에의 헌신과도 극단적으로 대립된다. 행위의 '합리화'의 본질적인 요소 가운데 하나는 익숙한 관례에의 내적 순응을 이해 상태에의 계획적인 적응으로 대체하는 것이다. 물론 이러한 현상이 행위의 '합리화'라는 개념을 빠짐없이 다 논의하고 있는 것은 아니다. 왜냐하면 합리화는 그 밖에도 적극적으로는 의식적인 가치 합리화에로의 방향으로, 그리고 소극적으로는 관례를 희생하는 이외에 감성적인 행위를 희생하고서도, 그리고 마지막으로는 또한 순전히 목적 합리적인 가치 무신앙적 행위를 위하여 가치 합리적으로 구속된 행위를 희생하며 진행될 수 있기 때문이다. 우리는 행위의 '합리화'라는 개념의 이러한 '다의성'을 앞으로 더욱 빈번히 다루게 될 것이다(이에 대한 개념적인 것은 말미에서 다룬다!).

4. (단순한) 관례의 안정성은 본질적으로 다음과 같은 사실에 기인한다. 즉, 자기의 행위를 관례에 지향하지 않는 사람은 '적응하지 않은 채' 행위한다는 사실에서, 말하자면 그가 처해 있는 환경의 대다수의 행위가 일단은 관례의 존속을 셈에 넣고 이에 그들의 태도를 맞추는 한, 크고 작은 불편과 불이익을 감수하지 않으면 아니된다는 사실에 기인한다.

이해 상태의 안정성은, 위와 비슷하게, 다음과 같은 사실에 기인한다. 즉, 자기의 행위를 다른 사람의 이해 관심에 지향하지 않는——다른 사람을 '셈에 넣지' 않는——사람은 이들의 저항을 도발하거나, 그가 원하지 않았고 예견하지 않았던 결과를 얻으며, 따라서 자기 자신의 이해 관심이 손상을 입을 수 있는 위험을 무릅쓰게 된다는 사실에 기인한다.

제5항. 정당한 질서의 개념

행위는, 특히 사회적 행위는, 그리고 더욱 특히나 사회적 관계는 참여자 쪽에서 볼 때 하나의 정당한 질서가 존속해 있다는 생각에 지향될 수 있다. 이 같은 지향이 사실상 일어날 수 있는 가망성은 해당 질서의 '타당성 Geltung'을 뜻한다고 하겠다.

1. 그러니까 우리에게 어느 질서 Ordnung가 '타당하다'는 것은 관례나 이해 상태에 의해 야기된, 사회적 행위의 경과의 단순한 규칙성 이상의 것을 의미한다고 하겠다. 만일 가구 운송 회사가 이사철에 규칙적으로 광고를 낸다면, 이러한 규칙성은 '이해 상태'에 의해 야기된 것이다. 만일 어느 행상인이 매달 또는 매주 일정한 날에 일정한 고객을 찾아나선다면, 이것은 익숙해진 관례이거나 위와 마찬가지로 그의 이해 상태의 산물이다(영업 구역의 순회). 그러나 어느 관료가 날마다 정해진 시간에

사무실에 나타난다면, 이것은 익숙해진 습관(관례)에 의해서 야기되지만 반드시 그러한 것만은 아니고, 자신의 이해 상태에 의해서 야기되지만 반드시 그러한 것만도 아니며, 오히려 (대개는 또한) 질서(복무 규정)가 계명으로서 '타당'하기 때문에 야기된 것이다. 이 계명을 위반하면 손해를 초래하게 될 뿐만 아니라——보통은——그의 '의무감' 때문에도 계명의 위반을 가치 합리적으로(그 효력의 정도가 극히 다양하기는 하지만) 꺼려하게 된다.

2. a) 행위가 일정한 '준칙'에 (평균적으로 그리고 엇비슷하게) 지향되는 경우에만, 우리는 어느 사회적 관계의 의미 내용을 '질서'라고 부르고자 한다. b) 이처럼 행위가 사실상(그러니까 실제로 중요한 정도로) 그러한 준칙에 지향되는 이유를, 적어도 그 준칙이 행위자에 있어서 타당한 것으로, 즉 구속적이거나 모범적인 것으로 여겨지는 데서도 찾을 수 있다고 할 때만, 우리는 이 질서를 '타당하다'고 말하고자 한다. 사실상 질서에 대한 행위의 지향은 물론 참여자에 있어서 매우 다양한 동기 때문에 일어난다. 그러나 다른 종류의 동기 이외에 질서가 적어도 일부 행위자에게 모범적이거나 구속적인 것으로 그리고 타당해야 마땅한 것으로 머리에 떠오른다는 사정은 물론 행위가 그 질서에 지향될 가망성을 증가시키며, 그것도 빈번히 매우 상당한 정도로 증가시킨다. 목적 합리적인 동기에서만 지켜지는 질서는 단지 관례에 의해, 어느 행동의 익숙성 때문에 이루어지는 지향보다 일반적으로 훨씬 불안정하다. 이 관례적 지향은 모든 내적 태도 가운데 가장 흔한 종류의 것이다. 그러나 이러한 관례적 지향은 모범성이나 구속성의, 말하자면 '정당성'의 위세와 함께 등장하는 질서보다는 비교가 안될 정도로 더욱 불안정하다. 단순히 전통적으로 또는 단순히 목적 합리적으로 동기지어진 어느 질서에의 지향으로부터 정당성에 대한 믿음에로의 이행은 물론 현실에 있어서 매우 유동적이다.

3. 사람들이 자기의 행위를 어느 질서의 타당성에 '지향'할 수 있는 것은 그 질서의 (평균적으로 생각된) 의미를 '준수'하는 경우에만은 아

니다. 질서의 (평균적으로 생각된) 의미를 '회피' 하거나 '위반' 하는 경우에도 이 질서가 그 어떤 범위 내에서 여전한 타당성을 지닐 수 있는 가망성은 (구속적인 규범으로서) 작용할 수 있다. 우선 순전히 목적 합리적으로 작용할 수 있다. 도둑은 형법의 '타당성' 에 자기의 행위를 지향한다. 자기의 〔도둑〕행위를 은폐함으로써 말이다. 질서가 어느 무리의 인간들 내에서 '타당하다' 고 하는 사실은 바로 그 도둑이 위반을 은폐하지 않으면 아니된다는 사실에서 표현된다. 그러나 이러한 극단의 경우를 제외하고는 질서의 위반은 다소간에 수많은 부분적 위반에 국한되는 경우가 아주 흔하거나, 다양한 정도의 선의와 함께 스스로를 정당하다고 우기려 한다. 또는 질서의 의미에 대하여 사실상 다양한 견해가 병존하기도 하는데, 그렇게 되면 이 다양한 견해들은—사회학에 있어서—제각기 사실상의 행동을 규정하는 범위에서 '타당하다.' 동일한 무리의 인간들 내에서 서로 모순되는 다양한 질서가 동시에 나란히 타당하다는 사실을 인정하는 일이 결코 사회학을 난처하게 만드는 것은 아니다. 왜냐하면 심지어는 개개인도 자신의 행위를 서로 모순되는 질서에 지향할 수 있기 때문이다. 연이어서뿐만 아니라, 동일한 행위에 의해서도 말이다. 결투를 하는 사람은 자기의 행위를 명예 법전에 지향하지만, 이 결투 행위를 은폐하거나, 거꾸로 법정에 출두할 경우에는 형법전에 자신의 행위를 지향한다. 물론 어느 질서의 (평균적으로 믿어지고 있는) 의미를 회피하거나 위반하는 일이 규칙이 되어버린 경우에는, 질서는 바로 제한적으로만 '타당' 하거나 마침내 더 이상 '타당' 하지 않게 된다. 그러니까 사회학에 있어서는, 법학에서 (그 불가피한 목적에 의해) 일정한 질서의 타당성과 비타당성 사이에 존재하는 것과 같은 절대적인 양자 택일이 존재하지 않는다. 오히려 그 두 가지 경우 사이에는 유동적인 이행 단계가 존재한다. 그리고 이미 언급했다시피, 서로 모순되는 질서가 동시에 나란히 '타당' 할 수 있으며,—이 경우에 이것이 뜻하는 바는—각각의 질서는 행위가 사실상 그 질서에 지향되는 가망성이 존재하는 범위에서 타당하다는 것이다.

문헌에 정통한 사람은 '질서'라는 개념이 슈탐러의 저서에서 수행하는 역할을 기억하고 있을 것이다. 위의 서언에서 인용한 바 있는 이 책은 의심할 나위 없이 ─ 그의 모든 저술처럼 ─ 훌륭하게 씌어졌지만, 근본적으로 실패작이며 문제를 치명적으로 혼란시키고 있다(이 점에 대해서는 머리말에서 인용했던 ─ 그 책에 야기되어 있는 혼란에 짜증이 나서 유감스럽게도 형식에 있어 얼마간 날카롭게 충고를 하고 있는 ─ 나의 비판 논문을 참조할 것). 슈탐러는 경험적으로 타당하다는 것과 규범적으로 타당하다는 것을 구별하지 않고 있을 뿐만 아니라, 그 밖에도 사회적 행위가 반드시 '질서'에만 지향되지는 않는다는 사실을 제대로 인식하지 못하고 있다. 그러나 무엇보다도 논리적으로 완전히 그릇된 방식으로 질서를 사회적 행위의 '형식'으로 만들고 있으며, 인식론적인 의미에서의 '형식'이 '내용'에 대해 수행하는 것과 비슷한 역할을〔질서가 사회적 행위에 대해〕하는 것으로 생각하고 있다(다른 오류들은 제쳐두겠다). 예컨대 (일차적으로) 경제적인 행위(제II장)는 사실상 수요를 충족하는 데 처분할 수 있는 일정한 수단이 (마음속에 떠오른) 수요에 비해 부족하다는 관념에 지향되며, 동일한 수단에 관심을 갖고 있는 제3자의 현재 행위와 미래에 예견되는 행위에 지향된다. 그러나 이 경우에 경제적 행위는 당연히 그 밖에도 그의 '경제적' 방책을 선택하는 데 있어 행위자가 법률과 관습으로서 '타당'한 것으로 알고 있는, 즉 이것을 위반하는 경우에는 제3자의 일정한 반응이 나타날 것이라는 사실을 알고 있는 '질서'에 지향된다. 이처럼 극히 간단한 경험적 실정을 슈탐러는 아주 절망스러운 방식으로 혼란시켰고 특히 '질서'와 실재적인 행위 사이의 인과관계를 개념적으로 불가능한 것으로 설명했다. 질서의 법학적·교의적인 규범적 타당함과 경험적 현상 사이에는 사실 아무런 인과 관계도 없고, 다음과 같은 물음만 존재한다. 경험적인 현상이 (올바르게 해석된) 질서에 법적으로 '해당'되는가?, 그러니까 이 질서가 경험적인 현상에 대하여 (규범적으로) 타당해야 마땅한가?, 그리고 만일 그래야 한다면 이 질서는, 무엇이 경험적 현상에 대해 규범적으로 타당해야 마땅하다고 말하고 있는가? 그러나 평균적으로 이러저러하게 이해된 어느 질서가 타당하다는 생각에 행위가 지향될 가망성과 경제적 행위 사이에는 물론 (경우에 따라서는) 아주 통상적인 단어의 의미에서의 인과 관계가 존재한다. 그러나 사회학에 있어서는 이러한 생각에 지향될 그러한 가망성만이 타당한 질서 '그 자체'이다.

제6항. 정당한 질서의 종류: 관습과 법

어느 질서의 정당성은 다음과 같이 보증될 수 있다.

I. 순전히 내적으로, 보다 정확하게 말하자면

1. 순전히 감성적으로: 감정적인 헌신에 의해,

2. 가치 합리적으로: 궁극적인 의무적(관례적 · 미학적, 또는 그 어떤 다른 종류의) 가치의 표현으로서 질서의 절대적인 타당성에 대한 믿음에 의해,

3. 종교적으로: 어느 구원재(救援財)의 소유가 질서의 준수에 달려 있다는 믿음에 의해,

II. 또한(또는 다만) 특별한 외적 결과에 대한 기대에 의해, 그러니까 이해 상태에 의해. 그러나 특수한 종류의 기대에 의해.

질서는 다음과 같은 것을 뜻한다고 하겠다.

a) 관습. 이로부터 일탈하게 되면 어느 특정한 무리의 인간들 내에서 (비교적) 일반적이고 실제로 느낄 수 있는 비난에 마주칠 가망성에 의해 질서의 타당성이 외적으로 보증되는 경우이다.

b) 법. 준수의 강제나 위반의 처벌을 특별히 전담하는 인간 간부의 강제나 처벌의 행위에 의하여 (물리적 또는 심리적으로) 강제될 수 있는 가망성을 통해서 질서의 타당성이 외적으로 보증되는 경우이다.

관습에 대해서는 앞에서 언급한 예링의 저서 이외에도 앞에서 언급한 바이겔린의 저서, 그리고 퇴니스의 저서 『관례 Die Sitte』(1909)를 볼 것.

1. 관습은 어느 무리의 인간들 내에서 '타당한' 것으로 인정되며 일탈에

대한 비난에 의하여 보증되는 '관례'를 뜻한다고 하겠다. (여기에서 사용되고 있는 의미에서의) 법과는 반대로 특별히 강제를 담당하는 인간 간부는 없다. 슈탐러가 예속의 절대적인 '자발성'을 이유로 관습을 법과 구분하려 한다면, 이것은 통상적인 언어 관행과 일치하지 않을 뿐만 아니라, 그 자신이 거론한 예에 대해서도 적절하지 않다. '관습'(통상적인 의미에서의)──이를테면 통상적인 인사, 점잖게 여겨지는 의복, 교류에 있어서 형식과 내용상의 제한──의 준수는 개개인에게 구속적인 것이나 모범적인 것으로서 아주 진지하게 '요구'되며, 완전히──이를테면 음식을 일정한 방식으로 차려야 한다는 단순한 '관례'처럼──자유 재량에 맡겨지는 것이 아니다. 관습('신분적 관례')의 위반은 흔히 신분적 동료의 사회적인 공동 배척 *Boykott*이라는 극히 효과적이고 민감한 결과에 의해, 그 어떤 법적 강제가 할 수 있는 것보다 더 강력하게 처벌된다. 다만 준수를 보증하는 특별한 행위를 담당하는 별도의 인간 간부(우리에 있어서는 판사·검사·행정 관료·집달리 등)가 결여되어 있을 따름이다. 그러나 두 가지 유형 사이에서의 이행적 변화는 유동적이다. 질서가 관습에 의해 보증되는 극단의 경우는 격식을 갖춘, 위협적인, 조직된 공동 배척이다. 이것은 법적 보증에로 넘어가는 경계선상에 놓여 있는 경우이다. 이러한 공동 배척은 우리의 전문 용어로는 이미 일종의 법적인 강제 수단일 것이다. 관습이 단순한 비난 이외에 다른 종류의 수단(이를테면 관습에 위배되는 행태의 경우에 家政法의 사용)에 의해서도 보호된다고 하는 사실은 여기서 관심의 대상이 아니다. 왜냐하면 결정적인 점은, 바로 이 경우에 관습적인 비난을 근거로 이러한(흔히 단호한) 강제 수단을 사용하는 것은 개개인이지, 오직 그러한 사용을 위해 준비된 인간 간부가 아니라는 사실이기 때문이다.

2. '법'(다른 목적을 위해서는 그 경계가 아주 달리 정해질 수 있겠지만)이라는 개념에 있어서는 강제 간부의 존재가 우리에게는 결정적이라는 것이다. 이러한 강제 간부는 물론 우리가 오늘날 익숙해져 있는 강제 간부와 같을 필요는 없다. 특히 일종의 '사법(司法)적인' 심급이 존재해

야 할 필요는 없다. 씨족도 (살인자의 가족에 대한 血讐의 경우와 결투의 경우에는), 만일 반응 양식에 있어서 그 어떤 종류의 질서가 사실상 타당하다면 그러한 간부이다. 하지만 이 경우는 바로 '법적 강제'라고 부를 수 있는 것의 극단적인 한계선상에 놓여 있다. 주지하다시피 '국제법'에 있어서는 그 '법'으로서의 성질에 대하여 거듭해서 이론이 제기되고 있으니, 왜냐하면 거기에는 초국가적인 강제권이 결여되어 있기 때문이다. 여기서 (합목적적인 것으로) 선택된 전문 용어에 있어서는 사실상 질서의 준수만을 전적으로 담당하는 인간 간부가 존재하지 않은 채 피해자가 비난과 보복을 할 것이라는 기대에 의해서만, 그러니까 관습적으로 그리고 이해 상태에 의해 외적으로만 보증되는 질서는 사실상 '법'이라고 할 수가 없을 것이다. 그럼에도 불구하고 법학적인 전문 용어에 있어서는 그와 반대되는 사정도 충분히 타당할 수가 있다. 강제의 수단은 상관이 없다. 많은 종파 Sekte에서 죄인을 부드럽게 강제하는 첫번째 수단으로 보통 사용되는 '형제적 경고'도──규칙에 의해 질서지어지고 인간 간부에 의해 시행되는 경우에는──법에 속한다. 예를 들어 행동에 관한 '관례적' 규범을 보증하기 위한 검열적 질책도 그와 마찬가지로 법에 속한다. 그러므로 교회의 본래적인 교정(矯正) 수단에 의한 심리적 강제는 더욱 법에 속한다. 그러니까 물론 교권제(敎權制)적으로 보증되는 법뿐만 아니라 정치적으로 보증되는 법도 있고, 결사체의 정관이나 가정의 권위에 의해서 보증되는 법이 있는가 하면, 협동조합과 선서 동맹 Einungen(이것은 특히 신분 동료 사이에 결성된다)에 의해서 보증되는 '법'이 있는 것이다. '대학생 사이의 관례 Komment'라는 규칙도 이러한 개념 정의에는 '법'으로 여겨진다. 민사 소송법 제888조, 제2항의 경우 (집행 불가능한 법)가 법에 속한다는 것은 자명하다. '불완전한 법 leges imperfectae'과 '소송권이 없는 현물 채무 Naturalobligation'는 강제 사용의 한계와 조건이 간접적으로 표현되어 있는 법률 언어의 형식이다. 강요된 '교통 관례'는 그러한 점에서 법(민법 제157, 242조)이다. '좋은 관례' (인정할 만한 가치가 있는, 따라서 법에 의해 인가된 관례)라는 개념에 대해서는 『해링 기념 슈바벤 논집 *Schwäbische Heimatgabe für Theodor Häring*』(1918)에 실려 있는 막스 뤼멜린 Max Rümelin의 글을 참조할 것.

3. 온갖 타당한 질서가 반드시 일반적이고 추상적인 성격을 지니고 있는 것은 아니다. 예컨대 타당한 '법규 *Rechtssatz*'와 어느 구체적인 경우에 있어서의 '법적 판결'이 모든 상황 아래서 서로 구분되었던 것은 아니다. 우리는 이러한 구분을 오늘날 정상적인 것으로 여기고 있지만 말이다. 그러니까 '질서'는 단지 어느 구체적인 실정의 질서로서만 나타날 수도 있다. 보다 상세한 모든 논의는 「법사회학」에 속하는 사항이다. 다른 이야기가 없는 한 우리는 우선 당분간 합목적적으로 법규와 법적 결단의 관계에 대한 근대적인 관념 방식을 사용하여 작업할 것이다.

4. '외적으로' 보증된 질서는 그 밖에 '내적으로'도 보증될 수 있다. 법과 관습 그리고 '윤리' 사이의 관계는 사회학에서 문제가 되지 않는다. 사회학에서 '윤리적' 척도란 인간의 특별한 종류의 가치 합리적인 믿음으로서, '관례적으로 좋다'는 평점을 요구하는 인간의 행위를 평가하는 규범과 같은 것이다. 이와 마찬가지로 미학적인 척도란 '아름답다'는 평점을 요구하는 행위를 평가하는 규범이다. 이러한 의미에서의 윤리적인 규범 관념은 행위에 아주 깊은 영향을 끼칠 수 있으며 아무런 외적 보증이 없어도 괜찮다. 이처럼 외적 보증이 없어도 괜찮은 것이 보통인 경우는, 규범을 위반해도 타인의 이해 관심을 별로 다치지 않게 되는 때이다. 윤리적 규범 관념은 다른 한편으로는 종교적으로 보증되는 경우가 아주 흔하다. 그러나 그것은 또한 (여기서 사용하고 있는 전문 용어의 의미에서) 관습적으로, 즉 위반에 대한 비난과 공동 배척에 의해 보증될 수 있고, 또는 법적으로도, 즉 형법적 또는 경찰적인 반응이나 민법적 귀결에 의해서도 보증될 수 있다. 사실상—사회학의 의미에서— '타당한' 온갖 윤리는 그 위반이 비난될 가망성에 의해, 그러니까 관습적으로 보증되는 것이 보통이다. 그러나 다른 한편으로 관습적 또는 법적으로 보증된 질서가 모두(적어도 필연적으로) 윤리적 규범의 성격을 요구하는

것은 아니며, 법적인—흔히 순수하게 목적 합리적으로 제정된—질서는 전체적으로 관습적 질서보다 훨씬 적게 윤리적 규범의 성격을 요구한다. 인간들 사이에 퍼져 있는 타당성의 관념을 '윤리'의 영역에 속하는 것으로 볼 수 있는가 아니면 볼 수 없는가([이 경우에는] 그러니까 '단순한' 관습인가, 아니면 '단순한' 법적 규범인가) 하는 것은 경험적인 사회학에 있어서는, 문제가 되어 있는 무리의 인간들 내에서 사실상 타당했거나 타당한 '윤리적인 것'의 개념에 의해 결정될 따름이다. 따라서 사회학으로서는 윤리적인 것에 대하여 일반적인 것을 말할 수가 없다.

제7항. 정당한 질서의 타당성의 근거: 전통 · 신앙 · 규약

정당한 타당성은 행위자들에 의해 다음과 같은 근거를 통해서 질서에 부여될 수 있다.

a) **전통**: 즉, 언제나 있어 왔던 것의 타당성을 근거로,

b) **감성적인**(특히 감정적인) 믿음: 즉, 새롭게 계시된 것이나 모범적인 것의 타당성을 근거로,

c) **가치 합리적인 믿음**: 즉, 절대 타당한 것으로 추론된 것의 타당성을 근거로,

d) 그 **합법성**이 믿어지는 실정 규약 *positive Satzung* 을 근거로.

이 합법성[(d)]이 [참여자에게] 정당한 것으로 여겨질 수 있는 근거는 다음과 같은 것이다.

α) 이 합법성에 관심을 갖고 있는 이해 당사자들의 협정 *Vereinbarung*;

β) 강요 *Oktroyierung*(정당한 것으로 여겨진, 인간에 대한 인간의 지배에 근거한)와 순종 *Fügsamkeit*[아래의 제13항을 볼 것].

보다 자세한 모든 것은 (앞으로 개념 정의를 해야 할 몇 가지 개념을 제외하고는) 「지배사회학」과 「법사회학」에 속한다. 여기서는 다음과 같은 점만을 언급하기로 한다.

1. 전통의 신성한 준수에 힘입은 질서의 타당성은 가장 보편적이고 원초적인 것이다. 주술적 손해에 대한 불안은 익숙해져 있는 습관의 온갖 변경에 대한 심리적 억제를 강화하였다. 일단 타당하게 된 질서에의 순종과 연결된 여러 가지 이해 관심은 그 질서를 유지시키는 방향으로 작용하였다. 이 점에 대해서는 나중에 제III장에서 논의한다.

2. 질서의 의식적인 새로운 창조는 헬레네의 아이심네텐Aisymneten의 정관에 이르기까지 원래는 거의 언제나 예언적 신탁이나 적어도 예언적으로 재가되어 그 자체로서 신성하게 믿어진 복음의 예고(豫告)에 의해 이루어졌다. 이 경우에 순종은 예언자의 정당성에 대한 믿음에 의존되어 있었다. 엄격한 전통주의가 타당한 시대에 새로운 질서의 발생은, 즉 '새로운' 것으로 여겨지는 질서의 발생은, 질서가 새롭게 계시되지 않을 경우에는, 이 새로운 질서가 사실은 옛날부터 타당했는데 다만 지금까지 올바르게 인식되지 않았다거나 또는 일시적으로 흐려졌었는데 이제부터 다시 발견된 것으로 다루어지는 식으로만 가능했다.

3. 가치 합리적 타당성의 가장 순수한 유형은 '자연법'에 의해 제시된다. 논리적으로 추론된 자연법의 명제가 행위에 끼치는 실재적인 영향이, 자연법의 이상적인 요구에 비추어 본다면 어떻게 제한되든지간에, 아주 작은 정도의 것이 아니라는 점에 대해서는 어쨌든 이론이 없다. 그리고 이러한 자연법적 명제는 계시된 법이나 제정된 법 또는 전통적인 법과 구별되어야 한다.

4. 오늘날 가장 잘 알려진 정당성의 형식은 합법성에 대한 믿음이다. 즉, 형식상 정확하게 그리고 통상적인 형식으로 성립된 규약에 대한 순종이다. 이 때 협약된 질서와 강요된 질서의 대립은 상대적일 뿐이다. 왜냐하면 협약된 질서의 타당성이 ──과거에 흔히 실제적인 정당성을 위해서 필요한 것으로 여겨졌던 것과 같은── 일치된 협정에 기인하지 않고, 어느 무리의 인간들 내에서 대다수에 대하여 일탈 의지를 가진 사람들의 사실상의 순종에 토대를 두게 되자마자, 사실상 소수에 대한 강요가 존재하는 것이다. 다른 한편으로는 폭력적이거나 어쨌든 무분별하고 목적

의식이 투철한 소수가 질서를 강제로 부과하고, 이 질서가 원래의 저항자에게도 정당한 것으로 타당하게 되는 경우가 아주 빈번하다. '투표'가 질서를 창조하거나 변경시키는 수단으로서 합법적인 한에서는, 소수의 의지가 형식적인 대다수를 획득하고 소수는 순종하는 경우가, 그러니까 다수결은 허구일 뿐인 경우가 매우 흔하다. 협약된 질서의 합법성에 대한 믿음은 아주 먼 과거에까지 거슬러 올라가며 때로는 이른바 자연 민족에게서도 발견된다. 그러나 거의 언제나 신탁의 권위에 의해 보충되고 있다.

5. 질서의 강요에 대한 개개인이나 여러 사람의 순종은, 단순한 두려움이나 목적 합리적인 동기가 그러한 순종에 결정적인 것은 아니고 합법성의 관념이 존재하는 한, 강요자(들)의 그 어떤 의미에서는 정당한 지배 권력에 대한 믿음을 전제한다(제13, 16항과 제III장).

6. 질서에의 순종은, 전혀 새로운 규약의 경우가 아닌 한에서는, 매우 다양한 모든 종류의 이해 상태에 의해서뿐만 아니라 전통 구속성과 합법성의 관념에 의해 야기되는 것이 모든 경우에 보통이다. 이 때 순종하는 행위자가 관례·관습, 또는 법 가운데 어느 것에 순종하고 있는가 하는 점이 그 자신에게는 당연히 의식조차 되지 않는 경우가 아주 많다. 그러한 경우에 사회학은 타당성의 유형적인 종류를 탐구해야만 하는 것이다.

제8항. 싸움의 개념

싸움 Kampf은, 행위가 상대방(들)의 저항에 거슬러서 자신의 의지를 관철하려는 의도에 지향되어 있는 한에서의 사회적 관계를 뜻한다고 하겠다. '평화적인' 싸움 수단 Kampfsmittel이란 그 실질적인 내용이 시의적인 물리적 폭력이 아닌 수단을 뜻한다고 하겠다. '평화적인' 싸움이 다른 사람도 욕망하는 기회에 대한 자신의 처분권을 형식상 평화적으로 얻으려는 노력으로서 처러진다면, 그러한 싸움은 '경쟁'을 뜻한다고 하겠다. 경쟁이 목표와 수단에 있어 어느 질서에 지향되는 한에서는, 그러한 경쟁은 '규제된 경쟁'을 뜻한다고 하겠다. 인간 개인들이나 인간 유형들 사이에 의미 있는 싸움 의도 없이 상호 대립적으로 삶의 기회 *Lebenschancen* 또는 살아남을 수 있는 기회 *Überlebenschancen*를 둘러싸고 일어나는 (잠재적인) 생존 싸움은 '선 별 도태 *Auslese*'를 뜻한다고 하겠다. 생활 속의 생활인의 기회가 관 건인 한에서는 '사회적 선별 도태'를 뜻하며, 유전질의 살아남을 수 있는 기회가 관건인 한에서는 '생물학적 선별 도태'를 뜻한다고 하겠 다.

1. 상대방의 생명의 말살을 목표로 하며 어떠한 싸움 규칙에의 구속도 거부하는 피비린내 나는 싸움으로부터 관습적으로 규제된 기사(騎士) 싸움(폰테노이 Fontenoy 전투에 앞서 행하여진 전령의 권고: '영국의 신 사들이여, 먼저 공격을 받으시오 *Messierus les Anglais, tirez les premiers*') 과 규제된 싸움 놀이(스포츠)에 이르기까지, 이를테면 어떤 여자의 사랑 을 둘러싸고 구애자들 사이에 벌어지는 규칙없는 '경쟁,' 시장의 질서에 구속된 채 교환 기회를 둘러싸고 벌어지는 경쟁 싸움에서부터 규제된 예 술상의 '경쟁'이나 '선거 싸움'에 이르기까지 아주 다양한 모든 이행 단 계적 현상이 빈틈없이 존재한다. [비]폭력적인 싸움을 개념적으로 분리 하는 일이 정당화될 수 있는 것은, 그 싸움에 정상적인 수단의 특성과 그 같은 싸움의 발생시에 이러한 수단으로부터 생겨나는 사회학적 귀결의 특수성 때문이다(제II장과 나중의 논의를 볼 것).

2. 전형적으로 그리고 대량으로 일어나는 온갖 싸움과 경쟁은 그토록 많은 결정적인 우연과 운명에도 불구하고 어쨌든 오래가서는 결과적으 로 싸움에서의 승리를 위해 평균적으로 중요한 개인적 특질을 보다 많이 지닌 사람을 '선별'하기에 이른다. 무엇이 이러한 특질인가——보다 많 은 육체적인 힘인가 또는 뻔뻔한 교활성인가, 보다 많은 정신적 능력의 강도인가 또는 폐활량과 민중 지도의 기술인가, 윗사람에 대한 보다 많 은 헌신인가 아니면 비위를 맞추어야 할 일반 대중에 대한 보다 많은 헌

신인가, 보다 많은 본래적 능력인가 아니면 보다 많은 사회적 적응력인
가, 보다 비범한 것으로 여겨진 특질인가——하는 데 대해서는 싸움과 경쟁
의 조건이 결정한다. 이러한 조건 속에는 생각해볼 수 있는 모든 개인적
특질과 일반 대중적 특질 이외에 싸움에서의 행동이, 전통적으로든 가치
합리적으로든 또는 목적 합리적으로든 지향되는 질서도 들어간다. 온갖
질서는 사회적 선별 도태의 가망성에 영향을 끼친다. 온갖 선별 도태가
반드시 우리가 사용하고 있는 의미에서의 '싸움'은 아니다. '사회적 선
별 도태'가 우선적으로 의미하는 바는 오히려 일정한 유형의 행동거지
가, 그러니까 경우에 따라서는 일정한 유형의 개인적 특질이 어느 일정
한 사회적 관계를 ('연인,' '남편,' '국회의원,' '관료,' '건설소장,' '총
감독,' '성공적인 기업가' 등으로서) 획득할 수 있는 가능성에 있어 선
호된다는 것이다. 이러한 사회적 선호의 가망성이 '싸움'에 의해 현실화
되는가의 여부에 대해서, 그리고 나아가 그것이 유형의 생물학적으로 살
아남을 수 있는 기회도 개선하는가 또는 개선하지 못하는가에 대해서는,
그러한 사회적 선호의 가망성 자체로서는 아무것도 말할 수 없다.

실제로 경쟁이 일어나는 곳에서만, 우리는 '싸움'이라는 말을 쓰고자
한다. 싸움은 '선별 도태'의 의미에서만, 이제까지의 모든 경험에 의하
면, 사실상 차단될 수 없으며 생물학적 선별 도태의 의미에서만 원칙적으
로 차단될 수 없다. 선별 도태가 '영원히' 이루어지는 이유는, 선별 도태
를 완전히 차단할 수 있는 수단을 생각해낼 수 없기 때문이다. 가장 엄격
하게 준수되는 평화주의적 질서는 언제나 싸움의 수단, 싸움의 대상, 그
리고 싸움의 방향만을, 그 가운데 일정한 것을 제외한다는 의미에서 규
제할 수 있다. 이것이 의미하는 바는, 다른 종류의 싸움 수단이 (현재적
인) 경쟁에서 또는——우리가 이러한 경쟁을 제거된 것으로 생각하더라
도(이것은 유토피아적·이론적으로만 가능할 것이다)——이 경우에도
여전히 삶의 기회와 살아남을 수 있는 기회를 둘러싸고 일어나는 (잠재
적인) 선별 도태에서 승리를 거두도록 하며, 그 같은 수단을 유전질로서

든 또는 교육의 산물로서든 처분할 수 있는 사람을 선호하게 된다는 것이다. 사회적 선별 도태는 경험적으로, 생물학적 선별 도태는 원칙적으로 싸움 차단의 한계가 되어 있다.

3. 사회적 관계의 '싸움'과 '선별 도태'는 삶의 기회와 살아남을 수 있는 기회를 둘러싼 개개인의 '싸움'과는 당연히 구별되어야 한다. 우리는 여기서 이들 개념을 비유적 의미에서만 적용할 수 있다. 왜냐하면 '관계'는 사실 일정한 의미 내용을 지닌 인간의 행위로서만 존재하기 때문이다. 그리고 관계들 사이의 '선별 도태'와 '싸움'이 의미하는 바는 그러니까 일정한 종류의 행위가 다른 종류의 행위에 의해, 이 행위가 동일한 사람의 것이든 다른 사람의 것이든 상관없이, 시간의 흐름 속에서 밀려난다는 것이다. 이러한 밀어내기는 다양한 방식으로 가능하다. 인간의 행위는 a) 의식적으로 다음과 같은 방향으로 행하여질 수 있다. 일정한 구체적인 사회적 관계나 또는 일반적으로 일정하게 질서지어진 사회적 관계를, 즉 그 사회적 관계의 의미 내용에 상응하게 경과하는 행위를, 방해하거나 그 발생과 존속을 저지하는 방향으로(전쟁이나 혁명에 의해 어느 '국가'를, 또는 유혈의 진압에 의해 어느 '반란'을, 또는 경찰의 조처에 의해 '내연 관계'를, 또는 법적 보호의 거절과 처벌에 의해 '고리 대금업적인' 영업 관계를), 또는 다른 범주에게 불리하도록 어느 범주의 존속을 우대함으로써 영향을 끼치는 방향으로 행하여질 수 있다. 개개인뿐만 아니라 다수의 결합된 개인도 그러한 종류의 목표를 설정할 수 있다. 그러나 또한 일정한 구체적 관계나 일정한 성질의 관계(즉, 언제나 해당 행위)가 존속하거나 새롭게 발생할 가망성이 줄어든다는 것은 b) 사회적 행위의 경과의, 그리고 그에 결정적인 모든 종류의 조건의, 뜻하지 않았던 부차적 결과일 수 있다. 온갖 종류의 모든 자연적 조건과 문화 조건은 그것이 변경될 경우에는 아주 다양한 모든 종류의 사회적 관계에 대하여 그러한 가망성에 그 어떤 방식으로든 변화가 초래되는 방향으로 영향을 끼친다. 그와 같은 경우에도 사회적 관계가——예컨대 국가 단체가——'선별 도태'된다고 말하는 것은 그리고 그 가운데 '보다 강한 것'('보다

잘 적응된 것')이 승리한다고 말하는 것은 누구나의 자유이다. 다만 우리가 확실히해두어야 할 점은, 이른바 이러한 '선별 도태'는 사회적 의미로도 생물학적 의미로도 인간 유형의 선별 도태와는 아무런 관련이 없다는 사실, 온갖 개별적인 경우에 이러저러한 형식의 사회적 행위와 사회적 관계에 있어서의 기회에 변화를 초래한 원인을 캐물어야 한다는 사실, 이러한 원인은 아주 여러 가지의 것이어서 그에 대한 통일적인 표현은 적절하지 않은 것처럼 보인다는 사실이다. 여기서는 언제나 다음과 같은 위험이 존재한다. 통제되지 않은 가치 평가를 경험적인 연구에 끌어들이고 무엇보다도 개별적인 경우에 흔히 순전히 개성적으로 야기된, 그러니까 이러한 단어의 의미에서 '우연한' 성공을 변호하게 되는 위험이 존재한다. 지난 몇 년 동안에 그러한 일이 지나칠 정도로 많이 일어났으며 또 일어나고 있다. 왜냐하면 어느 (구체적인 또는 질적으로 특성화된) 사회적 관계가 차단되는 것은 순전히 구체적인 원인에 의해 야기되는 경우가 빈번한데, 이처럼 어느 사회적 관계가 차단되었다는 사실 자체가 아직은 그 사회적 관계의 일반적인 '적응성'을 부정하는 증거가 되지는 않기 때문이다.

제9항. 공동체적 결합과 이해 사회적 결합

'공동체적 결합 Vergemeinschaftung' 이란 사회적 행위의 태도가 — 개별적인 경우에, 또는 평균적으로, 또는 순수한 유형 속에서 — 참여자의 주관적으로 느껴진 (감성적 또는 전통적인) 공속성(共屬性)에 바탕을 두고 있는 경우의 그리고 그러한 한에서의 사회적 관계를 뜻한다고 하겠다.

'이해(利害) 사회적 결합 Vergesellschaftung' 이란 사회적 행위의 태도가 합리적으로(가치 합리적 또는 목적 합리적으로) 동기지어진 이해 조정이나 합리적으로 동기지어진 이해 결합에 바탕을 두고 있는 경우의 그리고 그러한 한에서의 사회적 관계를 뜻한다고 하겠다. 이해 사회적 결합은 전형적으로는 특히 상호 확약에 의한 합리적인(그러나 이러하지만은 않다) 협정에 바탕을 두고 있을 수 있다. 그렇게 되면 이해 사회적으로 결합된 행위는 합리성의 경우에 a) 자기 자신의 구속성에 대한 믿음에 가치 합리적으로 지향되고, b) 상대방의 충실성에 대한 기대에 목적 합리적으로 지향된다.

　1. 이 전문 용어는 퇴니스가 그의 기본 저작인 『공동체와 이해 사회』에서 시도한 구별을 상기시킨다. 하지만 퇴니스는 그의 목적을 위하여, 여기서 우리에게 소용되는 것보다 본질적으로 특별한 내용을 이러한 구별에 부여했다. 이해 사회적 결합의 가장 순수한 유형에는 다음과 같은 것이 있다. a) 시장에서의 엄격하게 목적 합리적이고 자유롭게 협약된 교환, 즉 대립적인, 그러나 상호 보완적인 이해 당사자들의 시의적인 타협, b) 자유롭게 협약된 순수한 목적 결사체, 의도와 수단에 있어서 순전히 구성원의 즉물적인(경제적인 또는 다른 종류의) 이해 관심의 추구를 겨냥한 계속적인 행위의 협정, c) 가치 합리적으로 동기지어진 신념 결사체. 즉, 감정적 그리고 감성적인 이해 관심을 돌보지 않고 '본분 *Sache*'에만 이바지하고자 하는 한에서의 합리적인 종파(이것은 물론 특수한 경우에만 아주 순수한 유형으로 나타난다).
　2. 공동체적 결합은 온갖 종류의 감성적 혹은 감정적 혹은 또 전통적인 기초에 근거할 수 있다. 영적(靈的)인 형제적 자치공동체 *Gemeinde*, 성적(性的) 사랑의 관계, 공순 관계, '국민' 공동체, 전우애로 뭉쳐진 부대, 가족 공동체가 그 전형을 가장 적절하게 제시한다. 그러나 사회적 관계의 대다수는 부분적으로는 공동체적 결합의 성격을 지니고 있으며, 부분적으로는 이해 사회적 결합의 성격을 지니고 있다. 제아무리 목적 합리적이고 냉정하게 만들어진 의도적인 사회적 관계(예컨대 고객)라 하더라도 임의로 선택된 목적을 넘어서는 감정 가치를 불러일으킬 수 있다. 시의적인 목적 결사체적 행위를 넘어서는, 그러니까 보다 오랜 지속을 겨냥하는 사회적 관계를 동일한 사람들 사이에 만들어내고 처음부터 즉물적인 개별적 용역에 국한되지 않는, 온갖 이해 사회적 결합은——이를

테면 같은 군대 단체 내에서의, 같은 학급 내에서의, 같은 사무실 내에서의, 같은 공장에서의 이해 사회적 결합처럼——어떻든지 그러한 경향을 물론 극히 다양한 정도로 지니고 있다. 이와 마찬가지로 그 정상적인 의미가 공동체적 결합인 어느 사회적 관계는 거꾸로 모든 참여자에 의해서 또는 몇몇 참여자에 의해서 전부 또는 일부가 목적 합리적으로 가차없이 이용될 수 있다. 예컨대 어느 가족 단체가 참여자에 의해 얼마나 '공동체'로 느껴지는가 또는 '이해 사회적 결합'으로서 착취적으로 이용되는가 하는 것은 매우 다양하다. '공동체적 결합'이라는 개념은 여기서 의도적으로 아주 일반적으로, 그러니까 아주 이질적인 실태를 포괄하도록 정의되었다.

3. 공동체적 결합은 생각된 의미에 의하면 보통 '싸움'과 가장 근본적으로 대립된다. 그렇다고 해서 실제로는 온갖 종류의 권력이 가장 친밀한 공동체 내에서도 마음이 순한 사람에 대해 행사되는 것이 아주 정상적이라고 하는 사실, 그리고 유형의 '선별 도태'는 공동체 내에서도 싸움에서와 아주 똑같이 일어나며 그 밖의 다른 곳에서와 마찬가지로 이러한 선별 도태에 의해 다양한 삶의 기회와 살아남을 수 있는 기회가 제약된다고 하는 사실을 기만해서는 아니된다. 다른 한편으로 이해 사회적 결합은 서로 충돌하는 이해 관심의 타협에 불과한 경우가 아주 흔하다. 그러나 이러한 타협은 싸움 대상이나 싸움 수단의 일부만을 차단할 따름이며(혹은 어쨌든 차단하고자 시도하며), 그 외에는 이해 대립 그 자체와 기회를 둘러싼 경쟁을 존속하게 한다. '싸움'과 공동체는 상대적인 개념이다. 싸움은 수단(폭력적 또는 '평화적인')과 그 적용의 무차별성에 따라 참으로 아주 다양한 형태를 띠게 된다. 그리고 어떤 성질의 것이든 사회적 행위의 온갖 질서는, 이미 언급했다시피, 삶의 기회를 둘러싸고 벌어지는 다양한 인간 유형 사이의 경쟁에서 바로 사실상의 선별 도태를 어떻게든 존속시킨다.

4. 특질과 상황 그리고 행태에 공통성이 있다고 해서 모두가 공동체적 결합인 것은 아니다. 예를 들어 '인종'적인 특징으로 여겨지고 있는 것과

같은 생물학적 유전질에 공통성이 있다고 하는 사실 자체가 물론 아직은, 그러한 유전질을 지니고 있다고 하는 사람들 사이에 공동체적 결합이 존재한다는 것을 결코 의미하지 않는다. 주변 세계 쪽에서 상거래나 통혼을 제한하고 나서면 그러한 사람들은 같은 종류의——이러한 주변 세계에 대하여 고립된——상황에 빠질 수 있다. 그러나 그 사람들이 이 상황에 대하여 동일한 방식으로 반응한다 하더라도, 이것은 아직 공동체적 결합이 아니며, 공통의 처지와 그 결과에 대한 단순한 '감정'도 아직은 공동체적 결합을 낳지 않는다. 그들이 이러한 감정을 바탕으로 그들의 행동을 어떻게든 서로에게 지향하는 경우에야 비로소 그들 사이에는——뿐만 아니라 그들 제각기의 행동과 주변 세계 사이에는——하나의 사회적 관계가 생겨나며, 이 사회적 관계가 어느 느껴진 공속성을 증거하는 한에서야 비로소 '공동체'가 생겨난다. 이러한 실정은 예컨대 유대인의 경우에——시온주의적으로 지향된 무리와 유대인의 이해 관심을 위한 몇몇 다른 종류의 이해 사회적 결합의 행위를 제외하고는——상대적으로 매우 적은 정도로만 들어맞으며, 유대인들에 의해 때때로 곧장 거부된다. 언어의 공통성은 가족과 근린 환경에 있어서 동일한 종류의 전통에 의해 만들어져, 상호간의 이해를 그러니까 모든 사회적 관계의 성립을 최고도로 쉽게 해준다. 그러나 언어의 공통성 그 자체로서는 아직 공동체적 결합을 의미하지 않으며, 다만 해당 집단 내에서의 교류를, 그러니까 이해 사회적 결합의 발생을 쉽게 해줄 따름이다. 이러한 이해 사회적 결합의 발생은 맨 먼저 개개인들 사이에 이루어지는데, 이들은 언어 동료로서의 특성 속에서가 아니라 그 밖의 종류의 이해 당사자로서 그 같은 교류를 하게 된다. 그러니까 공통 언어의 규칙에의 지향은 일차적으로는 의사 소통의 수단일 뿐이지, 사회적 관계의 의미 내용은 아니다. 제3자에 대하여 의식적인 대립이 발생하는 경우에야 비로소 언어의 공통성에 참여한 사람들에 있어 같은 종류의 상황과 공동체 감정이 성립할 수 있고, 공통의 언어를 의식적인 생존의 근거로 하는 이해 사회적 결합이 성립할 수 있다. '시장'(이 개념에 대해서는 제II장을 볼 것)에의 참여는 또다른 성질을 지니고 있다. 그것은 개개인의 교환 상대자들 사이에 이해 사회적 결합을 성립시키고, 그들의 행동을 서로 양방적으로 지향해야만 하는 교환 지망자들 사이에는 사회적 관계(무엇보다도 '경쟁')를 성립시킨다. 그러나 그뿐만 아니라 이해 사회적 결합이 생겨나는 것은, 이를테면 몇몇 참여자가 보다 성공적인 가격 싸움을 목적으로 또는 참여자 모두가 거래의 규제와 보장을 위해 협정을 맺는 한에서만이다(그 밖에 시장과 이에 기반을 둔 거래 경제는, 행위가 적나라한 이해 상태에 의해 상호 영향을 끼친다고 하는 사실을 나타내는 가장 중요한 유형이며, 이는 근대 경제의 특징적인 면모인 것이다).

제10항. 개방적 관계와 폐쇄적 관계

어느 사회적 관계(이것이 공동체적 결합이든 또는 이해 사회적 결합이든 상관없다)가 대외적으로 '개방적'이라는 것은, 사회적 관계를 구성하며 사회적 관계의 의미 내용에 지향된 상호간의 사회적 행위에의 참여가, 이 사회적 관계에 타당한 질서에 의하면, 사실상 그러한 사회적 행위를 할 수 있는 처지에 있으며 그러한 사회적 행위를 하고 싶어하는 그 누구에게도 거절되지 않는 경우를 그리고 그러한 한에서의 경우를 뜻한다고 하겠다. 이와 달리 어느 사회적 관계가 대외적으로 '폐쇄적'이라는 것은, 사회적 관계의 의미 내용이나 사회적 관계에 타당한 질서가 참여를 배제하거나, 제한하거나, 조건에 결부시키는 한에서의 경우를 그리고 그 정도를 뜻한다고 하겠다. 개방성과 폐쇄성은 전통적으로, 감성적으로, 또는 가치 합리적 및 목적 합리적으로 야기될 수 있다. 합리적인 폐쇄는 특히 다음과 같은 실정에 의해 야기될 수 있다. 어느 사회적 관계는, 목적에서든 성과에서든, 연대적 행위에 의해서든 이해 조정에 의해서든, 참여자에게 내적 또는 외적 이해 관심을 만족시킬 수 있는 기회를 열어줄 수 있다. 참여자가 그 사회적 관계를 선전 보급함으로써 그들 자신의 기회의 정도, 종류, 보장, 또는 가치를 개선할 수 있다고 기대한다면 그들은 개방성에 관심을 갖고, 거꾸로 그 사회적 관계를 독점함으로써 그러한 기회 개선을 기대한다면 그들은 대외적 폐쇄에 관심을 갖는다.

어느 폐쇄적인 사회적 관계는 독점된 기회를 참여자에게 a) 자유롭게 보증하거나, b) 정도와 종류에 따라 조절 또는 통제 배급하여 보증하거나, c) 개개인이나 집단에게 지속적으로, 그리고 상대적으로 빼앗을 수 없거나 전혀 빼앗을 수 없는 것으로 전유(專有) *Appropriation*하여 보증할 수 있다(대내적 폐쇄). 전유된 기회는 '권리'를 뜻한다고 하겠다. 전유는 질서에 따라 1) 일정한 공동체와 이해 사회——예컨대 가정 공동체——에의 참여자에게 이루어질 수 있거나, 2) 개개인에게 이루어질 수 있는데, 이 두번째 경우에는 a: 순전히 개인적으로 이루어지거나, b: 어느 한 사람 또는 여러 사람이 사망했을 경우에 사회적 관계나 출생 연고(친척 관계)를 통해서 지금까지의 기회 향유자와 연결되어 있는 사람이나 이러한 종래의 향유자에 의해 지정된 다른 사람이 전유된 기회를 이어받게 되는 식으로 이루어질 수 있다(세습적 전유). 마지막으로 전유는 3) 향유자가 기회를 a): 일정한 다른 사람에게 양도하거나, 마지막으로 b): 향유자가 기회를 임의의 다른 사람에게 협정을 통해서 다소 자유롭게 양도할 수 있는 식으로 이루어질 수 있다(양도 가능한 전유). 어느 폐쇄적 관계에의 참여자는 동료 *Genosse*라 불리우고, 참여가 조절되는 경우에는 이 참여에 의해 참여자에게 기회가 전유되는 한 권리 동료 *Rechtsgenosse*라고 불리우게 되겠다. 세습적으로 개개인이나 세습 공동체나 이해 사회에 전유된 기회는 소유권 *Eigentum*(개개인의, 해당 공동체의, 또는 이해 사회의)을 뜻한다고 하겠으며, 양도할 수 있도록 전유된 기회는 자유로운 소유권을 뜻한다고 하겠다.

이러한 실태를 겉보기에 하릴없이 '세심하게' 개념 정의하는 것은, 사람들이 바로 '자명한' 것에 대해서는 (명백히 익숙한 것이기 때문에) 흔히 가장 적게 '생각'하는 것이 보통이라고 하는 사실을 나타내는 하나의 예이다.

1. a) 예를 들어 가족 관계에 그 소속성이 기초해 있는 공동체는 전통적으로 폐쇄적인 것이 보통이다.

b) 개인적인(예컨대 성애적 또는——흔히——공순적인) 감정 관계는 감성적으로 폐쇄적인 것이 보통이다.

c) 엄격한 신앙 공동체는 흔히 가치 합리적으로 (비교적) 폐쇄적인 것이 보통이다.

d) 독점주의적이거나 금권주의적인 성격을 지닌 경제 단체는 목적 합리적으로 전형적으로 폐쇄적이다.

몇 가지 예를 임의로 추려보면,

어느 시의적인 언어 이해 사회적 결합의 개방성과 폐쇄성은 의미 내용에 좌우된다(은밀히 속을 털어놓거나 업무상 무엇인가를 알리는 데서 나타나는 대립). 시장 관계는 일차적으로는 적어도 흔히 개방적인 것이 보통이다. 우리는 수많은 공동체적 결합과 이해 사회적 결합에서 선전 보급과 폐쇄가 교대되는 것을 본다. 예컨대 수공업자조합 *Zunft*, 고대와 중세의 민주제적 도시에서는 그 구성원이 때로는 힘에 의해 그들의 기회를 보장하려는 이해 관심에서 구성원을 가능한 한 증대시키려고 애쓰는가 하면, 다른 때에는 그들의 독점이 지닌 가치에 대한 이해 관심에서 구성원을 제한하고자 노력하기도 했다. 이러한 사정은 수도사 공동체와 종파에 있어서도 드물지 않았는데, 이들은 종교적인 포교를 하다가 윤리적 표준을 높이 유지하려는 이해 관심 때문에 또는 물질적인 이유 때문에도 폐쇄하는 쪽으로 선회하였던 것이다. 매상을 증가시키려는 이해 관심에서 시장을 확대하는 것과 시장을 독점주의적으로 제한하는 것도 그와 비슷하게 병존해 있다. 오늘날 언어 보급은 예전에 흔히 신분적으로 폐쇄되어 있던 언어나 은어에 비교해볼 때 출판업자와 작가의 이해 관심의 정상적인 결과로서 나타난다.

2. 대외적 규제와 폐쇄의 정도와 수단은 매우 다양한 것일 수 있어서, 개방성으로부터 규제성과 폐쇄성에로의 이행은 유동적이다. 입학 성적,

수련기, 조건부로 구매할 수 있는 회원 지분의 취득, 온갖 가입 허가를 위한 비밀 투표, 출생 연고(세습성)에 의한 또는 누구에게나 허용되어 있는 일정한 용역에의 참가에 의한 또는——대내적 폐쇄와 전유의 경우에는——전유된 권리의 취득에 의한 소속성과 가입 허가, 그리고 아주 다양한 단계의 참가 조건이 발견된다. 그러니까 대외적인 '조절성'과 '폐쇄성'은 상대적인 개념이다. 품위 있는 클럽, 입장권을 내야 관람할 수 있는 연극 상연, 그리고 유세를 위한 정당 집회, 자유롭게 참가할 수 있는 예배, 종파의 예배, 그리고 비밀 동맹의 비밀 의식 사이에는 생각해볼 수 있는 모든 이행 단계가 있다.

3.——참여자 자신들 사이에서의 그리고 이들의 상호 관계에서의——대내적 폐쇄도 그와 마찬가지로 매우 다양한 형식을 지닐 수 있다. 예를 들어 대외적으로 폐쇄적인 카스트, 수공업자조합, 또는 이를테면 거래소 공동체는 독점된 모든 기회를 둘러싼 자유로운 상호 경쟁을 그 구성원들에게 맡길 수 있거나, 온갖 구성원 각자를 그에게 평생토록 전유되거나 세습적으로 그리고 양도할 수도 있게(특히 인도에서 그러하다) 전유되는 일정한 기회에, 예컨대 고객이나 영업 대상에 엄격히 제한할 수 있다. 대외적으로 폐쇄적인 공유지 협동조합 *Markgenossenschaft*은 공유지 동료에게 자유로운 이용을 또는 엄격하게 개별 가구에 지어진 몫을 허가하고 보증할 수 있다. 대외적으로 폐쇄적인 이민 단체는 토지의 자유로운 이용을 또는 지속적으로 전유된 고정 지분의 토지를 허가하거나 보증할 수 있다. 이 모든 대내적 폐쇄 현상에는 생각해볼 수 있는 모든 이행 단계와 중간 단계가 있다. 예를 들어 봉토와 녹봉 그리고 직위 계승권의 대내적 폐쇄와 점유자에의 전유는 극히 다양한 형식을 지니고 있었다. 그리고 이와 마찬가지로 일자리의 계승권과 점유는——'경영 협의회'의 발전은 이러한 계승권과 점유에로의 첫 걸음일 수 있을 것이다(그러나 반드시 그러한 것은 아니다)——노동조합원만을 고용하는 비개방적 공장 *closed shop*으로부터 개별적인 일자리에 대한 권리(그 앞의 단계는 노동자 대표의 동의없는 해고의 금지)에로 상승할 수 있다. 모든 개별 사항

은 즉물적인 개별 연구에서 다루어져야 할 것이다. 최고도의 지속적인 전유가 이루어지는 것은, 개개인에게(또는 예컨대 가정 공동체, 씨족, 가족과 같이 개개인들로 구성되어 있는 일정한 단체에게) 다음과 같은 방식으로 기회가 보증되는 경우이다. 즉, 1. 사망의 경우에 일정한 다른 사람의 수중에로의 이전이 질서에 의해 규제되고 보증되는 경우, 2. 기회의 점유자가 이 기회를 자유롭게 임의의 제3자에게 양도할 수 있고 제3자는 기회를 양도받음으로써 사회적 관계의 참여자가 되는 경우. 그러니까 이러한 사회적 관계는, 그처럼 완전한 대내적 전유가 이루어지고 있는 경우에도, 이와 동시에 대외적으로는 (비교적) 개방적인 관계이다(이 사회적 관계가 구성원 자격의 취득을 다른 권리 동료의 동의에 결부시키지 않는 한).

4. 폐쇄의 동기는 다음과 같은 것일 수 있다. a) 질을 높게 유지하고 (경우에 따라서는) 그럼으로써 위세를 높게 유지하며 이러한 높은 위세에 따르는 명예와 (경우에 따라서는) 이윤의 기회를 높게 유지하는 것일 수 있다. 그 예로는 금욕자 단체, 수도사 단체(특히 예컨대 인도에서도 탁발승 단체)〔승단〕, 종파(청교도!), 전사 단체, 가신 단체, 그리고 다른 종류의 관료 단체와 정치적인 시민 단체(예컨대 고대에서의), 수공업자 선서 동맹이 있다. b) (소비) 수요에 비례하는 기회('생계 활동의 여지')의 부족화 현상: 소비의 독점(그 원형은 시장 공동체). c) 영리 기회 ('영리 활동의 여지')의 부족화 현상: 영리의 독점(그 원형은 수공업자 조합 단체나 옛날의 어업 단체) 등. 대개는 a의 동기가 b 또는 c와 조합되어 있다.

제11항. 행위의 책임지우기. 대표 관계

사회적 관계는 전통적인 질서나 제정된 질서에 의하여 참여자에게 다음과 같은 결과를 초래할 수 있다. 즉, a) 관계에 참여한 모든 각자의 일정한 종류의 행위가 모든 참여자('연대 동료')에게, 또는 b) 일정한 참여자('대표자')의 행위가 다른 참여자('피대표자')에게 책임지어질 수 있다. 그러니까 기회뿐만 아니라 귀결도 참여자들에게 도움이 되거나 부담이 될 수 있다. 대표권(전권)은 타당한 질서에 의해 1. 모든 종류와 정도 속에서 전유되거나(고유 전권), 2. 특징에 따라 지속적 또는 일시적으로 할당되거나, 3. 참여자나 제3자의 일정한 활동에 의해 일시적 또는 지속적으로 위임될 수 있다(제정된 전권). 사회적 관계(공동체나 이해 사회)가 연대 관계 및 대표 관계로 다루어지는 조건에 대해서는 일반적으로 다음과 같은 점만을 말할 수 있을 뿐이다. 즉, 거기에서 연대 관계 및 대표 관계적 행위가 한편으로는 a) 폭력적인 싸움을 목적으로 하여 지향되어 있거나 그렇지 않은 경우에는 b) 평화적인 교환을 목적으로 하여 지향되어 있는 정도가 우선적으로 결정적인 조건이라는 것. 그러나 이 외에도 개별적인 분석에서야 비로소 확인할 수 있는 수많은 특수 상황이 결정적인 조건이었으며 지금도 그러하다는 것이다. 순전히 이념적인 재화를 평화적 수단으로 추구하는 사람들의 경우에 흔히 이러한 결과[책임지우기]가 가장 적게 나타나기 마련인 것은 당연한 일이다. 대외적 폐쇄성의 정도는 흔히 연대나 대표권의 현상에 비례하기는 하지만, 반드시 그러한 것은 아니다.

1. '책임지우기 *Zurechnung*'가 실제로 의미할 수 있는 바는 a) 소극적인 연대와 b) 적극적인 연대이다. 즉, 어느 참여자의 행위에 대해서 그 자신뿐만 아니라 모든 참여자 전부가 책임이 있는 것으로 여겨지고, 다른 한편으로는 그의 행위를 통해서 그 자신뿐만 아니라 모두가 그에 의해 보장된 기회를 이용하는 것이 정당화된 것으로 여겨진다. 책임은 혼령이나 신령에 대하여 존재할 수 있다. 그러니까 종교적으로 지향될 수 있다. 또는 인간에 대한 책임이 존재할 수 있다. 그리고 이 경우에 책임은 관습적으로 권리 동료를 위해서 그리고 권리 동료에 대항하여(씨족 동료에 대항하는 혈수와 씨족 동료에 의한 혈수, 도시 시민과 해외 동포에 대한 연좌적 보복 조치) 지향되거나, 법적으로(친족, 가정 동료, 자치

공동체 동료에 대한 연좌적 처벌, 가정 동료와 商社員 상호간에 그리고 서로를 위해서 지워지는 개인적인 부채 책임) 지향될 수 있다. 신령을 상대로 한 연대도 역사적으로(고대 이스라엘의 자치공동체, 원시 기독교의 자치공동체, 초기 청교도의 자치공동체에 있어서) 매우 중대한 결과를 가져왔다. b) 책임지우기는 다른 한편으로 (적어도!) 다음과 같은 것만을 의미할 수도 있다. 즉, 전통적인 질서나 제정된 질서에 의하면 어느 폐쇄적인 관계에 참여한 사람은 어느 대표자가 무슨 종류의 것이 되었든 어떤 기회(특히 경제적 기회)를 처분하는 일을 그들 자신의 행동에 대하여 합법적인 것으로 여긴다는 것이다(질서에 의하면 '단체의 목적'에 기여하기로 되어 있는 물적 재화를 어느 '결사체'의 '수뇌'나 어느 정치적 및 경제적 단체의 대표자가 처분하는 일의 '타당성').

2. '연대 Solidarität'라는 실태는 유형적으로 다음과 같은 곳에 존재한다. a) 전통적인 혈연 공동체나 생활 공동체(그 전형은 가정과 씨족), b) 자체의 폭력을 통해서 독점적 기회를 주장하는 폐쇄적 관계(그 전형은 정치적인 단체이고, 특히 과거의 정치적 단체가 그러하며, 가장 넓은 범위에서는, 더욱이 전쟁을 하는 경우에는, 오늘날의 정치적 단체도 여전히 그러하다), c) 참여자에 의해 개인적으로 운영되는 경영 체제를 지닌 영리·이해 사회적 결합(그 전형은 개방적인 상업 회사), d) 상황에 따라서는 노동 협의체(그 전형은 러시아의 협동조합 Artjel). '대표'라는 실태는 목적 결사체와 제정된 단체에 전형적으로 존재하며, 특히 일종의 '목적 재산'(이에 대해서는 나중에 「법사회학」에서 논의된다)이 축적되고 관리되는 경우에 그러하다.

3. 어느 대표권이 예를 들어 연령의 서열에 따라 또는 이와 비슷한 실태에 따라 관할되는 경우에 그것은 '특징'에 따라 할당된다.

4. 이러한 실정에 관한 모든 개별 사항은 일반적으로 서술될 수 없고, 사회학적인 개별 분석에서야 비로소 서술될 수 있다. 여기에 속하는 실태 가운데 가장 오래되고 일반적인 것으로는 복수 및 담보 차압으로서의 보복 조처가 있다.

제12항. 단체의 개념과 종류

단체 *Verband*란 조절에 의해 대외적으로 제한되거나 폐쇄된 일종의 사회적 관계로서, 그 질서의 유지가 질서 유지의 시행을 전적으로 담당하는 일정한 인간의 행동에 의해 보증되는 경우를 뜻한다고 하겠으며, 그 같은 일정한 인간으로는 지휘자 *Leiter*와 경우에 따라서는 행정 간부 *Verwaltungsstab*가 있는데, 행정 간부는 필요한 경우에 보통은 함께 대표권을 갖는다. 지휘권의 점유나 행정 간부의 행위에의 참여권의 점유는——'통치권'은——a) 전유될 수 있거나, b) 타당한 단체 질서에 의해 일정한 사람들에게 또는 일정한 특징에 의거해서나 일정한 형식 속에서 선별할 사람들에게 지속적으로, 또는 일시적으로, 또는 일정한 경우에 할당될 수 있다. '단체 행위'란 a) 질서의 시행에 관계되는, 통치권이나 대표권에 힘입어 정당한 행정 간부 자신의 행위, b) 행정 간부에 의해 지시를 통해서 지휘되는〔단체에 관계되는(3번을 볼 것)〕 단체 참여자의 행위를 뜻한다고 하겠다.

1. 문제되는 단체가 공동체적 결합인가 또는 이해 사회적 결합인가 하는 것은 개념적으로는 우선 아무런 차이가 없다고 하겠다. 그의 행위가 단체 질서의 시행에 지향되어 있는 어느 '지휘자'가, 즉 가장, 결사체의 수뇌, 지배인, 군주, 대통령, 신도 회장이 현존한다는 것만으로 족하다고 하겠다. 그 이유는 이처럼 특별한 종류의 행위는, 즉 단순히 질서에 지향된 것이 아니라 이 질서의 강제를 겨냥하는 행위는, 사회학적으로 폐쇄적인 '사회적 관계'의 구성 요건에 하나의 실제로 중요한 새로운 특징을 더하기 때문이다. 왜냐하면 폐쇄적인 공동체적 결합이나 이해 사회적 결합이 모두 '단체'는 아니기 때문이다. 예컨대 지휘자가 없는 어느 성애적 관계나 씨족 공동체는 단체가 아니다.

2. 단체의 '생존'은 전적으로 지휘자의 현존에 좌우되며, 경우에 따라서는 행정 간부의 '현존'에 좌우된다. 즉, 보다 정확하게 표현하자면 그

의미상 단체의 질서를 시행하려고 하는 특정한 사람들의 행위가 일어날 가망성의 존속에 좌우된다. 그러니까 필요한 경우에는 질서의 시행이라는 의미로 행위할 '태세를 갖추고' 있는 사람들이 현존한다는 사실에 좌우된다. 이러한 태세의 근거가 무엇인가 하는 것은, 즉 전통적, 감성적, 또는 가치 합리적인 헌신(봉토 의무, 직위 의무, 봉사 의무)인가 아니면 목적 합리적인 이해 관심(봉급에 대한 이해 관심 등)인가 하는 것은, 개념적으로 우선 당분간 중요한 문제가 아니다. 그러니까 사회학적으로 보자면, 그러한 방식으로 지향된 그와 같은 행위가 경과할 수 있는 가망성과는 다른 그 어떤 것에 우리가 사용하는 전문 용어로서의 단체는 '존속'하지 않는다. 어느 특정한 인간 간부(혹은 어느 특정한 개별적인 사람)에 의한 이 같은 행위의 가망성이 결여되어 있으면, 우리가 사용하는 전문 용어로서는 바로 하나의 '사회적 관계'만 존속할 뿐이고, '단체'는 존속하지 않는다. 그러나 그와 같은 행위의 가망성이 존속하는 한, 사회학적으로 보자면, 자기 자신의 행위를 해당 질서에 지향하는 **사람의 교체에도** 불구하고 단체는 존속한다(개념 정의의 방식은 바로 이러한 실태를 곧바로 포함시키기 위한 목적을 갖고 있다).

3. a) 행정 간부 자신의 행위 이외에 또는 행정 간부의 지휘 아래 그 밖의 참여자들에 의해서도 행정 질서에 지향된 특별한 행위가, 즉 질서의 시행의 보증을 의미하는 특별한 행위가 이루어질 수 있다(예를 들어 납세나 모든 종류의 공출제적인 개인적 용역, 즉 배심원 직무, 군복무 등). b) 타당한 질서는 다른 종류의 사안에 있어서 단체 참여자의 행위가 마땅히 지향해야 할 규범도 내포할 수 있다(예를 들어 국가 단체에서 단체 질서의 타당성을 강제하는 데 기여하는 것이 아니라 개개인의 이해 관심에 기여하는 '私經濟적인' 행위는 '민' 법에 지향되어야 한다). a)의 경우는 '단체에 관련된 행위'라고 부를 수 있으며, b)의 경우는 단체에 의해 규제되는 행위라고 부를 수 있다. 행정 간부 자신의 행위와 그 밖에 그에 의해 계획적으로 지휘되는 모든 단체 관련적인 행위만이 '단체 행위'를 뜻한다고 하겠다. '단체 행위 *Verbandshandeln*'는 예컨대 모든

182

참여자에 있어서는 어느 국가가 '운영'하는 하나의 전쟁일 수도 있고, 또는 어느 결사체 수뇌가 결의하도록 하는 하나의 '청원'일 수도 있으며, 지휘자가 체결하고 그 '타당성'이 단체 동료에게 강요되고 책임지어지는 '계약'일 수도 있고(제11항), 나아가서 모든 '법적 판결'과 '행정'의 경과일 수도 있다(제14항도 볼 것).

단체는 a) 자율적이거나 *autonom* 타율적일 *heteronom* 수 있고, b) 자치(自治)적이거나 *autokephal* 타치(他治)적일 *heterokephal* 수 있다. 자율이 의미하는 바는, 단체의 질서가 타율에서처럼 외부인에 의해 제정되지 않고, 단체 동료에 의해 이들의 자질에 힘입어 제정되는 것을 의미한다(그 밖에 이러한 제정이 어떻게 이루어지는가 하는 것은 상관이 없다). 자치가 의미하는 바는, 지휘자와 행정 간부가 타치(他治)에서처럼 외부인에 의해 임용되지 않고 단체의 자체적인 질서에 의해 임용되는 것을 의미한다(그 밖에 참여가 어떻게 이루어지는가 하는 것은 상관이 없다).

타치(他治)는 캐나다 각주의 지사가 (캐나다의 중앙 정부에 의해) 임명되는 데서 그 예를 볼 수 있다. 어느 타치적인 단체가 자율적일 수도 있고, 어느 자치적인 단체가 타율적일 수도 있다. 또한 어느 단체는, 이러한 두 가지 측면에서 보자면, 부분적으로는 어느 한쪽일 수 있고, 부분적으로는 또 다른 쪽일 수 있다. 자치적인 독일 연방 국가들은 자치에도 불구하고 독일 제국의 관할 내에서는 타율적이었고, 그들 자체의 관할 내에서는(예를 들어 교회와 학교의 일에서는) 자율적이었다. 엘자스 로트링겐 Elsaß-Lothringen은 독일에서 [1918년 이전의] 제한된 범위에서 자율적이었지만 타치적이었다(황제가 총독을 임명했다). 이 모든 실정은 부분적으로도 존재할 수 있다. 완전히 타율적이기도 하고 타치적이기도 한 어느 단체는(예컨대 어느 군대 단체 내의 어느 '연대'처럼) 보다 포괄적인 어느 단체의 '일부'로 불리어지는 것이 아주 상례이다. 그러나 사정이 과연 이러한가 하는 것은 개별적인 경우에 행위가 독립적으로 지향되는 사실상의 정도에 좌우되며 전문 용어적으로는 순전히 합목적성의 문제이다.

제13항. 단체의 질서

이해 사회적 결합의 제정된 질서는 a) 자유로운 협정에 의해, 또는 b) 강요와 순종에 의해 생겨날 수 있다. 어느 단체 내에서의 통치권은 새로운 질서의 강요를 위해 정당한 힘을 요구할 수 있다. 단체의 **헌법(憲法)** *Verfassung*은 현행 통치권의 강요력에 대하여 사실상의 순종이 정도, 종류, 그리고 전제에 따라 이루어질 가망성을 뜻한다고 하겠다. 이러한 전제에 속하는 것으로는 타당한 질서에 의하면 특히 단체 참여자의 일정한 집단이나 일부의 심의와 동의가 있으며, 이 외에도 물론 아주 다양한 그 밖의 조건이 있다.

단체의 질서는 동료 이외에 일정한 **구성 요건**을 갖춘 비(非)동료 *Ungenossen*에게도 강요될 수 있다. 이러한 구성 요건의 본질적인 내용은 특히 지역 관계(거주, 출생 연고, 어느 지역 내에서 어느 행위의 시도)일 수 있다. '지역적 타당성.' 그 질서가 근본적으로 지역적 타당성을 강요하는 단체는 지역적 단체를 뜻한다고 하겠다. 그 질서가 어느 정도나 대내적으로도, 즉 단체 동료에 대해서도 **오로지** 지역적 타당성만을 요구(이러한 요구는 가능하며 적어도 제한된 범위에서 나타난다)하는가에 상관없이 말이다.

1. 모든 참여자의 개인적인 자유로운 협정에 의해 성립되지 않은 **온갖** 질서는 여기서 사용하고 있는 전문 용어의 의미에서 강요된 것이다. 그러니까 소수가 순종하는 '다수결'도 강요된 것이다. 따라서 다수 결의의 정당성(나중에 「지배사회학」과 「법사회학」에서의 논의를 볼 것)은 오랜 시기에 걸쳐(중세에도 신분 대표 의회에서, 그리고 오늘날에는 러시아의 지방 자치 단체 *Obschtschina*에 이르기까지) 흔히 인정되지 않거나 문제

가 되었다.

2. 형식적으로 '자유로운' 협정도, 일반적으로 알려져 있다시피 사실상은 강요된 것인 경우가 아주 흔하다(러시아의 지방 자치단체에서 그러하였다). 이 경우에 사회학에 있어서는 사실상의 실정만이 결정적이다.

3. 여기서 사용된 '헌법' 개념은 라살레 Ferdinand Lassalle에 의해서도 이용된 개념이다. 이 개념은 '성문' 헌법과 다르며, 법학적 의미에서의 헌법과는 전혀 다르다. 사회학적 물음은 다만 다음과 같은 것일 따름이다. 만일 지휘가자 '지시를 내린다'면, 특히 질서를 강요한다면, 언제, 어떤 대상에 대하여, 그리고 어떤 한계 내에서, 그리고——경우에 따라서는——어떤 특별한 전제 아래(예컨대 신령이나 사제의 인가 또는 선거 법인체의 동의 등) 단체 참여자가 지휘자에게 순종하며, 행정 간부와 단체 행위가 지휘자에 의해 처분되는가 하는 물음이 관건이다.

4. 강요된 '지역적 타당성'의 주요 유형으로는 정치적 단체에서의 형법 규범과 많은 다른 '법률'을 들 수 있는데, 이 경우에는 단체의 지역 내에서의 주거, 출생 연고, 범행 장소, 이행 지역 등이 질서 적용의 전제이다(기르케 Otto Gierke와 프로이스 Hugo Preuss의 '지역 법인체' 개념을 참조할 것).

제14항. 행정 질서와 조절 질서

단체 행위를 규제하는 *regeln* 질서는 행정 질서를 뜻한다고 하겠다. 단체 행위 이외에 다른 종류의 사회적 행위를 규제하고 이러한 규제에 의해 열려진 기회를 행위자에게 보증하는 질서는 조절 *Regulierung* 질서를 뜻한다고 하겠다. 어느 단체가 오로지 첫번째 종류의 질서에만 지향되어 있는 한 그 단체는 행정 단체를 뜻한다고 하겠으며, 오로지 두번째 종류의 질서에만 지향되어 있는 한에서는 조절적인 단체를 뜻한다고 하겠다.

1. 모든 단체의 대다수는 물론 행정 단체이기도 하고 조절적인 단체이

기도 하다. 오로지 조절적이기만 한 단체는 이를테면 이론적으로 생각해 볼 수 있는 절대적인 자유 방임의 순수한 '법치 국가'일 것이다(이러한 단체는 물론 화폐 제도의 조절을 순수한 私經濟에 위임하는 것도 전제할 것이다).

2. '단체 행위'라는 개념에 대해서는 제12항, 3번을 볼 것. '행정 질서'라는 개념에는 행정 간부 및 구성원의, 흔히 말하듯이 '단체를 상대로 한' 행동에 대해서도 타당하고자 하는 모든 규칙이 포함된다. 즉, 단체의 질서가 질서에 의해 적극적으로 처방된 단체의 행정 간부와 구성원의 계획적으로 겨냥된 행위를 통해서 그 달성을 보장하려 하는 목표에 대하여 타당하고자 하는 모든 규칙이 행정 질서라는 개념에 포함된다. 완전히 공산주의적인 경제 단체에서는 모든 사회적 행위가 엇비슷하게 행정 질서라는 개념에 포함되며, 다른 한편으로 완전한 법치 국가에서는 단지 재판관, 경찰 관청, 배심원, 군인의 용역, 그리고 입법자와 선거인으로서의 활동만이 행정 질서라는 개념에 포함된다. 일반적으로——그러나 개별적으로는 반드시 그러한 것은 아니다——행정 질서와 조절 질서의 경계는 정치적 단체에서 '공법'과 '사법'의 구별과 일치한다(이에 대하여 보다 자세한 것은 「법사회학」〔제Ⅶ장, 제1항〕에서 논의할 것이다).

제15항. 경영과 경영 단체, 결사체, 기관

경영 Betrieb은 일정한 종류의 연속적인 목적 행위를 뜻하며, 경영 단체는 연속적으로 목적 행위를 하는 행정 간부를 갖춘 이해 사회적 결합을 뜻한다고 하겠다.

결사체 Verein는 일종의 협정된 단체로서 개인적인 가입에 의해 참여한 사람에게만 그 제정된 질서가 타당성을 요구하는 단체를 뜻한다고 하겠다.

기관(機關) Anstalt은 일종의 단체로서, 그 제정된 질서가 어느 일정한 영향 지역 내에서 일정한 특징을 지닌 온갖 특정 행위에게 (비교적) 성공적으로 강요되는 단체를 뜻한다고 하겠다.

1. '경영'이라는 개념에는 물론, 목적 지향적인 연속성이라는 특징이 들어맞는 한, 정치적 사업과 교회적 *hierurgisch* 사업, 결사체 사업 등이 포함된다.

2. '결사체'와 '기관'은 합리적으로(계획적으로) 제정된 질서를 갖춘 두 가지 단체이다. 또는 보다 올바르게 표현하자면, 어느 단체가 합리적으로 제정된 질서를 지니고 있는 한 그것은 결사체 또는 기관을 뜻한다고 하겠다. '기관'으로서는 무엇보다도 모든 타치(他治)적 단체가 부속되어 있는 국가가 있고──그 질서가 합리적으로 제정된 한에서──교회가 있다. '기관'의 질서는 일정한 특징(출생 연고, 체류, 일정한 시설의 사용 요구)이 들어맞는 누구에게나 타당하고자 요구한다. 여기서는 해당된 사람이──결사체에서처럼──개인적으로 가입했는지의 여부와 그 밖에 그가 질서의 제정에 함께 영향을 끼쳤는지의 여부는 상관이 없다. 그러니까 기관의 질서는 아주 특별한 의미에서 강요된 질서이다. 기관은 특히 지역 단체일 수 있다.

3. 결사체와 기관의 대립은 상대적이다. 결사체의 질서는 제3자의 이해 관심과 맞닿을 수 있다. 그리고 이 경우에는 제3자에게 이 질서의 타당성의 인정이 강요될 수 있다. 이러한 강요는 결사체의 찬탈이나 자체적인 힘에 의해서뿐만 아니라, 합법적으로 제정된 질서(예를 들어 주식법)에 의해서도 이루어진다.

4. '결사체'와 '기관'은 이를테면 생각해볼 수 있는 모든 단체 전부를 남김없이 서로 나누어서 포괄하고 있는 것은 아니라고 하는 사실을 강조할 필요는 없다. 나아가서 결사체와 기관은 '양극적인' 대립일 따름이다 (종교적인 영역에서는 '종파'와 '교회'가 그러하다).

제16항. 힘·지배

힘 *Macht*이란 어느 사회적 관계 내에서 자기 자신의 의지를 저항에 거슬러서도 관철할 수 있는 온갖 가망성을 의미하며, 여기서 이러한 가망성이 어디에 근거를 두고 있는가는 상관이 없다.

지배 *Herrschaft*란 일정한 내용의 어느 명령에 대하여 일정한 사람들에게서 복종을 발견할 수 있는 가망성을 뜻한다고 하겠다. 규율 *Disziplin*이란 훈련된 자세에 힘입어 어느 명령에 대하여 신속하고 자동적이며 도식적인 복종을 어느 일정한 다수의 인간에게서 발견할 수 있는 가망성을 뜻한다고 하겠다.

1. '힘'이라는 개념은 사회학적으로 무정형(無定型)하다. 생각해볼 수 있는 모든 인간의 특질과 생각해볼 수 있는 모든 판도 *Konstellation*는 어느 누군가가 어느 주어진 상황에서 그의 의지를 관철하도록 할 수 있다. 따라서 '지배'라는 사회학적 개념은 보다 정확한 것이어야만 하며, 단지 어느 명령에 대하여 순종을 발견할 수 있는 가망성을 의미할 수 있을 따름이다.

2. '규율'이라는 개념은 무비판적이고 무저항적인 대중적 복종에서의 '훈련성'을 포괄하고 있다.

지배의 구성 요건은 성공적으로 다른 사람에게 명령을 하는 어느 한 사람의 시의적인 현존에만 결부되어 있다. 그리고 반드시 행정 간부의 실존에 결부되어 있는 것도 아니고, 단체의 실존에 결부되어 있는 것도 아니다. 그럼에도 불구하고 분명히——적어도 모든 정상적인 경우에——두 가지 것 가운데 어느 하나에는 결부되어 있다. 어느 단체는, 그 구성원들 자체가 타당한 질서에 의하여 지배 관계에 종속되어 있는 한 **지배 단체**를 뜻한다고 하겠다.

1. 가정의 아버지는 행정 간부 없이 지배한다. 그의 바위 위의 성을 통과하는 대상(隊商)·사람·재화로부터 기부금을 거두어들이는 베두인족의 족장은 하나의 단체에 함께 소속되지 않은 채 오락가락하는 일정하지 않은 모든 사람을 이들이 일정한 상황에 들어서자마자 그리고 일정한 상

황에 들어서는 한에서 지배한다. 이 때 그가 의지하는 추종자층은 때에 따라 그를 도와 기부금을 강제하는 행정 간부이다〔행정 간부를 전혀 갖추지 않은 개개인 쪽에서도 그와 같이 지배하는 경우를 이론적으로는 생각해볼 수 있을 것이다〕.

2. 단체는 행정 간부의 존재 때문에 언제나 그 어느 정도는 지배 단체이다. 개념은 상대적일 따름이다. 정상적인 지배 단체는 그 자체가 행정 단체이기도 하다. 행정의 방식, 관리하는 무리의 사람의 성격, 행정의 수단, 관리되는 대상, 그리고 지배의 타당성의 영향력이 단체의 특성을 규정한다. 그러나 처음의 두 가지 구성 요건은 지배의 정당성의 근거의 종류에 의해 가장 강력한 정도로 정립된다(이 점에 대해서는 다음의 제III장을 볼 것).

제17항. 정치적 단체, 교권제적 단체

정치적 단체란 일종의 지배 단체로서, 그 존속과 그 질서의 타당성이 어느 특정한 지리적 지역 내에서 행정 간부에 의한 물리적 강제의 적용과 위협을 통해 연속적으로 보증되는 경우를 그리고 그러한 한에서의 경우를 뜻한다고 하겠다. 국가란 일종의 정치적인 기관 경영으로서, 그 행정 간부가 질서를 시행하기 위하여 정당한 물리적 강제의 독점을 성공적으로 요구하는 경우와 그러한 한에서의 경우를 뜻한다고 하겠다. 어느 사회적 행위가, 특히 또한 어느 단체 행위가 '정치적으로 지향되어 있다'고 하는 것은 그것이 정치적 단체의 지휘에 영향을 끼치고자 목적하는 경우와, 특히 통치권을 〔비폭력적인 방식으로(2번을 볼 것)〕 전유하거나 몰수 *Expropriation* 하거나 재분배하거나 할당하고자 목적하는 경우와, 그러한 한에서의 경우를 뜻한다고 하겠다.

교권제적(敎權制的) 단체 *hierokratischer Verband* 란 일종의 지배 단체로서, 그 질서를 보증하기 위하여 구원재의 증여와 거부에 의한 심리적 강제(교권제적 강제)가 사용되는 경우를 그리고 그러한 한에서의 경우를 뜻한다고 하겠다. 교회란 일종의 교권제적인 기관 경영으로서, 그 행정 간부가 정당한 교권제적 강제의 독점을 요구하는 경우를 그리고 그러한 한에서의 경우를 뜻한다고 하겠다.

1. 정치적 단체에 있어서는 물론 폭력이 유일한 행정 수단도 아니고, 또한 정상적인 행정 수단조차도 아니다. 오히려 정치적 단체의 지휘자는 단체의 목적을 관철하기 위해 일반적으로 가능한 모든 수단을 사용한다. 그러나 폭력의 위협과 때에 따라 이루어지는 그 적용은 분명히 정치적 단체의 특별한 수단이며, 다른 수단이 듣지 않을 경우에는 어디서나 최후의 수단이다. 정치적 단체만이 폭력을 정당한 수단으로 사용해온 것은 아니고, 이와 마찬가지로 씨족, 가정, 선서 동맹, 사정에 따라서는 중세의 모든 무기 소유권자도 그러하였다. 정치적 단체를 특징짓는 징표는, 폭력이 (적어도 또한) '질서'를 보증하기 위해서도 적용된다는 사정 이외에, 정치적 단체가 자체의 행정 간부와 질서의 지배를 어느 지역에 대하여 요구하며 그리고 폭력적으로 보증한다는 것이다. 폭력을 적용하는 단체에 있어서 그러한 특징이 들어맞는 곳에서는 어디서나 그 단체는——그것이 촌락 자치공동체이든, 심지어 개별적인 가정 공동체이든, 또는 수공업자조합이나 노동자 단체('협의회')의 단체이든 상관없이——그러한 한에서는 정치적인 단체를 뜻하게 되어 있다.

2. 어느 정치적 단체를——또한 '국가'를——그 단체 행위의 목적을 제시함으로써 개념 정의한다는 것은 불가능하다. 생계 보호에서부터 예술 보호에 이르기까지 정치적 단체가 때때로 추구하지 않았던 목적은 없으며, 개인적인 안전의 보증으로부터 법적 판결에 이르기까지 모든 정치적 단체가 추구하지 않았던 목적은 없다. 따라서 어느 단체의 '정치적인' 성격은 그에게만 고유하지는 않아도 분명히 그에게만 특별하며 그 본질을 위해서는 필수 불가결한——사정에 따라서는 자기 목적으로까지 고양된——폭력이라는 수단에 의해서만 개념 정의될 수 있다. 이것은 언어 관행에 완전히 일치하지는 않는다. 그러나 언어 관행은 엄밀하게 규정되지

않고서는 무용하다. 우리가 독일 국립 은행의 '외환 정책,' 어느 결사체 지휘부의 '재정 정책,' 어느 자치공동체의 '학교 정책'을 운위하면서 생각하는 바는 어느 일정한 즉물적인 사안의 계획적인 취급과 지도 Füh-rung이다. 우리는 어느 사안의 '정치적인' 측면이나 영향력을, 바꾸어 말하면 '정치적' 관료, '정치적' 신문, '정치적' 혁명, '정치적' 결사체, '정치적' 정당, '정치적' 결과를 해당된 사람·사물·현상의 다른, 즉 경제적·문화적·종교적 등의 측면이나 종류로부터 본질적으로 보다 특징적인 성격의 방식으로 구별한다. 그리고 이러한 구별과 함께 생각되고 있는 바는 (우리의 언어 관행에 따르면) '정치적인' 단체 내에서, 즉 국가 내에서 지배 관계에 관련되는 모든 것이다. 즉, 지배 관계의 유지·변이·와해를 초래하거나 저지하거나 촉진할 수 있는 모든 것이 지배 관계와 아무런 관련이 없는 사람·사물·현상과 대립적인 것으로서 구별되는 것이다. 그러니까 이 언어 관행에서도 공통적인 점을 수단에서, 즉 '지배'에서 찾고 있다. 말하자면 지배가 이바지하는 목적을 배제한 채, 바로 국가의 권력이 지배를 행사하는 방식에서 공통적인 점을 찾고 있는 것이다. 따라서 여기에 바탕이 되어 있는 개념 정의는 사실상 특별한 것을, 즉 (시의적인 또는 사정에 따라 사용될 수 있는) 폭력을 예리하게 강조함으로써 언어 관행을 정확하게 표현한 데 지나지 않는다고 주장될 수 있다. 물론 언어 관행은 정당한 것으로 여겨진 폭력의 담지자 자체뿐만 아니라, 예컨대 정치적인 단체 행위에 (또한 명백히 비폭력적인) 영향을 끼치고자 목적하는 정당과 클럽도 '정치적 단체'라고 부른다. 이러한 종류의 사회적 행위를 우리는 '정치적으로 지향된' 행위로서 본래의 '정치적인' 행위(제12항, 3번에서 논의한 의미에서 정치적 단체 자체의 단체 행위)와 구별하고자 한다.

3. 국가 개념은 그 완전한 발전에 있어서는 전적으로 근대적인 개념이기 때문에 그 근대적인 유형에 상응하게――그러나 또한 사실 우리가 바로 지금 체험한대로 가변적인 내용의 목적을 도외시하고――개념 정의하는 것이 좋다고 생각한다. 오늘날 국가의 특징적인 성격을 형식적

으로 나타내는 것은 행정 질서와 법질서이다. 이들 질서는 규약에 의해 변경될 수 있고, (이와 마찬가지로 규약에 의해 질서지어지는) 행정 간부의 단체 행위의 경영이 그 질서에 지향되며,──본질적으로 출생을 통해서 단체에 가입하는──단체 동료뿐만 아니라 지배되고 있는 지역에서 일어나는 모든 행위에 대하여 넓은 범위의 타당성을 요구한다(그러니까 지역 기관적이다). 그리고 나아가서 오늘날 '정당한' 폭력은 국가의 질서가 폭력을 허가하거나 처방하는 한에서만 존재한다는 사실이다(예를 들어 국가의 질서는 가정의 아버지에게 '징벌권'을 허락하고 있는데, 이것은 예전에 가정의 우두머리가 어린이나 노예의 생사를 처분하기까지 할 수 있었던 전횡적인 폭력의 잔재이다). 국가의 권력 지배의 이러한 독점적인 성격은 그 합리적인 '기관'으로서의 성격 및 연속적인 '경영'으로서의 성격과 마찬가지로 그 오늘날의 상태의 본질적인 특징이다.

4. 교권제적 단체의 개념에 있어서는──현세적으로, 내세적으로, 외적으로, 내적으로──기대되는 구원재의 종류가 결정적인 특징을 이룰 수는 없고, 구원재의 증여가 인간에 대한 정신적 지배의 근거가 될 수 있다는 사실이 결정적인 특징을 구성할 수 있다. 이와 달리 '교회' 개념에 있어서는 통상적인 (그리고 합목적적인) 언어 관행에 의하면 질서와 행정 간부의 종류에 표현되는 (비교적) 합리적인 기관과 경영의 성격, 그리고 요구되는 독점주의적 지배가 특징적인 점이다. 교회 기관의 정상적인 성향에 의하면 거기에는 교권제적인 지역 지배와 (교구적인) 영토적 편성이 적합하다. 이 때 어떤 수단에 의해 이러한 독점 욕구가 역설되는가 하는 물음은 개별적인 경우마다 다양하게 대답된다. 그러나 교회에 있어서 사실상의 지역 지배의 독점은 역사적으로 정치적인 단체에서와 같은 정도로 본질적인 것이 아니었고 오늘날에는 더욱 아니다. 교회가 지닌 '기관'으로서의 성격은, 특히 사람들이 교회에는 '출생함으로써 가입'하게 된다는 사정은 교회를 '종파'로부터 구분한다. 종파의 특징적인 성격은, 이 단체가 '결사체'이며 종교적으로 자격을 갖춘 사람만을 개인

192

적으로 받아들인다는 데 있다(보다 자세한 것은 「종교사회학」에서 논의
되어야 할 사항이다).

제Ⅱ장
경제 행위의 사회학적 기본 범주

머리말. 다음에서는 '경제 이론'을 연구하겠다는 것이 아니라, 다만 앞으로 빈번히 사용하게 될 몇 가지 개념을 정의하고, 경제 내에서의 가장 단순한 어떤 사회학적 관계를 확인하겠다는 것이다. 개념 정의의 방식은 여기서도 순전히 합목적성의 이유에 의해 제약되었다. 많은 논쟁의 여지를 안고 있는 '가치'라는 개념은 전문 용어적으로 완전히 무시될 수 있었다. 뷔혀 Karl Bücher의 전문 용어와 비교해볼 때 여기서는 (분업에 관한) 해당 부분에 있어 이 곳에서 추구하는 목적에 바람직한 것으로 보였던 다른 전문 용어를 시도하였다. 온갖 '동학(動學) Dynamik'은 일단 제외되었다.

제1항. 경제 행위의 개념
어느 행위가 '경제적으로 지향되었다'고 하는 것은, 그 행위가 그 생각된 의미에 의하면 효용력 Nutzleistung에 대한 욕망 Begehr을 충족시킬 수 있도록 배려하는 Fürsorge 데 지향되었다는 것을 뜻한다고 하겠다. '경제 행위 Wirtschaften'란 처분권 Verfügunsgewalt의 평화적인 행사로서 그것이 일차적으로는 경제적으로 지향되는 것을 뜻하고, '합리적인 경제 행위'란 그와 같은 평화적인 처분권의 행사가 목적 합리적으로, 그러니까 계획적으로 경제적으로 지향되는 것을 뜻한다고 하겠다. '경제'란 자치적으로 질서지어진 어느 연속적인 경제 행

194

위를 뜻하며, '경제적 경영'이란 경영적으로 질서지어진 어느 연속적인 경제 행위를 뜻한다고 하겠다.

1. 경제 행위 그 자체가 바로 사회적 행위일 수는 없다고 하는 사실은 위에서(제I장, 제1항, II, 2번을 볼 것) 이미 강조하였다.

2. 경제 행위의 개념 정의는 가능한 한 일반적이어야만 하며, 모든 '경제적' 현상과 대상은 이에 대하여 인간의 행위가——목적, 수단, 부차적 결과로서——부여하는 의미에 의해 경제 행위로서의 특징을 얻게 된다는 사실을 표현해야만 한다. 다만 때에 따라 경제 행위는 일종의 '심리적' 현상이라고들 표현하는데 그래서는 아니된다는 것이다. 사실 재화 생산이나 가격, 또는 심지어 재화에 대한 '주관적인 가치 평가' 조차도——만일 이러한 것들이 실재적인 현상이라면——어디까지나 '심리적'인 것이라고 하는 생각은 전혀 들지 않는다. 그러나 오해의 소지가 있는 이러한 표현에는 그 어떤 올바른 생각이 들어 있다. 즉, 그러한 현상들은 특수한 종류의 생각된 의미를 지니고 있다는 것이다. 이 의미만이 해당 현상의 통일성을 구성하며 이들 현상을 이해할 수 있게 한다. 나아가 '경제 행위'의 개념 정의는 근대적인 영리 경제를 함께 포괄하도록 내려져야만 한다. 그러니까 경제 행위에 대한 개념 정의로서는 맨 먼저 '소비 욕구 Bedürfnisse'와 그 '만족'을 출발점으로 삼아서는 아니된다. 오히려 한편으로는 효용력이 욕망된다고 하는——적나라한 이윤 추구의 노력에도 들어맞는——사실과, 다른 한편으로는 이러한 욕망에 대하여 바로 일종의 (그리고 그것이 여전히 아주 원시적이고 전통적으로 익숙해진 것이라고 하더라도 상관없다) 배려 Fürsorge를 통해서 충족을 보증하고자 한다는 ——순수한, 바로 아주 원시적인, 수요 충족 Bedarfsdeckung 경제에도 들어맞는——사실로부터 시작해야만 한다.

3. '경제적으로 지향된 행위'란 '경제 행위'와 달리 다음과 같은 온갖 행위를 뜻한다고 하겠다. 즉, a) 일차적으로는 다른 목적에 지향되었지만 그 과정에 있어서 '경제적 실정'(주관적으로 인식된 경제적 사전 대

비 *Vorsorge*의 필요성)을 고려하는 행위, 또는 b) 일차적으로는 경제적 실정에 지향되었지만 시의적(時宜的)인 폭력을 수단으로 사용하는 행위를 뜻한다. 그러니까 일차적으로 또는 평화적으로 경제에 지향되지는 않았지만 경제적 실정에 의해 함께 규정되는 모든 행위를 뜻한다고 하겠다. 그러므로 '경제 행위'란 주관적 그리고 일차적인 경제적 지향을 뜻한다고 하겠다(여기서 주관적이어야 하는 이유는, 사전 대비의 필요성에 대한 믿음이 관건이지 객관적인 필요성이 관건은 아니기 때문이다). 리프만Robert Liefmann이 경제 행위라는 개념의 '주관적'인 성격을, 즉 행위의 생각된 의미가 행위를 경제 행위로 특징짓는다고 하는 사실을 중시한 것은 당연한 일이다. 그러나 내가 보기에는 모든 다른 저자에 있어서는 부당하게도 그 개념의 주관적인 성격이 경시되어 있다.

4. 온갖 종류의 행위가, 폭력적인(예컨대 전쟁적인) 행위도 경제적으로 지향될 수 있다(강탈 전쟁, 상업 전쟁). 이와 달리 특히 프란츠 오펜하이머Franz Oppenheimer는 정당하게도 '경제적' 수단을 '정치적' 수단과 대비시켰다. 사실은 정치적 수단을 '경제'와의 대비 속에서 구별하는 것이 합목적적이다. 폭력이라는 실제는——통상적인 단어의 의미에서의——경제의 정신에 아주 강하게 대립된다. 그러니까 직접적인 시의적 폭력에 의해 재화를 빼앗고 싸움에 의해 타인의 행태를 직접 시의적으로 강제하는 것은 경제 행위를 뜻하지 않는다고 하겠다. 그러나 교환은 물론 경제적 수단 그 자체는 아니며, 다만 경제적 수단 가운데 하나일 뿐이다. 가장 중요한 것 가운데 하나이기는 하지만 말이다. 그리고 의도된 폭력의 수단과 성공을 위해 경제적으로 지향된, 형식적으로는 평화적인 사전 대비(군비, 전시 경제)는 이러한 종류의 온갖 다른 행위와 마찬가지로 물론 '경제'이다.

온갖 합리적인 '정치'는 수단에 있어서 경제적 지향을 이용하며 온갖 정치는 경제적 목표에 이바지할 수 있다. 또한 이론적으로는 온갖 경제가 반드시 그러한 것은 아닐지라도 우리의 근대적인 경제는 우리의 근대적인 조건 아래서는 국가의 법적 강제에 의한 처분권의 보증을 필요로 한다. 그러니까 형식적으로 '적법한' 처분권의 보증을 유지하고 시행하기 위해 경우에 따라서는 폭력을 위협함으로써 말이다. 그러나 그러한 방식으로 폭력적으로 비호된 경제 자체가 폭력인 것은 아니다.

경제란 (그것이 어떻게 개념 정의되든) 개념적으로——예컨대 '국가' 등과는 대립적으로——단지 '수단'에 지나지 않는다고 주장하는 것이 물론 얼마나 그릇된 것인가 하는 것은, 바로 국가란 오늘날 국가에 의해 독점주의적으로 사용되는 수단(폭력)을 제시함으로써만 개념 정의될 수 있다는 사실로부터 이미 명백해진다. 경제가 그 어떤 무엇을 의미한다면, 그것은 실제적으로 보자면 바로 여러 목적 사이에서의 용의 주도한 선택을 의미한다. 다만 경제가 이러한 여러 목적을 위해 처분할 수 있고 제조할 수 있는 것으로 보이는 수단이 빠듯하다는 사실에 지향된다고 하는 점은 분명하다.

5. 그 수단이 합리적이라고 해서 온갖 행위가 반드시 '합리적인 경제 행위'를 또는 '경제' 일반을 뜻하는 것은 아니라고 하겠다. 특히 '경제'라는 표현은 '기술 *Technik*'과 동일하게 사용되어서는 아니된다. 우리에게 어느 행위의 '기술'이란 행위에 사용되는 수단을 총괄하는 개념을 의미하며, 행위가 궁극적으로(구체적으로) 지향하는 의미나 목적과는 대립되어 있다. '합리적' 기술이란 의식적 그리고 계획적으로 경험과 심사숙고에 지향되어 수단을 사용함을 의미하며, 최고의 합리성을 지닌 기술이란 과학적 사고에 지향되어 수단을 사용함을 의미한다. 따라서 구체적으로 '기술'이라고 여겨지는 것은 유동적이다. 어느 구체적인 행위의 궁극적인 의미는 행위의 전체적인 연관 속에 놓여지게 되면 '기술적인' 종류의 것일 수 있다. 즉, 보다 포괄적인 전체 연관의 의미에서는 수단일 수 있다. 그러나 이 때 구체적인 행위에 있어서는 이 (전체 연관에서 볼 때) 기술적인 용역이 '의미'이며, 이를 위해 그 구체적인 행위가 적용한 수단은 그 행위의 '기술'이다. 따라서 이러한 의미에서의 기술은 모든 행위에 그리고 온갖 행위에 존재한다. 기도(祈禱) 기술, 금욕의 기술, 사유 기술과 연구 기술, 기억 기술, 교육 기술, 정치적 또는 교권제적 지배

의 기술, 행정 기술, 성적 사랑의 기술, 전쟁 기술, 음악적 기술(예컨대 명인), 조각가나 화가의 기술, 법률적 기술 등. 그리고 이 모든 기술은 지극히 다양한 정도의 합리성에의 능력을 지니고 있다. 일종의 '기술적인 물음'에 직면해 있다고 하는 사실이 언제나 의미하는 바는, 가장 합리적인 수단에 대하여 의문이 있다는 것이다. 이 때 기술에 있어서 합리적인 것의 척도에는 다른 종류의 척도 이외에 '최소한도의 힘 *kleinstes Kraftmaß*'이라는 유명한 원칙도 있다. 이것은 소모할 수단과의 비교에서 (이것은——절대적인—— '최소의 수단과의' 비교가 아니다) 얻어지는 성공의 최적 조건을 뜻한다. 당연히 경제에 대해서도 (온갖 합리적인 행위 일반에 대해서와 마찬가지로) 겉보기에는 그와 동일한 원칙이 타당하다. 그러나 그와는 다른 의미에서 타당하다. 우리가 사용하는 단어의 의미에서의 기술이 어디까지나 순수한 '기술'인 한에서는, 기술은 다만 그저 두말할 필요가 없이 얻기 위해 노력해야 할 것으로 설정되어 있는 이러한 성공에 가장 적합한 수단이 무엇인가, 그리고 이 때 성공적인 결과가 동일한 완전성·안전성·내구성을 지니고 있을 경우에는 힘의 소모에 있어서 비교적 가장 경제적인 수단이 무엇인가를 물을 따름이다. 여기서 비교적이란 말이 뜻하는 바는, 특히 서로 다른 다양한 방도를 택할 경우에 직접적으로 비교해볼 수 있는 소모 내력이 일반적으로 제시되어 있는 한에서 그러한 비교가 가능하다는 것이다. 이 때 기술이 어디까지나 순수한 기술인 한, 기술은 그 밖의 욕구를 무시한다. 예컨대 어느 기계에 기술적으로 필요한 어떤 부속품을 철로 만들 것인가 아니면 백금으로 만들 것인가 하는 문제에 대하여 기술은——만일 이러한 구체적인 성공을 달성하는 데 충분한 양의 백금이 실제로 존재한다고 할 것 같으면——오로지 다음과 같은 관점 아래서만 결정을 내릴 것이다. 즉, 어떻게 하면 성공이 가장 완전하게 달성될 수 있을 것인가, 그리고 두 가지 방도 가운데 어느 방도를 사용할 경우에 이에 소모되는 그 밖의 비교 가능한 용역(예컨대 노동)이 가장 적을 것인가 하는 관점이 바로 그것이다. 그러나 이 외에도 기술이 전체 수요와의 관계 속에서 철과 백금의 희소성의 차이를 성찰하게 되는 즉시──오늘날 어떤 '기술자'라도, 이미 화학 실험실에서마저 습관적으로 그러하듯이──그것은 더 이상 (여기서 사용하고 있는 단어의 의미에서) '단지 기술적으로만' 지향되는 것이 아니라 그와 동시에 경제적으로 지향된다. '경제 행위'의 입장에 볼 때 '기술적인 물음'이 의미하는 바는, 비용이 논의된다는 것이다. 이것은 경제에 있어서 언제나 근본적으로 중요한 물음이다. 그러나 이 물음은 경제적인 문제의 영역에서는 언제나 다음과 같은 형식으로 제기된다. 즉, 만일 이 욕구에 대하여 지금 이 수단을 사용하면, 다른(사정에 따라 질적으로 다양한 지금의 또는 질적으로 같은 종류의 미래의) 욕구에 대한 배려는 어떻게 될 것인가 하는 물음이 바로 그것이다(『사회경제학 개요』의 제II편에 실려 있는 고틀의 논술이 이와 비슷하다:『국민경제론의 기본 원칙 *Grundsätze der Volkswirtschaftslehre*』, 제I권, pp. 334 이하〔제2판, 1920, pp. 327 이하〕의 리프만의 논술은 상세하고 아주 훌륭하다. 모든 '수단'을 '궁극적으로 노동의 수고'에로 환원한 것은 잘못이다).

왜냐하면 어느 기술적인 목적을 위해 다양한 수단을 사용하게 될 경우에 이들 수단을 서로 비교해본다면 어떤 '비용'이 들 것인가 하는 물음은 다양한 목적을 위한 수단(여기에는 무엇보다도 또한 노동력이 포함된다)의 사용 가능성에 궁극적으로 근거를 두고 있기 때문이다. 예컨대 일정한 종류의 짐을 움직인다거나 광산물을 어떤 깊은 곳으로부터 반출해낼 수 있기 위해서는 어떤 종류의 기획이 이루어져야만 할 것인가, 그리고 그 가운데 어느 것이 '가장 합목적적'인가, 다시 말해서 그 중에서도 또한 어떤 수단이 (성공하는 데 있어) 비교적 최소한도의 시의적인 노동으로써 목적에 도달하게 하는가 하는 문제는 '기술적인' (여기서 사용하고 있는 단어의 의미에서) 문제이다. 문제는 다음과 같은 물음에서 '경제적인' 성격의 것이 된다. 즉,──거래 경제 *Verkehrswirtschaft*에 있어서는 이러한 화폐 지출이 재화의 판매에 의해 보상될 것인가──계획 경제에 있어서는 그에 필요한 노동력과 생산 수단이 보다 중요하게 여겨지는 다른 종류의 공급 *Versorgung*에 대한 이해(利害)를 손상시키지 않고서 처분될 수 있는가 하는 물음이 바로 그것이다. 이 두 가지 물음은 모두 목적을 비교하는 물음이다. 경제는 일차적으로 사용 목적에 지향되어 있으며, 기술은 (주어진 목표에) 사용할 수단의 문제에 지향되어 있다. 기술적인 시도에는 일반적으로 어느 일정한 사용 목적이 토대가 되어 있다는 사실은 기술적 합리성의 물음에 있어서 순수 개념적으로는(사실상은 당연히 그렇지 않다) 원칙적으로 중요하지가 않다. 여기서 사용하고 있는 개념 정의에 의하면 결코 욕망 *Begehr*이 깃들어 있지 않은 목적을 위해서도 합리적인 기술이 존재한다. 예컨대 어떤 사람은 이를테면 순전히 '기술적인' 취미 때문에 가장 근대적인 경영 수단을 모두 들어 대기의 공기를 생산해낼 수 있을 것이다. 그것을 생산하는 방식의 기술적 합리성에 대해서는 일말의 이의도 제기되지 않도록 말이다. 이러한 시도는 모든 정상적인 상황에서는 경제적으로 비합리적일 것이다. 왜냐하면 대기의 공기라는 산출물에 의한 공급을 사전에 대비하는 일에 대한 그 어떤 수요가 현존하지 않기 때문이다(언급한 내용에 관해서는『사회경제학 개요』, Ⅱ, 2에 실려 있는 고틀 오트릴리엔펠트의 글을 참조할 것). 오늘날 이른바 기술론적 발전이 경제적으로 이윤의 기회에 지향되어 있다고 하는 것은 기술에 관한 역사의 기본적인 사실이다. 그러나 이러한 경제적 지향이 제아무리 근본적으로 중요했다고 하더라도 전적으로 이것만이 기술의 발전에 이정표를 제시했던 것은 아니다. 그게 아니라 부분적으로는 세상과 동떨어져 사는 공론가들의 오락과 골똘한 천착이, 부분적으로는 내세에 대한 이해 관심이나 공상적인 이해 관심이, 부분적으로는 예술적인 문제 의식과 다른 종류의 경제 외적인 동기가 기술을 발전시키는 데 일조했다. 하지만 예로부터 기술적인 발전이 경제적으로 제약된다고 하는 사실에 중점이 놓여져 있었고 오늘날에는 더욱 그러하다. 경제의 토대로서의 합리적인 회계가 없었다면 그러니까 지극히 구체적인 경제 사적 조건이 없었다면, 합리적인 기술도 생겨나지 않았을 것이다.

여기서 경제의 처음 개념에 기술과 대립되는 성격의 특징을 곧바로 분명하게 채택하지 않았던 것은 사회학적인 출발점 때문에 그리된 것이다.

사회학에 있어서는 '연속성'이라는 요소가 실용적으로 여러 목적을 서로 비교 검토해보고 목적과 '비용'을 (이 비용이 보다 시급한 목적을 위해 어느 목적을 포기하는 것과는 약간 다른 것인 한에서) 비교 검토해보는 결과를 낳는다. 그것이 경제 이론이라면 이와 달리 즉시 이러한 특징을 삽입하는 것이 대단히 이로울 것이다.

6. '경제 행위'라고 하는 사회학적 개념에는 처분권이라는 특징이 빠져서는 아니된다. 왜냐하면 적어도 영리 경제는 전적으로 교환 계약 속에서, 그러니까 처분권의 계획적인 영리 속에서 이루어지기 때문에라도 그러하다(이렇게 해서 '법'과의 관계가 성립된다). 그러나 온갖 다른 종류의 경제 조직도 그 어떤 방식으로든 처분권을 사실상 분배하고 있다고 보아야 할 것이다. 다만 자율적이고 자치적인 개별 단위 경제에게 처분권의 분배를 법적으로 보증하는 오늘날의 사경제(私經濟) *Privatwirt-schaft*와는 전혀 다른 원칙에 따라서 말이다. 지휘자(사회주의)나 구성원(무정부주의) 가운데 어느 한쪽은 주어진 노동력과 효용력에 대한 처분권을 기대할 수 있어야만 한다. 이 점은 전문 용어상으로만 은폐될 뿐이지, 없는 것으로 해석될 수는 없다. 무엇에 의해——관습에 의해서든 또는 법에 의해서든——이러한 처분이 보증되는가, 또는 처분이 이를테면 외적으로는 전혀 보증되지 아니하고 단지 관례나 이해 상태에 힘입어서만 실제로 (상대적으로) 안전하게 기대될 수 있는가 하는 것은 그 자체로서는 개념적으로 중요하지 않다. 근대 경제에 있어서는 의심할 나위 없이 법적인 강제적 보증이 없어서는 아니된다고 하더라도 말이다. 그러므로 사회적 행위를 경제적으로 고찰하는 데 있어서는 처분권의 분배라는 범주가 개념적으로 없어서는 아니된다고 해서 이것이 이를테면 처분권에 관한 법적 질서가 개념적으로 없어서는 아니된다고 하는 것을 의미하지 않는다. 사람들이 이러한 법적 질서를 경험적으로는 여전히 불가결한 것으로 생각한다고 하더라도 말이다.

7. 여기서 '처분권'이라는 개념에는 자기 자신의 노동력에 대한——사실상의 또는 그 어떤 방식으로든 보증된——처분의 가능성도 포함되어야

할 것이다(이러한 가능성은——노예에 있어서는——자명한 것이 아니다).

8. 경제에 관한 사회학적 이론은 '재화' 개념을 곧장 사회학 이론의 범주에 집어넣을 필요가 있다(제2항에서 이러한 작업이 이루어지듯이). 왜냐하면 경제에 관한 사회학적 이론은 (오로지 이론적으로만 고립시킬 수 있는) 경제 행위자의 심사숙고의 결과가 그의 특별한 의미를 부여하는 그러한 '행위'를 연구 대상으로 삼기 때문이다. 경제 이론은 (아마도) 다른 방도를 취할 수 있다. 경제 이론의 이론적인 통찰은 경제 사회학에——부득이한 경우에는 경제 사회학이 자체적인 구성물을 만들어내야만 하더라도——토대가 된다.

제2항. 효용력의 개념

'효용력 *Nutzleistung*'이란 언제나 어느 한 사람의 경제 행위자나 여러 경제 행위자에 의해 현재 또는 장차 사용할 수 있는 가능성이 있는 것으로 평가되어 배려의 대상이 된 구체적인 개별적 (실제적인 또는 추정적인) 기회로서, 이러한 기회의 평가된 의의에 경제 행위자(들)의 경제 활동이 그(들)의 목적을 위한 수단으로서 지향된다고 하겠다.

효용력은 인간에 의해 이루어지는 용역이거나 인간이 아닌 (물적) 담지자에 의한 용역일 수 있다. 언어 관행에 의하면 개별적인 경우에 가능한 물적 효용력을 담지하고 있다고 생각되는 물건은 그것이 어떤 종류의 것이 되었든 '재화'를 뜻한다고 하겠다. 그리고 인간의 효용력은 그것이 능동적인 행위 속에 존재하는 한에서는 '용역 *Leistung*'을 뜻한다고 하겠다. 그러나 효용력에 대한 현재 또는 미래의 가능한 처분권의 원천으로 평가되는 사회적 관계도 경제적 사전 대비의 대상이다. 관례, 이해 상태 *Interessenlage*, 또는 (관습적 또는 법적으로) 보증된 질서에 의해 경제에 유리하도록 약속된 기회는 '경제적 기회'를 뜻한다고 하겠다.

뵘 바베르크 Eugen von Böhm-Bawerk의 『국민 경제적 재화론의 입장에서 본 법과 생활 관계 *Rechte und Verhältnisse vom Standpunkt der volkswirtschaftlichen Güterlehre*』(Innsbruck 1881)을 참조할 것.

1. 물적 재화와 용역이 경제 행위를 하는 인간에게 중요하고 사전 대비의 대상일 수 있는 외부 세계의 사정의 범위를 모조리 포괄하는 것은 아니다. '고객에 대한 신의'의 관계, 또는 어떤 경제적 조치를 방해할 수도 있을 사람들 쪽에서 그 경제적 정책을 허용하는 것, 그리고 수많은 다른 종류의 행동 방식은 경제 행위에 대하여 아주 동일한 의의를 지닐 수 있으며 또한 경제 행위적 사전 대비와 예컨대 계약의 대상일 수도 있다. 그러나 이러한 것들을 재화나 용역이라는 두 가지 범주 가운데 어느 하나에 포함시키고자 하면 부정확한 개념이 만들어질 것이다. 그러니까 오로지 합목적성의 이유 때문에 이러한 개념을 구성하게 된 것이다.

2. 생활과 일상 언어 관행의 모든 구체적인 단위를 무차별하게 '재화'라 명명하고 재화 개념을 물적인 효용력과 동일시하고자 하면, 이 개념들 또한 아주 부정확하게 될 것이다(뵘 바베르크가 올바르게 강조하였다시피). 효용력이라고 하는 '재화'는 엄격한 언어 관행에서는 '말[馬]'이나 이를테면 '철봉'이 아니라, 그것이 욕망할 만한 것으로 평가되고 믿어진 개별적인 사용 가능성, 예컨대 견인력이나 담지력으로서의 또는 이외의 다른 그 무엇으로서의 사용 가능성이다. 이러한 전문 용어에 있어서는 '고객,' '저당권,' '소유권'처럼 경제적 거래의 대상으로(구매와 매각 등에 있어서) 기능하는 기회는 더욱 더 재화가 아니다. 그게 아니라 물적 그리고 인적인 효용력에 대하여 어느 단위 경제가 갖고 있는, 질서(전통적 또는 定款적인) 쪽에서 약속하거나 보증한 그러한 처분권의 기회를 통해서 제공되는 용역이 편의상 '경제적 기회'(잘못 이해될 소지가 없는 경우에는 그저 '기회')라고 명명되어야 한다는 것이다.

3. 능동적인 행위만을('참음,' '허락,' '하지 않음'이 아니라) '용역'이라고 명명하겠다는 것은 합목적성의 이유 때문에 그리된 것이다. 그러

나 바로 그렇기 때문에 '재화'와 '용역'이 경제적으로 평가된 모든 효용력을 모조리 분류하고 있지는 않다.

'노동'의 개념에 대해서는 아래의 제15항을 볼 것.

제3항. 행위의 경제적 지향

경제적인 지향은 전통적으로 또는 목적 합리적으로 이루어질 수 있다. 행위가 전반적으로 합리화되어 있는 경우에서조차 전통적 지향성의 요소는 상대적으로 의의가 있다. 합리적 지향은 일차적으로 지휘하는 행위(제15항을 볼 것)를 규정하는 것이 아주 상례이다. 그것이 어떤 종류의 지휘가 되었든 상관없이 말이다. 본능에 구속된 반사적인 식량 탐색이나 전래적인 기술과 습관적인 사회적 관계의 전통주의적인 익숙성의 품안에서 합리적인 경제가 발달해나온 것은, 비경제적 및 일상 외적인 사건과 행위에 의하여 야기된 바도 적지 않았으며 그 밖에 공급 *Versorgung*의 여지가 점차 절대적으로 또는 (한결같이) 상대적으로 협소해지면서 겪게 된 고난의 중압 때문이기도 하였다.

1. 과학에 있어서는 그 어떤 '경제적인 원시 상태 *Urzustand*'가 원칙적으로 존재하지 않는다고 하는 것은 당연하다. 우리는 이를테면 어느 일정한 기술적 수준에 있는, 즉 (우리가 손에 넣을 수 있는) 도구를 가장 적게 갖춘 경제 상태 그 자체를 다루고 분석하는 데 관습적으로 의견의 일치를 볼 수 있을 것이다. 그러나 오늘날 빈약한 도구를 지닌 자연 민족 *Naturvölker*의 잔재를 통해서 추론하기를, 동일한 기술적 단계에 있는 과거의 모든 인간 집단이 그와 마찬가지의(그러니까 베다 *Weddah*족이나 브라질 내륙의 어떤 부족과 같은 방식으로) 경제 행위를 했었을 것이라고 말할 수 있는 권리를 우리는 결코 갖고 있지 않다. 왜냐하면 이러한 단계에서는 순전히 경제적으로 대규모의 집단에서는 강력한 노동 축적의 가능성이 주어져 있었을 뿐만 아니라(아래의 제16항을 볼 것), 거꾸

로 소규모의 집단에서는 강력한 개별화의 가능성도 주어져 있었기 때문이다. 그러나 이러한 두 가지 가능성 사이에서 어떤 결정이 이루어지는데 있어서는 자연에 의해 야기된 경제적 상황 이외에 경제 외적인(예컨대 군사주의적인) 상황도 아주 다양한 추진력을 제공하였다.

2. 전쟁과 이주(移住)는 (바로 인류의 초기 시대에는 주로 경제적으로 지향되었다고 하더라도) 비록 그 자체가 경제적인 현상은 아니지만, 흔히 모든 시대에, 아주 최근에 이르기까지 경제의 근본적인 변화를 수반하였다. 식량을 얻기 위한 활동의 여지가 점차 (기후로 인하여 또는 점진적인 사막화나 삼림 벌채로 인하여) 절대적으로 협소해지는 데 대하여 인간 집단은 이해 상태의 구조와 비경제적인 이해 관심의 개입 방식에 따라 아주 다양하게 대응하였다. 전형적인 대응은 물론 수요 충족을 위축시키고 인구의 수를 절대적으로 떨어뜨리는 것이었다. 상대적인(주어진 수요 충족의 수준과 영리 기회의 분배의 수준에 의해——아래의 제11항을 볼 것——제약된) 공급 활동의 여지가 점차 협소해지는 데 대해서도 또한 인간 집단은 비록 다양하게 대응하였지만, (전체적으로) 첫번째 경우보다는 더욱 빈번히 경제를 점차 합리화함으로써 대응하였다. 그럼에도 불구하고 이에 대해서조차 어떤 일반적인 것을 말할 수는 없다. 18세기 초 이래 중국에서의 (그 곳의 '통계'를 신뢰할 수 있는 한) 엄청난 인구 증가는 같은 시대에 유럽에서 일어난 동일한 현상과 상반된 영향을 끼쳤다(그 이유 가운데 적어도 몇 가지는 언급할 수 있다). 아라비아 사막에서는 식량을 얻기 위한 활동의 여지가 만성적으로 협소하였어도 단지 몇몇 단계에서만 경제적 및 정치적 구조를 변화시키는 귀결을 초래하였으며, 가장 강력한 변화는 경제 외적인(종교적인) 발전이 함께 작용한 때문이었다.

3. 예컨대 노동자 계층의 생활 운영에 오랫동안 심하게 배어 있던 전통주의는 근대 초기에 영리 경제의 합리화가 자본주의적 지휘에 의해 아주 강력하게 증대하는 것을 저지하지 않았지만, 또한 예컨대 이집트에서 국가 재정의 재정 회계적 · 사회주의적인 합리화가 이루어지는 것도 저

지하지 않았다(그렇다고 하더라도 서양에서는 그러한 전통주의적인 태도가 적어도 상대적으로라도 극복되면서 비로소 자본주의적으로 합리적인 특별히 근대적인 경제가 더욱 계속해서 형성될 수 있었던 것이다).

제4항. 합리적 경제 행위의 전형적인 방책

합리적인 경제 행위의 전형적인 방책은 다음과 같다.

1. 경제 행위자가 어떤 이유에서든 그 처분을 기대할 수 있다고 믿는 그러한 효용력을 현재와 미래에 계획적으로 분배하기(저축).

2. 처분 가능한 효용력을 그 사용 가능성이 지닌 평가된 의의의 서열에 따라, 즉 한계 효용에 따라 여러 사용 가능성에 계획적으로 분배하기.

이러한 (가장 엄격하게는 '정태적인') 경우들은 평시(平時)에 실제로 상당한 범위에서 나타나고, 오늘날에는 대개 화폐 소득을 경제적으로 관리하는 형식으로 나타난다.

3. 그 모든 제조 수단 *Beschaffungsmittel*이 경제 행위자 자신의 처분권 아래 놓여 있는 그러한 효용력을 계획적으로 제조하기 ── 제작하고 *Herstellung* 조달하기 *Herschaffung*. 합리성의 경우에는 이러한 종류의 일정한 행위가 다음과 같은 경우에 한해서 이루어진다. 즉, 기대되는 결과에 의하면 욕망 *Begehr*의 긴급성에 대한 평가가 경비에 대한 평가를 능가하는 한에서 이루어진다. 여기서 경비란 1. 이를테면 필요한 용역의 수고, 2. 그리고 사용할 재화의 그 밖에 가능한 사용 방식과 그 재화를 달리 사용할 경우에 기술적으로 가능한 최종 생산물을 뜻한다(보다 넓은 의미에서의 생산. 이것은 운송 용역을 포괄한다).

4. 다음과 같은 효용력에 대한 안전한 처분권이나 공동 처분권을 ──그 당시에 처분권을 점유하고 있는 자나 제조 경쟁자와의 이해 사회적 결합을 통해서── 계획적으로 취득하기.

α. 그 자체가 타인의 처분권 아래 놓여 있는 효용력, 또는

β. 그 제조 수단이 타인의 처분권 아래 놓여 있는 효용력, 또는

γ. 그 제조 수단이 자기 자신의 급양 *Versorgung*을 위협하는 타인과의 제조 경쟁에 노출되어 있는 효용력.

그 당시에 처분권을 점유하고 있는 타인과의 이해 사회적 결합은 다음과 같이 이루어질 수 있다.

a) 그 질서에 효용력의 제조나 사용이 지향되어야 하는 단체를 창출함으로써,

b) 교환을 통해서.

a) 에 관하여: 단체의 질서의 의미는 다음과 같은 것일 수 있다.

α. 제조 경쟁을 제한하기 위하여 제조나 이용 또는 소비를 통제 배급하기 *Rationierung*(조절 단체),

β. 지금까지 분리되어 처분되던 효용력을 계획적으로 관리하기 위하여 통일적인 처분권을 창출하기(행정 단체).

b)에 관하여: 교환은 교환 상대자들 사이에 이루어지는 일종의 이해 타협이며, 이를 통해서 재화나 기회가 상호 보상으로서 양도된다. 교환은 다음과 같이 지향되어 추구되고 성립될 수 있다.

1. 전통적으로 또는 관습적으로, 그러니까(특히 관습적으로 지향되어 이루어지는 경우에는) 경제적으로 비합리적으로, 또는

2. 경제적으로 합리적으로. 합리적으로 지향되는 온갖 교환은 이전의 현재적 또는 잠재적인 이해 싸움이 타협에 의해 종식되는 것을 뜻한다. 이해 당사자의 교환 싸움은 타협에 의해 종식되는데, 한편으로는 가격 싸움으로서 언제나 교환 상대자로 고려되는 교환 지망자에 대항하여 이루어지고(그 전형적인 수단은 값을 깎는 것이다), 다른 한편으로는 경쟁 싸움으로서 경우에 따라 제조 경쟁의 관계에 있는 제3의 실재하는 또는 가능한 (현재의 또는 미래에 기대해야 할) 교환 지망자에 대항하여 이루어진다(전형적인 수단은 보다 싼 값으로 파는 것과 보다 비싼 값으로 사들이는 것이다).

1. 효용력(재화, 노동, 또는 다른 종류의 담지자)이 경제 행위자 자신의 처분 아래 놓여져 있다고 하는 것은, 경제 행위자 자신이 그 효용력을 사실상 (적어도 상대적으로) 자유 재량에 따라 제3자의 방해를 받지 않고 사용하는 것이 기대될 수 있다는 것을 뜻한다. 여기서 이러한 기회가 법질서, 관습, 관례, 또는 이해 상태에 토대를 두고 있는가 하는 것은 상관이 없다. 처분에 대한 법적 보증만이 개념적으로(그리고 또한 실제로도) 경제 행위의 배타적인 전제 조건은 결코 아닌 것이다. 오늘날에는 바로 법적인 보증이 물적인 제조 수단을 위해서 경험적으로 없어서는 아니될 경제 행위의 전제 조건이라고 하더라도 말이다.

2. 향유될 수 있는 상태의 재화가 향유 장소로부터 지역적으로 떨어져 있기 때문에 충분한 향유가 이루어지지 않고 있을 수 있다. 따라서 재화 운송(이것은 당연히 처분권의 교체를 의미하는 재화 상업과는 구별되어야 한다)은 여기서 '생산'의 일부로 다루어질 수 있다.

3. 경제 행위자가 타인의 처분권을 폭력적으로 침해하는 일이 법질서, 관습, 이해 상태, 익숙해진 관례, 또는 의식적으로 길러진 도덕성의 관념에 의하여 전형적으로 저지되는가의 여부는, 자기 자신의 처분이 결여되어 있다는 사실에 있어서 원칙적으로 중요하지 않다.

4. 제조 경쟁은 아주 여러 가지 조건 아래서 있을 수 있다. 특히 예컨대 점거(占據)하여 이루어지는 급양 *Versorgung* 에서, 즉 사냥·고기잡이·벌목·방목·개간에서 있을 수 있다. 제조 경쟁은 바로 대외적으로 폐쇄된 단체 내에도 있을 수 있다. 그러한 경우에는 제조 경쟁에 대항하여 만들어진 질서가 언제나 제조를 통제 배급하고, 이 때 보증된 제조 기회는 한결같이 고정적으로 제한된 수의 개개인이나 (대개는) 가정 단체에게 전유된다. 모든 공유지 협동조합과 어업조합, 공용지와 공유지에서의 개간권·방목권·벌목권의 조절, 고산 지대 목초지에 대한 '시비(施肥)' 등은 이러한 성격을 지니고 있다. 이용 가능한 토지와 경작지에 대한 모든 종류의 세습적 '소유권'은 이렇게 해서 유포되었다.

5. 그 어떤 방식으로든 어느 다른 사람의 처분에로 '이전'될 수 있고

그 대가로 어느 상대방이 보상을 할 용의가 있는 것은 모두 교환의 대상이 될 수 있다. 따라서 '재화'와 '용역'뿐만 아니라, 모든 종류의 경제적 기회도, 예컨대 순전히 관례나 이해 상태에 힘입어 처분할 수 있게 되었지 아무런 보증도 없는 '고객 Kundschaft'도 교환의 대상이 될 수 있다. 더욱이 어떤 방법으로든 질서에 의해 보증된 모든 기회도 당연히 교환의 대상이 될 수 있다. 그러니까 시의적인 효용력만이 교환 대상은 아닌 것이다. 교환이란 우리의 목적을 위해서는 잠정적으로 단어의 가장 넓은 의미에서 다음과 같이 명명되어야 하겠다. 즉, 온갖 시의적인, 연속적인, 현재의, 장래의 효용력을 어떤 종류의 것이 되었든 그에 대한 반대 급부를 받고서 형식적으로 자발적인 협정에 근거하여 제공하는 일이 교환을 뜻한다고 하겠다. 그러니까 예컨대 같은 종류의 재화를 장차 되돌려받는 대가로 재화나 화폐의 효용력을 보상으로서 양도하거나 처분할 수 있도록 하는 일, 그 어떤 허가를 얻어내는 일, '사용료 Miete'나 '임대료 Pacht'를 받는 대가로 어느 대상의 '효용'을 넘겨주는 일, 또는 모든 종류의 용역을 임금이나 봉급을 주는 대가로 임대하는 일이 교환이다. 이 마지막으로 거론한 현상이, 오늘날 사회학적으로 볼 때는, 제15항에서 논의할 의미에서의 '노동자'에 있어서 일종의 지배 단체에의 가입을 의미한다고 하는 사실은 '차용(借用)'과 '구매' 등의 차이와 마찬가지로 당분간 도외시된다.

6. 교환은 그 조건에 있어서 전통적으로 규정될 수 있고, 이에 의존하여 관습적으로 규정될 수 있으며, 또는 합리적으로 규정될 수도 있다. 관습적인 교환 활동은 친구·영웅·족장·제후(디오메데스 Diomedes와 글라우코스 Glaukos의 군비 교환을 참고할 것) 사이의 선물 교환이었을 뿐만 아니라, 이미(「텔·엘·아르마나·서간 Tell-el-Amarna-Briefe」〔13세기 고대 이집트 도시인 텔·엘·아르마나에서 1887년 발견된 문서로서, 바빌로니아·앗시리아·팔레스티나 등의 왕들이 이집트 왕에게 보냈던 편지들〕을 참조할 것) 아주 강하게 합리적으로 지향되고 통제되는 경우가 드물지 않았다. 합리적인 교환은, 한편으로는 양쪽이 교환에서 이득

을 발견하기를 희망하거나, 그렇지 않은 경우에는 어느 한쪽에 경제적인 힘이나 빈곤으로 인하여 핍박 상태가 존재하는 경우에만 가능하다. 합리적 교환은(제11항을 볼 것) 한편으로는 현물적인 공급 목적에 기여할 수 있거나, 그렇지 않은 경우에는 영리 목적에 기여할 수 있다. 그러니까 한편으로는 교환해받는 사람(들)에게 어느 재화를 개인적으로 공급하는 데 지향될 수 있거나, 그렇지 않은 경우에는 시장 이윤의 기회에(제11항을 볼 것) 지향될 수 있다. 첫번째 경우에는 교환이 그 조건에 있어서 전반적으로 개인적으로 규정되며 이러한 의미에서 비합리적이다. 예컨대 가계 잉여는 개별적인 단위 경제의 개인적인 한계 효용에 따라 그 중요성이 평가되고 경우에 따라서는 값싸게 교환되어나가며, 순간의 우연한 욕망이 교환해받고 싶은 재화의 한계 효용을 상황에 따라서는 아주 높게 규정한다. 그러니까 한계 효용에 의해 정해진 교환 한계는 고도로 불안정하다. 합리적인 교환 싸움은 오직 시장성이 있는 *marktgängig*(이 개념에 대해서는 제8항을 볼 것) 재화의 경우에만 발전되며, 영리 경제적으로(이 개념에 대해서는 제11항을 볼 것) 이용되거나 교환되어나가는 재화의 경우에 최고도로 발전된다.

7. a) α에서 언급했던 조절 단체의 개입은 이를테면 그러한 조절 단체의 유일하게 가능한 개입은 아니다. 그러나 그러한 개입은 수요 충족 그 자체가 위험을 받은 결과 가장 직접적으로 초래되는 것으로서 조절 단체가 행하는 개입의 일부이다. 판매의 조절에 대해서는 나중의 논의를 볼 것.

제5항. 경제적 단체의 종류

경제적으로 지향된 단체는 경제와의 관계에 따라 다음과 같은 것일 수 있다.

a) 경제 행위적 *wirtschaftender* 단체: 단체의 질서에 지향된 일차적으로는 경제 외적인 단체 행위가 어느 경제 행위를 함께 포괄하는 경우,

b) 경제 단체: 질서에 의해 규제되는 단체 행위가 일차적으로 일정한 종류의 자치적 경제 행위인 경우,

c) 경제 조절적 *wirtschaftsregulierender* 단체: 단체 구성원의 자치적이고 자율적인 경제 행위가 실질적으로는 타율적으로 단체의 질서에 지향되는 경우 그리고 이 경우에 한에서,

d) 질서 단체 *Ordnungsverband*, 단체의 질서가 단체 구성원의 자치적이고 자율적인 경제 행위를 형식적으로만 규칙에 의해 규범적으로 규제 *normieren* 하며 그렇게 해서 취득된 기회를 보증하는 경우.

실질적인 경제 조절이 그 사실상의 한계에 부딪치는 것은, 어느 일정한 경제 행태를 계속하는 일과 조절되는 경제의 활력적인 공급 이해 *Versorgungsinteresse* 가 여전히 일치할 수 있는 곳이다.

1. 경제 행위적인 단체에는 (사회주의적이거나 공산주의적이지 아니한) '국가' 와 자체적인 재정 경제를 갖춘 모든 다른 종류의 단체(교회 · 결사체 등)가 있다. 그러나 또한 예컨대 교육 공동체, 일차적으로는 경제적이 아닌 협동조합 등도 경제 행위적 단체이다.

2. 경제 단체에는 당연히, 이러한 전문 용어의 의미에서는 이를테면 통례적으로 영리(주식)회사, 소비 결사체, 러시아의 협동조합 *Artjel*, 협동조합, 기업 연합과 같은 이름으로 불리우는 단체가 있다. 뿐만 아니라 여러 사람의 행위를 포괄하는 모든 경제적인 '경영' 일반도, 어느 두 수공업자의 작업장 *Werkstatt* 공동체로부터 생각해볼 수 있는 공산주의적 세계 연합에 이르기까지 경제 단체이다.

3. 경제 조절적인 단체에는 예컨대 공유지 협동조합, 수공업자조합, 동업조합 *Gilden*, 노동조합, 고용주 단체, 기업 연합, 그리고 경제 행위의 내용과 목표 방향을 실질적으로 조절하는, 즉 '경제 정책' 을 시행하는 지휘부를 갖춘 모든 단체가 있다. 그러니까 중세의 촌락 및 도시뿐만 아니라 그러한 경제 정책을 시행하는 현재의 온갖 국가가 경제 조절적인 단체이다.

4. 순수한 질서 단체로는 예컨대 순수한 법치 국가가 있는데, 이러한 국가는 개별 가계와 개별적인 경영 단위의 경제 행위를 실질적으로 완전히 자율에 내맡기고, 자유롭게 협약된 교환 채무의 해결을 분쟁 조정의 의미에서 형식적으로만 규제한다.

5. 경제 조절적인 단체와 질서 단체의 존재는 원칙적으로 경제 행위자의 (다만 그 크기가 다양할 뿐인) 자율을 전제한다. 그러니까 경제 행위자의 처분권의 원칙적인 자유를 전제한다. 이러한 자유는 (행위가 지향되는 질서에 의해) 다양한 정도로 제한될 따름이다. 경제 조절적인 단체와 질서 단체의 존재는 그래서, 경제 행위자가 자율적으로 처분하게 될 경제적 기회를 그가 (적어도 상대적으로) 전유하는 것을 전제한다. 따라서 가장 순수한 유형의 질서 단체가 존재하는 것은, 인간의 모든 행위가 내용상 자율적으로 진행되고 오로지 형식적인 질서 규정에만 지향되는 경우, 그리고 효용력의 모든 물적 담지자가 특히 교환에 의하여 임의로 처분될 수 있는 방식으로 완전히 전유되는 경우이다. 이러한 전유는 전형적인 근대의 소유권 질서에 상응한다. 전유와 자율을 제한하는 온갖 다른 종류의 방식은 일종의 경제 조절을 내포하고 있으니, 왜냐하면 그것이 인간의 행위가 지향하는 바를 구속하기 때문이다.

6. 경제 조절과 단순한 질서 단체 사이의 대립은 유동적이다. 왜냐하면 '형식적인' 질서의 방식도 당연히 어떤 방법으로든 행위에 실질적으로, 사정에 따라서는 깊게 영향을 끼칠 수 있기 (그리고 끼칠 수밖에 없기) 때문이다. 순수한 '질서' 규범임을 자처하는 수많은 근대적인 법적 규정은 그 형성 방식에 있어서 그러한 영향력을 행사하도록 짜여져 있다 (이에 대한 논의는 「법사회학」에서 이루어진다). 뿐만 아니라 순수한 질서 규정에 그러한 영향력을 정말로 아주 엄격하게 제한하는 것은 오직 이론에서만 가능하다. 수많은 '강제적' 법규는——그리고 그러한 법규가 결코 없어서는 아니된다——실질적인 경제 행위의 방식에 대해서도 그 어떤 범위에서는 중요한 제한을 내포하고 있다. 그리고 바로 '전권 위임'에 관한 법규는 사정에 따라서는(예컨대 주식법에서) 정말 피부로 느낄

수 있는 경제적 자율의 한계를 내포하고 있다.

7. 실질적인 경제 조절이 끼칠 수 있는 영향의 한계성은 a) 일정한 방향의 경제 행위의 중단(공정 가격제가 실시되는 경우에 자기 수요만을 위하여 경지를 경작하는 것)에서 또는 b) 사실상의 회피(불법 거래)에서 나타날 수 있다.

제6항. 교환 수단 · 지불 수단 · 화폐

교환 수단이란 일종의 물적 교환 대상 *Tauschobjekt*을 의미한다. 다만 이러한 물적 교환 대상은, 이것을 받는 사람이 그의 이해 관심에 상응하는 교환 관계에서 이 교환 대상을 다른 재화에 대한 대가로 교환해줄 수 있는 가망성이 지속적으로 — 말하자면 고려하고 있는 장래에 — 존재할 것이라는 가망성에 그러한 교환 대상의 수신이 교환에서 전형적인 방식으로 일차적으로 지향되는 한에서만 교환 수단을 뜻한다고 하겠다. 이 때 그러한 물적 교환 대상으로써 모든 재화를 교환해받을 수 있는가(일반적인 교환 수단) 아니면 일정한 재화를 교환해받을 수 있는가(특별한 교환 수단) 하는 것은 상관이 없다. 어느 교환 수단이 다른 (구체적으로 제시할 수 있는) 재화와의 평가 가능한 교환 관계 속에서 인수될 수 있는 가망성은 그 교환 수단이 다른 재화와의 관계 속에서 지니고 있는 실질적인 타당성을 뜻하며, 형식적인 타당성이란 사용 그 자체를 뜻한다고 하겠다.

지불 수단이란, 협약되거나 강요된 일정한 용역 의무를 이행하는데 있어 이 물건의 양도가 그 용역 의무를 이행한 것으로서의 타당성을 얻는 일이 관습적 또는 법적으로 보증되는 한(이것은 지불 수단의 형식적인 타당성이며, 이와 동시에 교환 수단으로서의 형식적인 타당성을 의미할 수 있다)에서의 어느 전형적인 물건을 뜻한다고 하겠다.

증표(證標) *Chartal*란 교환 수단이나 지불 수단을 의미하는데, 어느 개인적인 영역이나 지역적인 영역 내에서 그에 주어진 형식에 힘입어 일종의 관습적이거나 법적인 범위의, 또는 협약되거나 강요된 범위의 형식적인 타당성을 지니고 있으며 분할되어진 *gestückelt*, 즉 일정한 액면 금액이나 이 액면 금액의 배수(倍數) 또는 일부가 기입되어 있어서 이것을 갖고 순전히 기계적인 계산 *Rechnung*이 가능한 인공물을 뜻한다고 하겠다.

화폐란 일종의 증표적 지불 수단으로서의 교환 수단을 뜻한다고 하겠다.

교환 수단 단체, 지불 수단 단체, 또는 화폐 단체란 교환 수단·지불 수단, 또는 화폐와 관련하여 단체의 질서가 타당성을 지니고 있는 영역 내에서 그것이 관습적 또는 법적으로(형식적으로) 타당한 것으로서 단체의 질서에 의해 적절한 정도로 유효하게 강요되어 있는 단체를 그리고 그러한 한에서의 단체를 뜻한다고 하겠다. 이것은 대내적 화폐, 그리고 대내적 교환 수단 및 대내적 지불 수단의 경우이다. 이 단체의 동료가 아닌 사람과의 교환에서 사용되는 교환 수단은 대외적 교환 수단을 뜻한다고 하겠다.

현물적 교환 수단이나 지불 수단이란 비증표적인 교환 수단이나 지불 수단을 뜻한다고 하겠다. 이것은 내적으로 다음과 같이 구분된다.

a) 기술적으로: 1. 그러한 현물적 교환 및 지불 수단을 나타내는 현물 재화에 따라(특히 장신구, 의복, 유용한 물건, 그리고 器機) 또는

2. 저울로 다는 형식으로(무게를 따져 *pensatorisch*) 사용하는가 또는 그렇지 않은가에 따라,

b) 경제적으로: 그것을 어떻게 사용하는가에 따라

1. 일차적으로 교환 목적이나 신분적 목적(소유 위세)을 위해,

2. 일차적으로 대내적 교환 및 지불 수단이나 대외적 교환 및 지불 수단으로서.

교환 수단 및 지불 수단이나 화폐는, 그것이 교환 수단이나 지불 수단으로 사용되지 않는 곳에서는 일차적으로 고유한 평가를 (대개는 더 이상) 누리지 못하는 한, 기호(記號)적이라고 불리운다.

교환 수단과 지불 수단 또는 화폐는, 그에 대한 실질적인 평가 그 자체가 그것을 효용 재화로 사용할 수 있는 가능성에 대한 평가에 의해 영향을 받거나 여하튼 영향을 받을 수 있는 한에서는, 소재(素材)적이라고 불리운다.

화폐는 한편으로는

a) 통화(通貨)적 *monetär*이거나, 즉 주화 *Münze*이거나, 그렇지 않은 경우에는

b) 태환적 *notal*이다, 즉 증서이다.

태환 화폐는 흔히 그 형식이 통화적 분할에 철저하게 적응되어 있거나 그 액면 금액이 역사적으로 그러한 통화적 분할에 관련되어 있기 마련이다.

통화적 화폐는 다음과 같은 것을 뜻한다고 하겠다.

1. 통화 소재의 온갖 소유자의 발의에 따라 이 소재의 임의의 양이 화폐 발행처에 의해 증표적인 '주화' 형식으로 변형되는 경우에는, 그러니까 발행이 실질적으로 교환 이해 당사자의 지불 욕구에 지향되어 있는 경우에는 '자유 화폐 *freies Geld*' 또는 '거래 화폐 *Verkehrs-geld*'를 뜻한다고 하겠다.

2. 증표적 형식에로의 변형이 형식적으로는 어느 단체의 행정 지휘부의 자유로운 자의에 따라 이루어지는데 실질적으로는 일차적으로 그러한 행정 지휘부의 지불 욕구에 지향된 자의에 따라 이루어지는 경우에는, '봉쇄된 화폐 *gesperrtes Geld*' 또는 '행정 화폐'를 뜻한다고 하겠다.

3. 증표적 형식에로의 변형이 비록 봉쇄되기는 하지만, 〔통화적 화폐를〕 창출하는 방식과 범위가 규범에 의해 유효하게 규제되는 경우에는, '조절되는' 화폐를 뜻한다고 하겠다.

유통 수단 *Umlaufsmittel*이란 태환권 화폐 *notales Geld*로 기능하는 일종의 증서로서, '잠정적인' 화폐로서의 이 증서의 인수가 모든 정상적인 관계에 있어서는 언제라도 '확정적인 것'으로, 즉 주화나 무

게를 따져 사용되는 금속 교환 수단으로 태환이 보증될 수 있는 가망성에 지향되는 경우를 뜻한다고 하겠다. 지급 보증서 *Zertifikat*란 이러한 지향이 주화나 금속으로 완전히 지급할 수 있는 금액의 준비 태세 *Vorratshaltung*를 보증하는 조절에 의해 제약되는 경우를 뜻한다고 하겠다.

교환 수단이나 지불 수단의 척도란 어느 단체 내에서 개별적인 현물적 교환 수단과 지불 수단의 관습적인 또는 법적으로 강요된 상호교환 가격률의 책정을 뜻한다고 하겠다.

통용 화폐 *Kurantgeld*는 어느 화폐 단체의 질서에 의해 지불 수단으로서 그 종류와 정도에 있어 무제한의 타당성을 부여받은 종류의 화폐를 뜻한다고 하겠다. 화폐 재료는 어느 화폐의 제작 재료를 뜻한다고 하겠다. 본위 금속 *Währungsmetall*이란 거래 화폐의 경우에 쓰이는 제작 재료를 뜻한다고 하겠다. 화폐의 가격률 책정 *Geldtarifierung*이란 분할 *Stückelung*과 액면 설정에 토대가 되는 것으로서, 소재가 서로 다른 개별적인 태환권적 또는 〔통화적〕 종류의 행정 화폐에 대한 가치 평가를 뜻한다고 하겠다. 본위 관계 *Währungsrelation*란 소재가 서로 다른 종류의 거래 화폐 사이의 가격률 책정을 뜻한다고 하겠다.

간(間)본위적 *intervalutarisches* 지불 수단이란 다양한 화폐 단체 사이에서 잔액을 결제하는 데 그때그때마다 최종적으로——즉, 지불 연기로 인하여 지불이 유예되지 않는 경우에——기여하는 지불 수단을 뜻한다고 하겠다.

화폐 제도의 단체 질서를 새롭게 창출하는 온갖 경우에는 일정한 지불 수단이 부채에 사용되었다고 하는 사실을 불가피하게 기초로 삼는다. 새롭게 창출된 그 질서는 한편으로는 그것을 지불 수단으로 합법화하는 것으로 만족하거나, 그렇지 않은 경우에는——새로운 지불 수단을 강요하는 경우에는——종래의 일정한 현물적 단위를 또는 무게를 따져 사용되는 단위를 또는 증표적인 단위를 새로운 단위에로 환산한다(이것은 지불 수단으로서의 화폐에 대한 이른바 '역사적인 개념 정의'의 원칙이다. 이러한 지불 수단으로서의 화폐가 교환 수단으로서의 화폐와 재화의 교환 관계에 어느 정도나 다시 영향을 끼치는가 하는 점에 관한 논의는 여기서 완전히 제쳐둔다).

분명히 언급해두어야 할 점은, 여기서 의도한 것은 일종의 '화폐 이론'이 아니라, 나중에 자주 사용할 표현들을 가능한 한 간단하게 전문 용어적으로 확인하는 일이라고 하는 사실이다. 그 밖에 중요한 점은 다른 무엇보다도 화폐 사용의 어떤 아주 기본적인 사회학적 결과이다(나로서는 전체적으로 가장 수긍할 만한 실질적인 화폐 이론은 미제스 Ludwig Mises의 화폐 이론이다. 크납 Georg Friedrich Knapp의 『화폐의 국정 이론 Staatliche Theorie des Geldes』, 1905은——이 분야의 가장 우수한 저작으로서——그 형식적인 과제를 그 나름의 방식으로 훌륭하게 해결하고 있다. 이 저작은 실질적인 화폐 문제에 있어서는 불완전하다. 나중의 논의를 볼 것. 아주 공로가 많고 전문 용어적으로 귀중한 이 저작의 決疑論 Kasuistik은 여기서는 일단 도외시되었다).

1. 교환 수단과 지불 수단은 역사적으로 일치하는 경우가 아주 흔하기는 하지만, 그렇다고 해서 반드시 일치하는 것은 아니다. 특히 원시적인 단계에서는 일치하지 않는다. 예컨대 지참금, 공물(貢物), 의무적인 선물, 벌금, 살인 배상금을 위한 지불 수단은 흔히 관습적 또는 법적으로 명확하지만, 사실상 유통되고 있는 교환 수단을 고려하지 않은 채 규정된다. 국가도 지불 수단을 단지 교환 수단으로만 욕망한다고 한 미제스(『화폐 및 유통수단 이론 Theorie des Geldes und der Umlaufsmittel』, München 1912)의 주장은 화폐 경제적인 단체의 가계에서만 옳다. 일정한 지불 수단의 소유가 일차적으로는 신분적 특징이었던 경우에 있어서는 그러한 주장이 옳지 않다(이에 관해서는 슈르츠 Heinrich Schurtz의 『화폐 발생사 개요 Grundriß einer Entstehungsgeschichte des Geldes』, 1898을 볼 것). 국가적인 화폐 규약의 시작과 더불어 지불 수단은 법적인 개념이 되고, 교환 수단은 경제적인 개념이 되었다.

2. 오로지 장래의 판매 가망성이 고려되기 때문에만 구매되는 어느 '상품'과 어느 '교환 수단' 사이의 경계는 겉보기에 유동적이다. 그러나 흔히 일정한 물건이 사실상 교환 수단으로서의 기능을 전적으로 독점하여 ──더구나 그 밖의 점에서는 원시적인 상황 아래서도 이미── 교환 수단으로서의 명확한 지위를 차지하기 마련이다('지불 수단으로서의 밀 *Terminweizen*'은 생각된 의미에 의하면 최종적인 구매자를 발견하도록 규정되어 있다. 그러니까 일종의 '지불 수단'도 아니고, 일종의 '교환 수단'은 더욱 아니며, 게다가 '화폐'도 아니다).

3. 다양한 종류의 교환 수단이 발생하는 데 일차적인 역할을 한 규정적 요인은, 증표적 화폐가 존재하지 않는 한에서는, 그 교환 수단에 교환 상대자의 협정이 지향되는 모든 종류의 관례, 이해 상태, 그리고 관습이다. 여기서는 보다 상세하게 논의하지 않을 터이지만 교환 수단이 일차적으로 이러한 교환 수단으로서의 특질을 획득하였던 이유는 매우 다양했고, 더욱이 전형적으로 관건이 되었던 교환의 종류에 따라서도 다양했다. 온갖 교환 수단이 반드시 (그것을 교환 수단 그 자체로 사용하는 인간의 무리 내에서도) 보편적으로 온갖 종류의 교환에 응용될 수 있었던 것은 아니다(예컨대 조개 '화폐'는 여자와 가축을 교환하기 위한 특별한 수단이 아니었다).

4. 화폐가 그 특별한 지위에로 발전해가는 데 있어서는 통상적인 '교환 수단'이 아니었던 '지불 수단'도 주목할 만한 역할을 수행하였다. 부채가 존재했었다는 '사실'(크납) ── 공물 부채, 지참금 부채, 혼인 비용 부채, 왕에 대한 관습적인 선물 부채, 또는 거꾸로 자기 자신과 동일한 무리에 대한 왕의 관습적인 선물 부채, 살인 배상금 부채, 그리고 다른 부채 ──, 그리고 이러한 부채가 흔히(반드시 그러했던 것은 아니지만) 특별한 전형적인 재화 종류로써 (관습적으로 또는 법적 강제에 힘입어) 변제될 수 있었다는 사실이 이러한 재화 종류(이것은 그 형식에 의해 특성화된 인공물인 경우가 드물지 않다)에 하나의 특별한 지위를 만들어 주었다.

5. '화폐' (이러한 전문 용어의 의미에서의)는 바빌론의 고문서에서 발견되는 (상인)가정의 도장이 찍힌 '5 등분된 채찍 조각 *Fünftel-scheckelstücke*'일 수도 있을 것이다. 그것이 교환 수단이었다고 한다면 말이다. 이와 달리 순수하게 '무게를 따져' 사용되었지만 분할되지는 않았던 금속괴(塊)는 여기서 '화폐'가 아니라 무게를 따져 사용되는 교환 수단과 지불 수단이라고 명명해야 마땅할 것이다. 무게를 달 수 있다고 하는 사실이 '계산성'의 발전에 대단히 중요하였다고 하더라도 말이다. 물론 이행 단계적인 현상(오직 무게에 따라서만 주화를 받기 등)은 아주 많다.

6. '증표'는 크납이 『화폐의 국정 이론』에서 도입한 표현이다. 법질서나 협정에 의해 타당성을 부여받아 날인되고 분할된 모든 종류의 화폐 품목은 금속적인 것이든 비금속적인 것이든 그에 의하면 증표에 속한다. 간과해서 아니될 점은, 국가의 고시(告示)만이 증표 개념의 충분 조건이라는 것은 아니고, 협약에 의한 수신의 강제나 관습도 증표 개념의 충분 조건이라는 것이다. 또한 최종적인 형식화를 위한 규범이 존재하기만 한다면, 증표를 자주적으로 제작하거나 정치적인 권력의 감독 아래——이러한 감독이 중국에는 거듭 완전히 결여되어 있었고, 중세에는 상대적으로만 존재했다——제작한다는 것이 결정적일 수는 없을 것이다(크납도 그렇게 생각한다). 정치적 단체의 세력 범위 내에서의 거래에서 지불 수단으로서의 타당성과 교환 수단으로서의 형식적인 이용은 법질서에 의해 강제될 수 있다. 나중의 논의를 볼 것.

7. 현물적인 교환 수단과 지불 수단은 일차적으로 일부는 교환 수단이고, 일부는 지불 수단이며, 일부는 보다 내내적 교환 및 지불 수단이고, 일부는 보다 대외적 교환 및 지불 수단이다. 그 결의론(決疑論)은 여기서 논할 사항이 아니다. 또한 화폐의 실질적인 타당성의 물음도——아직은——논할 바가 아니다.

8. 또한 가격과 관련된 실질적인 화폐 이론도 여기서는 논할 자리가 아니다(이 자리가 일반적으로 경제사회학을 논의하는 장소인 한에서는). 여

기서는 우선 화폐 사용의 사실을 (그 가장 중요한 형식 속에서) 확인하는 것으로 만족해야만 한다. 왜냐하면 경제적으로 보자면 그 자체로서는 형식적인 이러한 사실에 의해 초래되는 아주 일반적인 사회학적 귀결이 관건이기 때문이다. 맨 먼저 확인해야 할 점은 다만, '화폐'란 그것이 바로 화폐인 한에서는 결코 무해한 '지불 위임표 *Anweisung*'나 단순히 명목적인 일종의 '계산 단위'가 되지만은 않으며 또 그것만일 수는 없다는 것이다. 또한 화폐에 대한 가치 평가는 (매우 복잡한 형식 속에서) 언제나 희소성에 대한(또는 '인플레이션'의 경우에는 과잉성에 대한) 일종의 가치 평가이기도 하다. 우리가 바로 현재에서 볼 수 있고 온갖 과거에서도 볼 수 있는 바와 같이 말이다.

일종의 사회주의적인 '지불 위임표'는, 이를테면 ('효용이 있는 것'으로 인정된) 어느 일정한 정도의 '노동'을 근거로 일정한 재화를 지목하여 발행된 '지불 위임표'는, 저장이나 교환의 대상이 될 수 있을 것이지만 현물 교환(경우에 따라서는 간접적인)의 규칙을 따르게 될 것이다.

9. 어느 기술적인 화폐 소재의 통화적 이용과 비통화적 이용 사이의 관계는 중국의 화폐 역사에서 그것이 경제에 초래한 심대한 결과와 함께 가장 분명하게 추적될 수 있다. 왜냐하면 통화 재료 *Währungsmaterial*의 제작 비용이 높고 산출량이 아주 불안정한 동(銅) 본위제의 경우 중국에서 특히 그 제약 조건이 명백했기 때문이다.

제7항. 전형적인 화폐 사용의 일차적인 귀결. 신용

전형적인 화폐 사용 *Geldgebrauch*의 일차적인 귀결은 다음과 같다.

1. 소비자의 수요를 충족시키는 수단으로서 이른바 '간접적인 교환'이 이루어진다. 이것이 뜻하는 바는, 그때그때마다 교환해얻으려 주기로 *Abtausch* 규정되어 있는 재화를 교환해받고자 *Eintausch* 욕망하는 재화로부터 a) 장소적으로, b) 시간적으로, c) 인적(人的)으로, d) (아주 본질적으로는 또한) 대량으로 분리할 수 있는 가능성이다. 그렇게 함으로써 그때그때마다 주어진 교환 가능성이 비상하게 확대

된다. 그리고 이와 더불어

2. 교환에 있어서 지불이 연기된 용역을, 특히 반대 급부(부채)를 화폐액 *Geldbeträge*으로 측정하게 된다.

3. 이른바 '가치 보관'이 이루어진다. 즉, 화폐가 있는 그대로 저장되거나, 교환해받을 수 있는 기회에 대한 장래의 처분권을 보장하는 수단으로서 언제라도 지불을 청구할 수 있는 채권이 저장된다.

4. 경제적 기회가 화폐액을 처분할 수 있는 기회에로 점차 변경된다.

5. 화폐나 채권이나 화폐 취득 기회를 처분할 수 있는 사람의 수요 충족이, 그러니까 화폐를 임의의 재화와 용역에 대한 대가로 제공할 수 있는 사람의 수요 충족이 질적으로 개성화되고 이와 함께 간접적으로는 확대된다.

6. 오늘날 효용력의 제조는, 어느 단위 경제의 지휘자가 조망할 수 있는 미래에 예상컨대 처분할 수 있다고 가정하는 화폐액의 한계 효용에 전형적으로 지향된다. 이와 더불어

7. 그처럼 시간적, 장소적, 인적, 그리고 물적으로 배가된 교환 가능성(1번)에 의하여 제공되는 모든 기회에 영리가 지향된다. 이 모든 것은 모든 요소 가운데 원칙적으로 가장 중요한 다음의 요소를 토대로 이루어진다. 즉,

8. 교환해얻으려주거나 교환해받을 수 있는 것으로 고려되는 모든 재화와 용역을 화폐로 평가할 수 있는 가능성, 즉 화폐 계산의 가능성이 주어진다.

화폐 계산이 실질적으로 의미하는 바는 우선, 재화가 당시의 장소적 그리고 인적인 효용력의 의의에 따라서만 평가되지는 않는다는 것이다. 그게 아니라 화폐를 사용하는 방식에 있어서는(화폐가 소비 수단으로 사용되든 아니면 제조 수단으로 사용되든 우선은 상관없이) 화폐의 점유자가 장래에 이 화폐를 이용하고 가치 평가할 수 있는 모든 기회도, 사정에 따라서는 불특정 다수의 제3자가 그들의 목적을

위하여 장래에 이 화폐를 이용하고 가치 평가할 수 있는 모든 기회
도, 그것이 처분권의 점유자가 얻을 수 있는, 화폐를 교환해줄 수 있
는 기회 속에 표현되는 한 함께 고려된다는 것이다. 전형적인 화폐
계산에 있어서 이러한 현상이 일어나는 형식은 시장 상태 *Marktlage*
이다.

전술한 내용은 '화폐'에 관한 어떤 논의든지 다루어야 할 가장 간단하
고 잘 알려져 있는 요소를 재현하였으며, 따라서 별다른 주해가 필요하
지 않다. '시장'의 사회학은 이 곳에서는 아직 추구되지 않는다(시장 사
회학의 형식적인 개념들에 대해서는 제8, 10항을 볼 것).

가장 일반적인 의미에서의 '신용'이란 현재 점유하고 있는 물적 재
화에 대한 처분권을 장래에 물적 재화에 대한 처분권을 이전하겠다
는 약속을 교환해받는 대가로 교환해주는 온갖 행위를 뜻한다고 하
겠다. 이 물적 재화가 어떤 종류의 것이 되었든 상관없이 말이다. 신
용 대부가 의미하는 바는 우선, 이러한 장래의 양도가 사실상 이루어
지게 될 가망성에 경제가 지향된다고 하는 것이다. 이러한 의미에서
의 신용이 일차적으로 의미하는 바는, 현재 결여되어 있지만 장차 잉
여가 기대되는 물적 재화나 화폐에 대한 어느 단위 경제의 처분권의
교환이다——지금 존재하기는 하지만 자기 자신이 이용하도록 규정
되어 있지 않은 어느 다른 사람의 처분권을 대가로. 합리성의 경우에
두 단위 경제는 이러한 교환 없이 현재의 분배 상태에 의해 제공되었
을 것보다 더 유리한 기회(이것이 어떠한 종류의 것이 되었든 상관없
이)를 그러한 신용으로부터 기대한다.

1. 신용에서 고려되는 기회가 반드시 경제적인 종류의 것이어야 하는
것은 아니다. 신용은 생각해볼 수 있는 모든 (자선적, 전쟁을 위한) 목적
을 위해 주고받을 수 있다.

2. 신용은 현물 형식으로나 화폐 형식으로 주고받을 수 있으며, 이러한 두 가지 형식의 경우에 현물 용역이나 화폐 용역에 대한 약속을 대가로 주고받을 수 있다. 그러나 화폐 형식은 화폐 계산에 의한 여신(與信) 및 수신(受信)과 그 모든 귀결을 의미한다(이에 대해서는 곧 언급하게 될 것이다).

3. 그 밖에 이러한 개념 정의는 또한 통례적인 의미와도 일치한다. 온갖 종류의 단체 사이에서도, 특히 사회주의적 또는 공산주의적인 단체 사이에서도, 신용이 가능하다는 것은 (그리고 경제적으로 자급 자족적이지 않은 이러한 종류의 단체가 여럿 병존하는 경우에 불가피하다는 것은) 자명하다. 이 때 화폐 사용이 완전히 결여되어 있는 경우에는 합리적 계산의 토대가 물론 하나의 문제거리가 된다. 왜냐하면 단순히 (이론의 여지가 없이) '현물에 의한 보상 거래 *Kompensationsverkehr*'의 가능성이 있다고 하는 사실만으로는, 더구나 장기(長期) 신용의 경우에는, 공여된 조건의 합리성에 대하여 참여자들에게 아무것도 증언해주지 않을 것이기 때문이다. 그들은 이를테면 수요 물품을 대가로 얻기 위해 잉여물을 교환해주었던 과거의 오이켄 *Oiken* 경제(나중을 볼 것)와 같은 상태에 처해 있을 것이다. 그렇지만 과거와 현재에는 차이가 있다. 현재에는 엄청난 일반 대중의 이해 관심과 장기성(長期性) 이해 관심이 관계되어 있는 한편, 빈약하게 공급되고 있는 일반 대중에게는 바로 시의적인 충족의 한계 효용이 특히 높다. 그러니까 긴급하게 필요로 하는 재화를 불리하게 교환해받을 수 있는 가망성이 있는 것이다.

4. 신용은 현재 불충분하게 충족되고 있는 공급에의 욕구를 충족시키려는 목적에서(소비적 신용) 수신될 수 있다. 이러한 경우에도 신용은 경제적 합리성의 경우에는 이득을 양보하는 대가로 해서만 공여된다. 하지만 이러한 잇속이 (역사적으로 본래적인 소비 신용의 경우에는, 특히 긴급 신용의 경우에는) 본래적인 것은 아니고, 우애의 의무에 대한 호소가 원래적인 것이다(이에 대해서는 제V장에서 근린 단체를 논의할 때 언급하게 될 것이다).

5. 유상(有償)의 현물 신용이나 화폐 신용의 가장 일반적인 토대는 물론, 신용 공여자는 보다 낮게(이것은 상대적인 개념임을 유의해야 한다) 공급되고 있기 때문에 미래의 기대라고 하는 한계 효용이 대개는 신용 수신자보다 신용 공여자에 있어서 더 높다고 하는 사실이다.

제8항. 시장 상태, 시장성, 시장 자유, 시장 조절

어느 교환 대상의 시장 상태란 교환 지망자가 가격 싸움과 경쟁 싸움 속에서 방향을 설정하는 데 있어 그때그때마다 인식할 수 있는, 그 교환 대상을 화폐와 교환해주고 교환해받을 수 있는 기회의 총체를 뜻한다고 하겠다.

시장성 *Marktgängigkeit* 이란 어느 물건이 흔히 그때그때마다 시장성 있는 교환 대상이 되어가는 규칙성의 정도를 뜻한다고 하겠다.

시장 자유란 가격 싸움과 경쟁 싸움에서 개별적인 교환 지망자의 자율의 정도를 뜻한다고 하겠다.

시장 조절이란 그와 달리, 가능한 교환 대상을 위한 시장성이 질서에 의해 실질적으로 유효하게 제한되어 있는 상태나, 가능한 교환 지망자를 위한 시장 자유가 질서에 의해 실질적으로 유효하게 제한되어 있는 상태를 뜻한다고 하겠다. 시장 조절은 다음과 같이 야기될 수 있다.

1. 단지 전통적으로만: 교환의 전래적인 제한이나 전래의 교환 조건에 익숙해짐으로써,

2. 관습적으로: 일정한 효용력의 시장성을 사회적으로 비난하거나, 일정한 교환 대상이나 일정한 무리의 사람들에서의 자유로운 가격 싸움이나 경쟁 싸움을 사회적으로 비난함으로써,

3. 법적으로: 일반적으로 또는 일정한 무리의 사람들에 대하여 또는 일정한 교환 대상에 대하여, 교환 대상의 시장 상태에 영향을 끼치거나(가격 조절) 재화에 대한 처분권의 소유, 취득, 또는 교부를 일정한 무리의 사람들에 제한한다는 의미에서, 교환이나 가격 싸움이

나 경쟁 싸움의 자유를 법적으로 유효하게 제한함으로써(법적으로 보증된 독점 또는 경제 행위의 자유의 법적 제한),

4. 자발적으로; 이해 상태에 의해: 형식적인 시장 자유에서의 실질적인 시장 조절. 일정한 교환 이해 당사자가 일정한 효용력에 대한 처분권을 소유하거나 취득할 수 있는 사실상 완전히 또는 거의 배타적인 기회에 힘입어 타인을 위한 시장 자유를 사실상 차단하여 시장 상태에 영향을 끼칠 수 있는 처지(독점주의적 상태)에 있을 경우에는 그러한 자발적 조절이 발생하는 경향이 있다. 특히 그들은 이러한 목적을 위하여 상호간에 또는 (그리고 경우에 따라서는 이와 동시에) 전형적인 교환 상대자와 함께 시장 조절적인 협정(자발적 독점과 가격 카르텔)을 맺을 수 있다.

1. 화폐 교환의 경우에만(반드시 그러한 것은 아니지만) 합목적적으로 시장 상태라고 운위된다. 왜냐하면 오로지 그러한 경우에만 하나의 통일적인 수적 표현이 가능하기 때문이다. 현물의 '교환 기회'는 이 단어로써 보다 낮게 호칭된다. 전형적인 화폐 교환이 존재하는 경우에 개별적인 종류의 교환 대상이 지닌 시장성의 정도는 극히 다양하고 일정하지 않았으며 지금도 그러하다——이에 대해서는 여기서 상세히 논의할 수 없다. 품목에 따라 제시할 수 있는 대량 생산품과 대량 소비품의 시장성의 정도는 일반적으로 가장 높다. 간헐적으로 욕망하는 아주 희귀한 물건이 지닌 시장성의 정도는 일반적으로 가장 낮다. 장기적이고 반복적인 사용 기간과 소비 기간을 지닌 공급 수단과 장기적인 사용 기간과 수익 기간을 지닌 제조 수단의 시장성은, 무엇보다도 농업 경제적 또는 그 밖에 임업 경제적으로 이용할 수 있는 토지의 시장성은, 향유될 수 있는 상태에 있는 일상적인 소비 재화에 비해서 또는 신속한 소비에 기여하거나 일회적인 사용 능력만을 지니고 있거나 즉각적인 수익을 주는 제조 수단의 시장성에 비해서 그 정도가 훨씬 낮다.

2. 시장 조절의 경제적으로 합리적인 의미는 역사적으로 형식적인 시

장 자유와 시장성의 보편성이 증가하면서 함께 성장해왔다. 일차적인 시장 조절은 부분적으로는 전통적 그리고 주술적으로, 씨족적으로, 일부는 신분적으로, 일부는 군사적으로, 일부는 사회 정책적으로, 마지막으로 일부는 단체 지배자의 수요에 의해 야기되었지만, 어느 경우에든 이해 당사자의 순전히 목적 합리적인 시장적 영리 기회나 재화 공급의 기회를 최대화하려는 경향에 지향되지 않은 이해 관심에 의해 지배되었으며, 흔히 그러한 최대화에의 이해와 충돌하였다. 이러한 시장 조절은 다음과 같이 이루어졌다. 한편으로는 1. 주술적, 씨족적, 또는 신분적 제한(예컨대 주술적 제한으로는 금기, 씨족적 제한으로는 세습재, 신분적 제한으로는 기사 봉토)처럼 일정한 물건을 시장성으로부터 지속적으로, 또는 물가 상승 정책적인 조절(예컨대 곡물에 대한)처럼 일시적으로 배제하였다. 그렇지 않은 경우에는 시장 판매를 우선 공급(친족, 신분 동료, 동업조합 동료, 그리고 수공업자조합 동료에게)이나 최고 가격(예컨대 전시 가격 조절) 또는 최소 가격(예컨대 주술사 · 변호사 · 의사의 신분적 공정 보수)으로써 구속하였다. 그렇지 않은 경우에는 2. 어떤 범주의 사람들(귀족, 농민, 상황에 따라서는 수공업자)을 시장적 영리에의 참가로부터 일반적으로 또는 일정한 물건에 대하여 배제하였다. 그렇지 않은 경우에는 3. 소비 조절(신분적 소비 질서, 전시 경제적 또는 물가 상승 정책적 통제 배급)을 통해서 소비자의 시장 자유를 제한하였다. 그렇지 않은 경우에는 4. 경쟁하는 영리 행위자들의 시장 자유를 신분적인(예컨대 자유 직업의 경우에) 또는 소비 정책적인 영리 정책적 및 사회 정책적('수공업자조합의 생계 정책') 이유 때문에 제한하였다. 그렇지 않은 경우에는 5. 정치적 권력에게(제후의 독점) 또는 정치 권력에 의해 인가를 받은 자에게(전형적으로는 초기 자본주의적인 독점가) 일정한 경제적 기회의 이용을 유보하였다. 이러한 조절 가운데 다섯번째 범주의 시장 조절이 가장 많이 시장 합리적이었고, 첫번째 범주의 시장 조절이 가장 덜 시장 합리적이었다. 여기서 시장 합리적이란, 시장에서의 재화의 매매에 이해 관심을 갖고 있는 개별적인 계층의 경제 행위가 시장 상태를 지향하는 데 유리하다는 것이다. 다른 조절 방식은 번호가 낮아질수록 시장 합리성에 덜 장애가 되었다. 이러한 시장 조절과는 대조적으로 시장 자유에의 이해 당사자는 소비 이해 당사자로서든 판매 이해 당사자로서든 모두가 최대로 가능한 범위의 시장성에 이해 관심을 가질 수밖에 없었던 교환 지망자였다. 자발적인 시장 조절은 영리 이해 당사자 쪽에서 맨 먼저 그리고 지속적으로 훨씬 가장 강력하게 등장하였다. 그러한 시장 조절은 독점주의적인 이해 관심에 기여하면서 1. 판매 기회와 교환해받을 수 있는 기회의 조절뿐만 아니라(전형적으로는 보편적으로 만연되어 있는 상인 독점), 2. 운송 영리 기회(해운 독점과 철도 독점), 3. 재화 제작(생산자 독점), 4. 신용 공여와 자금 조달(은행의 조건 독점 *Konditionsmonopole*)까지도 구속할 수 있다. 마지막 두 경우가 가장 많이 의미하는 바는 경제에 대한 단체적 조절의 증가였지만, ──일차적·비합리적인 시장 조절과 달리── 시장 상태에 계획적으로 지향된 경제 조절의 증가였다. 자발적인 시장 조절은 물론 한결같이, 제조 수단에 대한 그들의 우월한 사실상의 처분권이 그들에게 형식적인 시장 자유의 독점주의적인 착취를 허용하는 그러한 이해 당사자들로부터 유래하였다. 이와 달리 소비 이해 당사자들의 자발적 단체(소비자 결사체, 구매 협동조합)는 한결같이 경제적으로 취약한 이해 당사자들로부터 유래하였으며, 따라서 비록 참여자를 위해 비용 절약을 관철시킬 수는 있었지만, 효과적인 시장 조절은 단지 산발적으로만 그리고 지역적으로 제한적으로만 관철시킬 수 있었다.

제9항. 경제의 형식적 합리성과 실질적 합리성

여기서 어느 경제 행위의 형식적인 합리성이란 그 경제 행위에 기술적으로 가능한 계산의 정도와 그 경제 행위에 의해 실제로 적용된 계산의 정도를 나타낸다고 하겠다. 이와 달리 실질적인 합리성이란 어느 경제적으로 지향된 사회적 행위의 방식을 통해서 일정한 인간 집단(이것이 어떤 방식으로 구획되든 상관없이)에게 그때그때마다 재화를 공급하는 일이 일정한 가치 평가적 요청 *Postulate*(이것이 어떤 종

류의 것이 되었든 상관없이)의 관점에서 이루어지는 정도를 나타낸다고
하겠다. 이 때 과거·현재·미래의 재화 공급을 고찰하는 관점으로
서의 이러한 가치 평가적 요청은 극히 다의적이다.

1. 여기서 합리성을 위와 같은 의미로 나타내자고 제안한 것은(그 밖
에 '사회화,' '화폐' 계산, 그리고 '현물' 계산에 대한 논의에서 거듭 문제
거리가 되는 합리성의 의미를 다만 얼마간 엄밀하게 규정한 것은) 이러
한 문제 영역에서 '합리적'이라는 단어의 언어 관행적인 사용에 보다 커
다란 명확성을 기하고 싶었기 때문일 따름이다.

2. 어느 경제 행위가 형식적으로 '합리적'이라고 하는 것은, 온갖 합리
적인 경제에 본질적인 '사전 대비'가 수적인 '계산적' 심사숙고로 표현
될 수 있고 또 표현되는 정도를 뜻한다고 하겠다(이러한 계산이 기술적
으로 어떠한 모습으로 나타나는지, 그러니까 이 계산이 화폐 평가로 이
루어지는지 또는 현물 평가로 이루어지는지에 우선은 전연 상관없이).
따라서 이 개념은 적어도 화폐 형식이 이러한 형식적 계산성의 최대치를
나타낸다(이것도 물론 다른 사정이 같은 한에서 말이다!)고 하는 의미에
서 (앞으로 보게 되다시피 상대적이기는 하지만) 명확하다.

3. 그와 달리 실질적 합리성이라는 개념은 아주 다의적이다. 이 개념은
다만 다음과 같은 공통점을 의미할 따름이다. 바로 고찰이 순전히 형식
적이고 (상대적으로) 명확하게 확인될 수 있는 다음과 같은 사실로 만족
하는 것이 아니라, 즉 목적 합리적으로, 기술적으로 될 수 있는 한 적합
한 수단으로써, 계산된다고 하는 사실로 만족하는 것이 아니라, 윤리적·
정치적·공리주의적·쾌락주의적·신분적·평등주의적, 또는 그 어떤
다른 종류의 가치 요청 *Postulate*을 제기하며 이 요청에 경제 행위의—
이것이 형식적으로 제아무리 '합리적'이라고, 즉 계산적이라고 하더라
도—결과를 가치 합리적으로 또는 실질적인 목적 합리적으로 측정하는
것을 의미한다. 이러한 의미에서 합리적인 가능한 가치 척도는 원칙적으
로 무제한적으로 많다. 그리고 서로간에도 명확하지 않은 사회주의적 그

리고 공산주의적인, 어느 정도는 언제나 윤리적이고 평등주의적인 척도
는 물론 이처럼 다양한 가치 척도 가운데 하나의 집단에 지나지 않는다
(신분적 등급, 정치적 힘의 목적을 위한 용역, 특히 시의적인 전쟁의 목
적을 위한 용역, 그리고 생각해볼 수 있는 그 밖의 모든 관점이 이러한
의미에서 똑같이 '실질적'이다). 이와 달리 경제의 결과에 대한 이 같은
실질적 비판과 대조적으로 그 밖에 경제 신념 및 경제 수단에 대한 윤리
적·금욕적·미학적 비판도 독립적으로 가능하며, 이 점을 유의해야 한
다. 이들 모두에게는 화폐 계산의 '단순히 형식적인' 업적이 하위적인
것으로 또는 바로 그러한 가치 요청에 적대적인 것으로 보일 수 있다(특
별히 근대적인 계산 방식의 귀결에 대해서는 일단 전연 도외시한다). 여
기서는 결단이 가능한 것이 아니라, 다만 '형식적'이라고 불리우는 것의
의미를 확인하고 구획하는 일만이 가능하다. 그러니까 여기서는 '실질
적'이란 개념조차도 일종의 '형식적인' 개념이다. 즉, 추상적인 유(類)개
념이다.

제10항. 화폐 계산의 합리성

순전히 기술적으로 볼 때 화폐는 '가장 완벽한' 경제적 계산 수단이
이다. 즉, 경제 행위의 지향에 있어서 형식적으로 가장 합리적인 수
단이다.

따라서 목적 합리적인 제조 경제의 특별한 수단은 시의적인 화폐
의 사용이 아니라, 화폐에 의한 계산이다. 그러나 화폐 계산이 완전한
합리성의 경우에 일차적으로 의미하는 바는 다음과 같다.

1. 어느 제조 목적을 위해 지금 또는 장래에 필요한 것으로 생각된,
실제로 또는 아마도 처분할 수 있거나 타인의 처분권으로부터 제조
할 수 있는, 상실되거나 위태롭게 된, 모든 효용력이나 제조 수단을,
그리고 또한 어떻게든 관련성이 있는 모든 경제적 기회 일반을 (시의
적인 또는 기대되는) 시장 상태에 따라 평가하는 것,

2. 화폐로 다양한 가능성을 비교하는 '비용' 계산과 '수익 *Ertrag*'

계산의 형식으로 a) 온갖 의도된 경제 행위의 기회를 수적으로 조사하고 b) 온갖 실시된 경제 행위의 성과를 수적으로 검산하는 것, 그리고 가능한 다양한 행동 방식에 의해 초래되는, 평가된 '순수익'을 이러한 계산에 의거하여 비교 검사하는 것,

3. 단위 경제가 전체적으로 처분할 수 있는 재화와 기회를 일정 기간의 초기에 처분할 수 있었던 재화 및 기회와 주기적으로 비교하는 것. 두 번 모두 화폐로 평가된다.

4. 어느 단위 경제가 전체적으로 처분할 수 있는 수단(3번)의 화폐 평가 총액을 유지하면서 어느 기간 동안에 사용하도록 처분할 수 있는 기회를 지닌, 화폐로 구성되어 있거나 화폐로 평가할 수 있는 수입 *Zugänge*과 지출 *Abgänge*을 사전에 평가하고 추후에 확인하는 것,

5. 욕망하는 효용력을 위해 (4번에 의하면) 계산 기간 내에 처분할 수 있는 화폐를 사용함으로써 수요의 충족을 한계 효용의 원칙에 따라 이러한 자료(1번부터 4번까지)에 지향하는 것.

가계 *Haushalt*란 1. 자기 자신을 급양할 목적으로, 또는 2. 자체적으로 사용되는 다른 종류의 재화를 얻기 위해 재화를 (생산을 통해서든 또는 교환을 통해서든) 연속적으로 사용하고 제조하는 것을 뜻한다. 어느 개개인이나 가계적으로 경제 행위를 하는 어느 집단에 있어서 가계의 기초가 되는 것은 합리성의 경우에 가계 계획이다. 이 계획은 어느 가계 기간의 예상되는 욕구가 (효용력에 의해 또는 스스로 사용할 제조 수단에 의해) 기대되는 소득을 통해서 어떤 방식으로 충족되어야 할 것인지를 말해준다.

어느 가계의 소득 *Einkommen*이란 어느 개개인이나 가계적으로 경제 행위를 하는 어느 집단이 4번에서 제시된 원칙에 따라 계산을 해 볼 때 어느 과거의 기간에 합리적인 평가에 의하면 처분할 수 있었던 재화의 화폐로 평가된 금액을 뜻하거나, 어느 현재나 미래의 기간에 합리적인 평가에 의하면 그 처분 가능성을 기대할 수 있는 가망성을 갖고 있는 재화의 화폐로 평가된 금액을 뜻한다고 하겠다.

어느 가계의 처분권 아래 놓여져 있어서 어느 개개인이나 가계적으로 경제 행위를 하는 어느 집단이——보통——지속적으로 직접 이용하거나 소득을 얻는 데 사용하는 재화의 전체 평가 총액(시장 기회에 따라 평가된, 3번 참조)은 재산 *Vermögen* 을 뜻한다.

순전히 화폐에 의해 이루어지는 가계 계산의 전제는, 소득과 재산이 한편으로는 화폐로 구성되어 있거나 그렇지 않은 경우에는 (원칙적으로) 언제라도 교환해얻으려줌으로써 화폐로 바꿀 수 있는, 그러니까 절대적인 최고도의 시장성이 있는 재화로 구성되어 있어야 한다는 것이다.

가계와 (합리성의 경우에) 가계 계획에서는 앞으로 더 논의해야 할 현물 계산도 이루어진다. 현물 계산은 화폐 평가라는 의미에서의 어느 통일적인 '재산'을 알지 못하는 것과 마찬가지로 어느 통일적인 (즉, 화폐로 평가된) '소득'도 알지 못한다. 현물 계산은 현물 형식으로 되어 있는 처분 가능한 재화와 노동력을 가능한 수요 충족의 최적 조건에 대한 평가 아래 수요 충족의 수단으로서 관리하며, 이를 소모하여 얻어지는 현물 재화와 (평화적인 영리에 제한되어 있는 경우에는) 구체적인 '수입 *Einkünfte*'의 '소유 *Besitz*'를 기대한다. 고정적인 기존의 욕구에 있어서는 이러한 사용 방식은, 수요 충족 수단을 사용함으로써 얻어지는 효용의 최적 조건을 아주 이질적인 가능한 사용 방식들을 비교하여 정확하게 계산에 의해 확인하기를 급양 상태 *Versorgungslage*가 요구하지 않는 한에서는 비교적 간단한 순전히 기술적인 문제이다. 그렇지 않은 경우에는 교환 없이 운영되는 단순한 개별 가계에 이미 그것을 (형식적으로 정확하게) 계산적으로 해결하기에는 좁은 한계를 지닌 요구가 등장하며, 이러한 요구는 흔히 사실상 부분적으로는 전통적으로 부분적으로는 아주 대략적인 평가에 의지하여 해결되기 마련이다. 물론 비교적 전형적인, 조망이 가능한 욕구와 제조 조건의 경우에는 이러한 대략적인 평가로 아주 충분하다. 소유가 이질적인 재화로 구성되어 있는 경우에는(교환 없이 이루어지는 경제 행위의 경우에 사정이 그러할 수밖에 없듯이), 어느 가계 기간의 시작과 말미에 소유를 형식적으로 정확하게 계산하여 비교한다는 것은 수입 기회의 비교와 마찬가지로 질적으로 동일한 종류의 재화 내에서만 가능하다. 그러한 경우에 전형적으로 나타나는 계산 방식은, 이질적인 재화를 하나의 현물적인 전체 자산으로 총괄하고, 이것을 감소시키지 않은 채 예상컨대 지속적으로 처분할 수 있는 현물적인 소비 지분을 확정하는 것이다. 급양 상태(예컨대 수확 결손)나 욕구에 변화가 생기면 어느 경우에든 새로운 조치가 야기된다. 왜냐하면 그러한 변화는 한계 효용을 변화시키기 때문이다. 간단하고 조망이 가능한 상태에서는 적응이 쉽게 이루어진다. 그 밖의 경우에는 순수한 화폐 계산의 경우보다 적응이 기술적으로 어렵다. 순수한 화폐 계산의 경우에는 가격 기회의 온갖 변화가 (원칙적으로) 영향을 끼치는 것은 최종적인 화폐 소득 단위로써 충족시킬, 상이한 등급의 긴급성을 지닌 한계 욕구일 뿐이다.

게다가 화폐 재산과 화폐 소득을 처분할 경우에는 비교적 간단하게 ─욕구의 긴급성의 등급에 의거하여─ 이루어지는 한계 효용 계산이 아주 합리적인(그러니까 전통에 구속되지 않는) 현물 계산의 경우에는 심히 복잡해지게 된다. 전자의 경우에는 〔효용의〕 '한계'에 관한 물음으로서는 다만 초과 노동이나 또는 어느 하나의(또는 여럿의) 다른 욕구에 유리하도록 어느 욕구를 충족시키거나 희생하는 일이 나타날 뿐이다(왜냐하면 순수한 화폐 가계에서는 '비용'이 최종적으로 거기에 표현되기 때문이다). 반면에 후자의 경우에는 효용의 한계에 관한 물음은 욕구의 긴급성에 대한 등급 이외에도 또한 1. 지금까지 해왔던 정도의 전체 노동을 포함하는 제조 수단의 다의적인 사용 가능성, 그러니까 제각기 서로 다른 사용 가능성에 따라 상이한 (그리고 변할 수 있는) 수요 충족과 경비 *Aufwand* 사이의 관계, 그러므로 2. 가계 운영자가 새로운 수입을 얻기 위해 필요로 하게 될 새로운 노동의 정도와 종류, 그리고 3. 고려하고 있는 다양한 재화 제조의 경우에 물적 경비를 사용하는 방식을 검토해야 할 처지에 놓이게 된다. 이러한 검토가 합리적으로 가능한 방식을 분석하는 일이 경제 이론의 가장 중요한 사안 가운데 하나이고, 역사적인 시대의 흐름을 추적하여 현물적인 가계 운영이 사실상 어떤 방식으로 이러한 문제와 타협을 해왔는지를 분석하는 일은 경제사의 가장 중요한 주제 가운데 하나이다. 본질적으로 다음과 같은 점을 말할 수 있다. 1. 형식적 합리성의 정도는 사실상 (일반적으로) 사실적으로 가능한(더욱이 이론적으로 가정할 수 있는) 수준에 이르지 않았다는 것, 오히려 현물에 의한 가계 계산은 그 압도적인 대다수의 경우에 어쩔 수 없이 항상 전반적으로 전통에 구속되어 있었다는 것, 2. 그러니까 대규모 가계에서는 바로 일상 욕구의 증가와 세련화가 일어나지 않았기 때문에 공급하고 남은 잉여물을 일상 외적으로(무엇보다도 예술적인 분야에) 이용하기 십상이었다(현물 경제적 시대의 예술적이고 樣式 구속적인 문화의 토대)는 것이다.

1. '재산'에는 물론 물적 재화만이 속하는 것은 아니다. 그게 아니라 그에 대하여 관습, 이해 상태, 관습에 의해 또는 법에 의해 또는 어떤 다른 방법으로 믿을 만하게 보증된 처분권이 존재하는 모든 기회가 재산에 속한다(어느 영리 경영의——이것이 어느 의사의 경영이든, 변호사의 경영이든, 또는 소매 상인의 경영이든 상관없다——'고객'도 그것이 어떤 이유에서든 안정적인 경우에는 보유자의 '재산'에 속한다. 법적 전유의 경우에 그러한 고객은 사실 제Ⅰ장, 제10항의 개념 정의에 의하면 '소유권'이다).

2. 화폐가 시의적으로 사용되지 않은 채 이루어지는 화폐 계산이나 시의적인 화폐 사용이 현물로 차감 계정을 할 수 없는, 양쪽이 지닌 다량의 잉여 교환재에 제한되는 화폐 계산은 이집트와 바빌로니아의 고문서에서 전형적으로 발견된다. 어느 현물 용역을 측정하는 수단으로서의 화폐 계산은 예컨대 함무라비 법전 *Hammurabi Kodex*뿐만 아니라 로마의 통속

적인 법과 중세 초기의 법에 있어서 채무자가 화폐로 계산된 금액을 지불해도 좋다는, 즉 '어떤 방법으로 지불해도 좋다 in quo potuerit' 는 전형적인 허가에서 발견된다(이 경우에 환산은 전통적인 또는 강요된 대내적 가격을 토대로 해서만 이루어질 수 있었다).

3. 덧붙이자면 위의 서술은 다만 오래 전부터 알려져 있는 사실을 포괄하고 있을 따름인데, 이것은 합리적 '가계' 라는 개념을 곧 논의하게 될 합리적인 영리 경제라는 대립적인 개념과 대비시켜 명확하게 확인하려는 이해 관심 때문에 그리된 것이다. 이러한 서술의 목적은, 양쪽이 합리적인 형식으로 가능하며 '수요 충족' 이 합리성의 경우에는 '영리' 보다 더 '원시적' 이지 않다는 것, '재산' 이 '자본' 보다 반드시 '더 원시적인' 범주는 아니라는 것, 또는 '소득' 이 '이윤' 보다 '더 원시적인 범주' 는 아니라는 것을 분명하게 확인하는 데 있다. 하지만 역사적으로는 그리고 경제적 사정에 대한 과거의 지배적인 고찰 형식을 주의해서 살펴보면 물론 '가계 행위 Haushalten' 가 먼저 등장한다.

4. 누가 '가계' 의 담지자인가 하는 문제는 중요하지 않다. 어느 국가의 '가계 계획' 과 어느 노동자의 '예산' 은 둘 다 동일한 범주에 속한다.

5. 가계 행위와 영리 행위는 배타적인 양자 택일인 성격의 것이 아니다. 예컨대 어느 '소비 결사체' 의 경영은 (보통) 가계 행위에 기여하지만 가계 경영이 아니며, 그 행태의 형식에 있어서 실질적인 영리 목적을 지니지 않은 일종의 영리 경영이다. 가계 행위와 영리 행위는 개개인의 행위 속에 서로 맞물려 있어서(그리고 과거에는 사정이 전형적으로 이러하였다), 오로지 마지막 행위(전자의 경우에는 소모, 후자의 경우에는 판매)만이 현상의 의미를 결정한다(小農의 경우에 특히 전형적으로 그러하다). 가계적 교환(소비적 교환해받기, 잉여를 교환해주고 대가를 받기)은 가계의 구성 요소이다. 어느 (군주나 지주 Grundherr의) 가계는 다음 항에서 논의하게 될 의미의 영리 경영 단위를 포함하고 있을 수 있으며, 예전에는 전형적인 방식으로 포함하고 있었다. 모든 산업은 지주·수도원·군주의 자체적인 산림 생산물과 전답 생산물을 이용하기

위한 그 같은 타치(他治)적이고 타율(他律)적인 '부업적 경영 단위'로부터 발생하였다. 모든 종류의 '경영 단위'는 지금은 이미 특히나 지방 자치 단체 가계의 구성 요소를 이루고 있으며, 또한 국가 가계의 구성 요소를 이루고 있다. '소득'에는 물론 합리적 계산의 경우에는 가계가 처분할 수 있는 이러한 경영 단위의 '순수익'만 속한다. 또한 거꾸로 영리 경영 단위는 예컨대 그 노예나 임금 노동자의 부양을 위해서 단편적 · 타율적인 '가계'('복지 시설' · 주택 · 부엌)를 부속시킬 수 있다. '순수익'은 (2번) 모든 화폐 비용을 빼고 남은 화폐 잉여이다.

6. 현물 계산이 일반적인 문화 발전에 대하여 지니고 있는 의의에 대하여 여기서는 우선 암시하는 정도로만 다룰 수 있었다.

제11항. 영리 행위의 개념과 종류, 자본 계산

영리 행위 *Erwerben*란 재화에 대한 새로운 처분권을 (일회적으로 또는 규칙적으로 반복해서, 즉 연속적으로) 획득할 수 있는 기회에 지향된 행동을 뜻한다고 하겠으며, 영리 활동이란 영리의 기회에 함께 지향된 활동을, 경제적 영리 행위란 평화적인 기회에 지향된 영리 행위를, 시장적 영리 행위란 시장 상태에 지향된 영리 행위를, 영리 수단이란 경제적 영리 행위에 기여할 수 있도록 되어 있는 재화와 기회를, 영리 교환이란 수요 충족을 위해서 교환해얻으려주고 교환해받는 것(가계적 교환)과 달리 영리 목적을 위해서 시장 상태에 지향되어 교환해얻으려주고 교환해받는 것을, 영리 신용이란 영리 수단에 대한 처분권을 얻기 위해 주고받는 신용을 뜻한다고 하겠다.

합리적인 경제적 경영에는 일종의 특수한 형식의 화폐 계산이, 즉 자본 계산이 부속되어 있다. 자본 계산이란 한편으로는 개별적인 영리 기업 행위 *Unternehmen*를 시작할 때 갖고 있었던 전체적인 영리 재화(현물 또는 화폐로 되어 있는)의 화폐 평가액과 다른 한편으로는 그러한 기업 행위를 종결했을 때의(여전히 현존하고 있으며 새롭게 제조된) 영리 재화의 화폐 평가액을 비교함으로써 영리 기회 *Erwerbschan-*

*cen*와 영리 성과를 평가하고 검사하거나, 연속적인 영리 경영의 경우에는 어느 계산 기간의 영리 기회와 영리 성과를 초기 결산과 말기 결산에 의하여 평가하고 검사하는 것이다. 자본이란 기업 행위의 목적을 위해 처분할 수 있는 영리 수단의 화폐 평가 총액을 뜻하며 결산을 하기 위한 목적의 자본 계산에서 확인된다. 이윤 및 손실이란 초기 결산의 평가 총액과 비교하여 말기 결산에서 조사된 평가 총액의 초과액 및 부족액을 뜻한다. 자본 위험 부담 *Risiko*이란 결산에서 손실을 입을 수 있는 것으로 평가된 기회를 뜻하며, 경제적 기업 행위란 자율적으로 자본 계산을 지향할 수 있는 행위를 뜻한다. 이러한 지향은 회계 *Kalkulation*를 통해서 이루어진다. 즉, 어떤 조처를 취할 경우에 기대할 수 있는 위험 부담과 이윤을 사전에 회계하고, 사실로 나타난 이윤 성과나 손실 성과를 검사하기 위해 사후에 회계함으로써 이루어진다. 수익성 *Rentabilität*이란 (합리성의 경우에) 1. 가능한 것으로서 그리고 기업가의 방책을 통해 추구할 것으로서 사전 회계에 의해 산출(算出)된 어느 기간의 이윤, 2. 사후 회계에 의하면 사실상 달성되었고 장래의 수익성의 기회에 손해를 입히지 않으면서 기업가(또는 기업가들)의 가계를 위해 처분할 수 있는 어느 기간의 이윤을 뜻한다. 이것은 보통 결산상의 초기 자본과의 지수(오늘날에는 백분율) 관계로 표현된다.

자본 계산에 의해 운영되는 기업은 시장 영리 기회에 지향될 수 있거나, 다른 종류의 영리 기회 —— 예컨대 권력 관계에 의해 야기된 (임차된 징세권 *Steuerpacht*에 따른 영리 기회, 買職에 따른) 영리 기회 —— 의 이용에 지향될 수 있다.

합리적인 기업 행위의 모든 개별적인 조처는 회계를 통해서 평가된 수익성의 성과에 지향된다. 자본 계산은 시장 영리의 경우에 다음과 같은 점을 전제한다. 1. 영리 경영이 제조하는 재화에 대하여 회계를 통해서 평가할 수 있는 충분히 보장된 폭넓은 판매 기회가 존재한다는 것, 그러니까 (보통은) 시장성이 있다는 것, 2. 또한 영리 수단이, 즉 물적인 제조 수단과 노동 용역이 시장에서 회계를 통해 산출할 수 있는 '비용'으로 충분히 확실하게 취득될 수 있어야 한다는 것, 마지막으로 3. 제조 수단을 갖고서 판매할 만한 상태로 만들기까지 강구하게 될 방책(운송·변형·저장 등)의 기술적 및 법적인 조건도 원칙적으로 계산이 가능한 (화폐)비용을 발생시킨다고 하는 것이다. 우리는 경제의 사회학적 조건을 논의할 때면 언제나 최선의 자본 계산의 토대로서 최선의 계산 가능성이 지니고 있는 비상한 의의와 새롭게 마주치게 될 것이다. 여기서는 결코 경제적 요소만을 고찰하지는 않을 것이며, 자본 계산이 경제 계산의 기본 형식으로서 서양에서만 발생했던 사정에는 매우 다양한 종류의 내적 그리고 외적인 방해 작용에 그 원인이 있다고 하는 사실을 우리는 알게 될 것이다.

시장 기업가의 자본 계산과 회계는 가계 계산과 달리 '한계 효용'에 지향되는 것이 아니라 수익성에 지향된다. 수익성의 기회는 그 자체가 궁극적으로는, 향유될 수 있는 상태의 재화의 최종 소비자에 있어서의 소득 상태와 이러한 소득 상태로 인해 처분할 수 있는 화폐 수입의 한계 효용 판도 *Grenznutzen-Konstellation*에 의해(흔히 말하듯이 해당 종류의 상품에 대한 최종 소비자의 '구매력'에 의해) 제약되어 있다. 그러나 영리 경영 계산과 가계 계산은 기술적으로는 근본적으로 다르며, 이것은 영리 경영 계산이 기여하는 영리와 가계 계산이 기여하는 수요 충족이 근본적으로 다른 것과 마찬가지이다. 경제 이론에 있어서 한계 소비자는 생산 방향의 조종자이다. 이것은 시장 상태에 비추어볼 때 오늘날에 있어서는 사실상 제한적으로만 옳은 말이다. 왜냐하면 '기업가'는 전반적으로 소비자의 욕구를 '일깨우며' '지휘하기' 때문이다. —소비자가 구매할 수 있는 능력을 갖고 있는 경우에는 말이다.

온갖 합리적인 화폐 계산은, 그리고 그렇기 때문에 특히 온갖 **자본** 계산은, 시장 영리의 경우에는 시장에서의 이해 싸움(가격 싸움과 경쟁 싸움)과 이해 타협에 의해 형성되는 가격 기회에 지향된다. 이것은 수익성 계산에서 기술적으로 (지금까지) 최고로 발전된 형식의 부기(이른바 '복식' 부기)의 경우에 다음과 같은 사실에 특히 입체적으로 나타난다. 즉, 온갖 개별적인 방책의 수익성에 대한 검사를 기술적으로 가장 완벽하게 허용하는 일종의 대차 계정 체계에 의하여 개별적인 경영 부문이나 독립적인 채산 부서 사이의 허구적인 교환 현상이 기초가 된다는 것이다. 따라서 자본 계산은 그 형식적으로 가장 합리적인 형태에 있어서는 인간의 인간과의 싸움을 전제한다. 그것도 또 하나의 아주 특수한 종류의 전제 조건 아래서 말이다. 어느 경제에 있어서도 주관적으로 현존하는 '수요 감각'은 유효한, 즉 재화 제조에 의한 충족을 기대할 수 있는 수요와 같을 수 없다. 왜냐하면 그러한 주관적 충동이 충족될 수 있는지의 여부는 한편으로는 긴급성의 등급에 좌우되며, 다른 한편으로는 추정컨대 충족을 위해 처분 가능한 (현존하는 또는 일반적으로 중점에 있어서는 비로소 제조해야 할) 재화에 좌우되기 때문이다. 긴급성에 있어 앞서는 수요가 충족되고 나서 이러한 수요 충족을 위한 효용력이 현존하지 않고 전혀 제조될 수 없든지 노동력이나 물적 재화를 희생하여서만 제조될 수 있어서 이로 인하여 장래의 수요가 피해를 입게 되고 그에 대한 현재의 평가에서 이미 보다 긴급한 수요가 피해를 입게 될 경우에는, 충족이 이루어지지 않는다. 온갖 소비 경제에서 사정은 그러하며, 공산주의적인 소비 경제에서도 사정은 그러하다.

자본 계산을 하는, 그러니까 제조 수단이 개별적인 단위 경제에 전유되어 있는, 그러므로 '소유권'(제I장, 제10항을 볼 것)이 있는, 경제에서 이러한 사실이 의미하는 바는, '소비자'가 (그들의 수입에 적합한 화폐의 한계 효용에 따라) 지불할 수 있고 지불하고자 하는 가격에 수익성이 좌우된다는 것이다. 즉, (바로 그러한 원칙에 의하면) 상응하는 소득을 갖추고 있는 그러한 소비자를 위해서만 수익성 있게 생산될 수 있는 것이다. 보다 긴급한 (자기 자신의) 욕구가 앞서 있는 경우뿐만 아니라, (모든 종류의 욕구에 대하여) 보다 강한 (타인의) 구매력이 앞서 있는 경우에도 수요 충족은 이루어지지 않는다. 그러니까 합리적인 화폐 계산의 실존 조건으로서의 시장에서 인간의 인간과의 싸움의 전제는 또한 보다 부유하게 화폐 소득을 공급받는 소비자가 보다 비싸게 살 수 있는 가능성과 보다 유리한 재화 제조의 조건을 갖춘——특히 제조에 중요한 재화나 화폐에 대한 처분권을 갖춘—— 생산자가 보다 싸게 팔 수 있는 가능성에 의해 싸움의 결과가 결정적인 영향을 받는다고 하는 점을 절대적으로 가정한다. 특히 그러한 싸움의 전제는 유효한——그 어떤 순전히 기술적인 목적을 위해 관습적으로 날조되지 않은——가격을 가정하며, 따라서 욕망하는 교환 수단으로 유통되는 유효한 화폐를(기술적인 경영 결제를 위한 단순한 기호가 아니라) 가정한다. 그러니까 화폐 가격 기회와 수익성에의 지향은 다음과 같은 점을 야기한다. 1. 개별적인 교환 지망자가 화폐나 특별히 시장성이 있는 재화를 소유하고 있는 데서 나타나는 차이는, 재화 제조가 영리 경영에 의해 이루어지는 한에서는 재화 제조의 방향에 결정적인 영향을 끼친다는 것이다. 이것은 '구매력이 있는' 수요만이 충족되고 또 충족될 수 있기 때문이다. 그러니까 2. 어떤 수요가 재화 제조에 의해 충족되는가 하는 물음은 전적으로 재화 제조의 수익성에 좌우되며, 이러한 수익성은 그 자체가 비록 형식적으로는 일종의 합리적인 범주이기는 하지만 바로 그렇기 때문에 실질적인 가치 요청에 대하여, 만일 이 같은 가치 요청이 시장에서 충분한 구매력의 형식으로 나타날 수 없는 경우에는 무관심한 태도를 취하게 된다.

자본재란 (소유물이나 재산 부분과 달리) 자본 계산을 지향하며 처분되는 그리고 그러한 한에서의 모든 재화를 뜻한다고 하겠다. 자본이자란 있을 수 있는 다양한 종류의 차용(借用) 이자와 달리, 1. 수익성의 계산에서 물적 영리 수단에 정상적인 것으로 산정(算定)된 최소한의 수익성의 기회를, 2. 영리 경영이 화폐를 조달하거나 자본재를 제조하여 획득하는 이자를 뜻한다고 하겠다.

여기에 서술한 내용은 자명한 사실을 약간 특별한 어법으로 담아내고 있을 따름이다. 자본 계산의 기술적인 본질에 대해서는 회계학에 대한 세간의, 부분적으로는 탁월한 서술(라이트너 Friedrich Leitner, 섀르 Johann Friedrich Schär 등)을 참조할 일이다.

1. 자본 개념은 여기서 엄격하게 사경제(私經濟)적으로 그리고 '회계부에 상응하게 buchmäßig' 파악되었는데, 이것은 합목적성을 위해서는 불가피하였다. 이 전문 용어는 유감스럽게도 과학적으로 빈번히 통용되어 온, 물론 내적으로는 아직 통일적이지 못한 언어 관행보다는 세간의 언어 관행과 훨씬 덜 충돌한다. 지금 점차 다시 과학적으로 이용되고 있는 엄격하게 사경제적인 언어 관행의 사용 가능성을 시험해보기 위해서는, 이를테면 다음과 같은 간단한 물음을 던져보기만 하면 된다. 1. 어느 주식회사가 백만 마르크의 '기본 자본 Grundkapital'을 갖고 있다면, 2. 이 자본이 '감액'되었다면, 3. 법률이 기본 자본에 대한 규정을 포함하고 있으며 이를테면 기본 자본이 무엇으로 그리고 어떻게 얼마간 '보전(補塡)'될 수 있는지를 제시하고 있다면, 이것은 무엇을 의미하는가? 이것이 의미하는 바는, (1에 관하여) 이윤을 분배할 때 재고 조사와 규정에 따른 화폐 평가에 의해 '부채 Passiva'보다 많은 것으로 조사된 '자산 Aktiva' 가운데 백만 마르크를 넘어서는 초과액 전체가 비로소 '이윤'으로 기입되고 참여자들에게 임의로 사용하도록 분배되어도 좋다(개별 기업의 경우에는 이러한 잉여액이 비로소 가계를 위해 소비되어도 좋다)는 식으로 처리되고, (2에 관하여) 심하게 손실을 입었을 경우에는 이윤을 내거나 이윤을 저장하여 아마도 오랜 해가 지난 후에서야 다시 백만 마르크보다 많은 전체 초과액이 산정될 때까지 기다려서는 아니되고 전체 초과액이 보다 낮은 경우에 이미 '이윤'이 분배될 수 있다는 것, 이를 위하여 바로 '자본'이 감액되어야만 한다는 것이며, 이것이 자본 운용 Operation의 목적이다. 3. 기본 자본이 어떻게 보전에 의해 '보증'되며 언제 그리고 어떻게 '감액'되거나 '증액'되어도 좋은가에 대한 규정의 목적은, 채권자와 주식 취득자에게 이윤 분배가 합리적인 경영 계산의

규칙에 따라 '올바르게' 이루어진다는 것을 보증해주는 데 있다. 그러니까 그렇게 해서 a) 수익성이 계속되고 b) 채권자의 손해를 책임질 수 있는 대상을 축소시키지 않도록 하는 것이다. '보전'에 관한 규정은 모두가 그러한 대상을 '자본'으로 '산정'하는 일에 관한 규정이다. 4. '자본이 다른 종류의 투자에 눈을 돌린다'(비수익성 때문에)라고 말하는 경우에 이것이 뜻하는 바는 무엇인가? 이것은 한편으로는 자본이 '재산'으로서 투자된다고 함을 뜻한다. 왜냐하면 '투자 행위 *Anlegen*'는 일종의 재산 관리 *Vermögensverwaltung*의 범주이지, 영리 경영의 범주가 아니기 때문이다. 그렇지 않은 경우에는 (드물게) 그 말이 뜻하는 바는, 부분적으로는 자본재의 재고를 고철과 싸구려 상품으로 매각함으로써 그러한 특성을 탈피시키고, 부분적으로는 자본재를 새롭게 달리 획득한다는 것이다. 5. '자본력 *Kapitalmacht*'이 운위되는 경우에 이것이 의미하는 바는 무엇인가? 어느 영리 경영에 자본재로 사용할 수 있는 영리 수단과 경제적 기회에 대한 처분권의 점유자가 이러한 처분권에 힘입어, 그리고 경제 행위를 자본주의적 영리 계산의 원칙에 지향하는 데 힘입어, 다른 사람에 대하여 일종의 특별히 우세한 위치를 점하게 되는 것을 뜻한다.

가장 이른 합리적 영리 활동의 초기에 자본(이러한 이름 아래 등장한 것은 아니다!)은 이미 화폐로 계산된 금액으로서 등장한다. 즉, 코멘다 *Commenda*에서 그러하였다. 여행하는 상인에게 다양한 종류의 재화가 주어졌는데, 이것은 국외 시장에서의 매각을 위해서이기도 하고——때에 따라서는——국내 시장을 위하여 다른 종류의 재화를 구입하기 위해서이기도 하였다. 이 경우에 이윤과 손실은 여행하는 이해 당사자와 자본을 댄 기업의 이해 당사자 사이에 일정한 비율로 나누어졌다. 그러나 이렇게 할 수 있기 위해서는 재화가 화폐로 평가되어야만——그러니까 기업 행위의 초기 결산과 말기 결산이 이루어져야만——했다. 코멘다(또는 해상 상사 *societas maris*)의 '자본'은 전부가 참여자 사이의 결제 목적에만 기여하고 어느 다른 종류의 목적에는 기여하지 않는 평가 금액이었다.

'자본 시장'을 운위하는 경우에 이것은 무엇을 의미하는가? 재화가

──특히 화폐가──자본재로 사용되기 위한 목적에서 욕망된다는 것, 그리고 이러한 목적을 위해서 이 재화(특히 화폐)를 경영에 의해 제조하는 일로부터 이윤을 얻는 영리 경영(특히 일정한 종류의 '은행')이 존재한다는 것이다. 이른바 '대출 자본'의 경우에, 즉── '이자'와 함께 또는 '이자' 없이 동일한 액면 금액을 되돌려주는 대가로 화폐를 빌려주는 경우에──우리는 영리 경영의 대상으로서 대부(貸付)되는 대출 자본만을 '자본'이라고 말할 것이며, 그 밖의 경우에는 단지 '화폐 대출'이라고만 말할 것이다. 통속적인 언어 관행은 '이자'가 지불되는 한 '자본'이라고 말하는 버릇이 있다. 왜냐하면 이 이자가 흔히 액면 금액의 배당금으로 계산되기 때문이다. 이러한 계산적 기능 때문에만 대부되거나 예금되는 화폐액은 일종의 '자본'을 의미하는 것이다. 물론 이것이 언어 관행의 출발점이다(라틴어로 자본 *capitale*이란 대출 총액과 같은 뜻으로서, 전하는 바에 의하면──증명할 수 있는 것은 아니다──가축 貸借 계약에서 '머릿수'의 총계를 의미한다). 하지만 이러한 언어 관행은 별다른 의의가 없다. 덧붙이자면 역사적 초기에 이미 현물 재화를 화폐로 계산된 금액으로 빌려주고 이로부터 이자를 계산해내었는데, 여기서도 우리는 '자본재'와 '자본 계산'이 그 이후 전형적인 방식으로 병존했던 것을 알 수 있다. 사실 어느 재산 관리의 일부를 이루는 단순 대부의 경우에 그것이 가계의 목적에 기여한다면, 대부자 쪽에 대하여 '대출 자본'이라는 표현을 사용하지 않으려 한다. 이 경우에는 피대부자 쪽에 대해서도 당연히 그러한 표현을 쓰지 않고자 한다.

'기업 행위'라는 개념은 세간에서 통용되고 있는 개념과 일치한다. 다만 대개 자명한 것으로 전제되는 자본 계산에의 지향을 뚜렷이 강조하였을 뿐이다. 이는 온갖 영리 추구 그 자체가 이미 '기업 행위'를 뜻하는 것이 아니라, 단지 바로 그러한 영리의 추구가 자본 계산에 (대자본주의적으로든 *großkapitalistisch* '영세' 자본주의적으로든 *zwergkapitalistisch* 상관없이) 지향될 수 있는 한에서만 기업 행위를 의미한다는 것을 암시하기 위해서이다. 이와 달리 이 같은 자본 계산이 사실상으로도 합리적으로 실시되며 회계가 합리적인 원칙에 따라 실행되는가의 여부는 무관하다는 것이다. 이와 마찬가지로 오로지 자본 계산을 행하는 기업에서만 '이윤'이나 '손실'이 문제가 된다는 것이다. 자본 없이 얻어진 영리(작가 · 의사 · 변호사 · 관료 · 교수 · 피고용인 *Angestellte* · 기술자 · 노동자의)도 우리에게는 당연히 '영리'이다. 그러나 그것이 '이윤'을 뜻하는 것은 아니라는 것이다(언어 관행도 무자본적 영리를 이윤이라고 부르지 않는다). '수익성'은 상인적 계산 기술의 수단을 갖고 독립적으로 회계를 할 수 있는 온갖 영리 활동(어느 일정한 노동자의 고용이나 어느 일정한 기계의 설치, 노동 휴식의 설정 등)에 적용될 수 있는 개념이다.

자본 이자의 개념을 규정하는 데 있어서 약정된 대부 이자를 출발점으로 삼아서는 합목적적이라고 할 수가 없다. 어느 누군가가 어느 농민에게 씨앗 곡식을 융통해주고 되돌려받을 때 그 대가로 일종의 부가금 *Zuschlag*을 요구한다면, 또는 이러한 약정이 어느 가계가 필요로 하고 어느 다른 가계는 빌려줄 수 있는 화폐로써 이루어진다면, 이것을 아직은 일종의 '자본주의적' 현상이라고 부르지 않는 것이 합목적적일 것이다. 부가금('이자')이 ──합리적 행위의 경우에──약정되는 이유는, 대부를 받는 사람이 대부를 받을 경우에 그의 급양 기회 *Versorgungschance*에 나타나게 될 차이가 대부를 단념할 경우에 예상되는 상태의 급양 기회와 비교해볼 때 확약한 부가금보다 더욱 나아 보일 것으로 기대하기 때문이다. 그리고 대부를 주는 사람은 이러한 상태를 알고 있으며, 대부해준 재화를 자기 자신이 현재 처분할 경우의 한계 효용보다 되돌려받을 때 약정한 부가금의 평가된 한계 효용이 더 많게 될 정도로 그러한 상태를 이용한다. 이 때 관건이 되고 있는 것은 여전히 가계와 재산 관리의 범주이지 자본 계산의 범주는 아니다. 또한 어느 '고리 대금업자'로부터 자기 자신의 수요를 충족시킬 목적으로 일종의 긴급 대부를 빌려오는 사람도 이러한 전문 용어의 의미에서 '자본 이자'를 '지불'하는 것은 아니며, 대부해준 사람은 자본 이자를 받는 것이 아니라 대부에 대한 보상을 받는 것이다. 경영적인 대부자(貸付者)는 그의 영업 자본으로부터(합리적인 경제의 경우) '이자'를 스스로 산정해내며, 만일 대부에 대한 상환이 제대로 이루어지지 않아서 이러한 수익성의 정도가 달성되지 않은 경우에는 '손실'로 처리된다. 이러한 이자가 우리에게는 '자본 이자'이며, 그 밖에 다른 종류의 이자는 그저 '이자'에 지나지 않는다. 그러니까 이러한 전문 용어의 의미에서의 자본 이자는 언제나 자본에 의한 이자이지 자본을 위한 이자는 아니고, 항상 화폐 평가에 결부되어 있으며 따라서 시장적인 영리 수단이나 다른 종류의 영리 수단에 대한 '사적(私的)' 처분권, 즉 전유된 처분권이라는 사회학적 사실에 결부되어 있다. 이러한 처분권이 없이는 '자본' 계산을 전혀 생각해볼 수 없을 것이며, 따라서 '이자' 계산도 전혀 생각해볼 수 없을 것이다. 합리적인 영리 경영에서는 예컨대 '자본'으로 보이는 항목의 차변에 기입되는 그러한 이자가 최소한의 수익성이며, 이를 달성하고 못함에 따라 자본재를 사용한 해당 방식의 합목적성이 평가된다(여기서 '합목적성'은 당연히 영리의 관점, 즉 수익성의 관점에서 바라본 것이다). 이러한 최소한의 수익성을 위한 명제는 주지하다시피 '자본 시장'에서의 신용에 대한 그때그때마다의 이자 획득의 기회를 대충 엇비슷하게만 표준으로 삼는다. 물론 이러한 이자 획득의 기회가 존재하기 때문에 그러한 회계 방책을 사용하고, 또한 시장 교환이 존재하기 때문에 거래 장부에 부기를 사용하지만 말이다. 그러나 자본주의적 경제의 그 같은 기본 현상에 대한 설명은, 즉 '대출 자본'에 대하여——그러니까 기업가에 의해——지속적으로 보상이 지불된다는 사실에 대한 설명은 다음과 같은 물음에 대한 대답을 통해서만 이루어질 수 있다. 즉, 왜 기업가는 대부자에게 이러한 보상을 지불하면서도 평균해서 지속적으로 수익성을 달성하기를 희망해도 좋은가, 바꾸어 말하자면 현재의 100을 장래의 100 + x와 교환해받는 것이 합리적이라고 하는 사실은 어떤 일반적인 조건 아래서 바로 평균적으로 들어맞는가. 경제 이론은 이 물음을 장래의 재화와 현재의 재화 사이의 한계 효용 관계로써 대답하려 할 것이다. 좋다! 그런 연후에 사회학자는 다음과 같은 물음에 관심을 갖게 될 것이다. 인간의 어떤 행위에 이러한 표면상의 관계가 표현되며, 기업가들이 이러한 차액 평가의 귀결을 일종의 '이자' 의 형식으로 그들의 연산(演算)에 기초로 삼을 수 있을 정도가 되는가. 왜냐하면 언제 그리고 어디서 사정이 그러한가 하는 것은 결코 자명한 일이 아닐 것이기 때문이다. 사실상 그러한 사정은 주지하다시피 영리 경제에서 나타난다. 그러나 이러한 사정에 일차적으로 결정적인 영향을 끼치는 것은 한편으로는 영리 기업과 다른 한편으로는 가계 사이의, 즉 제공되는 재화를 소비하는 가계뿐만 아니라 어떤 제조 수단(무엇보다도 노동)을 제공하는 가계 사이의 경제적인 세력 상태 *Machtlage*이다. 오로지 최소한의 '자본 이자'가 기대되는 경우에만 기업이 설립되고 지속적으로(자본주의적으로) 경영된다. 그 경우에 경제 이론은——이것은 극히 다양한 모습일 수 있다——아마도 다음과 같이 말할 것이다. 즉, 그러한 세력 상태의 이용은——이것은 제조 수단과 생산물에 대한 사적 소유권의 결과이다——오로지 이러한 범주의 경제 주체에게만 말하자면 '이자에 적응된' 경제 행위를 가능하게 한다고 할 것이다.

2. 재산 관리와 영리 경영은 겉으로는 서로 같아 보일 수 있을 정도까지 접근해 있다. 사실 재산 관리는 경제 행위의 구체적인 최종적 의미에 의해서만 영리 경영으로부터 구별되어 있다. 즉, 영리 경영에서는 경영의 시장 우위와 수익성의 증대 및 지속성이 경제 행위의 의미이고, 재산 관리에서는 재산과 소득의 보장 및 증대가 경제 행위의 의미이다. 그러나 이러한 최종적 의미는 실재 현실에서 두 가지 의미 가운데 항상 어느 하나의 방향으로만 배타적으로 결정되게 되어 있는 것은 결코 아니며 또 그렇게 결정될 수 있는 것도 아니다. 예컨대 어느 경영 지휘자의 재산이 경영 수단에 대한 처분권과 일치하고 소득이 이윤과 완전히 일치하는 곳에서는 양쪽이 완전히 일치하는 것처럼 보인다. 그러나 경영의 지휘자는 모든 종류의 개인적인 사정으로 인하여, 경영의 합리성을 지향하는 관점에서 보자면, 일종의 비합리적인 경영 관리 *Betriebsführung*의 길을 택할 수 있다. 그러나 무엇보다도 경영에 대한 처분권을 지니고 있다는 것과 재산을 갖고 있다는 것이 일치하지 않는 경우가 아주 흔하다. 나아

가 소유자의 개인적인 과잉 부채, 현재의 높은 소득에 대한 개인적인 욕구, 유산 분배 등은 경영적으로 평가할 때 경영 관리에 지극히 비합리적인 영향을 끼치는 경우가 아주 흔하다. 사실 이 때문에 그러한 비합리적 영향을 완전히 차단하는 수단을 사용하는 일이 빈번하다(예컨대 가족 기업의 주식회사 설립). 이처럼 가계와 경영을 구별하려는 경향은 우연한 것이 아니다. 이러한 경향은 바로 다음과 같은 사실의 결과로서 나타난다. 즉, 재산과 재산의 운명은 경영의 입장에서 보면 비합리적이고, 소유자의 그때그때마다의 소득 이해는 수익성의 입장에서 보면 비합리적이라는 사실의 결과로서 나타난다. 어느 경영의 수익성 계산이 노동자나 소비자로서의 이해 관심을 갖고 있는 인간의 급양 기회에 대하여 그 어떤 명확한 것을 말해 주지 않는 것과 마찬가지로, 경영에 대한 처분권을 갖춘 어느 개개인이나 단체의 재산에 대한 이해 관심과 소득에 대한 이해 관심이 반드시 지속적인 경영 수익성의 최고치와 시장의 세력 상태를 겨냥하고 있는 것은 아니다(영리 경영이 어느 '생산 협동조합'의 처분권 아래 놓여 있는 경우에도——그리고 흔히 바로 이러한 경우에——당연히 그렇지 않다). 어느 근대적인 합리적 경영 관리의 즉물적인 이해 관심은 처분권의 점유자(들)의 개인적인 이해 관심과 결코 동일하지 않으며, 흔히 대립되어 있다. 이것이 의미하는 바는, '가계'와 '경영'은 처분권의 점유자와 처분 대상을 두고 볼 때 양쪽이 동일한 곳에서도 원칙적으로 구별된다는 것이다.

'가계'와 '영리 경영'의 구별이 전문 용어상으로도 예리하게 고수되고 실행되어야만 유용할 것이다. 어느 지대 생활자 Rentner 쪽에서 화폐 수익을 향유할 목적으로 유가 증권을 매입한다면 이것은 '자본' 투자가 아니라 일종의 재산 투자이다. 어느 사적(私的) 개인 쪽에서 이자의 청구라는 영리를 목적으로 어느 사람에게 화폐를 대부해주는 것과 어느 은행이 바로 그 동일한 사람에게 화폐를 대부해주는 것은 대부해주는 사람의 입장에서 볼 때 다르다; 어느 소비자나 어느 기업가에게(영리 목적을 위해) 화폐를 대부해주는 것은 대부를 받는 사람의 입장에서 볼 때 서로 다르다. 전자의 경우는 은행의 자본 투자이고, 후자의 경우는 기업가의 자본 차입 *Aufnahme*이다. 그러나 첫번째 경우에 대부해주는 사람의 자본 투자는 대부받는 사람에 있어서 단순히 가계를 위한 대부의 차입일 수 있고, 두번째 경우에 대부받는 사람의 자본 차입은 대부해주는 사람에 있어서 단순한 '재산 투자'일 수 있다. 재산과 자본, 가계와 영리 경영의 차이를 확인하는 것은 중요하지 않은 것이 아니다. 왜냐하면 이러한 구별을 하지 않고서는 특히 고대의 발전과 그 당시 자본주의의 한계를 이해할 수 없기 때문이다(이에 대해서는 이미 알려져 있는 로드베르투스Karl Rodbertus-Jagetzow의 논문들이 비록 오류가 많고 보충할 필요가 있기는 하지만 여전히 중요하며, 뷔혀의 적확한 논의와 서로 비교해서 고찰되어야 한다).

3. 자본 계산을 하는 모든 영리 경영이 시장에서 제조 수단을 구매하기도 하고 시장에 생산물(또는 최종 용역)을 공급하기도 한다는 그러한 의미로 '이중적인 측면에서' 시장 지향적이라고 하는 것은 결코 아니다. 아주 다양한 종류의 징세권 임대와 금융은 생산물을 공급하지 않으면서도 자본 계산에 의해 경영된다. 이것의 매우 중요한 귀결은 나중에 논의될 것이다. 그렇게 되면 이것은 시장적인 자본 계산적 영리가 아니다.

4. 영리 활동과 영리 경영은 여기서 합목적성의 이유 때문에 구별된다. 아직 소유하고 있지 않은 재화(화폐 또는 현물 재화)를 새롭게 취득하기 위해 어느 일정한 방식으로 활동하는 사람은 누구나 적어도 또한 영리 활동을 하고 있는 것이다. 그러니까 관료와 노동자가 기업가보다 영리 활동을 덜하고 있는 것은 아니다. 그러나 우리는 다음과 같은 종류의 영리 활동만을, 즉 a) 욕망되는 재화를 제작하고 판매하기 위해서, 또는 b) 욕망되는 용역을 제공하여 화폐를 교환해얻기 위해서 재화를 영리 수단으로 사용하기 때문에 연속해서 시장 기회에 지향되어 있는 그러한 종류의 영리 활동만을 시장 영리적 경영이라고 부르고자 한다. 여기서 화폐가 앞에서 거론했던 경우에서처럼 자유로운 교환에 의해서 얻어지는가 아니면 전유된 기회를 이용해서 얻어지는가 하는 것은 상관이

없다. 이러한 전문 용어의 의미에서 보자면 온갖 종류의 소유로부터 얻어지는 지대로 살아가는 사람은, 그가 그의 소유물을 갖고서 제아무리 합리적으로 '경제 행위'를 한다고 하더라도 '영리 활동'을 하는 것이 아니다.

5. 재화를 제조하는 영리 경영의 수익성의 방향을 규정하는 것은 최종 소비자가 각자의 소득에 따라 내리는 한계 효용의 평가라고 하는 점은 물론 이론적으로 고수되어야 한다. 그러나 사회학적으로 다음과 같은 사실이 무시되어서는 아니된다. 즉, a) 자본주의적 수요 충족은 욕구를 새롭게 '일깨우고' 종래의 욕구를 위축시키며, b) 공격적인 광고를 통해서 소비자의 수요 충족의 방식과 정도에 고도로 영향을 끼친다고 하는 사실이 무시되어서는 아니되는 것이다. 이것이 바로 자본주의적인 수요 충족의 본질적인 면모에 속한다. 틀림없는 사실은, 자본주의적인 수요 충족에서 관건은 대개 일등급의 긴급성을 지닌 욕구가 아니라는 것이다. 한편 식생활과 주거의 방식도 자본주의적인 경제에서는 매우 전반적으로 공급자에 의해 규정된다.

제12항. 현물 계산과 현물 경제

현물 계산 *Naturalrechnung*은 극히 다양한 조합 속에서 나타날 수 있다. 화폐 경제란 전형적으로 화폐를 사용하는 경제라는 의미로 쓰이고, 따라서 화폐로 평가된 시장 상태를 지향하는 경제라는 의미로 쓰이는 말이며, 현물 경제란 화폐를 사용하지 않는 경제라는 의미로 쓰이는 말이다. 그리고 역사적으로 나타난 경제는 이러한 어법에 의하면 화폐 경제성의 정도나 자연 경제성의 정도에 따라 구별될 수 있다.

그러나 현물 경제는 명확한 하나의 의미를 지니고 있는 것이 아니라, 그 구조가 매우 다양할 수 있다. 현물 경제는

a) 절대적으로 교환이 존재하지 않는 경제를 의미할 수 있거나

b) 화폐를 교환 수단으로 사용하지 않고 현물 교환을 하는 경제일

수 있다.

첫번째 (a)의 경우에 현물 경제는 다음과 같은 것일 수 있다.

α. 1. 완전히 공산주의적으로 또는 2. 협동조합적으로(지분 계산과 함께) 경제 행위를 하는 개별적인 단위 경제일 수 있으며, 이 두 경우에 개별적인 부분에는 자율이나 자치가 전혀 없다: 폐쇄된 가정 경제.

β. 모든 개별적인 단위 경제가 어느 중앙의 단위 경제에 현물 용역을 제공해야 하는 부담을 지고 있다는 것말고는 자율적이고 자치적인 다양한 개별적인 단위 경제의 조합일 수도 있다: 현물 용역의 경제('오이코스 *Oikos*,' 엄격하게 공출제적인 정치적 단체).

이 두 가지 경우에 현물 경제에서는 순수한 유형의 경우에는(또는 이러한 유형적 측면이 존재하는 한에서는) 오직 현물 계산만 통용된다.

두번째 (b)의 경우에 현물 경제는 다음과 같은 것일 수 있다.

α. 화폐를 사용하지 않고 화폐 계산을 하지 않으며 순전히 현물 교환을 하는 현물 경제(순수한 현물 교환 경제)일 수 있거나,

β. (때에 따라서 또는 전형적으로) 화폐 계산을 하는 현물 경제일 수 있다(이러한 경제 생활은 고대 동양에 전형적인 것이었음이 증명될 수 있지만, 다른 곳에서도 아주 만연되어 있었다).

현물 계산의 문제에 있어서는 (a)의 경우만이 그 두 가지 형식 속에서 관심을 끌거나, 공출제가 합리적인 경영 단위 속에서 이루어지는 (a)의 경우와 같은 형태가 관심을 끈다. 합리적인 경영 단위에 의한 공출제는 이른바 일종의 '완전 사회화'를 시행하면서 근대적인 기술을 견지하는 경우에는 불가피할 것이다.

모든 현물 계산은 그 가장 내적인 본질에 있어서 소비에, 즉 수요 충족에 지향되어 있다. 물론 '영리 행위'에 전적으로 상응하는 행위도 현물적인 토대 위에서 얼마간 가능하다. 한편으로는 a) 교환이 존재하지 않는 경제에서: 처분 가능한 현물적 제조 수단과 노동이 재화를 제작하거나 조달하는 데 계획적으로 사용된다. 이 경우에는 이렇게 해서 달성하게 될 수요 충족의 상태가 현물적 제조 수단과 노동을

이러한 방식으로 사용하지 않거나 다른 방식으로 사용할 경우의 수요 충족 상태와 비교해볼 때 가계상으로 더 이익이라고 평가하는 계산이 토대를 이루고 있다. 그렇지 않은 경우에는 b) 현물 교환 경제에서 엄격하게 현물을 교환해주고 교환해받는 방식으로(경우에 따라서는 반복적인 그러한 활동 속에서) 재화 공급이 계획적으로 추구된다. 이러한 재화 공급은 그와 같은 방책을 사용하지 않았던 이전의 재화 공급과 비교해볼 때 욕구를 보다 풍부하게 충족시킨 것으로 가치 평가된다. 그러나 이 때 일종의 수적 비교는 질적으로 동일한 재화의 차이에 대해서만 명확하게 그리고 전혀 주관적인 가치 평가 없이 행하여질 수 있다. 특히 동양의 현물 봉급 규정과 현물 녹봉 규정에 토대가 되었던(그리고 심지어는, 우리의 국채 증권처럼, 교환 거래의 대상이 되었던) 것과 같은 전형적인 소비적 현물 급여 *Duputate*는 당연히 서로 비교될 수 있다. 유형적으로 아주 동일한 종류의 재화(나일강 계곡의 곡물)에 있어서는 대체 거래에 의한 저장이 (이집트에서처럼) 당연히 기술적으로 가능하였으며, 이러한 사정은 은행 통화 본위 *Bankowährung*의 경우에 은괴(銀塊)에 있어서도 마찬가지였다. 또한(그리고 이것은 더욱 중요하다) 어느 일정한 생산 과정의 기술적인 성과가 수적으로 조사되고 다른 종류의 기술적인 과정과 비교될 수 있다. 이러한 비교가 동일한 최종 생산물에 대하여 이루어지는 경우에는 제조 수단에 대한 수요의 방식에 따라 제조 수단의 종류와 정도가 비교의 기준이 된다. 그렇지 않고 동일한 제조 수단에 대하여 비교가 이루어지는 경우에는——다양한 취급 방식에 의해 산출되는——다양한 최종 생산물이 비교의 기준이 된다. 여기서는 중요한 부분적인 문제에 대하여 수적인 비교가, 반드시 그러한 것은 아니지만, 흔히 가능하다. 그러나 다양한 종류의 생산 수단과 여러 가지로 사용 가능한 생산 수단이나 질적으로 다양한 최종 생산물이 고려되자마자 단순한 '계산'은 문제점을 드러내기 시작한다.

온갖 자본주의적 경영은 사실 회계에서 계속적으로 현물 계산에 의한 연산(演算)을 실시한다. 만일 일정하게 건조(建造)된 어느 베틀, 일정한 질의 날줄과 실이 주어져 있다고 가정하면, 주어진 기계 성능, 주어진 공기의 습도, 주어진 석탄, 윤활유, 정사(整絲) 재료 등의 사용을 감안할 때 매 시간당 그리고 매 노동자당——보다 정확하게 말하자면 개별적인 노동자에 의해——만들어지는 씨줄의 수가 확인될 수 있고, 이를 근거로 단위 시간 내에 노동자가 만들어내야만 할 목표 생산물의 단위량이 확인될 수 있다. 이러한 종류의 것은 전형적인 폐물이나 부산물을 낳는 산업에 있어서 온갖 화폐 계산을 하지 않고서도 확인될 수 있으며 또 그렇게 확인된다. 또한 주어진 상황 아래서는 경영 단위의 기술적인 가공 능력을 측정하여 경영 단위가 필요로 하는 원자재의 정상적인 연간 수요가 현물 계산적으로 확인될 수 있고, 건물과 기계의 마모 기간, 노후화나 다른 손상에 의한 전형적인 결손과 재료 손실이 현물 계산적으로 확인될 수 있으며, 또 이러한 확인이 이루어진다. 그러나 다양한 종류의 생산 과정을 비교하고 여러 가지 사용 가능성을 지닌 다양한 종류의 제조 수단을 비교하는 일은 오늘날 경영의 목적을 위한 수익성 계산에서 화폐 비용을 계산함으로써 손쉽게 해결되는 반면에, 현물 계산에 있어서는 여기에 '객관적으로' 해결할 수 없는 어려운 문제가 있다. 오늘날 경영의 자본 계산에서 사실상의 회계는 사실상 이미 이러한 어려움 없이——겉보기에는 그럴 필요가 없는 것처럼 보이는데——화폐 계산의 형식을 취하고 있기는 하다. 그러나 적어도 부분적으로는 우연히 그렇게 된 것이 아니다. 그게 아니라 예컨대 '감가 상각'을 회계하는 데 있어서 화폐 계산의 형식을 취하는 이유는, 이것이 경영에 의한 생산이 이루어질 미래의 조건에 사전 대비하는 형식으로서 최대의 적응 준비를 갖춘 활동의 자유(사실 이 같은 자유는 실재로 예비재를 비축하는 온갖 경우나 그것이 어떤 것이 되었든 다른 종류의 순전히 현물적인 사전 대비의 방책을 수립하는 경우에 그러한 감가 상각의 회계라는 통제 수단이 없다면 비합리적일 것이며 억제하기가 어려울 것이다)를 최대의 안전과 결합하기 때문이다. 현물 계산에서는 상세하게 명시되지 않을 '예비금 *Rücklagen*'이 도대체 어떤 형식을 취해야 할 것인지 알기가 어렵다. 그리고 나아가 어느 기업 내에서 다음과 같은 물음은, 즉 그 기업이 그리고 그 기업의 어떤 구성 부분이 순전히 기술적·현물적으로 볼 때 비합리적으로(=수익성 없이) 노동하며 또 왜 그러한가, 말하자면 현물적 경비(자본 계산적으로는 '비용')의 어떤 구성 부분이 합목적적으로 절감될 수 있거나, 그리고 무엇보다도 보다 합리적으로 달리 사용될 수 있을 것인가 하는 물음은 장부(帳簿)상의 '효용' 관계와 '비용' 관계를 사후에 회계함으로써 비교적 쉽고 확실하게 화폐로 조사될 수 있지만—여기에는 대차 계정의 자본 이자에 의한 부채도 지표로서 포함된다—, 현물 계산을 통해서는 그것이 어떠한 종류의 것이 되었든 그러한 조사가 극히 어려우며 일반적으로 아주 명백한 경우에만 그리고 아주 조잡한 형식으로만 이루어질 수 있다 (여기에서는 계산 방법을 '개선'함으로써 해결할 수 있는 우연한 한계가 벌써 관건일리는 없고, 실제로 정확한 현물 계산을 하고자 하는 온갖 시도의 원칙적인 한계가 관건일 것이다. 그렇지만 현물 계산에 원칙적인 한계가 내재되어 있다는 어쨌든 이러한 설명은 테일러 시스템 *Taylor-System*을 근거로 논증을 들이대지 않더라도 그리고 화폐를 사용하지 않고서도 그 어떤 웃돈 계산이나 점수 계산에 의해 '진보'를 달성할 수 있는 가능성을 들먹이지 않더라도 당연히 논박될 수 있을 것이다. 사실 문제는 어느 경영의 어떤 장소에 제거해야 할 비합리성이 잠복해 있으며 또 바로 이 때문에 경우에 따라서는 그러한 장소에 그와 같은 웃돈 계산이나 점수 계산의 수단을 동원해야 할 것인지를 어떻게 발견해낼 것인가 하는 것이다. 이러한 비합리성을 정확하게 조사해내는 일은 바로 현물 계산이 마주치는 어려운 문제로서, 화폐 계산에 의한 사후 회계에 있어서는 이 같은 문제가 생겨나지 않는다). 경영 회계의 토대로서의 현물 계산은(현물 계산에서 경영이란 재화 제조가 계획 경제적으로 지휘되는 他治的이고 타율적인 성격의 것으로 생각될 수 있을 것이다) 가산(加算)

문제에서 그 합리성의 한계에 부딪친다. 이 문제가 현물 계산에서는 사실 부기적 사후 계산이라는 단순한 형식으로 나타나는 것이 아니라, '한계 효용론'에서의 가산 문제에서 볼 수 있는 매우 논란의 여지가 많은 형식으로 등장한다. 현물 계산은 아무튼 제조 수단의 합리적이고 지속적인 경제적 관리라는 목적을 위해서는 개별적인 대상에 대하여 '가치 지표'를 조사해야만 할 것이며, 이러한 지표는 오늘날의 회계에서 '결산 가격'이 하는 기능을 떠맡아야만 할 것이다. 그리고 이러한 현물 계산이 도대체 어떻게 발전되고 통제될 수 있을 것인지는 알 수가 없을 것이다. 말하자면 현물 계산이 한편으로는 온갖 경영에서마다 (그 처지에 따라) 다양하게 발전되고 통제될 수 있을 것인지, 다른 한편으로는 '사회적 효용성'을 고려하여, 즉 소비 수요(현재의 그리고 장래의)를 고려하여 통일적으로 발전되고 통제될 수 있을 것인지 알 수가 없을 것이다.

화폐를 사용하지 않는 경제가 안고 있는 문제에 과감하게 적응하기만 한다면 일종의 계산 체계가 '이미 발견'되거나 발명되리라는 가정은 여기서 도움이 되지 않는다. 이 문제는 모든 '완전 사회화'가 직면하게 되는 하나의 근본적인 문제이며, 모든 것을 결정짓는 이 점에 있어서 어느 '계획'을 순전히 합리적으로 수립하기 위한 수단이 알려져 있지 않는 한에서는 어쨌든 합리적인 '계획 경제'를 운위할 수 없다.

현물 계산이 안고 있는 어려움은 다음과 같은 물음이 밝혀져야 할 경우에는 더욱 커진다. 구체적인 생산 방향을 지닌 어느 주어진 경영이 이 곳에 자기의 합리적인 입지를 갖고 있는가 아니면—언제나 어느 일정한 인간 집단의 수요 충족의 입장에서 볼 때—어느 다른 가능한 곳에 합리적인 입지를 갖고 있는가, 그리고 어느 주어진 현물적인 경제 단체가 스스로 처분할 수 있는 노동력과 원료를 가장 합리적으로 이용해야 하는 입장에서 볼 때 일정한 생산물을 다른 생산물과의 '보충 교환 Kompensationstausch'을 통해서 조달하는 것이 더 옳은가 아니면 스스로 제작하여 조달하는 것이 더 옳은가 하는 물음이 바로 그것이다. 물론 입지를 규정하는 근거는 순전히 현물적인 성격의 것이며, 또한 그 가장 단순한 원칙도 현물 자료로 정식화할 수는 있다(이에 대해서는 『사회경제학 개요』, 제VI편의 알프레드 베버Alfred Weber를 볼 것). 그러나 다음과 같은 점을 구체적으로 확인하는 일은, 즉 어느 구체적인 장소에 주어져 있는 입지적으로 중요한 여건에 의하면 어느 일정한 생산 방향을 지닌 경영이 합리적일 것인가 아니면 어느 수정된 생산 방향을 지닌 다른 종류의 경영이 합리적일 것인가를 구체적으로 확인하는 일은——독점적인 원자재가 산출되기 때문에 절대적으로 장소에 구속되어 있는 경우를 제외하고는——현물 계산에서는 아주 엉성한 평가에 의해 가능할 따름이지만, 화폐 계산에서는 항상 참작해야 할 미지의 조건에도 불구하고 원칙적으로는 언제나 해결이 가능한 회계 과제이다. 마지막으로 이와는 또다른 비교의 문제가 있는데, 주어진 상황에서 제작할 수도 있고 교환해받을 수도 있는 구체적으로 서로 다른 재화 종류의 중요성을, 즉 욕망되는 정도를 비교하는 일이 바로 그것이다. 이러한 비교는 궁극적으로는 온갖 개별적인 경영 회계에서 그 귀결과 함께 등장하는 문제이며, 화폐 계산의 상황 아래서는 수익성을 결정적으로 규정함과 아울러 영리 경영에 있어서 재화 제조의 방향을 제약한다. 현물 계산에 있어서는 이러한 비교의 문제가 원칙적으로 한편으로는 전통에 의지해서만 해결될 수 있거나, 그렇지 않은 경우에는 소비를 명확하게(신분적으로 상이하게든 또는 평등하게든 상관없이) 조절하고 순종을 기대할 수 있는 독재적인 강권의 명령에 의지해서만 해결될 수 있다. 그러나 이 경우에도 현물 계산이 어느 경영의 전체 업적을 개별적인 '요인'과 조처에 귀속시키는 문제는 일찍이 화폐에 의한 수익성 계산이 이루어냈던 것과 같은 방식으로 해결될 수 없다고 하는 사실에는 변함이 없다. 그러니까 바로 오늘날의 대규모 경영에 의한 대량 공급은 현물 계산에 가장 강력하게 저항을 한다고 하는 사실에는 변함이 없다.

1. 현물 계산의 문제는 최근의 '사회화' 경향을 계기로 특히 오토 노이라트 Otto Neurath에 의해 그의 수많은 저술에서 심도 있게 제기되었다. '완전 사회화'에 있어서는, 즉 효과적인 가격의 소멸을 고려하는 경우에는, 사실 이 문제가 단연 중심적인 것이다(이 문제를 합리적으로 해결할 수 없다고 하는 사실이 의미하는 바는, 명백히 언급해두어야 하다시피, 그러한 종류의 사회화에 있어서는 순전히 경제적으로도 그 모든 것을 '감수해야' 한다는 사실에 지나지 않을 것이다. 그러나 그러한 사회화가 기술적인 가치 요청에 근거를 두고 있는 것이 아니라, 모든 신념 사회주의 Gesinnungs-Sozialismus처럼 윤리적 또는 다른 종류의 절대적인 가치 요청에 근거를 두고 있는 한, 이러한 노력의 '권리'가 '부정'될 수는 없을 것이다──어떤 과학도 그러한 권리를 부정할 수 없다. 그러나 순전히 기술적으로 볼 때, 오직 정밀한 계산을 토대로 해서만 부양이 이루어질 수 있는 인구 밀도를 갖고 있는 지역에서는 가능한 사회화의 형식과 범위의 한계가 효과적인 가격의 존속에 의해 설정될 것이라는 가능성은 고찰되어야 할 것이다. 하지만 그것은 여기서 논의할 사항이 아니다. 다만 언급해두어야 할 점은, '사회주의'와 '사회 개혁'의 개념적 구별이 어디에선가 이루어져야 한다면 바로 여기에서 그러한 구별이 이루어진다는 것이다).

2. 그것이 개별적인 경영에 있어서의 화폐 계산이든 아주 많은 개별적인 경영이나 심지어는 모든 개별적인 경영에 있어서의 화폐 계산이든 '단순한' 화폐 계산은, 그리고 재화의 움직임 등에 관하여 화폐로 이루어지는 가장 포괄적인 통계도, 어느 주어진 인간 집단에게 이들이 궁극적으로 필요로 하는 현물 재화를 공급하는 방식에 대해서는 아무것도 말해주지 않는다는 사실은 당연히 전적으로 맞는 이야기다. 나아가 많은 논란을 불러일으킨, 화폐에 의한 '국민 재산 Volksvermögen'의 평가는 그것이 재정 회계적인 목적 fiskalische Zwecke에 기여하는 한에서만(그러니까 조세를 부과할 수 있는 재산을 확인하는 한에서만) 진지하게 받아

들여질 수 있다고 하는 사실도 당연히 전적으로 맞는 이야기다. 그러나 만일 재화의 가격이 화폐에 의해 통계적으로 알려져 있다면, 화폐에 의한 소득 통계에 있어서는 현물적인 재화 공급의 입장에서 볼 때도 사정이 결코 그와 똑같지 않다. 다만 그 경우에도 실질적인 합리성의 관점 아래 통제를 할 수 있는 온갖 가능성이 결여되어 있을 뿐이다. 나아가 (로마의 극히 조방적인 캄파냐[교외 평원]*Campagna* 경제가 더군다나 모든 참여자에게 보여주었던 것과 같은) 만족할 만한 수익성은 어느 주어진 인간 집단의 재화 수요를 충족시키기 위해 주어진 재화 제조의 수단을 가장 적절하게 이용해야 할 입장에서 경제를 운영하는 일과 수많은 경우에 조금도 공통점을 지니고 있지 않다는 사실은 옳은 이야기이다. 전유의 방식은(특히 ──이 점에 있어서는 오펜하이머 Franz Oppenheimer가 유보 없이 인정하였다시피 ──경작지 전유의 방식은, 그러나 물론 이러한 전유 방식만 그러한 것은 아니다) 생산 수단을 기술적으로 가장 적절하게 이용하도록 하는 발전을 지속적으로 방해할 수 있는 여러 가지 종류의 지대 기회와 수익 기회를 야기한다고 하는 사실도 옳은 이야기다(그리고 이러한 사실들은 로마의 캄파냐의 예를 들어 시스몽디 Charles Simonde de Sismondi[『정치경제학 연구 *Etudes sur l'Economile Politique*』, II. Bd., Paris 1838]와 좀바르트 Werner Sombart[「로마의 캄파냐 Die römische Campagna」, Schmoll. Forsch., VIII. Bd. Heft 3, 1988]에 의해 훌륭하게 서술되었다). (그렇다고 해서 이것이 바로 자본주의적 경제의 특색이라는 것은 결코 아니다. 특히 많은 논란을 불러일으킨, 수익성에 대한 이해 관심에서 비롯된 생산 제한은 바로 중세의 경제 체제를 남김없이 지배했으며, 오늘날 노동자층의 우세는 그와 비슷한 생산 제한을 촉진시킬 수 있다. 그러나 그러한 실정은 그 한 가운데서도 분명히 존재한다.) 그러나 화폐의 움직임에 대한 통계가 이루어지고 화폐 평가의 형식으로 통계가 이루어진다는 사실은 이를테면, 많은 논의에 의하면 믿어야하다시피, 현물 통계의 발전을 저해하지는 않았다. 이상적인 가치 요청의 입장에서 그러한 상태와 업적을 어떻게 비난하든지간에 말이다.

우리의 통계 가운데 십중팔구는 그리고 그 이상으로 화폐 통계가 아니라 현물 통계이다. 전체적으로 완전한 한 세대의 연구는 결국 현물적인 재화를 공급하는 데 있어서 순전히 수익성을 지향하는 경제의 업적을 비판하는 일에 거의 다름이 아니었다(왜냐하면 이른바 '講壇 사회주의자들'의 모든 그리고 온갖 연구는 아무튼 결국, 그것도 아주 의식적으로, 이러한 비판을 하기에 이르렀기 때문이다). 다만 이들 연구는 완전 사회화를 가치 판단의 척도로 여기지 않고, 사회 정책적으로——그리고 다시 말해서 현물 계산 경제와 달리, 존속하는 효과적인 가격에——지향된 사회 개혁을 (잠정적으로든, 확정적으로든) 대량 경제에서는 유일하게 가능한 가치 판단의 척도로 보았다. 이러한 입장을 '어중간한 것'으로 여기는 것은 당연히 자유이다. 다만 그러한 입장 자체는 내적으로 모순이 없었다. 현물 경제의 문제에는 그리고 특히 현물 계산의 가능한 합리화의 문제에는 그다지 많은 주목이 기울여지지 않았으며, 어쨌든 전체적으로 단지 역사적인 주의만 기울여졌을 뿐이고 시의(時宜)에 적합한 주의가 기울여지지 않았다고 하는 사실은 맞는 이야기다. 전쟁은——과거에도 온갖 전쟁이 그러했다시피——이 문제를 전시 경제의 문제와 전후 경제의 문제라는 형식 속에서 아주 대대적으로 제시하였다(그리고 바로 이 문제를 아주 일찍이 그리고 예리하게 다룬 것은 의심할 나위 없이 오토 노이라트의 공적에 속한다. 개별적인 사항에 있어서나 원칙적인 사항에 있어서 약간 논박의 여지가 있기는 하지만 말이다. '과학'이 그의 정식화에서 거의 자리를 차지하지 못했다고 하는 사실은, 아주 고무적이지만 차라리 章의 표제와 같은 종류의 예측만이 지금까지 존재하며 이러한 예측과의 진정한 '대결'은 곤란하다고 하는 사실을 감안하면, 놀라운 일이 아니다. 문제는 그의 공식적인 서술이——지금까지——끝나는 곳에서 시작된다).

3. 전시 경제의 능률과 방법은 어느 경제 체제의 실질적인 합리성을 비판하는 데 있어서도 아주 조심스럽게 사용될 수 있을 따름이다. 전시 경제는 하나의 (원칙적으로) 명확한 목적에 지향되어 있으며 완전 무결한

힘을 철저히 이용할 수 있는 처지에 있다. 이 같은 힘은 평시 경제에 있어서는 '신민'이 '국가 노예'의 상태에 놓여 있는 경우에만 처분될 수 있다. 나아가 전시 경제는 그 가장 내적인 본질에 있어서 '파산자 경제'이다. 다른 모든 것을 압도하는 전쟁의 목적은 다가올 평시 경제에 대한 온갖 고려를 사라지게 한다. 완전히 고갈될 우려가 없는 모든 물자에 대해서뿐만 아니라 더욱이 노동력에 대해서도 기술적으로만 정확하게 계산될 따름이고, 경제적으로는 단지 대략적으로만 계산된다. 따라서 계산은 주로(전적으로 그러한 것은 아니다) 기술적인 성격을 지닌다. 계산이 경제적인 성격을 지니는 한에서는, 즉 목적들 사이의 경쟁을——주어진 목적에 대한 수단뿐만 아니라——고려하는 한에서는, 한계 효용의 원칙에 따른 지극히 원시적인(온갖 정확한 화폐 회계의 입장에서 볼 때) 검토와 산정(算定)으로 만족하며, 유형적으로는 '가계' 계산에 속하고, 노동과 제조 수단의 배분 방식을 선택하는 데 있어서 지속적인 합리성을 보증할 뜻을 전혀 갖고 있지 않다. 따라서——바로 전시 경제와 전후 경제가 경제적인 '가능성'의 인식에 제아무리 유익하다고 하더라도——전시 경제에 적합한 현물적인 계산 형식으로부터 평시의 장기적으로 계속되는 경제에 알맞는 귀납적 추론을 도출해낸다는 것은 의심스러운 일이다.

아주 기꺼이 인정해야 할 점은, 1. 시장 가격을 지니지 않은 제조 수단에 있어서는 화폐 계산도 어쩔 수 없이 자의적인 가정에 의해 이루어진다고 하는 사실(이러한 사실은 특히 농업 경제적인 부기에서 고려된다), 2. 그보다 정도가 덜하기는 하지만 특히 다각적인 경영 회계의 경우에 '총괄 비용'을 배분하는 데 있어서 사정이 얼마간 그와 비슷하다는 사실, 3. 온갖 기업 연합화는 그것이 제아무리 합리적인 것일지라도, 즉 시장 기회에 지향되어 있을지라도, 이미 자본 계산에 입각하여 정확하게 회계하고 싶은 생각을 곧바로 감소시킨다고 하는 사실이다. 왜냐하면 부득이 정확한 회계를 해야 할 필요가 있는 곳에서만 그리고 그러한 한에서만 정확한 회계가 이루어지기 때문이다. 그러나 현물 계산의 경우에는 1.의 상태가 보편적으로 존재할 것이고, 2. 여하튼 자본 계산에 의해 이루어지는 '총괄 비용'의 온갖 정확한 산정은 불가능할 것이며, 그리고 3. 정확한 회계를 하도록 하는 온갖 유인(誘引)이 배제될 수밖에 없으며 그러한 유인은 의심스러운 효과를 지닌 수단을 통해서(위를 볼 것) 인위적으로 새롭게 만들어져만 한다. 회계를 담당하는 광범한 '상인적 피고용인' 간부를 일반 통계를 하는 직원으로 전환하여 현물 계산의 경우에 회계를 일반 통계로 대치할 수 있을 것이라는 생각은 '통계'와 '회계'의 근본적으로 상이한 유인뿐만 아니라 근본적으로 상이한 기능도 제대로 인식하지 못하는 것이다. 통계와 회계는 관료와 조직자가 서로 다르듯이 서로 구분된다.

4. 화폐 계산뿐만 아니라 현물 계산도 합리적인 기술이다. 이 두 가지 종류의 계산이 모든 경제 행위의 전체를 나누어 담당하는 것은 결코 아니다. 그게 아니라 그 외에도 사실상 경제적으로 지향되어 있지만 계산에 생소한 행위가 있다. 그러한 행위는 전통적으로 지향되거나 감성적으로 야기될 수 있다. 인간의 모든 원시적인 먹이 찾기는 본능에 의해 지배되는 동물의 먹이 찾기와 유사하다. 완전히 의식적이기는 하지만 종교적인 헌신, 전사(戰士)적인 격앙, 공순(恭順)의 감각, 그리고 이와 비슷한 감성적인 지향에 근거한 행위도 그 계산성의 정도는 아주 작게 발달되어 있다. '형제 사이에서는'(部族 형제, 수공업자조합 형제, 신앙 형제) 값을 깎지 않으며, 가족, 동지, 제자들 *Jünger*끼리는 계산을 하지 않거나 궁한 경우에는 아주 탄력적으로 '통제 배급'을 하기만 한다. 원초적인 가족 공산주의에 계산성이 스며들게 된 사정에 대해서는 아래의 제V장을 볼 것. 계산의 담지자는 어디서나 화폐였고, 바로 이 때문에 사실상 현물 계산은 그 내재적 본성이 강제하는 것보다 기술적으로 훨씬 미발달된 채로 남게 되었다(이 점에서는 노이라트가 옳다는 것을 시인할 수 있을 것이다).

본고가 인쇄되고 있는 중에 이 문제를 다룬 미제스 Ludwig von Mises 의 논문이(『사회과학 연지』, 제47권, pp. 86 이하) 발표되었다〔「사회주의적 공동 단체에서의 경제 계산 *Die Wirtschaftsrechnung im sozialisti-*

schen Gemeinwesen」; 최근에 그가 저술한『공동 경제 *Gemeinwirtschaft*』, 제2판, 1932, pp. 91 이하(제2부, 제3항) 이외에 부록(pp. 480 이하)을 참조할 것].

제13항. 화폐 계산의 형식적 합리성의 조건

화폐 계산의 형식적인 '합리성'은 그러니까 매우 특별한 실질적인 조건에 결부되어 있다. 여기서는 이러한 조건들이 사회학적으로 관심을 불러일으킨다. 특히 관심을 불러일으키는 조건은 다음과 같다.

1. (적어도 상대적으로) 자율적인 경제 행위의 시장 싸움. 화폐 가격은 싸움과 타협의 산물이다. 그러니까 세력 판도 *Machtkonstellation*의 산출물이다. '화폐'는 인간의 인간과의 싸움에 의해 형성되는 성격의 가격을 근본적으로 배제하지 않고서도 임의로 변형할 수 있는 '불특정한 효용력의 지불 위임표'가 결코 아니다. 화폐는 그렇게 무해한 물건이 아니라, 일차적으로는 싸움의 수단이자 싸움의 상품(賞品)이며, 단지 이해 싸움의 기회를 양적으로 평가하는 표현의 형식에서만 계산 수단이다.

2. 화폐 계산이 경제 행위의 계산적인 방향 설정의 수단으로서 최고도의 합리성에 다다르는 것은 자본 계산의 형식에서이다. 그리고 강요적이고 경제적으로 비합리적인 독점 및 자발적이고 경제적으로 합리적인 독점이 존재하지 않는다는 의미에서 시장이 아주 전반적으로 자유롭다고 하는 실질적인 전제 아래서 그러한 최고도의 합리성이 달성된다. 이러한 상태와 결부되어 생산물의 판로(販路)를 둘러싸고 벌어지는 경쟁 싸움은, 특히 판매 조직과 광고(가장 넓은 의미에서의)로서의 경쟁 싸움은, 이러한 경쟁이 없었더라면(그러니까 계획 경제의 경우에는 또는 합리적인 완전 독점의 경우에는) 생략되었을 많은 경비 지출을 낳는다. 나아가 엄격한 자본 계산은 사회적으로는 '경영 규율'과 물적 제조 수단의 전유에, 그러니까 일종의 지배 관계의 현황에 구속되어 있다.

3. 자본 계산을 매개로 하여 실질적으로 영리적인 재화 제조를 규제하는 것은 '욕망 *Begehr*' 그 자체가 아니라, 효용력을 구매할 수 있는 능력이 있는 욕망이다. 그러니까 그때그때마다의 소유 분배 방식에 의해 전형적으로 어느 일정한 효용력을 구매할 수 있는 능력을 지니고 있으며 또 구매하려는 성향을 갖고 있는 최종 소득층에 있어서의 한계 효용 판도가 재화 제조의 방향에 결정적인 잣대가 된다. 화폐 계산의 본질에 속하는 이러한 사정은, 형식적으로는 바로 가장 완벽한 자본 계산의 합리성이——완전한 시장 자유의 경우에는——모든 실질적인 가치 요청에 대하여, 이것이 어떤 성질의 것이든, 절대적으로 무관심하다는 사정과 결합하여 화폐 계산의 합리성의 원칙적인 한계를 야기한다. 자본 계산의 합리성은 바로 순전히 형식적인 성격의 것이다. 형식적인 합리성과 실질적인 합리성(이것이 어떤 가치 척도에 지향되든지 상관없다)은 모든 상황에서 원칙적으로 갈라선다. 이 두 가지 합리성이 무수한(완전히 비현실적인 전제 아래 구성해볼 수 있는 이론적 가능성에 의하면 심지어 모든) 개별적인 경우에 경험적으로 일치할지는 모르지만 말이다. 왜냐하면 화폐 계산의 형식적인 합리성 그 자체는 현물 재화의 실질적인 분배 방식에 대해서는 아무것도 진술하지 않기 때문이다. 현물 재화의 실질적인 분배 방식은 언제나 별도의 논의를 필요로 한다. 최대수의 인간에게 물질적으로 어떤 최소한의 것을 조달할 수 있는 입장을 합리성의 척도로 삼을 경우에는 지난 몇십 년의 경험에 의하면 형식적인 합리성과 실질적인 합리성은 틀림없이 비교적 높은 정도로 일치한다. 왜냐하면 거기에는 경제적으로 지향된 사회적 행위 가운데 오직 화폐 계산에만 적합한 종류의 행위를 일어나게 하는 종류의 유인이 작용하기 때문이다. 그러나 모든 상황에서 형식적인 합리성은 소득 분배의 방식과 결합해야 비로소 물질적인 공급의 방식에 대하여 무엇인가를 진술한다고 하는 사실은 맞는 말이다.

제14항. 거래 경제와 계획 경제

'거래 경제적인' 수요 충족이란 순전히 이해 상태에 의해 가능하게 되는, 교환 기회에 지향되어 있는, 그리고 오직 교환에 의해서만 이해 사회적으로 결합되는 모든 경제적 수요 충족을 뜻한다고 하겠다. '계획 경제적인' 수요 충족이란 어느 단체 내에서 협약 또는 강요에 의해 제정된 실질적인 질서에 체계적으로 지향되어 있는 수요 충족을 뜻한다고 하겠다.

거래 경제적인 수요 충족은 보통 그리고 합리성의 경우에 화폐 계산을 전제하며, 자본 계산의 경우에는 가계와 경영의 경제적인 분리를 전제한다. 계획 경제적인 수요 충족은 (그 범위에 따라 다양한 의미와 정도로) 경제의 실질적인 방향 설정의 최종 근거인 현물 계산에 의존하지만, 형식적으로는 경제 행위자가 계획적인 수요 충족에 없어서는 아니될 행정 간부의 지시에 따라 경제 활동을 함으로써 이루어진다. 거래 경제에서는 자치적인 개별 단위 경제의 행위가 자율적으로 지향된다. 가계 행위의 경우에는 화폐 소유와 기대되는 화폐 소득의 한계 효용에 지향되고, 일시적인 영리 행위의 경우에는 시장의 기회에 지향되며, 영리 경영의 경우에는 자본 계산에 지향된다. 계획 경제에서는 모든 경제적 행위가——계획 경제가 실시되는 한에서는——명령적 및 금지적인 지시와 기대되는 보상 및 처벌에 엄격하게 가계적 그리고 타율적으로 지향된다. 계획 경제에서는 개개인의 사적인 이해 관심을 일깨우는 수단으로서 별도의 수입 기회가 기대되는 한에서는, 적어도 그에 의해 보상되는 행위의 종류와 방향은 실질적으로는 어디까지나 타율적으로 규범에 의해 규제된다. 거래 경제에서는 동일한 현상이 전반적으로 일어날 수 있기는 하지만, 형식적으로는 자발적인 방식으로 일어난다. 말하자면 재산의 분화로 인하여, 특히 자본재의 분화로 인하여 무산자(無産者)가 자신이 제공하는 효용력에 대한 보수를 받기 위해서 지시에 순응하도록 강제당하는 곳에서는 어디서나 그러하다. 그것이 어느 재력 있는 가정 주인의 지시이든, 자본재 소유자의(또는 이 소유자에 의해 그 자본재를 이용하도록 지명된 신임자의) 자본 계산에 지향된 지시이든 상관없이 말이다. 이것은 순수한 자본주의적 경영 경제에서 전체 노동자층이 겪는 운명이다.

모든 경제 행위의 결정적인 동인(動因)은 거래 경제적인 조건 아래서는 보통 다음과 같다. 즉, 1. 무산자에 있어서는 a) 자기 자신이 그리고 전형적으로 그가 급양을 떠맡는 개인적인 '식솔(食率)'(아이들. 아내, 경우에 따라서는 부모)이 전혀 급양되지 못할 위험 부담이 주는 압박 때문일 수도 있고, b) 경제적인 영리 노동을 삶의 형식으로 삼겠다고 내적으로 마음을——다양한 정도로——갖기 때문일 수도 있다. 2. 소유를 갖추고 있기 때문에 또는 (소유 덕분에) 우대받는 교육을 받았기 때문에 사실상 특권을 지니고 있는 사람들에 있어서는 a) 우대받는 영리 수입의 기회일 수도 있고, b) 공명심일 수도 있으며, c) '직업'으로서 우대받는 (정신적인, 예술적인, 기술적으로 전문 수업을 거친) 노동이 지닌 가치를 인정하기 때문일 수도 있다. 3. 영리 기업의 기회에 참여하는 사람들에 있어서는 a) 자기 자신의 자본 위험 부담과 자기 자신의 이윤 기회일 수도 있고, b) 합리적인 영리를 '직업'으로 삼겠다는 마음을 갖기 때문일 수도 있다. 그리고 b)의 경우에는 합리적인 영리가 α) 자기 자신의 업적을 '입증'으로 생각되기 때문일 수도 있고 β) 자기 자신의 지시에 의해 좌우되는 인간을 자율적으로 처리하는 형식이기 때문일 수도 있으며, 이 밖에도 γ) 어느 불특정 다수의 문화와 삶에 중요한 급양의 기회 *Versorgungschance*를 자율적으로 처리하는 형식, 즉 힘이기 때문일 수도 있다. 수요 충족을 지향하는 계획 경제는——그것이 철저하게 시행될 경우에는——이러한 여러 동기 가운데 급양되지 못할 위험 부담을 수단으로 노동을 강제하는 일만큼은 적어도 약화시켜야만 한다. 왜냐하면 급양이 실질 합리적으로 이루어지는 경우에는 노동하는 사람이 어쩌다가 열등한 업적을 내더라도 이로 인해 어쨌든 식솔이 임의로 심하게 고통을 당하도록 할 수는 없기 때문이다. 나아가서 수요 충족을 지향하는 계획 경제는, 급양이 그처럼 실질 합리적으로 이루어지는 경우에는, 제조 활동을 하는 경영 단위에서의 지휘의 자율을 아주 전반적으로, 궁극적으로는 완전히 차단해야만 하고, 자본의 위험 부담과 형식적으로 자율적인 처리에 의한 입증뿐만 아니라 인간과 삶에 중요한 급양의 기회에 대한 자율적인 처분을 한편으로는 전혀 알지 못하거나, 그렇지 않은 경우에는 아주 제한적으로만 자율에 맡긴다. 그러니까 경험적으로 볼 때 영리 경제 내에서 영리 기회에의 자율적인 지향이 욕망하는 구매력이 있는 재화를 제조하는 방향에서 성취하는 것과 비슷한 업적을 계획 경제적인 수요 충족의 방향에서 달성하기 위하여 계획 경제는 (경우에 따라 있을 수 있는) 순전히 물질적인 별도의 이윤 기회 이외에 본질적으로 '이타주의적인'(가장 넓은 의미에서) 성격의 이상적인 유인을 갖고 있는 것이다. 나아가서 이 때 수요 충족을 지향하는 계획 경제가 철저하게 시행될 경우에는 형식적인 계산적 합리성의 저하라는 대가를 치러야만 한다. 형식적인 계산적 합리성의 저하는 (이 경우에) 화폐 계산과 자본 계산의 폐지 때문에 불가피하게 야기된다. 실질적인 합리성과 형식적인 합리성(정확한 계산이라는 의미에서)은 바로 불가피하게 전반적으로 갈라선다. 이처럼 근본적인 그리고 궁극적으로 벗어날 수 없는 경제의 비합리성은 모든 '사회적' 문제 의식의, 무엇보다도 모든 사회주의의 문제 의식의 원천이다.

제13항, 제14항에 관하여:

1. 여기서 전개한 논의는 일반적으로 알려져 있는 사정을 얼마간 보다 예리하게 강조하여(제14항의 마지막 몇 문장을 볼 것) 묘사한 것에 지나지 않는다는 사실은 명백하다. 거래 경제는 '이해 상태'에 지향된 모든 전형적이고 보편적인 사회적 행위 가운데 정말로 가장 중요한 종류의 것이다. 거래 경제가 어떤 방식으로 수요를 충족시키는가 하는 것은 경제 이론이 논의할 대상이며 여기서는 원칙적으로 이미 알고 있는 사항으로 전제하여야 했다. '계획 경제'라는 표현을 사용한다고 해서 예전에 독일

제국의 경제 각료가 입안했던 기획을 신봉한다고 공언하는 것은 물론 결코 아니다. 그러나 계획 경제라는 표현을 선택한 이유는 바로 이 표현 자체가 문법에 어긋나지 않게 만들어져 그 경제 각료에 의해 공적으로 사용된 이래 세간에서 (노이라트가 사용한 바 있으며 그 자체로서 부적당하지는 아니한 표현인 '행정 경제' 대신에) 널리 통용되었기 때문이다.

2. 영리 기회를 (수공업자조합적으로, 기업 연합적으로, 또는 기업 합동적으로) 지향하는 모든 단체 경제나 단체 조절적 경제는 이러한 의미에서의 '계획 경제'라는 개념에 속하지 않는다. 그게 아니라 수요 충족을 지향하는 단체 경제만이 계획 경제에 속한다. 제아무리 엄격하게 조절되거나 어느 행정 간부에 의해 지휘되는 경제일지라도 영리 기회를 지향하는 경제는 언제나 효과적인 '가격'을 전제한다. 이러한 가격이 형식적으로 어떻게(범카르텔주의라는 극단적인 경우에는 카르텔 사이의 타협, '노동 공동체'의 임금 협상 등에 의해) 발생하는가에 상관없이 말이다. 그러니까 영리 기회를 지향하는 경제는 자본 계산과 자본 계산에의 지향을 전제하는 것이다. 순전히 가계적인 계획 경제라는 의미에서의 '완전 사회화'와 자본 계산을 유지하는 부분적 사회화(제조 부문의)에는, 그 목적이 동일하며 모든 혼합 형식이 존재함에도 불구하고 기술적으로는 원칙적으로 다양한 방향이 있다. 가계적인 계획 경제의 전(前)단계는 온갖 소비의 통제 배급이고, 일차적으로 재화의 현물적 분배에 영향력을 행사하려는 온갖 방책이 모두 그러한 전단계이다. 재화 제조의 계획적인 지휘는, 그것이 자발적이거나 강요된 기업 연합에 의해 시도되든 또는 국가의 심급에 의해 시도되든 상관없이, 일차적으로는 제조 수단과 노동력의 사용을 합리적으로 조직하고자 하는 것이며, 그렇기 때문에 가격이 ──적어도 (그 본래적인 의미에서) 아직은──없어도 괜찮은 것이다. 따라서 (그 합리 사회주의적인 지도자의 의사에 대항하여) 노동자의 전유 이해(利害)에 관심을 가져야만 하는 '경영 위원회' 사회주의와 '통제 배급' 사회주의가 좋은 조화를 이루는 것은 우연이 아니다.

3. 기업 연합적, 수공업자조합적, 또는 동업조합적인 경제적 단체의

형성에 관해서는, 그러니까 영리 기회의 조절이나 독점주의적인 이용에 관해서는, 그것이 강요된 것이든 협약된 것이든(형식적으로는 협약된 곳에서도 강요된 경우가 일반적이다) 이 자리에서 별도로 논의하지 않겠다. 그(아주 일반적인 사항)에 대해서는 위의 제I장, 제10항을 참조하고 경제적 기회의 전유를 논할 때(이 장의 제19항 이하) 더 많은 것을 알게 될 것이다. 진화론적이고 생산 문제에 지향되어 있으며 무엇보다도 마르크스주의적인 형식의 사회주의와, 분배의 측면에서 출발하며 오늘날 다시 '공산주의적'이라고 불리우는 합리적인 계획 경제적 형식의 사회주의 사이의 대립은 마르크스의 『철학의 빈곤 *Misère de la philosophie*』(『국제 총서 *Intern. Bibl.*』의〔제12권〕 독일어 보급판〔1885, 1859(제3판)〕의 pp. 38 전후) 이래로 다시는 사라지지 않았다. 플레하노프 Georg W. Plechanoff와 레닌 Vladimir I. Lenin 사이의 격렬한 싸움을 노정했던 러시아 사회주의 내에서의 대립도 그와 마찬가지로 궁극적으로는 위의 대립에 의해 야기되었다. 그리고 오늘날 사회주의의 분열은 비록 일차적으로는 지도자 자리(그리고 지도자 녹봉)를 둘러싼 지극히 거친 싸움이기는 하지만, 이 외에도 그리고 그 배후에는 이러한 문제점 때문에 야기되었다. 이 문제점은 전시 경제 때문에 특별한 전기를 맞이하였는데, 한편으로는 계획 경제의 사상에 유리하게 작용하였고, 다른 한편으로는 전유에 대한 이해 관심을 발전시키는 데 유리하게 작용하였다. '계획 경제'를 (어떤 의미와 범위에서든 상관없이) 창출해내야 마땅한가 하는 물음은 이러한 형식으로는 당연히 학문적인 문제가 아니다. 학문적으로 제기할 수 있는 물음은 다만, 계획 경제가 예측하건대 (주어진 형식의 경우에) 어떤 귀결을 초래하게 될 것인지, 그러니까 만일 계획 경제를 시도한다면 어떤 대가를 치러야만 하게 될 것인지 하는 것이다. 이 때 몇몇 알려져 있는 요인을 헤아리기는 하겠지만 그와 똑같은 정도의 일부 알려져 있지 않은 요인을 헤아려야 한다는 사실을 모든 측면에서 시인하는 것이 성실성의 계명이다. 이 문제에 관한 상세한 사항은 이 서술에서는 실질적으로 결정적인 점에 있어서는 전혀 언급될 수 없으며, 여기에 속하는 요점에 관련하여 단편적으로만 그리고 단체(특히 국가)의 형식과의 연관 속에서만 언급될 수 있다. 이 자리에서는 가장 기본적인 기술적 문제점에 대하여 (불가피한) 짤막한 논의만이 고려될 수 있었다. 조절되는 거래 경제의 현상도 이 문단의 첫머리에서 제시한 이유 때문에 여기서는 아직 다루지 않는다.

4. 경제 행위의 거래 경제적인 이해 사회적 결합은 한편으로는 효용력의 물적 담지자의 전유를, 다른 한편으로는 시장 자유를 전제한다. 시장 자유의 중요성은 1. 물적인 효용력 담지자의 전유가, 특히 제조 수단(생산 수단과 운송 수단)의 전유가 완벽할수록 더욱 증대한다. 왜냐하면 그 시장성이 가장 크다고 하는 것은 경제 행위가 시장 상태에 가장 크게 지향되었다고 하는 것을 의미하기 때문이다. 그러나 시장 자유의 중요성은 나아가서 2. 전유가 물적인 효용력 담지자에 제한될수록 더욱 증대한다. 인간(노예·예속인)이나 경제적 기회(고객 독점)의 온갖 전유는 시장 상태에 지향된 인간 행위의 제한을 의미한다. 특히 피히테Johann Gottlieb Fichte는 (그의 『폐쇄적인 무역 국가 Der geschlossene Handelsstaat』, 1800에서) '소유권' 개념이 이처럼 물적 재화에 제한되는 것을 (이와 동시에 소유권에 보존되어 있는 처분권의 자율에 관한 내용이 확장되는 경우에) 근대적인 거래 경제적 소유권 질서의 특징적인 성격으로 표현했는데, 이것은 옳은 이야기다. 모든 시장 이해 당사자는 시장 상태가 낳은 이윤 기회에 대한 그들의 지향이 제한을 받지 않도록 소유권이 그렇게 형성되는 데 대하여 이해 관심을 갖고 있었으며, 따라서 소유권 질서가 이러한 특징적인 모습으로 발전한 것은 주로 그들의 영향에 의해 만들어진 작품이다.

5. 그 밖에 흔히 사용되는 '공동 경제'라는 표현은 합목적성의 이유 때문에 피했다. 왜냐하면 그 표현은 개념적으로 불필요한 '공동의 이해 관심'이나 '공동체 감정'을 정상적인 것으로 기만하기 때문이다. 부역을 부과하는 영주나 대왕(大王)의 경제는 ('새로운 제국'에서의 파라오Pharao의 경제처럼) 거래 경제와 달리 가족 가계의 경제와 동일한 범주

에 속한다.

6. '거래 경제'의 개념은 '자본주의적인,' 즉 자본 계산에 지향된 경제 행위가 존재하는지의 여부와 그것이 어떤 범위로 존재하는가 하는 데 대해서는 무관심하다. 특히 거래 경제의 정상적인 유형인 화폐 경제적 수요 충족도 그러한 문제에 대해서는 무관심하다. 자본주의적 경제의 생존이 화폐 경제적 수요 충족의 계발에 비례하여 발달할 것이며, 게다가 서양에서 걸어온 방향으로 발전하리라는 가정은 그릇된 것이다. 그와 반대되는 가정이 맞다. 1. 화폐 경제의 범위가 증대하면서 이와 나란히 큰 이익을 낼 수 있는 기회가 군주의 오이코스에 의해 더욱 크게 독점되어 갈 수 있었다. 즉, 프톨레모이스Ptolemäus 시대의 이집트에서는 화폐 경제가—보존되어 있는 가계부가 증명하는 바에 의하면—아주 포괄적으로 발전되어 있었다. 이 화폐 경제는 바로 가계적인 화폐 계산에 머물렀으며 자본 계산으로 발전하지는 않았다. 2. 화폐 경제의 범위가 증대하면서 이와 나란히 재정 회계적인 기회의 '녹봉화'가 일어날 수 있었고, 이와 함께 경제의 전통주의적인 안정화도 성공적으로 이루어졌다(해당 장소에서 논의하게 될 것이다시피 중국에서 그러하였다). 3. 화폐 경제의 범위가 증대하면서 화폐 재산의 자본주의적 이용은 자유로운 재화 시장의 교환 기회에 지향되지 않은, 그리고 그 때문에 재화 제조에는 지향되지 않은 영리 기회에서 투자할 곳을 찾을 수 있었다(근대적인 서양의 경제 지역 이외에는 모든 지역에서 거의 전적으로 그러하였으며, 그 이유에 대해서는 계속해서 논의가 될 것이다).

제15항. 경제적인 용역 분배의 유형(일반 사항)

어느 인간 집단 내에서의 온갖 전형적인 종류의 경제적으로 지향된 사회적 행위와 경제적인 이해 사회적 결합은 재화 제조의 목적을 위해 인간의 용역을 그 어떤 범위에서 특수한 방식으로 분배하고 결합함을 의미한다. 경제적 행위의 실재 현실을 살펴보면 다양한 종류의 용역이 다양한 인간에게 분배되고 다양한 인간이 물적 제조 수단과의 극히 다양한 조합 속에서 공동의 용역에로 결합하는 것을 알 수 있다. 이러한 현상의 무한한 다양성 속에서 그래도 몇 가지 유형이 구분될 수 있다.

경제적인 종류의 인간의 용역은 다음과 같이 구분될 수 있다.

a) 기획하는 *disponierende* 노동, 또는

b) 기획에 지향되는 노동(여기서 이후로 노동은 이러한 단어의 의미에서 사용된다).

'노동'이 시간과 노력을 요구한다는 사실과 동일시된다면, 기획하는 용역 또한 노동이며 그것도 생각할 수 있는 가장 강렬한 정도로 노동이라는 사실은 자명하다. 그러나 다음에서 선택한 노동이라는 표현의 사용은 기획하는 용역과 대립적인 의미로서 오늘날 사회적인 이유 때문에 언어 관행이 되어 있으며, 앞으로는 이처럼 특수한 의미로 사용하게 된다. 그리고 일반적인 의미에서의 노동은 '용역'이라고 불러야 마땅하다.

어느 인간 집단 내에서 용역과 노동이 실시될 수 있는 방식은 다음과 같은 전형적인 방식으로 구분된다.

1. 기술적으로, 제조 방책의 기술적인 과정에 있어서 여러 협력자의 용역이 어떻게 상호 분배되고 서로 결합되며 물적인 제조 수단과 결합되는가 하는 방식에 따라 구분된다.

2. 사회적으로 구분된다. 보다 정확하게 말하자면,

A) 개별적인 용역이 자치적이고 자율적인 단위 경제의 대상인가 또는 그렇지 않은가에 따라, 그리고 이러한 단위 경제의 경제적인 성격에 따라 구분된다. 이와 직접적인 연관 속에서,

B) a) 개별적인 용역, b) 물적 제조 수단, c) 경제적인 영리 기회(영리의 원천으로서 또는 영리 수단으로서)가 전유되거나 전유되지 않은 정도와 방식에 따라, 그리고 그로 인해 야기된 α) 직업 편성

*Berufsgliederung*에 따라(사회적으로), β) 시장 형성의 방식에 따라 (경제적으로) 구분된다.

마지막으로

3. 용역 상호간에 이루어지는 그리고 용역과 물적 제조 수단 사이에 이루어지는 온갖 종류의 결합에 있어서, 그리고 용역이 단위 경제에게 분배되고 전유되는 방식에 있어서 경제적으로 다음과 같은 물음이 제기되어야만 한다. 가계적 이용이 관건인가 아니면 영리적 이용이 관건인가?

이 항과 다음에 계속해서 이어질 항들에 대해서는 무엇보다도 『국가학 편람 *Handwörterbuch der Staatswissenschaft*』(1909)에서 뷔허가 작성한 「공업 Gewerbe」이라는 항목의 변함없이 표준적인 서술과 역시 그가 쓴 「국민 경제의 발생 Die Entstehung der Volkswirtschaft」이라는 항목을 참조할 일이다. 이것은 기초가 되는 노작들인데, 거기에 사용된 전문 용어와 도식으로부터 본서가 적잖이 벗어나 있는 이유는 단지 합목적성 때문일 뿐이다. 그 밖의 글들은 인용되었더라도 별다른 도움이 되지 못했을 것이다. 왜냐하면 다음의 논의는 사실 새로운 연구 결과를 제시하는 것이 아니라, 우리에게 합목적적인 일종의 도식을 제시하기 때문이다.

1. 분명히 강조해두어야 할 점은, 여기서는 오로지──전체적인 연관에 들어맞게──현상의 사회학적인 측면만이 가능한 한 간결하게 개괄되며, 경제적인 측면은 그것이 바로 형식적인 사회학적 범주 속에 표현되는 한에서만 개괄된다. 지금까지 오직 이론적으로만 언급된 가격 조건과 시장 조건을 포함시켜야 비로소 서술은 실질적으로 경제적인 것이 될 것이다. 그러나 문제의 이러한 실질적인 측면은 이 같은 종류의 일반적인 서두에서는 아주 신중한 일면성 아래서만 명제의 형식으로 도입될 수 있었다. 그리고 순전히 경제적인 설명 방법은 유혹적인 만큼이나 논박의 여지를 안고 있다. 예를 들자면 이렇다. 중세의 단체 조절적이지만 '자유로운 노동'의 발생에 결정적인 시기는 10~12세기의 '암흑' 시대이며,

특히 지주, 노비주(奴婢主) *Leibherr*, 재판 영주의 ── 이들은 지대 기회를 둘러싸고 경쟁하는 특수 권력층이었다 ── 지대 기회를 지향하였던 자격 있는 농업적 · 광업적 · 공업적인 노동의 상태라는 것이다. 자본주의의 발달에 결정적인 시대는 16세기에 일어난 대규모의 만성적인 가격 혁명이라는 것이다. 이것은 (거의) 모든 (서양의) 경작지 생산물에 있어서의 절대적이고 상대적인 가격 상승을 의미하며, 이와 더불어 ── 농업 경제적인 경제학의 잘 알려진 기본 명제에 의하면 ── 판매 기업의 자극뿐만 아니라 가능성을 의미하고, 이와 아울러 일부에서는(영국) 자본주의적인 경영의 자극과 가능성을 의미하며, 일부에서는(엘베 Elbe강과 러시아 사이의 중간 지역) 부역 농장적인 대규모 경영의 자극과 가능성을 의미한다는 것이다. 다른 한편으로 그러한 가격 혁명은 중요한 공업 생산물에 있어서 비록 부분적으로는 (그것도 대개는) 절대적인 가격 상승을 의미하지만, (일반적으로는) 상대적인 가격 상승을 의미하는 것이 아니라 거꾸로 전형적인 방식으로 상대적인 가격 하락을 의미하며, 이와 함께 그러한 가격 하락을 위한 경영적인 전제 조건과 그 밖의 외적 및 내적인 전제 조건이 주어져 있는 한에서는 ── 독일에서는 사정이 그렇지 못하였으며, 독일의 '몰락'은 경제적으로 바로 이로부터 비롯하였다는 것이다 ── 경쟁력 있는 시장 경영 형식을 창출하게 한 자극을 의미한다는 것이다. 그후 나중에는 그 결과로서 자본주의적인 공업적 기업을 창출하게 한 자극을 의미한다는 것이다. 그 전제 조건은 대량 시장의 발생이라는 것이다. 이것이 발생하고 있었다는 사실을 나타내는 하나의 징후는 무엇보다도 영국의 무역 정책의 일정한 변화라는 것이다(다른 현상은 도외시하고서라도). 이 같은 종류의 주장과 이와 비슷한 주장은 경제 구조 발전에 있어서의 실질적인 경제적 제약성에 대한 이론적 성찰의 증거로 이용되어야만 한다는 것이다. 그러나 그것은 불가능하다. 이러한 명제와 이와 비슷한 수많은, 예외없이 이론의 여지가 있는 명제는 여기에서 사용되고 있는 의도적인 사회학적 개념에는 받아들여질 수 없다. 그것이 아주 틀린 것은 아니라고 하더라도 말이다. 이러한 형식의 시도를 단념하는 것과 아울러 이 장에서 이어지는 고찰도 (앞의 장들이 가격 이론과 화폐 이론에 대한 논의를 단념함으로써 그러했던 것과 마찬가지로) 우선은 의식적으로 실제적인 '설명'을 단념하고 (잠정적으로) 사회학적인 유형화만을 추구한다. 이 점은 아주 강하게 강조되어야 한다. 왜냐하면 사회학에 관련된 발전의 경과를 실제로 설명하는 데 있어서도 오직 경제적인 실태만이 살과 피를 제공하기 때문이다. 여기서는 바로 우선 하나의 윤곽만을 충분히 제시하고자 한다. 이는 얼마간 명확하게 규정된 개념을 가지고 작업을 할 수 있기 위해서이다.

이 자리에서는, 그러니까 일종의 도식적인 체계론에서는, 경험적·역사적인 일련의 현상뿐만 아니라 유형적·발생론적인 일련의 현상도 올바르게 설명되지 못한다는 것은 자명한 일이다.

2. 국민 경제학적인 전문 용어에서 흔히 '경영 *Betrieb*'과 '기업 *Unternehmung*'이 분리되지 않는다고 하는 사실에 대하여 빈번히 이의가 제기되었고, 이것은 올바른 지적이었다. '경영'이란 경제적으로 지향된 행위 그 자체의 영역에서 일종의 기술적인 범주이며, 일정한 노동 용역을 연속적으로 상호간에 그리고 물적 제조 수단과 결합시키는 방식을 나타낸다. 경영에 대립적인 범주는 한편으로는 a) 불안정한 행위이거나, 그렇지 않으면 b) 기술적으로 비연속적인 행위로서, 이것은 순전히 경험적인 온갖 가계에서 빈번히 나타나는 바와 같다. 이와 달리 '기업 행위'에, 즉 일종의 경제적 지향(이윤에의)에 대립적인 범주는 '가계'(수요 충족에의 지향)이다. 그러나 '기업'과 '가계'의 대립이 경제적 행위를 모조리 포괄하는 것은 아니다. 왜냐하면 '기업 행위'의 범주에 속하지 않는 영리 행위가 존재하기 때문이다. 모든 적나라한 노동 영리, 작가(作家)의 영리, 예술가의 영리, 관료의 영리는 경영도 아니고, 기업도 아닌 것이다. 한편 지대의 취득과 소비는 명백히 '가계'이다.

앞에서는 이러한 대립성에도 불구하고 기업가 행위가 연속적인 연관 속에 지속적으로 행하여지는 곳에서는 어디서나 '영리 경영'이라는 말을 사용해왔다. 그러한 행위는 사실 일종의 '경영'(경우에 따라서는 모든 보조 간부가 없이 행하여지는 단독 경영)이 이루어지지 않고서는 생각해 볼 수가 없다. 그리고 주요한 관건은 가계와 경영의 분리를 강조하는 일이었다. 그러나——지금 확인할 수 있었던 바와 같이——기술적인 경영 단위가 기업 단위와 일치하는 가장 단순한 경우에 있어서만 연속적인 영리 기업 행위 대신에 '영리 경영'이라는 표현이 (명확하기 때문에) 적합하다. 하지만 거래 경제에서는 기술적으로 분리되어 있는 여러 '경영'이 하나의 '기업 단위'에로 결합될 수 있다. 이 경우에 그렇게 결합된 기업 단위는 물론 단순히 기업가 개인들의 연합을 통해서 구성되는 것이 아니라, 영리 목적에 이용하기 위해 어떻게든 통일적으로 조직된 계획을 실행하는 데 있어서의 통일성에 의해 구성된다(따라서 이행 단계적 현상이 있을 수 있다). 오로지 '경영'이라고만 운위되는 곳에서는 그것은 어쨌든 언제나 기술적으로——시설, 노동 수단, 노동력, 그리고 (경우에 따라서는 他治적 그리고 타율적인) 기술적 지휘에 있어서——분리된 단위로 이해되어야 마땅하며, 이것은 사실 공산주의적인 경제(지금은 이미 흔히 사용되고 있는 언어 관행에 의하면)에도 존재한다. '영리 경영'이라는 표현은 이제부터는 기술적 단위와 경제적 (기업)단위가 동일한 곳에서만 사용되어야 마땅하다.

'경영'과 '기업'의 관계는 '공장 Fabrik' 및 '가내 공업 Hausindus-trie'과 같은 범주에서 전문 용어적으로 특히 날카로워진다. 가내 공업은 아주 명백하게 일종의 기업 범주이다. 노동자 가계의 일부로서 특성화된 용역을 갖춘 어느 단수 및 복수의 상인적 경영 단위(——중간 상인 조직 이외의 경우에는——작업장 노동이 없는)는 '경영적으로' 볼 때 상인적인 경영 단위와 병존하며, 거꾸로 이 상인적 경영 단위는 노동자 가계의 일부로서의 상인적 경영 단위와 병존한다. 그러니까 이러한 현상은 순전히 경영적으로는 전혀 이해될 수 없고, 시장·기업·가계(개별 노동자의), 보상되는 용역의 영리적 이용 등의 범주가 더해져야만 한다. '공장' 그 자체는, 노동자의 종류(자유로운 노동이나 자유롭지 않은 노동)와 노동 전문화의 방식(내적인 기술적 전문화의 여부) 그리고 사용되는 노동 수단의 종류(기계인가 아닌가)를 도외시할 수 있는 한에서는, ——흔히 제안되다시피 ——경제와 무관하게 개념 정의될 수 있을 것이다. 그러니까 단순히 작업장 노동으로 개념 정의될 수 있을 것이다. 그러나 그뿐만 아니라 항상 작업장과 노동 수단이 (어느 한 소유자에게) 전유되는 방식이 개념 정의에 포함되어야만 한다. 그렇지 않을 경우에는 개념이 '에르가스테리온 *Ergasterion* 〔고대의 공동 노동 작업장〕'이라는 개념처럼 융해되어버릴 것이다. 그리고 작업장과 노동 수단이 어느 한 소유자에게 전유되는 방식이 일단 개념 정의에 포함되면, 그 경우에는 '공장' 및 '가내 공업'을 자본 계산 기업의 엄격하게 경제적인 두 범주로 특징짓는 것이 원칙적으로 보다 합목적적인 것처럼 보인다. 그렇게 되면 엄격하게 사회주의적인 질서에서는 '공장'이 '가내 공업'과 마찬가지로 드물게 나타나며, 오로지 모든 종류의 현물적인 작업장, 시설, 기계, 도구, 작업장 용역과 가내 노동 용역만이 나타나게 될 것이다.

3. 다음에서는 경제적인 '발전 단계'에 대해서는 아직은 아무런 논의를 하지 않거나, 주제의 성질상 절대적으로 불가피한 한에서만 부수적으로 조금 언급하게 된다. 여기서는 다음과 같은 점만을 미리 언급해두는 것으로 충분할 것이다.

최근에 경제의 종류와 경제 정책의 종류가 보다 정확하게 구분되고 있으며, 이것은 정당한 작업이기는 하다. 쇤베르크 Gustav von Schönberg가 처음 도입한 바 있으며 그 이래로 변화해온 슈몰러 Gustav von Schmoller의 단계는, 즉 가내 경제, 촌락 경제——이 밖에 그 이상의 '단계'로서 지주와 가산 군주의 가계 경제——, 도시 경제, 지역 경제, 국민 경제는 그의 전문 용어에 있어서 경제 조절적인 단체의 종류에 의해 규정되었다. 그러나 그렇다고 해서 다양한 범위의 단체에 있어서의 이러한 경제 조절 방식만이 다양하다는 말은 아니었다. 독일의 '지역 경제 정책'은 도시 경제적인 조절을 아주 폭넓은 범위에서 수용한 데 불과하며, 그 새로운 조치는 특별히 가산제적이기는 하지만 이미 비교적 합리적인 국가 단체(그러니까 세간에 통용되고 있는 별로 다행스럽지 못한 표현에 의하면 '국민 경제 정책')의 '중상주의적인' 정책과 특별히 다르지 않았다. 그리고 더욱이 경제의 내적 구조가, 즉 용역의 특성화나 전문화 및 결합의 방식, 이러한 용역이 독립적인 경제에 분배되는 방식, 그리고 노동 이용과 제조 수단 및 영리 기회가 전유되는 방식이, 경제 정책의 (가능한!) 담지자인 단체의 범위와 나란히 발전된다는 말은 아니었고, 게다가 단체의 범위와 언제나 동일한 의미로 변천해간다는 말도 아니었다. 서양을 아시아와 비교해보고 근대 서양을 고대 서양과 비교해보면 이러한 가정이 그릇된 것임을 알게 될 것이다. 그럼에도 불구하고 경제적인 고찰에 있어서는 실질적인 경제 조절적 단체의——물론 이것은 바로 정치적인 단체만은 아니다——존재나 비존재와 그 조절의 원칙적인 의미는 결코 도외시될 수 없다. 영리의 방식은 그에 의해 아주 강하게 규정된다.

4. 여기서도 논의의 목적은 무엇보다도 경제의 형식적 합리성을 위한 최선의 전제 조건을 확인하고, 실질적인 '요구'와 형식적인 합리성 사이의 관계를 그것이 어떤 종류의 것이든 확인하는 일이다.

제16항. 기술적인 용역 편성의 방식

I. 용역 편성 *Leistungs-Gliederung* 의 방식은 기술적으로〔제15항, 1번〕다음과 같이 구분된다.

A. 용역의 분배와 결합에 따라. 보다 정확하게 말하자면,

1. 어느 동일한 사람이 떠맡는 용역의 종류에 따라. 말하자면,

a) 어느 동일한 사람의 손에, 한편으로는

α. 지휘하고 실시하는 용역이 동시에 놓여지는가, 그렇지 않으면

β. 둘 가운데 어느 하나만 놓여지는가에 따라.

a 에 관하여: 이러한 대립은 당연히 상대적인 것이다. 왜냐하면 보통은 지휘만 하는 사람(예컨대 大農)이 때에 따라서는 '함께 노동'하는 일이 나타나기 때문이다. 그 밖에 온갖 소농이나 수공업자 또는 소선주(小船主)는 α유형에 속한다.

b) 어느 동일한 사람이 실시하는 용역은 다음의 α와 β 가운데 어느 하나이다.

α. 기술적으로 다양한 종류의 서로 다른 최종 산물을 만들어내는 용역을 실시하는 경우(용역의 조합). 그것은 한편으로는

$\alpha\alpha$) 용역이 그 기술적인 부분에로 덜 전문화되어 있기 때문일 수도 있거나,

$\beta\beta$) 계절의 교체에 의해서일 수도 있으며, 그렇지 않은 경우에는

$\gamma\gamma$) 어느 주업적인 용역에 의해 요구되지 않은 용역 역량을 이용하기 위해서이다(부업적인 용역).

β. 어느 동일한 사람이 오로지 특수한 종류의 용역만을 실시하는 경우. 이것은 다시 다음의 두 가지 경우 가운데 어느 하나이다.

$\alpha\alpha$) 최종 산물에 따라 특수화되어, 그러니까 동일한 용역 담지자가 이러한 성과에 요구되는 기술적으로 서로 다른 종류의 모든 용역을 동시적 그리고 연속적으로 실시하는 경우(따라서 이러한 의미에서 용역의 조합이 존재한다): 용역의 특성화 *Spezifizierung*.

$\beta\beta$) 용역의 종류에 따라 기술적으로 전문화되어, 최종 생산물이 요구되는 경우에 그것이 오로지 (사정에 따라) 동시적 또는 연속적인 여러 용역에 의해서만 달성될 수 있는 경우: 용역의 전문화 *Spezialisierung*.

이러한 대립은 빈번히 상대적이지만, 원칙적으로 존재하며 역사적으로 중요하다.

b) α에 관하여: $\alpha\alpha$의 경우는 원시적인 가정 경제에 전형적으로 존재하며, 여기서는——전형적인 성별 분업을 제외하고는(이에 대해서는 제V장을 참조할 것)——누구나가 수요에 따라 모든 업무를 기획해야 한다.

$\beta\beta$의 경우에 대해서는 농업적인 경제 활동과 공업적인 겨울 노동 사이의 계절적인 교체가 전형적이었다.

γ에 대해서는 도시 노동자의 농업적인 부업 노동의 경우와 시간 여유가 있기 때문에 떠맡게 되는——근대적인 사무실에서까지 이루어지는——수많은 '부업 노동'이 전형적이다.

b) β에 관하여: $\alpha\alpha$의 경우에 대해서는 중세의 직업 편성의 방식이 전형적이다.

즉, 무수한 공업이 제각기 하나의 최종 생산물에로 특성화되어 있지만, 기술적으로 흔히 이질적인 노동 과정이 이 최종 생산물을 이끌어낸다는 사실은, 그러니까 용역의 조합이 존재한다는 사실은, 전혀 고려되지 않는다. $\beta\beta$의 경우는 노동의 전체적인 근대적 발전을 포괄한다. 그렇지만 엄격하게 정신 물리적인 입장에서 보면 결코 그 어떤 고도로 '전문화된' 용역은 아니며, 실제로는 극도로 고립되어 있다. 여기에는 여전히 용역 특성화의 요소가 깃들어 있는데, 다만 중세에서처럼 더 이상 최종 생산물에 지향되어 있지는 않다.

나아가 용역의 분배와 결합의 방식은(위의 A를 볼 것) 다음과 같이 다양하다.

2. 여러 사람의 용역이 어느 하나의 성과를 달성하기 위해 결합되는 방식에 따라. 가능한 방식은 다음과 같다.

a) 용역의 집적: 어느 성과를 이끌어내기 위해 여러 사람의 동일한 종류의 용역을 기술적으로 결합하는 것.

α. 기술적으로 상호 독립적으로 진행되는 질서지어진 병행 용역을 통해서,

β. 기술적으로 하나의 전체 용역에로 이해 사회적으로 결합되는(동일한 종류의) 용역을 통해서.

α의 경우에 대해서는 동시에 나란히 노동하는 벼 베는 사람이나 포장공(鋪裝工)이 예가 될 수 있으며, β의 경우에 대하여는 특히 고대 이집트에서 동일한 용역을 수행하는 수많은 사람들을 함께 묶어 가장 대규모

로(수천의 강제 노동자) 나타난 거대한 운송 용역(밧줄 견인)을 예로 들 수 있다.

b) 용역의 결합: 어느 성과를 이끌어내기 위해 질적으로 다양한, 그러니까 전문화된(A 1 b β, ββ) 용역을 기술적으로 결합하는 것.
  α. 기술적으로 서로 독립적으로
    αα) 동시에, 그러니까 병행적으로 행하여지는 용역을 통해서
    ββ) 연속적으로 전문화되어 행히여지는 용역을 통해서, 또는
  β. 기술적으로 이해 사회적으로 결합되어 있는 전문화된(기술적으로 상호 보완적인) 용역을 동시적인 작업 속에 행함으로써.

1. α, αα의 경우에 대해서는 이를테면 날줄과 씨줄을 잣는 데서 병행적으로 진행되는 노동이 하나의 특수하면서도 간단한 예이다. 이 외에도 모든 것이 결국 최종적으로는 하나의 전체적인 최종 생산물을 목표로 하여 기술적으로 독립적으로 나란히 진행되는 그와 아주 비슷한 수많은 노동 과정을 예로 들 수 있다.
2. α, ββ의 경우에 대해서는 방적(紡績), 직조(織造), 마전(痲氈), 염색, 마무리 광택내기의 관계가 모든 산업에서 거듭 발견되는 통상적이고 가장 간단한 예이다.
3. β의 경우에 대해서는 쇳조각을 붙잡는 일과 대장장이의 망치질을 비롯하여(이것은 온갖 근대적인 냄비솥 제조에서 대규모로 반복된다), 근대적인 공장에서 서로 '손을 도와 하는' 온갖 종류의 일이 —— 이 같은 제휴적 노동은 근대적인 공장에 유일하게 특별한 것은 아니라고 하더라도 어쨌든 하나의 중요한 특징적인 성격이다 —— 이러한 유형에 속한다. 어느 오케스트라나 극단(劇團)의 협동적인 연주나 연극 Ensemble은 공장적인 것의 밖에 존재하는 그 최고의 유형이다.

제17항. 기술적인 용역 편성의 방식

(아직도 제16항의 I.을 논의하고 있다). 나아가 용역 편성의 방식은 기술적으로 다음과 같이 구분된다.

B. 보완적인 물적 제조 수단과 결합되는 정도와 방식에 따라. 우선,

1. 그러한 보완적인 물적 제조 수단과의 결합이

a) 순수한 봉사 용역을 제공하는가,

그 예로는 세탁부·이발사·연극 배우의 예술적 공연 등이 있다.

b) 물적 재화를 제작하는가 또는 변형하는가, 그러니까 '원료'를 가공하는가 또는 운송하는가에 따라 구분된다. 이를 보다 자세히 구분하면, 이것이

α. 설치 용역인가,

β. 재화 제작의 용역인가,

γ. 재화 운송의 용역인가에 따라 구분된다. 이러한 대립은 아주 유동적이다.

설치 용역의 예로는 석회칠장이, 실내 장식가, 도급 삯팔이꾼 등이 있다.

나아가,

2. 그러한 보완적인 물적 제조 수단과의 결합이 제조된 재화를 얼마나 완성된 단계의 향유될 수 있는 상태로 만들어놓는가에 따라.

농업 경제적 및 광업적인 원료품으로부터 향유될 수 있는 상태의 완성된, 그리고 소비의 상태로 완성된 생산물에 이르기까지.

3. 마지막으로, 그러한 보완적인 물적 제조 수단과의 결합이 무엇을 이용하는가에 따라.

a) '시설물 *Anlagen*,' 보다 정확하게 말하자면,

αα) 동력 시설, 즉 이용 가능한 에너지를 획득하기 위한 수단, 보다 정확하게 말하자면,

    1. 자연적으로 주어진 에너지(물 · 바람 · 불),

    2. 기계화된(무엇보다도 증기 · 전기, 또는 자기) 에너지.

ββ) 별도의 노동 작업장.

b) 노동 수단, 보다 정확하게 말하자면,

αα) 도구 *Werkzeug*,

ββ) 기구 *Apparate*,

γγ) 기계 *Machine*,

경우에 따라서는 이러한 범주의 제조 수단 가운데 어느 하나 또는 다른 하나만을 이용하거나 아무것도 이용하지 않는다. 순수한 '도구'는 인간의 수공(手工) 노동의 정신 물리적 조건에 지향되어 만들어진 그러한 노동 수단을 뜻한다고 하겠다. '기구'란 그 운전(運轉)에 인간의 노동이 '조작(操作)'으로서 지향되어 있는 그러한 노동 수단을 의미한다고 하겠다. '기계'란 기계화된 기구를 뜻한다고 하겠다. 이것은 아주 유동적인 대립으로서 특정 시대의 공업 기술의 성격을 특징짓는 데 일정한 의의를 지니고 있다.

오늘의 대규모 산업에 특징적인 성격의 기계화된 동력 시설과 기계의 이용은 기술적으로 a) 그 특별한 용역 능력과 인간의 노동 소모의 절감에 의해 야기되며, b) 용역의 방식과 정도에 있어서의 특별한 균일성과 계산 가능성에 의해 야기된다. 따라서 그것은 해당 종류의 산물에 대하여 충분히 폭넓은 수요가 있는 경우에만 합리적이다. 그러니까 거래 경제의 조건 아래서만, 즉 해당 종류의 재화에 대하여 충분히 폭넓은 구매력이 있는 경우에만, 따라서 그에 상응한 화폐 소득이 형성되어 있는 조건 아래서만 합리적이다.

도구 및 기계의 기술과 그 경제학의 발전에 관한 이론은 물론 여기서의 약소한 초보적 논의에서는 결코 다루어질 수 없을 것이다. '기구' 란 이를테면 발로 밟아서 움직이는 베틀과 같은 노동 기기(器機)와 이와 비슷한 수많은 기기를 뜻한다고 하겠다. 이것은 어쨌든 인간의(또는 다른 경우에는 동물의) 유기체와 비교해볼 때 이미 기계적인 기술의 고유한 법칙성을 표현하였으며, 이러한 기구(특히 광업의 다양한 '채굴 시설' 이 이에 속하였다)가 없었다면 오늘날과 같은 기능의 기계는 생겨나지 않았을 것이다(레오나르도 다 빈치 Lionardo da Vinci의 '발명품' 은 '기구' 였다).

제18항. 용역 분배의 사회적 방식

용역 분배의 방식은 사회적으로〔제15항, 2번〕다음과 같이 구별된다.

A. 질적으로 다양한 용역이나 특히 상호 보완적인 용역이 자치적이고 (다소간에) 자율적인 단위 경제에 어떻게 분배되는가 하는 방식에 따라, 그리고 나서 다음으로는 경제적으로 이러한 단위 경제가 a) 가계인가, b) 영리 기업인가에 따라. 다음과 같은 가능성이 존재한다.

1. 순전히 내부적이고, 그러니까 완전히 타치(他治)적 및 타율적이고, 순전히 기술적인, 용역 전문화(또는 특성화)와 용역 결합을 갖춘 단위 경제(단위 경제적인 용역 분배). 단위 경제는 경제적으로 다음과 같은 것일 수 있다.

a) 가계, b) 영리 기업.

단위 가계는 최대 규모로는 일종의 공산주의적인 국민 경제일 것이며, 최소 규모로는 원시적인 가족 경제였다. 이 원시적 가족 경제는 모든 재화 제조 용역을 또는 그 대다수를 포괄하였다(폐쇄적인 가정 경제). 내부적인 용역 전문화와 용역 결합을 갖춘 영리 기업의 유형은 제3자에 대항하여 배타적인 통일적 상인으로 등장하는 경우에는 당연히 조합된 거대 기업이다. 이러한 두 가지 대립적인 경제는 자율적인 '단위 경제'의 발전을 (잠정적으로) 열어놓기도 하고 닫아버리기도 한다.

2. 또는 자치적인 단위 경제 사이에 용역 분배가 존재한다. 이는 다음과 같은 것일 수 있다.

a) 어느 협약되기나 강요된 질서에 지향되어 있고 타율적이지만 자치적인 단위 경제 사이의 용역 전문화와 용역 특성화. 이러한 질서는 그 자체가 실질적으로 다음과 같은 것에 지향되어 있을 수 있다.

1. 지배가 이루어지고 있는 어느 단위 경제의 욕구에 지향되어 있을 수 있다. 보다 정확하게 말하자면 이 욕구는 한편으로는

α. 어느 우두머리 가계의 욕구이거나(오이코스적인 용역 분배), 그렇지 않은 경우에는

β. 어느 지배자의 영리 경제의 욕구이다.

2. 어느 협동조합적 단체의 구성원의 욕구에 지향되어 있을 수 있다(단체 경제적인 용역 분배). 보다 정확하게 말하자면 이 욕구는 경제적으로 볼 때 한편으로는

α. 가계적이거나, 그렇지 않은 경우에는

β. 영리 경제적이다.

단체는 그 자체가 이 모든 경우에 가능한 방식으로 다음과 같은 것일 수 있다.

I. 단지 (실질적으로) 경제 조절적이기만 하거나,

II. 그와 동시에 경제 단체일 수 있다. 이 모든 것 이외에도

b) 자치적이고 자율적인 단위 경제 사이에 거래 경제적인 용역 전문화가 존재한다. 이것은 실질적으로 이해 상태에만, 그러니까 형식적으로는 어느 질서 단체(제II장, 제5항, d)의 질서에만 지향된다.

1. I의 경우의 전형은, 즉 경제 조절적이기만 한 단체의 전형은 2(동료 단체)와 α(가계)의 성격을 갖고 있다. 인도의 촌락 수공업('商會 *establishment*')이 그러하다. II의 경우의 전형은, 즉 경제 단체의 전형은 1(우두머리 가계)의 성격을 갖고 있는데, 군주나 지주 또는 노비주(奴婢 主)의 가계 욕구를(또는 군주의 경우에는 정치적인 욕구도) 신민, 노비, 예속인이나 노예나 촌락의 누옥(陋屋) 거주자나 직공장제적인(아래를 볼 것) 촌락 수공업자의 개별적인 단위 경제에 할당 부과하며, 전세계에 서 원초적으로 발견된다. 1의 경우에 예컨대 지주의 전업 전매권 *Bannrecht*에 힘입어 명령된 공업 용역은 흔히 경제 조절적(I)이기만 하 였고, 2의 경우에는 도시의 전업 전매권에 힘입어 명령된 공업 용역이 (이것이, 빈번히 그러했던 것처럼, 실질적인 목적을 추구했던 것이 아니 라 재정 회계적인 목적만을 추구했던 한) 흔히 경제 조절적(I)이기만 하 였다. 영리 경제적인 성격을 띤 것은(a 1 β의 경우) 가내 공업적인 용역 을 개별 가계에 할당해서 부과하는 것이었다.

II의 경우에 a 2 β의 전형은 수많은 아주 오랜 소규모 산업에서의 강요 된 용역 전문화의 모든 예이다. 졸링겐의 금속 산업에는 원래 협동조합 적으로 협약된 용역 전문화가 존재하였고, 이것은 나중에서야 비로소 지 배적인 (중개 영업의) 성격을 띠게 되었다.

a 2 β I(조절적이기만 한 단체)의 경우에 있어서는 모든 '촌락 경제적' 또는 '도시 경제적인' 거래 질서가, 그것이 실질적으로 재화 제조의 방식 에 개입하는 한, 그러한 유형이다.

2 b의 경우는 근대적인 거래 경제의 경우이다.

보다 상세하게 다음과 같은 사항을 덧붙일 수 있다.

2. a 2 α I의 경우에 단체 질서는 특수한 방식으로 가계 경제적으로 지 향되어 있다. 즉, (촌락) 단체의 가계 목적에 지향되어 있는 것이 아니라 개별적인 동료의 예견된 수요에 지향되어 있다. 이와 같은 방식으로 지 향된 특성화된 용역 의무는 직공장제(職工長制)적인 현물 공출제 *demiurgische Naturalleiturgie*를 뜻한다고 하겠으며, 이러한 종류의 수요

대비(對備)는 직공장제적인 수요 충족이다. 언제나 관건은 노동 분배와 ──경우에 따라서는──노동 결합의 단체적 조절이다.

이와 달리 만일(2 α Ⅱ의 경우들) 단체 자체가(이것이 지배가 이루어지고 있는 단체이든 또는 협동조합적인 단체이든 상관없이) 하나의 독자적인 경제를 갖고 있으며 이를 위해 용역이 특성화되어 할당 부과된다면, 그 같은 표현을 사용하지 말아야 한다. 이러한 경우에 대해서는 부역 농장 *Fronhof*과 장원 지배 *Grundherrschaft* 그리고 다른 종류의 대가계(大家計)의 전문화되거나 특성화된 현물 용역 질서가 전형적이다. 그러나 지배가 이루어지고 있는 가계나 단체의 가계를 위하여 군주가 정치적 단체나, 지방 자치단체적인 단체나, 일차적으로는 경제 외적으로 지향된 다른 종류의 단체에 할당 부과한 용역도 그러한 유형에 속한다. 이와 같이 질적으로 특성화되어 질서지어진 농부, 수공업자, 상인의 부역 의무나 공납 의무는 개인적인 대가계가 수신자일 경우에는 오이코스적인 현물 공출제를 뜻하고, 단체 가계가 수신자일 경우에는 단체적인 현물 공출제를 뜻한다고 하겠다. 어느 경제적 단체의 가계를 이러한 방식으로 부양하는 원칙은 **공출제적인 수요 충족**을 뜻한다고 하겠다. 이러한 방식의 수요 충족은 대단히 중요한 역사적 역할을 수행하였고, 이에 대해서는 앞으로도 여러 차례 언급하게 될 것이다. 이것은 정치적 단체에서 근대적인 '재정'의 위치를 대리하였고, 경제 단체에서는 더 이상 공동의 가계 속에서 생계가 유지되거나 사용되지 않고 제각기 자체적인 가계를 운영하지만 단체 가계에 대하여 용역 의무를 지고 있는, 그러니까 이 점에 있어서 단체에 의존해 있는, 모든 종류의 농장 수공업자, 용역 의무자, 그리고 부역세 및 현물세를 부담하는 농민에게 대가계의 수요를 할당 부과함으로써 대가계를 '탈중심화 *Dezentralisierung*' 함을 뜻하였다. 고대의 대가계에 대하여 로드베르투스 Karl Rodbertus-Jagetzow는 처음으로 '오이코스 *Oikos*' 라는 표현을 사용하였다. 그 개념적 특징은 교환을 하지 않고서도 물적 제조 수단을 처분할 수 있는 가정 소속원에 의해서나 가정에 소속되어 있는 노동력에 의해 수요 충족이 ──원칙적으로── 자급 자족된다는 것이다. 사실 고대(무엇보다도 이집트의 '새로운 제국')의 지주의 가계나 이보다 더욱 더 군주의 가계는 확실히 아주 다양하게 커다란 정도로 엇비슷하게 그처럼 대가계를 위한 수요의 조달을 종속적인 용역 의무자(부역 의무자와 납세 의무자)에게 할당해서 부과하는 가계의 (드물게 순수한) 유형을 나타낸다. 이와 동일한 현상은 때때로 중국과 인도에서, 그리고 보다 적은 정도이기는 하지만 칼 대제 Karl der Große의 영지 *Capitulare de villis*를 비롯하여 서양의 중세에서 발견된다. 대가계에는 대부분 대외적 교환이 결여되어 있지는 않았지만, 이것은 가계적 교환의 성격을 지니고 있었다. 또한 화폐의 과세도 흔히 없지는 않았지만, 수요 충족에 대해서는 일종의 부차적인 역할을 하였고 전통적으로 구속되어 있었다. 대외적 교환은 공출제적 부담을 짊어지고 있는 단위 경제에도 흔히 결여되어 있지는 않았다. 그러나 결정적인 점은, 수요 충족이 그 중점(重點)에 있어서는 할당 부과된 용역에 대한 보상으로 부여된 현물 재화에 의해, 즉 현물 급여와 토지 녹봉에 의해 이루어졌다고 하는 사실이다. 이러한 유형들 사이에서의 이행적 변화는 당연히 유동적이다. 그러나 언제나 관건은 노동 분배와 노동 결합의 방식의 측면에 있어서 용역 지향이 단체 경제적으로 조절된다고 하는 사실이다.

3. a 2 II의 경우(경제 조절적인 단체)에 β의 사례(영리 경제적 지향)에 대해서는 서양 중세의 지방 자치단체에서, 중국과 인도의 동업조합 및 카스트에서와 마찬가지로, 장인직(匠人職)의 수와 종류 그리고 노동의 기술을, 그러니까 수공업에서의 노동 지향의 방식을 조절했던 경제 조절이 아주 순수한 유형이다. 그 의미가 소비 수요를 수공업자의 효용력으로써 충족시키는 데 있는 것이 아니라, 수공업자의 영리 기회를 보장하는 데 있었던 한에서는, 특히 용역의 질을 높게 유지하고 고객층을 배당하는 데 있었던 한에서는——언제나 그렇지는 않았지만 흔히 그러했다——말이다. 온갖 경제 조절처럼 이러한 경제 조절도 물론 수공업자의 시장 자유의 제한을, 따라서 자율적인 영리 경제적 지향의 제한을 의미하였다. 즉, 이러한 경제 조절은 기존 수공업 경영의 '생계'를 유지하는 데 지향

되어 있었으며, 따라서 이 점에 있어서는 그 영리 경제적인 형식에도 불구하고 내적으로는 분명히 실질적으로 가계 경제적인 지향과 유사하였다.

4. a 2 II의 경우에 β의 사례에 있어서는 이미 언급했던 순수한 유형의 가내 공업 이외에 무엇보다도 독일 동부의 농장 경제 *Gutswirtschaft*와 이에 부속되어 있으며 이 질서에 지향되어 있는 영속적 농업 노동자의 경제 *Instmanns-Wirtschaften*, 북서부 독일의 농장 경제와 이에 부속되어 있는 차용인 경제 *Heuerlings-Wirtschaften*가 그러한 유형이다. 농장 경제뿐만 아니라 중개 영업 경제 *Verlagswirtschaft*도 농장주 및 중개 영업인의 영리 경영이다. 영속적 농업 노동자와 가내 공업적 노동자의 경제적 경영은 그들에게 강요된 용역 분배와 노동 용역 결합의 방식에 있어서뿐만 아니라 그들의 영리 경제 일반에 있어서도 일차적으로는 농장 단체의 노동 규정 및 가내 공업적인 종속성이 그들에게 부과하는 용역 의무에 지향된다. 더욱이 그들의 경제적 경영은 가계이다. 그들의 영리 용역은 자율적이지 못하며, 농장주 및 중개 영업자의 영리 경영을 위한 타율적인 영리 용역이다. 이러한 지향의 실질적인 획일화의 정도에 따라 어느 동일한 경영 단위 내에서 실태는 '공장'의 경우에 존재하는 것과 같은 순전히 기술적인 용역 분배에 근접할 수 있다.

제19항. 용역 이용의 전유

(아직도 II를 논의하고 있는 중이다. 제18항을 참조할 것) 용역 분배의 방식은 나아가 다음과 같이 구별된다.

B. 일정한 용역에 대한 보상으로서 존재하는 기회가 어떻게 전유되는가 하는 방식에 따라. 전유의 대상은 다음과 같은 것일 수 있다.

1. 용역 이용 *Leistungsverwertung*의 기회,
2. 물적 제조 수단,
3. 기획 용역에 의한 이윤의 기회.

'전유(專有) *Appropriation*' 라는 사회학적 개념에 대해서는 제I장의 제10항을 볼 것.

1. 의 노동 이용 기회의 전유에 관하여. 이 경우에는 다음과 같은 가능성이 있다.

I. 용역이 어느 개별적인 수신자(우두머리)나 단체를 위하여 이루 어질 수 있다.

II. 용역이 시장에서 판매될 수 있다.

이러한 두 경우에 다음과 같은 네 가지 종류의 서로 철저하게 대립 적인 가능성이 존재한다.

첫번째 가능성:

a) 이용 기회가 개별적인 노동하는 자에게 독점주의적으로 전유될 수 있다('수공업자조합적으로 자유로운 노동'). 보다 정확하게 말하자면,

α. 세습적으로 그리고 양도할 수 있게, 또는

β. 개인적으로 그리고 양도할 수 없게, 또는

γ. 비록 세습적으로이기는 하지만, 양도할 수 없게. 이 모든 경우에 한편으로는 무조건적으로, 그렇지 않은 경우에는 실질적인 전제와 결부되어 전유가 이루어질 수 있다.

1 a α에 대한 예를 들자면: I의 예는 인도의 촌락 수공업자이고, II의 예는 중세의 '실재' 공업권이다. 1 a β에 있어서 I의 경우에는 모든 '직 위에 대한 권리'가 그 예이고, 1 a γ에 있어서 I과 II의 경우에는 고정적인 중세의 공업권, 그러나 무엇보다도 인도의 공업권, 그리고 중세의 아주 다양한 종류의 '직위 *Aemter*'가 그 예이다.

두번째 가능성:

b) 노동력의 이용이 노동자의 소유자에게 전유될 수 있다('자유롭지

않은 노동').

α. 자유롭게, 즉 세습적으로 그리고 양도할 수 있게(완전 노예제),
또는

β. 비록 세습적이기는 하지만, 양도할 수 없거나 자유롭게는 양도
할 수 없게, 그리고 예컨대 오로지 물적인 노동 수단과——특히 토지
및 경작지와——함께(예속인, 세습 노복).

어느 우두머리에 의한 노동 이용의 전유는 실질적으로 제한될 수 있다
(b, β: 예속인). 그렇게 되면 노동자는 그의 자리를 일방적으로 떠날 수
도 없고, 노동자에게서 그의 자리를 일방적으로 빼앗을 수도 없다.

이러한 노동 이용의 전유는 소유자에 의해 이용될 수 있다.
a) 가계적으로 이용될 수 있다. 보다 정확하게 말하자면
α. 현물적인 지대의 원천이나 화폐 지대의 원천으로서, 또는
β. 가계에서의 노동력으로서(가정 노예 또는 예속인).
b) 세습적으로 이용될 수 있다.
α. $\alpha\alpha$. 상품의 공납자로서, 또는 $\beta\beta$. 공납된 원료를 판매하기 위해
가공하는 사람으로서(자유롭지 않은 가내 공업).
β. 경영에서의 노동력으로서(노예 경영 또는 예속인 경영).

'소유자'란 여기서 그리고 이후로는 언제나 (보통은) 그 자신이 지휘
하거나 노동하는 노동 과정에 반드시 참가하지는 않는 사람을 나타낸다.
그는 소유자로서 '지휘자'일 수 있다. 그렇긴 하지만 반드시 그렇지는
않으며, 그렇지 않은 경우가 아주 빈번하다.

노예와 예속인(온갖 종류의 노비)을 영리 경영에서 노동자로 이용하
는 것이 아니라, 지대의 원천으로서 '가계적으로' 이용하는 것은 고대와
중세 초기에 전형적인 현상이었다. 예컨대 쐐기 문자는 어느 페르시아
왕의 노예가 도제 수업을 받았던 사실을 기록해놓고 있는데, 이는 아마도

그 노예들이 가계에 노동력으로서 활동하기 위해서였을 것이고, 그리고 또한 아마도 사용료(그리스어로는 '아포포라 $\alpha\pi\omega\varphi\rho\dot{\alpha}$[일종의 조세],' 러시아어로는 '오프로크 obrok,' 독일어로는 '인후세 Halszins,' 또는 '종신 소작료 Leibzins')를 받고 실질적으로 자유롭게 고객을 위해 노동하기 위해서였을 것이다. 이것은 헬레네 노예의 경우에는 (물론 예외가 없지는 않았지만) 바로 규칙이었고, 로마에서는 고유 재산 peculium이나 고유 재산에 속하는 상품 merx peculiaris을 소유한 (그리고 물론 우두머리에게 납세를 하는) 가속인(家屬人)의 독립적인 경제가 법적 제도로 굳어졌다. 중세에는 가속인 지배가 빈번히, 예컨대 서부 독일과 남부 독일에서는 아주 한결같이, 그 밖의 점에 있어서는 거의 독립적인 인간에 대한 일종의 단순한 지대 권리로 위축되었고, 러시아에서는 사실상 거주의 자유가 있는(법적으로는 불안정하더라도) 가속인의 오프로크를 받는 것에 우두머리를 사실상 제한하는 일이 (통례적이지는 않았다고 하더라도) 아주 흔하였다.

자유롭지 않은 노동의 '영리적' 이용은 특히 지주의 가내 공업에서(이외에도 분명히 많은 군주의 가내 공업에서도, 그리고 아마도 파라오의 가내 공업에서) 다음의 두 가지 형식 가운데 어느 하나를 취하였다.

a) 자유롭지 않은 공납 공업의 형식: 즉, 그 원료(이를테면 亞麻)를 노동자(예속 농민)가 스스로 획득하고 가공했던 현물의 납세, 또는

b) 자유롭지 않은 이용 공업의 형식: 즉, 우두머리가 제공했던 재료의 가공. 생산물은 아마도, 적어도 부분적으로는, 우두머리에 의해 화폐로 바꾸어졌다. 그러나 아주 많은 경우에(고대에 그러하였다) 이러한 시장적 이용은 일시적 영리라고 하는 한계 내에서 이루어졌다. 근대 초입에 무엇보다도 독일과 슬라브 민족의 경계 지역에서는 사정이 그렇지 않았다. 특히 여기서는(여기서만 그러했던 것은 아니다) 지주와 노비주(奴婢主)의 가내 공업이 발생하였다. 노비주(奴婢主)의 영리가 연속적인 경영이 될 수 있었던 것은

a) 자유롭지 않은 가내 노동 및

b) 자유롭지 않은 작업장 노동의

형식을 통해서이다. 이러한 a)와 b)의 두 가지 형식이 발견되는 곳은, 그리고 b)의 형식이 다양한 형식의 공동 노동 작업장의 하나로서 발견되는 곳은, 고대, 동양에서는 파라오의 작업장 및 신전 작업장과 (무덤 벽화가 증명하는 바에 의하면) 사적인 노비주(奴婢主)의 작업장, 나아가 고대 그리스Hellas(아테네의 데모스테네스Demosthenes)와 로마의 농장 부업 경영(구메루스Hermann Gummerus의 서술을 참조할 것), 비잔틴, 카롤링 왕조 시대의 '게니티움 *genitium* 〔서양 중세의 내/가족의 한 형태〕' (= Gynaikeion), 그리고 근대에는 예컨대 러시아의 가속인 공장(러시아의 공장에 대한 투간 바라노프스키Michael von Tugan-Baranowskij의 저서인 『러시아 공장의 역사 *Geschichte der russischen Fabrik*』, 1900를 참조할 것)이다.

세번째 가능성:

c) 온갖 전유가 결여되어 있을 수 있다(이러한 단어의 의미에서 형식적으로 '자유로운 노동'). 양쪽의 형식적으로 자발적인 계약에 근거한 노동. 하지만 이 경우에 계약은 실질적으로는 관습적 또는 법적으로 강요된 노동 조건의 질서에 의해 여러 가지 방식으로 조절될 수 있다.

자유로운 계약 노동은 다음과 같이 이용될 수 있으며 또 전형적으로 다음과 같이 사용된다.

a) 가계적으로.

α. 일시적 노동으로서(뷔허에 의해 '임금 작업 *Lohnwerk*' 이라고 불리운다),

αα) 사용자 *Mieter* 자신의 가계에서: 즉, 날품팔이 *Stör*,

ββ) 노동자의 가계로부터(뷔허에 의해 '가내 작업' 이라고 불리운다).

β. 지속적인 노동으로서

$\alpha\alpha$) 사용자 자신의 가계에서(임차된 가정 하인),

$\beta\beta$) 노동자의 가계로부터(전형적으로는 세습 소작인).

b) 영리적으로. 보다 정확하게 말하자면

α. 일시적 노동으로서, 또는

β. 지속적 노동으로서. 이러한 두 경우에 또한 한편으로는

1. 노동자의 가계로부터(가내 노동), 그렇지 않은 경우에는

2. 소유자의 폐쇄된 경영 단위 속에서(농장 노동자 또는 작업장 노동자, 특히 공장 노동자).

a의 경우에 노동자는 노동 계약에 근거하여 노동을 '지휘'하는 어느 소비자에 봉사하며, b의 경우에는 노동자가 영리 기업가에 봉사한다. 이것은 흔히 법적으로 동일한 형식이지만 경제적으로 기반을 무너뜨리는 차이이다. 세습 소작인은 a와 b의 두 가지 경우에 모두 해당될 수 있지만, 유형적으로 오이코스 노동자이다.

네번째 가능성:

d) 마지막으로 노동 이용의 기회는 개별적인 노동자에게 전혀 전유되지 않거나 어쨌든 자유롭게 전유되지 않은 채 어느 노동자 단체에게 전유될 수 있다. 그 방식은 다음과 같을 수 있다.

α. 절대적 또는 상대적인 대외적 폐쇄를 통해서,

β. 노동자의 협력 없이 지휘자에 의해 노동 영리의 기회가 박탈되는 것을 배제하거나 제한함으로써.

노동자 카스트에 의한, 또는 그러한 노동자들의 '광부 자치공동체'(중세의 광업에서처럼)에 의한, 또는 장원법적인 봉건 가신 단체에 의한, 또는 어느 농장 단체의 '가난한 타작 농민'에 의한 온갖 전유는 이러한 유형에 속한다. 이러한 형식의 전유는 무한한 단계를 노정하면서 모든 지역의 전반적인 사회사를 관통하고 있다. 두번째 형식도 첫번째 것과

마찬가지로 아주 널리 퍼져 있는데, 노동조합의 '비개방적 공장 *closed shop* [노동조합원만을 고용하는 직장]' 을 통해서, 그리고 무엇보다도 '경영 위원회'를 통해서 아주 근대적인 것으로 변하였다.

영리 경영의 일자리가 노동자에게 전유된다는 것은 온갖 경우에, 그리고 또한 거꾸로 노동자('비자유인 *Unfreien*')의 이용이 소유자에게 전유된다는 것은, 노동력의 자유로운 충원의 한계를 뜻하고, 그러니까 노동자를 기술적인 최선의 업적에 따라 선별힐 수 있는 한계를 뜻하고, 따라서 경제 행위의 형식적인 합리화의 한계를 뜻한다. 이러한 전유는 다음과 같은 한에서 기술적 합리성에 실질적으로 제동을 걸게 된다.

I. 노동 산물의 영리적 이용이 어느 소유자에게 전유되는 한:

a) 노동 용역을 (전통적, 관습적, 또는 계약적으로) 배당하려는 경향에 의해,

b) 최선의 업적에 대한 노동자 자신의 이해 관심이 적어지거나—노동자가 소유자에게 자유롭게 전유되어 있는 경우에는(완전 노예제)—완전히 소멸함으로써,

기술적 합리성이 실질적으로 제한을 겪게 된다.

II. 노동 산물의 영리적 이용이 노동자에게 전유되는 경우에는: 전통적인 생활 상태를 유지하려 하는 노동자 자신의 이해 관심과, a) 노동자에게 기술적으로 최선의 성과를 강제하려 하고 b) 노동자의 노동 대신에 기술적 대체 수단을 사용하려 하는 이용자의 노력 사이의 갈등에 의해 기술적 합리성이 실질적으로 제한을 겪게 된다. 따라서 우두머리에 있어서는 노동 산물의 영리적 이용이 언제나 단순한 지대의 원천으로 변할 수 있다. 따라서 노동 산물의 영리적 이용이 노동자에게 전유된다는 것은, 그 밖의 사정이 그에 적합한 경우에는, 소유자로부터 지휘를 다소간에 완전히 몰수하는 데 유리하게 작용한다는 것을 뜻한다. 그리고 나아가서 한결같이 지휘자인 우월한 교환 상

대자(중개 영업인)에게 노동자가 실질적으로 종속되는 일이 발생한다는 것을 뜻한다.

1. 형식적으로 대립적인 두 가지 방향의 전유는, 즉 일자리가 노동자에게 전유되는 것과 노동자가 소유자에게 전유되는 것은 실제로 아주 비슷한 영향을 끼친다. 여기에 주목할 만한 점은 없다. 우선 양자는 이미 형식적으로 서로 결합되어 있는 경우가 아주 상례이다. 예컨대 장원법적인 단체에서처럼 노동자가 어느 우두머리에게 전유되는 일과 노동자의 영리 기회가 어느 폐쇄적인 노동자 단체에게 전유되는 일이 동시에 일어나는 경우가 그러하다. 이 경우에 노동자의 이용 가능성이 전반적으로 인습화된다는 것은 자명하다. 그러니까 용역이 배당되고 이에 대한 노동자 자신의 이해 관심이 감소하며 따라서 온갖 종류의 기술적 '혁신'에 대항하여 노동자가 성공적으로 저항한다는 것은 자명하다. 그러나 사정이 이렇지 않은 곳에서도 노동자가 어느 소유자에게 전유된다고 하는 것은 사실상 우두머리가 이를테면 어느 근대적인 공장 경영에서처럼 선별해서 조달하지 않고 선별 없이 수용해야만 하는 이러한 전유된 노동력을 이용해야 한다는 것을 의미한다. 특히 노예 노동에 있어서 사정이 그러하다. 전통적으로 익숙해져 있는 용역과는 다른 종류의 용역을 전유된 노동자로부터 짜내려는 온갖 시도는 전통주의적인 태업(怠業)에 부딪치며, 아주 가차없는 수단에 의해서만, 그리고 보통은 우두머리 자리의 전통적인 근거를 위협하기 때문에 우두머리 자신의 이해 관심에 위험하지 않은 수단에 의해서만 강제될 수 있을 것이다. 따라서 전유된 노동자의 용역은 거의 어디서나 배당되는 경향을 보여왔다. 그리고 이러한 경향이 우두머리의 힘에 의해 꺾였던 곳에서는(특히 근대 초엽의 동구에서처럼) 전유된 노동자가 선별 도태되지 않고 자체적인 이해 관심과 위험 부담을 갖지 않았기 때문에 기술적 최선 *technisches Optimum*에로의 발전이 방해되었다. 일자리가 노동자에게 형식적으로 전유되는 경우에는 동일한 성과가 한층 더 빨리 나타났을 따름이다.

2. 바로 앞 문장에서 소묘한 사례는 중세 초기(10~13세기)의 발전에서 전형적으로 나타나는 현상이다. 카롤링 왕조 시대의 '울타리로 둘러싸인 경작지 *Beunden*'와 그 밖의 모든 농업 경제적인 '대경영'의 싹은 위축되고 소멸되었다. 경작지 소유자와 노비주(奴婢主)의 지대는 인습화되었고, 그것도 아주 낮은 수준에서 인습화되었으며, 현물적인 생산물은 점차 많은 부분이 노동자의 손에 넘어갔고(농업, 광업), 화폐로 된 영리 수익(수공업)은 거의 전부가 노동자의 손에 넘어갔다. 이러한 발전은 이와 같은 방식으로는 오직 서양에서만 나타났는데, 그에 '유리하게 삭용했던 사정'은 다음과 같다: 1. 소유자 계층이 정치적·군사적으로 징발되었기 때문에 이들로서는 노동자를 지대의 원천 이외의 용도로 이용할 수 없었다는 사정, 2. 소유자 계층으로서는 적당한 행정 간부가 결여되어 있었기 때문에 노동자를 지대의 원천 이외의 용도로 이용할 수 없었다는 사정, 3. 지대의 원천을 둘러싸고 경쟁하는 개별적인 소유 이해 당사자 사이에는 저지하기 힘든 사실상의 임의 이주권이 존재하였다고 하는 사정, 4. 광산과 지방의 시장을 새로이 개간하고 개척할 수 있는 다수의 기회가 있었다고 하는 사정, 5. 고대의 기술적인 전통. 노동자 자체가 소유자에게 전유되는 대신에 영리 기회가 노동자에게 전유될수록(전형적인 유형은 광업과 영국의 수공업자조합). 그리고 또한 소유자가 순수한 지대 수신자에로 몰수되는 일이 진척될수록(마침내는 이미 그 당시에도 빈번히 지대 의무로부터의 해방이나 지대 의무의 묵살이 진척될수록: '도시의 공기는 자유롭게 한다') 거의 곧바로 노동자들 자신의 한 가운데서(그리고 외부로부터서는 상인에 의해) 시장 이윤을 창출할 수 있는 기회의 분화가 더 많이 시작되었다.

제20항. 제조 수단의 전유

(아직도 II B를 논의하고 있는 중이다, 제18, 19항을 참조할 것).

2. 노동 보완적인 물적 제조 수단의 전유에 관하여.

이러한 전유는 다음과 같은 인간이나 단체에의 전유일 수 있다.

a) 노동자, 개별적인 노동자나 그러한 노동자의 단체,

b) 소유자,

c) 제3의 조절적 단체.

a) 노동자에의 전유에 대하여. 이러한 전유의 가능한 주체는

α. 개별적인 노동자일 수 있다. 이 경우에 이들은 물적 제조 수단을 '소유하고' 있다.

β. 노동하는 사람들(동료)의, 완전히 또는 상대적으로 폐쇄적인 단체일 수 있다. 그리하여 비록 개별적인 노동자는 물적 제조 수단을 소유하고 있지 않다고 하더라도 이러한 노동자들의 단체는 물적 제조 수단을 소유하고 있다.

단체는 다음과 같이 경제 행위를 할 수 있다.

$\alpha\alpha$) 단위 경제로서(공산주의적으로),

$\beta\beta$) 지분의 전유가 이루어지면서(협동조합적으로).

이 모든 경우에 전유는

1. 가계적으로, 또는

2. 영리적으로 이용될 수 있다.

α의 경우는 한편으로는 물적 제조 수단을 소유하고 있는 소농이나 수공업자(뷔허의 전문 용어로는 '가격 작업자 *Preiswerker*')의 완전한 거래 경제적 비구속성을 뜻한다. 그렇지 않은 경우에는 그들 사이에 경제 조절적인 단체가 존재한다. 이에 대해서는 아래를 볼 것. β의 경우는 경제 행위가 가계적으로 이루어지는가 아니면 영리적으로 이루어지는가에 따라 아주 이질적인 현상을 포괄한다. 가정 경제는——이 경제는 반드시 그러한 것은 아니지만 원칙적으로 '원래는' 또는 사실상 공산주의적이다 (제V장을 볼 것)——순전히 자가 수요에 지향되어 있을 수 있다. 또는 가정 경제는, 우선 때에 따라서는, 입지적 장점(특별한 종류의 원료)이나 특별하게 전문적으로 교육된 기예를 숙련하여 독점주의적으로 산출해낸 산물의 잉여를 수요 교환에 의해 판매할 수 있다. 나아가서 가정 경제는

규칙적인 영리 교환에로 이행할 수 있다. 그렇게 되면 '부족(部族) 공업'
이 ── 판매 기회가 독점에 토대를 두고 있으며 대개는 세습된 비밀에 토
대를 두고 있기 때문에 ── 간(間)인종적인 전문화 및 간인종적인 교환과
더불어 발전하게 마련이며, 이것은 또한 유랑민 공업과 부랑민 공업 또
는 인도에서처럼 (하나의 정치적 단체로 통일되는 경우에는) 카스트(인
종들 사이의 의례적 이질성에 근거한)로 발전하기 마련이다. $\beta\beta$의 경우
는 '생산 협동조합'의 경우이다. 가정 경제의 행위는, 화폐 계산이 침입
하게 되면, 생산 협동조합에 가까워질 수 있다. 이 같은 경우는 그 밖
에, 노동자 단체로서, 일시적인 현상으로 발견되며, 주로는 말할 것도
없이 중요한 사례에서, 즉 중세 초기의 광산에서 전형적인 방식으로 발
견된다.

b)에 대하여. 소유자나 단체 자체에의 전유가 ── 어느 노동자 단체
에의 전유는 이미 논의되었기 때문에 ── 의미할 수 있는 바는 여기서
는 다만 개개인으로서뿐만 아니라 전체로서의 노동자로부터 제조 수
단의 몰수일 따름이다. 이 경우에 전유가 이루어질 수 방식은 다음과
같다.

1. 소유자에게는 다음의 항목 가운데 모든 항목이 또는 몇몇 항목
이 또는 하나의 항목이 전유될 수 있다.

α. 경작지(하천을 포함하여),

β. 지하 자원,

γ. 에너지의 원천,

δ. 노동 작업장,

ε. 노동 수단(도구 · 기구 · 기계),

ζ. 원료.

이 모든 것은 개별적인 경우에 어느 동일한 사람에 전유될 수 있고
또는 상이한 사람에게도 전유될 수 있다.

소유자는 그에게 전유된 제조 수단을 다음과 같이 이용할 수 있다.

α. 가계적으로 이용할 수 있다.

$\alpha\alpha$. 자기 자신의 수요 충족의 수단으로,

$\beta\beta$. 지대의 원천으로 대여함으로써, 보다 정확하게 말하자면

I. 가계적으로 사용하도록,

II. 영리 수단으로 사용하도록, 보다 정확하게 말하자면

$\alpha\alpha\alpha$) 어느 영리 경영에서 자본 계산을 하지 않은 채,

$\beta\beta\beta$) 자본재로서(타인의 기업에서), 마지막으로

β. 자기 자신의 자본재로서 이용할 수 있다(자기 자신의 기업에서).
나아가

2. 어느 경제 단체에 전유될 수 있다. 그렇게 되면 이러한 단체의 행태에 있어서는 1 의 경우와 동일한 여러 대안이 존재한다.

〔c)〕 마지막으로

3. 어느 경제 조절적인 단체에 전유될 수 있다. 이러한 단체는 제조 수단을 스스로가 자본재로 이용하지도 않고 지대의 원천으로 만들지도 않으며 동료에게 제공한다.

1. 개별적인 단위 경제에의 경작지 전유는 일차적으로 다음과 같이 이루어진다.

a) 수확에 이르기까지 시의적으로 경작이 지속되는 기간 동안,

b) 경작지가 인공물인 한에서는, 그러니까

α. 개간지인 경우와

β. 관개지(灌漑地)인 경우에는,
연속적으로 경작이 이루어지는 기간 동안.

경작지가 느낄 수 있을 정도로 부족한 경우에야 비로소

c) 경작지의 경작 허가와 방목지 및 삼림의 이용 허가를 폐쇄하고, 취락 단체 동료의 이용량을 배당하는 현상이 발견된다.

그 경우에 등장하는 전유의 담지자는 다음과 같을 수 있다.

1) 어느 단체: 효용성의 종류(정원 · 목초지 · 경지 *Aecker* · 방목지 ·

삼림으로서)에 따라 다양한 크기의 단체(개별 가계부터 '部族'에 이르기까지 크기가 상이한 여러 단체).

전형적으로는,

a) 경지·목초지·방목지를 중심으로 한 씨족 단체(또는 이것과 나란히),

b) 경지·목초지·방목지를 중심으로 한 근린 단체(정상적으로는 촌락 단체),

c) 삼림을 위해 이루어진 다양한 성격과 크기의 본질적으로 더욱 포괄적인 공유지 단체,

d) 택지 *Gartenland*와 영지(領地) *Hofstätte*를 위해 경지와 방목지의 지분을 갖고 참여하는 가계. 이러한 지분적 참여는 다음과 같이 표현될 수 있다.

α. 이동적인 경지 경작(곡초식 경제)의 경우에 개간지에서의 경험적인 동등화,

β. 정주(定住)적인 경지 경작의 경우에 합리적이고 체계적인 새로운 재분배. 이는 한결같이 다음과 같은 요구의 결과로서 비로소 이루어진다.

α.) 촌락 동료의 연대 책임과 함께 재정 회계적 요구, 또는

β.) 동료의 정치적 평등의 요구.

경영의 담지자는 보통 가정 공동체이다(그 발전에 대해서는 제V장을 참조할 것).

2) 어느 지주: 이러한 우두머리적 상태의 원천이 원하는 노동을 요구할 수 있는 일차적인 씨족장의 지위나 족장의 위엄에 있는지(제V장), 또는 재정 회계적 혹은 군사적인 강요에 있는지, 또는 체계적인 개간이나 관개에 있는지는 상관이 없다(이것은 나중에 논의될 것이다).

장원 지배는 다음과 같이 이용될 수 있다.

a) 자유롭지 않은 노동(노예 노동 또는 예속인 노동)과 함께

1. 가계적으로

α. 납세를 통해서

β. 봉사 용역을 통해서.

2. 영리적으로

식민 농장 *Plantage* 으로서

b) 자유로운 노동과 함께

I. 가계적으로: 지대(地代)적 장원 지배로서.

$\alpha\alpha$) 임차인 *Pächter*의 현물 지대(현물 분익 소작 또는 현물 납세)를 통해서,

$\beta\beta$) 임차인의 화폐 지대를 통해서. 그리고 양자는

$\alpha\alpha\alpha$) 자기 자신의 설비(設備) *Inventar*를 갖고서(영리 임차인)

$\beta\beta\beta$) 지주의 설비를 갖고서(세습 소작인).

II. 영리적으로: 합리적인 대경영으로서.

a 1의 경우에 지주는 이용의 방식에 있어서 흔히 전통적으로 노동자 개인에 구속될 뿐만 아니라(그러니까 선별을 하지 못하고) 노동자의 용역에도 구속되기 마련이다. a 2의 경우는 단지 고대 카르타고와 로마의 식민 농장, 식민지의 식민 농장과 북아메리카의 식민 농장에서만 나타났고, b II의 경우는 오직 근대 서양에서만 나타났다. 장원 지배의 발전 방식은(그리고 무엇보다도 그 파괴 방식은) 근대적인 전유 관계의 방식을 결정하였다. 근대적인 전유 관계에서는 그 순수한 유형에 있어서는 단지 a) 경작지 소유자, b) 자본주의적 임차인, c) 무산(無産)의 농업 노동자의 모습만 나타난다. 그렇지만 이러한 순수 유형은 (영국에만 존재하는) 예외에 지나지 않는다.

2. 광업적으로 이용할 수 있는 자원은 다음 가운데 어느 하나에게 전유되어 있다.

a) 토지 소유자(과거에는 대개 지주),

b) 정치적 우두머리(경제적으로 이용할 수 있는 지상권을 지닌 우두머리 *Regalherrn*),

c) 채굴할 만한 가치가 있는 광물의 온갖 '발견자' ('광업의 자유'),

d) 노동자 단체,

e) 영리 기업.

지주(地主)와 경제적으로 이용할 수 있는 지상권을 지닌 우두머리는 그들에게 전유된 광물을 한편으로는 자기 자신의 감독 아래 채굴하거나 (중세 초기에는 때때로 그러하였다), 그렇지 않은 경우에는 지대의 원천으로 이용할 수 있었다. 그러니까 대여할 수 있었다. 보다 정확하게 말하자면 한편으로는

α. 어느 노동자 단체(광산 자치공동체)에게 대여할 수 있었고— 〔앞서 말한〕 d의 경우— , 그렇지 않은 경우에는

β. 온갖(또는 어느 일정한 무리의 인간에 속하는 온갖) 발견자에게 대여할 수 있었다(중세의 '자유롭게 해방된 광산'이 그러하였으며, 여기에서부터 광업의 자유가 시작되었다).

노동자 단체는 중세에 전형적으로 채광의 의무(지대에 이해 관심을 갖고 있는 광산주나 연대 책임을 지고 있는 동료에 대한)와 수확 지분에의 권리를 지닌 지분 협동조합의 형식을 갖추었으며, 나아가 수확과 추가 할당 출자에의 지분을 지닌 순수한 소유자 '협동조합'의 형식을 갖추었다. 광산주는 점차 노동자에게 유리한 방향으로 몰수되었지만, 노동자 자신도 시설물에 대한 수요가 점증하면서 자본재를 소유한 노동조합원에 의해 몰수되었고, 그 결과 전유의 최종 형식으로는 자본주의적인 '노동조합'(또는 주식회사)이 나타났다.

3. '시설물 Anlagen' 〔제17항〕의 성격을 지녔던 제조 수단(동력 시설, 특히 수력 시설, 모든 종류의 목적에 사용되는 '물방아,' 그리고 작업장, 경우에 따라서는 상비 기구와 함께)은 과거에, 특히 중세에는, 아주 한결같이

a) 군주와 지주에게(경우 1),

b) 도시에게(경우 1 또는 2),

c) 노동하는 자의 단체에게(수공업자조합, 노동조합, 경우 2),

전유되어 있었다. 어느 통일적인 경영이 이룩되지 않은 채 말이다.

게다가 a와 b의 경우에 있어서는 그러한 성격의 제조 수단이 유상의 이용 허가를 통해서 지대의 원천으로 이용됨과 아울러 독점적으로 경영되고 강제되는 사례가 아주 흔히 발견된다. 이용은 개별적인 경영 단위에서 순번에 의해 또는 수요에 의해 이루어졌고, 사정에 따라서는 이용 그 자체가 어느 폐쇄적인 조절 단체에게 독점되어 있었다. 모든 종류의 제분 물방아(곡식을 빻고 기름을 짜기 위한)와 빵 굽는 가마, 마전 공장, 또한 연마 장치, 도살장, 염색 가마, 표백 시설(예컨대 수도원의), 대장간(이것은 한결같이 경영 단위에 임대하기 위한 것이었음이 분명하다), 나아가 양조장, 화주(火酒) 양조장, 그리고 다른 종류의 시설물, 특히 또한 조선소(한자 Hansa에서는 도시의 소유였다)와 모든 종류의 판매 상점이 노동자에 의해 유상으로 이용될 수 있도록 허가됨으로써 그렇게 자본주의 이전의 형식으로, 그러니까 소유자의 자본재가 아니라 재산으로서 소유자(어느 개개인이나 단체, 특히 어느 도시)에 의해 이용되었다. 제조 수단이 자가 경영의 '고정 자본'으로 변화한 것은, 제조 수단이 이를 소유하고 있는 개개인이나 단체에 의해 지대의 원천으로 이용되고 가계적으로 이용되거나 제조가 생산 협동조합에 의해 이루어진 이후의 일이었다. 시설물의 이용자들로서는 시설물을 부분적으로는 가계적으로(빵 굽는 가마, 또한 양조 시설과 증류 시설), 부분적으로는 영리 경제적으로 이용하였다.

4. 과거의 해운에 있어서는 어느 다수의 소유자(선박 공동 소유자)에 의한 선박의 전유가 전형적인 현상이었으며, 이들 자체는 점차 항해 노동자들로부터 분리되었다. 이 경우에 항해가 하주(荷主)와 위험 부담을 분담하는 이해 사회적 결합이 되었다는 사실은, 그리고 선박 소유자와 항해 지휘자 및 선원도 하주로서 함께 참여하였다고 하는 사실은, 원칙적으로 변칙적인 전유 관계를 만들어낸 것이 아니라 단지 결제의 특수성만을 만들어냈을 뿐이며 따라서 영리 기회의 특수성만을 만들어냈던 것에 불과하다.

5. 모든 제조 수단이, 즉 시설물(온갖 종류의)과 도구가 어느 한 사람

에 전유되어 있다고 하는 것은 오늘날의 공장에 있어서는 본질적인 구성 요소이지만 과거에는 예외적인 현상이었다. 특히 헬레네·비잔틴의 공동 노동 작업장(로마의 '*ergastulum*')은 그 경제적인 의미에서 아주 다의적인 것이었으며, 이것을 역사가들은 오랫동안 제대로 알지 못하였다. 그 곳은 일종의 '작업장'이었는데, 1. 어느 가계의 일부분으로서 a) 노예가 (예컨대 농장 경제의) 우두머리의 자가 수요를 위해 일정한 노동을 수행하는 장소이거나, b) 노예 노동에 기반하여 판매를 위해 이루어지는 일종의 '부업적 경영'의 장소일 수 있었다. 또는 2. 작업장은 지대의 원천으로서 어느 사적 개인이나 단체(도시──페이라이에우스 Peiraieus의 공동 노동 작업장이 그러하였다)의 소유의 일부분일 수 있었으며, 유상으로 개개인이나 노동자 조합에 임대되었다. 그러니까 공동 노동 작업장(특히 도시의)에서 노동이 이루어졌던 경우에 언제나 제기되는 물음은 다음과 같다. 공동 노동 작업장 자체가 누구에게 속하는가? 노동에 사용되는 그 밖의 제조 수단은 누구에게 속하는가? 거기에서는 자유로운 노동자가 일하였던가? 이들은 자신이 비용을 부담하였던가? 또는 거기에서는 노예가 일하였던가? 경우에 따라서는: 거기에서 일하였던 노예는 누구에게 속하였던가? 이들은 스스로 비용을 부담하여 일하였던가(아포포라 *Apophora*를 대가로) 아니면 우두머리의 비용으로 일하였던가? 이러한 물음이 제각기 어떻게 대답되어지는가에 따라서 질적으로는 근본적으로 상이한 경제적 구성체가 나타났다. 수많은 경우에 공동 노동 작업장은──비잔틴과 이슬람에서의 건립이 보여주는 바와 같이──지대의 원천으로 여겨졌던 것으로 보인다. 그러니까 공동 노동 작업장은 온갖 '공장'이나 공장의 선행적인 구성체조차와도 얼마간 근본적으로 다른 것이었으며, 그 경제적인 다의성에 있어서 중세의 다양한 종류의 '제조공장 *Mühlen*'과 가장 먼저 비교될 수 있는 것이었다.

6. 작업장과 경영 수단이 어느 한 소유자에게 전유되어 있고 그가 노동자를 임차하는 곳에서도, 1. 기계적인 동력원, 2. 기계, 3. 내적인 노동 전문화와 노동 결합이 존재하지 않는 한에서는, 우리가 오늘날 통례

302

적으로 '공장'이라고 부르는 실태에는 아직 경제적으로 이르지 못했다. '공장'은 오늘날 자본주의적인 경제의 범주의 하나이다. 여기서도 공장이라는 개념은 고정 자본을 갖춘 기업의 대상일 수 있는 경영의 의미에서만 사용되어야 마땅하다. 그러니까 공장이라는 개념은 노동이 기계화되어, 즉 노동이 발동기와 기계에 지향되어, 내적으로 노동 분업이 이루어져 있고 모든 물적 경영 수단이 전유되어 있는 작업장 경영의 형식을 지닌 경영의 의미에서만 사용되어야 마땅하다. 당대의 시인들에 의해 찬미되었던 '뉴베리의 잭Jack of Newbury'(16세기)의 대규모 작업장에는 그가 소유권을 지닌 수백 대의 수공(手工) 베틀이 설비되어 있었다고 하는데, 여기서는 노동이 가정에서처럼 독립적으로 병행하여 이루어졌고 원료는 노동자들을 위해 기업가에 의해서 구매되었으며 여러 가지 '복지 시설'이 존재하였고, 앞에서 언급한 공장의 특징이 모두 결여되어 있었다. 노동자(자유롭지 않은)의 우두머리가 소유하고 있던 이집트, 헬레네, 비잔틴, 이슬람의 공동 노동 작업장에서는 노동이 내적으로 전문화되고 결합되어 ── 이와 같은 사례는 의심할 바 없이 발견된다 ── 이루어질 수 있었다. 그러나 이 경우에도 우두머리는 때때로 아포포라(이러한 조세는 온갖 노동자로부터 거두어졌고 십장으로부터서는 더 많이 거두어졌다)로 만족하였다(그리스의 문헌이 명확히 밝히고 있는 바와 같이). 따라서 이러한 공동 노동 작업장을 벌써 일종의 '공장'과, 심지어는 '뉴베리의 잭'과 같은 종류의 작업장 경영과도 경제적으로 동일시하여서는 아니될 것이다. 군주의 제조업 *Manufakturen*은, 이를테면 중국 황제의 도자기 제조업과 이를 본떠 유럽에서 궁중의 사치품 욕구를 위해 만들어진 작업장 경영은, 그리고 무엇보다도 군대의 수요를 위해 만들어진 작업장 경영은 세간에서 통용되고 있는 단어의 의미에서의 '공장'에 가장 가깝다. 이것을 '공장'이라고 부르지 못하게 할 수는 없다. 러시아의 작업장 경영은 외적으로 근대적인 공장에 한층 더 가까웠다. 여기서는 제조 수단의 전유에 더해서 노동자의 전유가 일어났다. 여기서 '공장'이라는 개념은 앞에서 제시한 이유 때문에 다음과 같은 작업장 경영에 대해서만 사용되어야 마땅하다. 즉, 1. 소유자가 물적 제조 수단을 완전히 전유하고 있으되 노동자를 전유하고 있지는 않으며, 2. 내적인 용역 전문화가 이루어져 있고, 3. '조작'을 필요로 하는 기계와 기계적 동력원을 사용하는 작업장 경영에 대해서만 공장이라는 개념이 사용되어야 마땅하다. 모든 다른 종류의 '작업장 경영'은 그냥 이 이름으로 불리우고 상응하는 부가어가 붙게 된다.

제21항. 기획하는 용역의 전유

(아직도 II B를 논의하고 있는 중이다. 제18, 19항을 참조할 것). 기획하는 용역의 전유. 이러한 전유는 유형적으로 다음과 같이 이루어진다.

1. 전통적인 가계 지휘의 모든 경우에 있어서
 a) 지휘자 자신(가장·씨족장)을 위하여,
 b) 가계를 지휘하기로 규정된 그의 행정 간부를 위하여(가정 관료의 직무 봉토).
기획하는 용역의 전유가 나타나는 것은
2. 영리 경영에 있어서
 a) 지휘와 노동이 완전히(또는 엇비슷하게 완전히) 일치하는 경우에서이다. 이러한 전유는 이 경우에 노동자에의 물적 제조 수단의 전유(B 2 a, 제20항)와 전형적으로 동일하다. 이러한 전유는 이 경우에 다음과 같은 것일 수 있다.
 α. 무제한적인 전유일 수 있다. 그러니까 전유는 세습할 수 있고 양도할 수 있게 보증되어 개개인에게
 $\alpha\alpha$) 보증된 고객과 함께, 또는
 $\beta\beta$) 보증된 고객 없이 이루어질 수 있다. 또는
 β. 어느 단체에게 전유가 이루어질 수 있다. 전유는 개인적으로만

또는 실질적으로 규제되어서만 그리고 따라서 제한적으로만 또는 전
제에 결부되어서만 개개인에게

  $\alpha\alpha$) 보증된 고객과 함께, 또는

  $\beta\beta$) 보증된 고객 없이 이루어질 수 있다.

  b) 영리 용역과 노동이 분리되어 있는 경우에는 기획하는 용역의
전유가 기업 기회의 독점주의적인 전유로서 그 다양한 가능한 형식
속에

  α. 협동조합적인 ─ 동업조합적인 ─ 독점을 통해서, 또는

  β. 정치적인 권력에 의해 수여된 독점을 통해서

    나타난다.

  3. 지휘의 온갖 형식적인 전유가 결여되어 있는 경우에 제조 수단
을 ─ 또는 자본재의 제조에 필요한 신용 수단을 ─ 전유한다는 것
은, 자본 계산적인 경영의 경우에는, 제조 수단의 소유자가 지휘하는
자리에 대한 처분권을 실제로 전유하는 것과 마찬가지이다. 이 소유
자는 이러한 처분을 다음과 같이 행할 수 있다.

  a) 자가 경영을 통해서,

  b) 경영 지휘자의 선별을 통해서(경우에 따라 소유자가 다수인 경우
에는 그러한 선별에 협력함으로써).

이처럼 자명한 사실에 대해서는 주해(註解)가 필요하지 않다.

  물적인 보완적 제조 수단의 온갖 전유는 물론 실제로 보통은 적어
도 지휘부를 선별할 수 있는 결정적인 **공동 결정권**을 의미하며, 노동
자로부터 이러한 권리를 (적어도 상대적으로) 몰수함을 의미한다. 그
러나 개별 노동자로부터 공동 결정권이 몰수되었다고 해서 이것이 반
드시 노동자 일반으로부터 그러한 권리가 몰수되었다는 것을 의미하
는 것은 아니다. 어느 노동자 단체가 형식적으로는 공동 결정권을 몰
수당하였음에도 불구하고 실질적으로 공동 지휘와 지휘부의 공동 선

별을 강제할 수 있는 처지에 있는 한 말이다.

제22항. 노동자로부터 제조 수단의 몰수

개별적인 노동자는 순전히 기술적으로는 다음과 같은 경우에 물적 제조 수단의 소유로부터 몰수된다.

a) 노동 수단이 수많은 노동자에 의해 동시에 그리고 연이어 사용되도록 만들어져 있는 경우,

b) 통일적으로 조직된 동일한 종류의 수많은 노동 과정에서 동시적으로 사용될 때만 합리적으로 이용될 수 있는 동력 시설의 경우,

c) 노동 과정의 기술적으로 합리적인 지향이 상호 보완적인 노동 과정 속에서 공동의 연속적인 감시 아래서만 이루어질 수 있는 경우,

d) 상호 연관을 이루고 있는 노동 과정 그 자체가 대규모로 이용될 때만 합리적으로 완전히 이용될 수 있어서 이 노동 과정을 지휘하기 위해 별도의 전문적인 교육에 대한 욕구가 존재하는 경우,

e) 노동 수단과 원료를 통일적으로 처분하는 경우에 엄격한 노동 규율의 가능성을 통해서, 그리하여 용역 통제를 통해서, 그리하여 균일한 생산물을 통해서.

그러나 이러한 요소들은 물적 제조 수단이 어느 노동자 단체(생산 협동조합)에게 전유될 수 있는 가능성을 열어두고 있다고 해야 할 것이다, 그러니까 제조 수단으로부터 개별 노동자의 분리만을 의미한다고 해야 할 것이다.

제조 수단의 소유로부터 노동자 전체(상인으로서 그리고 기술자로서 교육을 받은 인력을 포함하여)의 몰수는 경제적으로 무엇보다도 다음과 같이 야기된다.

a) 일자리나 공동 지휘권이 전유될 경우에는 기술적으로 비합리적인 장애와 경제적인 비합리성이 발생하지만, 특히 경영에 생소한 소(小)가계와 생계의 관점이 끼여들게 되지만, 지휘부가 노동자의 선별과 사용 방식을 자유롭게 기획하는 경우에는 그 밖의 사정이 동일하다

면 일반적으로 보다 커다란 경영 합리성이 발생하기 때문에,

b) 업무에 관한 교육을 받고 연속적인 업무 운영을 통해 잘 알려져 있어서 '신뢰할 수 있다'고 여겨진 기업가가 노동자의 고유 권리로 인하여 처분상의 제한을 받지 않고 물적인 신용(저당) 수단에 대하여 무제한의 처분권을 지닌 채 지휘하는 경영이 거래 경제 내에서는 보다 우월한 신용성을 지니고 있기 때문에,

c) 그러한 경영이 보다 우월한 신용성을 지니게 된 이유는 역사적으로 16세기 이래 시장의 외연과 내포가 확장됨으로써 발전된 어느 경제 내에서 한편으로는 개개인에 의하여 시장 지향적으로 기획되는 지휘가 절대적으로 우월하고 또 사실상 불가결했기 때문이며, 다른 한편으로는 순수한 세력 판도 때문이다.

그리고 이러한 일반적인 사정을 넘어서서 시장의 기회에 지향된 기업은 제조 수단의 소유로부터 노동자 전체가 몰수되도록 하는 영향을 끼친다.

a) 계산적으로 덜 합리적인 온갖 경제적 행태에 비하여〔제조 수단이〕소유자에게 완전히 전유되어 있는 경우에만 기술적으로 합리적으로 가능한 자본 계산을 우대함으로써,

b) 기술적인 자질에 비하여 순전히 상업적인 지휘의 자질을 우대하고, 기술적 및 상업적인 비밀 지식의 고수(固守)를 우대함으로써,

c) 제조 수단의 소유로부터 노동자 전체의 몰수를 전제하는 투기적인 경영 관리를 장려함으로써. 이러한 몰수는 궁극적으로는 경영 관리의 기술적인 합리성의 정도에 상관없이 가능해진다. 즉,

d) 제조 수단의 소유로부터 노동자 전체의 몰수는 다음과 같은 우월성에 의해서 가능해진다.

α. 노동 시장에서, 온갖 소유가 공급되어 있는 상태 그 자체가 교환 상대자(노동자)에 비하여 지니고 있는 우월성에 의해서,

β. 재화 시장에서, 자본 계산, 자본재 설비, 그리고 영리 신용을 갖추고서 일하는 영리 경제가 그보다 덜 합리적으로 계산하거나 설비

와 신용성이 덜한 교환 경쟁자에 비하여 지니고 있는 우월성에 의해서.──자본 계산의 최고도의 형식적인 합리성은 오로지 노동자가 기업가의 지배에 예속되어 있는 경우에만 가능하다고 하는 사실은 경제 질서의 또 하나의 특별한 실질적인 비합리성이다.

마지막으로

e) 규율은 노동이 자유롭고 제조 수단이 완전히 전유되어 있는 경우에 최선의 상태에 이른다.

제23항. 노동자로부터 제조 수단의 몰수

모든 노동자로부터 제조 수단의 몰수가 실제로 의미할 수 있는 바는 다음과 같다.

1. 지휘가 단체의 행정 간부에 의해서 이루어진다. 온갖 합리적인 사회주의적 단위 경제도(그리고 바로 그러한 사회주의적 단위 경제가) 모든 노동자로부터서의 제조 수단의 몰수를 유지할 것이며 사적(私的) 소유자로부터 제조 수단을 몰수함으로써만 완성될 것이다.

2. 제조 수단이 소유자에게 전유되어 있기 때문에 지휘가 소유자에 의해서 또는 소유자가 지명한 사람에 의해서 이루어진다.

지휘하는 사람 개인에 대한 처분이 소유 이해 당사자에게 전유되어 있다고 하는 사실이 의미하는 바는 다음과 같은 것일 수 있다.

a) 기업가인 동시에 소유자인 어느 한(또는 여러) 사람에 의해서 지휘가 이루어진다. 즉, 기업가 자리가 직접적으로 전유된다. 그러나 이것은 지휘의 방식에 대한 처분이 전반적으로는 사실상 경영에 생소하지만 신용의 힘이나 자금 조달(제29항의 a를 볼 것)의 역량을 갖추고 있는 영리 이해 당사자(예컨대 신용을 대부하는 은행이나 금융 자본가)의 손에 놓여 있다고 하는 사실을 배제하지 않는다.

b) 기업 지휘와 전유적 소유가 분리된다. 이러한 분리는 특히 소유 이해 당사자[의 권리]가 기업가를 지명하는 일에 제한되고 소유가 계산 자본의 지분(주식·광산주)에 따라 지분상으로 자유롭게 (양도할

수 있도록) 전유됨으로써 이루어진다. 이러한 상태(이러한 전유는 모든 종류의 이행 단계를 거쳐 순전히 개인적인 전유와 연결되어 있다)는 ——지휘 자체가 우연히 세습된 소유에 지속적 그리고 세습적으로 전유되는 것과 달리 ——자질을 갖춘(수익성의 관점에서 볼 때) 지휘자를 선별할 수 있도록 한다는 의미에서 형식적으로 합리적이다. 그러나 이 것은 실제로 다음과 같이 다양한 의미를 지닐 수 있다.

α. 기업가 자리에 대한 처분은 경영에 생소하지만 소유를 전유하고 있는 재산 이해 당사자의 손에 놓여 있다. 이들은 무엇보다도 높은 지대를 구하는 지분 소유자이다.

β. 기업가 자리에 대한 처분은 경영에 생소하지만 일시적인 시장 영리를 벌어들이는 투기 이해 당사자(양도에 의한 이윤만을 구하는 주식 소유자)의 손에 놓여 있다.

γ. 기업가 자리에 대한 처분은 경영에 생소하지만 시장이나 신용의 힘을 업고 있는 영리 이해 당사자(이들은 은행이나 개별적인 이해 당사자 ——예컨대 '금융 자본가' ——로서 흔히 개별적인 경영 단위에는 생소한 영리 이해를 추구한다)의 손에 놓여 있다.

'경영에 생소하다' 는 것은 여기서 일차적으로 기업 행위의 장기적이고 지속적인 수익성에 지향되어 있지 않은 이해 당사자를 두고 하는 말이다. 이처럼 경영에 생소한 지향은 재산에 대한 온갖 종류의 이해 관심의 경우에 나타날 수 있지만, 시설물과 자본재 또는 그 지분(주식·광산주)의 소유에 대한 처분을 지속적인 재산 투자에 사용하지 않고 그로부터 순전히 시의적절하게 투기적인 영리 이윤을 빼낼 수 있는 수단으로 사용하는 이해 당사자에 있어서 특별히 높은 정도로 나타난다. 순수한 지대 이해(α)는 즉물적인 경영 이해(즉, 여기서는 시의적이고 지속적인 수익성에 대한)와 비교적 가장 쉽게 타협될 수 있다.

그처럼 '경영에 생소한' 이해 관심이 지휘하는 자리를 처분하는 방식에 끼여들어 영향을 끼친다고 하는 것은, 바로 이 지휘하는 자리에

앉힐 사람을 선별하는 데 있어서 최고의 형식적인 합리성을 추구하는 경우에는, 근대적인 경제 질서의 또 하나의 특별한 실질적인 비합리성을 드러내는 셈이다(왜냐하면 재산에 대한 아주 개인적인 이해 관심뿐만 아니라, 경영과 전혀 연결되어 있지 않고 아주 다른 목표에 지향되어 있는 영리 이해도, 그리고 순전한 오락적인 이해 관심도, 전유된 소유지분을 강점하고 있을 수 있으며, 지휘자 개인에 대하여 그리고—무엇보다도—그에게 강요되는 경영 관리의 방식에 대하여 결정을 내릴 수 있기 때문이다). 경영에 생소한 순전히 투기적인 이해 관심이 시장 기회에 영향을 끼친다고 하는 것은, 무엇보다도 자본 재화를 비롯한 영리적인 재화 제조의 방향 설정에 영향을 끼친다고 하는 것은, 근대적인 거래 경제의 '위기'로 알려져 있는 현상의 하나의 원천이다(이에 대하여 여기서는 더 이상 논의될 수 없다).

제24항. 직업과 직업 편성의 방식

직업 *Beruf*이란 어느 개인의 연속적인 급양 기회나 영리 기회의 근거인 용역 *Leistungen*의 특성화, 전문화, 그리고 조합을 뜻한다고 하겠다. 직업의 분배는

1. 어느 경제 조절적인 단체 내에서 타율적으로 용역이 할당되고 급양 수단이 배당됨으로써 이루어질 수 있으며(자유롭지 않은 직업 분할), 또는 직업의 용역을 위하여 시장 상태에 자율적으로 지향함으로써 이루어질 수 있다(자유로운 직업 분할),

2. 용역의 특성화나 전문화에 근거를 두고 있을 수 있다.

3. 직업의 용역이 그 담지자에 의해 경제적으로 자치적 또는 타치(他治)적으로 이용되는 것을 의미할 수 있다.

전형적인 직업과 전형적인 종류의 소득을 취득할 수 있는 기회는 서로 연관되어 있다. 이 점은 '신분적' 상태와 '계급 상태'를 논할 때 논의될 수 있을 것이다.

'직업 신분 *Berufsstände*'과 계급에 대한 일반적인 사항에 대해서는 제IV장을 볼 것.

1. 자유롭지 않은 '직업 분할': 어느 군주의 단체, 국가 단체, 부역 영주의 단체, 지방자치적 단체 내에서 어느 직업에 지정된 자를 공출제적으로나 오이코스적으로 강제 충원함으로써.——자유로운 직업 분할: 노동 시장에서 직업 용역을 성공적으로 제공하거나 자유로운 '자리'에 성공적으로 지원함으로써.

2. 용역의 특성화는, 이미 제16항에서 언급했다시피, 중세에서의 공업의 직업 분할과 같은 경우를 뜻한다. 용역의 전문화는 근대적인 합리적 경영에서의 직업 분할과 같은 경우를 뜻한다. 거래 경제에서의 직업 분할은, 방법적으로 볼 때, 기술적으로 비합리적인 용역 특성화인 경우가 아주 빈번하다. 그리고 거래 경제에서의 직업 분할은 판매 기회에 지향되어 있고 따라서 구매자의 이해 관심에, 그러니까 소비자의 이해 관심에 지향되어 있기 때문에 이미 합리적인 용역 전문화가 아니다. 소비자의 이해 관심은 어느 동일한 경영에 의해 제공되는 용역의 앙상블을 용역의 전문화와 어긋나게 결정하며 방법적으로 비합리적인 종류의 용역 결합을 강제한다.

3. 자치적인 직업 전문화: 개별 경영(수공업자 · 의사 · 변호사 · 예술가의). 타치(他治)적인 직업 전문화: 공장 노동자 · 관료.

주어진 인간 집단의 직업 편성은 다음과 같이 다양하다.

a) 전형적이고 안정적인 직업 일반의 발전 정도에 따라 다양하다. 거기에 결정적인 점은 특히

α. 수요의 발전,

β. (무엇보다도) 공업적인 기술의 발전,

γ. 다음의 양자 가운데 어느 하나의 발전

$\alpha\alpha$) 대가계——자유롭지 않은 직업 분배에 있어서,

$\beta\beta$) 시장 기회——자유로운 직업 분배에 있어서.

b) 단위 경제의 직업적인 특성화나 전문화의 정도와 종류에 따라 다양

하다.

거기에 결정적인 점은 무엇보다도

α. 구매력에 의해 규정되며 전문화된 단위 경제의 용역이 교환되는 시장 상태,

β. 자본재에 대한 처분의 분배 방식.

c) 직업의 연속성이나 직업 교체의 정도와 방식에 따라 다양하다.

이 마지막에 언급한 사정에 대하여 결정적인 점은 무엇보다도 다음과 같다.

α. 교육의 정도. 이것은 특성화된 용역의 전제이다.

β. 영리 기회의 안정성이나 교체의 정도. 이것은 한편으로는 소득 분배의 안정성의 정도와 그 종류에 의해 좌우되며, 다른 한편으로는 기술에 의해 좌우된다.

마지막으로 모든 직업의 형성에 있어서 중요한 점은 신분적 편성과 그리고 신분적 편성이 일정한 종류의 숙련된 직업을 위해 만들어낸 신분적 기회 및 교육 형식이다.

독립적이고 안정적인 직업의 대상이 되는 것은 어느 최소한의 교육을 전제하는 용역과 연속적인 영리 기회가 존재하는 용역뿐이다. 직업은 전통적으로(세습적으로) 전래되거나, 목적 합리적인(특히 영리적인) 검토에 의해 선택되거나, 카리스마적으로 암시되거나, 감성적으로, 특히 신분적인 ('명성'에 대한) 이해 관심에서 실행될 수 있다. 개인적인 직업은 일차적으로 단연 카리스마적인(주술적인) 성격의 것이었고, 직업 편성의 나머지 전체는——그와 같은 것의 싹이 일반적으로 존재했던 한에서는——전통적으로 규정되었다. 특별히 개인적인 성격의 것이 아닌 카리스마적 자질은 한편으로는 폐쇄적인 단체에서 전통적인 교육의 대상이 되거나, 그렇지 않은 경우에는 세습적인 전통의 대상이 되었다. 엄격하게 카리스마적인 성격을 지니지 않은 개인적인 직업은 우선——공출제적으로——군주와 지주의 대규모의 가계를 만들어내었고, 다음에는——거래 경제적으로——도시를 만들어내었다. 그리고 이 외에도 언제나 주

술적이거나 의례적이거나 사제적인 직업 교육과의 연계 속에서 발생한 문학적인 교육 형식과 고상한 것으로 여겨진 신분적인 교육 형식을 만들어내었다.

직업적인 전문화는 앞에서 언급한 바에 의하면 반드시 한편으로는 1. 어느 단체(예컨대 어느 군주의 가계나 공장)를 위해서 이루어지는 공출제적인 연속적 용역을 의미하거나, 그렇지 않은 경우에는 2. 완전히 자유로운 어느 '시장'을 위해서 이루어지는 연속적인 용역을 의미하는 것은 아니다. 직업적인 전문화란 오히려 빈번히 다음과 같은 것을 의미할 수 있다.

1. 직업적으로 전문화된 무산(無産)의 **노동자**가 수요에 따라 단지 임시 노동력으로만 사용되는 것. 〔그것도〕 비교적 고정되어 있는 어느 무리의

a) 가계적 고객(소비자)에 의해, 또는

b) 사용자 고객(영리 경제 단위)에 의해 사용되는 것.

a) 직업적으로 전문화된 노동자의 임시 노동이 가계에서 행하여지는 경우에 관하여: 이에 속하는 것으로는 다음과 같은 것이 있다.

α. 적어도 원료 조달이 노동자로부터 몰수되어 있고, 따라서 산출물에 대한 처분이 노동자로부터 몰수되어 있는 경우에.

I. '날품팔이'

αα. 순수한 뜨내기 경영으로서,

ββ. 정주(定住)적인, 그러나 어느 지역적 범위의 가계를 돌아다니는, 노동으로서.

II. '임금 작업': 자기 자신의 작업장(및 가계)에서 어느 가계를 위하여 일하는 정주적 노동.

모든 경우에 가계는 원료를 제공한다. 이와 달리 도구는 흔히 노동자에게 전유되어 있다(낫은 수확자에게, 재봉 도구는 女재봉사에게, 모든 종류의 도구는 수공업자에게).

이러한 사정은 I번의 경우에는 어느 소비자의 가계에 일시적으로 들어서는 것을 의미한다.

이와 달리 뷔혀는 모든 제조 수단이 노동자에게 완전히 전유되어 있는 경우를 '가격 작업'이라고 불렀다.

b) 직업적으로 전문화된 노동자의 임시 노동이 영리 단위 경제를 위해서 행하여지는 경우에 관하여:

적어도 원료 조달이 노동자로부터 몰수되어 있고, 따라서 산출물에 대한 처분이 노동자로부터 몰수되어 있는 경우에.

I. 일정하지 않은 사용자 경영 단위에서의 뜨내기 노동.

II. 자기 자신의 가계에서 어느 사용자를 위하여 행하여지는 임시적이거나 계절적인 가내 노동.

I에 관한 예는: 동부 독일에서 작센 지방으로 일하러 가는 뜨내기 농업 노동자,

II에 관한 예는: 작업장 노동을 보충하기 위해서 임시적으로 행하여지는 온갖 가내 노동.

2. 직업적으로 전문화된 노동자의 임시 노동이 전유된 제조 수단을 갖춘 단위 경제에서 사용되는 것.

α. 자본 계산이 이루어지고 제조 수단이 소유자에게 부분적으로, 특히 시설물에 제한하여 전유되어 있는 경우; 임금 작업장 경영(임금 공장)과 무엇보다도 [외부 기업가에 의한] 중개 영업에 의해 운영되는 공장 verlegte Fabriken──전자는 오래 전부터, 후자는 최근에 빈번히 나타난다.

β. 제조 수단이 노동자에게 완전히 전유되어 있는 경우

a) 소규모 경영적으로, 자본 계산을 하지 않으면서.

$\alpha\alpha$) 가계에 있어서: 고객[과 직접 거래하는] 가격작업자,

$\beta\beta$) 영리 경영 단위에 있어서: 제조 수단이 몰수되지 않은 가내 공업, 그러니까 형식적으로는 구속되어 있지 않지만 사실상 어느 독점주의적인 무리의 구매자에게 판매하는 영리 경영 단위.

　b) 대규모 경영적으로 자본 계산을 하면서: 어느 고정적인 구매자 무리를 위한 제조: (한결같이) 기업 연합적인 판매 조절의 귀결(그러나 이것만의 귀결은 아니다).

　마지막으로 그 밖에 확인해두어야 할 점은

　a) 온갖 영리 활동이 모두 어느 직업적인 영리 행위의 구성 요소인 것도 아니고,

　b) 영리 활동이 제아무리 빈번히 행하여진다고 하더라도 그 모두가 개념적으로 반드시 그 어떤 동일한 의미를 지닌 연속적인 특성화에 속하는 것도 아니라고 하는 사실이다.

　a 에 관하여: 임시적 영리가 존재한다.

　α. 가정의 부지런한 활동으로부터 발생한 잉여를 교환해주고 임시적으로 영리를 얻으려는 가정 경제. 또한 이러한 가정 경제의 임시적 영리에 상응하게 수많은 대가계에 의해, 특히 지주에 의해, 임시적으로 영리를 얻으려 교환해주는 행위가 이루어진다. 이러한 영리 활동을 비롯해서 일련의 가능한 연속적인 '임시적 영리 활동'은,

　β. 어느 지대 생활자 *Rentner*의 임시적인 투기, 어느 사적 개인의 논설, 시(詩) 등의 임시적인 출판 인쇄, 그리고 이와 비슷한 근대적인 영리 활동에까지 이른다. 이것뿐만 아니라 '부업'도 임시적인 영리 활동이다.

　b에 관하여: 나아가 기억해두어야 할 점은, 모든 종류의 임시 영리 사이에는, 뿐만 아니라 경우에 따라서는 정상적인 영리 활동과 동냥·강탈·절도(竊盜) 사이에도, 완전히 변화무쌍하고 그 방식이 절대적으로 불안한 여러 형식의 생존 연명이 또한 존재한다고 하는 사

실이다.

특수한 자리를 차지하고 있는 것은

a) 순전히 자선적인 영리,

b) 비자선적인 기관적 부양(특히 형벌적인),

c) 질서지어진 권력 영리,

d) 권력이나 계략에 의해 이루어지는, 질서에 생소한(범죄적인) 영리이다. b와 d의 역할은 거의 관심을 끌지 못한다. 교권제적인 단체에 있어서 a의 역할(탁발승단), 정치적인 단체에 있어서 c의 역할(전쟁 약탈), 그리고 a와 c가 경제에 대하여 수행한 역할은 흔히 매우 엄청나게 커다란 것이었다. 이러한 두 가지 경우(a와 c)에 있어서의 '경제적 생소성(生疎性)'은 특별한 것이다. 따라서 여기서는 그것을 보다 상세하게 분류할 계제가 아니다. 그 여러 형식에 대해서는 다른 곳에서 피력되어야 할 것이다. 이와 부분적으로(그러나 단지 부분적으로만) 비슷한 이유 때문에 관료 영리(이에 속하는 장교 영리를 포함하여)는 아래에서(제38항) 일단은 결의론(決疑論)적으로 보다 상세하게 논의되지 않은 채 단지 '체계적인 장소를 나타내기' 위해서 노동 영리의 아종(亞種)으로만 명명되었다. 왜냐하면 관료 영리에 대한 상세한 결의론(決疑論)적 논의는 이러한 범주가 들어 있는 지배 관계의 종류에 대한 논의에 속하는 사항이기 때문이다.

제24a항. 전유의 주요 형식과 시장 관계

기술적 · 경영적인 전유 관계 및 시장 관계의 결의론(決疑論)은 제15항부터 시작해서 지금까지 피력한 이론적 도식에 의하면 지극히 다면적인 것이다.

수많은 가능성 가운데 사실상 몇 가지 가능성만이 지배적인 역할을 수행한다.

1. 농업 경제적인 경작지의 영역에서는.

a) 이동적인, 즉 경작지의 이용에 따라 입지를 교체하는 경작: 경

작지가 부족(部族)에게 전유되어 있는 가정 경제와 경작지의 이용이 근린 단체에게 ─일시적 또는 지속적으로─ 전유되어 있고 가계에는 일시적으로만 전유되어 있는 가정 경제.

가계 단체의 크기는 한결같이 다음 가운데 어느 하나이다.

α. 대규모의 가정단체 *Hauskommunion*,

β. 조직된 씨족 경제,

γ. 대가족 가계,

δ. 소가족 가계.

경작은 한결같이 경작되는 경작지에 관련해서만 '이동적'이며, 영지(領地)에서는 이동이 훨씬 드물었고 그 주기가 더 길었다.

b) 정주(定住)적인 경작: (보통은) 소가족 가계에 의해 이루어지며 경작지·방목지·목초지·삼림·물에 대한 이용권이 공유지 협동조합과 촌락 협동조합에 의해 조절된다. 소가족에게는 농가의 재화와 정원이 전유되고, 촌락 단체에게는 경작지, (대개는) 방목지, 목초지가 전유되며, 보다 커다란 규모의 공유지 공동체에게는 삼림이 전유된다. 경작지의 재분할은 권리에 의하면 원래 가능하지만 체계적으로 조직되어 있지 않으며 따라서 대개는 이루어지지 않는다. 경제는 대개 촌락 질서에 의해 조절되어 있다(일차적인 촌락 경제).

경제 공동체로서의 씨족 공동체는 예외적으로만 존재하고(중국), 존재할 경우에는 합리화된 단체 형식으로 존재한다(씨족 이해 사회적 결합).

c) 지주의 부역 농장과 종속적인 농민 경영 단위의 의무적인 현물 재화 및 노동의 급부를 갖춘 장원 지배 및 노비 지배 *Leibherrschaft*. 경작지 소유와 노동자는 우두머리에게 의무적으로 전유되고, 경작지 이용과 일자리에 대한 권리는 농민에게 의무적으로 전유된다(단순한 지주적 현물 용역 단체).

d) 경작지가 α. 장원 지배적으로나 β. 재정 회계적으로 독점되고 농민 자치공동체 단체는 재정 회계적 부담에 대하여 연대 책임을 진다. 따라서 전답 공동체 *Feldgemeinschaft*가 이루어지고 경작지의 규칙적인 재분배가 체계화된다. 경작지는 부담의 상관 개념 *Korrelat der Lasten*으로서 가계에게가 아니라 농민 자치공동체 단체에게 강요에 의해 지속적으로 전유된다. 이것은 가계에게는 일시적으로만 그리고 재분배를 조건으로 전유된다. 경제는 지주나 정치적 우두머리의 질서에 의해 조절된다(지주적 또는 재정 회계적인 전답 공동체).

e) 종속적인 농민의 지위를 지대의 원천으로서 가계적으로 이용하는 자유로운 장원 지배. 그러니까 경작지가 지주에게 전유된다. 그러나 경제적 경영 단위의 담지자는:

α. 세습 소작인이나,

β. 부분 소작 농민이나,

γ. 화폐 이자〔를 지불하는〕 농민이다.

f) 식민 농장 *Plantage* 경제: 자유롭지 않은 노동을 갖춘 어느 자본주의적인 경영에서 경작지와 노동자(상품 노예로서의)가 영리 수단으로서 우두머리에게 자유롭게 전유된다.

g) 농장 경제: 경작지가 다음과 같이 전유된다.

α. 토지 지대 소유자에게 전유된다. 이것은 대규모의 임차인 단위 경제에의 대여를 뜻한다. 또는

β. 경작자에게 영리 수단으로서 전유된다.

α와 β의 경우에 모두 자유로운 노동자를 갖추고 있으며, 경제 행위가 이루어지는 곳은

aa) 자기 자신의 가계이거나,

bb) 우두머리가 제공한 가계이다.

aa와 bb의 두 가지 경우에 α.) 농업 경제적인 산출물을 내거나, ── 극단적인 경우에는──β.) 자기 자신의 산출물을 전혀 내지 않기도 한다.

h) 장원 지배가 결여되어 있을 수 있다. 이것은 경작지가 경작자(농민)에게 전유되어 있는 농민 경제를 뜻한다. 전유가 실제로 의미할 수 있는 바는 다음과 같다.

α. 사실상 주로 세습적으로만 취득된 토지가 존재한다는 것, 또는

β. 거꾸로, 분할 매매가 존재한다는 것.

전자는 개별 농가 부락과 대농가에 전형적이고, 후자는 촌락 부락과 소농가에 전형적이다.

e γ의 경우와 마찬가지로 h β의 경우의 정상적인 조건은 농민의 경작지 생산물을 위하여 지방의 충분한 시장 기회가 존재해야 한다는 것이다.

2. 공업과 운송(광업과 상업을 포함하여)의 영역에서는.

a). 가정 공업 *Hausgewerbe*. 일차적으로는 임시 교환의 수단으로서, 이차적으로는 영리 수단으로서

α. 간(間)인종적인 *interethnische* 용역 특성화가 이루어질 수 있다(部族 공업 *Stammesgewerbe*). 이로부터 [경우에 따라서는]

β. 카스트 공업 *Kastengewerbe*이 성장한다.

이러한 두 가지 경우에 일차적인 것은 원료의 원천과 원료 산출의 전유이고, 원료의 구매나 임금 공업은 이차적인 것에 지나지 않는다. α의 경우에는 흔히 형식적인 전유가 결여되어 있다. 이 외에도, 그리고 β의 경우에는 언제나, 용역이 특성화된 영리 기회가 씨족 단체나 가정 단체에게 세습적으로 전유된다.

b). 구속적인 고객 공업: 어느 소비자 단체를 위한 용역 특성화.

α. 지배가 이루어지고 있는(오이코스적, 지주적으로) 소비자 단체를 위한 용역 특성화,

β. 어느 협동조합적인(직공장제적으로) 소비자 단체를 위한 용역 특성화.

이것은 결코 시장 영리가 아니다. α의 경우에는 가계적인 용역 결합이 이루어지고, 때로는 우두머리의 공동 노동 작업장에서 작업장

노동이 행하여진다. β의 경우에는 일자리가 세습적으로(때로는 양도할 수 있게) 전유되고, 전유된 (소비자) 고객을 위하여 용역이 제공된다. 이러한 경우에는 발전이 계속해서 제대로 이루어지지 않는다.

I. 첫번째의 특수 사례: 공업의 담지자가 다음과 같이 전유되고 (형식적으로 자유롭지 않게) 용역이 특성화된다.

α. 우두머리의 지대 원천으로서, 그리고 이 때 형식적인 부자유에도 불구하고 실질적으로는 자유로운(대개는) 고객〔과 직접 거래하는〕생산자(지대 노예)로서,

β. 영리 목적을 위해 일하는 자유롭지 않은 가정 공업 경영자로서,

γ. 우두머리의 공동 노동 작업장에서 영리 목적을 위해 일하는 작업장 노동자로서(자유롭지 않은 가내 공업).

II. 두번째의 특수 사례: 재정 회계적인 목적을 위해 공출제적인 용역 특성화가 이루어진다. 이것은 카스트 공업(a, β)과 동일한 종류의 유형이다.

광업의 영역에서 그에 상응한 것으로는:

비자유인, 즉 노예나 예속인을 갖춘 군주나 지주의 경영.

국내 운송의 영역에서 그에 상응한 것으로는:

a) 운송 시설물이 지대의 원천으로서 지주에게 전유된다. 직공장제적인 용역이 이를 제공하기로 규정되어 있는 일정한 소농가에 할당된다.

〔b)〕 협동조합적으로 조절되는 소상인 대상(隊商). 상품은 그들에게 전유되어 있었다.

해운(海運)의 영역에서는:

a) 오이코스나 지주나 도시 귀족이 선박을 소유하고서 우두머리가 스스로 상업을 한다.

b) 협동조합적인 선박 건조와 선박 소유, 선장과 승조원(乘組員)은 자영 상인으로서 참가, 이들 이외에도 지방 사이를 여행하는 소상인

이 하주(荷主)로서 참가, 모든 이해 당사자가 위험 부담을 안고 있는 이해 사회적 결합, 엄격하게 조절되는 선박 대상(隊商). 이 때 모든 경우에 '상업'은 간(間)지방적인 상업과, 그러니까 운송과 여전히 동일했다.

c). 자유로운 공업:

자유로운 고객〔과 직접 거래하는〕 생산이

a) 날품팔이로서, 또는

b) 임금 작업으로서 이루어지되,

원료는 고객(소비자)에게 전유되고, 노동 도구는 노동자에게 전유되며, 있을 수 있는 시설물은 우두머리에게(지대의 원천으로서) 또는 단체에게(순번에 따라 이용되기 위해) 전유되거나, 또는

c) '가격 작업 *Preiswerk*'으로서 이루어지되, 노동자에게 원료와 노동 도구가 전유되고 이와 함께 지휘도 노동자에게 전유되며, 어쩌면 있을 수 있는 시설물은 (대개) 어느 노동자 단체(수공업자조합)에게 전유된다.

이 모든 경우에 전형적인 것은 수공업자조합에 의한 영리의 조절이다.

광업에서는 산출물이 정치적 우두머리나 지주에게 지대의 원천으로서 전유된다. 채굴권은 어느 노동자 단체에게 전유된다. 채굴을 수공업자조합적으로 규제하는 것은 지대 이해 당사자로서의 광산주에 대한 의무이자 채굴에 연대 책임을 지고 있으며 수익에 이해 관심을 갖고 있는 광산 자치공동체에 대한 의무이다.

국내 운송의 영역에서는 고정된 순번에 의한 운행과 그 영리 기회를 조절하는 선주 동업조합과 운송업자 동업조합.

해상 항해의 영역에서는 선박 분담 소유, 선박 대상(隊商), 여행하는 코멘다 상인.

자본주의에로의 발전은 다음과 같이 이루어진다.

α. 화폐적 경영 수단이 노동자에게 선대(先貸)하는 수단으로서 기

업가에 의해 사실상 독점된다. 이와 함께 기업가는 제조에 필요한 신용 *Beschaffungskredit*에 힘입어 재화 제조를 지휘하며 생산물을 처분한다. 노동자가 영리 수단을 형식적으로는 계속해서 전유하고 있음에도 불구하고 말이다(공업과 광업에서 그러하다).

β. 기업가는 강요된 독점주의적 (동업조합의) 단체 질서나 정치적 권력의 특권(지대의 원천으로서 또는 대부에 대한 대가로서)에 힘입어 시장에 대한 지식과 더불어 시장 기회 및 화폐적 경영 수단을 사실상 미리 독점함으로써 생산물의 판매권을 전유한다.

γ. 가내 공업적으로 종속적인 노동자가 내면적으로 규율화된다. 원료와 기구는 기업가에 의해 제공된다.

특별한 사례: 가내 공업이 재정적인 이해 관심과 전체 주민을 위한 (영리 공급의) 이해 관심에서 특권을 토대로 합리적 · 독점주의적으로 조직된다. 노동 조건이 강요에 의해 조절되고 영리는 관청에 의해 인가된다.

δ. 물적 제조 수단이 전부 기업가에 의해 전유되면서 경영에서의 합리적인 노동 전문화가 이루어지지 않은 채 작업장 경영이 창출된다. 광업에서는 산출물과 횡갱(橫坑) 그리고 기구가 소유자에 의해 전유된다. 운송 제도에서는 대소유자에 의해 선박업이 경영된다. 그 귀결은 어디서나 노동자가 제조 수단으로부터 몰수된다는 것이다.

ε. 제조 경영이 자본주의적으로 변화하는 마지막 걸음으로서 생산과 운송이 기계화된다. 자본 계산이 이루어진다. 모든 물적 제조 수단은 ('고정' 또는 경영) 자본이 된다. 모든 노동력은 '일손'이 된다. 커업이 유가 증권 소유자의 이해 사회적 결합으로 변함으로써 지휘자도 [제조 수단으로부터] 몰수되고 형식적으로 '관료'가 되며, 소유자는 실질적으로 신용 대부자(은행)의 신임자가 된다.

이처럼 다양한 유형 가운데

1. 농업 경제의 영역에서는 1, a의 유형이 어디서나 전형적으로 나타났지만, α, β(가정단체 *Hauskommunion*와 씨족 경제)의 형식으로

는 유럽에서는 단지 일부 장소에서만 나타났을 뿐이고, 이와 달리 동아시아(중국)에서는 전형적으로 나타났다.──유형 b(촌락 공동체와 공유지 공동체)는 유럽과 인도에 잘 알려져 있었다.──유형 c(구속적인 장원 지배)는 어디서나 잘 알려져 있었으며 동양에서는 부분적으로 지금도 여전히 잘 알려져 있다.──유형 d에 있어서는 α와 β의 형식(농민에게 전답을 체계적으로 재분할하는 장원 지배와 재정 회계적 지배) 가운데 보다 지주적인 형식은 러시아적이고 (변칙적인 의미에서, 즉 경작지 지대 재분할의 의미에서) 인도적인 것이었으며, 보다 재정 회계적인 형식은 동아시아적이고 근동 아시아적 · 이집트적인 것이었다. 유형 e(小소작인을 갖춘 자유로운 지대 장원 지배)는 아일랜드에서 전형적이고, 이탈리아와 남부 프랑스에서 나타나며, 또한 중국과 고대 헬레네의 근동 제국에서도 나타난다. 유형 f(자유롭지 않은 노동을 갖춘 식민 농장)에는 카르타고 · 로마의 고대, 식민 지역, 그리고 미국 연방의 남부 국가들이 속한다. 유형 g(농장 경제)에는 α의 형식(경작지 소유와 경영의 분리)으로는 영국이 속하고, β의 형식(경작지 소유자의 경영)으로는 동부 독일, 오스트리아 일부, 폴란드, 서부 러시아가 속한다. 유형 h(농민 소유자 경제)는 프랑스, 남부 및 서부 독일, 이탈리아의 일부, 스칸디나비아에 잘 알려져 있으며, 나아가 (제한적으로는) 남서부 러시아와 특히 근대 중국 및 인도에 (수정된 모습으로) 잘 알려져 있다.

(궁극적인) 농업 체제의 이처럼 심한 다양성은 오직 부분적으로만 경제적인 원인(삼림 개간과 관개 문화의 대립)에 기인하며, 다른 한편으로는 역사적인 운명에, 특히 공적 부담과 군사 제도의 형식에 기인한다.

2. 공업의 영역에서는 운송 제도와 광산 제도는 아직 보편적으로 충분히 밝혀지지 않았다.

a) 유형 2, a, α(부족 공업)는 어디서나 만연되어 있었다.

b) 유형 a, β(카스트 공업)는 단지 인도에서만 보편적으로 만연되

었으며, 그 밖에는 단지 영락한('불결한') 공업에 있어서만 보편적으로 만연되었다.

c) 유형 b, α(오이코스적인 공업)는 과거의 모든 군주 가계에서 지배적인 역할을 하였으며, 이집트에서 가장 강력하게 지배적인 역할을 하였다. 이 유형은 그 밖에도 전 세계의 장원 지배에 만연되어 있었고, b, β(직공장제적 공업)의 형식으로는 산발적으로는 어디에나(서양에서도) 만연되어 있었지만, 유형으로서는 인도에만 만연되어 있었다. 특수 사례 I(지대 원천으로서의 노비 지배)은 고대에 지배적이었고, 특수 사례 II(공출제적인 용역 특성화))는 이집트, 헬레니즘, 로마의 후기 고대, 그리고 일시적으로는 중국과 인도에서 지배적이었다.

d) 유형 c[자유로운 공업]의 지배적인 유형으로서의 고전적인 장소는 서양 중세에서 발견되며, 또 오직 거기에서만 발견된다. 비록 이러한 유형이 어디서나 나타났고 특히 수공업자조합은 보편적으로(무엇보다도 중국과 근동 아시아에) 만연되어 있었지만 말이다. 물론 이러한 유형은 바로 고대의 '고전적인' 경제에는 완전히 결여되어 있었다. 인도에서는 수공업자조합 대신에 카스트가 존재하였다.

e) 자본주의적 발전의 단계는 서양 이외의 공업에서는 단지 유형 β에 이르기까지만 보편적으로 만연되어 있었다. 이러한 차이는 전적으로 순전히 경제적인 이유에 의해서만 설명될 수 없다.

제25항. 계산적 용역의 조건: 적응성, 노동 숙련, 노동 성향 등

I. 실행할 노동(가장 일반적인 의미에서)이 계산적으로 최선의 용역에 도달하는 것은 세 가지 전형적으로 공산주의적인 단체[제26항을 볼 것]의 영역 밖에 속한다. 계산적으로 최선의 용역을 달성하는 데 있어서는 경제 외적인 동기가 함께 작용한다.

1. 용역에 대한 최선의 적응성,
2. 최선의 노동 실습 *Arbeitsübung*,

3. 최선의 노동 성향 *Arbeitsneigung*.

1.에 관하여. 적응성은 (이것이 얼마만큼 유전질이나 교육 및 환경의 영향에 의해 제약되는가에 상관없이) 오직 시험 *Probe*에 의해서만 확인될 수 있다. 이 시험은 거래 경제에서는 영리 경영의 경우에 '단기 양성 *Anlerne*' 시험의 형식으로 치러지는 것이 통례이다. 테일러 시스템 *Taylor-System*은 이 시험을 합리적으로 시행하고자 한다.

2.에 관하여. 노동 실습은 오직 합리적이고 연속적인 전문화에 의해서만 최선에 도달할 수 있다. 이것은 오늘날 본질적으로는 경험적으로 비용 절약의 관점에서(수익성에 대한 이해 관심에서 그리고 이러한 이해 관심에 의해 제한되어) 행하여진 용역 전문화에 지나지 않는다. 합리적인(생리학적인) 전문화는 초기 단계에 놓여 있다(테일러 시스템).

3.에 관하여. 노동을 기꺼이 하고자 하는 의욕은 온갖 다른 종류의 행위와 아주 마찬가지로〔목적 합리적으로, 가치 합리적으로, 감성적으로, 그리고 전통적으로〕지향될 수 있다(제I장, 제2항을 볼 것). 그러나 노동을 하고자 하는 의욕(자기 자신의 기획이나 지휘하는 다른 사람의 기획을 실행한다는 특별한 의미에서의)은 언제나 한편으로는 성공에 대한 자기 자신의 강한 이해 관심에 의해 야기되거나, 그렇지 않은 경우에는 직접 또는 간접적인 강제에 의해 야기되었다. 타인의 기획을 실행한다는 의미에서의 노동은 특히 높은 정도로 그러하였다. 강제의 실질적인 내용은 한편으로는

1. 물리적 폭력이나 다른 종류의 불이익의 직접적인 위협일 수 있거나, 그렇지 않으면

2. 용역이 불충분할 경우에 영리를 얻지 못할 가망성일 수 있다.

두번째 형식은 거래 경제에 있어서 본질적인 것인데, 비교할 수 없을 정도로 강력하게 자기 자신의 이해 관심에 호소하며 용역(의 정도와 종류)에 따른 선별의 자유를 강제하기 때문에(당연히 수익성의 관점에서), 온갖 직접적인 노동 강제에 비하여 형식적으로 보다 합리적

으로(기술적 최선이라는 의미에서) 영향을 끼친다. 전제 조건은 노동자로부터 제조 수단을 몰수하고 이들에게 노동 임금을 벌 수 있는 기회를 얻으려고 노력하도록 명하는 것이다. 그러니까 제조 수단이 소유자에게 전유되는 것을 폭력적으로 보호하는 것이다. 이와 함께 직접적인 강제에 의해 노동을 해야 할 때와 비교해보면 재생산(가족)을 돌보는 일 이외에 선별 도태(적성의 종류에 따른)에 대한 걱정의 일부도 일자리를 찾는 사람 자신에게 전가된다. 그 밖에 자유롭지 않은 노동자를 이용하는 것에 비해서 자본 수요와 자본의 위험 부담이 제한되고 회계 가능하게 되며, 마침내는——대량의 화폐 임금에 의해——대량 재화를 위한 시장이 확대된다. 적극적인 노동 성향은——그 밖의 사정이 동일한 경우에는——자유롭지 않은 노동의 경우에서와 같은 형태로 방해되지 않는다. 물론 특히 노동이 간단하고 (테일러화된) 단조로운 업무로 전반적으로 기술적으로 전문화되는 경우에는 적극적인 노동 성향이 순전히 물질적인 임금 기회에 제한된다. 임금이 오직 업적에 따라 지불되는 경우(도급 임금)에만 물질적인 임금 기회는 업적의 증대를 자극한다. 자본주의적인 영리 질서에서는 도급 임금의 기회와 해고의 위험이 일차적으로 노동을 하고자 하는 의욕을 야기한다.

제조 수단으로부터 분리된 자유로운 노동의 조건 아래서는 그 밖에 다음과 같은 사항이 유효하다.

1. 감성적인 노동 의욕이 생겨날 수 있는 가망성은——그 밖의 사정이 동일한 경우에는——용역이 전문화되어 있는 경우보다 특성화되어 있는 경우에 더 크다. 왜냐하면 개인적인 용역의 성공적인 결과가 노동하는 사람에게 보다 가시적으로 눈앞에 놓이기 때문이다. 감성적인 노동 의욕이 생겨날 수 있는 가망성이 모든 질적 용역의 경우에 그 다음으로 크다고 하는 것은 당연한 일이다.

2. 전통적인 노동 의욕은, 특히 농업 경제와 가내 공업 내에서(일반적으로 전통적 생활 조건 아래서) 전형적으로 나타나는 바와 같이, 다

음과 같은 특성을 지니고 있다. 즉, 노동자는 그들의 용역을 한편으로는 인습적인 정도와 방식의 노동 성과에 지향하거나, 그렇지 않은 경우에는 전통적인 노동 임금에 지향하며(또는 양자에 지향하며), 따라서 합리적으로 이용되기가 힘들고 업적을 우대(도급 임금)함으로써 그들의 용역을 증대시킬 수 없다고 하는 특성을 지니고 있다. 이와 달리 우두머리(소유자)에 대한 전통적으로 가부장적인 관계는 경험에 의하면 감성적인 노동 의욕을 높게 유지할 수 있다.

3. 가치 합리적인 노동 의욕은 한편으로는 종교적으로, 그렇지 않은 경우에는 해당된 구체적인 노동 그 자체에 대한 특별히 높은 사회적 평가에 의해 전형적인 방식으로 야기된다. 노동 의욕을 불러일으키는 모든 다른 종류의 유인은 모든 경험에 의하면 이행 단계적인 현상이다.

물론 자기 자신의 가족을 위한 '이타주의적' 배려는 노동 의욕을 구성하는 하나의 전형적인 의무(義務)적 요소를 내포하고 있다.

II. 제조 수단의 전유와 노동 과정에 대한 독자적인 처분은 (그것이 제아무리 형식적인 것이라고 할지라도) 무한한 노동 성향의 가장 강력한 원천 가운데 하나를 의미한다. 이것이 농업 경제에서 소규모 경영과 그것도 특히 분할 경영이 소규모의 소유권자로서뿐만 아니라 소규모의 소작인(장래에 경작지 소유권자로 상승할 수 있다는 희망을 지닌)으로서 비상한 의의를 지니고 있는 궁극적인 이유이다. 그 고전적인 나라는 중국이다. 용역이 특성화된 전문 교육적 공업의 토양에서는 무엇보다도 인도가 그 고전적인 나라이다. 바로 그 다음으로는 모든 아시아 지역이 그러하다. 그러나 서양의 중세도 그러하며, 여기서는 본질적인 싸움이 (형식적인) 독자적 처분을 둘러싸고 전개되었다. 소농민(용역이 언제나, 정원사의 경우에도, 전문화되어 있는 것이 아니라 특성화되어 있는)이 경영에 투자하는 아주 많은 초과 노동과 그가 자기의 형식적인 독립성을 위한 이해 관심에서 스스로에게 부과하는 생계 수준의 제한은, 농업 경제에서는 그러니까 대규모 경영에서 영리적으로 이용할 수 없는 모든 종류의 부산물 및 '폐물'을 가계적으로 이용할 수 있다는 사정과 결합하여, 바로 자본 계산이 결여되어 있고 가계와 경영의 통일성이 유지되어 있기 때문에 그의 생존을 가능하게 한다. 농업 경제에서의 자본 계산 경영은——소유권자 경영의 경우에 ——모든 연구 조사에 의하면(제24차 독일 법학 대회에서의 나의 계산을 볼 것:『XXIV. Dt. Juristentag — Verhandlungen des 24. Dt. Juristentags』, 2 Bd. 1897, pp. 15~32) 소규모 경영과는 비교할 수 없을 정도로 경기 변동에 민감하다.

공업의 영역에서는 기계화되고 엄격하게 전문화된 노동 결합적 경영의 시대에까지 그에 상응하는 현상이 존속하였다. '뉴베리의 잭'과 같은 경영이 16세기에도 여전히 노동자의 영리 기회에 파국을 초래하지 않고서 간단히 금지될 수 있었던 것처럼 말이다(이러한 일이 영국에서 일어났던 바와 같이). 왜냐하면 노동의 전문화와 결합이 본질적으로 증대되지 않은 채 소유자에게 전유된 베틀이 그 노동자와 함께 어느 작업장에 집결한다고 해서 이로 인하여 기업가가 주어진 시장 상황 아래서 여하튼 보다 커다란 위험 부담과 작업장 비용을 확실하게 감당할 수 있는 기회가 증대한다는 것을 의미하지 않았기 때문이다. 그리고 무엇보다도 공업에서는 비싼 시설 자본('고정' 자본)을 갖춘 경영은 농업 경제에서도 그러한 바와 같이 경기에 민감할 뿐만 아니라, 행정과 사법의 온갖 비합리성(계산 불가능성)에 극히 민감하다. 이러한 비합리성은 근대 서양 이외의 곳에서는 어디서나 존재하였다. 근대 서양에서는 탈중심화된 가내 노동이, 러시아의 '공장'과의 경쟁 속에서 그리고 그 밖에 어디서나 그러했던 바와 같이,——기계화된 동력원과 도구 기계가 아직 도입되기 이전에는——확장된 시장 기회를 이용하기 위해서 생겨난 정확한 비용 회계와 생산물의 표준화에 대한 욕구가 기술적으로 합리적인 기구와 결합하여 (수력이나 馬力을 이용하는 捲揚 장치와) 내적 전문화를 갖춘 경영을 창출해낼 때까지 진지를 고수할 수 있었다. 그런 다음에 거기에 기계화된 발동기와 기계가 도입되었던 것이다. 이전에 전 세계에서 이따금 생겨났던 모든 대규모의 작업장 노동은 모든 참여자의 영리 기회를 이렇다 할 정도로 전혀 방해하지 않고서, 그리고 수요 충족이 심각하게 위협을 받지 않고서 다시 소멸될 수 있었다. '공장'과 함께 비로소 이러한 사정은 달라졌다. 그러나 공장 노동자의 노동 의욕은 노동자에게 전가된 급양의 위험 부담과 조합된 매우 강력한 간접적인 강제(영국의 노동 가정 체계!)에 의해 일차적으로 야기되었고, 소유권 질서의 강제적 보증에 지속적으로 지향되어 있었다. 오늘날에는 혁명에서 강제 권력이 깨뜨려진 결과 이러한 노동 의욕이 쇠퇴한 데서 알 수 있는 바와 같이 말이다.

제26항. 계산에 생소한 용역 공동체적 결합: 공산주의의 형식

공산주의적인 그리고 그 밖에도 계산에 생소한 용역 공동체적 결합이나 용역 이해 사회적 결합은 최선의 공급을 산출해내는 데 기반을 두고 있는 것이 아니라, 직접적으로 느껴진 연대감에 기반을 두고 있다. 따라서 그것은 역사적으로——오늘에 이르기까지——일차적으로는 경제 외적으로 지향된 신념적 자세를 토대로 등장하였다. 말하자면,

1. 가족의 가정 공산주의 *Hauskommunismus* 로서, 전통적 그리고 감성적인 토대 위에,

2. 군대의 동지(同志) 공산주의 *Kameradschaftskommunismus* 로서,

3. (종교적인) 자치공동체의 사랑 공산주의 *Liebeskommunismus* 로서 등장하였다. 이러한 두 가지 경우(2와 3)에는 일차적으로 특별히 감정적인(카리스마적인) 토대 위에 등장하였다. 그리고 언제나 다음과 같이 등장하였다. 즉, 한편으로는

a) 전통적 또는 목적 합리적으로 그리고 또한 계산적으로 용역을 나누어 경제 행위를 하는 환경과의 대립 속에서. 한편으로는 스스로 노동을 하면서, 그렇지 않은 경우에는 바로 거꾸로 순전히 독지(篤

志)적인 후원 *Mäzenatentum*에 의해 원조되면서(또는 양자 모두). 그렇지 않은 경우에는

b) 특권자의 가정 단체로서, 합병되지 않은 가계를 지배하면서 그리고 이들 가계에 의한 독지(篤志)적 후원이나 공납으로 유지하면서, 그렇지 않은 경우에는

c) 소비자 가계로서, 영리 경영 단위로부터 분리되어 그리고 이로부터 그의 소득을 받으면서, 그러니까 영리 경영 단위와 이해 사회적으로 결합되어 등장하였다.

a의 경우는 종교적 또는 세계관적으로 공산주의적인 단위 경제에 전형적이다(현세 탈피적인 또는 노동하는 승려 및 수도사 공동체, 종파 공동체, 이카루스 사회주의 *ikarischer Sozialismus*).

b의 경우는 중세의 전적으로 또는 부분적으로 공산주의적인 공동체에 전형적이며(남자의 집 *Männerhaus*, 스파르타의 시민 연회 *spartiatische Syssitien*, 리구리아의 도둑 공동체 *ligurische Räubergemeinschaft*, 칼리프 오마르 *Khalif Omar*의 조직, 온갖 시대의 야전 군부대의 소비 공산주의와——부분적으로는——징발 공산주의), 이 외에도 권위적인 종교적 단체(파라과이의 제수이트 *Jesuiten* 국가, 동냥 녹봉으로 살아가는 인도의 승려 공동체와 그 밖에 다른 종류의 승려 공동체)에 전형적이다.

c의 경우는 거래 경제에서 모든 가족적 가계의 전형적인 사례이다.

이러한 공동체 내에서 기꺼이 용역을 제공하려는 자세와 계산을 고려하지 않는 소비는 경제 외적으로 지향된 신념의 결과이며, 2와 3의 경우에는 상당한 부분이 '세계'의 질서에 대항하는 대립과 싸움의 파토스에 근거를 두고 있다. 모든 근대적인 공산주의적 도약을 위한 도움닫기는, 그것이 일종의 공산주의적인 대중 조직을 이룩하고자 노력하는 한, 그 사도층 *Jüngerschaft*에 대해서는 가치 합리적인 논증에 의존하지만, 그 선전 보급을 위해서는 목적 합리적인 논증에 의존한

다. 그러니까 이 두 가지 경우에는 특별히 합리적인 검토와——일상
외적인 군사주의적 및 종교적인 공동체적 결합과 달리——일상의 검
토에 의존한다. 따라서 일상의 상황 아래서 공산주의적 공동체를 위
한 기회는 일상 외적인 공동체나 일차적으로는 일상 외적으로 지향
된 공동체에 있어서와는 내적으로도 본질적으로 다르다.

제27항. 자본재 · 자본 계산

　자본재는 맨 처음에는 지방 사이에 또는 인종 사이에 교환되는 상
품으로서 그 전형적인 싹이 나타난다. '상업'이 가계적인 재화 제조
와 분리되어 등장한다는 전제(제29항을 볼 것) 아래서 말이다. 왜냐하
면 가정 경제의 자영 상업(잉여의 판매)은 별도의 자본 계산을 알지
못하기 때문이다. 인종 사이에 판매되는 가정 공업, 씨족 공업, 부족
(部族) 공업의 생산물은 상품이며, 제조 수단은 그것이 어디까지나
자영 생산물로 남아 있는 한 도구와 원료이지 자본재가 아니다. 또한
농민과 부역 영주 *Fronherrn*의 판매 생산물과 제조 수단도 그것이 자
본 계산(원시적인 형식으로나마)에 근거하여 경제적으로 관리되지 않
는 한에서는 자본재가 아니다(예컨대 고대 로마의 카토 Marcus Porcius
Cato의 경우에는 이미 그 전단계가 존재한다). 장원 지배와 오이코스의
영역 내에서 일어나는 모든 재화의 움직임이, 또한 산출물의 임시적
인 교환이나 전형적인 내부 교환도 자본 계산 경제에 반대되는 것이
라고 하는 사실은 자명하다. 오이코스의 상업(예컨대 파라오의)도 그
것이 순전한 자체의 수요를 충족시키기 위한 상업이 아니라, 그러니
까 가정 예산에 의한 교환이 아니라, 부분적인 영리 목적에 기여한다
고 하더라도 자본 계산에 지향될 수 없는 한, 특히 이윤 기회를 미리
화폐로 평가하는 데 지향될 수 없는 한 이러한 전문 용어의 의미에서
자본주의적이지는 않다. 그러한 자본 계산을 지향하였던 것은 직업
상인의 경우이다. 이들이 자기 자신의 상품을 판매하든, 또는 코멘다
계약을 맺은 상품을 판매하든, 또는 사회적으로 한데 모아진 상품을

판매하든 상관없이 말이다. 임시 기업의 형식을 띠고 있었던 이러한 직업 상인에 자본 계산과 자본재적 특질의 원천이 있다. 노비주(奴婢主)와 지주가 지대의 원천으로 이용한 모든 종류의 인간(노예·예속인)이나 시설물은 물론 지대를 낳는 재산의 대상일 뿐이지 자본재가 아니다. 오늘날 (지대 기회를 지향하는 그리고 기껏해야 일종의 임시적인 투기를 지향하는 사적 개인을 위한 ── 영리 경영 자본의 일시적인 투자와 달리 ──) 지대나 배당금을 낳는 증권과 아주 똑같이 말이다. 지주나 노비주가 그의 우두머리로서의 권력에 힘입어 그의 농노 *Hinter-sassen*로부터 의무 납세로 거두어들이고 시장에 내보내는 상품은 우리의 전문 용어로는 상품이지 자본재가 아니다. 왜냐하면 합리적인 자본 계산(비용!)이 원칙적으로(실제로뿐만 아니라) 결여되어 있기 때문이다. 이와 달리 어느 경영 단위에서 노예를 영리 수단으로 사용하는 경우에(더구나 일종의 노예 시장과 전형적인 매매 노예가 존재하는 경우에) 이것은 자본재이다. 자유롭게 사고 팔 수 없는 (세습) 신민을 갖춘 부역 경영의 경우에 우리는 자본주의적 경영이라 일컫지 않고 단지 구속된 노동을 갖춘 영리 경영이라고만 일컫고자 한다(우두머리도 노동자에게 구속되어 있다는 점이 결정적이다!). 그러한 부역 경영에서 농업 경제적인 경영이 관건인지 아니면 자유롭지 않은 가내 공업이 관건인지에 상관없이 말이다.

공업에서 '가격 작업'은 '소자본주의적인' 경영이고, 가내 공업은 탈중심화된 경영이며, 온갖 종류의 실제로 자본주의적인 작업장 경영은 중앙 집중화된 자본주의적 경영이다. 모든 종류의 날품팔이, 임금 작업, 그리고 가내 노동은 단순한 노동 형식인데, 날품팔이와 임금 작업은 가계에서의 노동 형식이고, 가내 노동은 사용자의 영리 이해를 위한 노동 형식이다.

그러니까 결정적인 점은 실질적인 자본 계산의 경험적인 사실이 아니라, 그 원칙적인 가능성이다.

제28항. 상업의 개념과 형식

앞에서 논의한 모든 종류의 전문화되거나 특성화된 용역 이외에도 온갖 거래 경제에는(보통은 실질적으로 조절되는 거래 경제에도) 자기 자신의 처분권을 교환해얻으려주거나 타인의 처분권을 교환해받는 중개가 존재한다.

중개는 다음과 같이 이루어질 수 있다.

1. 경제 단체의 행정 간부의 구성원에 의해, 고정된 또는 용역에 따라 차등화된 현물 보상이나 화폐 보상을 대가로,

2. 교환해얻으려주고 교환해받고자 하는 동료의 욕구를 위해 특별히 만들어진 동료 단체에 의해(협동조합적으로),

3. 자기 자신이 처분권을 취득하지는 않으면서 수수료 *Gebühren* 를 대가로 받는 영리 직업으로서(중개업적으로), 아주 다양한 법적 형식으로,

4. 자본주의적인 영리 직업(자영 상업)으로서 장래에 이윤을 남기고 다시 매각할 것을 기대하며 지금 구매하거나, 미리 이윤을 남기고 구입할 것을 기대하며 장래의 일정 기일에 매각함으로써, 한편으로는

a) 시장에서 아주 자유롭게, 그렇지 않은 경우에는

b) 실질적으로 조절되어,

5. 재화와 재화를 교환해주는 대가로 보상을——자유롭게 또는 강요되어——얻는 일을 어느 정치적인 단체 쪽에서 연속하여 규제적으로 보상 몰수함으로써(강제 상업 *Zwangshandel*),

6. 영리적인 지불이나 제조 수단의 취득에 직업적으로 화폐와 신용을 제조하여

a) 영리 단위 경제에게, 또는

b) 단체(특히 정치적인)에게 신용을 공여함으로써: 신용 대부업.

그 경제적 의미는 다음과 같은 것일 수 있다,

α. 지불의 신용 대부, 또는

β. 자본재 제조를 위한 신용 대부.

4번과 5번의 경우는, 그리고 오로지 이들 경우에만, '상업 *Handel*' 을 뜻한다고 하겠다. 4번의 경우는 '자유로운' 상업을 뜻하고, 5번의 경우는 '강제 독점주의적인' 상업을 뜻한다.

경우 1: a) 가정 단위 경제: 군주, 지주, 수도원의 '협상자'와 '행위자,' b) 영리 단위 경제: '상업 회사원 *Kommis*.'

경우 2: 구매 협동조합과 판매 협동조합('소비 결사체'를 포함하여).

경우 3: 중매인(仲買人), 대리인, 운송업자, 보험 '중개업자,' 그리고 다른 종류의 중개업자.

경우 4: a) 근대적인 상업,

b) 고객의 구매나 고객에의 판매를 또는 일정한 종류의 상품의 구매나 판매를 타율적으로 강요하거나 자율적으로 협약하여 지정하는 것, 또는 어느 정치적 단체나 동료 단체의 질서를 통해서 교환 조건을 실질적으로 조절하는 것.

경우 5: 예를 들면 국가에 의한 곡물 상업 독점.

제29항. 상업의 개념과 형식

자유로운 자영 상업(경우 4)은——우선은 이에 대해서만 언급하겠다——언제나 '영리 경영'이지 결코 '가계'가 아니며, 따라서 모든 정상적인 상황 아래서는 (불가피한 것은 아니라고 하더라도) 구매 계약과 매도 계약의 형식으로 이루어지는 화폐 교환 영리이다. 그리고 그것은 다음과 같은 것일 수 있다.

a) 어느 가계의 '부업적 경영'일 수 있다.

그 예로는: 특별히 이 일을 하기로 규정되어 있는 가정 동료가 이들 자신의 책임 아래 가정 공업의 잉여를 교환해얻으려주는 것. 이와 달리 때로

는 이 동료가 때로는 저 동료가 교환해얻으려주는 경영을 하는 것은 결코 '부업적 경영'이 아니다. 만일 해당 동료가 자기 자신의 책임 아래 오직 교환해얻으려주는(또는 교환해받는) 일에만 전념한다면 4번의 경우가 (수정되어) 존재하며, 그들이 전체의 책임 아래 행위한다면 1번의 경우가 존재한다.

b) 자기 자신의 노동을 통해서 (장소적으로) 향유될 수 있는 상태로 만들어놓는 전체 용역의 불가분의 구성 요소일 수 있다.

그 예로는 행상인을 들 수 있으며, 상품을 갖고 여행하며 일차적으로는 시장 현장에로의 장소적 이동을 취급하는, 행상인에 상응하는, 소상인도 그러한 예이다. 그렇기 때문에 이 소상인은 앞에서 '운송'을 논의할 때 함께 언급되었다. 여행하는 '코멘다 상인'은 이따금 3번에로의 이행 단계적인 현상을 나타낸다. 언제 운송 용역이 '일차적'이고 '상업 이윤'은 이차적이며, 거꾸로 언제 상업 이윤이 일차적이고 운송 용역은 이차적인가 하는 것은 아주 유동적이다. '상인'은 어떤 경우에든 모두 이러한 범주이다.

자영 상업(경우 4)은 언제나 제조 수단의 전유를 바탕으로 경영된다. 처분권이 신용 구매에 의해 마련된다고 하더라도 말이다. 자본의 위험 부담은 언제나 자영 상인에게 자기 위험 부담으로 지어지며, 이윤 기회는 제조 수단의 전유에 힘입어 언제나 자영 상인에게 전유된다.

자유로운 자영 상업(경우 4) 내에서의 특성화와 전문화는 아주 다양한 관점 아래서 가능하다. 경제적으로 관심을 끄는 것은 우선 다음과 같은 종류일 뿐이다.

상인의 교환이 이루어지는 단위 경제의 유형에 따라,

1. 잉여분을 갖고 있는 가계와 소비하는 가계 사이의 상업.

2. 영리 단위 경제('생산자' 또는 '상인')와 가계, 즉 '소비자' 사이의 상업. 소비자에는 당연히 모든 단체가, 특히 정치적 단체가 포함된다.

3. 영리 단위 경제와 다른 종류의 영리 단위 경제 사이의 상업.

경우 1과 2는 '소매업 *Detailhandel*' 개념에 상응하고, 이것은 소비자에게의 판매를 의미한다(어디로부터 구매되든지 상관없이). 경우 3은 '도매업 *Großhandel*'이나 '상인 상업 *Kaufmannshandel*'에 상응한다.

상업은 다음과 같이 이루어질 수 있다.

a) 시장을 위주로.

α. 소비자를 위하여 시장에서, 보통은 상품이 있는 가운데(시장 소매업 *Narktdetailhandel*),

β. 영리 단위 경제를 위하여 시장에서,

$\alpha\alpha$) 상품이 있는 가운데(견본 시장업 *Meßhandel*),

대개는 계절적으로 이루어지지만 개념적으로 반드시 그러하지는 않다.

$\beta\beta$) 상품이 없는 가운데(거래소업 *Börsenhandel*).

대개는 상설적으로 이루어지지만 개념적으로 반드시 그러하지는 않다.

b) 고객을 위주로. 이것은 고정적인 구매자에게 공급하는 경우이다. 이러한 고객은 보다 정확하게 말하자면 다음의 여러 경우 가운데 어느 하나이다.

α. 가계에 공급하는 경우(고객 소매업 *Kundendetailhandel*),

β. 영리 단위 경제에 공급하는 경우,

336

$\alpha\alpha$) 생산하는 영리 단위 경제에 공급하는 경우(도매업자 *Grossist*),

$\beta\beta$) 소매하는 영리 단위 경제에 공급하는 경우(도매 상인 *Engros-sortimenter*),

$\gamma\gamma$) 도매하는 다른 종류의 영리 단위 경제에 공급하는 경우: 도매 상업에서의 '첫번째 손,' '두번째 손' 등(중간 도매업 *Engroszwi-schenhandel*).

상업은 현장에서 판매되는 재화의 장소적 관계에 따라 다음과 같은 것일 수 있다.

a) 지역 사이의 상업,

b) 한 지역 내의 상업.

상업은 실질적으로 다음과 같은 것을 강요할 수 있다.

a) 고객 위주로 판매하는 단위 경제에게 상업을 통한 구매를 강요할 수 있고(중개 영업 상업 *Verlagshandel*),

b) 상업을 통해서 구매하는 단위 경제에게 상업에 의해 이루어지는 판매를 강요할 수 있다(판매 독점 상업).

경우 a는 공업 경영의 중개 영업 형식에 가까우며 대개는 그와 동일하다.

경우 b는 실질적으로 '조절되는' 상업이다(4번에 있어서의 경우 b).

자영적인 재화 판매는 물론 온갖 시장 위주적인 영리 경영의 구성 요소이며, 또한 일차적으로는 '생산하는' 영리 경영의 구성 요소이기도 하다. 그러나 이러한 판매는, 특별히 판매를 위해 전문화된 일정한 행정 간부 구성원(예컨대 상업 회사원)이 현존하는 한, 그러니까 일종의 자영의 직업적인 '상인적' 용역이 행하여지는 한, 개념 정의된 의미에서의 '중개'는 아니다. 이러한 유형들 사이에서의 모든 이행적 변화는 완전히 유동적이다.

상업의 회계가 '투기적'이라 함은, 그것을 실현한다고 하는 것은 '우연한' 것으로 그리고 이러한 의미에서 '계산 불가능한' 것으로 평가되고 따라서 일종의 '우연이라는 위험 부담'을 인수함을 의미하는 그러한 기회에 상업의 회계가 지향되는 정도를 뜻한다고 하겠다. 합리적 회계로부터 (이러한 의미에서의) 투기적 회계에로의 이행은 완전히 유동적이다. 왜냐하면 미래를 겨냥하는 어떠한 계산도 예기하지 못한 '우연'으로부터 객관적으로 안전하지 않기 때문이다. 그러니까 차이는 다만 합리성의 상이한 정도를 의미할 뿐이다.

상업의 기술적 그리고 경제적인 용역 전문화 및 특성화는 특수한 현상을 나타내지 않는다. '공장'에는——내적인 용역 전문화를 가장 풍부하게 사용하는——'백화점'이 상응한다.

제29a항. 상업의 개념과 형식

은행은 화폐를 직업적으로

a) 관리하는 *verwalten*,

b) 제조하는 *beschaffen*,

영리적 상인 경영을 뜻한다고 하겠다.

a) 에 관하여: 화폐 행정

α. 사적(私的) 가계를 위하여(가계의 예금, 재산의 공탁),

β. 정치적 단체를 위하여(국가를 위한 은행 출납),

γ. 영리 단위 경제를 위하여(기업의 예치, 기업의 당좌 계정).

b) 에 관하여: 화폐 제조

α. 가계 욕구를 위하여:

$\alpha\alpha$) 사적 단체의(소비 신용 대부),

$\beta\beta$) 정치적 단체의(정치적 신용 대부);

β. 영리 단위 경제를 위하여:

$\alpha\alpha$) 제3자에게 지불할 목적으로

$\alpha\alpha\alpha$) 환전,

$\beta\beta\beta$) 은행 대체 제도 *Giro* 또는 은행을 통해서 이루어지는 양도 *bankmäßige Überweisung*,

$\beta\beta$) 고객이 장차 지급해야 할 지불을 선대(先貸)해주기. 그 주요 사례는 어음 할인,

$\gamma\gamma$) 자본의 신용 대부를 위한 목적으로.

다음과 같은 사항의 여부는 형식적으로 중요하지 않다.

1. 은행이 이러한 화폐를 스스로 소유하고 있는 화폐로부터 선불하거나 입체(立替)하는가, 또는 요구에 따라 지급할 수 있도록 준비하기로 약속하는가('당좌 계정'), 또한 화폐를 필요로 하는 사람에게 저당이나 다른 종류의 담보 제공을 요구하는가, 또는

2. 은행이 보증을 함으로써 또는 다른 종류의 방식으로 다른 사람이 화폐를 신용 대부하도록 유인하는가.

사실상 은행의 영리 경제 행위는 보통 은행 자체에 신용 대부되어 있는 자산을 신용 대부함으로써 이윤을 내는 데 겨냥되어 있다.

은행은 신용 대부하는 화폐를 다음과 같이 마련할 수 있다. 한편으로는

1. 현행 화폐 발행처의 준비 주화 *Münzvorräte*나 무게를 따져 사용되는 준비 금속 *Metallvorräte*으로부터 은행이 신용으로 취득하거나, 그렇지 않은 경우에는

2. 독자적으로

α. 지급 보증서(은행 통화 화폐 *Banko-Geld*)나,

β. 유통 수단(은행권 *Banknote*)을 창출함으로써. 그렇지 않은 경우에는,

3. 사적 개인이 은행에 신용 대부한 다른 화폐 자산의 예금으로부터.

은행이

a) 스스로가 신용 대부를 요구하거나,

b) 유통 수단을 창출하는

온갖 경우에, 은행은 합리적인 경영을 하고자 한다면 '지급 준비 *Deckung*'를 통해서, 즉 충분히 많은 태환권 화폐의 재고를 준비해두

거나 이에 상응하게 자기 자신의 신용 공여 기간을 설정함으로써 '유동성 *Liquidität*'을, 즉 정상적인 지불 요구를 감당할 수 있는 능력을 얻으려고 노력해야 한다.

화폐를 창출하는 은행(발권 은행 *Notenbank*)에 있어서는 유동성의 규범이 단체(상인 동업조합이나 정치적 단체)의 강요된 조절에 의해 지켜지도록 배려되는 것이 아주 상례이다(반드시 그러한 것은 아니다). 이와 동시에 이러한 조절은 흔히 어느 화폐 지역에서 일단 선택된 화폐 질서를 화폐의 실질적인 타당성의 변경에 대항하여 가능한 한 보호하고 그리하여 가계의 무엇보다도 정치적 단체의 가계와 나아가서는 영리 단위 경제의 가계의, (형식적으로) 합리적인 경제적 계산을 (실질적인) 비합리성에 의한 '교란'에 대항하여 보장하고자 하는 목적에 지향되어 있다. 그리고 특히 자기 자신의 화폐 품목 *Geldsorten*의 가격을 상업 및 신용 관계가 있거나 이러한 관계를 원하는 다른 화폐 지역의 화폐 품목 속에서 가능한 한 안정('고정적인 환시세,' '화폐 액면 가격 *Geldpari*')시키고자 노력하곤 한다. 화폐 제도의 비합리성에 대항하여 시행되는 이러한 정책은 '지불 수단 정책 *lytrische Politik*'(크납에 의하면)을 뜻한다고 하겠다. 지불 수단 정책은 순수한 '법치 국가'(자유 방임 국가)의 경우에 일반적으로 이러한 국가에서 전형적으로 수용되는 가장 중요한 경제 정책적인 방책이다. 지불 수단 정책은 합리적인 형식으로는 전적으로 근대적인 국가에 특유한 것이다.

중국의 동화(銅貨) 정책 및 지폐 정책과 고대 로마의 주화(鑄貨) 정책은 이에 해당하는 곳에서 언급된다. 이것은 근대적인 지불 수단 정책이 아니었다. 다만 중국의 동업조합(함부르크 Hamburg의 마르크 Mark 은행 통화 정책의 모범)의 은행 통용 화폐 정책이 근대적인 의미에서 합리적이었을 따름이다.

금융업 *Finanzierungsgeschäft*은 기업의 영리 기회를 처분하여 이윤을 남기려는 목적에 지향된 모든 사업을——그것이 '은행'에 의해 경영되든 또는 다른 것에 의해 (임시적인 부업적 영리나 사적인 부업적 영리로서, 또는 어느 '금융 자본가'의 투기 정책의 구성 요소로서) 경영되든 상관없이——뜻한다고 하겠다.

a) 전유된 영리 기회에 대한 권리를 유가 증권으로 변화시킴으로써('상업화') 그리고 이와 같은 유가 증권을 취득함으로써, 직접적으로 또는 c의 의미에서 '자금이 조달된' 기업을 통해서,

b) 영리 신용의 체계화된 제공(그리고 경우에 따라서는 거부)을 통해서,

c) (부득이하거나 바람직한 경우에) 지금까지 경쟁해온 기업들 사이의 결합을 강제함으로써

α. 동일한 단계의 기업들을 독점주의적으로 조절한다는 의미에서(기업 연합), 또는

β. 수익성이 가장 적은 기업을 폐지할 목적에서 지금까지 경쟁해온 기업들을 단일한 지휘 아래 독점주의적으로 통일한다는 의미에서(기업 합병), 또는

γ. 연이어진 단계로 전문화되어 있는 기업들을 하나의 '조합 *Kombination*'으로 (반드시 독점주의적이지는 않게) 통일한다는 의미에서, 〔또는〕

δ. 어느 단일한 지위로부터 수많은 기업을 유가 증권 조작에 의해 지배하고자 한다는 의미에서(기업 합동), 그리고——바람직한 경우에는——이윤 목적이나 순전히 힘을 장악하기 위한 목적을 위해 그와 같은 새로운 지위를 계획적으로 만들어냄으로써(일종의 자금 조달 *Finanzierung*).

'금융업'은 흔히 은행에 의해서, 그리고 아주 한결같이, 흔히는 불가피하게, 은행의 원조 아래 이루어지기는 한다. 그러나 바로 지휘는 흔히

거래소 상인(해리먼Edward H. Harriman)의 손에 놓이거나, 생산업체의 개별적인 대기업가(카네기Andrew Carnegie)의 손에 놓이거나, 기업 연합의 경우에도 또한 흔히 대기업가(키르도르프Emil Kirdorf 등)의 손에 놓이며, '기업 합동'의 경우에는 특수한 '재정가'(굴드Jay Gould, 록펠러John D. Rockefeller, 슈티네스 Matthias Stinnes, 라테나우 Emil Rathenau)에 의해 지휘가 이루어진다(보다 상세한 것은 나중에 논의될 것이다).

제30항. 자본 계산에 있어서 최고의 형식적 합리성의 조건

제조 경영에서 자본 계산의 최고도의 형식적 합리성은 다음과 같은 전제 아래서 달성될 수 있다.

1. 모든 물적 제조 수단이 소유자에게 완벽하게 전유되어 있고 시장에서의 영리 기회의 형식적인 전유가 완전히 결여되어 있을 때(재화 시장의 자유),

2. 소유자에 의한 지휘자의 선별이 완전히 자율적일 때, 그러니까 지휘의 형식적인 전유가 완전히 결여되어 있을 때(기업의 자유),

3. 일자리와 영리 기회의 노동자에의 전유뿐만 아니라 거꾸로 노동자의 소유자에의 전유가 완전히 결여되어 있을 때(자유로운 노동, 노동 시장의 자유, 그리고 노동자 선별의 자유),

4. 소비나 제조 또는 가격에 대한 실질적인 조절이 완전히 결여되어 있거나 교환 조건의 자유로운 협정을 제한하는 다른 종류의 질서가 완전히 결여되어 있을 때(실질적인 경제적 계약의 자유),

5. 기술적인 제조 조건의 완전한 계산 가능성(기계적으로 합리적인 기술),

6. 행정 질서와 법질서의 기능이 완전하게 계산 가능하고 모든 협정이 정치적인 힘에 의해 순수하게 형식적으로 신뢰할 만하게 보증될 때(형식적으로 합리적인 행정과 형식적으로 합리적인 법),

7. 경영과 경영의 운명이 가계와 재산의 운명으로부터 가능한 한

완전히 분리되어 있을 때, 특히 경영의 자본 자금과 자본 결집이 소유자의 재산 자금과 재산의 세습 운명으로부터 가능한 한 완전히 분리되어 있을 때. 이러한 분리는 일반적으로 대기업에서 형식적으로 가장 완전하게 이루어질 것이다. 즉, 1. 원료를 가공하는 기업과 운송 기업 그리고 광업의 경우에 자유롭게 매각할 수 있는 지분과 대인 책임이 없는 보증된 자본을 갖춘 회사의 형식에서, 2. 농업 경제의 경우에 (상대적으로) 장기적인 대규모 차지(借地) 계약의 형식에서,

8. 화폐 제도가 가능한 한 형식적이고 합리적인 질서를 갖추고 있을 때.

오직 몇 가지 (그 밖에 앞에서 이미 언급되었던) 점만이 논의를 필요로 한다.

1. 항목 3에 관하여. 자유롭지 않은 노동(특히 완전 노예)은 임금을 대가로 임차한 노동자보다 형식적으로는 보다 제한없는 처분을 보증한다. 그러나 a) 노예를 사들이고 먹이는 데 요구되며 인간 소유에 투자해야 할 자본 수요는 노동 임차보다 더 커다란 것이었다. b) 인간 자본의 위험 부담은 특별히 비합리적이었다(이것은 모든 종류의 경제 외적인 사정으로 인하여 야기되었고, 특히 노동 임차 *Arbeitsmiete*의 경우에는 정치적인 요소에 의해 최고도로 야기되었다). c) 노예 자본의 결산은 변덕스런 노예 시장으로 인하여 그리고 이에 따른 변덕스런 가격으로 인하여 비합리적이었다. d) 동일한 이유 때문에 또한 무엇보다도 보충과 충원이 비합리적이었다(정치적으로 제약되었다). e) 노예에게 가족을 허가하는 경우에 노예의 사용은 숙박 비용을 부담하게 하였으며, 무엇보다도 부녀자들을 먹이고 아이들을 양육하는 비용을 부담하게 하였는데, 이들은 그 자체가 경제적으로 합리적인 이용이 가능한 노동력이 결코 아니었다. f) 노예 용역의 완전한 이용은 오직 가족이 없고 가차없는 규율이 시행되는 곳에서만 가능하였는데, 이것은 d에서 제시한 요소의 중요성과 그 비합리성을 본질적으로 더욱 증대시켰다. g) 높은 자기 책임성과 자기 자신

의 이해 관심을 필요로 하는 도구나 기구에 노예 노동을 사용하는 것은 모든 경험에 의하면 불가능하였다. h) 그리고 무엇보다도 선별의 가능성이 결여되어 있었다. 즉, 기계에서 작업하는 것을 시험해본 다음에 고용할 수 없었고, 경기 변동 때나 노동력이 쇠진했을 때 해고할 수가 없었다.

오직 a) 노예를 아주 값싸게 부양할 수 있을 경우에만, b) 노예 시장이 규칙적으로 노예를 공급하는 경우에만, c) 식민 농장과 같은 종류의 농업 경제적 대량 재배나 아주 단순한 공업적 조작의 경우에만 노예 경영은 수익성이 있었다. 카르타고, 로마, 몇몇 식민지와 북아메리카의 식민 농장, 그리고 러시아의 '공장'은 이러한 이용의 가장 중요한 예이다. 노예 시장의 고갈(제국의 평정에 의한)은 고대의 식민 농장을 위축시켰다. 동일한 사정은 북아메리카에서 끊임없이 값싼 미개지를 찾아나서게 하였다. 왜냐하면 노예 지대 이외에도 아직 토지 지대가 가능하였기 때문이다. 러시아에서는 노예 공장이 쿠스타르 *Kustar* (가내 공업)와의 경쟁을 아주 힘들게 배겨낼 수 있었을 뿐이고, 자유로운 공장 노동의 경쟁을 견디어낼 수는 없었으며, 노예 해방 이전에 이미 노동자의 방면을 허락해줄 것을 청원하였고, 자유로운 작업장 노동이 도입되면서 붕괴하였다.

임금 노동자를 임차하는 경우에는 a) 자본의 위험 부담과 자본의 경비가 보다 적다, b) 재생산과 자녀 양육이 완전히 노동자에게 맡겨지고 노동자의 아내와 자녀로서는 일거리를 '찾아나서'야만 한다, c) 따라서 해고의 위험이 최선의 용역을 발휘하도록 한다, d) 용역 능력과 용역 의지에 따른 선별이 존재한다.

2. 항목 7에 관하여. 영국에서는 자본 계산을 하는 임차 경영이 신탁 유증(信託 遺贈)적으로 구속된 토지 소유로부터 분리되었던 것은 우연이 아니라, 거기서 (섬이라는 상태의 결과 농민 보호가 결여되어 있었기 때문에) 수백년 이래로 방치된 채 이루어진 발전의 표현이었다. 경작지의 소유와 경작지의 경제적 경영의 온갖 결합은 경작지를 단위 경제의 일종의 자본재로 변화시켰고, 그리하여 자본 수요와 자본의 위험 부담을 증

대시켰으며, 경제 행위자가 자본을 운전하는 자유를 억제하였고(세습적 급여는 경영에 부채로서 부담이 되었다), 마지막으로 자본 계산에 비합리적인 항목을 부담지웠다. 그러니까 경작지 소유와 농업 경제적 경영의 분리는 형식적으로 자본 계산적 경영의 합리성에 상응한다(현상에 대한 실질적인 가치 평가는 그 자체가 하나의 주제이며, 척도가 되는 가치 평가의 입장에 따라 아주 다양하게 내려질 수 있다).

제31항. 영리의 '자본주의적' 지향의 전형적인 방향

영리의 '자본주의적인'(즉, 합리성의 경우에는 자본 계산적인) 지향에는 서로 종류가 다른 전형적인 방향이 있다.

1. a) 자유롭게(형식적으로는 강제받지 않고서, 실질적으로는 적어도 비교적 자유 의지적으로) 교환해얻으려주고 교환해받는 경우에 연속적인 시장 영리와 시장 판매('상업')의 수익성 기회에의 지향, b) 자본 계산을 하는 연속적인 재화 제조의 경영에서 수익성의 기회에의 지향.

2. a) 화폐 품목에 의한 상업과 투기, 모든 종류의 지불 용역의 인수, 그리고 지불 수단의 창출에 의한 영리 기회에의 지향, b) α. 소비 목적을 위해, β. 영리 목적을 위해 신용을 직업적으로 공여함으로써 발생하는 영리 기회에의 지향.

3. 정치적이거나 정치적으로 지향된 단체나 개인이 시의적으로 약탈 영리를 취득할 수 있는 기회에의 지향: 대부와 공납에 의한 전쟁의 자금 조달이나 혁명의 자금 조달 또는 정당 지도자의 자금 조달.

4. 정치적인 권력에 의해 보증된 폭력적 지배에 힘입은 연속적인 영리 기회에의 지향: a) 식민지를 통해서(강제 공납이나 강제 노동을 갖춘 식민 농장에 의한 영리, 독점주의적인 상업과 강제 상업), b) 재정 회계적으로(징세권의 임대와 직위 임대에 의한 영리, 본국에서든 식민지에서든 상관없이).

5. 정치적 단체[에의] 일상 외적인 공납에 의한 영리 기회에의 지

향.

6. 다음과 같은 방식으로 영리 기회에 지향되는 경우: a) 유형화된 상품이나 유가 증권의 형태로 증서화된 기업 지분에서 이루어지는 순전히 투기적인 거래 *Transaktionen*를 통해서, b) 공공 단체의 연속적인 지불 업무를 처리해줌으로써, c) 모집된 투자자에게 유가 증권을 판매하는 형식으로 기업 창업에 자금을 조달함으로써, d) 수익성 있는 영리 조절을 목표로 또는 힘의 장악을 목표로 자본주의적인 기업과 모든 종류의 경제 단체의 구성에 투기적으로 자금을 조달함으로써.

1번과 6번의 경우는 전반적으로 서양에 특유한 것이다. 그 밖의 경우(2~5번)는 수천년 이래로 모든 세계에서 교역 가능성과 화폐 경제(2번에 있어서) 그리고 화폐 금융(3~5번에 있어서)이 나타났던 곳에서는 어디서나 발견되었다. 이러한 경우들은 서양에서는 오직 지역적으로만 그리고 일시적으로만(특히 전시에) 고대에서와 같이 영리 수단으로서 아주 탁월한 의의를 지녔다. 이러한 경우들은 커다란 대륙이 평정되었던 곳(통일 제국: 중국, 후기 로마)에서는 어디서나 그 자체로서도 위축되어 자본주의적 영리의 형식으로서는 오직 상업과 화폐 영업(2번)만이 남아 있었다. 왜냐하면 정치에 대한 자본주의적 자금 조달은 어디서나 다음의 산물이었기 때문이다.

a) 국가들 사이에 세력을 둘러싼 경쟁의 산물,

b) 그로 인해 국가들 사이에 야기된——그들 사이에 자유롭게 오고 가는——자본을 둘러싼 경쟁의 산물.

이것은 통일 제국이 성립되고 나서야 비로소 막을 내렸다.

이런 관점은 내가 기억하는 한 지금까지는 플렝게Johann Plenge(『할인정책부터 화폐시장에 대한 지배까지 *Von der Diskontpolitik zur Herrschaft über den Geldmarkt*』, Berlin 1913)에 의하여 가장 분명하게 주목되었다. 그에 앞선 것으로는 『국가학 편람 *Handwörterbuch der Staatswissen-*

schaft』, 제3판, 제I권 [1909]에 실려 있는 「고대의 농업사 Agrargeschichte, Altertum」 항목의 나의 논의를 참조할 것.

　오직 서양만이 고정 자본, 자유로운 노동과 합리적인 노동 전문화 및 노동 결합, 그리고 자본주의적 영리 경제에 기초한 순전히 거래 경제적인 용역 분배를 갖춘 합리적인 자본주의적 경영을 알고 있다. 그러니까 폭넓은 대중의 수요를 충족시키는 전형적이고 지배적인 형식으로서 형식적으로는 순전히 자발적인 자본주의적 형식의 노동의 조직은, 제조 수단으로부터 노동자의 몰수 그리고 유가 증권 소유자에의 기업의 전유와 함께 서양만이 알고 있다. 서양만이 지대 증권의 발행, 상업화, 발행업, 금융업의 형식으로 이루어지는 공적 신용 대부를 알고 있으며, 상품과 유가 증권으로 이루어지는 증권 거래업, '화폐 시장'과 '자본 시장'을 알고 있고, 기업적으로 재화를 제작하는(재화를 매상할 뿐만 아니라) 영리 경제적으로 합리적인 조직의 형식으로서의 독점주의적인 단체를 알고 있다.

　이러한 차이는 설명을 필요로 하며, 이 설명은 단지 경제적인 이유만으로는 이루어질 수 없다. 3~5번의 경우는 여기서 정치적으로 지향된 자본주의로 총괄되어야 마땅하다. 나중의 전체적인 논의는 무엇보다도 이러한 문제도 다루고 있다. 일반적으로 다음과 같은 점을 이야기할 수 있다.

　1. 처음부터 분명한 점은, 이러한 영리 가능성을 제공하는 그와 같이 정치적으로 지향된 사건은 경제적으로, 즉 시장 기회에의 지향(즉, 경제 가계의 소비 수요)의 관점에서 볼 때, 비합리적이라고 하는 사실이다.

　2. 그와 마찬가지로 명백한 점은, 순전히 투기적인 영리 기회(2, a와 6, a)와 순수한 소비적 신용 대부(2, b, α)는 우연한 소유 기회나 시장 기회의 판도(版圖)에 의해 제약되기 때문에 수요를 충족하는 데 있어서 그리고 재화를 제조하는 단위 경제에 있어서 비합리적일 수

있고, 창업 기회와 자금 조달 기회(6 b, c, d)도 사정에 따라서는 비합리적일 수 있지만, 반드시 비합리적이지만은 않다고 하는 사실이다.

근대 경제에 특유한 것은 합리적인 자본주의적 기업 그 자체 이외에도 1. 화폐 체제의 질서의 종류, 2. 유가 증권의 형식으로 이루어지는 기업 지분의 상업화의 방식이다. 여기서 양자의 특성은 더 논의되어야 한다. 우선 화폐 체제를 살펴본다.

제32항. 근대 국가의 화폐 체제와 다양한 화폐 종류: 통용 화폐

1. 근대 국가는 다음과 같은 사항을 전유하였다.

a) 예외없이: 규약에 의한 화폐 질서의 독점,

b) 거의 예외없이: 화폐 창출(화폐 발행)의 독점, 적어도 금속 화폐에 대하여.

〔1.〕 이러한 독점화에 있어서는 우선 순전히 재정 회계적인 이유가 결정적인 것이었다(화폐 가격과 금속 가격의 차이에서 비롯하는 이윤, 그리고 다른 종류의 주화 이윤). 따라서 처음에는 이방의 화폐를 금지하려는 것이 ──이 점은 여기서 제쳐둔다── 독점화의 결정적인 이유였다.

2. 화폐 창출의 독점화는 오늘에 이르기까지 어디에나 존재했던 것은 아니다(브레멘Bremen에서는 주화 개혁에 이르기까지 외국의 주화 화폐가 통용 화폐로서 유통되었다).

나아가,

c) 근대 국가는 국세(國稅)와 자영 경제적 경영의 의의가 증가함에 따라 한편으로는 국가 자체의 금고 *Kasse*를 통해서, 그렇지 않은 경우에는 국가의 계산을 위해 운영되는 금고를 통해서(양자는 통틀어서 '통치적 금고 *regiminale Kasse*'를 뜻한다고 하겠다),

α. 최대의 지불 수신인이고,

β. 최대의 지불인이다.

따라서 a와 b의 항목을 도외시한다고 하더라도 항목 c에 의하면 근대적인 화폐 제도에 있어서는 화폐에 대한 국고 *staatliche Kasse*의 행태가, 무엇보다도 국고가 사실상 ('통치적으로') 어떤 화폐를

1. 처분할 수 있는가, 그러니까 내어줄 수 있는가,

2. 일반 공중에게 합법적인 화폐로서 강요 *aufdrängen*할 수 있는가 하는 물음이,

다른 한편으로 국고가 사실상 (통치적으로) 어떤 화폐를

1. 받는가,

2. 전부 또는 부분적으로 거절하는가 하는 물음이 화폐 제도에 대하여 결정적인 의의를 지닌다.

예컨대 관세의 지불이 금으로 요구되는 경우에는 지폐가 부분적으로 거절되고, 예컨대 프랑스 혁명 당시의 애시냐 지폐 *assignat*, 남북 전쟁 당시의 남부 연맹의 화폐, 그리고 태평 천국의 난 시대에 중국 정부가 발행한 화폐는 (마침내) 완전히 거절되었다.

화폐는 합법적인 측면에서는 누구라도——그러니까 또한 무엇보다도 국고가——일정한 범위에서 또는 제한없이 주고받을 '의무를 지고' 있는 '법률적인 지불 수단'으로만 개념 정의될 수 있다. 화폐는 통치적인 측면에서는 정부의 금고가 수납하고 강요하는 화폐로 개념 정의될 수 있다. 합법적인 강제 화폐는 특히 정부 금고가 강요하는 화폐이다.

'강요'는

a) 옛날부터 존재하는 합법적인 권능에 힘입어 통화 정책적인 목적을 위해 이루어질 수 있다(은화 주조가 중지된 이후의 탈러 은화 *Taler*와 5프랑짜리 은화 *Fünffrankenstücke*. 이러한 중지는 주지하다시피 이루어지지 않았다!).

그리고 또는 강요는,

b) 다른 종류의 지불 수단으로 지불할 수 있는 능력이 없기 때문에 이루어질 수도 있다. 다른 종류의 지불 수단에 의한 지불 불능은 한 편으로는

α. 그러한 합법적 권능을 이제서야 비로소 통치적으로 사용할 수밖에 없도록 하거나, 그렇지 않은 경우에는

β. 어느 새로운 지불 수단을 강요하는 일종의 형식적인(합법적인) 권능을 임시 변통으로 창출하도록 한다(종이 본위 *Papierwährung*에로 이행하는 경우에는 거의 언제나 그러하다).

마지막의 경우(b β)에 한결같이 나타나는 진행 경과는, 이제까지 (합법적으로 또는 사실적으로) 태환이 가능했던 종래의 유통 수단이 이전에는 합법적으로 강요될 수 있었다고 하더라도 이제는 유효한 것으로 강요되고 유효하게 태환될 수 없게 된다는 것이다.

국가는 합법적으로 임의의 종류의 객체를 '법률상의 지불 수단'으로 규정할 수 있고, 온갖 증표적인 객체를 '지불 수단'이라는 의미에서 '화폐'로 규정할 수 있다. 국가는 이러한 증표적 객체의 가격률을 임의로 책정할 수 있고, 거래 화폐의 경우에는 임의의 본위 관계를 설정할 수 있다.

국가는 합법적인 화폐 체제가 다음과 같이 형식적으로 교란되는 일을 아주 어렵사리만 방지할 수 있거나 전혀 방지할 수 없다.

a) 행정 화폐의 경우: 거의 언제나 아주 수익성이 있는 위조,

b) 모든 금속 화폐의 경우,

α. 해당 금속 제품의 가격이 아주 높은 경우에 원료인 금속을 통화 외적으로 사용하는 일. 특히 해당 금속에 불리한 본위 관계가 존재하는 경우에 그러하다(γ를 볼 것),

β. 보다 유리한 본위 관계를 지닌 다른 지역에로의 수출(거래 화폐의 경우),

γ. 통용 화폐(금속 화폐 *Metallgeld*나 지폐 *Papiergeld*)에 대한 금속

화폐의 가격률이 금속의 시장 가격에 비하여 너무 낮게 책정되어 있는 경우에 합법적인 본위 금속을 화폐 주조에 쓰이도록 제공하는 일.

지폐에 있어서 어느 명목 금속 *Nominale Metall*을 동일한 액면의 명목 지폐 *Nominale Papier*와 똑같이 가격률을 책정하는 것은, 유통 수단의 태환이 정지될 경우에는 언제나 금속 화폐에 너무 불리하다. 왜냐하면 이러한 태환 정지는 금속 화폐로 지불할 수 있는 능력이 없는 경우에 일어나기 때문이다.

금속으로 만들어진 여러 가지 거래 화폐의 종류의 본위 관계는 다음과 같이 확정될 수 있다.

1. 개별적인 경우에 현금 시세 *Kassenkurs*의 가격률을 책정함으로써(자유로운 병행 통화 *Parallelwährung*),

2. 정기적으로 현금 시세의 가격률을 책정함으로써(정기적으로 가격률이 책정되는 병행 통화),

3. 지속적으로 합법적인 현금 시세의 가격률을 책정함으로써(복본위제, 예컨대 이중 본위제).

1번과 2번의 경우에는 아주 한결같이 오직 하나의 금속만이 통치적이고 유효한 본위 금속(중세에는 은)이고, 다른 금속은 현금 시세에 따른 상업 주화(*Friedrichsd'or*[예전의 프로이센 금화의 이름], 두카텐 *Dukaten*[옛 유럽의 금화])이다. 거래 화폐의 고유한 환금 가능성 *Verwertbarkeit*을 완전히 구분하는 일은 근대적인 화폐 제도에서는 드물지만 예전에는 (중국·중세) 빈번하였다.

2. 화폐를 법률상의 지불 수단으로서 그리고 '지불 수단 정책적' (지불 수단) 행정의 피조물로서 개념 정의하는 것은 사회학적으로 모든 화폐 현상을 남김없이 포괄하는 것은 아니다. 그러한 개념 정의는 '채무가 존재한다는 사실'(크납)로부터, 특히 국가에 대한 조세 채무와 국가의 이자 부채가 존재한다는 사실로부터 출발한다. 이러한 채

무를 합법적으로 이행하는 데 있어서는 변함없는 화폐 액면 *Geldno-minale*(화폐 소재가 그 사이에 변경되었다고 하더라도)이 척도가 되거나, 액면이 교체된 경우에는 '역사적인 개념 정의'가 척도가 된다. 그리고 이것뿐만 아니라 오늘날 개개인은 화폐 액면 단위를 그의 화폐 액면 소득의 정제(整除) 가능한 일부로 평가하지, 증표적인 금속 화폐나 지폐로 평가하지는 않는다.

국가는 국가에 의해 지배되는 화폐 지역의 타당한 '통화'도 입법과 행정 간부에 의한 사실상의 (통치적) 행동을 통해서 사실 형식적으로 지배할 수 있다.

국가가 근대적인 행정 자원으로써 일을 하는 경우에 말이다. 예컨대 중국은 그리할 수 없었다. 예전에 그리할 수 없었던 이유는, 그리하기에는 '중앙으로부터의 지불 *apozentrische Zahlung*'과 '중앙에로의 지불 *epizentrische Zahlung*'(국고 '의' 지불과 국고 '에의' 지불)이 전체 거래에 비하여 너무 보잘것없었다. 최근에도 그리할 수 없었다. 은(銀)을 중국은 금 준비 *Goldreserve*를 갖춘 봉쇄 화폐로 만들 수 없었던 것처럼 보이니, 왜냐하면 아주 안전한 위조 주조를 방지할 수 있는 권력 수단이 충분하지 못했기 때문이다.

그렇지만 (기존의) 채무만 존재하는 것이 아니라, 시의적으로 교환도 이루어지며 미래를 위하여 채무가 새롭게 계약되기도 한다. 그러나 이 경우에는 화폐의 교환 수단[제II장, 제6항]으로서의 지위가 일차적인 지향점이 된다. 그리고 이것이 의미하는 바는, 앞서 말한 특정의 또는 불특정의 재화를 교환해얻기 위한 대가로 어떤 (대략적으로 평가된) 가격 관계 속에서 화폐가 지불되면 이것이 장차 불특정 다수의 타인에 의해 받아들여질 것이라는 가망성에 화폐의 교환이 지향된다는 것이다.

1. 사정에 따라서는 국가나 사적 개인에 대한 긴급한 부채를 매상 이윤으로 갚을 수 있을 것이라는 가망성에도 화폐의 교환이 일차적으로 지향될 수 있을 것이다. 하지만 이러한 경우를 여기서는 제쳐두고자 한다. 왜냐하면 이 경우는 '긴급 상태'를 전제하기 때문이다.

2. 크납이 저술한 『화폐의 국정 이론』의 불완전성은 이 점에서 시작된다. 이 책은 그 밖의 점에서는 완전히 '올바르고' 아주 훌륭하며 지속해서 기본이 되는 저술이다.

나아가 국가 자체로서는 조세나 다른 종류의 방책을 통해서 취득하는 화폐를 오직 교환 수단으로만 욕망하는 것이 아니라 흔히 부채의 이자를 지불하기 위해서도 아주 많이 욕망하기는 한다. 그러나 이 경우에 국가의 채권자는 화폐를 바로 교환 수단으로 이용하고자 하며 이 때문에 화폐를 욕망한다. 그리고 국가 자체도 거의 언제나 화폐를 욕망하지만, 효용력에 대한 국가의 욕구를 장차 시장에서 (거래 경제적으로) 충족시키기 위한 교환 수단으로만 욕망하는 경우가 아주 흔하다. 그러니까 지불 수단적 특질은 그것이 개념적으로 제아무리 확실하게 분리될 수 있다고 하더라도 분명히 화폐의 궁극적인 상태는 아닌 것이다. 어느 화폐를 시장 재화와의 관계 속에서의 평가에 근거하여 일정한 다른 종류의 재화와 교환할 수 있는 가망성은 실질적인 타당성(1. 지불 수단으로서의 형식적인 합법적 타당성과 비교하여, 그리고 2. 어느 화폐를 교환 수단으로서 형식적으로 사용하게 하는 흔히 있는 합법적인 강제와 비교하여)을 뜻한다고 하겠다. '실질적인' 평가 *Schätzung*는 확인할 수 있는 개별적인 사실로서는 원칙적으로 1. 오직 일정한 종류의 재화와의 관계 속에서만 존재하며, 2. 온갖 개개인에 있어 화폐가 그 개인에 대하여 (그의 소득에 따라) 지니고 있는 한계 효용에 근거한 개개인의 평가로서 존재한다. 이러한 한계 효용은 ──다시금 개개인에 있어서──그가 처분할 수 있는 화폐 재고가 증대하면서 당연히 달라지게 된다. 따라서 화폐의 한계 효용이 일차적으로 하락하는 것은 화폐 발행처에 있어서이며, 무엇보다도 화폐 발행처가 행정 화폐를 만들어내고 '중앙으로부터' 교환 수단으로 사용하거나 지불 수단으로 강요하는 경우에 그러하다(이 경우에만 그러한 것은 아니지만). 화폐의 한계 효용이 이차적으로 하락하는 것은 국가의 교환 상대자에 있어서이고, 이들에게 (국가 행정의 하락한 한계 효용 평가에 의해) 승인된 보다 높은 가격으로 인하여 이들의 손에 화폐 재고의 증대가 나타나는 경우에 그러하다. 이렇게 하여 국가의 교환 상대자에게서 발생하는 '구매력'은——즉, 이제부터는 이들 화폐 소유자에게서 하락하는 화폐의 한계 효용은——이후로 이들이 구매를 하는 경우에 다시금 보다 높은 가격을 승인하는 결과를 초래할 수 있다. 거꾸로 국가가 국가에 들어오는 태환권 화폐를 부분적으로 '회수'한다면, 즉 다시 사용하지 않는다면(그리고 폐기한다면), 국가의 화폐 재고는 하락할 것이고 이제부터 화폐에 대한 한계 효용의 평가는 상승할 것이며 이에 상응하게 국가의 세출은 제한되어야만 할 것이다. 그러니까 국가가 제공하는 가격은 그러한 한계 효용 평가에 상응하게 인하되어야만 할 것이다. 그렇게 되면 정확하게 역전된 결과가 나타날 것이다. 그러니까 무엇보다도 행정 화폐는(이것만 그럴 수 있는 것은 아니지만) 어느 개별적인 화폐 지역에서 거래 경제적으로 가격을 변형하는 작용을 할 수 있을 것이다.

이러한 작용이 일반적으로 어느 재화에 대하여 이루어지며 어떤 속도로 이루어질 수 있을 것인가 하는 문제는 여기서 다룰 사항이 아니다.

3. 본위 금속의 제조 가격을 인하하고 그 제조량을 늘리거나 거꾸로 본위 금속의 제조 가격을 인상하고 그 제조량을 제한하는 것은 거래 화폐를 사용하는 모든 해당된 나라에 있어서 보편적으로 비슷한 결과를 가져올 수 있을 것이다. 금속의 통화적 사용과 통화 외적인 사용은 공존한다. 그러나 오직 동(銅)(중국)의 경우에만 통화 외적인

이용이 일시적으로 평가의 척도가 되었다. 금의 경우에는, 금이 오늘날처럼 간본위적인 지불 수단이고 이와 동시에 주도적인 상업 국가의 화폐 지역에서 거래 화폐인 한, 명목적인 금 화폐 단위에서 주조 비용을 공제하고 등가적인 가치 평가가 이루어진다고 하는 사실은 자명하다. 은의 경우에도 이것이 금과 같이 간본위적인 지불 수단임과 동시에 주도적인 상업 국가의 화폐 지역에서 거래 화폐로 사용되는 한에서는 물론 사정이 마찬가지였고 오늘날에도 사정은 마찬가지일 것이다. 어느 금속이 간본위적 지불 수단이 아니라 몇몇 화폐 지역에 있어서 거래 화폐인 경우에 이 금속은 당연히 그 지역의 명목적인 화폐 단위와 명목적으로 동일하게 평가된다. 그러나 이러한 명목적 화폐 단위는 그 자체가 보충 비용과 수량에 따라 그리고 이른바 '국제 수지'에 따라 ('凡位相的으로pantopolisch') 변동하는 간본위적 관계를 지니고 있다. 마지막으로 비록 조절적인(그러니까 제한적인) 행정 화폐의 주조에 보편적으로 사용되지만 거래 화폐가 아닌(그게 아니라 봉쇄 화폐인, 이에 대해서는 다음 항을 볼 것) 귀금속은 일차적으로는 예외없이 통화 외적인 평가에 의해 가치 평가된다. 물음은 언제나, 해당 귀금속이 과연 그리고 얼마만큼이나 수익성 있게 생산될 수 있는가 하는 것이다. 귀금속을 화폐로 사용하는 일이 완전히 정지된 경우에 물음은 간본위적 지불 수단으로 평가된 화폐 비용과 통화 외적인 사용 가능성 사이의 관계에만 향해진다. 귀금속이 보편적인 거래 화폐와 간본위적 지불 수단으로 사용되는 경우에는 물음이 물론 일차적으로는 그러한 화폐 비용과 통화적인 사용 가능성 사이의 관계에 향해진다. 마지막으로 귀금속이 국지적인 거래 화폐partikuläres Verkehrsgeld나 행정 화폐로 사용되는 경우에는, 간본위적인 지불 수단으로 표현되는 화폐 비용보다 더 많은 지대를 얻을 수 있는 '유효 수요Nachfrage'에 물음이 지속적으로 향해진다. 귀금속이 국지적인 거래 화폐로 사용되는 경우에는 지속해서 통화적으로 사용되기가 힘들다. 왜냐하면 국지적으로 제한되어 있는 거래 화폐 지역의 간본위적 관계는 이러한 거래 화폐 지역에 있어서 지속적으로 하락하는 경향을 띠게 되고, 이러한 하락은 오직 완전한 봉쇄가 이루어지는 경우(예전의 중국·일본, 지금은 아직도 사실상 전쟁에 의해 서로 대립적으로 봉쇄되어 있는 모든 지역)에만 국내 가격에 다시 영향을 끼치지 않기 때문이다. 귀금속이 단순히 조절적인 행정 화폐로만 이용되는 경우에도 이처럼 고정적으로 제한된 통화적 이용 기회는 주조율이 대단히 높은 경우에만 어떤 결정적인 역할을 수행하겠지만, 그 결과는 ——국지적인 자유로운 주조의 경우에서와 동일한 이유 때문에——비슷할 것이다.

화폐 금속의 전체적인 생산과——통화적 및 비통화적인——가공이 독점화되는 이론적인 극단의 경우(중국에서 일시적으로 실제로 그러하였다)는 여러 화폐 지역이 경쟁하는 경우에는, 그리고 임금 노동자를 사용하는 경우에는 아마도 생각하는 것처럼 그렇게 새로운 전망을 열어놓지는 않는다. 왜냐하면 모든 중앙으로부터의 지불에 있어서 해당 금속 화폐가 이용된다면, 주화 주조를 제한하거나 재정 회계적으로 아주 비싸게 이용하려는 온갖 시도의 경우에(이렇게 되면 아마도 상당한 이윤이 달성될 수 있을 것이다) 중국의 화폐 가격과 금속 가격의 높은 차이에서 나타났던 것과 동일한 현상이 발생할 것이다. 우선 화폐는 금속과 비교해서 매우 '비싸질' 것이며, 따라서 광산 생산은 (임금 노동의 경우에) 전반적으로 수익성이 없어질 것이다. 그렇게 되면 광산 생산이 점차 제한되면서 거꾸로 일종의 '반인플레이션 *Kontra-Inflation*'('불황 *Kontraktion*')의 영향이 나타날 것이고, 이러한 과정은(이러한 과정으로 인하여 주조의 통제를 일시적으로 완전히 해제하도록 했던 중국에서와 같이) 화폐 대용품과 현물 경제에로 이행하기까지 계속될 것이다(중국에서 이러한 결과가 나타났던 것과 같이). 그러니까 거래 경제가 존속하는 경우에 지불 정책적인 행정은 '자유로운 주조'가 합법적으로 존재한다는 가정 아래 기획되는 것과 원칙적으로 달리 지속해서 기획될 수 없을 것이다.

다만 더 이상 '이해 당사자' 경영이 지배하지 않는다는 것일 뿐이다. 이러한 경영의 의의에 대해서는 나중에 논의될 것이다. 다른 한편으로 완전 사회화가 이루어지는 경우에는 '화폐' 문제가 제거될 것이며 귀금속이 생산의 대상이 되기는 힘들 것이다.

4. 귀금속이 정상적인 본위 금속과 화폐 재료로서 차지하는 지위는 비록 순전히 역사적으로는 장식품으로서의 기능으로부터 자라나왔고 따라서 전형적인 선물품으로서의 기능으로부터 성장했지만, 그 순전히 기술적인 특질 이외에도 특별히 무게를 따져 매매되는 재화로서의 특성에 의해 야기되었다. 귀금속의 지위가 이러한 기능 속에서 유지된 것은, 오늘날 거래에서 이를테면 세계 대전 이전의 화폐 본위로 100마르크 *Mark* 가 넘는 돈을 지불하는 경우에 누구나가 보통은 태환권적 지불 수단(무엇보다도 은행권)으로 지불하며 또 지불을 바라기 때문에, 설명 없이는 이해될 수 없으며, 분명히 중대한 동기에 의해 유발되었다.

5. 태환권 화폐의 발행도 모든 근대적인 국가에서는 합법적으로 질서지어질 뿐만 아니라 국가에 의해 독점된다. 한편으로는 국가 스스로가 태환권 화폐의 발행을 운영하거나, 그렇지 않은 경우에는 어느 하나의(또는 몇몇) 발행처(발권 은행)가 특권을 부여받아 발행하고 강요된 규범과 통제에 의해 국가적으로 규제된다.

6. 통치적 통용 화폐는 국고로부터 **사실적으로** 그때그때마다 강요되는 화폐만을 뜻한다고 하겠다. 국고로부터 사실적으로 강요되는 것이 아니라 사적 개인 사이의 거래에서 형식적인 법을 근거로 강요되는 본위 화폐는 **보조적인 본위 화폐** *akzessorisches Währungsgeld* 를 뜻한다고 하겠다. 합법적인 질서에 의하면 사적 거래에서 최고액까지만 강요될 수 있는 화폐는 **보조 화폐** *Scheidegeld* 를 뜻한다고 하겠다.

전문 용어는 크납의 개념에 의존하고 있다. 다음의 논의는 더욱 그러하다.

'확정적인' 통용 화폐 *definitives Kurantgeld*는 통치적 통용 화폐를 뜻한다고 하겠으며, '잠정적인' 통용 화폐 *provisorisches Kurantgeld*는 사실상 언제라도 태환이나 환전에 의해(이것이 어떤 금고에서 이루어지든 상관없이) 그러한 확정적인 통용 화폐로 변화할 수 있는 온갖 유효한 화폐를 뜻한다고 하겠다.

7. 통치적 통용 화폐는 당연히 지속적으로 유효한 화폐와 같은 것이어야만 한다. 그러니까 이를테면 유효한 화폐에 어긋나는 '공식적인' 통용 화폐이어서는 아니되고, 오직 합법적으로 타당한 통용 화폐이어야만 한다. 그리고 '유효한' 통용 화폐는 앞에서 논의한 바와 같이(제II장, 제6항) 한편으로는 1. 자유로운 거래 화폐이거나, 그렇지 않으면 2. 조절되지 않는 행정 화폐이거나, 그렇지 않으면 3. 조절되는 행정 화폐이다. 국고는 이를테면 국고에 이상적으로 보이는 그 어떤 화폐 질서에 지향된 아주 자유로운 결심에 따라 지불하는 것이 아니라, 마치 1. 국고 자신의 재정적인 이해 관심이, 2. 강력한 영리 계급의 이해 관심이 국고에게 지불을 강요하는 것처럼 행동한다.

유효한 본위 화폐는 그 증표적 형식에 의하면 다음과 같은 것일 수 있다.

A. 금속 화폐: 오직 금속 화폐만이 자유로운 거래 화폐일 수 있다. 그러나 금속 화폐가 자유로운 거래 화폐이어야만 하는 것은 결코 아니다.

금속 화폐는,

I. 지불 정책적인 행정이 온갖 금속량의 본위 금속을 화폐로 주조하거나 증표적 조각(주화)으로 바꾸는 경우에는 자유로운 거래 화폐이다: 소재 가격제(素材價格制) *Hylodromie*. 이 경우에는 순정 본위 금속의 종류에 따라 유효한 자유로운 금 거래화폐 본위, 은 거래화폐

본위, 또는 동 거래화폐 본위가 지배한다. 지불 정책적 행정이 소재 가격제를 유효하게 존재하도록 할 수 있는가 하는 것은 지불 정책적 행정의 자유로운 결정에 달려 있는 것이 아니라, 사람들이 화폐 주조에 이해 관심을 갖고 있는가에 달려 있다.

a) 그러니까 소재 가격제는 '유효'하지 않고서도 '공식적으로' 존속할 수 있다. 소재 가격제는 언급한 바에 의하면 공식적인 존속에도 불구하고 다음과 같은 경우에는 유효하지 않다.

aa) 여러 금속에 대하여 가격률이 책정되어 합법적인 소재 가격제(복본위제)가 존속하지만, 이 때 여러 금속 가운데 어느 하나의(또는 몇몇) 금속이 원금속의 그때그때마다의 시장 가격에 비하여 너무 낮게 가격률이 책정되어 있는 경우. 왜냐하면 이러한 경우에는 그때그때마다 가격률이 너무 높게 책정된 금속을 사적 개인은 화폐를 주조하는 데 제공하고 지불인은 지불하는 데 사용하기 때문이다. 공공 금고가 그러한 금속을 기피하는 경우에는, 공공 금고에는 너무 높게 가격률이 책정된 화폐가 '적체'된다. 이 공공 금고에도 그 밖에 다른 종류의 지불 수단이 남아 있지 않기에 이르기까지 말이다. 그렇게 되면 가격이 충분하게 봉쇄되어 있는 경우에는 가격률이 너무 낮게 책정된 금속으로 만들어진 주화는 녹여 없어지거나 가격률이 너무 높게 책정된 금속으로 만들어진 주화에 대한 대가로 무게에 따라 상품으로서 매각된다.

bb) 지불인이, 그리고 특히 부득이하게도 국고가(aa를 볼 것), 어느 다른 종류의 금속적 또는 태환권적 지불 수단을 강요할 수 있는, 그에게 형식적으로 귀속되어 있거나 찬탈되어 있는, 권리를 지속적으로 그리고 대규모로 사용하는 경우, 그리고 이 때 사용되는 그러한 다른 종류의 화폐가 잠정적인 화폐일 뿐만 아니라, 한편으로는 1. 보조적이었거나 그렇지 않으면 2. 잠정적이었기는 하지만 태환 당국의 지급 불능 때문에 더 이상 태환이 불가능한 경우.

aa의 경우에는 언제나 종래의 소재 가격제가 중지되며, bb의 1번의 경우와 특히 2번의 경우에는 보조적인 종류의 화폐와 더 이상 잠정적으로만 유효하다고 할 수 없는 종류의 화폐가 강력하게 그리고 끊임없이 강요되면 언제나 종래의 소재 가격제가 중지된다.

aa의 경우에는 가격률이 너무 높게 책정된 금속의 소재 가격제가 배타적으로 등장하며, 이제는 이 금속만이 자유로운 거래 화폐가 된다. 그러니까 하나의 새로운 금속·(거래 화폐) 본위가 등장한다. bb의 경우에는 '보조적인' 금속 화폐와 더 이상 잠정적으로만 유효하다고 할 수 없는 태환권 화폐가 본위 화폐가 된다(1의 경우는 봉쇄 화폐 본위, 2의 경우는 지폐 본위).

b) 다른 한편으로 소재 가격제는, '공식적으로' 법규에 힘입어 타당하지 않으면서도, '유효'할 수 있다.

예를 들면 중세에는 형식적인 소재 가격제가 아직 존재하지 않았는데도 불구하고 화폐 주조권을 지닌 우두머리들은 화폐 가격과 금속 가격의 차이에 대한 순전히 재정 회계적인 이해 관심에서 가능한 한 주화 금속으로만 주조하려고 경쟁하였다. 이러한 경쟁이 끼친 영향은 그럼에도 불구하고 소재 가격제와 적어도 비슷하였다.

단본위제적인(경우에 따라 금·은·동) 본위법 *Währungsrecht*을 우리는 앞에서 논의한 바와의 연관 속에서 어느 금속이 합법적으로 소재 가격제적으로 사용되는 상태라고 부르고자 하고, 여러 가지 금속이 고정된 본위 관계 속에서 합법적으로 소재 가격제적으로 사용되어야 하는 상태를 복본위제적인(경우에 따라 이중 본위제적 또는 삼중 본위제적인) 본위법이라고 부르고자 하며, 여러 금속이 고정된 본위 관계 없이 합법적으로 소재 가격제적으로 사용되어야 마땅한 상태를 병행 본위법이라고 부르고자 한다. 오직 유효한 소재 가격제적 금속에 대해서만, 그러니까 유효한 '거래 화폐'인 금속에 대해서만 그때그때마다 '본위 금속'과 '금속 본위'(경우에 따라 금·은·동 병행 본위)

라고 운위되어야 마땅하다(거래 화폐 본위).

독일의 주화 개혁에 의하여 자유로운 은화 주조가 정지되기까지는 이 중 금속제가 라틴 주화 동맹의 모든 국가에서 '합법적으로' 존속하였다. 유효한 본위 금속은 모든 경우에——왜냐하면 관계의 안정화는 아주 강력한 영향을 끼쳐서 사람들은 아주 흔히 변화를 전혀 알아채지 못했고 유효한 '이중 금속제'가 지배하였기 때문에——그때그때마다의 시장 상황에 의하면 제각기 너무 높게 가격률이 책정된, 따라서 유일하게 소재 가격제적인 금속을 기본으로 하는 본위 금속이었다. 다른 금속으로 만들어진 화폐는 '보조적인 화폐'가 되었다(핵심적 내용에 있어서는 크납과 전적으로 일치한다). 그러니까 '이중 금속제'란——적어도 자치적이고 자율적인 여러 주화 발행처가 경쟁하는 경우에는——유효한 본위 체계로서는 언제나 일종의 이행 단계적인 상태에 지나지 않을 뿐만 아니라, 보통은 순전히 '합법적인' 상태이지 유효한 상태는 아니다.

너무 낮게 가치 평가된 금속은 주화 발행처로 인도되지 않는다고 하는 사실은 물론 '통치적인'(행정 조처에 의해 초래된) 상태가 아니라, (가정하자면 변화된) 시장 상태와 존속하는 관계 규정의 결과이다. 물론 화폐 행정은 손해를 보면서 '행정 화폐'로서의 화폐를 주조할 수는 있겠지만, 금속을 통화 외적으로 이용하는 것이 보다 이득이 되기 때문에 거래를 감당할 수 없을 것이다.

제33항. 봉쇄 화폐

II. 봉쇄 화폐 *Sperrgeld*란 소재 가격제에 의해 통용되지 않는 온갖 금속적인 화폐로서 그것이 통용 화폐인 경우를 뜻한다고 하겠다.

봉쇄 화폐는 한편으로는,

α. '보조적인' 화폐로서 유통된다. 즉, 동일한 화폐 지역의 다음과 같이 다른 종류의 통용 화폐로 가격률이 책정되어 유통된다.

$\alpha\alpha$) 다른 종류의 봉쇄 화폐로,

$\beta\beta$) 지폐로,

$\gamma\gamma$) 거래 화폐로.

그렇지 않은 경우에는 봉쇄 화폐는,

β. '간본위적으로 지향된' 봉쇄 화폐로서 유통된다. 이것은 봉쇄 화폐가 비록 그 화폐 지역에서 유일한 통용 화폐로 유통되기는 하지만 다른 화폐 지역에서의 지불을 위하여 간본위적 지불 수단을 (地金 형식이나 주화 형식으로) 처분할 수 있는 대비책(간본위적 준비금 *Reservefonds*)이 마련되어 있는 경우를 말한다: 간본위적인 봉쇄 화폐 본위.

a) 국지적인 봉쇄 화폐란 그것이 비록 유일한 통용 화폐이기는 하지만 간본위적으로 지향되지 아니한 봉쇄 화폐를 뜻한다고 하겠다.

이 경우에는 봉쇄 화폐의 가격률이 한편으로는 간본위적 지불 수단이나 '외국환 *Devise*'을 매입할 때 개별적인 경우마다 임시 변통으로 책정될 수 있고, 그렇지 않으면——허가된 경우에 있어서——일반적으로 간본위적인 지불 수단에 의해 통치적으로 책정될 수 있다.

(α와 β에 관하여): 본위적으로 가격률이 책정된 봉쇄 화폐로는 탈러 은화가 있었고, 지금은 5프랑짜리 은화가 그러한 봉쇄 화폐이며, 양자는 보조적인 화폐이다. 은으로 만들어진 네덜란드의 굴덴 *Gulden*은 (금에) '간본위적으로 지향'되어 있고(이것은 화폐 주조가 봉쇄되고 나서 굴덴이 잠시 '국지적'이었던 이후의 일이다), 지금은 루피 *Rupien*도 그러하다. 중국의 '원(元) *Yüan*' (달러 *Dollars*)은 1910년 5월 24일의 주화 규정에 의하면, 정관에 언급되어 있지 않은 소재 가격제가 실제로 존속하지 않는 한에서는 '국지적인' 것이 될 것이다(미국의 위원회가 제안했던 바와 같은 일종의 간본위적 지향은 거부되었다). (네덜란드의 굴덴이 일시적으로 그러하였다. 위를 볼 것).

봉쇄 화폐의 경우에 소재 가격제는 귀금속 소유자에게 사경제(私

經濟)적으로 아주 이득이 된다. 그럼에도 불구하고(그리고 바로 그렇기 때문에) 봉쇄 처분이 내려지는 것은, 지금까지 사용되어 온 봉쇄 화폐 금속의 소재 가격제를 도입하는 경우에 이후로는 귀금속 소유자들 사이에 아주 낮은 관계로 가격률이 책정된 다른 금속의 소재 가격제가 수익성이 없는 것으로 중지되지 않도록 하고, 이 다른 금속으로 제작되고 이제부터 유통이 방해되는 봉쇄 화폐의 통화 재고(곧 이어지는 논의를 볼 것)가 보다 수익성이 있는 통화 외적인 목적에 사용되지 않도록 하기 위해서이다. 이를 회피하려고 하는 이유는 합리적인 지불 정책적 행정의 경우에는 이 다른 금속이 간본위적 지불 수단이라고 하는 사실 때문이다.

b) 유통이 방해되는 거래 화폐는, a)의 경우와는 바로 거꾸로 자유로운 화폐 주조가 비록 합법적으로 존재하기는 하지만 사경제(私經濟)적으로 수익성이 없으며 따라서 사실상 행하여지지 않는 경우에는 봉쇄 화폐(그러니까 통용 화폐)를 뜻한다고 하겠다. 이 때 비수익성은 금속이 시장 가격에 비해 너무 불리한 본위 관계를 한편으로는

α. 거래 화폐와, 그렇지 않은 경우에는

β. 지폐와

맺고 있는 데 기인한다.

이러한 종류의 화폐는 일찍이 거래 화폐였다. 그러나 한편으로는

α의 경우에는, 즉 복본위제의 경우에는, 시장 가격 관계의 변경이, 그렇지 않으면

β의 경우에는, 즉 단본위제나 복본위제의 경우에는, 재정 파산 때문에 국고가 금속 화폐를 지불할 수 없게 되고 태환권 화폐를 강요하며 이 화폐의 태환을 정지하지 않을 수 없게 되면, 그러한 재정 파산은 유효한 소재 가격제의 사경제적 가능성을 실현할 수 없게 하였다. 해당 화폐는 (적어도 합리적으로는) 더 이상 거래에 사용되지 않는다.

c) 봉쇄 **통용 화폐**(여기서는 '봉쇄 화폐'라고만 불리운다) 이외에도

봉쇄된 금속적인 보조 화폐가 있을 수 있다. 즉, 어느 '임계' 금액의 한도 내에서 지불 수단으로 받아들일 것을 강제하는 화폐가 있을 수 있다. 이 경우에 이러한 화폐는 반드시 그렇지는 않지만 한결같이 본위 주화에 비하여 의도적으로 '가격 이하로' 주조되며(녹여 없어져버릴 위험을 방지하기 위하여), 대개는(반드시 그렇지는 않다) 잠정적인 화폐이다. 즉 일정한 금고에서 태환될 수 있다.

이 경우는 일상적인 경험에 속하며 별도의 관심을 끌지 않는다.

모든 보조 화폐와 아주 많은 종류의 금속적 봉쇄 화폐는 화폐 제도 상의 지위에 있어서 순전히 태환권적인(오늘날에는 종이) 화폐에 가까우며, 다만 화폐 소재를 다른 방도로 사용할 수 있다는 어쨌든지 조금은 중요한 사실 때문에 태환권적인 화폐와 다르다. 금속적인 봉쇄 화폐는 이것이 '잠정적인 화폐'인 경우에는, 그러니까 거래 화폐로 태환할 수 있는 충분한 대비책이 강구되어 있는 경우에는 유통 수단에 가깝다.

제34항. 태환권 화폐

B. 태환권 화폐는 당연히 언제나 행정 화폐이다. 사회학적 이론에 있어서는 언제나 일정한 증표적 형식의 증서가(일정한 형식적인 의미의 인쇄된 문구를 포함하여) 바로 '화폐'이다. 태환권 화폐는 실제로 이 증서에 의해 대리될 수도 있는—반드시 그렇지는 않다—'청구권'(이것은 사실 태환이 불가능한 순수한 지폐에는 완전히 결여되어 있다)이 결코 아니다.

태환권 화폐는 형식적으로는 법적으로 태환이 공식적으로 가능한 일종의 점유자 채권으로서, 그 발행인은

a) 어느 사적 개인(예컨대 17세기 영국의 금세공업자),

b) 어느 특권적 은행(은행권),

c) 어느 정치적 단체(국가 태환권)

일 수 있다. 태환권 화폐가 '유효하게' 태환될 수 있는 경우에, 그러니까 오로지 유통 수단이기만 한 경우에, 그러니까 '잠정적인 화폐'인 경우에, 그것은

1. 완전히 지급 준비될 수 있고, 즉 지급 보증서일 수 있고,

2. 현금 수요 *Kassenbedarf*에 따라서만 지급 준비될 수 있다, 즉 유통 수단일 수 있다.

지급 준비는 다음과 같이 질서지어질 수 있다.

α. 무게에 따라 규범적으로 규제된 금속 재고에 의해(은행 통화 본위),

β. 금속 화폐에 의해.

태환권 화폐는 일차적으로는 아주 한결같이 잠정적인(태환이 가능한) 화폐로 발행되었을 뿐만 아니라, 근대 시대에는 전형적으로 유통 수단으로서 발행되었고 거의 언제나 은행권으로서 발행되었으며, 따라서 예외없이 기존의 금속 본위 *Metallwährung*에 기초한 액면가로서 발행되었다.

1. 마지막 문장의 첫 부분은, 어느 태환권적인 화폐 방식이 새로운 태환권적 화폐 방식에 의해 대치되었던 경우에는, 국가의 태환권이 은행의 태환권에 의해 대치되거나 은행의 태환권이 국가의 태환권에 의해 대치되었던 경우에는 물론 타당하지가 않다. 그리고 이 경우에는 바로 일차적인 발행이 존재하지 않는다.

2. B의 첫 문장에 관하여: 교환 수단과 지불 수단 가운데는 증표적이지 아니한 것이, 그러니까 주화도 아니고 증서도 아니며 그 밖에 다른 종류의 물적인 객체도 아닌 것이 확실히 있을 수 있다. 이것은 의심할 나위가 없다. 그러나 이 경우에 우리는 이것을 '화폐'라 부르지 않고, ──경우에 따라── '계산 단위'라고 부르거나 그 특성이 어떻게 계산 단위를 시사하든 그대로 부르고자 한다. '화폐'의 성격에 특징적인 점은 바로

화폐가 증표적 인공물의 수량에 구속되어 있다는 사실이다. 이것은 결코 '지엽적인' 특성이 아니며 '외면적인' 특성만도 아니다.

종래의 잠정적인 화폐의 태환이 사실적으로 정지되는 경우에, 이러한 정지가 이해 당사자에 의해 평가되는 방식은 다음과 같이 구분될 수 있다. 즉, 그것은

a) 일시적인 조처로서,

b) 가까운 장래에 대하여 확정적인 것으로서

'타당' 할 수 있다.

첫번째 경우에는, 사실 모든 간본위적 지불에 있어서는 금속 화폐나 금속 지금(地金)을 찾기 때문에, 명목상 동일한 금속적 지불 수단에 대한 대가로 흔히 태환권적 지불 수단의 '할인액 *Disagio*' 이 나타난다. 그렇지만 무조건 반드시 이러한 것은 아니다. 그리고 할인액은 흔히 지나치게 크지는 않다(그러나 이것도 또한 반드시 그렇지만은 않으니, 왜냐하면 금속 화폐나 금속 지금에 대한 수요가 사실은 아주 시급한 것일 수 있기 때문이다).

두번째 경우에는 얼마 후에 확정적인 ('自己發生的') 지폐 본위 *auto-genische Papiergeldwährung*로 발전된다. 그렇게 되면 더 이상 '할인액' 이라고 운위할 수 없으며, (역사적으로!) '평가 절하' 라고 말할 수 있다.

왜냐하면 이 경우에는 심지어 다음과 같은 일이 가능하기 때문이다. 즉, 지금은 유통이 방해되고 있어도 원래 태환권을 의미하였던 거래 화폐의 본위 금속은 어떤 이유에서든지간에 시장에서 간본위적인 지불 수단에 비하여 가격이 아주 심하게 하락하지만 종이 본위는 적은 정도로 하락할 수 있기 때문이다. 이것은 다음과 같은 결과를 초래할 수밖에 없다(그리고 오스트리아와 러시아에서는 이러한 결과를 초래하였다). 즉, 그 사이에 '자기 발생적' 이 된 태환권으로 예전의 명목 무게 단위(銀)를

366

마침내는 '보다 적은' 명목액으로 구매할 수 있었다. 이것은 완전히 이해될 수 있는 일이다. 그러니까 순수한 종이 본위의 초기 단계에는 명목 지폐가 동일한 액면의 명목 은화보다 간본위적으로 거의 예외없이 낮게 가치 평가된다고 하더라도——이것은 언제나 시의적인 지불 불능의 결과 때문이다——, 예컨대 오스트리아와 러시아에서의 그 이상의 발전은 분명히 1. 간본위적으로 발전되는, 그리고 국내의 지불 수단에 대한 외국의 유효 수요를 규정하는, 이른바 '국제 수지'에 의해 좌우되었고, 2. 지폐 발행의 정도에 의해 좌우되었으며, 3. 발행처가 간본위적 지불 수단을 제조하는 데서 나타내는 성과(이른바 '외환 정책')에 의해 좌우되었다. 이러한 세 가지 요소는 해당 지폐에 대한 '세계 시장 거래'에서의 평가가, 즉 간본위적 지불 수단(오늘날에는 금)과 지폐의 관계에서의 평가가, 점차 안정적으로 가치 평가되고 때로는 상승적으로도 가치 평가된다는 의미에서, 발전하는 방식으로 형성될 수 있었고 또 형성될 수 있으며 오스트리아와 러시아의 경우에는 그렇게 형성되었다. 반면에 예전의 본위 금속은, a) 은 생산이 증가하고 저렴해지며, b) 은의 화폐로서의 사용이 차츰 폐지되기 때문에 금에 견주어볼 때 가격이 점차 하락하였다. 진정한('자기 발생적인') 종이 본위는 금속에로 태환될 수 있었던 예전의 관계를 유효하게 '회복'한다는 것을 더 이상 전혀 기대할 수 없는 바로 그러한 본위이다.

제35항. 화폐의 형식적 타당성과 실질적 타당성

국가의 법질서와 행정이 오늘날 그 강제권이 미치는 지역에서 '본위'로서의 어느 화폐 종류의 형식적인 법적 타당성과 아울러 형식적인 통치적 타당성을 시행할 수 있다고 하는 것은, 국가의 법질서와 행정 자체가 이러한 화폐 종류로 어떻게든 지불 능력을 갖추고 있는 경우에는 틀림없는 사실이다. 국가의 법질서와 행정이 여태까지 '보조적'이었거나 '잠정적'이었던 화폐 종류를 자유로운 거래 화폐(금속 화폐의 경우)나 자기 발생적인 지폐(태환권 화폐의 경우)가 되도록 하자마자, 국가의 법질서와 행정은 더 이상 지불 능력을 지니지 못하게 된다. 왜냐하면 그러한 경우에는 국가의 법질서와 행정 자체가 여전히 이러한 화폐 종류에 대한 처분권을 지니고 있을 때까지만, 그러니까 지불에 있어서 이러한 화폐 종류를 사용하도록 강요하지 않으면 아니될 때까지만, 이러한 화폐 종류는 국가의 법질서와 행정에 머물러 있기 때문이다.

이것은 크납에 의해 '방해(妨害)적인' 본위 변경의 정상적인 도식으로서 올바르게 서술되었다.

그러나 이 같은 설명으로는 그러한 화폐의 실질적인 타당성에 대해서는, 즉 그 화폐가 다른 현물적인 재화와의 어떤 교환 관계 속에서 받아들여지는가에 대해서는 물론 아직 아무것도 언급되지 않았다. 그러니까 화폐 행정이 과연 그리고 얼마나 화폐의 실질적인 타당성에 영향을 끼칠 수 있는가에 대해서도 아직은 아무것도 언급되지 않았다. 정치적인 권력이 소비를 통제 배급하고 생산을 통제하며 최고(당연히 또한 최저) 가격을 고시함으로써 화폐의 실질적인 타당성에 대해서도 전반적으로 영향을 끼칠 수 있다고 하는 사실은, 국내에 이미 존재하고 있거나 국내에서 제작되는 재화가(그리고 국내에서의 노동 용역이) 관건인 한에서는, 경험적으로 증명될 수 있다. 또한 이러한 영향은 거기에서도 극히 뚜렷한 한계를 갖고 있다는 사실(이에 대해서는 다른 곳에서 논의하겠다)도 경험적으로 증명될 수 있다. 하지만 어쨌든 그와 같은 조치가 화폐 행정의 조치는 아니라고 하는 것은 명백하다.

오히려 근대의 합리적인 화폐 행정은 사실상 전혀 다른 목표를 설정한다. 즉, 외국 본위에 의한 국내 본위의 가치 평가가 실질적으로 이루어지도록 하고자 한다. 그러니까 '외국 환율 시세 *Valutakurs*'라고 불리우는 외국의 화폐 종류의 거래소 가격에 영향력을 행사하고

자 한다. 뿐만 아니라 이러한 거래소 가격을 대개는 '고정' 시키고자
한다. 즉 가능한 한 일정하게(사정에 따라서는 가능한 한 높게) 유지하
고자 한다. 이 경우에는 국가의 위세와 정치적 힘에 대한 이해 관심
이외에도 재정적인 이해 관심(장차 대외 차관을 도입하려는 경우)이
결정적인 역할을 할 뿐만 아니라, 아주 강력한 영리 이해 당사자의
이해 관심, 즉 수입업자나 외국의 원료를 가지고 일하는 국내 공업의
이해 관심이 결정적인 작용을 하며, 마지막으로 외국 생산물을 욕망
하는 계층의 소비 이해가 결정적인 영향을 끼친다. '지불 수단 정책'
이란 오늘날 사실상 일차적으로는 간본위적인 시세 정책이라고 하는
사실은 두말할 나위가 없다.

이 논의와 다음에 이어지는 논의도 전적으로 크납의『화폐의 국정 이
론』에 의거한 것이다. 이 책은 형식적으로나 내용적으로 독일의 작가적
인 기예와 학문적 사유의 예리함에 있어서 가장 위대한 걸작 가운데 하
나이다. 그러나 거의 모든 전문 비평가의 눈은 도외시되었던(상대적으로
조금밖에 안되는, 물론 전혀 중요하지 않은 것은 아닌) 문제에 향해졌
다.

영국에서는 본위 소재 *Währungsstoff*로 소망되었던 은이 본위 관계
에서 너무 낮게 가격률이 책정되었기 때문에 당시에도 아마 절반은
마지못해서 금본위를 채택하였다. 반면에 의심할 나위없이 그 때문
에, 근대적으로 조직되고 질서지어진 모든 다른 국가는 영국의 금화폐
에 대하여 가능한 한 고정적인 간본위적 관계를 유지하기 위해서 한편
으로는 순수한 금본위나 보조적인 은봉쇄 화폐를 갖춘 금본위에로,
그렇지 않은 경우에는 대외 지불을 위한 금의 제조에 겨냥된 지불 수
단 정책을 갖춘(다음의 두 가지 본위의 경우에 다 해당된다) 봉쇄 금은
본위나 조절된 태환권 본위에로 이행하였다. 순수한 종이 본위
*Papierwährung*에로 이행하는 경우는 오직 정치적 파국의 결과로서

만, 종래의 본위 화폐에 의한 자체적인 지불 불능을 구제하는 형식으로 등장하였다. 그리하여 이러한 경우는 지금 대량으로 발생하고 있다.

그런데 내가 보기에는, 그러한 간본위적 목적(고정 시세, 오늘날에는 금에 대한 고정 시세)에 대해서는 국가 자체의 유효한 금소재 가격제(金材價格制 Chrysodromie)가 유일하게 가능한 수단이 아니라고 하는 사실은 틀림없는 것 같다. 금재 가격제적인 증표적 주화 품목의 주화 액면 가격 Münzparis도 시기에 따라서는 아주 심하게 흔들릴 수 있다. 경우에 따라서는 금을 반출하고 개주(改鑄)함으로써 대외 거래의 용역을 위한 간본위적 지불 수단을 획득할 수 있는 가망성이 국가의 자체적인 금재 가격제에 의해 여하튼 아주 많이 용이해진다고 하더라도 말이다. 그리고 국가의 자체적인 금재 가격제가 존재하는 한 그러한 가망성은 오직 자연적인 거래 방해나 금 수출 금지에 의해서만 일시적으로 심하게 교란될 수 있다고 하더라도 말이다. 그러나 다른 한편으로는 질서지어진 법적 상태, 유리한 생산 조건, 그리고 대외 지불을 위해 계획적으로 금을 조달하려는 지불 수단 정책을 갖춘 종이 본위 지역도 정상적인 평시 상황에서는 경험에 의하면 정말이지 제법 안정적인 '외환 시세 Devisenkurs'를 달성할 수 있다. 다른 사정이 같을 경우에 국가 재정을 위해서는, 또는 금을 필요로 하는 사람을 위해서는, 명백히 보다 높은 희생이 따른다고 하더라도 말이다(간본위적인 지불 수단이 은이라고 하더라도. 그러니까 세계의 주요 상업 국가에서 '銀材價格制 Argyrodromie'가 지배한다고 하더라도, 사정은 당연히 아주 똑같을 것이다).

제36항. 화폐 정책의 수단과 목적

간본위적인 지불 수단 정책의 전형적인 가장 기초적 수단은 다음과 같다(그러나 여기서 그 개별적인 조치를 논의할 수는 없다).

I. 금소재 가격제 Gold-Hylodromie를 시행하는 지역에서는,

1. 현금에 의한 지급 준비가 이루어지지 않은 유통 수단을 원칙적으로 상품 어음으로써, 즉 '신뢰할 수 있는' 사람(믿을 수 있는 사람으로 입증된 기업가)이 보증하는 판매된 상품에 대한 청구권으로써 지급 준비한다. 그리고 이 때 발권 은행 자체의 위험 부담이 되는 영업을 가능한 한 이 같은 지급 준비, 상품 담보업, 예금 취급업, 그리고 이와 관련된 대체 지불업, 마지막으로 국가를 위한 현금 출납에 제한한다.

2. 발권 은행의 '어음 할인 정책.' 즉, 대외 지불이 금화에 대한 수요를 초래하고 금이 수출됨으로써 국내의 금 재고가, 특히 발권 은행의 금 재고가 위협받을 수 있는 가망성이 있는 경우에는 매입되는 어음에 대한 이자 할인분을 인상한다. 이것은 외화 소유자가 이러한 이자 기회를 이용하도록 자극하고 국내의 사용을 더욱 어렵게 하기 위해서이다.

II. 금이 아닌 봉쇄 화폐 본위를 시행하거나 종이 본위를 시행하는 지역에서는,

1. I의 2번에서와 같은 어음 할인 정책. 이것은 과도한 신용 이용을 억제하기 위해서이다. 이 밖에도,

2. 금 우대 정책 *Goldprämienpolitik*——이것은 보조적인 은 봉쇄 화폐를 갖춘 금 본위 지역에서도 빈번한 수단이다.

3. 계획적인 금 매입 정책 *Goldankaufspolitik.* 그리고 외국 어음을 자체적으로 구매하고 매각함으로써 '외환 시세'에 계획적으로 영향력을 행사한다.

그러나 처음에는 순전히 '지불 정책적으로' 지향되는 이러한 정책은 실질적인 경제 조절로 변할 수 있다.

발권 은행은 신용을 대부하는 은행들 사이에서 차지하고 있는 대단히 우세한 위치를 통해서, 아주 많은 경우에 발권 은행의 신용에 의존해 있는 쪽인 은행들이 '화폐 시장'을, 즉 단기적인 신용(지불 및 경영의 신용)의 조건을, 통일적으로 조절하도록 하고 이러한 조절을

바탕으로 영리 신용을 계획적으로 조절하도록 하는 데 기여할 수 있으며, 나아가서는 이를 토대로 재화 산출의 방향을 계획적으로 조절하도록 하는 데까지 기여할 수 있다. 이것은 해당 정치적 단체의 지역 내에서 여태까지는 '계획 경제'에 가장 많이 근접해 있는 단계의 자본주의적인, 형식적으로는 자발적인 실질적 경제 행위의 질서이다.

[제1차 세계] 대전 이전에 전형적이었던 이러한 방책은 모두 일종의 화폐 정책의 토양에서 진행되었던 것으로서 일차적으로는 간본위적 시세를 '고정' 시키려는, 그러니까 안정시키려는 노력에서 비롯되었고, 어떤 변경이 소망되었던 경우에는(봉쇄 화폐 본위나 종이 본위를 시행하는 나라에서) 간본위적 시세를 천천히 인상하고자 하는 노력으로부터 가장 먼저 비롯되었으며, 최근에는 최대의 상업 지역의 소재 가격제적 화폐에 지향되었다. 그러나 이와는 전혀 상반된 의도를 추구하는 강력한 이해 당사자도 화폐 제조처에 접근한다. 이러한 이해 당사자들은 다음과 같은 지불 수단 정책을 소망한다.

1. 기업가를 위해 수출 기회를 만들어주려고 자기 나라 화폐의 간본위적 시세를 인하하는 지불 수단 정책. 그리고

2. 화폐 발행을 늘림으로써, 그러니까 금재 가격제 이외에도(그리고 이것은 금재 가격제 대신에를 의미할 것이다) 은재 가격제(銀材價格制)를 통해서, 그리고 경우에 따라서는 계획적인 지폐 발행을 통해서, 국내 재화에 대한 화폐의 교환 관계를 인하하는 지불 수단 정책. 이것은 국내 재화의 화폐 (명목)가격을 인상하는 것과 동일하다. 그 목적은, 국내 화폐를 늘리고 이와 함께 간본위적 관계에서의 국내 화폐의 가격을 인하하게 되면 어떤 재화의 가격이 국내의 명목 가격으로 계산해서 아마도 가장 빠르게 인상되는 결과를 초래하는 것으로 여겨질 때, 그와 같은 재화를 영리적으로 제작하는 데서 발생하는 이윤 기회였다. 이렇게 의도되어진 현상은 '인플레이션 *Inflation*'이라고 불리운다.

여기서 한편으로,

1. 비록 (그 의의에 대하여) 전혀 논쟁의 여지가 없는 것은 아니지만 아주 개연성이 있는 점은, (온갖 종류의) 소재 가격제에 있어서도 귀금속의 생산 가격이 아주 많이 저렴해지거나 그 생산이 증대하는 경우에(또는 귀금속을 저렴하게 약탈적으로 취득하는 경우에) 귀금속 본위를 시행하는 지역에서는 적어도 많은 생산물에 있어서, 아마도 정도는 상이하겠지만 모든 생산물에 있어서, 가격 인상에의 경향이 뚜렷하게 발생한다고 하는 사실이다. 다른 한편으로 의심할 나위 없이 확실한 사실은,

2. (자기 발생적인) 지폐를 갖춘 지역에서의 지불 수단적 행정은 재정적으로 어려운 비상 시기(특히 전시)에는 화폐 발행을 예외없이 오직 재정적인 전쟁 욕구에만 지향한다고 하는 점이다. 또한 두말할 나위 없이 확실한 사실은, 은재 가격제나 금속적 봉쇄 화폐를 갖춘 나라는 그와 같은 비상 시기에는 태환권적 유통 수단의 태환을 정지하였을 뿐만 아니라──이것은 반드시 지속적인 본위 변경을 초래하지는 않았다──, 나아가 순전히 재정적으로(다시금 전시 재정적으로) 지향된 지폐 발행을 통해서 확정적인 순수한 종이 본위에로 이행하였으며, 이 때 보조적인 것이 되어버린 금속 화폐는 지폐의 액면과의 관계 속에서 가격률이 책정될 때 그 할증분이 무시되었기 때문에 오직 통화 외적으로만 이용될 수 있었고 따라서 통화적으로는 소멸하였다는 점이다. 마지막으로 확실한 사실은, 그와 같이 순수한 종이 본위와 무제한의 지폐 발행에로 변화하는 경우에는 인플레이션 상태가 그 모든 결과와 더불어 사실상 대단히 광범위하게 나타났다고 하는 점이다.

이 모든 현상(1과 2)을 비교해보면 다음과 같은 점을 알 수 있다.

A. 자유로운 금속 거래 화폐가 존속하는 한, '인플레이션'의 가능성은 다음과 같이 좁게 제한된다.

1. '기계적으로' 제한된다: 통화적인 목적을 위해 그때그때마다 획득할 수 있는 해당 귀금속의 양은 신축성이 있다고 하더라도 어차피

결국은 고정적으로 제한되어 있기 때문에.

2. 경제적으로 제한된다: (보통은) 화폐 제조가 사적인 이해 당사자의 발의에 의해서만 이루어지기 때문에, 그러니까 화폐 주조에의 욕망이 시장 지향적인 경제의 지불 욕구에 지향되어 있기 때문에.

3. 인플레이션은 그 다음으로는 단지 종래의 금속 봉쇄 화폐(예컨대 오늘날에는 금본위 국가에서의 은)가 자유로운 거래 화폐로 변화함으로써만 가능하다. 하지만 이러한 형식의 인플레이션은 봉쇄 화폐 금속의 생산이 아주 저렴해지고 증가하는 경우에는 아주 전반적으로 가능하다.

4. 유통 수단에 의한 인플레이션은 단지 신용 지불이 유예됨으로써 유통이 매우 장기적·점진적으로 증가하는 현상으로서만 가능하며, 그것도 발권 은행의 지불 능력에 대한 고려에 의해 비록 신축적이기는 하지만 어쨌든 결국은 확고하게 제한된다. 여기서 급성 인플레이션의 가망성은 오직 은행이 지불 불능의 위험에 처해 있는 경우에만, 그러니까 보통은 다시금 전쟁에 의해 지폐 본위가 야기되는 경우에만 존재한다.

스웨덴에서 전시 수출에 의해 야기된 금에 의한 '인플레이션'과 같이 특수한 경우는 아주 특별한 사정이기 때문에 여기서 논의하지 않는다.

B. 일단 자기 발생적인 종이 본위가 존재하는 곳에서는 인플레이션 자체가 발생할 가망성이 반드시 크지는 않겠지만, ──전시에는 거의 모든 나라가 곧장 종이 본위에로 이행하기 때문에──대체로 인플레이션의 결과가 만연될 가망성은 아무튼 명백히 보다 커다랗다. 재정 난의 중압과 인플레이션 가격으로 인해 상승된 봉급 및 임금 요구와 부대 비용의 중압은, 궁핍이라는 절대적인 강제가 없어도 그리고 상당한 희생을 통해서 이러한 중압으로부터 벗어날 수 있는 가능성이 있음에도 불구하고, 인플레이션을 더 지속시키려는 재정 행정의 경

374

향을 아주 뚜렷하게 촉진한다. 그러한 차이는── [제1차 세계 대전 중에 그리고 그 후에] 한편으로는 연합국의 상황, 두번째로는 독일의 상황, 세번째로는 오스트리아와 러시아의 상황이 보여주었다시피── 분명히 하나의 양적인 차이에 불과하지만 그래도 여하튼 뚜렷한 차이이다.

그러니까 지불 수단 정책은, 특히 보조적인 금속 봉쇄 화폐나 종이 본위의 경우에는, 인플레이션 정책(이 정책이 복본위제적인 것이든 또는 '지폐주의적인' 것이든 상관없다)일 수도 있는 것이다. 지불 수단 정책은 미국처럼 간본위적 시세에 비교적 별로 이해 관심이 없었던 나라에서 재정적인 동기가 전혀 없는 아주 정상적인 시기에는 얼마 동안 실제로 인플레이션 정책이었다. 지불 수단 정책은 오늘날 전시 지불 수단의 인플레이션을 견디어냈던 적지 않은 나라에서는 전후에도 궁핍의 중압에 눌려 인플레이션 정책에 머물러 있다. 여기서 인플레이션에 대한 이론을 발전시킬 수는 없다. 인플레이션이 항상 우선적으로 의미하는 바는 그것이 일정한 이해 당사자의 구매력을 창출해내는 하나의 특수한 방식이라는 것이다. 다만 분명히해두어야 할 점은, 지불 수단 정책의 실질적으로 계획 경제적인 합리적 지휘는 언뜻 보기에는 행정 화폐의 경우에, 무엇보다도 지폐의 경우에, 훨씬 보다 쉽게 실행될 수 있을 것 같지만, 바로 비합리적인 이해 관심(시세 안정화의 입장에서 볼 때)에 특히 쉽게 기여한다는 사실이다.

왜냐하면 지불 수단 정책의 형식적인 거래 경제적 합리성과 함께 화폐 제도의 형식적인 거래 경제적 합리성은 지금까지 줄곧 고수되어 온 의미에 상응하게 오직 다음과 같은 이해(利害)의 배제만을 의미할 수 있기 때문이다. 즉, 한편으로는 1. 시장에 지향되어 있지 않거나 ──재정적인 이해(利害)처럼──, 그렇지 않은 경우에는 2. 합리적인 회계의 최선의 토대인 안정된 간본위적 관계를 가능한 한 유지하는 데 관심이 있는 것이 아니라, ──이와 달리 인플레이션이라는 수단에 의해 그러한 범주의 이해 당사자의 '구매력'을 그와 같이 특정한 방식으로 창출하고 재정의 강제 없이도 이 같은 구매력을 유지하려는 데 관심이 있는, 이해(利害)를 배제함을 의미할 수 있을 뿐이기 때문이다. 이처럼 인플레이션이라는 수단에 의해 일정한 이해 당사자의 구매력을 창출하고 유지하려는 현상을 환영해야 할 것인가 아니면 비난해야 할 것인가 하는 물음은 물론 경험적으로 대답할 수 있는 성격의 것이 아니다. 그러나 경험적으로 그러한 현상이 나타난다고 하는 것은 확실하다. 그리고 이를 넘어서서 어느 실질적인 사회적 이상을 지향하는 어떤 견해는 바로 다음과 같은 사실을, 즉 거래 경제에서는 화폐와 유통 수단의 창출이란 오직 '수익성'만을 따지는 이해 당사자 경영의 업무일 뿐이고 '올바른' 화폐량과 '올바른' 화폐 종류에 대한 물음을 지향하지는 않는다는 사실을 아주 충분히 비판의 계기로 삼을 수 있다. 이처럼 실질적인 사회적 이상을 지향하는 견해는 정당하게 논증하기를, 우리는 오직 행정 화폐만을 '지배'할 수 있고, 거래 화폐를 지배할 수는 없다고 할 것이다. 그러니까 행정 화폐는, 그리고 무엇보다도 임의의 양과 종류를 저렴하게 만들어낼 수 있는 지폐는, 일반적으로 실질적인 합리적 관점 아래서——이것이 어떤 관점이든 상관없이——화폐를 만들어내는 특별한 수단이라는 것이다. 이러한 논증은——이 논증의 가치는 장래에도 오늘날과 같이 어느 경제 행정의 '이념'이 세계를 지배하는 것이 아니라 개개인의 '이해 관심'이 세계를 지배하게 될 것이라는 사실에 견주어볼 때 당연히 한계를 지니고 있다——확실히 형식적으로는 논리적으로 적확하다. 그러나 이와 함께 (여기서 고수되고 있는 의미에서의) 형식적인 합리성과 (바로 금속에 대한 온갖 소재 가격제적인 고려로부터 완전히 벗어난 지불 수단적 행정을 위하여 이론적으로 구성할 수 있는) 실질적인 합리성의 가능한 모순적 대립은 여기에도 존재한다. 그리고 오직 이러한 모순적 대립만이 관건이다.

명백히 이 전체적인 논술은 크납의 훌륭한 저서인 『화폐의 국정 이론』

(제1판, 1905; 제2판, 1918〔제3판, 1921; 제4판, 1923〕)과의 대결로서 물론 오직 이러한 〔형식적 합리성과 실질적 합리성의 대립이라는〕 틀 속에서만 이루어졌고 그나마도 모든 세밀한 사항을 전부 도외시한 채 지극히 개략적으로만 이루어졌다. 이 저작은 곧바로 가치 평가에 이용되었고 당연히 오스트리아의 '지폐주의적인' 지불 수단적 행정으로부터서는 특별히 열렬한 환영을 받았다. 이것은 그의 의도에 상반되는 것이지만 아마도 그의 책임이 전혀 없다고 할 수는 없을 것이다. 이러한 사건들을 계기로 크납의 이론이 '옳지 않다'는 지적을 받았던 적은 결코 없지만, 아무튼 크납의 이론이 화폐의 실질적인 타당성의 측면에 있어서는 분명히 완전하지 못하다고 하는 확실한 사실이 충분하게 드러났다. 이 점에 대해서는 다음의 소론에서 얼마간 보다 상세하게 증명하겠다.

화폐의 국정(國定) 이론에 관한 소론

크납은 다음과 같은 사실을 성공리에 증명하였다. 즉, 최근에 국가에 의해 직접 시행된 온갖 '지불 수단' 정책뿐만 아니라 국가에 의해 조절된 온갖 '지불 수단' 정책은 금본위나 가능한 한 금본위에 가까운, 간접적으로 금재 가격제적인 본위에로 이행하려고 노력하는 경우에 '비소재 가격제적으로 exodromisch,' 즉 자국의 본위의 환시세를 외국의, 무엇보다도 영국의 본위의 환시세 속에서 고려하여 규정되었다는 것이다. 세계 거래에서 최대의 상업 지역이자 가장 보편적인 지불 중개인 금본위국 영국과 함께 맨 먼저 독일이 '주화 액면가' 때문에 은을 화폐로 사용하는 것을 폐지하였고, 그 다음으로는 프랑스, 스위스, 그리고 '주화 동맹'의 다른 나라들이, 네덜란드도, 마침내는 인도가, 그 때까지는 자유로운 거래 화폐로 취급되었던 은을 봉쇄 화폐로 변경하였으며, 나아가 대외 지불을 위해 간접적으로 금재 가격제적인 조치를 취하였고, 오스트리아와 러시아가 동일한 행보를 하였으며, '자기 발생적인'(태환이 불가능한, 그러니까 스스로 본위로서 기능하는) 지폐를 갖춘 이러한 화폐 지역의 '지불 수단' 행정도 또한 적어도 외국에 대하여 될 수 있는 한 언제라도 금으로 지불할 수 있기 위해서 간접적으로 금재 가격제적인 방책을 취하였다. 그러니까 사실 그들에게는 오로지 (될 수 있는 한) 고정적인 간본위적 시세만이 관건이었다. 때문에 크납은, 본위 소재와 소재 가격제 일반에 대한 물음이 일반적으로 오직 이러한 의의만을 지니고 있다고 생각한 것이다. 그리고 그는 이러한 '비소재 가격제적인' 목적에는 그러한 간접적인 금재 가격제적 방책(화폐 본위 행정의)과 마찬가지로 직접적인 은재 가격제적 방책(오스트리아와 러시아를 볼 것!)으로 충분하다고 결론지었다. 이러한 생각과 결론은——다른 조건이 같을 경우에는——소재 가격제에 대하여 무조건 문자 그대로 올바른 것이 아니기는 하다. 왜냐하면 동일한 소재 가격제를 시행하는 두 개의 본위 지역 사이에(한편으로는 양자가 금재 가격제를 시행하거나, 그렇지 않으면 양자가 은재 가격제를 시행하는 경우에) 서로 주화 수출 금지가 존재하지 않는 한에서는, 이처럼 동일한 소재 가격제가 시행되면 아무튼 의심할 나위 없이 시세의 고정화가 아주 상당히 용이해지기 때문이다. 그러나 이것이 진실인 한——그리고 이것은 정상적인 상황 아래서는 사실상 전반적으로 진실이다——이것이 그래도 아직 증명하지 못하는 점은, 화폐의 '질료 *Hyle*'(소재)를 선택하는 데 있어서, 그러니까 오늘날 무엇보다도 한편으로는 금속적인 화폐(오늘날 무엇보다도 금화나 은화)와 다른 한편으로는 태환권적인 화폐(앞에서 논의한 이중 금속제와 봉쇄 화폐의 특색) 사이의 선택에 있어서, 오직 그러한 [고정적인 간본위적 시세라고 하는] 관점만이 고려될 수 있다는 것이다. 다시 말해서 종이 본위가 금속 본위와 동일한 방식으로 기능한다는 것이다. 종이 본위와 금속 본위는 형식적으로도 벌써 그 차이가 대단하다. 금속 화폐는 행정 화폐일 수는 있지만 반드시 행정 화폐이어야만 하는 것은 아닌데, 지폐는 언제나 '행정 화폐'이며, 지폐가 (의미 있는 방식으로!) 소재 가격제적일 수는 없다. '평가 절하된' 환어음과 화폐로서의 사용이 보편적으로 폐지될 경우에 아마도 장차 언젠가는 전부 산업적인 원료로 '평가 절하' 되는 은 사이에 차이가 전혀 없는 것이 아니다(더욱이 크납도 때에 따라서는 시인하듯이). 종이는 어느 귀금속처럼 항상 '임의로' 준비되어 있는 것이 확실한 재화가 아니었고 바로 지금도(1920) 그러하다. 하지만 수요와의 관계를 고려해볼 때 1. 객관적인 제조 가능성과 2. 제조 비용의 차이는 그럼에도 불구하고 아주 엄청난 것이기 때문에, 그리고 금속은 어쨌든 주어진 광물의 산출에 비교적 아주 심하게 구속되기 때문에, 다음과 같은 명제를 허용하게 된다. 즉, '지불 수단적' 행정이 결심을 했던 경우에는 (제1차 세계대전 이전에!) 종이로 된 행정 화폐를 모든 정상적인 상황 아래서 실제로 언제라도 '임의로' (비교적) 커다란 양의 개수를(심지어는 동으로 된 행정 화폐와 비교해서——중국——, 그 밖에 은으로 된 행정 화폐와 비교해서, 더욱이 금으로 된 행정 화폐와 비교해서) 제작할 수 있었다는 것이다. 그리고 (상대적으로) 아주 적은 '비용'을 들여서 말이다. 무엇보다도 순전히 자유 재량에 따라 일정하게 명목적으로 분할해서, 그러니까 종이의 양과 관계 없는 임의의 명목 금액으로 말이다. 금속적인 화폐의 경우에는 일반적으로 오직 보조 화폐의 형식에서만 임의의 명목 금액으로 제작되었다. 그러니까 금속적인 화폐의 경우에는 결코 지폐와 동일한 정도와 의미에서 명목 금액으로 제작되지 못했다. 본위 금속의 경우에는 많은 양의 금속적인 화폐가 항상 임의로 제작될 수 있는 것이 아니었다. 본위 금속에 있어서는 본위 금속의 양이 얼마간 신축적이기는 했지만 그래도 종이 제작의 가능성보다는 '무한히' 훨씬 더 고정적인 것이었다. 그러니까 본위 금속의 양이 한계가 되었던 것이다. 분명한 사실은, 만일 지불 수단적 행정이 전적으로 비소재 가격제적으로 (가능한 한) 고정적인 시세를 지향했었다면, 그 경우에는 바로 태환권 화폐를 만들어내는 데 '기술적인' 한계를 갖지는 않았다고 하더라도 아무튼 규범적으로는 확고하게 주어진 한계를 갖고 있었다. 크납은 아마도 이에 대하여 이의를 제기할 것이다. 그리고 이 점에 있어서 그는 형식적으로는——그리고 바로 형식적으로만——옳을 것이다. '자기 발생적인' 지폐에 있어서는 사정이 어떠하였을까? 여기에서도 상태는 동일하다고 크납은 말할 것이다(오스트리아와 러시아를 볼 것). 즉, 여기에는 '오로지' 금속의 희소성이라는 기술적 · '기계적인' 한계가 결여되어 있었을 뿐이라고 말할 것이다. 이러한 한계는 무의미한 것이었을까? 크납은 이 물음을 무시하고 있다. 그는 아마도 (어느 본위의) '죽음을 막는 약은 없다'고 말할 것이다. 그러나 '고정적인 시세'를 유지하는 데 일차적으로는 결코 관심이 없으며 흔히는 심지어 ──적어도 지금과 같이── 바로 그에 반대되는 관심을 갖고 있는 이해(利害)가 분명히 존재하였고 또 존재하고 있다(왜냐하면 우리는 일순간의 절대적인 종이 제작 방해에 대해서는 여기서 일단 도외시하고자 하기 때문이다). 그리고 1. 정치적 행정의 지휘자 자신뿐만 아니라──크납도 이러한 지휘자를 '지불 수단적' 행정의 점유자 또는 위임자로 전제한다. 2. 사적인 개인도 그러한 이해(利害)를 추구할 수 있다. 그러한 이해도──정치적 · 지불 수단적 행정 자체의 태내에서 또는 이해 당사자가 이 행정에 행사하는 강한 압력을 통해서──성공적으로 등장할 수 있고, '인플레이션'을──이것은 크납(그는 이러한 표현을 엄격하게 기피한다)에 있어서는 '비소재 가격제적'인 방식과는 다른 방식으로 (간본위적 시세에) 지향된, 따라서 '허가된' 태환권 발행만을 뜻할 수 있을 것이다──시도할 수 있다.

우선 재정적인 유혹이 있을 수 있다. 인플레이션에 의해 독일 마르크가 국내의 가장 중요한 현물적인 재산 물건에 비하여 평균적으로 20분의 1이 '평가 절하'된다는 것은, 만일 이러한 가격 조건에 대하여 일단 이윤과 임금의 '적응'이 이루어질 경우에는, 그러니까 국내의 모든 소비재와 모든 노동이 20배나 높게 가치 평가될 경우에는(우리가 여기서 가정해보기로 하자!), 이처럼 유리한 상태에 있는 모든 사람에게는 실로 전시 부채 가운데 20분의 19 정도의 부담이 줄어드는 것일 게다. 그리고 국가는 이제 인상된 (명목) 소득으로부터 이에 상응하게 인상된 (명목) 조세를 거두어들일 것이며, 적어도 참으로 강한 그 반작용을 감지하게 될 것이다. 이것은 유혹적인 일이 아니겠는가? '누군가'가 그 '비용'을 지불할 것이라고 하는 사실은 분명하다. 그러나 국가나 그러한 두 가지 범주[인상된 명목 소득 및 조세]가 그 '비용'을 지불하는 것은 아니다. 그리고 심지어는 해 묵은 대외 부채를 지극히 저렴하게 임의로 제작해낸 지불 수단으로써 외 국에 갚을 수 있다는 것은 얼마나 유혹적인 일이겠는가! 물론 순수한 대 외 차관의 경우에는——정치적 개입이 있을 수 있다는 이유 때문에서가 아니라도——장래의 신용을 위협하기 때문에 그러한 방식의 채무 이행을 주저하게 된다. 그러나 사실 국가로서는 어쨌든 발등의 불을 꺼야 하는 경우가 아주 흔한 것이다. 그리고 기업가들 중에는, 인플레이션에 의해 판매 생산물의 가격이 20배나 인상되었는데도 노동자들은 힘이 없기 때 문에 또는 상태를 개관할 수 없기 때문에 또는 그 어떤 이유에서든지간 에 '단지' 5배나 10'배 정도로 높은' (명목) 임금만을 받게 되는 경우에 ——이것은 아주 쉽게 가능하다——가격 인상이 지당하기만 한 이해 당사 자가 있다. 순전히 재정적으로 야기된 그러한 종류의 급성 '인플레이션' 은 경제 정책들에 의해 흔히 강력하게 기피된다. 사실상 그러한 인플 레이션은 크납식의 비소재 가격제적인 정책과는 조화될 수 없다. 반면에 그와 달리 유통 수단을 계획적으로 아주 점차적으로 증대시키는 것은, 사 정에 따라서는 신용 은행이 신용 대부를 쉽게 함으로써 시도하는 바와 같이, 흔히 투기적인 정신과——이것은 기대되는 이익 기회를 뜻한다—— 아울러 기업 의욕을 보다 많이 '자극'하고자 하는 이해 관심에서, 그러 니까 자유로운 화폐 수단의 '지대 투자' 대신에 '배당금 지향적인 자본 투자'를 자극하여 자본주의적인 재화 제조를 보다 많이 자극하고자 하는 이해 관심에서 이루어진 것으로 여겨진다. 그러나 이 경우에 비소재 가 격제적인 지향성과의 관계는 어떠한가? 하지만 유통 수단의 계획적이고 점차적인 증대 자체는, 즉 그러한 '기업 의욕의 자극'과 그 결과는, 자국 의 본위의 시세를 인상하거나 아무튼 그 하락을 저지한다는 의미에서 이 른바 '국제 수지'에 ('범위상적으로') 영향을 끼칠 수 있었다. 얼마나 빈 번히 얼마나 강하게 영향을 끼칠 수 있었는가 하는 것은 또다른 물음이 다. 재정적으로 야기된 비(非)급성적인 본위 화폐의 시세 인상이 비슷하게 영향을 끼칠 수 있는지의 여부는 여기서 논의하지 않겠다. 본위 화폐의 준비량을 비소재 가격제에 의거하여 무해하게 늘림으로써 발생하는 '부담'을 지불하는 계층은, 급성적인 재정 인플레이션의 경우에 실질적으로 '압류적인 *konfiskatorisch*' 피해를 당하는 계층과 동일한 계층이다. 즉, 명목적으로 동일하게 머물러 있는 소득이나 명목 유가 증권의 재산을 갖고 있는 모든 사람들(무엇보다도 고정적인 지대로 생활하는 사람, 그 다음으로는 '고정적인' ——즉, 오랜 한탄을 통해서만 인상될 수 있는—— 봉급을 받는 관료, 그리고 또한 '고정적인' ——즉, 힘든 싸움을 통해서만 움직일 수 있는——임금을 받는 노동자)이다. 그러니까 종이 본위 정책에 있어서는 언제나 오직 비소재 가격제적인 관점만이, 즉 '고정 시세'만이 결정적인 척도일 수 있다는 식으로 크납을 이해하여서는 아니될 것이며(그가 이것을 주장한 것은 아니다), 오직 비소재 가격제적인 관점만이 결정적인 척도가 될 가망성이 크다는 것을——그가 생각하는 것처럼—— 그럴듯하게 여겨서는 아니될 것이다. 크납의 의미에서 완전히 합리적으로 지향된, 즉 (크납이 이렇게 진술하지는 않지만) 화폐 창출 현상에 의해 가격 관계가 '교란'되는 것을 가능한 한 배제한다는 의미에서 완전히 합리적으로 지향된, 지불 수단적 정책의 경우에는 비소재 가격제적인 관점이 결정적인 척도가 될 것이라는 사실을 부인할 수는 없다. 그러나 본위 정책의 방식의 실제적인 중요성이 '고정 시세'에 제한된다고는——크납은 이것도 말하지 않는다——인정할 수 없을 것이다. 우리는 여기서 '인플레이션'을 가격 혁명이나 가격 진화의 한 원천으로서 논하였고, 또한 인플레이션이 그러한 혁명에의 노력에 의해 야기될 수 있다고 이야기하였다. 가격 혁명인(태환권적인) 인플레이션은 흔히 물론 고정 시세도 흔들어놓는다(가격 진화적인 화폐 증대는 반드시 이러한 동요를 초래하지는 않는다고 하는 것을 우리는 알 수 있었다). 크납은 이를 인정할 것이다. 그는 분명히 그리고 정당하게 가정하기를, 그의 이론에는 본위적으로 규정된 상품 가격 정책(혁명적인 것이든, 진화적인 것이든, 또는 보수적인 것이든)을 위한 자리는 없다고 할 것이다. 왜 없다는 말인가? 추측하건대 다음과 같은 형식적인 이유 때문일 것이다. 즉, 둘 또는 여러 나라 사이의 본위 가격 관계는 매일 아주 작은 수의 (형식적으로) 명확하고 통일적인 거래소 가격에 표현되며, 이러한 가격에 '지불 수단에 관한 정책'을 합리적으로 지향할 수 있다. 나아가 '지불 수단에 관한' 행정에 있어서도, 특히 유통 수단에 관한 행정에 있어서도 다음과 같은 점이 평가될 수 있다——그러나 단지 (그러한 행정에 대한 주기적인 욕망을 통해서 표현되는 현존의 실태에 의지하여) 평가될 수 있을 뿐이다. 즉, 거래 경제적으로 결합되어 있는 일정한 인간 집단에 있어서 가까운 장래에, 상황이 대충 동일하게 머물러 있는 경우에는, 어느 주어진 지불 수단 준비(순전한 지불 목적을 위한)에 어떤 변동이 '필요'하게 될 것인지가 평가될 수 있다. 이와 달리 어느 인플레이션이나 (거꾸로) 어느 화폐 회수가 일정한 장래에 어떤 정도의 가격 혁명적인 또는 가격 진화적인 또는 (거꾸로) 가격 보존적인 영향을 끼치게 될 것인가 하는 것은 그와 동일한 의미에서 계산될 수가 없다. 그러한 계산을 위해서는 어느 인플레이션을 검토할 경우에(우리는 여기서 이것만을 고찰하고자 한다) 다음과 같은 점을 알아야만 할 것이다. 1. 현재의 소득 분배, 이와 관련하여 2. 이러한 소득 분배에 근거하여 현재 개별적인 경제 행위자가 행하는 검토, 3. 인플레이션의 '경로,' 즉 새로 발행된 화폐의 일차적인 그리고 그 이상의 체류지. 그리고 이것이 또 한편으로 뜻하는 바는 인플레이션에 의한 명목 소득의 인상의 순번과 정도일 것이다. 그 다음으로는 4. 그러한 인플레이션의 경로에 의해 다시금 야기된 유효 수요(재화에 대한)의 정도 및 무엇보다도 종류(모든 종류의 향유 재화나 제조 수단)와 이러한 유효 수요를 사용하는 방식(소모 *Verzebr*, 재산 투자, 자본 투자). 마지막으로 5. 이에 의해 가격 변화가 진전되는 방향과 또 가격 변화로 인해 소득 변화가 진전되는 방향, 그리고 나아가 이와 관련된 무수한 '구매력' 추이(推移)의 현상, 또한 현물적인 재화를 초과 제조하게 하는 (가능한) '자극'의 정도. 이 모든 것은 전부가 새롭게 만들어진 상황에 대하여 개별적인 경제 행위자가 장차 행하게 될 검토에 의해 규정될 사항이며, 이러한 사항들은 그 자체가 다시 또다른 그와 같은 개개인의 가격 평가에 영향을 끼칠 것이다. 그 다음에 이러한 개개인의 검토와 가격 평가가 비로소 이해 싸움 속에서 장래의 '가격'을 낳게 될 것이다. 여기서 사실상 '계산' (이를테면 10억의 초과 발행은 예상컨대 +x의 철 가격, +y의 곡물 가격과 동일하다는 등의)을 운위할 수는 없다. 비록 순수한 국내 생산물에 대해서는 일시적으로 효과적인 가격 조절이 가능하지만 최저 가격으로서가 아니라 오로지 최고 가격으로서만 가능하며 그 영향이 일정하게 제한되기 때문에 더욱 계산을 운위할 수가 없다. 게다가 '가격' 그 자체의 (경험적으로 불가능한) 계산으로는 아무것도 얻을 수 없을 것이다. 왜냐하면 그러한 계산은 고작해야 순수한 지불 수단으로서 요구되는 화폐량만을 규정할 것이기 때문이다. 그러나 화폐는 이 밖에도 그리고 이것을 훨씬 넘어서서 자본재 제조의 수단으로서, 신용 형식으로, 새롭게 그리고 다른 용도에 요구될 것이다. 그리고 여기서 관건은 의도된 인플레이션의 가능한 결과이며, 이것은 일반적으로 온갖 종류의 상세한 '계산'을 불허한다. 그러니까 크납이 근대적인 거래 경제에 있어서 인플레이션에 의한 계획적·합리적인 가격 정책의 가능성을, 즉 계산성에 있어 어떻게든 '외환 정책'과 비슷한 토대 위에서 이루어지는 가격 정책의 가능성을 전혀 고려하지 않았던 것은, 전체적으로 볼 때(왜냐하면 거칠기 짝이 없는 이 논의는 오직 이것만을 예증하고자 하기 때문이다) 이해할 만한 일이다. 그러나 그것은 역사적인 실재 현실이다. 인플레이션과 반인플레이션 *Kontra-Inflation* 은——물론 참으로 서투른 형식 속에서——중국에서 사실상 보다 원시적인 화폐 경제의 상황 아래 동 본위에서 거듭 시도되었고 상당한 실패가 뒤따랐다. 그리고 그것은 미국에서는 추천되어 왔다. 그러나 크납은 그가 생각하는 의미에서 '증명할 수 있는' 가정만을 갖고 작업한 것이 분명한 그의 저서에서, 국가는 자기 발생적인 지폐를 발행할 경우에는 '신중'해야 할 것이라는 '조언'으로 만족하고 있다. 그리고 그는 전적으로 '고정된 시세'만을 지향하기 때문에, 인플레이션의 평가 절하와 간본위적 평가 절하가 대개는 아주 밀접하게 연관되어 있다는 점도 제법 명확해 보인다. 다만 두 가지 평가 절하는 동일하지 않으며, 무엇보다도 이를테면 온갖 인플레이션적 평가 절하가 일차적으로는 간본위적으로 야기되는 것이 아니다. 사실상 가격 정책에 의해 지향된 인플레이션주의적인 지불 수단 행정이 요구되었다는 사실을, 그것도 은 촉진 운동 *Silberkampagne*의 경우에는 은 광산의 소유자에 의해 요구되었을 뿐만 아니라 미국 지폐(뒷면이 녹색인) *Greenback*에 대해서는 농민에 의해 요구되었다는 사실을, 크납이 명백하게 시인하는 것은 아니지만 논박하지도 않는다. 어쨌든 그러한 행정은 결코 지속적으로 성공을 거두지는 못했다──이것은 그를 대단히 안심시켰다. 그러나 사정이 아무튼 그렇게 단순한 것은 아닐 것이다. 인플레이션(위에서 언급한 의미에서의)은 그것이 가격 방책으로서 의도되었는지의 여부에 상관없이 어쨌든 사실상 흔히 발생하였고, 환어음의 파국이 동아시아나 유럽에 알려져 있지 않았던 것은 아니다. 실질적인 화폐 이론은 아무튼 이러한 사실을 다루어야만 한다. 은의 '평가 절하'와 환어음의 '평가 절하' 사이에는 전혀 차이가 나타나지 않는다고 크납이 주장하지는 않을 것이다. 이미 형식적으로도 차이가 나타나지 않는 것이 아니다. 즉, 평가 절하되는 것은 주화 형식으로 만들어지는 은이 아니라, 거꾸로 산업적인 목적을 위해 제공되는 원료 그대로의 은이며, 반드시 (봉쇄된) 증표적 은주화가 평가 절하되는 것은 아니다(흔히 그 반대이다!). 이와 달리 평가 절하되는 것은 산업적인 목적을 위해 제공되는 원료 그대로의 '종이'가 아니라, (당연히) 바로 증표적인 환어음이다. 이것은 궁극적으로는 전혀 가치가 없는 물건으로 또는 '소장(所藏) 가치'와 '박물관' 가치로 평가 절하된다. 물론 (크납이 정당하게 말할 것처럼) 증표적 환어음은 국고에 의해 지불이 거절될 경우에야 비로소 그렇게 평가 절하된다. 그러니까 이것도 여하튼 '국가적으로,' 통치적 처분에 의해 야기된다는 것이다. 이것은 맞는 이야기다. 그리고 증표적 환어음은 흔히 이미 오래 전부터 명목적으로는 '중앙 국고에로' 지불하는 데 있어서 계속적인 타당성을 지니고 있음에도 불구하고 예전의 실질적인 타당성(임의의 재화에 대한 증표적 환어음의 가격 관계)

의 아주 적은 백분율에로 평가 절하된다.

　그러나 이러한 파국을 전부 제쳐두고라도 역사에는 그 밖에 본위 금속의 통화 외적인 이용에 의한 인플레이션의 파국과 다른 한편으로는 (중국에서) '본위의 긴급 상태 *Währungsklemme*' 의 파국이 충분히 존재하였다. 그리고 거기에서 우리는 다음과 같은 사실을 알게 된다. 즉, 이 경우에 사정에 따라서는(반드시 그러한 것은 결코 아니다) 바로 보조적이지 않았던 어떤 화폐 방식이 '보조적인' 것이 되어 국고에 '적체' 되고 '방해적인' 본위 변경을 강제한다는 것이다. 이뿐만 아니라 그와 같은 경우에 가격과 소득에 어떤 종류의 영향을 끼치며 또 이로써 경제에 어떤 영향을 끼치는가 하는 물음도 실질적인 화폐론은 당연히 적어도 제기해야만 할 것이다. 이 물음이 이론적으로 어느 정도나 대답될 수 있을 것인가는 아마도 앞에서 언급한 이유 때문에 의문이다. 그리고 또한 우리는, 만일 형식적으로 복본위제적인 프랑스에서 금 가격이나 은 가격의 하락으로 인하여(다른 종류의 금속에 표현되어) 실질적으로 때로는 금만이 때로는 은만이 효과적으로 본위적인 화폐가 되고 다른 금속은 '보조적인' 화폐가 된다면, 그러한 가격 변화가 바로 '범위상적으로' 야기된다고 하는 점만을 지적하고자 하는 것이 아니다. 또한 그 밖의 화폐 소재 변경의 경우에도 그러한 가격 변화가 범위상적으로 야기된다는 점만을 지적하고자 하는 것이 아니다. 그게 아니라 우리는 또한 다음과 같이 묻고자 한다. 어느 귀금속이 증대하는 경우에 이것이 약탈 이윤에 의한 것인가(코르테즈Fernando Cortez, 피자로Francisco Pizarro), 또는 상업에 의해 부유해졌기 때문인가(근대 초기와 16세기 이래의 중국), 또는 잉여 생산 때문인가? 만일 잉여 생산 때문이라면, 생산이 증가하기만 하였는가 또는 저렴해지기도(또는 오직 저렴해지기만) 하였는가 그리고 왜 그렇게 되었는가? 비통화적인 사용 방식에서 어떤 변화가 이를테면 함께 영향을 끼쳤는가? 이를테면 이 경제 지역(예컨대 고대 지중해)에 결정적인, 어느 전혀 낯선 경제 지역(중국·인도)에로의 수출이 발생했는가(기원후 1, 2세기에서처럼)? 또는 '범위상적으로' 야기된 통화적 유효 수요

(소규모 거래 수요의 방식)의 추이 쪽에만(또는 이 같은 추이 쪽에도) 이유가 있는가? 적어도 이러한 가능성들과 다른 종류의 다양한 가능성들이 논의되어야만 하며, 그것도 이와 같은 가능성들이 흔히 영향을 끼치는 방식과 더불어 논의되어야만 한다.

마지막으로 또한 '화폐'에 대한 '수요'의 거래 경제적 조절을 살펴보고, 화폐에 대한 수요라는 개념이 거래 경제적 조절에서 의미하는 바를 살펴보겠다. 분명한 사실은, 시장 이해 당사자의 시의적인 지불 수단에 대한 '수요'가 '자유로운 거래 화폐'의 창출('자유로운 주조')을 규정한다는 것이다. 그리고 시장 이해 당사자의 시의적인 지불 수단에 대한 '수요'와 무엇보다도 신용 수요가 자체적인 지불 능력에 대한 고려 및 이 목적을 위해 강요된 규범에 대한 고려와 결합하여 근대적인 발권 은행의 유통수단 정책을 규정한다. 그러니까 오늘날 일차적으로는 언제나 이해 당사자의 경영이 지배한다. 우리의 경제 질서의 일반적인 유형에 상응하게 말이다. 그러니까 이것만이 우리의 (형식적으로 합법적인) 경제 질서에서는 일반적으로 '화폐 수요'를 뜻할 수 있다. 그러니까 이 개념도 ─ '재화'에 대한 '유효 수요 *Nachfrage*'('구매력이 있는 수요 *Bedarf*')의 개념처럼 ─ '실질적인' 요구와는 전혀 무관한 관계에 있는 것이다. 거래 경제에서는 오직 귀금속 화폐에 있어서만 화폐 제조에 하나의 움직일 수 없는 한계가 존재한다. 그러나 이러한 한계의 실존 때문에, 앞에서 언급한 바에 의하면, 바로 화폐 제도에 대한 귀금속의 의의가 야기된다. 화폐 제조가 (실제로) '임의로' 증대할 수 없는 소재로, 특히 귀금속으로 만들어지는 '질료적' 화폐에 제한되는 경우에는, 그리고 이 밖에도 지급이 보증된 유통 수단에 제한되는 경우에는, 온갖 화폐 창출에 어떤 ─ 분명히 신축적·진화적인 은행 인플레이션을 완전히 배제하지는 않지만 여하튼 내적으로 아주 고정적인 ─ 한계가 설정된다. 이와 비교해서 종이처럼 (실제로) '임의로' 증대할 수 있는 소재로 화폐를 만들 경우에는 그러한 기계적 한계가 존재하지 않는다. 그렇게 되면 여기서 실제로는 어느 정치적 단체의 지휘부의 '자유로운 결심'이 그러한 기계적인 억제로부터 벗어난 화폐 수량의 조절자이다. 그리고 이 때 그와 같은 결심이란, 암시했다시피, 우두머리의 재정적 이해 관심에 대한 지휘부의 견해를 뜻하며, 사정에 따라 심지어는(붉은 무리 *die roten Horden*에 의한 태환권 인쇄기의 사용!) 우두머리의 행정 간부의 아주 개인적인 이해 관심을 뜻한다. 그러니까 이러한 이해 관심을 차단하는 데, 보다 정확하게 말하자면 사실 그러한 이해 관심에 의해 국가가 금속 본위를 폐기하고 종이 본위에로 이행하도록 압박될 수 있기 때문에 그러한 이해 관심을 어떻게든 억제하는 데, 오늘날 아직도 금속 본위의 의의가, 즉 금재 가격제와 은재 가격제의 의의가 존재한다. 금속 본위는——이러한 실정은 지극히 기계적인 성격의 것임에도 불구하고——오직 순수한 교환 기회에만 지향되기 때문에 여하튼 보다 높은 정도의 형식적인 거래 경제적 합리성을 의미한다. 왜냐하면 순수한 종이 본위의 경우에는 재정적으로 야기된 화폐 행정의 지불 수단 정책이 위에서 인정되었다시피——오스트리아와 러시아가 이를 증명하였다——반드시 순전히 우두머리나 행정 간부의 개인적인 이해 관심에 또는 순전히 시의적인 재정적 이해 관심에, 그러니까 가능한 한 비용을 들이지 않고서 가능한 많은 지불 수단을 만들어내는 데 이것이 교환 수단으로서 어떤 '종류 *Gattung*'의 것이든 상관없이, 지향되는 것이 아니기는 하지만, 이러한 지향이 나타날 가망성은 이론의 여지가 없이 만성적으로 현존하기 때문이다. 반면에 소재 가격제('자유로운 거래 화폐')의 경우에는 그러한 가망성이 이러한 의미에서는 존재하지 않는다. 이러한 가망성은——거래 경제의 형식적인 질서의 입장에서 보자면——비 '소재 가격제적인' 본위의 (그러니까 또한 형식적으로) '비합리적인 요소'이다. 소재 가격제 자체가 그러한 '기계적인' 구속으로 말미암아 단지 상대적인 형식적 합리성만을 지니고 있다는 사실을 시인한다고 하더라도 말이다. 크납은 이러한 시인을 할 수 있을——것이며 또 해야 할——것이다.

왜냐하면 옛날의 '화폐 수량 이론'은 아주 이루 말할 수 없이 서투른 것이었기는 해도, 순전히 재정적으로 지향된 태환권 화폐의 발행과 함께 온갖 '인플레이션'의 경우에는 '평가 절하의 위험'이 아주 확실하기 때문이다. 사실 아무튼 그 누구도, 크납도, 이를 부인하지는 않는다. 그에 대한 크납의 '위로'는 단연 거부되어야 한다. 그리고 '모든'(!) 개개인의 '상호 회귀적인' 지위 *amphitropische Stellung*는──이것이 의미하는 바는, 누구나가 사실 채권자이기도 하고 채무자이기도 하다는 것이다──온갖 '평가 절하'의 절대적인 무영향성을 증명하기 위하여 크납에 의해 아주 진지하게 제시되었던 것인데, 그러한 지위가 환영(幻影)이라고 하는 사실을 이제는 우리 모두가 체험하고 있다. 지대 생활자의 경우뿐만 아니라, 수입에는 명목적으로 변함이 없지만(또는 수입을 두 배쯤 인상하는 것은 재정적인 版圖와 행정의 일시적인 기분에 좌우되지만) 지출은 명목적으로 (지금과 같이) 20배쯤 되어버린 고정 봉급 생활자의 경우에도, 어디에 그러한 상호 회귀적 지위가 있는가? 온갖 장기 채권자의 경우에 어디에 그러한 지위가 있는가? 화폐의 (실질적인) 타당성의 이와 같이 심한 변형이 오늘날 의미하는 바는 사회적 혁명에로의 만성적인 경향이다. 많은 기업가들이 간본위적 이윤을 얻을 수 있는 상태에 있고 많은 (소수의!) 노동자가 명목적인 초과 임금을 확보할 수 있는 힘을 지니고 있다 하더라도 말이다. 그런데 입장에 따라서는 이러한 사회 혁명적인 효과와 함께 거래 경제의 엄청난 교란을 아주 '기뻐할 만한' 것으로 여길는지 모른다. 이러한 입장은 '학문적으로는' 반박이 불가능하다. 왜냐하면 누군가는 (정당하게 또는 부당하게) 거기에서 '거래 경제'로부터 사회주의에로의 진화를 기대할 수 있기 때문이다. 또는 오직 소규모 경영 단위를 갖춘 조절된 경제만이 실질적으로 합리적이라고 하는 증명을 기대할 수 있기 때문이다. 이러한 경제가 얼마나 많은 '희생'을 노정할 것인지에 상관없이 말이다. 그러나 이에 대하여 중립적인 과학은 그러한 효과를 우선은 어쨌든 가능한 한 아주 냉정하게 확인해야만 한다. 그리고 그 일반성에 있어서 전혀 틀린 크납의 '상호 회귀'에 대한 주장은 그러한 효과를 은폐하고 있다. 내가 보기에는 몇 가지 오류 이외에도 크납의 이론의 가장 본질적인 불완전성은 전술한 바에 있는 것 같다. 이러한 불완전성은 전혀 반대자로 만들 필요가 없었을 학자들까지도 크납의 이론의 '원칙적인' 반대자로 만들고 말았다.

제37항. 경제에 대한 정치적 단체의 통화 외적 의의

화폐 체제와는 별도로 독립적인 정치적 단체가 존재한다는 사실이 경제에 대하여 지니고 있는 의의는 일차적으로 다음과 같은 사정에 있다.

1. 정치적 단체는 흔히 효용력에 대한 자체 수요를 위하여 자체의 소속원을 대체로 동일한 사정 아래서는 공납자 *Lieferanten* 로서 우대한다. 이러한 사정의 의의는, 이러한 단체의 경제가 독점의 성격이나 가계적인 수요 충족의 성격을 지닐수록 더욱 크다. 그러니까 현재는 지속적으로 증가하고 있다.

2. 역외(域外)의 무역 거래를 실질적인 관점에 따라 계획적으로 촉진하거나 방해하거나 조절할 수 있는 가능성이 있다('상업 정책 *Handelspolitik*').

3. 이러한 단체에 의해 이루어지는 경제 조절은 그 정도와 방식에 있어서 형식적일 수도 있고 실질적일 수도 있는 가능성이 있고 차이가 있다.

4. 지배 구조의 아주 커다란 다양성, 이러한 지배 구조와의 연관 속에서 〔정치적 단체의 소속원의〕 행동 양식에 결정적인 의의를 지니는 계층의 행정적 및 신분적인 편성, 그리고 이로부터 생겨난 영리에 대한 태도는 경제에 다시 영향을 끼친다.

5. 이러한 정치적 단체의 지휘부는 자기 자신의 세력을 얻기 위해 경쟁을 벌이며 자신에 의해 지배되고 있는 단체 소속원에게 소비 수단 및 영리 수단을 공급하기 위하여 경쟁을 벌인다. 그리고 이러한 경쟁의 결과로서 단체 소속원에게 영리 기회가 생겨난다.

6. 이러한 정치적 단체의 자체적인 수요 충족의 방식에 따라 단체 소속원에게 영리 기회가 생겨난다. 다음에 이어지는 항목들을 볼 것.

제38항. 정치적 단체의 자금 조달

경제와 (일차적으로는) 경제 외적으로 지향된 단체 사이의 관계는 단체 행위를 위해서, 즉 행정 간부 자신의 행위와 그에 의해 지휘되는 행위(제I장, 제12항)를 위해서, 효용력을 조달하는 종류의 관계의 경우에(현물 조달도 포함하여 단어의 가장 넓은 의미에서의 '재정') 가장 직접적이다.

어느 단체 행위에 대한 '자금 조달 *Finanzierung*'은, 즉 단체 행위에 경제 활동을 통해서 얻어지는 효용력을 갖추어주는 일은——가장 단순한 유형을 개관하자면——다음과 같이 질서지어질 수 있다.

I. 단속(斷續)적으로. 보다 정확하게 말하자면,

a) 순전히 자발적인 용역을 토대로, 그리고 이것은

α. 독지(篤志)적 후원에 의해: 커다란 선물과 기부. 자선적 · 학문적인 목적과 일차적으로는 경제적이거나 정치적이지 아니한 다른 종류의 목적에 전형적이다.

β. 동냥에 의해: 일정한 종류의 금욕적 공동체에 전형적이다.

아무튼 인도에서는 세속적인 거지 카스트도 발견되며, 다른 곳에서는 (특히 중국에서) 거지 단체가 발견된다.

이 경우에 동냥은 전반적으로(관할 구역적으로) 그리고 독점주의적으로 체계화될 수 있으며, 피구걸자에 있어서의 의무나 공로로서의 성격 때문에 실질적으로는 단속(斷續)적인 성격의 것으로부터 납세의 성격으로 이행할 수 있다.

γ. 정치적 또는 사회적으로 상위에 있는 사람으로 여겨지는 대상에게 형식적으로 자발적인 선물이 주어짐으로써, 즉 족장 · 군주 · 보호자 *Patrone* [고대 로마의 해방된 노예의 보호자로서의 옛 주인] · 노비주(奴婢主)와 지주에 대한 선물로서, 관습성 때문에 실질적으로는 납세

의 성격에 가까울 수 있지만, 목적 합리적으로 규정되는 것이 아니라 계기(일정한 기념일, 가족 행사, 정치적 행사)에 따라 규정되는 것이 한결같은 현상이다.

나아가 단속적인 자금 조달은,

b) 강탈된 용역에 토대를 두고 있을 수 있다.

그 전형으로는 남부 이탈리아의 카모라 *Camorra*, 시칠리아의 마피아 *Mafia*, 인도의 그와 비슷한 단체, 즉 의례적으로 특수화된 '도둑' 카스트와 '강도' 카스트, 중국의 그와 비슷한 단체, 즉 경제적으로 그와 비슷하게 재화를 조달하는 종파와 비밀 단체가 있다. 용역은 형식적으로는 '불법'이기 때문에 일차적으로만 단속(斷續)적이다. 용역은 실제로는 흔히 그 지급에 대해서 일정한 반대 급부가, 특히 안전 보증이 제공되는 '선불'의 성격을 띤다. 약 20년 전에 나폴리의 어느 공장주가 경영에 대한 카모라의 영향력 때문에 야기된 신중한 생각에 대하여 나에게 했던 말이 있다: '선생님, 카모라는 저로부터 매월 x 리라를 빼앗아가지만 저에게 안전을 보장해줍니다. 그러나 국가는 매월 그 10배나 빼앗아가면서 저에게 아무런 보장도 해주지 않습니다. *Signore, la Camorra mi prende x lire nel mese, ma garantisce la sicurezza, — lo Stato me ne prende 10×x, e garantisce — niente.'* (특히 아프리카의 전형적인 비밀 클럽은——예전의 '남자의 집'의 잔재로서——비슷하게(중세 독일의 비밀 재판처럼) 기능하며 그리하여 안전을 보증한다).

정치적 단체는 (리구리아의 강도 국가 *der ligurische Räuberstaat* 처럼) 일차적으로(결코 지속해서 전적으로 그럴 수는 없다) 순수한 약탈 이윤에 토대를 둘 수 있다.

자금 조달은 다음과 같이 질서지어질 수 있다.

II. 연속(連續)적으로. 보다 정확하게 말하자면,

A. 경제적인 자체 경영 없이.

a) 물적 재화에 의한 징세를 통해서,

α. 순전히 화폐 경제적으로: 화폐 징세에 의한 금전 수단의 취득과 화폐 구입에 의한 필요한 효용력의 조달(순수한 화폐 징세적 단체 경제). 행정 간부의 모든 봉급은 화폐 봉급이다.

β. 순전히 현물 경제적으로(제12항을 볼 것): 현물 공납을 특성화하는 과세(순수한 현물 용역적 단체 경제). 그 가능성에는 다음과 같은 것이 있다.

αα) 행정 간부의 재정적인 급양은 현물 봉록에 의해 이루어지고 수요의 충족은 현물로 이루어진다.

ββ) 현물로 징수된 납세는 전부 또는 일부가 매각되어 화폐로 만들어지고, 이러한 한에서 수요 충족은 화폐 경제적으로 이루어진다.

납세 자체는 화폐로 이루어지기도 하고 현물로 이루어지기도 하는데 모든 경우에 그 경제적으로 가장 기초적인 유형에 있어서 다음과 같은 것일 수 있다.

α. 조세. 즉,

αα) 모든 소유세, 또는 화폐 경제적으로는 모든 재산세,

ββ) 모든 수입세, 또는 화폐 경제적으로는 모든 소득세,

γ) 단지 제조 수단의 소유나 일정한 종류의 영리 경영 단위에 대한 조세(이른바 '수익세'). 또는 납세 자체는 다음과 같은 것일 수 있다.

β. 수수료. 즉, 단체의 설비, 단체의 소유, 또는 단체의 용역을 이용하거나 요구하면서 지불해야 하는 급부. 또는,

γ. 부과세.

αα) 특성화된 종류의 사용 행위와 소비 행위에 대한 부과세,

ββ) 특성화된 종류의 거래 활동에 대한 부과세. 무엇보다도,

1. 재화 운송 활동(관세),

2. 재화 매상 활동(간접세와 매상세).

나아가 모든 징세는,

1. 자체 감독에 의해 이루어지든지,

2. 임대되든지 *verpachtet*,

3. 대여되거나 *verliehen* 저당될 수 있다.

징세권의 임대(화폐 총액을 대가로 받는)는 예산을 세울 수 있는 가능성도 제공하기 때문에 재정 회계적으로 합리적인 영향을 끼칠 수 있다.

대여와 저당은 재정 회계적으로 대개는 비합리적으로 야기되며, 그것도

α. 재정적인 긴급 상태에 의해 야기되거나,

β. 행정 간부의 불법적인 횡령에 의해 야기된다. 이것은 신뢰할 만한 행정 간부가 결여되어 있기 때문에 나타나는 결과이다.

징세 기회가 국가 채권자, 군사적 용역과 조세 용역의 사적 보증인, 무급 용병과 군인, '마지막으로' 직위 대기자 *Amtsanwärter*에 의해 지속적으로 전유된다면 이것은 '녹봉화'를 뜻한다고 하겠다. 녹봉화는 다음과 같은 형식을 지닐 수 있다.

1. 개인적인 전유, 또는

2. 집단적인 전유(집단적으로 전유하고 있는 무리로부터 자유롭게 새로운 사람을 보직하면서).

나아가 경제적인 자체 경영을 하지 않는 자금 조달(II A)은 다음과 같이도 이루어질 수 있다.

b) 개인적인 용역을 부과함으로써: 현물 용역의 특성화와 함께 직접적이고 개인적인 현물 서비스를 통해서. 또한 연속적인 자금 조달은 II A의 경우와 달리,

II. B. 경제적인 자체 경영을 통해서.

α. 가계적으로(오이코스, 왕토 *Domänen*),

β. 영리 경제적으로

αα) 자유롭게, 그러니까 다른 영리 경제 단위와의 경쟁 속에서, 그리고

$\beta\beta$) 독점주의적으로 이루어질 수 있다.

또 한편으로 용익(用益) *Nutzung*은 자체 경영 속에서 또는 임대 · 대여, 그리고 저당을 통해서 이루어질 수 있다. 마지막으로 용익은 II B 및 II A 와 달리 이루어질 수 있다.

II. C. 특권 부여적인 부과를 통해서 공출제적으로.

α. 긍정적으로 특권을 부여함으로써: 일정한 용역을 제공하는 특성화된 인간 집단에게 부담을 면제함으로써, 또는(경우에 따라서는 이와 동일하다)

β. 부정적으로 특권을 부여함으로써: 특성화된 인간 집단에게, 특히

$\alpha\alpha$) 일정한 신분에게, 또는

$\beta\beta$) 일정한 재산 계급에게, 일정한 용역을 사전에 부과함으로써, 또는

γ. 상호 관계적으로 *korrelativ*: 특성화된 독점을 특성화된 용역이나 공납의 사전 부과에 결부시킴으로써. 이것은 다음과 같이 발생할 수 있다.

$\alpha\alpha$) 신분제적으로: 단체 동료를 (흔히) 세습적으로 폐쇄적인 공출제적 소유 단체나 직업 단체로 강제 편성하고 신분적 특권을 부여함으로써,

$\beta\beta$) 자본주의적으로: 독점권을 지닌 그리고 사전에 화폐를 기부해야 할 부담을 지닌 폐쇄적인 동업조합이나 기업 연합을 만들어냄으로써.

II 에 관하여:

이 (아주 대략적인) 결의론(決疑論)은 모든 종류의 단체에 대하여 유효하다. 여기서는 단지 정치적 단체에 대해서만 예증된다.

A, a, α에 관하여: 이러한 결의론(決疑論)적 논의는 근대 국가의 조세 질서를 개요만이라도 분석하는 일과는 물론 아주 거리가 멀다. 오히려

그 '사회학적인 장소'가, 즉 전형적으로 일정한 종류의 납세(수수료 · 간접세 · 조세)를 발생하게 하였던 지배 관계의 유형이, 앞으로 보다 더 논의되어야 할 것이다.

현물 납세는 수수료 · 관세 · 간접세 · 판매세의 경우에도 중세 전반에 걸쳐 여전히 빈번하였고, 그 화폐 경제적인 대용물은 상대적으로 근대적인 것이다.

a, β에 관하여. 현물 공납: 전형적으로는 종속적인 단위 경제에게 산출물을 공납하도록 하고 과세하는 형식으로. 현물의 수송은 단지 소규모의 단체에서만 또는 아주 유리한 교통 조건(나일강, 중국의 대운하 *Kaiserkanal*)에서만 가능할 뿐이다. 그 밖의 경우에는 납세가 최종 수취인에게 도달하기 위해서는 화폐로 바꾸어져야만 하거나(고대에는 빈번히 그러하였다), 수송 거리에 따라 상이한 특정 가격의 물건으로 할당되어야만 했다(기록에 의하면 고대 중국에서 그러하였다고 한다).

A, b에 관하여. 그 예로는 병역 의무, 법정 봉사 *Gerichtsdienst* 의무, 배심원 의무, 도로와 교량 건설의 의무, 제방 노동과 광산 노동의 의무, 그리고 모든 종류의 단체에 있어서 단체 의무를 위한 모든 종류의 부역을 들 수 있다. 부역 국가의 유형으로는 고대 이집트(신제국)를 들 수 있고, 중국이 한때 그러하였으며, 인도는 중국보다 정도가 덜하였고, 후기 로마 제국은 인도보다 더 정도가 덜하였다. 그리고 중세 초기의 수많은 단체가 그러하였다.

녹봉화의 유형: 1. 직위 대기자층에게 집단적으로: 중국, 2. 군사적 용역과 조세 용역의 사적 보증인에게: 인도, 3. 무급 용병과 군인에게: 후기 칼리프제 *Khalifat*와 이집트의 터키 노예 기병대 *Mameluken*의 지배, 4. 국가 채권자에게: 어디에서나 만연되어 있는 매직(買職).

B, α에 관하여. 그 예로는 가계를 위하여 자체 감독 아래 왕토를 경제적으로 관리하는 것, 궁정 살림과 정치적 목적을 위해 수요를 충족시키는 경영 단위를 창출하려고 신민의 부역 의무를 이용하는 것(이집트). 근대적인 예로는 이를테면 군 피복창(被服廠)과 국영 군수 공장.

B. β에 관하여. $\alpha\alpha$의 경우에 대해서는 단지 개별적인 예(해상 무역 등)만을 들 수 있을 뿐이다. $\beta\beta$의 경우에 대해서는 역사의 모든 시대에 수많은 예가 있으며, 서양에서의 절정은 16세기부터 18세기까지이다.

C 에 관하여. α에 대하여: 예로는 중국에서 문학자의 부역 면제, 모든 세계에서 특권을 부여받은 신분의 일반 의무 *sordida munera* 면제, 수많은 나라에서 교양 자격 소지자의 병역 면제.

β에 대하여: 한편으로는 고대 민주제에서 공출제를 통하여 소유에 대해 사전에 부담을 부과하는 것, 다른 한편으로는 α의 예에서 언급했던 부담으로부터 면제되지 않은 집단에 대하여 공출제를 통해서 사전에 부담을 부과하는 것.

γ에 대하여: $\alpha\alpha$의 경우는 공적 욕구를 '조세 국가'의 토대와는 다른 종류의 토대 위에서 체계적으로 충족하는 가장 중요한 형식이다. 중국뿐만 아니라 인도와 이집트도, 그러니까 가장 오래된 (灌漑工事) 관료제의 나라들은, 공출제적 조직인 현물 부담 공출제를 알고 있었으며, 이들로부터 (부분적으로는) 헬레니즘과 후기 로마 제국이 공출제적인 조직을 이용하였다. 물론 여기서는 본질적인 부분에 있어서 현물 부담 공출제로 이용된 것이 아니라 화폐 경제적인 조세 공출제로 이용되었다. 공출제적인 조직은 언제나 직업 신분제적인 편성을 의미한다. 조세 국가의 공적인 수요 충족이 제대로 이루어지지 않고 자본주의적인 사적 수요 충족이 국가적으로 조절될 경우에는 오늘날에도 공출제적인 조직이 이러한 형식으로 다시 나타날 수 있다. 지금까지 근대적인 방식의 공적인 수요 충족이 재정 위기에 처한 경우에는 $\beta\beta$의 경우가 적합하였다. 허가와 기부에 대한 대가로서의 영리 독점(가장 단순한 예는 스페인에서 신규 설립을 거부하는 독점적 보호를 받으며 국고에 계속적으로 많은 기부를 하는 화약 공장의 강제적인 통제). 석탄을 비롯한 영리 경영의 개별적인 부문의 '사회화'를 이러한 방식으로, 즉 강제적인 기업 연합이나 강제적인 기업 합동을 조세 부담자로 사용함으로써, 재정 회계적으로 이용하겠다는 생각은 아주 명백하다. 왜냐하면 아무튼 (형식적으로) 합리적인 가격 지향

적 재화 제조가 존속하기 때문이다.

제39항. 사경제(私經濟)에의 반작용

정치적(그리고 교권제적) 단체가 단체 수요를 충족시키는 방식은 사경제(私經濟)의 형성에 다시 아주 강력하게 영향을 끼친다. 자체 감독 아래 세금을 징수하며(그리고 단지 세금을 징수할 때만 스스로 감독을 하며) 오직 정치적 목적과 사법(司法)적인 목적을 위해서만 현물적인 개인적 서비스를 동원하는 순수한 화폐 징세 국가는 합리적인 시장 지향적 자본주의에 최선의 기회를 제공한다. 징세를 임대하는 화폐 납세 국가는 정치적으로 지향된 자본주의를 촉진시키며, 이와 달리 시장 지향적인 영리 경제를 촉진시키지는 않는다. 납세의 임대와 녹봉화는 기존의 행정 수수료 *Sportel* 원천과 납세 원천을 유지하려는 이해 관심을 만들어냄으로써 그리고 경제를 인습화하고 전통화함으로써 보통은 자본주의의 발생을 억제한다.

순수한 현물 공납 단체는 자본주의를 진척시키지 않으며, 현물 공납으로 인해 사실상 단위 경제의 제조 방향을—영리 경제적인 측면에서 볼 때 비합리적으로—구속하는 범위에서 자본주의를 저지한다.

순수한 현물 서비스 단체는 노동력을 징발하고 자유로운 노동 시장의 발생을 억제함으로써 시장 지향적인 자본주의를 저지하고, 자유로운 노동 시장이 발생할 수 있는 전형적인 기회를 차단함으로써 정치적으로 지향된 자본주의를 저지한다.

독점주의적으로 영리 경제적인 자금 조달, 납세 재화를 화폐로 바꾸는 현물 납세 용역, 그리고 소유에 대하여 공출제를 토대로 사전에 부담을 부과하여 이루어지는 수요 충족에 공통적인 점은, 이러한 요소들이 자율적인 시장 지향적 자본주의를 후원하지 않으며, 재정 회계적인, 그러니까 시장 비합리적인 방책을 통해서, 즉 시장 비합리적인 화폐 영리 기회를 특권화하고 창출함으로써, 시장에서 영리를 취득할 수 있는 기회를 억압한다는 것이다. 이와 달리 그와 같은 요소들은──사정에 따라서는──정치적으로 지향된 자본주의를 촉진시킨다.

고정 자본과 정확한 자본 계산을 갖춘 영리 경영은 형식적으로는 무엇보다도 납세의 계산 가능성을 전제하지만, 실질적으로는 자본 이용에 대하여, 즉 무엇보다도 시장에서의 매상 *Umsätze*에 대하여 납세가 이루어지되 아주 부정적으로 특권이 부여되는 일이 나타나지 않는 형태로 이루어질 것을 전제한다. 이와 달리 투기적인 상업 자본주의는 재화를 상품으로서 상업적으로 이용하는 것을 간접적으로, 공출제적인 구속을 통해서 저지하는 온갖 공적 수요 충족의 체제와 서로 조화될 수 없다.

그러나 공적 부담 체제의 방식 또한, 그것이 대단히 중요하다고는 하더라도, 경제 행위의 지향 방식에 하나의 명확한 발전 방향을 제시하지는 않는다. 이러한 측면에서의 모든 전형적인 억제가 (겉보기에는) 결여되어 있었음에도 불구하고 강성했던 지역과 찬란했던 시대에 합리적인 (시장 지향적) 자본주의는 발전되지 않았다. 공적 부담 체제 쪽에서 (겉보기에는) 빈번히 아주 강하게 억제하였음에도 불구하고 자본주의는 다른 곳에서 성취되었던 것이다. 경제 외적인 종류의 목표에도 아주 강하게 지향될 수 있는 경제 정책의 실질적인 내용 이외에, 그리고 정신적인(과학적 그리고 기술론적인) 종류의 발전 이외에, 신념적인(윤리적·종교적인) 성질의 방해 작용도 근대적인 종류의 자생적인 자본주의적 발전이 국지적으로 한정되도록 하는 데 상당한 역할을 수행하였다. 또한 결코 잊어서는 아니될 점은, 경영 및 기업 형식과 기술적인 산출물이 '발명'되어야만 했다는 사실이다. 그리고 근대적인 종류의 자생적인 자본주의적 발전에 대해서는 역사적으로 이러한 방향에로의 발전을 어렵게 하거나 바로 방해하는 '부정적인' 사정이나 이러한 방향에로의 발전을 촉진하는 '긍정적인' 사정이 제시될 수 있을 뿐이지, 아주 필연적인 인과 관계가 제시될 수 있는 것은 아니라고 하는 사실을 잊어서는 아니된다. 그 어떤 성질의 엄격하게 개성적인 사건에 대해서도 일반적으로 아주 필연적인 인과 관계가 제시될 수는 없는 것과 마찬가지로 말이다.

1. 마지막 문장에 관하여: 개성적인 순수한 자연 사건도 매우 특수한 조건 아래서만 개성적인 인과적 구성 요소에로 정확하게 소급될 수 있다. 이 점에 있어서는 행위에 비하여 원칙적인 차이가 존재하지 않는다 [‘로셔와 크니스Wilhelm Roscher und Karl Knies’에 대한 나의 논문 = 『과학론 논문집』, p. 56과 pp. 64 이하를 참조할 것].
2. 전체 문단에 관하여:
정치적 단체의 질서 및 행정의 종류와 경제 사이의 근본적으로 중요한 연관은 여기서는 다만 잠정적으로 시사될 수 있을 뿐이다.
1. 시장 지향적인 자본주의적 발전이 징세권의 녹봉화에 의해 방해되었던 역사적으로 가장 중요한 사례는 중국이며, 징세권의 임대에 의해 (징세권의 녹봉화와 빈번히 동일하게) 방해되었던 역사적으로 가장 중요한 사례는 칼리프 제국 이래의 근동이다(이에 대해서는 해당된 곳에서 논의가 이루어질 것이다). 징세권의 임대는 인도, 근동, 고대와 중세의 서양에서 발견되지만, 서양의 고대에 있어서는 특히 자본주의적인 영리의 지향 방식에 대하여(로마의 기사 신분) 전반적으로 결정적인 역할을 하였다. 반면에 인도와 근동에서는 납세 임대가 오히려 재산의 형성(장원 지배)을 야기하였다.
2. 자본주의적 발전이 일반적으로 공출제적인 수요 충족에 의하여 방해되었던 역사적으로 가장 중요한 사례는 후기 고대이고, 아마도 부처 이후 시대의 인도도 그러한 사례이며, 일시적으로는 중국이 그러하였다. 이에 대해서도 해당된 곳에서 논의가 이루어질 것이다.
3. 자본주의가 독점주의적으로 굴절되었던 역사적으로 가장 중요한 사례는 헬레네의 (이집트 왕조의) 선행 사례에 이어 근대 초엽에 있어서의 군주의 독점 영리와 독점 인가 영리의 시대이다(그 서막은 시칠리아에서

의 프리드리히 2세 Friedrich II의 특정한 방책이었는데 이것은 아마도 비
잔틴의 본보기를 따른 것이었던 것 같고, 원칙적인 최종 싸움은 스튜어
트 왕조 Stuarts 아래서 이루어졌다). 이에 대해서는 해당된 곳에서 언급
이 될 것이다.

이처럼 추상적인 형식의 전반적인 논의는 여기서 단지 얼마간 정확한
문제 제기를 위하여 이루어졌을 따름이다. 경제의 발전 단계와 발전 조
건을 다시 논의하기 전에 먼저 경제 외적인 구성 요소에 대하여 순전히
사회학적인 논의가 이루어져야만 한다.

제40항. 경제가 단체 구성에 끼치는 영향

나아가서 만일 지휘부와 행정 간부가, 예외없이 그러하듯이, 보상
을 받는 경우에는, 경제가 온갖 단체 구성에 대하여 일반적인 사회학
적 귀결을 지닌다. 이 경우에는 대단히 강한 경제적 이해 관심이 단체
의 존속에 결부된다. 단체의 아마도 일차적으로는 이데올로기적인
토대가 그 사이에 무용하게 되어버렸는지의 여부에 상관없이 말이
다.

참여자 자신의 견해에 의하면 '무의미하게' 되어버린 모든 종류의 단
체가 계속해서 존재하는 이유는, 어느 '단체의 비서 Sekretär'나 다른 종
류의 관료가 '단체의 존속으로 인하여 (물질적으로) 생활을 꾸려가며'
그렇지 않은 경우에는 생계를 유지할 수 없기 때문일 뿐이라고 하는 것
은 일상의 현상이다.

온갖 전유된 기회는, 그리고 사정에 따라서는 형식적으로 전유되어
있지 않은 기회도 기존의 사회적 행위의 형식을 인습화하는 영향을
끼칠 수 있다. (평화적인 그리고 일상의 재화 공급에 향하여진) 경제적
영리 기회의 범위 내에서는 일반적으로 오직 영리 기업가의 이윤 기
회만이 합리적으로 혁명을 일으키는 자생적인 힘이다. 그러나 반드시

이러한 힘인 것만은 아니다.

예컨대 중개료에 대한 은행가의 이해 관심은 오랫동안 배서(背書)의 허가를 방해하였다. 그리고 형식적으로는 합리적인 제도도 또한 자본주의적인 이윤 이해에 의하여 그와 비슷하게 방해되었다고 하는 사실과 우리는 빈번히 마주치게 될 것이다. 그러한 방해가 특히 봉록제적인 방해, 신분제적인 방해, 그리고 경제적으로 비합리적인 방해보다 본질적으로는 아주 드물다고 하더라도 말이다.

제41항. 경제 행위의 추진력

거래 경제에서의 모든 경제 행위는 개별적인 경제 행위자에 의해 자기 자신의 이념적 또는 물질적인 이해 관심을 충족시키기 위하여 시도되고 실시된다. 이러한 경제 행위가 경제 행위를 하는 경제 단체나 경제 조절적 단체의 질서에〔제Ⅱ장, 제15항〕 지향되는 경우에도 사정은 당연히 마찬가지이다. 이러한 사실은 이상하게도 흔히 제대로 인식되지 않고 있다.

사회주의적으로 조직된 경제에서도 이러한 사정은 원칙적으로 다르지 않을 것이다. 기획하는 일은 물론 단체 지도부의 손에 놓이게 될 것이며, 개개인은 재화를 제조하는 데 있어서 다만 '기술적인' 용역에, 즉 이러한 단어의 의미에서의 '노동'(제Ⅱ장, 제15항)에 제한될 것이다. 이 경우에는, 그리고 보다 정확하게 말하자면 개개인이 '독재적으로,' 그러니까 독재 정치적으로 관리되는 한에서는 이들 개개인의 의견은 무시될 것이다. 온갖 공동 결정권은 기획의 방식을 비롯하여 나아가서 무엇보다도 '저축'(예비금)의 정도를 둘러싸고까지 벌어지는 이해 갈등의 조정을 또한 형식적으로는 즉각 가능하게 할 것이다. 그러나 이것이 결정적인 점은 아니다. 결정적인 점은 이러한 경우에도 개개인이 일차적으로 제기하는 물음은, 그에게 할당된 통제 배급량과 노동의 종류가 다른 사람과 비교해서 그의 이해 관심에 상응하는 것으로 그에게 보이는가 하는 물음이라는 것이다. 그는 그의 행동을 이러한 물음에 합치시킬 것이다. 그리고 일단 할당된 통제 배급량(예컨대 중노동자의 특별 수당)의 변경이나 유지, 보상의 통제 배급이나 쾌적한 노동 조건 때문에 인기가 있는 일자리의 전유나 몰수, 노동의 봉쇄(동맹 파업이나 일자리로부터의 강제 퇴거), 일정한 부문의 노동 조건의 변경을 강제하기 위한 재화 제조의 제한, 인기 없는 노동 지휘자의 공동 배척과 폭력적인 추방 등을 둘러싼 폭력적인 힘 싸움은, 요컨대 모든 종류의 전유 현상과 이해 싸움은, 그러한 경우에도 정상적인 것일 게다. 이러한 싸움이 대개는 단체의 차원에서 싸워 해결된다는 사실, 이 경우에 특히 '생활에 중요한' 노동을 취급하는 사람과 순전히 육체적으로 가장 힘이 센 사람이 우대될 것이라고 하는 사실은 기존의 상태에 상응하는 것일 게다. 그러나 모든 행위의 배후에는 언제나 개개인의 이해 관심이, 경우에 따라서는 동일한 종류의 것이지만 타인에게 적대적인 많은 개개인의 이해 관심이 존재할 것이다. 이해 관심의 판도(版圖)가 달라지고 이해 관심을 지각하는 수단이 달라지겠지만, 개개인의 이해 관심이라고 하는 요소는 아주 똑같이 유효할 것이다. 순전히 이데올로기적으로 타인의 이해 관심에 지향된 경제적 행위가 나타난다고 하는 사실이 확실하듯이, 대다수의 인간은 그렇게 타인의 이해 관심을 위해 행위하지 않으며 모든 경험에 의하면 그렇게 행위할 수 없고 따라서 그렇게 행위하지 않으리라고 하는 사실도 또한 확실하다.

완전한 사회주의적 ('계획')경제에서는 오직 다음과 같은 것을 위한 공간만이 존재할 것이다.

a) 어느 통제 배급적인 수요 계획에 의한 현물 재화의 분배,

b) 어느 생산 계획에 의한 이 현물 재화의 제작. '소득'이라는 화폐 경제적 범주는 부득이 결여될 수밖에 없을 것이다. 통제 배급되는 수입은 가능할 것이다.

거래 경제에서는 소득을 얻으려는 노력이 모든 경제적 행위에 있어

서 불가피하면서도 궁극적인 추진력이다. 왜냐하면 온갖 자유로운 처분은, 거기서 경제 행위자가 충분히 사용할 수 있도록 마련되어 있지 않은 재화나 효용력이 요구되는 한에서는, 장래의 소득에 대한 취득과 자유로운 처분을 전제하며, 현재의 거의 온갖 처분권은 이전의 소득을 전제하기 때문이다. 모든 영리 경제적인 경영 이윤은 그 어떤 하나의 단계에서는 그 어떤 하나의 형식으로 경제 행위자의 소득으로 변화한다. 조절된 경제에서 조절 질서의 관심사란 보통은 소득을 분배하는 방식이다(현물 경제에는 여기서 확인된 전문 용어에 의하면 '소득'이 아니라 현물 재화와 현물 용역으로 이루어진 수입이 존재하며, 이것은 통일적인 단위 교환 수단으로 평가될 수가 없다).

소득과 수입은——사회학적으로 볼 때——다음과 같은 주요 형식을 지닐 수 있으며 다음과 같은 전형적인 주요 원천으로부터 흘러나올 수 있다.

A. 용역 소득과 용역 수입(특성화된 용역이나 전문화된 용역에 결부되어 있는)

I. 임금:

1. 자유롭게 약정된 고정적인 임금 소득과 임금 수입(노동 기간에 따라 계산되는),

2. 척도화된 고정적인 소득과 수입(관료의 봉급, 현물 급여),

3. 고용된 노동자의 약정된 도급 노동 수익,

4. 완전히 자유로운 노동 수익.

II. 이윤:

1. 물적 재화나 노동 용역의 기업적 제조에 의한 자유로운 교환 이윤,

2. 조절된 교환 이윤도 또한 이윤이다.

이 경우(1과 2)에 '비용'을 공제하고 나면 '순수익'이 된다.

3. 약탈 이윤,

4. 권력을 행사할 수 있는 권리 *Gewaltrecht*를 전유함으로써 생기는

지배 이윤, 직위에 근거한 행정 수수료 이윤, 뇌물에 의한 이윤, 임차된 징세권으로부터의 이윤, 그리고 이와 비슷한 이윤.

3과 4의 경우에 이러한 종류의 경영적 영리가 지속해서 발생하면 비용이 공제되며, 그 밖의 경우에는 반드시 그렇지 않다.

B. 소유에 따른 소득과 소유에 따른 수입(중요한 제조 수단에 대한 처분권의 이용에 결부되어 있는).

I. 보통은 비용을 공제하고 난 후의 '순지대':

1. 인간(노예나 예속인 또는 자유민) 소유에 따른 지대, 현물이나 화폐로, 고정적으로 또는 영리 지분으로(생활비는 공제하고),

2. 전유된 지배 지대(행정 비용은 공제하고),

3. 토지 소유 지대(부분 임대료, 고정적인 시간 임대료, 현물이나 화폐로, 지주적인 지대 수입——토지세 비용과 유지 비용은 공제하고),

4. 가옥 지대(유지 비용은 공제하고),

5. 전유된 독점으로부터의 지대(전업 전매권, 특허권——수수료는 공제하고).

II. 보통은 비용 공제가 없는:

6. 시설 지대(이른바 '이자'를 받는 대가로 '시설'(제II장, 제11항)의 용익을 가계나 영리 단위 경제에게 양도함으로써 생기는),

7. 가축 지대,

8. 현물 대부에 따른 '이자'와 약정된 현물 급여 지대, 현물로,

9. 화폐 대부에 따른 '이자,'

10. 저당권 지대 *Hypothekenrente*, 화폐로,

11. 유가 증권 지대, 화폐로, 그것도,

a) 고정적인 것(이른바 '이자'),

b) 수익성의 수익에 따라 변동하는 것(그 전형은 이른바 배당금이다).

12. 다른 종류의 이윤 지분(A II, 1을 볼 것),

1. 임시 이윤 지분과 합리적인 투기 이윤 지분,

2. 모든 종류의 기업 행위에 대한 합리적인 지속적 수익성 이윤 지분.

모든 '이윤'과 유가 증권으로부터의 '지대'는 약정되지 않은 소득이거나 전제(교환 가격, 도급율) 속에서만 약정된 소득이다. 고정적인 이자와 임금, 고정적인 토지 소유 임대료 *Grundbesitzpachten*와 사용료 *Miete*는 약정된 소득이고, 지배에 의한 이윤과 인간 소유에 따른 이윤 및 장원 지배에 따른 이윤과 약탈에 의한 이윤은 폭력적으로 전유된 소득이나 수입이다. 소유에 따른 소득은, 이 소득을 얻는 사람이 소유를 다른 사람에게 이용하도록 하는 경우에는 직업 없이 얻는 소득일 수 있다. 임금·봉급·노동에 의한 이윤, 기업가 이윤은 직업 소득이다. 다른 종류의 지대와 이윤은 직업 없이 얻는 소득일 수도 있고 직업 소득일 수도 있다(여기서는 아직 일종의 決疑論을 논할 생각이 아니다).

이 모든 종류의 소득 가운데 뚜렷이 역동적인──경제 혁명을 일으키는──성격의 것은 기업가 이윤(A Ⅱ, 1)과 약정된 노동 수익 *Erträge*이나 자유로운 노동 수익(A Ⅰ, 3과 4)으로부터 파생된 소득이고, 그 다음으로는 자유로운 교환 이윤이 그처럼 역동적인 성격을 지니고 있으며, 다른 방식이기는 하지만 사정에 따라서는 약탈 이윤(A Ⅱ, 3)이 그러하다.

뚜렷하게 정태적인──경제적으로 보수(保守)적인──성격의 것은 척도화된 소득(봉급), 시간 임금, 직위권에 따른 이윤, (보통은) 모든 종류의 지대이다.

소득의 경제적 원천은 (교환 경제에서) 대다수의 경우에 물적 재화와 노동을 위한 시장에서의 교환 판도(版圖)이다. 그러니까 소득의 경제적 원천은 궁극적으로는, 소비자의 평가와 영리 행위자의 다소간에 자연적이거나 규약된 독점주의적 상태가 결합되어 있는 시장에서의 교환 판도이다.

수입의 경제적 원천은 (현물 경제에서) 한결같이 기회의, 즉 보상에 대한 대가로 소유나 용역을 이용할 수 있는 기회의 독점주의적인 전유이다.

이 모든 소득의 배후에는 다만 전유된 기회를 보호하는 폭력의 우발성이 존재할 뿐이다(위의 제II장, 제1항, 4번을 볼 것). 약탈에 의한 영리와 이와 유사한 종류의 영리는 시의적인 폭력에 의한 수익이다. 모든 결의론(決疑論)은 이처럼 아주 대략적인 개요에서는 당분간 아직은 배제될 수밖에 없었다.

나는 개별적인 견해에 많은 편차가 있음에도 불구하고 리프만 Robert Liefmann의 저작〔『순수 주관적 가치론에 기초한 수익과 소득 *Ertrag und Einkommen auf der Grundlage einer rein subjektiven Wertlehre*』(1907); 『국민 경제론의 원리 *Grundsätze der Volkswirtschaftslehre*, II Bd.』(1919)〕 가운데 '소득'에 대한 부분을 가장 가치 있는 부분으로 생각한다. 여기서는 결코 경제적인 문제를 더 상세하게 다루지는 않겠다. 경제적인 동학(動學)과 사회 질서 사이의 연관은 나중에 언제나 거듭해서 논의가 될 것이다.

제 Ⅲ 장
지배의 유형

1. 정당성의 타당성

　　제1항. 지배의 개념 정의, 조건, 그리고 종류. 정당성
'지배'는, 개념 정의에 의하면(제I장, 제16항), 일정한(또는 모든)
명령에 대하여 어느 특정한 인간 집단이 복종할 수 있는 가망성을 뜻
한다고 하겠다. 그러니까 지배란 다른 사람에게 '힘'과 '영향력'을
행사할 수 있는 온갖 종류의 가망성을 의미하지는 않는다. 이러한 의
미에서의 지배('권위')는 개별적인 경우마다 무감각한 습관으로부터
순전히 목적 합리적인 검토에 이르기까지 매우 다양한 동기의 순종
에 의해 성립될 수 있다. 따라서 온갖 진정한 지배 관계에는 어느 최
소한의 일정한 복종 의사(意思)가, 곧 복종에 대한 (외적 또는 내적
인) 이해 관심이 내포되어 있다.
　　온갖 지배가 경제적 수단을 이용하는 것은 아니다. 온갖 지배가 경
제적 목적을 지니고 있는 것은 더욱 아니다. 그러나 다수의 인간에 대
한 온갖 지배는 (반드시 그러한 것은 아니지만) 보통 인간 간부(행정
간부, 제I장, 제12항을 볼 것)를 필요로 한다. 즉, 충실하게 복종하는
특정한 인간이 전적으로 지배의 일반적인 지시와 구체적인 명령을 실
행하는 데 초점이 맞추어진 행위를 할 수 있는 신뢰할 만한 가망성을
필요로 한다. 이러한 행정 간부가 우두머리(또는 우두머리들)에게 복

종하는 이유는 그들이 순전히 관례에 의해, 순전히 감성적으로, 또는 물질적인 이해 상태나 (가치 합리적으로) 이념적인 동기에 의해 구속되어 있기 때문일 수 있다. 이러한 종류의 동기가 전반적으로 지배의 유형을 규정한다. 순전히 물질적이고 목적 합리적인 동기가 우두머리와 행정 간부 사이를 결합시키고 있는 경우에는 이러한 결합은 어디서나 상대적으로 불안정한 상태를 의미한다. 한결같이 다른 — 감성적이거나 가치 합리적인 — 동기가 덧붙여진다. 일상 외적인 경우에는 이 감성적이거나 가치 합리적인 동기만이 결정적일 수 있다. 일상적인 경우에는 관례와 그 밖에 물질적, 목적 합리적인 이해 관심이 이러저러한 관계를 지배한다. 그러나 관례나 이해 상태와 마찬가지로 순전히 감성적이거나 순전히 가치 합리적인 동기는 지배의 신뢰할 만한 근거가 될 수 없다. 보통은 이러한 동기 이외에 또다른 요소가 덧붙여지는데, 정당성에 대한 믿음이 바로 그것이다.

지배가 존속할 수 있는 가망성으로서 물질적인, 감성적인, 또는 가치 합리적인 동기만으로 만족하는 지배는 존재하지 않는다는 것을 우리는 경험을 통해서 알고 있다. 오히려 온갖 지배는 지배의 '정당성'에 대한 믿음을 일깨우고 길러내고자 한다. 그러나 지배가 요구하는 정당성의 종류에 따라서 복종의 유형, 복종을 보증하기 위해 임명되는 행정 간부의 유형, 그리고 행사되는 지배의 성격이 근본적으로 달라진다. 또한 이와 함께 지배의 작용도 근본적으로 달라지게 된다. 그러기에 지배의 종류를 그에 전형적인 정당성의 요구에 따라 구분하는 것이 합목적적이다. 이를 위해서는 근대적인, 따라서 우리가 잘 알고 있는 상태에서부터 시작하는 것이 보다 합목적적일 것이다.

1. 지배의 종류를 구분하는 데 있어서 바로 다름아닌 이러한 출발점을 선택한 것이 올바른 선택이었다는 것을 입증할 수 있는 유일한 길은 성공적으로 그러한 구분을 해내는 수밖에 없다. 여기서 지배의 종류를 구분할 수 있는 어떤 다른 종류의 전형적인 특징들을 잠시 제쳐두고 이를

나중에서야 비로소 끌어들일 수 있다고 해서 그것이 결정적인 결점일 수는 없을 것이다. 어느 지배의 '정당성'은 그저 '이념적인' 의의만을 지니고 있지는 않으니, 이것은 지배가 이미 소유의 정당성과 아주 확고한 관계를 지니고 있기 때문이다.

2. 관례나 법에 의해 보장되는 '요구'라고 해서 모두가 지배 관계를 뜻한다고 할 수는 없겠다. 그렇지 않다면 노동자는 자기 자신의 임금을 요구하는 범위에서 고용주의 '우두머리'가 될 수 있을 것이다. 왜냐하면 고용주가 집달리의 요구에 따라 노동자의 처분에 맡겨질 수밖에 없기 때문이다. 노동자란 사실상 형식적으로는 고용주로부터 용역에 대해 정당한 보수를 받을 '권리를 지닌' 교환 상대자이다. 이와 달리 지배 관계가 형식적으로 자유로운 계약에 의하여 발생했다고 해서, 여기에 지배 관계가 전혀 존재하지 않는다고 말할 수는 물론 없겠다. 즉, 노동 규정과 노동 지침에는 노동자에 대한 고용주의 지배가 나타나 있으며, 자유롭게 봉토 관계에 들어선 봉건 가신 *Vasallen*에 대한 봉건 영주 *Lehensherr*의 지배가 나타나 있다. 군사적 규율에 의한 복종은 형식적으로 '비자발적'이고, 작업장에서의 규율에 의한 복종은 형식적으로 '자발적'이지만, 작업장의 규율도 지배에 대한 예속이라고 하는 사실에는 변함이 없다. 또한 직위도 계약을 통해서 인수되고 해약되며, '신민' 관계조차 자발적으로 인수되고 (제한적으로나마) 해제될 수 있다. 절대적인 비자발성은 노예에게서야 비로소 존재한다. 하지만 다른 한편으로 독점주의적인 상태 때문에 생겨난 경제적 '힘'은, 즉 이 경우에는 교환 상대자에게 교환의 조건을 '강제적으로 부과'할 수 있는 가망성은, 결코 '지배'라고 볼 수 없으며, 이것은 예컨대 우월한 성적 매력이나 운동 능력 또는 토론 능력 등에 의해 '영향력'을 행사한다고 해서 바로 '지배'라고 볼 수 없는 것과 마찬가지이다. 어떤 대은행이 다른 은행들에게 '조건 카르텔 *Konditionenkartell*'을 강제할 수 있다고 하더라도, 대은행의 경영진이 내리는 지시 자체가 전적으로 준수되어야 하며 또한 준수될 수 있을 정도로 그리고 지시의 실행이 점검될 수 있는 정도로 직접적인 복종 관계가 이

루어지지 않는 한, '지배'라고 말할 수는 없겠다. 다른 곳에서와 마찬가지로 여기서도 개념의 이행적 변화는 유동적이다. 단순 부채로부터 부채 노예까지의 사이에는 여러 중간 단계가 존재한다. 그리고 어느 '사교적 모임'에서의 지위는 바로 권위적인 힘있는 지위의 한계에 이르러서는 반드시 '지배'라고 할 수 없게 된다. 뚜렷한 구별이란 현실에서는 때때로 불가능하다. 그러나 바로 그렇기 때문에 명확한 개념이 더욱 필요한 것이다.

3. 어느 지배의 '정당성'은 물론, 그 지배가 유효 적절한 정도로 정당하다고 여겨지고 또한 실제로 정당한 것으로 취급될 수 있는 가망성으로만 생각되어야 할 필요가 있다. 지배에 대한 온갖 순종이 일차적으로(또는 심지어는 일반적으로 언제나) 정당성에 대한 믿음에 지향된다고 하는 것은 결코 아니다. 개개인이나 전체 집단은 아주 기회주의적인 이유에서 순종을 가장하기도 하고, 자기의 물질적인 이해 관심 때문에 실제로 순종하는가 하면, 개인적인 약점과 무력함 때문에 어쩔 수 없이 순종하기도 한다. 그러나 이러한 점들이 지배를 분류하는 데 척도가 되지는 않는다. 결정적인 척도는 정당성에 대한 지배 스스로의 요구가 종류에 따라 유효 적절한 정도로 '타당'하며, 지배 상태를 강화하고, 선택되는 지배 수단의 종류를 함께 규정한다는 점이다. 나아가 지배는, 우두머리와 그의 행정 간부(친위병, 근위병, '적색' 또는 '백색' 근위대) 사이에 피지배자들과의 대립 속에서 명백한 이해 공동체가 형성되어 있기 때문에 그리고 이러한 공동체는 피지배자들의 비무장에 의해 아주 절대적으로 보장될 수 있기 때문에, '정당성'에 대한 요구 자체를 무시할 수 있다. 그리고 이것은 실제로 흔한 경우이다. 이러한 경우에도 우두머리와 행정 간부 사이의 정당성 관계의 종류는 여전히 그들 사이에 존재하는 권위의 근거의 종류에 따라 매우 달라지며, 앞으로 보게 되다시피, 지배의 구조에 매우 결정적인 영향을 끼친다.

4. '복종'이란, 마치 복종하는 사람이 명령의 내용을 명령 그 자체 때문에 자기 행동의 준칙으로 삼는 것처럼 그의 행위가 이루어지는 것을

의미한다고 하겠다. 그것도 오직 형식적인 복종 관계 때문에 명령 자체의 가치와 무가치에 대한 자신의 견해를 고려하지 않고서 말이다.

5. 복종이 이루어지는 인과 연쇄는 순전히 심리학적으로는 다양한 모습을 지닐 수 있다. 특히 '암시'나 '감정 이입'일 수 있다. 그러나 지배의 유형을 구성하고자 하는 여기에서는 이러한 구분이 필요하지 않다.

6. 지배가 영향을 끼치는 사회적 관계와 문화 현상의 영역은 언뜻 보기보다는 훨씬 넓다. 예컨대 학교에서 행사되는 지배는 정통적인 것으로 통용되는 말과 글의 형식을 주조해낸다. 정치적으로 자치적인 지도층을 지닌 집단의, 그러니까 그 지배자들의, 관방어로 사용되던 방언이 그처럼 정통적인 말과 글의 형식이 되어 버리고 '국민적' 분리(예컨대, 독일로부터 네덜란드의 분리)를 초래했던 것이다. 그러나 부모의 지배와 학교의 지배가 끼치는 영향력은 이러한 형식적인 문화재를 훨씬 넘어서서 청소년을 주조해내고 이로써 인간을 주조해내기에 이른다.

7. 어느 단체의 지휘자와 행정 간부가 형식상 피지배자의 '봉사자'로 등장한다고 해서, 이것이 '지배'로서의 성격을 부정하는 증거가 될 수 없음은 당연한 일이다. 이른바 '민주제'의 실질적인 실태에 대해서는 나중에 따로 이야기가 될 것이다. 그러나 우리가 생각해볼 수 있는 거의 온갖 경우마다 그 어떤 최소한의 권위 있는 명령권을, 그러니까 이 점에 관한 한 그 어떤 최소한의 '지배'를 시인해야만 한다.

제2항. 정당한 지배의 세 가지 순수한 유형: 합리적 · 전통적 · 카리스마적 지배

정당한 지배에는 세 가지 순수한 유형이 존재한다. 즉, 지배의 정당성의 타당성은 근본적으로 다음과 같은 성격을 지닐 수 있다.

1. 합리적인 성격: 제정된 질서의 합법성에 대한 믿음과, 이러한 질서에 의해 지배를 행사할 수 있는 자격을 갖춘 사람들의 지시 권리에 대한 믿음에 근거할 수 있다(합법적 지배), 또는

2. 전통적인 성격: 예전부터 타당했던 전통의 신성함에 대한 일상

적 믿음과, 이러한 전통에 의해 권위를 지니게 된 사람들의 정당성에
대한 일상적 믿음에 근거할 수 있다(전통적 지배), 또는 마지막으로

3. 카리스마적인 성격: 어느 개인의 신성함이나 영웅적인 힘 또는
모범성에 대한 일상 외적 헌신과, 이러한 개인에 의해 계시되거나 창
조된 질서에 근거할 수 있다(카리스마적 지배).

규약에 의한 지배의 경우에는 합법적으로 제정된 즉물적인 비인격
적 질서와 이러한 질서에 의해 규정되는 상관에게 복종하게 되는데,
이러한 복종의 근거는 상관의 지시가 지닌 형식적인 합법성이며, 이
같은 합법성의 테두리 안에서 복종이 이루어진다. 전통적 지배의 경
우에는 전통에 의해 자격을 갖추고서 전통에 구속되어 있는 우두머리
개인에게 복종하게 되는데, 이러한 복종의 근거는 공순이며, 습관적
인 것의 테두리 안에서 복종이 이루어진다. 카리스마적 지배의 경우
에는 카리스마적인 자질을 갖춘 지도자 그 자체에게 복종하게 되는
데, 이러한 복종의 근거는 계시나 영웅성 또는 모범성에 대한 신뢰이
며, 그의 이 같은 카리스마에 대한 믿음의 타당성의 테두리 안에서
복종이 이루어진다.

1. 이러한 구분의 합목적성은 이 구분에 의해 얻어지는 체계론의 성과
에 의해서만 증명될 수 있다. '카리스마'('천부적 자질')의 개념은 고대
기독교의 전문 용어에서 따온 말이다. 루돌프 좀Rudolf Sohm의 교회법
은 기독교의 교권제를 논의하면서 카리스마라는 전문 용어를 사용하지
는 않았지만 내용상 처음으로 이 개념을 명확하게 설명하였고, 또다른
사람들(예컨대 『영감과 고해권 Enthusiasmus und Bußgewalt』[1898]을
저술한 칼 홀Karl Holl)이 이 개념의 어떤 중요한 귀결을 분명하게 밝혀
내었다. 그러니까 이것은 전혀 새로운 개념이 아니다.

2. 다음에 우선적으로 논의하게 될 세 가지 이상형 가운데 그 어느 것
도 역사적으로는 실제로 '순수하게' 나타나지 않기 마련이라고 해서, 여
기서도 다른 곳에서와 마찬가지로 가능한 한 순수한 형태로 개념을 확정

해서는 아니될 이유가 없다. 나아가서(제11항 이하) 순수한 카리스마가 일상화를 통해서 변화해가는 과정이 논의될 것이며, 그럼으로써 경험적인 지배 형식과의 연계성이 더욱 높아지게 된다. 그러나 이 경우에도 온갖 경험적인 역사적 지배 현상이 '머리 속에서 짜내어진 책'은 아니기 마련이라고 하는 사실은 타당하다. 그리고 사회학적 유형론은 다만 경험적인 역사적 연구에 대해서 어쨌든 때때로 과소 평가해서는 아니될 이점을 제공할 뿐이다. 즉, 사회학적 유형론은 개별적인 경우에 어느 지배 형식을 서술하는 데 있어서, 어떤 점이 '카리스마적,' '세습 카리스마적'(제10, 11항), '직위 카리스마적,' '가부장제적'(제7항), '관료제적'(제4항), '신분제적'인가, 또는 어떤 점이 이러한 유형에 근접해 있는가를 보여줄 수 있으며, 그리고 이렇게 함으로써 사회학적 유형론은 제법 분명한 개념을 가지고서 작업하게 되는 것이다. 여기서 역사적인 실재 현실의 전체를 다음에 발전시키게 될 개념 도식 속에 '담아낼' 수 있으리라고 믿는 것은 결코 아니다.

2. 관료제적 행정 간부를 갖춘 합법적 지배

머리말: 여기서는 의도적으로 특별히 근대적인 형식의 행정을 출발점으로 삼게 되며, 이는 나중에 다른 형식의 행정과 근대적인 형식의 행정을 대비시키기 위해서이다.

제3항. 합법적 지배:
관료제적 행정 간부를 수단으로 사용하는 순수한 유형

합법적 지배는 다음과 같이 서로 연관되어 있는 관념의 타당성에 근거를 두고 있다.

1. 임의의 법이 협약이나 강요에 의해 합리적으로, 즉 목적 합리적으로나 가치 합리적으로(또는 두 가지 모두에) 지향되어 제정될 수 있

으며, 적어도 단체의 동료들이 이 법을 준수할 것을 요구할 수 있다. 그리고 한결같이 단체의(지역 단체의 경우에는 지역의) 세력권 내에서 단체의 질서에 의해 단체와 관련성을 지닌 것으로 선언되는 일정한 사회적 관계에 들어가거나 사회적으로 행위하는 개인들이 그 법을 준수할 것을 요구할 수 있다.

2. 온갖 법은 그 본질상 대개는 의도적으로 제정된 추상적인 규칙의 질서 정연한 세계 *Kosmos*이며, 사법은 이러한 규칙을 개별적인 경우에 적용하는 것이고, 행정은 단체의 질서에 의해 예견된 이해 관심을 법규의 한계 내에서 합리적으로 집행하는 일이다. 그리고 이것은 일반적으로 단체의 질서에 합치되거나 적어도 어긋나지 않는 성격의 특정한 원칙에 따라 이루어진다.

3. 따라서 전형적인 합법적 우두머리는, 즉 '상관'은 지시와 더불어 명령을 하는 데 있어서 그로서는 비인격적인 질서에 복종하며, 이러한 질서에 맞추어 자신의 지시를 내리는 것이다.

이것은 '관료'가 아닌 합법적 우두머리에게도, 예컨대 선출된 국가 대통령에게도 해당된다.

4. 복종하는 사람은 —— 흔히 말하듯이 —— 오직 **동료**로서만, 그리고 오직 '법에게'만 복종한다.

단체의 동료로서, 자치공동체의 동료로서, 교회의 구성원으로서, 국가에서는 시민으로서 복종하는 것이다.

5. 3번에 의해 단체의 동료는 우두머리에게 복종하는 데 있어서 우두머리 개인에게 복종하는 것이 아니라 그러한 비인격적 질서에 복종하며, 따라서 질서에 의해 우두머리에게 할당되고 합리적으로 구획된 즉물적인 관할권 *Zuständigkeit* 내에서만 복종할 의무를 지니고

있는 것이다.

합리적 지배의 기본 범주는 그러니까 다음과 같다.

1. 규칙에 구속되어 연속적으로 이루어지는 직위 업무의 경영.

2. 이러한 경영은 권한 *Kompetenz*(관할권 *Zuständigkeit*) 내에서 이루어진다. 이것이 의미하는 바는,

a) 용역 분배에 의해 즉물적으로 구획된 용역 의무의 영역이며,

b) 여기에는 직위 업무의 경영에 필요한 얼마간의 명령권이 부여되고,

c) 경우에 따라 허가될 수 있는 강제 수단과 그 적용의 전제가 확고하게 구획되어 있다.

이와 같이 질서지어진 경영은 '관청 *Behörde*'을 뜻한다고 하겠다.

이러한 의미에서의 '관청'은 '국가'와 '교회'에는 물론 대규모의 사적(私的) 경영 단위, 정당, 군대에도 그와 똑같이 존재한다. 또한 선출된 국가 대통령(또는 내각의 합의체 *Kollegium*나 선출된 '인민 위원')도 이러한 전문 용어의 의미에서의 '관청'이다. 그러나 이러한 범주들이 지금은 아직 관심의 대상이 아니다. 온갖 관청이 동일한 의미에서의 '명령권'을 지니고 있는 것은 아니다. 그러나 이러한 구별은 여기서는 문제가 되지 않는다.

이에 덧붙여

3. 직위 위계의 원칙이 존재한다. 즉, 온갖 관청에는 확고한 통제 관청과 감독 관청에 관한 질서가 존재하며, 하급 관청은 상급 관청에 대하여 항의와 소원(訴願)을 제기할 수 있는 권리를 지니고 있다. 이 때 이러한 소원을 담당하는 기관 스스로가 변경해야 할 지시를 '올바른' 질서로 대체하는가, 또는 불만을 처리하는 하급 직위에 이러한 일을 위임하는가, 그리고 어떤 경우에 그리하는가 하는 문제는 다양하게 규제된다.

4. 업무 처리의 기준이 되는 '규칙' 은

a) 기술적인 규칙,

b) 규범일 수 있다.

이러한 규칙을 사용하는 데 있어서 완전한 합리성을 위해서는 두 경우에 모두 전문 교육이 필요하다. 그러니까 대개는 성공적인 전문 교육을 증명할 수 있는 사람만이 어느 단체의 행정 간부가 될 수 있는 자격을 갖게 되며, 또한 이 같은 사람만이 관료로서 채용될 수 있다. '관료' 는 합리적인 단체의 전형적인 행정 간부를 구성하며, 이러한 사정은 정치적인 단체에서든, 교권제적인 단체에서든, 경제적인 (특히 자본주의적인) '단체에서든, 또는 그 밖의 다른 종류의 단체에서 든 마찬가지이다.

5. 행정 간부가 행정 자원과 제조 수단으로부터 완전히 분리되어야 한다는 원칙이 (합리성의 경우에는) 요구된다. 행정 간부로서의 관료·피고용인·노동자는 물적인 행정 자원과 제조 수단을 자기의 것으로 소유하는 것이 아니라, 현물이나 화폐의 형식으로 제공받게 되며 계산의 의무를 지게 된다. 직위상의(경영상의) 재산(및 자본)은 사유 재산(가계)으로부터 완전히 분리되고, 직위 경영의 장소(사무실)는 거주 장소로부터 완전히 분리된다는 원칙이 존재한다.

6. 완전한 합리성의 경우에는 직위상의 지위가 점유자에 의해 전유되는 일은 없다. '직위' 에 대한 '권리' 가 확고하게 설정되어 있는 곳에서는(예컨대 재판관의 경우에는, 그리고 최근에는 점점 더 많은 관료와 노동자층에서조차도) 직위상의 지위가 보통은 관료에게 전유될 목적으로 기여하는 것이 아니라, 순전히 즉물적('독립적')으로 규범에 구속되어서만 직위상의 일을 수행하도록 보장하는 데 기여한다.

7. 행정의 문서화의 원칙이 요구된다. 이 원칙은 구두에 의한 논의가 사실상 일반적인 규칙이 되어 있거나 엄연히 명문화되어 있는 경우에도 해당된다. 적어도 사전 논의와 제안 및 최종 결정, 모든 종류의 처분과 지시는 문서로 확정된다. 서류와 관료에 의한 연속적인 경

영이 합쳐져서 사무실을 구성하며, 사무실은 모든 근대적인 단체 행위의 핵심적인 요소 그 자체가 된다.

8. 합법적 지배는 매우 다양한 형식을 지닐 수 있는데, 이에 대해서는 나중에 따로 논의가 될 것이다. 다음에서는 우선 의도적으로 행정 간부의, 즉 '관료층'과 '관료제'의 가장 순수한 지배 구조만을 이상형적으로 분석하게 된다.

지휘자 *Leiter*의 유형적인 종류를 논의하지 않은 이유는 여러 가지 사정 때문인데, 이것은 나중에서야 비로소 온전히 이해될 수 있을 것이다. 매우 중요한 유형의 합리적인 지배가 지휘자에 관한 한 형식적으로는 다른 유형에 속하며(세습 카리스마적인 세습 왕조, 일반 투표에 의해 선출되는 카리스마적인 대통령), 또다른 유형의 합리적 지배는 실질적으로 중요한 부분에 있어서는 합리적이지만 관료제와 카리스마주의 사이의 중간에 놓여 있는 방식으로 구성되어 있으며(내각 정부), 또다른 유형의 합리적 지배는 다른 종류의 단체('정당')의 지휘자(카리스마적이거나 관료주의적인)에 의해 지휘된다(정당의 각료). 합리적인 합법적 유형의 행정 간부는 보편적으로 어디에나 응용될 수 있으며, 그는 일상에서 중요하다. 왜냐하면 지배란 일상에서는 일차적으로 행정 *Verwaltung*이기 때문이다.

제4항. 합법적 지배:
관료제적 행정 간부를 수단으로 사용하는 순수한 유형

합법적 지배의 가장 순수한 유형은 관료제적인 행정 간부를 수단으로 사용하는 합법적 지배이다. 오직 단체의 지휘자만이 전유에 힘입어 또는 선거나 후계자 지명에 힘입어 그의 우두머리 지위를 소유한다. 그러나 그의 우두머리 권능도 합법적인 '권한'이다. 행정 간부 전체는 그 가장 순수한 유형에 있어서는 개별적인 관료(단독 지배제 *Monokratie*, 이와 대립되는 '합의제'에 대해서는 나중에 논의하겠다)로

구성되어 있는데, 이들은

1. 개인적으로 자유롭게 즉물적인 직위 의무에만 복종하며,

2. 확고한 직위 위계 속에 놓여 있고,

3. 확고한 직위 권한을 지니고 있으며,

4. 계약에 의해, 그러니까 (원칙적으로) 자유로운 선별을 토대로

5. 전문 자격에 의해 —— 가장 합리적인 경우에는 시험을 통해서 조사되고 면허장 *Diplom*을 통해서 인증된 전문 자격에 의해 —— 고용된다(선출되는 것이 아니다).

6. 이들은 고정된 봉급을 화폐로 받게 되며 대부분이 연금을 받을 권리를 지니게 된다. 하지만 경우에 따라서는(특히 私的 경영 단위에서는) 우두머리 쪽에서도 해고할 수 있으며, 관료 쪽에서도 항상 그만둘 수 있다. 이 봉급은 일차적으로 위계 서열에 따라서, 이 외에도 지위의 책임성에 따라서, 그 밖에 '신분에의 적합성'의 원칙에 따라서 차등화된다(제IV장).

7. 이들은 자신의 직위를 유일하거나 주된 직업으로 여긴다.

8. 이들은 재직 연한이나 업적 또는 양자에 따라, 상관의 판단에 좌우되어, '승진'하며 하나의 경력을 밟아나가게 된다.

9. 이들은 '행정 자원으로부터' 완전히 '분리'되어 직위상의 지위를 전유하지 않은 채 일하게 된다.

10. 이들은 엄격하게 통일적인 직위상의 규율과 통제 아래 놓여진다.

이러한 관료제적 질서는 영리 경제적인 목적이나 자선적인 목적, 또는 임의의 다른 종류의 사적인 이념적이거나 물질적인 목적을 추구하는 경영에서뿐만 아니라, 정치적 또는 교권제적인 단체에서도 원칙적으로 똑같이 응용될 수 있으며, 역사적으로도 (순수한 유형에 다소 많이 근접한 형태로) 증명될 수 있다.

1. 예컨대 관료제는 개인 병원이나 자선 재단 또는 교단 *Orden*에서 운

영하는 병원에서도 원칙적으로 동일한 모습을 지닌다. 이른바 근대적인 '사제제(司祭制) *Kaplanokratie*'는 과거에는 전반적으로 전유되어 있던 교회 녹봉을 몰수할 뿐만 아니라, (형식적인 보편적 '권한'으로서의) 총괄 감독 사제직과 (실질적인 보편적 '권한'으로서의) 무류성(無謬性)(이러한 무류성은 직위에서, 즉 '교황의 직위로부터 *ex cathedra*' 기능하며, 따라서 전형적으로 '직위'와 '사적' 활동을 구별한다)을 주장하고 있는데, 이는 전형적인 관료제적 현상이다. 이러한 사정은 대규모의 자본주의적 경영에서도 마찬가지이며, 규모가 클수록 더하다. 또한 정당의 경영(이에 대해서는 따로 논의가 될 것이다)이나, '장교'라고 불리우는 특수한 종류의 군사적 관료에 의해 지휘되는 근대적인 관료제적 군대에서도 사정은 덜하지 않다.

2. 관료제적 지배는 관료 임명의 원칙이 가장 순수하게 지배하는 곳에서 가장 순수하게 시행된다. 임명된 관료의 위계와 동일한 의미를 지닌 선거 관료 *Wahlbeamten*의 위계란 존재하지 않는다. 하위직 관료가 상위직 관료와 마찬가지로 선거에 의해 선출되었다고 하는 사실에 대하여 자부심을 지닐 수 있고 상관의 판단에 자신의 기회가 좌우되지 않는 곳에서는 규율의 엄격함이 임명된 관료와 같은 수준에 도달하기가 참으로 힘들다(선거 관료에 대해서는 아래의 제14항을 참조할 것).

3. 계약에 의한 고용, 즉 자유로운 선별이 근대적인 관료제에 본질적인 점이다. 자유롭지 못한 관료들(노예, 가신)이 즉물적 권한을 지닌 위계 편성 속에서, 그러니까 형식적으로는 관료제적인 방식으로 기능할 때, 이를 우리는 '가산 관료제'라 부르고자 한다.

4. 관료제에서는 전문 자격의 범위가 끊임없이 늘어간다. 정당의 관료와 노동조합의 관료도 전문적인(경험적으로 획득되는) 지식을 필요로 한다. 전문 자격을 필요로 하지 않는 유일한 '관료'는 근대적인 '각료'와 '국가 대통령'이라고 하는 사실은, 이들이 실질적인 의미에서가 아니라 오직 형식적인 의미에서만 관료라고 하는 사실을 증명한다. 이러한 사정은 대규모의 사적(私的) 주식회사를 경영하는 '사장'에게도 마찬가지이

다. 게다가 자본주의적인 기업가는 '군주'와 마찬가지로 [제조 수단을] 전유하고 있다. 따라서 관료제적인 지배는 그 정상에 적어도 하나의 순전히 관료제적이지 않은 요소를 불가피하게 지니고 있는 것이다. 관료제적 지배란 일종의 특수한 행정 간부에 의해 이루어지는 지배의 범주일 따름이다.

5. 관료제에서는 고정적인 봉급이 정상적인 급여의 형태이다(전유된 행정 수수료 수입을 우리는 '녹봉'이라 부르고자 한다. 이 개념에 대해서는 제8항을 볼 것). 또한 화폐 봉급이 정상적인 급여의 형태이다. 화폐에 의한 고정적인 봉급이 관료제의 개념에 전적으로 본질적인 것은 아니지만, 아무튼 가장 순수한 유형의 관료제에 일치한다(현물 급여는 '녹봉'의 성격을 지니고 있다. 녹봉은 보통 영리 기회와 지위가 전유되어 있음을 뜻하는 범주이다). 그러나 이와 같은 예들에서 알 수 있는 바와 같이, 여기서 급여 유형들 사이에서의 이행적 변화는 전혀 유동적이다. 직위 임대, 직위 매입, 직위 저당에 의한 전유는 순수한 관료제와는 다른 종류의 범주에 속한다(제7a항, 3번의 끝부분).

6. '부업 *Nebenberuf*'과 나아가서는 '명예직'으로서의 '직위'는 나중에(제19항 이하) 논의할 범주에 속한다. 전형적인 '관료제적' 관료는 주업 관료이다.

7. 행정 자원으로부터의 분리는 공적 관료제와 사적 관료제(예컨대 대규모의 자본주의적 기업)에서 아주 동일한 의미로 이루어진다.

8. 합의제적 '관청'에 대해서는 아래에서(제15항) 별도로 고찰될 것이다. 합의제적 관청은 급속히 줄어들고 있으며, 사실적으로뿐만 아니라 대개는 형식적으로도 단독 지배제적인 지휘가 늘어나고 있다(예컨대 프로이센의 합의제적 '정부'는 오래 전부터 단독 지배제적인 '정부의 대통령'에게 자리를 내주었다). 이러한 변화를 가져온 결정적인 요인은 보다 신속하고 명확하며, 그러기에 다수의 의견이 타협되고 거래되지 않은 채 이루어지는 행정에 대한 이해 관심이다.

9. 물론 근대적인 장교는 임명된 관료의 범주이면서도 거기에는 신분

적인 특징이 갖추어져 있는데, 이러한 특징에 대해서는 다른 곳(제IV장)에서 논의하게 될 것이다. 근대적인 장교는 선거에 의해 선출되는 지도자, 카리스마적인(제10항) 용병 지휘자 *Kondottieren*, 자본주의적인 기업 장교(용병대), 장교직 구매자(제7a항의 끝부분)와도 전혀 다르다. 이러한 유형들 사이에서의 이행적 변화는 유동적일 수 있다. 행정 자원으로부터 분리된 가산제적 '봉사자 *Diener*'와 자본주의적인 군대 기업가는 자본주의적인 사유 기업가처럼 흔히 근대적인 관료제의 선구자였다. 이에 대해서는 나중에 논의가 될 것이다.

제5항. 관료제적 · 단독 지배제적인 행정

순전히 관료제적인, 그러니까 서류에 의한 관료제적 · 단독 지배제적인 행정은 모든 경험에 의하면 우두머리와 이해 당사자에게도 정확성 · 연속성 · 규율 · 엄격성 · 신뢰성, 즉 계산 가능성에 있어서뿐만 아니라 용역의 깊이와 폭에 있어서도, 그리고 형식적으로는 모든 영역에 보편적으로 응용될 수 있다는 점에서, 순전히 기술적으로 최고도의 용역을 완성할 수 있는, 이러한 모든 의미에서 형식적으로 가장 합리적인 형식의 지배 행사이다. 모든 영역(국가 · 교회 · 군대 · 정당 · 경제적 경영 · 이해 당사자 단체 · 결사체 · 재단, 그리고 그밖에 어떤 영역이든)에서의 '근대적인' 단체 형식의 발전은 관료제적인 행정의 발전 및 끊임없는 증가와 곧바로 일치한다. 예컨대 관료제적인 행정의 발생은 근대적인 서양 국가의 생식 세포였다. 합의제적인 이해 당사자 대표 기구나 의회의 위원회 또는 '협의회 독재 *Räte-Diktaturen*'나 명예 관료 또는 직업적이 아닌 재판관 *Laienrichter* 등과 같이 언뜻 관료제적인 행정에 대립적인 것처럼 보이는 심급이 존재한다고 하더라도(그리고 나아가서 '신성한 관료주의 *holy Bureaukratius*'에 대하여 비난이 쏟아진다고 하더라도), 모든 연속적인 업무가 관료에 의해 사무실에서 이루어지고 있다는 사실을 잠시도 잊어서는 아니된다. 우리의 전체적인 일상 생활은 이러한 틀 속에 짜여져 있다. 왜냐하면 관료제적인 행정이 어디서나 —— 다른 사정이 같은 경우에는 —— 형식 기술적으로 가장 합리적인 것이라고 한다면, 이것은 오늘날 (인적·물적인) 대중 행정에 대한 욕구에 없어서는 아니되기 때문이다. 우리가 할 수 있는 선택은 '관료제화'가 아니면 '아마추어화 *Dilettantierung*'일 뿐이다. 그리고 관료제적 행정의 우월성을 나타내는 가장 커다란 수단은 전문 지식 *Fachwissen*이다. 근대적인 재화 제조의 기술과 경제학 때문에 전문 지식은 절대적으로 필수 불가결한 것이 되었다. 여기서 재화 제조의 근대적인 기술과 경제학이 자본주의적으로 조직되었는가 아니면 사회주의적으로 조직되었는가 하는 것은 문제가 되지 않는다. 사회주의적으로 조직되었다고 하는 것은, 이것이 자본주의와 동일한 기술적 업적을 달성해야 하는 것이라면, 전문 관료제의 의의가 엄청나게 증가한다는 사실을 의미할 뿐이다. 피지배자가 기존의 관료제적 지배로부터 자신을 방어할 수 있기 위해서는 보통 그와 똑같이 관료제화에 노출되어 있는 독자적인 대항 조직을 만들어야만 하듯이, 관료제적인 기구 자체도 물질적인 종류와 순전히 즉물적인, 곧 이념적인 종류의 부득이한 이해 관심 때문에 스스로가 계속해서 기능하지 않을 수 없다. 관료·피고용인·노동자가 행정 자원으로부터 분리되어 있고 규율과 교육 *Geschultheit*이 불가결하게 된 오늘날과 같은 사회에서는 관료제적 기구가 없이는, 공급 수단을 소유하고 있는 사람들(농민)을 제외한 모든 사람들에게 근대적인 생존 가능성이 사라지고 말 것이다. 관료제적인 기구는 권력을 획득한 혁명을 위해서도, 점령하고 있는 적을 위해서도, 보통은 종래의 합법적인 정부를 위해서와 마찬가지로 그저 계속해서 기능하는 것이다. 문제는 언제나 누가 현존하는 관료제적 기구를 지배하는가 하는 것이다. 그리고 관료제적 기구를 지배한다는 것은 비전문가에게는 언제나 제한적으로만 가능한 일이다. 자신의 의지를 관철시키는 데 있어서 전문적인 비밀 위원회가 비전문가인 각료들보다도 지속적으로는 대부분 더 우월하다. 연속적이고 엄격하고 집약적이며 계산 가능한 행정에 대한 수요 때문에 관료제는 온갖 대중 행정의 핵심으로서 그처럼 운명적인 요소가 되어 버렸다. 자본주의는 —— 자본주의만 그러했던 것은 아니지만 다른 무엇보다도 분명히 자본주의가 —— 역사적으로 그러한 행정을 만들어내었고(자본주의는 그와 같은 행정이 없어서는 존재할 수 없다), 온갖 합리적인 사회주의는 그러한 행정을 그저 수용할 수밖에 없으며 증대시키게 될 것이다. 오직 (정치적 · 교권제적 · 결사체적 · 경제적으로) 소규모적인 경영만이 전반적으로 관료제적인 행정 없이 이루어질 수 있다. 자본주의가 오늘과 같은 발전 단계에서는 관료제를 요구하듯이 —— 자본주의와 관료제가 역사적으로 서로 다른 뿌리에서 성장하였음에도 불구하고 —— , 자본주의는 관료제가 가장 합리적인 형식으로 존재할 수 있는 가장 합리적인 경제적 토대이기도 하다. 왜냐하면 자본주의는 재정 회계적으로 필요한 화폐 수단을 제공해주기 때문이다.

관료제적 행정을 위한 조건으로는 재정 회계적인 전제 이외에도 본질적으로 교통 기술적인 조건이 존재한다. 관료제적 행정의 정확성은 철도 · 전보 · 전화를 필요로 하며, 점차 이러한 교통 기술에 얽매이게 된다. 사회주의적인 질서도 이를 변경할 수는 없다. 문제는(제II장, 제12항을 볼 것), 사회주의적 질서가 자본주의적 질서와 같이 합리적인 조건을, 즉 바로 사회주의를 위한 엄격하게 관료주의적인 행정에 요구되는 그와 비슷한 조건을, 보다 확고한 형식적인 규칙에 의해 만들어낼 수 있는 상태에 있는가 하는 점이다. 만일 그러한 상태에 있지 못하다면, 여기에 다시금 형식적 합리성과 실질적 합리성 사이의 이율 배반이라고 하는 커다란 비합리성이 존재할 것이다. 이러한 이율 배반은 사회학이 무수히 확인해야만 했던 이율 배반 가운데 하나이다.

관료제적 행정이란 지식에 힘입은 지배를 의미한다. 이것은 관료제적 행정에 특별히 합리적인 기본 성격이다. 관료제(또는 관료제를 이용하는 우두머리)는 전문 지식에 의해 야기된 강력하고 우세한 지위를 넘어서서, 직무 교류를 통해서 획득하거나 '서류를 통해서 알고 있는 *aktenkundigen*' 사실적 지식, 즉 직무 지식 *Dienstwissen*을 통해서 자신의 힘을 더욱 증대시키려는 경향을 지니고 있다. 힘을 추구하는 이 같은 성향으로부터 '직위상의 비밀'이라고 하는 개념이 유래하며, 이 개념은 관료제에만 해당되는 개념은 아니지만, 그래도 특별히 관료제적인 개념이다. 직위상의 비밀이 전문 지식에 대하여 갖는 관계는 상업적인 경영 비밀이 기술적인 지식에 대하여 갖는 관계와 비교될 수 있다.

관료제보다 더 우월한 전문 지식과 사실에 관한 지식을 지니고 있는 사람은 한결같이 오직 자기 자신의 이해 관심의 영역 내에서 사적으로 영리에 대한 이해 관심을 갖고 있는 당사자밖에 없다. 그러니까 자본주의적인 기업가가 바로 그러하다. 그는 그 누구도 벗어나기 힘든 관료제적인 합리적 지식 지배를 (적어도 상대적으로) 실제로 벗어날 수 있는 유일한 심급이다. 모든 다른 사람은 대중 단체 속에서 관료제적 지배로부터 벗어나지 못하고 그에 빠져들어가고 말며, 이것은 마치 대량의 재화 제조 속에서 즉물적인 정밀 기계의 지배에 빠져들어가는 것과 같다.

일반적으로 관료제적 지배가 사회적으로 의미하는 바는,

1. 일반적으로 가장 전문적인 자격을 갖춘 사람을 충원하려는 이해 관심에서의 평준화 경향.

2. 가능한 한 오래(흔히는 거의 30대 후반에 이르기까지) 걸리는 전문 교육을 시키려는 관심에서의 금권 정치화 경향.

3. 형식주의적인 비인격성 *Unpersönlichkeit*의 지배: 이상적인 관료는 화내지도 흥분하지도 않고 *sine ira et studio*, 미움도 정열도 없이, 따라서 '사랑'과 '열정'도 없이 단순한 의무 개념의 중압 아래, '사람의 명망에 상관없이' 형식적으로 '누구에게나' 똑같이, 즉 동일한 사실적 상태에 있는 이해 당사자 누구에게나 똑같이 자신의 직무를 수행한다.

그러나 관료제화가 (정상적인 경향에 의하면, 또한 역사적으로도 정상적인 것으로 증명된 경향에 의하면) 신분적 평준화를 낳듯이, 거꾸로 온갖 사회적 평준화는 행정 자원과 행정권의 전유에 힘입어 신분제적인 지배층을 제거하고, 소유에 힘입어 '명예직'이나 '부업'으로서 행정을 할 수 있게 된 직위 점유자를 '평등'에 대한 이해 관심 때문에 제거함으로써 관료제화를 후원한다. 이러한 관료제화는 어디서나 진척되고 있는 '대중 민주제'의 불가피한 그늘이며, 이에 대해서는 다른 연관 속에서 보다 상세하게 논의하게 될 것이다.

합리적인 관료제의 정상적인 '정신'은, 일반적으로 말해서,

1. 형식주의이다. 이는 그것이 어떤 종류의 것이 되었든 개인적인 생활 기회의 보장에 이해 관심을 갖고 있는 모든 사람들에 의해서 요구된다. 왜냐하면 그렇지 않을 경우에는 자의(恣意)가 횡행하게 될 것이고, 형식주의는 가장 힘이 적게 드는 노선이기 때문이다. 이러한 종류의 이해 관심의 경향과 겉보기에 그리고 부분적으로는 실제로 모순되는 관료제의 정신은,

2. 관료가 행복하게 해주어야 할 피지배자에게 봉사하기 위해서 그들의 행정 과제를 실질적인 공리주의적 방향으로 처리하려는 경향을 지니고 있다는 것이다. 다만 이러한 실질적 공리주의는 흔히 그에 상응하는 규정 *Reglements*을 요구하는 방향으로 표현되기 마련인데, 이 같은 규정 자체는 다시금 형식적일 뿐만 아니라, 다수의 경우를 다루자면 형식주의적으로 취급된다(이에 대해서는 「법사회학」에서 논의가 이루어질 것이다). 이러한 실질적 합리성에로의 경향은 기득의 기회에 대항하여 1번에서 언급했던 것과 같이 개인적인 생활 기회를 [형식주의적으로] '보장' 받으려는 이해 관심을 갖고 있는 층에 속하지 않는 모든 피지배자들 쪽으로부터 지지를 받게 된다. 이로부터 야기되는 문제점은 '민주제' 이론에 속하는 사항이다.

3. 전통적 지배

제6항. 전통적 지배

어느 지배가 **전통적**이라 함은, 지배의 정당성이 예로부터 전해오는 ('옛날부터 존재하는') 질서와 우두머리 권력 *Herrengewalt*의 신성함을 근거로 지지되고 믿어지는 것을 뜻한다고 하겠다. 우두머리(또는 다수의 우두머리)는 전통적으로 전해오는 규칙에 의해 정해진다. 우두머리들에 대한 복종은 전통에 의해 우두머리들에게 할당된 고유한 존엄성 때문에 이루어진다. 지배 단체는, 가장 단순한 경우에는, 일차적으로 교육의 공동성에 의해 규정되는 공순 단체 *Pietätsverband*이다. 지배하는 자는 '상관 *Vorgesetzter*'이 아니라 개인적인 우두머리이며, 그의 행정 간부는 일차적으로 '관료'로 구성되는 것이 아니라 개인적인 '봉사자 *Diener*'로 구성되고, 피지배자는 단체의 '구성원'이 아니라, 한편으로는 1. '전통적인 동료'(제7a항)이거나 그렇지 않은 경우에는 2. '신민(臣民) *Untertanen*'이다. 우두머리에 대한 행정 간부의 관계를 규정짓는 것은 즉물적인 직위상의 의무가 아니라, 개인적인 봉사자로서의 신의(信義) *Treue*이다.

복종이 바쳐지는 것은 규약에 대해서가 아니라, 전통에 의해서나 전통적으로 정해지는 지배자에 의해 지배자적 지위에로 부름을 받은 사람에 대해서이다. 지배자 개인의 명령은 두 가지 방식으로 정당하다.

a) 부분적으로는 지시의 내용을 명확하게 규정하는 전통에 의해, 그리고 전통이 믿어지는 의미와 범위 내에서 정당성을 획득한다. 전통적인 한계를 넘어서서 전통의 범위를 흔들어놓는다는 것은 우두머리 자신의 전통적인 지위를 위협할 수 있는 것이다.

b) 부분적으로는 우두머리의 자유로운 자의 *Willkür*에 의해서 정당성을 획득한다. 전통은 우두머리의 자유로운 자의에 해당하는 운신의

여지를 할당해놓고 있는 것이다.

이러한 전통적 자의(恣意)는 공순의 의무에 따른 복종이 원칙적으로 무제한적인 것이라는 점에 일차적인 토대를 두고 있다.

그러니까 이중의 영역이 존재하는 것이다.

a) 실질적으로 전통에 구속되어 있는 우두머리의 행위,

b) 실질적으로 전통으로부터 자유로운 우두머리의 행위.

후자의 영역 내에서는 우두머리가 자유로운 호의(好意)와 비(非)호의에 따라, 개인적인 애정과 혐오에 따라, 그리고 순전히 개인적인 자의에 따라, 특히 선물 —— '수수료'의 원천 —— 에 의하여 구매될 수 있는 자의에 따라 '은총'을 베풀 수 있다. 여기에서 만일 우두머리가 원칙에 따라 일을 처리한다면, 이러한 원칙이란 실질적인 윤리적 공정성, 정의, 또는 공리주의적인 합목적성과 같은 것이지, —— 합법적 지배에서와 같은 —— 형식적인 원칙이 아니다. 사실상의 지배 행사의 방식은, 우두머리(그리고 그의 행정 간부)가 신민의 저항을 유발하지 않고서 이들의 전통적인 순종에 대하여 통상적으로 스스로에게 허용해도 좋은 것을 표준으로 삼는다. 이러한 저항이 발생할 경우에 그것은 권력의 전통적인 한계를 경시한 우두머리(또는 봉사자) 개인에게 향해지는 것이지, 체계 그 자체에 향해지지는 않는다('전통주의적인 혁명').

입법을 통해서 법이나 행정 원칙을 의도적으로 새롭게 '창조'한다는 것은 순수한 유형의 전통적 지배에서는 불가능하다. 따라서 사실상 새롭게 창조된 법이나 행정 원칙은 단지 옛날부터 타당한 것으로만, 그리고 단지 '지혜'를 통해서 인식되는 것으로만 정당화될 수 있을 뿐이다. 법을 발견하는 데 필요한 방향 설정의 수단으로 고려되는 것은 다만 '선례 *Präzedenzien*와 판례 *Präjudizien*'라고 하는 전통의 기록뿐이다.

제7항. 전통적 지배

우두머리는 한편으로는 1. 행정 간부 없이, 그렇지 않은 경우에는 2. 행정 간부와 함께 지배한다. 전자의 경우에 대해서는 제7a항, 1번을 볼 것.

전형적인 행정 간부는 다양한 사람들로 충원될 수 있다.

a) 전통적으로, 공순의 유대를 통해서, 우두머리와 결합되어 있는 사람들('가산적 충원'):

α. 씨족 구성원,

β. 노예,

γ. 가정에 소속되어 있는 가정 관료, 특히 '가신(家臣) *Ministerialen*',

δ.〔귀족의〕 피보호인 *Klienten*,

ε. 세습 소작인 *Kolonen*,

ζ.〔노예 신분으로부터 해방된〕 자유민 *Freigelassenen*;

b) ('가산 외적 충원':)

α. 개인적인 신임 관계를 통해서(모든 종류의 자유로운 '寵臣 *Günstling*'), 또는

β. 우두머리로 정당화된 사람과의 신의(信義) 동맹을 통해서(봉건 가신 *Vasallen*), 마지막으로

γ. 우두머리와 공순 관계에 들어선 자유로운 관료.

a α)에 관하여: 가장 중요한 자리가 우두머리의 씨족 소속원에 의해 채워지는 것은 전통주의적인 지배에서 흔히 발견되는 행정의 원칙이다.

a β)에 관하여: 가산제적 지배에서는 흔히 노예와 자유민(a ζ)이 최고의 지위에까지 올라가 있음이 발견된다(예전에는 노예가 재상이 되었던 경우도 드물지 않다).

a γ)에 관하여: 전형적인 가정 관료, 즉 집사(하인 우두머리), 마구간 우두머리(마부), 시종, 전선사(典膳司)의 장관, 궁정 집사(하인 관리자

및 경우에 따라서는 봉건 가신의 관리자)는 유럽 어디에서나 발견된다. 동양에서는 특히 대환관(후궁 감시인)이 중요한 관료였고, 흑인 족장들에 있어서는 흔히 형리가 중요한 관료였으며, 이 밖에도 어디서나 시의(侍醫), 개인 점성술사, 그리고 이와 비슷한 직위의 사람들이 중요한 관료였다.

a δ)에 관하여: 왕의 피보호인은 중국과 이집트에서 가산 관료층의 원천이었다.

a ε)에 관하여: 동양 전체뿐만 아니라 로마 귀족의 지배에서도 세습 소작인 군대가 있었다(근대의 근동 이슬람에는 노예 군대마저 존재했다).

b α)에 관하여: '총신(寵臣)' 경제 *Günstlings-Wirtschaft*는 어느 가산제에나 특징적인 것이고, 때로는 '전통주의적 혁명'(이 개념에 대해서는 제6항의 말미를 볼 것)을 유발하는 계기가 되었다.

b β)에 관하여: '봉건 가신'에 대해서는 따로 논의가 될 것이다.

b γ)에 관하여: '관료제'는 가산제 국가에서 맨 처음 발생하였고, 〔그것도〕 가산 외적으로 충원된 관료층으로서 형성되었다. 그러나 이러한 관료는, 곧 언급하게 되다시피, 처음에는 우두머리의 개인적인 봉사자였다.

순수한 유형의 전통적 지배의 행정 간부에 결여되어 있던 점은,

a) 즉물적 규칙에 따른 확고한 '권한,'

b) 확고한 합리적 위계,

c) 자유로운 계약을 통해서 이루어지며 규칙에 의해 규제되는 고용과 규칙에 의해 규제되는 승진,

d) (규범으로서의) 전문적인 교육,

e) (흔히) 고정되어 있고 (더욱 흔히는) 화폐로 지불되는 봉급.

a)에 관하여: 확고한 즉물적인 권한 대신에 여러 가지 위탁과 위임 사이에 경쟁이 존재한다. 이러한 위탁과 위임은 처음에는 우두머리가 자유롭게 자의적으로 부여했던 것인데, 지속적인 것으로 변했다

가 마침내는 종종 전통적으로 인습화된 것이다. 그와 같은 경쟁은 특히 피위탁자뿐만 아니라 우두머리 자신이 요구되는 행정적 노력의 대가로 얻을 수 있는 수수료의 기회를 둘러싼 경쟁 때문에 생겨난다. 흔히 이러한 이해 관심에 의해 즉물적인 관할권과 더불어 하나의 '관청'이 실체로서 처음 구성되는 것이다.

지속적인 관할권을 부여받은 모든 피위탁자는 우선 우두머리의 가정 관료이다. 우두머리의 가정에 구속되어 있지 않은('가산 외적') 관할권은 흔히 활동 분야의 매우 외적이고 즉물적인 친화성에 따라 그들의 가정 봉사에 의뢰된 관할권이거나, 처음에는 완전히 우두머리의 자유 재량에 따라 그들에게 할당되었다가 나중에 전통적으로 인습화된 관할권이다. 가정 관료 이외에는 일차적으로 임시 변통의 피위탁자만이 존재하였을 뿐이다.

'권한' 개념이 결여되어 있다는 사실은 이를테면 고대 동양의 관료의 명칭 목록을 살펴보면 쉽게 알 수 있다. 몇 가지 드문 예외를 제외하고는——우리의 '권한'과 같이 지속적으로 고정적인 종류의 것으로서 합리적으로 구획된 즉물적인 활동 영역을 밝혀낸다는 것은 불가능하다.

수수료에 대한 이해 관심의 경쟁과 갈등에 의해 사실적인 지속적 관할권이 구획되었다고 하는 사실은 특히 중세에서 관찰될 수 있다. 이러한 사정이 끼친 영향은 매우 광범위한 것이었다. 영국에서는 왕의 강력한 사법권과 영국 특유의 강력한 변호사 신분층이 수수료에 대하여 지니고 있던 이해 관심이 로마법과 교회법의 지배를 부분적으로는 무산시켰으며, 부분적으로는 제한했다. 모든 시대마다 무수한 직위상의 권능이 비합리적으로 구획되어 있었는데, 이러한 비합리적인 구획은 수수료에 대한 이해 관심의 영역이 일단 구획되면 인습화되어 갔던 것이다.

b)에 관하여: 어떤 대상에 대하여 결정을 내리거나 어떤 대상에 반대하는 소원(訴願)에 대하여 결단을 내려야 할 때, 이를 우두머리 자

신이 직접 할 것인가 아니면 위임할 것인가 그리고 위임할 경우에는 누구에게 위임할 것인가 하는 문제에 관한 규약은 다음의 두 가지 방식 가운데 하나에 의해 해결된다.

α. 전통적으로, 때로는 외부로부터 수용된 일정한 법 규범이나 선례의 유래를 고려하여(최고 재판소 제도 *Oberhof-System*) 규제되거나,

β. 완전히 우두머리의 그때그때마다의 자의에 내맡겨진다. 이 때는 우두머리가 개인적으로 나타나는 곳에서는 언제나 모든 피위탁자가 물러서게 된다.

전통주의적인 최고 재판소 제도 이외에도 우두머리의 힘의 영역에서 유래하는 독일법의 원리가 있다. 즉, 임석해 있는 우두머리에게 모든 사법권이 허용된다고 하는 원칙, 이와 동일한 원천 및 우두머리의 자유로운 은총에서 유래하는 이관 청구권 *jus evocandi*, 그리고 그 근대적 파생물인 '내각 재판 *Kabinetts-justiz*'이 바로 그것이다. '최고 재판소'는 특히 중세에 흔히 어느 지역의 법이 수입되는 법령 관청이었다.

c)에 관하여: 가정 관료와 총신(寵臣)은 순전히 가산적으로 충원되는 일이 아주 흔하다. 우두머리의 노예나 예속인(가신)이 바로 그들이다. 또는 이들이 가산 외적으로 충원될 경우에는 녹봉 수신자(아래를 볼 것)가 되고, 우두머리는 이들을 형식적인 자유 재량에 따라 해고한다. 이러한 사정은, 자유로운 봉건 가신이 등장하고 봉토 계약에 의해 직위가 수여되면서 비로소 근본적인 변화를 겪는다. 그러나 이 경우에도 —— 봉토는 그 종류와 범위에 있어 결코 즉물적인 관점에서 규정될 수 없기 때문에 —— a와 b의 사항에 관해서는 아무런 변화를 가져오지 못한다. 사정에 따라서는 행정 간부가 **봉록제적인 구조** 속에 놓여 있는 경우(제8항을 볼 것)가 있는데 이 경우를 제외하고서는 승진은 오로지 우두머리의 자의와 은총에 의해서만 이루어진다.

d)에 관하여: 원칙적인 자격으로서의 합리적인 전문 교육은 모든

가정 관료와 총신에 있어서는 일차적으로 결여되어 있다. 피고용인에 대한 전문적인 교육의 시작은 (이것이 어떤 종류의 것이든 상관없이) 어디서나 행정의 방식에 새로운 시대가 개막되었음을 의미한다.

어느 정도의 경험적인 교육은 많은 직위에 있어서 이미 아주 일찍부터 요구되었다. 그 동안 무엇보다도 읽고 쓸 수 있는 기예는 원래 참으로 높은 희귀 가치를 지닌 '기예'였고, 흔히 —— 그 가장 주요한 예는 중국이다 —— 문학자의 생활 운영 방식을 통해서 전반적인 문화 발전에 결정적인 영향을 끼쳤으며, 가산 내적인 관료 충원을 제거하였고, 그로써 우두머리의 힘을 '신분제적으로' (제7a항, 3번을 볼 것) 제한하였다.

e)에 관하여: 가정 관료와 총신은 일차적으로는 우두머리의 식탁에서 급양되고 우두머리의 창고로부터 장비를 갖춘다. 이들이 우두머리의 식탁으로부터 분리되어 떨어져나온다는 것은 예외없이 (처음에는 현물) 녹봉이 마련된다는 것을 의미한다. 녹봉의 종류와 규모는 쉽게 인습화된다. 가계 외적으로 위탁을 받은 우두머리의 기관에게는 한결같이 우두머리 자신과 마찬가지로 녹봉과 병행하여(또는 녹봉 대신에) '수수료'가 귀속된다(수수료는 흔히 일정한 요금율이 없이 각각의 경우마다 '은총'을 구하는 사람들과의 협정에 따라 결정된다).

'녹봉'의 개념에 대해서는 제8항을 볼 것.

제7a항. 원로제 · 가부장제 · 가산제

1. 전통적 지배의 일차적인 유형은 우두머리의 개인적인 행정 간부가 결여되어 있는 경우들이다. 즉,

a) 원로제와
b) 원시 가부장제가 있다.

원로제는, 단체 내에서 일반적으로 지배가 행사되는 한에서는, (원

래는 문자 그대로 나이에 있어서) 최연장자가 신성한 전통을 가장 잘 알고 있는 사람으로서 지배를 행사하고 있는 상태를 뜻한다. 원로제는 일차적으로 경제적이거나 가족적이지 아니한 단체에서 흔히 나타난다. 가부장제는 대개 일차적으로 경제적이고 가족적인 (가정)단체 내에서 (보통은) 확고한 세습 규칙에 따라 정해지는 개개인이 지배를 행사하는 상태를 뜻한다. 원로제와 가부장제는 병존하는 경우가 드물지 않다. 여기서 결정적인 점은 원로와 가부장의 권력이 그 순수한 유형에 있어서는 피지배자('동료')의 다음과 같은 관념에 지향되어 있다는 것이다. 즉, 이 지배는 우두머리의 전통적인 고유 권리이지만, 실질적으로는 가장 뛰어난 동료의 권리로서 행사되어야만 한다는 것, 따라서 단체 동료들의 이해 관심을 위하여 행사되어야만 한다는 것, 그러니까 우두머리에게 자유로이 전유되지 않는다는 것이다. 이러한 유형에 있어서는 우두머리의 순전히 개인적인('가산적인') 행정 간부가 완전히 결여되어 있다는 것이 결정적인 점이다. 따라서 우두머리는 동료들의 복종 의사에 크게 의존하게 되니, 이것은 그가 전혀 '간부'를 거느리고 있지 못하기 때문이다. 따라서 동료는 여전히 '동료'이며, 아직은 '신민'이 아니다. 그러나 동료는 **전통**에 힘입은 동료이지, 규약에 힘입은 **'구성원'**이 아니다. 동료들은 우두머리에게 복종할 의무가 있는 것이지, 제정된 규칙에 복종할 의무를 지고 있는 것이 아니다. 그러나 우두머리에 대한 복종의 의무도 다만 전통에 따른 것일 뿐이다. 우두머리는 그 자신이 엄격하게 전통에 구속되어 있다.

원로제의 종류에 대해서는 나중의 논의를 볼 것. 원시 가부장제의 지배가 가정 내에서만 의무적인 것으로 작용하는 한, 그리고 이 외에 —— 아라비아의 족장에서처럼 —— 모범적인 것으로 작용하는 한, 그러니까 카리스마적인 지배와 같은 방식으로, 즉 본보기를 보임으로써 작용을 하거나 조언 또는 감화 수단을 통해서 작용하는 한, 원시 가부장제는 원로제와 유사하다.

2. 우두머리의 순전히 개인적인 행정 간부(그리고 군사 간부)가 생겨나게 되면 온갖 전통적인 지배는 가산제에로의 경향을 보이며, 우두머리의 권력이 최고도에 이를 경우에는 **전제 군주제** *Sultanismus* 에로의 경향을 나타낸다.

'동료'는 이제서야 비로소 '신민'이 되고, 그 때까지 가장 뛰어난 동료의 권리로 해석되던 우두머리의 권리는 우두머리의 고유 권리가 되어, 그 어떤 임의적인 성격의 소유 대상과 (원칙적으로는) 동일한 방식으로 전유되고, 원칙적으로는 그 어떤 경제적인 기회처럼 이용(매각 · 저당 · 분할 상속)할 수 있게 된다. 가산제적인 우두머리 권력은 외적으로는 (흔히 낙인이 찍혀진) 노예, 세습 소작인, 징발된 신민, 또는 — 신민에 대한 지배층의 이해 공동체를 가능한 한 용해할 수 없는 것으로 만들기 위해 — 용병으로 이루어진 경호대와 군대(가산제적 군대)에 의지해 있다. 우두머리는 이러한 권력에 힘입어 가부장제적이고 원로제적인 전통의 굴레를 벗고서 전통을 벗어난 자의 · 호의 · 은총의 범위를 확대한다. 가산제적 지배는 일차적으로는 전통에 지향되어 있지만, 완전한 고유 권리에 의해 행사되는 온갖 지배를 뜻한다고 하겠으며, 전제 군주제적 지배는 그 행정의 방식에 있어서 일차적으로는 전통에 구속되지 않은 자유로운 자의의 영역에서 이루어지는 가산제적 지배를 뜻한다고 하겠다. 양자 사이의 차이는 **전혀 유동적**이다. 가산제적 지배와 전제 군주제적 지배가 원시 가부장제로부터 구별될 수 있는 것은 거기에는 개인적인 행정 간부가 존재하기 때문이다.

전제 군주제적인 형식의 가산제는 때때로 외관상으로는 — 실제로는 정말이지 전혀 그렇지 않은데 — 완전히 전통의 구속으로부터 벗어나 있는 것처럼 보일 수가 있다. 그러나 거기에는 즉물적인 합리화가 이루어져 있는 것이 아니라, 자유로운 자의와 은총의 영역이 극단적으로 발전되어 있을 뿐이다. 이 때문에 전제 군주제적 가산제는 온갖 형식의 합리적 지배와 구별되는 것이다.

3. 신분제적 지배는 행정 간부에게 일정한 우두머리 권력과 이에 상응한 경제적 기회가 전유되어 있는 형식의 가산제적 지배를 뜻한다 하겠다. 전유는 —— 이와 비슷한 모든 경우에서와 마찬가지로(제II장, 제19항) —— 다음과 같이 이루어질 수 있다.
　a) 어느 단체에 의해서나 또는 일정한 특징을 지닌 범주의 사람들에 의해서, 또는
　b) 개인적으로, 그것도 일생 동안만 또는 세습적으로도 또는 자유로운 소유권으로서.
　그러니까 신분제적 지배가 의미하는 바는
　a) 우두머리가 자유롭게 행정 간부를 선별하고 도태시키는 일이 언제나 제한을 겪게 된다는 것이다. 이처럼 제한을 겪게 되는 이유는 지위나 우두머리 권력이
　α. 어느 단체에게
　β. 어느 신분적(제IV장) 자격을 갖춘 계층에게 전유되기 때문이다. 또는
　b) 나아가서는 —— 그리고 이것은 여기서 하나의 '유형'으로서의 타당성을 지니고 있다 —— 흔히
　α. 지위의 전유, 그러니까 (경우에 따라서는) 지위의 점유에 의해 만들어진 영리 기회의 전유, 그리고
　β. 물적 행정 자원의 전유,
　γ. 명령권의 전유가
　행정 간부의 개별적인 구성원에 의해 이루어져 있기 때문이다.
　여기서 전유자는 역사적으로 1. 이전에 신분제적이지 않았던 행정 간부로부터 유래할 수도 있고, 2. 전유하기 전에는 신분제적 행정 간

부에 속하지 않았던 사람들로부터 유래할 수도 있다.

우두머리 권력을 전유한 신분제적 점유자는 그가 불가분 전유하게 된 자기 자신의 행정 자원으로부터 행정 비용을 충당한다. 군사적인 우두머리 권력의 점유자나 신분제적 군대의 소속원은 스스로 장비를 갖추며, 경우에 따라서는 이들이 가산제적으로 충원하거나 다른 한편으로는 신분제적으로 충원하여 정비할 부대(신분제적 군대)를 무장시킨다. 그리고 또는 행정 자원과 행정 간부의 조달이 바로 일괄적인 반대 급부를 얻기 위한 영리 기업의 대상으로서 우두머리의 창고와 금고로부터 전유되기도 한다. 특히 16, 17세기 유럽의 용병 군대가 (그러나 이 군대만 그러했던 것은 아니다) 그러했다(자본주의적 군대). 완전한 신분제적 전유가 이루어지는 경우에 전체 권력은 우두머리와 자기 자신의 고유 권리에 힘입어 전유하고 있는 행정 간부의 구성원 사이에 한결같이 나누어진다. 그리고 또는 우두머리의 특별 지시에 의해 또는 전유자와의 특별한 타협에 의해 조절되는 고유 권력이 존재한다.

경우 1: 예컨대 세습적 이용권 *Leben*으로서 전유된, 어느 우두머리의 궁내 직위. 경우 2: 예컨대 우두머리 특권에 힘입어 또는 찬탈을 통해서 (전자는 대부분 후자의 합법화이다) 우두머리 권리 *Herrenrechte*를 전유했던 지주.

개개인에 의한 전유는,

1. 임대 *Verpachtung*,
2. 저당 *Verpfändung*,
3. 매각에 근거할 수 있고,
4. 개인적이거나 세습적이거나 자유롭게 전유된, 무조건적이거나 용역을 조건으로 하는, 특권에 주어질 수 있다. 이 특권은
   a) 봉사에 대한 대가로서 또는 순종을 매수하기 위해서, 또는

b) 우두머리 권력의 사실상의 찬탈을 인정하여 주어질 수 있다.

5. 어느 단체나 어느 신분적 자격을 갖춘 계층에 의한 전유는 한결같이 우두머리와 행정 간부 또는 이해 사회적으로 결합되어 있는 신분 계층의 타협의 결과이다. 이것은

α. 우두머리에게 개별적인 경우에 완전한 또는 상대적인 선택의 자유를 허용할 수 있거나

β. 지위의 개인적 점유에 대하여 확고한 규칙을 제정할 수 있다.

6. 봉토〔세습적인 사용권 및 대상〕 *Leben*, 이에 대해서는 따로 논의가 될 것이다.

1. 행정 자원은 — 여기서 지배적이기는 하지만 대부분 불분명한 관념에 의하면 — 원로제와 순수한 가부장제에 있어서는 행정이 이루어지고 있는 단체나 행정에 참여하고 있는 개별적인 가계에 의해 전유되어 있다. 단체를 '위해서' 행정이 이루어진다. 우두머리 자신에 의한 전유는 가산제의 관념 세계에나 적합하며, 완전히 — 완전한 토지 지대 권리와 신민의 완전한 노예화(우두머리의 '매각권')에 이르기까지 — 시행되기까지에는 아주 다양한 중간 단계가 존재할 수 있다. 신분제적 전유는 적어도 행정 자원의 일부가 행정 간부의 구성원에 의해 전유되어 있음을 의미한다. 그러니까 순수한 가산제에서는 행정 자원으로부터 관리하는 자의 완전한 분리가 이루어지는 반면에, 신분제적 가산제에서는 바로 거꾸로 관리하는 사람이 행정 자원의 모든 부분이나 최소한 본질적인 부분을 점유하고 있다. 그리하여 스스로 무장을 하는 봉토 수령자 *Lebensmann*, 재판 수수료 및 그 밖의 다른 종류의 수수료와 부과세를 자신의 수입으로 거두어들이고 자기 재산(여기에는 전유된 재산도 포함된다)으로 봉건 영주에 대한 자신의 의무를 충당하던 봉건 백작, 자기에게 할당된 군대를 자신의 조세 녹봉으로 정비하던 인도의 야기르다르 *jagirdar*는 행정 자원을 완전히 소유하고 있었다. 이와 달리 독자적인 기획에 따라 용병 연대를 편성하고서 이에 필요한 비용을 군주의 금고에서

얻어내고 부족액은 용역을 줄이거나 전리품 또는 징발을 통해서 지불하게 하던 연대장은 행정 자원을 부분적으로(그리고 조절된 채로) 소유하고 있었다. 반면에 노예나 세습 소작인 군대를 편성하여 왕의 피보호인이 지휘하도록 했던 파라오 *Pharao*는 이 군대를 자신의 보급 창고에서 입히고 먹이고 무장시켰으며, 가산제적 우두머리로서 행정 자원을 완전히 자가 소유하고 있었다. 여기서 형식적인 규제가 반드시 결정적인 사항은 아니다. 이집트 왕의 친위 기병대 *Mameluken*는 형식적으로 노예이고, 형식적으로 우두머리의 '구매'에 의해 충원되었지만, 실제로는 우두머리 권력을 거의 완전하게 독점하였다. 이는 그 어떤 가신 단체가 직무 봉토 *Dienstlehen*를 완벽하게 독점했던 것과 비견할 만한 것이다. 직전(職田) *Dienstland*이 어느 폐쇄적인 단체에 전유되면서도, 개인적인 전유가 나타나지 않는 경우가 있다. 이 경우에는 단체 내에서 우두머리가 자유롭게 임명하거나(본문의 경우 5, α), 인수 자격을 규제하게 된다(본문의 경우 5, β). 예컨대 후보자의 군사적 또는 다른 종류의 (의례적) 자격을 요구하거나 다른 한편으로는 (이러한 자격이 있는 경우에는) 가장 가까운 혈족에게 우선권을 부여하게 된다. 장원법적 또는 동업조합적인 수공업자나 농민의 지위에 있어서도 사정은 마찬가지여서, 이들의 용역은 군사적이거나 행정적인 요구에 기여하도록 규정되어 있었다.

2. 임대(특히 징세권의 임대), 저당, 또는 매각에 의한 전유는 서양에 알려져 있었으며, 동양과 인도에도 알려져 있었다. 고대에는 사제의 자리가 경매를 통해서 양도되는 경우도 드물지 않았다. 그 목적은 임대의 경우에는 부분적으로는 순전히 시의적인 재정 정책적인 것이고(특히 전쟁 비용으로 인한 긴급 상태), 부분적으로는 재정 기술적인 것이었다(가계에 이용할 수 있는 고정적인 화폐 수입의 보장). 저당과 매각의 경우에는 첫번째로 언급한 재정 정책적인 목적이 그 원인이었으며, 교회 국가에서는 친족의 지대를 만들어내는 것이 목적이기도 했다. 저당에 의한 전유는 18세기에도 프랑스에서 법률가의 지위(의회)에 있어서 상당한 역할을 수행하였다. 영국 군대에서는 19세기까지도 장교의 지위가 (조절

된) 매입에 의해 전유되었다. 중세에는 특권이 찬탈을 재가하는 수단으로서 또는 정치적 봉사에 대한 임금이나 선전 수단으로서 서양뿐만 아니라 다른 곳에서도 잘 알려져 있었다.

제8항. 원로제 · 가부장제 · 가산제

가산제적 봉사자는 그의 생계비를 다음과 같은 방식으로 받을 수 있다.

　a) 우두머리의 식탁에서의 급양 *Versorgung* 을 통해서,

　b) 우두머리의 재화 및 화폐 재고로부터의 (주로 현물) 급여를 통해서,

　c) 직전을 통해서,

　d) 전유된 지대 기회, 수수료 기회, 또는 조세 수입의 기회를 통해서,

　e) 봉토를 통해서.

b부터 d까지의 생계비 형식은, 생계비가 그 크기(b와 c)나 관할 구역(d)에 따라 전통적인 규모로 항상 새롭게 양도되고 개인적으로 전유되지만 세습적으로 전유되지 않는다면, '녹봉'을 뜻한다고 하겠다. 행정 간부가 원칙적으로 이러한 형식으로 생계비를 부여받는다면, 이것은 봉록제 *Präbendalismus* 를 뜻한다고 하겠다. 여기서는 연공이나 객관적으로 측정할 수 있는 일정한 업적에 의한 승진이 가능하고, 신분적 자격에 대한 요구가 가능하며 따라서 신분적 명예에 대한 요구가 가능하다('신분'의 개념에 대해서는 제IV장을 볼 것).

전유된 우두머리 권력이 일차적으로 계약에 힘입어 개인적으로 자격을 갖춘 사람에게 양도되고 상호 권리와 의무가 일차적으로 관습적이고 신분적인, 그것도 군사주의적인 명예 개념에 지향된다면, 봉토는 전유된 우두머리 권력을 뜻한다고 하겠다. 일차적으로 봉토를 부여받는 행정 간부가 존재한다면, 이것은 봉토 봉건제를 뜻한다고 하겠다.

봉토와 군사적 녹봉은 흔히 서로 뒤섞여져서 구분될 수가 없다(이

에 대해서는 제IV장의 '신분' 개념을 볼 것).

d와 e의 경우에는, 그리고 때로는 c의 경우에도, 우두머리 권력을 전유하고 있는 점유자는 행정의 비용을, 경우에 따라서는 군사적 장비를, 이미 언급했던 방식으로 녹봉 및 봉토라는 재산에서 충당한다. 이렇게 되면 신민에 대한 그 자신의 지배 관계는 가산제적 성격을 지닐 수 있다(그러니까 세습될 수 있고, 매각될 수 있으며, 분할 상속될 수 있다).

1. 우두머리의 식탁에서의 급양이나 우두머리의 자유 재량에 따른 그의 재고로부터의 급양은 군주의 봉사자뿐만 아니라, 가정 관료, 사제, 그리고 모든 종류의 가산적(예컨대 지주의) 종복에 있어서도 일차적인 급양 방식이다. 군사적인 직업 조직의 가장 오랜 형식인 '남자의 집'(이에 대해서는 나중에 별도로 논의가 될 것이다)이 지배 관계에 있어서 소비 가계적 공산주의의 성격을 지니게 되는 것은 매우 흔한 일이다. 이러한 직접적인 급양 대신에 우두머리의(또는 사원과 성당의) 식탁으로부터 떨어져 나와 현물 급여나 직전에 의해 급양된다는 것은 반드시 애써 얻으려고 할 만한 가치가 있는 것으로 여겨지지 않지만, 독자적인 가정을 꾸리게 되면 그렇게 되는 것이 규칙이다. 떨어져 나온 사원 사제와 관료의 현물 급여는 근동 지역 전체에서 관료를 급양하는 원초적인 형식이었고, 중국과 인도에도, 그리고 흔히는 서양에도 존재하였다. 직전은 고대 초기 이래로 동양 전체에 걸쳐 군사적 봉사에 대한 반대 급부로서, 그리고 중세 독일에서는 가신적·장원법적인 가정 관료 및 다른 종류의 관료를 급양하는 수단으로서 발견된다. 터키의 기병 *Sipahi*과 일본의 무사 *Samurai* 그리고 이와 비슷한 수많은 동양의 가신과 기사의 수입은 — 우리의 전문 용어로는 — 봉토가 아니라 '녹봉'이었다. 이에 대해서는 나중에 논의가 될 것이다. 녹봉은 일정한 경지 지대뿐만 아니라, 관할 지역에서의 조세 수입에 의존해 있을 수 있다. 후자의 경우에 녹봉은 반드시 그러한 것은 아니지만 그래도 일반적인 경향에 따르면 관할 지역에서

의 우두머리 권력의 전유와 결합되어 있거나 이러한 전유를 초래하게 된다. '세습적 이용권〔봉토〕'의 개념은 '국가'의 개념과의 연관 속에서야 비로소 상세하게 논의될 수 있다. 세습적 이용권의 대상은 지주의 경지일 수도 있고(그러니까 일종의 가산제적 지배), 매우 다양한 종류의 지대와 수수료를 받을 수 있는 기회일 수도 있다.

2. 전유된 지대, 수수료, 그리고 조세 수입의 기회는 모든 종류의 녹봉과 봉토로서 널리 퍼져 있으며, 특히 인도에서는 독립적인 형식으로 그리고 고도로 발전된 방식으로 발견된다. 즉, 군 부대의 소집과 행정 비용의 지불에 대한 대가로서 그러한 수입이 수여되고 있다.

제9항. 신분 가산제적 지배

가산제적인 지배는, 특히 신분 가산제적인 지배는, 순수한 유형의 경우에 모든 우두머리 권력과 경제적인 우두머리 권리를 전유된 사적인 경제적 기회로 취급한다. 그렇다고 해서 가산제적 지배가 그러한 우두머리 권력과 경제적인 우두머리 권리를 질적으로 구분하지 않는 것은 아니다. 특히 가산제적 지배는 개별적인 우두머리 권력과 경제적인 우두머리 권리를 아주 특수하게 조절된 형식으로 전유함으로써 질적으로 구분한다. 그리고 특히 가산제적 지배는 재판상의 우두머리 권력 또는 군사적 우두머리 권력의 전유를 순전히 경제적인 (군주 소유지의, 조세의, 행정 수수료의) 기회의 전유에 비해서, 전유된 것이 신분적으로 우대되는 지위라고 하는 점을 뒷받침하는 법적 근거로 취급하고, 다시 경제적인 기회의 전유 가운데 전유의 방식이 일차적으로 가산적인 것과 일차적으로 가산 외적인(재정 회계적인) 것을 구분함으로써, 우두머리 권력과 경제적인 우두머리 권리를 질적으로 구분한다. 우리의 전문 용어에 있어서는 지배 권리 및 이에 결부되어 있는 온갖 내용의 기회를 원칙적으로 사적인 종류의 기회인 것처럼 취급한다는 사실이 결정적인 점이다.

예컨대 벨로브Georg von Below(『중세의 독일 국가 *Der deutsche Staat des Mittelalters*』, 1914)는, 특히 사법권의 전유가 별도로 취급되었고 신분적으로 특별한 지위의 원천이었다고 하는 사실과 순전히 가산제적이거나 순전히 봉건적제인 성격을 지닌 중세의 정치적 단체는 확인될 수 없다고 하는 사실을 명확히 강조하고 있는데, 아주 지당한 이야기다. 어쨌든 재판권과 순전히 정치적인 기원의 다른 권리가 사적인 권력인 것처럼 취급되는 한, '가산제적' 지배라고 말하는 것이 우리의 목적에 전문 용어상 올바른 것처럼 보인다. 개념 자체는 주지하다시피 할러Karl Ludwig von Haller의 『국가학의 회복 *Restauration der Staatswissenschaft*』(1820~1826)에서 (일관된 어법으로) 유래한다. 완전히 이상형적으로 순수한 '가산제적' 국가는 역사적으로 존재한 적이 없었다.

4. 신분제적인 권력 분할 *Gewaltenteilung*은 전유된 우두머리 권력에 의해 신분적으로 특권을 부여받은 사람들의 단체들이 우두머리와의 타협을 통해서 개별적인 경우마다 정치적 규약이나 행정 규약(또는 양자), 구체적인 행정 질서, 또는 행정적인 통제 방책을 만들어내고, 이를 경우에 따라서는 스스로가, 때로는 사정에 따라서는 독자적인 명령권을 지닌 자신의 행정 간부를 통해서 행사하는 상태를 뜻한다고 하겠다.

1. 신분적으로 특권을 부여받지 않은 계층(농부)도 사정에 따라서는 가담할 수 있다고 해서 개념이 달라질 수는 없겠다. 왜냐하면 특권을 부여받은 사람들의 고유 권리가 유형론적으로는 결정적인 점이기 때문이다. 신분적으로 특권을 부여받은 계층이 전혀 없게 되면 사실 곧바로 하나의 다른 유형이 나타나게 될 것이라는 점은 분명하다.
2. 이 유형은 오직 서양에서만 완전히 발전되었다. 이 유형의 보다 상세한 특성과 이러한 유형이 그 곳에서 발생하게 된 원인에 대해서는 나중에 별도로 언급하게 될 것이다.

3. 독자적인 신분제적 행정 간부는 일반적인 현상이 아니었으며, 더욱이 독자적인 신분제적 행정 간부가 독자적인 명령권을 지니고 있는 것은 예외적인 경우였다.

제9a항. 전통적 지배와 경제

전통적인 지배는 경제 행위의 방식에 대하여 예외없이 우선은 그리고 아주 일반적으로는 전통적인 신념을 얼마간 강화하는 작용을 한다. 원로제적인 지배와 순전히 가부장제적인 지배는 이러한 전통적 신념을 가장 강력하게 강화한다. 원로제적 지배와 순전히 가부장제적인 지배에서는 우두머리가 단체의 동료와 대립적인 위치에 있는 특수 간부에 의지하지 못하며, 따라서 자신의 정당성의 타당성을 위해서는 어느 모로 보나 전통의 보존에 가장 강하게 의지하기 때문이다.

그 밖에 경제에 대한 영향은

1. 지배 단체의 전형적인 자금 조달의 방식을 따르게 된다(제II장, 제38항).

가산제는 이 점에 있어서 극히 다양한 것을 의미할 수 있다. 그 가운데 전형적인 것은 특히,

a) 우두머리의 오이코스 Oikos가 전적으로 또는 주로 현물 공출제적으로(현물 납세와 부역 Fronden을 통해서) 수요를 충족하는 경우이다. 이 경우에는 경제 관계가 엄격히 전통에 구속되며, 시장의 발전이 억제되고, 화폐의 사용은 본질적으로 현물적이거나 소비 지향적이며, 자본주의의 발생은 불가능하다. 이와 유사한 경제적 영향을 끼치는 경우가 있는데,

b) 우두머리의 오이코스가 신분적으로 특권을 부여하는 방식으로 수요를 충족하는 경우가 바로 그것이다. 여기서도 시장의 발전은, 반드시 위와 동일한 정도는 아니라고 할지라도, 제한을 겪게 되니, 이는 지배 단체의 목적을 위해 개별적인 단위 경제의 소유 재화와 용역

능력을 현물로 징발함으로써 '구매력'을 침해하게 되기 때문이다.

또는 가산제는,

c) 부분적으로는 영리 경제적으로, 부분적으로는 수수료에 의해서, 부분적으로는 조세를 통해서 독점주의적으로 수요를 충족시킬 수 있다. 이 경우에는 시장의 발전이 독점의 방식에 따라 강하거나 약하게 비합리적으로 제한을 겪게 되고, 커다란 영리 기회는 우두머리와 행정 간부의 수중에 놓이게 되며, 따라서 자본주의의 발전은 한편으로는

α. 행정이 완전히 우두머리와 행정 간부에 의해 자가 운영될 경우에는 직접적으로 억제되거나, 그렇지 않은 경우에는

β. 징세권의 임대, 직위의 임대나 매입, 그리고 자본주의적인 군대 조달이나 행정 조달이 재정 방책으로 존재하는 경우에는, 정치적으로 지향된 자본주의(제II장, 제31항)에로 편향되고 만다.

가산제의 재정 경제는, 그리고 더욱이 전제 군주제의 재정 경제는 그것이 비록 화폐 경제적이라고 하더라도 비합리적이다. 그 이유는

1.) 다음의 두 가지 점이 병존해 있기 때문이다.

α. 직접적인 조세 원천에 대한 징발의 정도와 방식이 전통에 구속되어 있다는 점, 그리고

β. 1. 수수료의 책정과 2. 부과금의 책정 그리고 3. 독점 형성의 정도와 방식에 있어서 완전한 자유가, 따라서 자의가 존재한다는 점. 이 모든 것은 어쨌든 요구권으로서 존재한다. 이러한 요구권은 역사적으로 1의 경우에 가장 유효하며(우두머리와 간부의 '청원 업무'의 원칙에 따라), 2의 경우에는 조금 덜 유효하고, 3의 경우에는 그 강도가 다양하다.

2.) 그리고 경제의 합리화를 위해서는, 부담금의 확실한 회계 가능성뿐만 아니라 사적인 영리 자유의 정도의 확실한 회계 가능성도 일반적으로 결여되어 있다.

d) 가산제적인 국고 중심주의는 물론 개별적인 경우에 조세 능력

을 계획적으로 길러가고 합리적으로 독점을 만들어냄으로써 합리화의 효과를 가져올 수 있다. 그렇지만 이것은 서양에 일부 존재하였던 역사적인 특수 조건 때문에 야기된 '우연'이다.

신분제적 권력 분할에 있어서의 재정 정책은 다음과 같은 전형적인 특징을 지니고 있다. 즉, 타협에 의해 확정된, 그러니까 회계 가능한 부담을 부과하고, 부과금을 신설하는 데 있어서 그리고 무엇보다도 독점권을 만들어내는 데 있어서 우두머리의 자의성을 제거하거나 적어도 강하게 제한하는 특성을 지니고 있다. 이 경우에 실질적인 재정 정책이 어느 정도나 합리적인 경제를 후원하거나 억제하는가는 우세한 지위에서 세력을 떨치고 있는 계층의 종류에 따라 달라진다. 무엇보다도 그 계층이

a) 봉건적인 계층인가, 또는
b) 도시 귀족적인 *patrizische* 계층인가에 따라 달라진다.

전자가 우세를 점하고 있는 경우에는 봉토로서 수여된 지배 권리가 보통은 주로 가산제적 구조를 지니고 있어서 영리의 자유와 시장의 발전을 확고하게 제한하거나 바로 의도적으로, 강권 정치적으로 억지하기 마련이다. 후자가 우세를 점하고 있을 경우에는 그와 반대되는 작용을 할 수 있다.

1. 여기서는 이상의 논의만으로도 충분할 것이다. 왜냐하면 이 문제는 매우 다양한 연관 속에서 보다 상세하게 다시 다루어지게 될 것이기 때문이다.
2. 예로서는,
1. a) (오이코스)의 예로는 고대 이집트와 인도.
b)의 예로는 헬레니즘 시대의 상당히 많은 지역, 후기 로마 제국, 중국, 인도, 러시아 일부, 그리고 이슬람 국가들.
c)의 예로는 이집트의 프톨레매어 *Ptolemäer* 제국, 비잔틴(일부), 이들과 다른 종류의 예로는 스튜어트 왕조의 지배.

d)의 예로는 '계몽된 전제주의'(특히 콜베르주의 *Colbertismus*) 시대의 서양의 가산제 국가들.

2. 정상적인 가산제는 자신의 재정 정책을 통해서뿐만 아니라, 자체의 행정이 지니고 있는 일반적인 특성 때문에도 합리적인 경제를 억제한다. 이를테면,
a) 전통주의는 형식적으로 합리적이며 그 지속성을 신뢰할 만한, 따라서 그 경제적인 중요성과 이용 가능성을 회계할 수 있는 규약에 대하여 이의를 제기한다.
b) 형식적인 전문 교육을 받은 관료 간부가 전형적으로 결여되어 있다.

서양의 가산제 내에서 이러한 관료 간부가 발생했던 것은, 나중에 논의되다시피, 오직 여기에만 존재하였던 독특한 조건들 때문에 가능하였고, 일차적으로는 전혀 다른 종류의 원천에서 생겨나왔다.

c) 우두머리와 행정 간부의 실질적인 자의와 순전히 개인적인 임의의 영역이 넓다. 여기서 경우에 따라 있을 수 있는 매수 가능성이란 사실 규정되어 있지 않은 수수료 권리가 변질된 것에 지나지 않아서 상대적으로 별다른 의의를 지니지 못한다. 왜냐하면 만일 매수 가능성이 항상 같은 크기를 지니고 있어서 관료 개인에 따라 끊임없이 변화하는 요인이 아니라면, 그것은 실제로 회계 가능한 의의를 지니게 될 것이기 때문이다. 직위 임대가 성행하게 되면, 관료는 매우 비합리적인 영향을 끼치는 임의의 강탈 수단을 통해서 자신의 투자 자본을 회수하는 데 아주 직접적으로 의존하게 된다.
d) 모든 가부장제와 가산제에는 경제를 실질적으로 —— 공리주의적으로, 사회 윤리적으로, 또는 실질적인 '문화' 이상에 —— 지향하여 조절하려는 경향이, 그러니까 법률적인 권리에 지향된 형식적 합리성

을 깨뜨리려는 경향이 내재해 있다. 이러한 경향은 정당성의 타당성의 방식과 피지배자의 만족에 대한 이해 관심으로부터 생겨난다. 형식적 합리성을 깨뜨리는 그와 같은 작용은 교권제적으로 지향된 가산제에서 결정적으로 최고도에 이르는 한편, 순수한 전제 군주제는 이 외에도 재정 회계적인 자의를 통해서 그러한 작용을 한다.

이 모든 이유 때문에 정상적인 가산제적 권력의 지배 아래서는

a) 상인 자본주의,

b) 징세권 임대 자본주의, 직위 임대 자본주의, 직위 매매 자본주의,

c) 국가 공납자 자본주의와 전쟁 자금 조달 자본주의,

d) 사정에 따라서는 식민 농장 자본주의와 식민지 자본주의가 자생하게 되며 흔히 아주 번성하게 된다. 이와 달리 고정 자본과 합리적인 자유로운 노동의 조직을 갖추고서 사적 소비자의 시장 상태에 지향되어 있는 영리 기업은 사법과 행정 그리고 과세에 있어 회계 가능성을 교란하는 비합리성에 극히 민감하여 정상적인 가산제적 우두머리 권력 아래서는 번성하지 못한다.

가산제적 우두머리가 힘과 재정에 대한 자기 자신의 이해 관심을 위하여 전문 관료층을 갖춘 합리적 행정에 도움을 호소하는 곳에서만, 사정이 근본적으로 달라지게 된다. 여기에는 다음과 같은 것이 요구된다. 1. 전문 교육의 실존, 2. 충분히 강력한 동기: 동일한 문화권 내에서 다수의 가산제적인 부분 권력 사이의 날카로운 경쟁은 예외 없이 이러한 동기를 유발한다. 3. 아주 특수한 종류의 요소: 도시적인 자치공동체 단체를 서로 경쟁하는 가산제적 권력에 재정적인 힘의 지주(支柱)로 끌어들이는 것.

1. 근대 자본주의는, 특히나 근대 서양의 자본주의는 (상대적으로) 합리적 행정이 이루어진 서양의 특별한 도시적인 단체 속에서 준비되었다 (그 특성에 대해서는 따로 언급하게 될 것이다). 근대적인 서양 자본주

의는 16세기부터 18세기 사이에 시민의 세력과 영리 이해가 우세를 점하였던 영국과 네덜란드의 신분제적인 정치적 단체 내에서 일차적으로 발전되었다. 반면에 순전히 가산제적이거나 봉건 신분제적인 영향 속에 있던 대륙 국가들에서 재정 회계적이고 공리주의적인 이유 때문에 이루어진 이차적인 모방은 스튜어트 왕조의 독점 산업과 마찬가지로, 나중에 나타나기 시작한 자율적인 자본주의적 발전과 실재적인 연속선상에 위치하지 않았다. 비록 개별적인 (농업 및 공업 정책적) 방책이 영국과 네덜란드의 모범을 또는 나중에는 프랑스의 모범을 지향하였던 한에서는, 그리고 이러한 모범을 지향함으로써, 근대 자본주의의 발생을 위하여 매우 중요한 발전 조건을 만들어냈지만 말이다(이에 대해서도 따로 논의하겠다).

2. 중세의 가산제 국가들은 그 행정 간부의 일부분(무엇보다도 세속의 법률가와 교회의 법률가)이 형식적으로 합리적인 종류의 것이라고 하는 점 때문에 원칙적으로 전 세계의 모든 정치적 단체의 모든 다른 종류의 행정 간부와 구분된다. 이러한 발전의 기원과 그 의의에 대해서는 나중에 별도로 보다 상세히 다루게 된다. 여기서는 본문의 말미에 언급했던 일반적인 소견으로 우선은 충분할 것이다.

4. 카리스마적 지배

제10항. 카리스마적 지배, 그 특징과 공동체적 결합

'카리스마'는 일상 외적인 것으로(원래는 예언자뿐만 아니라 치료의 현자, 법의 현자, 수렵 지도자, 전쟁 영웅에서처럼 주술적인 것으로) 여겨지는 어느 인물의 자질을 뜻한다고 하겠다. 이 자질 때문에 그 인물은 초자연적이거나 초인적인 또는 적어도 특별히 일상 외적인, 다른 누구나가 얻을 수 없는 역량이나 특성을 [타고나거나] 신에 의해 보내어진 것으로 또는 모범적인 것으로 그리고 그 때문에 '지도자'로 평가된다. 이와 같은 자질이 그 어떤 윤리적, 미학적, 또는 그 밖의 관점에서 어떻게 '객관적으로' 올바르게 가치 평가될 수 있을 것인가 하는 문제는 물론 여기서는 개념적으로 전혀 상관이 없다. 이러한 자질이 카리스마적으로 지배되는 사람들에 의해서, 즉 '신봉자들 *Anhänger*'에 의해서 사실상 어떻게 가치 평가되는가 하는 문제가 관건이다.

어느 '광포한 전사'(그의 광적인 발작이 일정한 독물을 사용한 때문이라고들 하는데, 이러한 생각은 옳지 않은 것 같다. 중세 비잔틴에서는 이처럼 전쟁 광란증의 카리스마를 타고난 일단의 사람들을 일종의 전쟁 도구로 유지하였다)의 카리스마, 어느 '무술사(巫術師) *Schmanen*'(그의 순수한 유형의 망아지경을 위해서는 간질적인 발작의 가능성이 전제 조건으로 여겨지는 주술사)의 카리스마, 또는 이를테면 (아마도 — 그러나 아주 확실하지는 않다 — 실제로는 일종의 교활한 사기꾼의 유형을 나타내는) 몰몬교 창시자의 카리스마, 또는 쿠르트 아이스너 Kurt Eisner 처럼 자신의 선동가적인 성공에 도취된 문필가는, 가치로부터 자유로운 사회학에 있어서는, 통상 '가장 위대한' 것으로 평가되는 영웅·예언자·구세주의 카리스마와 전혀 같은 종류의 것으로 다루어진다.

1. 카리스마의 타당성에 대하여 판결을 내리는 것은 입증 *Bewährung*을 통해서 — 원래는 언제나 기적을 통해서 — 보장되는, 피지배자의 자유로운 인정 *Anerkennung*이며, 이러한 인정은 계시에의 헌신, 영웅 숭배, 지도자에 대한 신뢰로부터 생겨난다. 그러나 이 같은 인정은 (진정한 카리스마에 있어서는) 정당성의 근거가 아니라, 소명과 입증에 힘입어 이러한 자질을 인정하도록 불러내어진 사람들의 의무이다. 이러한 '인정'은 심리학적으로 열광이나 고난 그리고 희망에서 생겨난 믿음 깊은, 아주 개인적인 헌신이다.

어떤 예언자도 자신의 자질이 그에 대한 대중의 견해에 의해 좌우되는 것으로 여기지는 않았다. 선출된 왕이나 카리스마적인 장군은 저항하는 자나 이반되어 있는 자를 의무 위반자처럼 취급하였다. 형식상 자발적인 지원 방식으로 모집된 어느 지도자의 출정에 참여하지 않는다는 것은 어디서나 경멸을 받았다.

2. 지속적으로 입증이 이루어지지 않으면, 카리스마적 재능을 부여받은 사람은 그의 신에 의해서나 그의 주술적 또는 영웅적 힘으로부터 버림받은 것으로 비쳐진다. 그에게 성공이 지속적으로 이루어지지 않는다면, 무엇보다도 그의 지도가 피지배자를 위해 안녕과 복지를 가져다주지 못하면, 그의 카리스마적인 권위는 사라져버릴 개연성이 있다. 이것이 '왕권 신수설 *Gottesgnadentum*'의 진정한 카리스마적 의미이다.

고대 게르만족의 왕에 대해서조차 '경멸하는 사람'이 나타났다. 이러한 현상은 이른바 원시 민족들에 있어서도 숱하게 나타났다. 중국에서는 군주의 (세습 카리스마적으로 변경되지 않은, 제11항을 볼 것) 카리스마적 자질이 아주 절대적으로 고수되었기 때문에, 어떤 종류의 것이 되었든 온갖 재난은, 즉 전쟁의 불운뿐만 아니라 한해(旱害), 홍수, 불길한 천문 현상 등도 왕의 공개적인 속죄를, 경우에 따라서는 왕의 퇴위를 강제했다. 그 경우에 군주는 천신이 요구하는 (고전적으로 정해져 있는) '덕(德)'의 카리스마를 지니지 못했으며, 따라서 정당한 '천자(天子)'가 아니었다.

3. 지배 단체인 **자치공동체 *Gemeinde*** 는 일종의 감정적인 공동체적 결합이다. 카리스마적 우두머리의 행정 간부는 '관료층'이 아니며, 전문적으로 교육을 받은 관료층은 더욱 아니다. 이러한 행정 간부는 신분적인 관점에 따라 선별되는 것도 아니며, 가정적 또는 개인적인

종속성의 관점에 따라 선별되는 것도 아니다. '예언자 *Prophet*'에게 는 '사도(使徒) *Jünger*'가, '전시 군주 *Kriegsfürst*'에게는 '추종자층 *Gefolgschaft*'이, '지도자 *Führer*'에게는 '신임자 *Vertrauensmänner*' 가 일반적으로 상응한다. '고용'이나 '해고'가 있을 수 없으며, '경 력'이나 '승진'이 있을 수 없다. 다만 지도자가 부름받은 자들의 카 리스마적 자질을 근거로 자신의 영감에 따라 그들을 부를 따름이다. '위계'가 존재하지 않으며, 지도자는 단지 행정 간부가 전반적으로 또는 개별적인 경우에 어느 과제에 대하여 카리스마적으로 부족하거 나, 경우에 따라서는 간청이 있을 때 이에 응하여 개입할 뿐이다. '직 위상의 관할 범위'와 '권한'이 존재하지 않으며, '특권'에 의해 직위 상의 권한을 전유하는 일도 없다. 오직 카리스마와 '사명'이 (아마 도) 지역적으로나 즉물적으로 구획될 뿐이다. '봉급'과 '녹봉'은 존 재하지 않는다. 사도나 추종자는 (일차적으로는) 우두머리와 함께 사 랑 공산주의 및 동지(同志) 공산주의 속에서 독지(篤志)적 후원자들 에 의해 조달된 생계 수단으로 살아간다. 고정적인 '관청'이 존재하 지 않는다. 다만 우두머리의 위임과 자신의 카리스마의 범위 내에서 카리스마적으로 위임을 받은 사자(使者)가 존재할 따름이다. 규정은 존재하지 않고, 추상적인 법규도 존재하지 않으며, 이에 지향된 합리 적인 입법도 없고, 전통적인 선례에 지향된 지혜나 판결도 없다. 형 식적으로는 그때그때마다의 경우에 따른 시의적인 법의 창조가, 원래 는 신의 재판과 계시만이 결정적인 구실을 한다. 그러나 모든 진정한 카리스마적 지배에는 다음과 같은 명제가 타당하다. '거기에는 그렇 게 씌어져 있다 ── 그러나 나는 너희에게 이렇게 말하는 것이다 *es steht geschrieben ── ich aber sage euch*': 진정한 예언자뿐만 아니라 진 정한 전시 군주와 온갖 진정한 지도자는 일반적으로 새로운 계율을 설파하고 창조하며 요구한다. 이것은 카리스마의 본래적인 의미 속 에서, 즉 계시 · 신탁 · 영감에 힘입어, 또는 그 출처 때문에 신앙 공 동체, 방위 공동체, 정당 공동체나 다른 종류의 공동체에 의해서 인정되는 구체적인 형성 의지에 힘입어 이루어진다. 인정하는 것은 의무적이다. 기존의 계명에 맞서 어느 다른 사람의 경쟁적인 계명이 카리스마적인 타당성을 주장하며 대립하게 되는 경우에는, 궁극적으로는 오직 주술적 수단이나 공동체의 (의무적인) 인정에 의해 결판이 날 수 있는 지도자 싸움이 존재한다. 이 싸움에서는 부득이 어느 한편만이 옳고, 다른 한편은 틀릴 수 있을 뿐이며, 틀린 쪽에서는 속죄의 의무를 지게 된다.

카리스마적 지배는 일상 외적인 것으로서 합리적인, 특히 관료제적인 지배와 뚜렷한 대조를 이룰 뿐만 아니라, 전통적인 지배와도, 특히 가부장제적이고 가산제적인 지배나 신분제적인 지배와도 뚜렷한 대조를 이룬다. 합리적 지배와 전통적 지배는 고유한 일상적 형식의 지배이고, (진정한) 카리스마적 지배는 특별히 그 반대이다. 관료제적 지배는 논증적으로 분석할 수 있는 규칙에 구속되어 있다는 의미에서 특별히 합리적이고, 카리스마적 지배는 규칙으로부터 자유롭다는 의미에서 특별히 비합리적이다. 전통적 지배는 과거의 선례에 구속되어 있으며 그러한 한에 있어서는 또한 규칙 지향적이다. 카리스마적 지배는 (그 영역 내에서) 과거를 붕괴시키며, 이러한 의미에서 특별히 혁명적이다. 카리스마적 지배는 우두머리 권력이 재화 소유와 같은 방식으로 우두머리나 신분적 권력에 의해 전유되는 것을 알지 못한다. 개인적인 카리스마가 입증에 의하여 '타당'하게 되는 한에서만, 즉 그의 카리스마가 인정을 받고 지속적으로 입증되어 신임자·사도·추종자에게 '유용한' 한에서만 카리스마적 지배는 정당하다.

이상의 논의에 대해서는 전혀 주해가 필요하지 않을 것이다. 위에서 논의한 이야기는 순전히 '일반 투표에 의해 선출된' 카리스마적 지배자 (일반 평민을 왕과 장군으로 만들었던 나폴레옹의 '천재의 지배')에게와 마찬가지로 예언자나 전쟁 영웅에게도 적용된다.

4. 순수한 카리스마는 특별히 경제에 생소하다 *wirtschaftsfremd*. 카리스마가 등장하는 곳에서는 단어의 강조된 의미에서의 '소명'이 '사명'이나 내적 '과제'로 정립된다. 카리스마는 순수한 유형의 경우에는 천부적 재능 *Gnadengabe*을 소득의 원천으로 이용하는 것을 경멸하고 비난하는데, 이것은 물론 실제로 행하여지기보다는 요망 사항에 머무르게 되는 경우가 흔하다. 그렇다고 해서, 사정에 따라서는 (곧바로 이어지는 논의를 볼 것) 예언자와 그의 사도가 그러하듯이, 카리스마가 언제나 소유와 영리를 단념한다는 것은 아니다. 전쟁 영웅과 그의 추종자는 전리품을 구하고, 일반 투표에 의해 선출되는 지배자나 카리스마적인 정당 지도자는 그의 힘의 물질적 수단을 구하며, 이 밖에도 전쟁 영웅은 자기의 우두머리로서의 위신을 굳히기 위해 그의 지배의 물질적 영광을 구한다. 이들 모두가 경멸하는 것은 ── 진정한 카리스마적 유형이 존재하는 한에서는 ── 전통적 또는 합리적인 일상 경제이며, 정규적인 '수입'을 겨냥한 연속적인 경제 활동에 의해 이러한 수입을 달성하는 일이다. 전형적인 형식의 카리스마적 수요 충족에는, 한편으로는 독지(篤志)적 후원자 ── 대후원자(증여, 기부, 뇌물, 커다란 사례금) ── 에 의한 급양이나 동냥에 의한 급양이 있고, 다른 한편으로는 약탈, 즉 폭력적 또는 (형식적으로는) 평화적인 강탈이 있다. 카리스마적인 수요 충족은, 합리적인 경제의 입장에서 보자면, '비경제성'의 전형적인 힘이다. 왜냐하면 카리스마적인 수요 충족은 일상에의 모든 연루를 거부하기 때문이다. 다만 카리스마적인 수요 충족은, 내면적으로는 완전한 무관심 속에서, 간헐적인 임시적 영리를 말하자면 '부수적으로 벌어들일' 수 있을 따름이다. '지대 생활 *Rentnertum*'은 경제적 부담으로부터 해방되어 있는 형식의 삶으로서 ── 많은 종류에 있어서 ── 카리스마적인 생존의 경제적 근거일 수 있다. 그러나 흔히 정상적인 카리스마적 '혁명가'에게는 적합하지 않기 마련이다.

예수회 신도들이 교회의 직위를 거부했던 것은 이러한 '사도' 원칙을 합리주의적으로 적용한 것이었다. 모든 금욕의 영웅과 탁발 승단 그리고 신앙 투쟁자들이 그러한 부류에 속한다는 것은 명백하다. 거의 모든 예언자는 독지(篤志)적 후원자에 의해 생계를 유지하였다. 전도자의 기생(寄生)주의에 대항하여 '일하지 않는 자는 먹지도 말아야 한다'고 했던 바울 Paulus의 명제는 물론 '경제'의 긍정을 의미하는 것이 아니라, 다만 어떻게든 '부업에 의해' 필요한 생계를 마련해야 한다는 의무를 뜻할 뿐이다. 왜냐하면 '들에 핀 백합'이라고 하는 원래 카리스마적인 비유는 문자 그대로 실행될 수 있는 있는 것이 아니라, 다음날의 생계를 걱정하지 않아야 한다는 의미에서 실행될 수 있었기 때문이다. 다른 한편 일차적으로 예술적인 카리스마적 사도들에 있어서는, 본래적인 의미에서의 부름받은 자를 '경제적으로 독립적인 자들'(따라서 지대 생활자)에 제한함으로써 경제적 싸움의 부담으로부터 벗어나는 것을 정상적인 것으로 여기는 일이 가능하다(슈테판 게오르그 Stefan Georg의 무리에 있어서 적어도 일차적인 의도는 그러했다).

5. 전통에 구속되어 있는 시대에는 카리스마가 커다란 혁명적인 힘 그 자체이다. '이성 ratio'의 힘도 그와 마찬가지로 혁명을 일으키는 힘이기는 하다. 이성의 힘은 한편으로는 바로 외부로부터 작용하든지, 즉 생활 상황과 생활 문제를 변화시킴으로써 그리고 이로써 간접적으로는 생활 상황과 생활 문제에 대한 태도를 변화시킴으로써 혁명을 일으키든지, 그렇지 않은 경우에는 지성화를 통해서 혁명을 일으킨다. 이와 달리 카리스마는 내부로부터의 변혁일 수 있다. 고난이나 열광으로부터 탄생하는 이러한 변혁은, 모든 개별적인 생활 형식과 '세상'에 대한 태도가 일반적으로 완전히 새롭게 지향되면서 중심적인 신념과 행실의 방향이 변화함을 의미한다. 전(前)합리주의적인 시대에는 전통과 카리스마가 행위의 지향 방향의 거의 전부를 나누

어서 관장하고 있었다.

5. 카리스마의 일상화

제11항. 카리스마의 일상화와 그 영향

카리스마적 지배는 그 진정한 형식에 있어서 특별히 일상 외적인 성격을 지니고 있다. 그리고 엄격히 개인적으로, 즉 개인적 자질의 카리스마적 타당성과 그 입증을 바탕으로 맺어지는 사회적 관계이다. 그런데 이러한 관계가 순전히 일시적인 것에 머무르지 않고 지속적인 관계——신앙 동료나 전사나 사도의 '자치공동체,' 정당 단체, 또는 정치적이거나 교권제적인 단체——의 성격을 띠게 되면, 말하자면 오로지 탄생의 상태 *statu nascendi* 에서만 이상형적인 순수성 속에 존재하던 카리스마적 지배는 그 성격이 본질적으로 달라질 수밖에 없다. 즉, 카리스마적 지배는 전통화되거나, 합리화(합법화)되거나, 또는 여러 가지 점에서 전통화되고 합리화된다. 이러한 변화를 추진하는 동기에는 다음과 같은 것이 있다.

a) 공동체의 존속과 끊임없이 새로운 활성화에 대한 **신봉자층**의 이념적 또는 물질적인 이해 관심,

b) 행정 간부는, 즉 추종자층, 사도층, 정당의 신임자 등은 다음의 두 가지 사항에 대해서 더욱 강력한 이념적 및 물질적 이해 관심을 지니고 있다.

1. 현존하는 관계가 계속되는 것, 그것도

2. 이러한 관계가 계속되어 자신의 지위가 이념적 그리고 물질적으로 지속적인 일상의 토대 위에 세워지는 것. 이것이 외적으로 의미하는 바는, 세상으로부터 벗어나 있어서 가정과 경제에 생소하던 '사명' 대신에 가족 생활과 경제적으로 충족된 생활을 복구한다는 것이다.

이러한 이해 관심은 카리스마 담지자인 개인이 사라지고 이에 따라 후계자 문제가 발생하면 전형적으로 시급해진다. 이 문제가 어떻게 해결되는가 하는 방식은——만일 이 문제가 해결되어 카리스마적인 자치공동체가 존속하게 된다면(또는 이제서야 비로소 생겨난다면)——이 후에 발생하는 사회적 관계의 전체적인 성질을 결정하는 데 아주 본질적인 역할을 하게 된다.

후계자 문제에는 다음과 같은 해결 방식이 있을 수 있다.
a) 우두머리의 자격을 갖춘 카리스마 담지자를 어떤 특징에 준하여 새롭게 찾아냄으로써 해결할 수 있다.

아주 순수한 유형으로는 새로운 달라이 라마 *Dalai Lama*(신적인 것을 체현하고 있음을 나타내는 특징에 준하여 선별할 어린이)를 찾아내기가 있다(이것은 고대 이집트 사람들이 숭상하던 聖牛 *Apis-Stier*를 찾아내는 것과 비슷하다).

이 경우에 새로운 카리스마 담지자의 정당성은 어떤 특징에, 즉 '규칙'에 결부되어 있으며, 이 규칙에 대해서는 일종의 전통이 생겨난다(전통화). 따라서 순전히 인격적인 성격은 줄어든다.

b) 계시, 즉 신탁, 추첨, 신의 재판, 또는 다른 종류의 선별 기술을 통해서 해결할 수 있다. 이 경우에 새로운 카리스마의 정당성이란 기술의 정당성으로부터 도출된 것이다(합법화).

이스라엘의 판관 *Schôphetîm*은 때때로 이러한 성격을 지니고 있었다고 한다. 고대의 전쟁 신탁은 사울 Saul을 낙점하였다고 한다.

c) 종래의 카리스마 담지자 쪽에서 후계자를 지명하고 자치공동체

쪽에서는 이를 인정함으로써 해결할 수 있다.

매우 흔한 형식이다. 로마의 정무관직 *Magistratur*의 선발(집정관 *Diktator*의 선발과 '공위 기간의 한시적인 왕 *interrex*'의 제도 속에 가장 분명하게 유지되었다)은 원래 전적으로 이러한 성격을 지니고 있었다.

이 경우에 정당성은 지명을 통하여 획득되는 정당성이 된다.

d) 카리스마적 자격을 갖춘 행정 간부 쪽에서 후계자를 지명하고, 이 후계자가 자치공동체에 의해 인정됨으로써 해결할 수 있다. 이러한 과정을 '선거' 및 '예비 선거권' 또는 '선거 추천권'으로 보는 견해는 그 과정의 진정한 의의를 호도하기 때문에 피해야만 한다. 거기에서 관건은 자유로운 선별이 아니라 엄격하게 의무적으로 구속되어 있는 선별이고, 다수결에 의한 투표가 아니라 올바른 낙점, 올바른 후계자의 선별, 진정한 카리스마 담지자의 선별이며, 이 같은 진정한 후계자는 소수라도 올바르게 발견해낼 수 있었다. 만장일치가 요청되며, 오류의 식별은 의무이고, 오류를 고집하는 것은 중대한 위반이며, '틀린' 선발은 속죄해야 할(원래는 주술적인) 불법이다.

그러나 이 경우에는 사실 정당성이, 올바른 후계자를 선별할 수 있는 모든 예방책을 통해서 얻어지며, 대개는 일정한 형식적인 절차(추대식 등)와 〔결합되어〕 획득되는 권리의 정당성으로 보이기가 쉽다.

이것은 서양에서 사제나 제후가 자치공동체의 동의를 얻어 주교와 왕을 즉위시키는 행사와 전 세계의 이와 비슷한 수많은 현상이 지닌 본래적인 의미이다. 이로부터 '선거'라고 하는 관념이 발생했다고 하는 사실은 나중에 논의될 것이다.

e) 카리스마는 일종의 혈통적 자질이며 따라서 담지자의 씨족, 특히 가장 가까운 씨족에 부착되어 있다고 하는 관념을 통해서, 즉 세습 카리스마를 통해서 해결할 수 있다. 이 때 세습 질서는 반드시 전유된 권리를 위한 것만이 아니라, 흔히 이질적이다. 또는 a부터 d까지의 수단에 의해 '올바른' 상속인이 씨족 내에서 확인되어야만 한다.

흑인에 있어서는 형제 사이의 결투가 나타난다. 세습 질서는, 예컨대 중국에서처럼, 조상 혼령의 관계가 교란되지 않도록 정립된다. 동양에서는 연장(年長) 상속이나 추종자층에 의한 낙점의 경우가 매우 흔하였다 (때문에 오스만 Osman 왕가에서는 그 밖의 모든 가능한 계승 후보자를 근절하는 것이 '의무'였다).

오직 중세 서양과 일본에서만, 그 밖에는 단지 산발적으로만, 장자 상속의 세습권이라는 명확한 원칙이 세력을 얻었고, 그렇게 해서 정치적 단체를 견고히하는 데(세습 카리스마적인 씨족으로부터 나온 여러 계승 요구자 사이의 싸움을 피하는 데) 커다란 기여를 하였다.

그렇게 되면 더 이상 개인의 카리스마적인 자질을 믿는 것이 아니라, 세습 질서에 힘입어 정당한 획득물을 믿게 된다(전통화와 합법화). '신의 은총'이라는 개념은 그 의미가 완전히 달라져버리고, 이제는 피지배자의 인정에 좌우되지 않는 독자적인 권리를 지닌 우두머리를 의미하게 된다. 개인적인 카리스마가 완전히 결여될 수 있는 것이다.

세습 왕조, 아시아의 수많은 세습 교권제, 그리고 봉토와 녹봉을 받을 수 있는 서열과 자격을 나타내는 특징으로서의 씨족의 세습 카리스마(다음 항을 볼 것)가 이러한 경우에 속한다.

f) 카리스마는 담지자 쪽에서 의식(儀式)적인 수단을 통하여 다른

사람에게 넘겨주거나 산출할 수 있는 자질이라는 관념에 의하여 해결할 수 있다. 이것은 카리스마의 즉물화를 뜻하며, 특히 직위 카리스마가 그러하다. 이렇게 되면 정당성에 대한 믿음은 더 이상 개인에게 향해지지 않고, 획득된 자질과 의식(儀式)적 행위의 효과에 향해진다.

그 가장 중요한 예로서 사제의 카리스마는 도유식(塗油式), 서품식, 안수(按手)를 통해, 왕의 카리스마는 도유식이나 대관식을 통해 전수되거나 확증된다. 소멸하지 않는 특성 *character indelebilis*이란 직위 카리스마적인 능력이 사제 개인의 자질로부터 분리되었다는 것을 의미한다. 바로 이 때문에 그러한 성격은 도나투스주의 *Donatismus*와 몬타누스주의 *Montanismus*에서부터 시작하여 청교도의(세례파의) 혁명에 이르기까지 끊임없는 싸움을 유발했다(퀘이커교도 *Quäker*의 '임시 피고용인'은 직위 카리스마적인 목사이다).

제12항. 카리스마의 일상화와 그 영향

후계자를 조달하고자 하는 동기에서 비롯한 카리스마의 일상화와 더불어 일상화에 대한 행정 간부의 이해 관심이 나타난다. 카리스마의 탄생기에만 그리고 카리스마적 우두머리가 진정하게 일상 외적으로 지배하는 한에서만, 행정 간부는 믿음과 열광으로 인정되고 있는 이 우두머리와 함께 독지(篤志)적 후원자의 도움을 받거나 약탈물을 통해서 또는 임시적인 수입으로 먹고 살 수 있다. 원래는 오직 소수의 열광적인 사도 계층과 추종자 계층만이 지속적으로 그렇게 살아갈 용의가 있으며, 오로지 '이념적'으로만 그들의 '소명'으로 자신의 삶을 '영위한다.' 대다수의 사도와 추종자는 (지속적으로는) 물질적으로도 그러한 '소명'으로 자신의 삶을 영위하기를 바라고, 그들이 소멸하지 않기 위해서는 또한 그리할 수밖에 없다.

따라서 카리스마의 일상화는 다음과 같은 형식으로도 이루어진다.

1. 우두머리의 권력과 영리 기회가 추종자층이나 사도층에게 전유되고 이들의 충원이 규제되는 형식으로 카리스마의 일상화가 이루어진다.

2. 이러한 전통화나 합법화(규제가 합리적인 규약에 따라 이루어지는가 그렇지 않은가에 따라)는 다양한 유형의 형식을 지닐 수 있다.

1.) 진정한 충원 방식은 개인적 카리스마에 근거한 충원이다. 추종자층이나 사도층은 일상화의 경우에 충원을 위한 **규범**을 설정할 수 있다. 특히,

a) 교육의 규범,

b) 확인 시험의 규범을 설정할 수 있다.

카리스마는 '일깨워지'고 '시험에 의해 확인' 될 뿐이지, '학습' 되거나 '교습' 될 수 없다. 모든 종류의 주술적 금욕(주술사, 영웅의)과 모든 수련기 *Noviziate*는 행정 간부의 단체를 폐쇄하는 범주에 속한다(카리스마적 교육에 대해서는 제IV장을 볼 것). 오직 시험에 의해 확인된 수련자에게만 우두머리 권력이 허가된다. 진정한 카리스마적 지도자는 이러한 요구에 성공적으로 저항할 수 있다. 후계자는 이러한 저항을 할 수 없고, 행정 간부에 의하여 선출된 후계자(제11항, d)는 거의 이러한 저항을 할 수가 없다.

'남자의 집' 에서의 모든 전사의 금욕과 모든 주술사의 금욕은 신입자 성별(聖別) *Zöglingsweihe* 및 연령 계급과 함께 이처럼 충원을 규제하는 형식에 속한다. 전사 시험을 합격하지 못한 사람은 '여자' 로 남게 된다. 즉, 추종자층에서 배제된다.

2.) 카리스마적 규범은 쉽게 전통적인 **신분적**(세습 카리스마적) 규범으로 변할 수 있다. 지도자의 세습 카리스마(제11항, e)가 타당성을 지니게 되면, 행정 간부를 선별하고 사용하는 데 있어서도 그리고 경우에 따라서는 신봉자를 선별하고 사용하는 데 있어서조차도 세습

카리스마가 규칙으로 작용한다는 것은 명백하다. 어느 정치적 단체가 엄격하고 완전하게 이러한 세습 카리스마의 원칙에 구속되는 곳에서는, 즉 모든 종류의 우두머리 권력·봉토·녹봉·영리 기회의 전유가 모두 이러한 원칙에 따라 이루어지는 곳에서는, '문벌 국가 *Geschlechterstaat*'의 유형이 존재한다. 모든 권력과 온갖 종류의 기회가 전통화되는 것이다. 씨족장(그러니까 개인적으로 카리스마에 의해 정당화되지 않은 전통적인 원로나 가부장)은 그러한 권리 행사를 조절하며, 이 권리 행사는 씨족에게서 탈취될 수 없다. 지위의 종류가 사람이나 그의 씨족의 '서열'을 규정하는 것이 아니라, 세습 카리스마적인 씨족 서열이 그 사람에게 어떤 지위가 귀속되는가를 결정하는 척도가 된다.

그 중요한 예로는 관료화되기 이전의 일본을 들 수 있고, 합리화가 이루어진 분할 국가 시대 이전의 중국에서도('연륜이 오래된 가족') 의심의 여지가 없이 그러한 세습 카리스마의 원칙이 널리 만연되어 있었다. 그리고 카스트 질서의 인도가 그러하였으며, 러시아에서는 세습 카리스마의 원칙이 문지제 *Mjestnitschestwo* 실시 이전에 나타났는데, 나중에는 다른 형식으로 등장했다. 또한 확고하게 특권을 부여받은 모든 '출생 신분'(이에 대해서는 제IV장을 참고할 것)은 어디서나 세습 카리스마의 원칙이 적용된 예였다.

3.) 행정 간부는 그의 구성원을 위하여 개인적인 지위와 영리 기회의 창출을 요구하고 그 전유를 관철시킬 수 있다. 이 경우에는 전통화가 이루어지는가 또는 합법화가 이루어지는가에 따라 다음과 같은 지위와 영리 기회가 생겨난다.
  a) 녹봉(봉록화. —— 위를 볼 것),
  b) 직위(가산화와 관료제화. —— 위를 볼 것),
  c) 봉토(봉건화[아래의 제12b항을 볼 것]).

카리스마적인 행정 간부의 구성원은 원래 독지(篤志)적인 후원이나 약탈물에 의해 순전히 무우주론적으로 급양되었는데, 이제는 그 대신에 위와 같은 지위와 영리 기회가 전유된다. 이를 보다 자세히 살펴보면,

a에 관하여:

α. 동냥 녹봉,

β. 현물 지대 녹봉,

γ. 화폐 조세 녹봉,

δ. 행정 수수료 녹봉.

이것들은 처음에는 순전히 독지적 후원에 의한(α) 급양이거나 순전히 약탈에 의한(β, γ) 급양이었던 것이 합리적인 재정 조직에 의해 조절됨으로써 나타난다.

α)에 관하여: 불교,

β)에 관하여: 중국과 일본의 쌀 녹봉,

γ)에 관하여: 모든 합리화된 정복 국가에서 규칙이 되어 있다,

δ)에 관하여: 어디서나 수많은 개별적인 경우가 발견된다. 특히 성직자와 재판관의 경우에 그러하다. 그리고 인도에서는 군사적 권력의 경우에도 그러하다.

b에 관하여: 카리스마적인 사명의 '직위화'는 보다 가산제화의 성격을 지닐 수 있거나 보다 관료제화의 성격을 지닐 수 있다. 전자의 경우가 단연 통례이고, 후자는 서양의 근대와 고대에서 발견되며, 그 밖의 다른 곳에서는 보다 드물게 그리고 예외적으로 나타난다.

c에 관하여: α. 지위 자체의 사명적 성격이 유지된 채 경지가 봉토로서 전유된다,

β. 우두머리 권력이 완전히 세습적 이용권으로서 전유된다.

양자는 분리되기가 어렵다. 하지만 지위의 사명적 성격은 쉽게 완전히 소멸하지 않으며, 중세에도 그러하였다.

제12a항. 카리스마의 일상화와 그 영향

카리스마가 일상화되기 위한 전제로는 카리스마에 내포되어 있는 경제에의 생소함이 제거되어야 하고, 재정 회계적인 (재정) 형식의 수요 충족에 적응되어야 함과 아울러 조세와 납세의 능력을 지닌 경제 조건에 적응되어야 한다. 사명이 봉록화되면 '평신도'가 '성직자'와 대립하게 되는데, 이 성직자들(클레로스 χλῆρος)은 이제 일상화된 카리스마적 행정 간부(형성되는 '교회'의 사제)에 ('지분'을 갖고) 참여하는 구성원이다. 그리고 정치적 단체가 형성되면, 더욱이 그 합리성의 경우에 '국가'가 형성되면, '조세 신민'은 봉건 가신, 녹봉 수혜자, 관료와 대립하게 되거나, 이를테면 '신임자'와 대립하는 대신에 이제는 고용된 정당 관료와 대립하게 된다.

이러한 현상은 불교도와 힌두교 종파에서 전형적으로 관찰된다(「종교 사회학」을 볼 것). 또한 지속적인 구성체로 합리화된 모든 정복 제국에서도 그러하다. 또한 정당과 원래는 순전히 카리스마적인 다른 종류의 구성체에서도 사정은 마찬가지이다.

그러니까 카리스마적인 지배 단체는 일상화와 함께 전반적으로 일상적인 지배의 형식에, 즉 가산제적이거나(특히 신분제적이거나) 관료제적인 지배 형식에 귀착하게 된다. 카리스마적인 지배 본래의 특수한 성격은 우두머리 및 행정 간부가 전유하고 있는 것의 세습 카리스마적 또는 직위 카리스마적인 신분적 명예에, 그러니까 우두머리적 위세의 방식에 나타난다. '신의 은총'을 입은 세습 군주는 단순한 가산제적 우두머리나 가부장 또는 부족장 Scheich이 아니며, 봉건 가신은 단순한 가신이나 관료가 아니다. 보다 상세한 것은 '신분'에 관한 논의에 속하는 사항이다.

일상화는 싸움 없이 이루어지지 않는 것이 규칙이다. 처음에는 카리스마에 대한 우두머리의 개인적인 요구가 잊혀지지 않으며, 직위 카리스마나 세습 카리스마가 개인적 카리스마와 벌이는 싸움은 역사에서 전형적으로 나타나는 현상이었다.

1. 고해권(告解權, 영혼의 구제를 받지 못할 죄악의 사면)은 단지 개인적인 순교자와 금욕자에 귀속된 우두머리 권리였을 뿐인데, 주교와 사제의 직위에 따르는 권력으로 변형되어 갔으며, 이러한 변형은 로마의 '직위' 개념의 영향을 받은 서양보다는 동양에서 훨씬 느리게 이루어졌다. 세습 카리스마나 직위 권력에 대항하는 카리스마적 지도자의 혁명은 국가에서부터 노동조합(바로 지금!)에 이르기까지 모든 단체에서 발견된다. 그러나 화폐 경제의 중개 경제적인 종속성이 더욱 발전하면 할수록 신봉자층의 일상적인 욕구의 압력이 더욱 강해지고 이와 함께 일상화에의 경향이 더욱 강해진다. 이러한 경향은 어디서나 일어났고 예외없이 빠르게 승리를 거두었다. 카리스마는 종교적(예언적) 또는 정치적(정복) 지배의 전형적인 초기 현상이다. 하지만 지배가 확립되자마자, 무엇보다도 지배가 대중적 성격을 띠게 되자마자, 카리스마는 일상의 권력에 밀려나게 된다.

2. 카리스마의 일상화를 추진하는 동기는 당연히 모든 경우에 카리스마를 안전하게 보존하려는 노력이며, 이것은 우두머리의 신봉자층과 추종자층을 위해서 사회적인 우두머리적 위치와 경제적 기회를 정당화하는 것이다. 또다른 하나의 동기는 행정의 정상적인 일상적 요구와 조건에 질서와 행정 간부가 적응해야 한다는 객관적인 필연성이다. 특히 정상적인 행정 간부뿐만 아니라 피지배자가 필요로 하는 행정 전통과 재판의 전통을 위한 준거가 필요하다. 나아가서 행정 간부의 구성원을 위한 지위에 관하여 그 어떤 질서가 필요하다. 마지막으로 그리고 무엇보다도

── 이에 대해서는 나중에 별도로 논의하게 된다 ── 행정 간부와 모든 행정 방책이 경제적인 일상 조건에 적응해야 할 필요가 있다. 전사와 예언자의 카리스마가 활동 단계에 있을 때와 같이 약탈물·기부·증여·향응에 의해 비용을 충당한다는 것은 일상의 지속적인 행정에 가능한 토대는 아니다.

3. 따라서 일상화는 후계자 문제에 의해서만 야기되는 것이 아니며, 이 문제에만 관련되어 있는 것은 더욱 아니다. 그렇기는커녕 카리스마적인 행정 간부와 행정 원칙으로부터 일상적인 행정 간부와 원칙에로의 이행은 중요한 문제이다. 그러나 후계자 문제는 카리스마적인 핵심부, 즉 우두머리 자신과 그의 정당성의 일상화에 관련되어 있으며, 전통적 또는 합법적인 질서와 행정 간부에로의 이행 문제와 달리 이러한 경과로부터서만 이해될 수 있는 특수한 종류의 특징적인 창조적 구상들을 보여주고 있다. 이 가운데 가장 중요한 것은 카리스마적인 후계자 지명과 세습 카리스마이다.

4. 카리스마적인 우두머리 자신에 의한 후계자 지명에 있어서 역사적으로 가장 중요한 예는 이미 언급했다시피 로마이다. 왕 *rex*에 있어서 후계자 지명은 전통에 의해 고수되었고, 원수 *Prinzipat*의 후계자와 집정관 *Diktator*, 공동 섭정의 임명에 있어서 후계자 지명은 역사 시대에 확정되어 있었다. 명령권을 지닌 모든 고위 관료를 임명하는 방식을 보면 이들에 있어서도, 다만 시민 군대의 인준을 받아야 한다는 조건이 따르기는 했지만, 최고 지휘관에 의한 후계자 지명이 존속했던 것이 분명하다. 왜냐하면 후보자들이 재직 중인 고위 관료에 의해 심사되고 원래는 명백히 자의적으로 배제되었다고 하는 사실이 발전 과정 속에서 분명하게 드러나기 때문이다.

5. 카리스마적 추종자에 의한 후계자 지명에 있어서 가장 중요한 경우는 ── 원래 ── 사제단 쪽에서의 지명에 의해 주교가, 특히 교황이, 임용되고 자치공동체에 의해 인준되었던 사실이다. 그리고 독일 왕의 선출은 (슈투츠 Ulrich Stutz가 개연성이 있는 것으로 증명하였다시피) 주교 임용

의 예를 나중에 변형한 것이었다. 즉, 독일의 왕은 특정한 제후들에 의해 지명되고 (무장 능력을 지닌) '인민'에 의해 인준되었다. 이와 비슷한 형식은 매우 흔히 발견된다.

6. 세습 카리스마의 발전에 있어서 전형적인 나라는 인도였다. 모든 직업적 자질 그리고 특히 모든 권위의 자격과 지배에 관계된 지위가 거기서는 엄격히 세습 카리스마적으로 구속되는 것으로 여겨졌다. 왕족에 소속되어 있는 사람만이 우두머리 권리를 지닌 봉토를 요구할 수 있었고, 왕족의 최연장자에게 봉토를 청원하였다. 대단히 중요하고 영향력 있는 구루 *Guru* (영혼의 감독자 *Directeur de l'âme*)의 지위를 포함한 모든 교권제적 직위, 모든 할당된 고객 관계, 촌락 체제 내의 모든 지위(사제·이발사·세탁부·경비원 등)는 세습 카리스마적으로 구속되는 것으로 여겨졌다. 하나의 종파를 창립한다고 하는 것은 언제나 하나의 세습 위계를 창립함을 의미하였다(중국의 도교에서도 그러했다). 일본의 '문벌 국가'(이것은 중국을 본떠서 도입된 가산관료 국가 이전의 사정이며, 이 후에는 봉록화되고 봉건화되었다)에서도 사회적 편성은 순전히 세습 카리스마적이었다(이에 대하여 보다 상세한 것은 다른 연관 속에서 논의될 것이다).

지배에 관련된 지위에 대한 이 같은 세습 카리스마적 권리는 전 세계에 걸쳐 비슷하게 발전되었다. 자기 자신의 업적에 의한 자격은 혈통에 의한 자격으로 대체되었다. 이러한 현상은 어디서나 출생 신분의 발전에 토대가 되었다. 로마 귀족의 경우가 그러했고, 타키투스 *Tacitus*에 의하면 게르만족의 '왕계(王系) *stirps regia*'라는 개념도 그러한 현상을 나타내고 있으며, 마상(馬上) 창시합에 참가할 수 있는 자격과 교회를 건립할 수 있는 자격에 관한 중세 후기의 규칙도 그러한 발전의 반영이고, 미국의 신귀족층에 관한 근대적인 족보 연구에서도 그러한 현상이 발견된다. 즉, '신분적' 분화(이에 대해서는 아래의 논의를 참조할 것)가 무르익은 곳에서는 일반적으로 어디서나 세습 카리스마적인 권리가 발전되었다.

경제와의 관계: 카리스마의 일상화는 아주 본질적인 측면에서, 끊임없이 작용하고 있는 일상적 힘으로서의 경제의 조건에 대한 적응과 동일하다. 이 경우에는 경제가 주도적인 역할을 하는 것이지, 종속적인 역할을 하는 것이 아니다. 여기서는 세습 카리스마적이거나 직위 카리스마적인 변형이 기존의 또는 획득된 처분권을 정당화하는 수단으로서 가장 널리 이바지한다. 특히 세습 왕조에 대한 집착은—확실히 중요하지 않다고 할 수 없는 신의(信義) 이데올로기 이외에—여하튼 다음과 같은 생각 때문에도 매우 강하게 된다. 즉, 왕위의 세습적 신성(神聖)에 대한 내적 구속성이 없어지면 세습되고 정당하게 획득된 모든 소유가 손상될 것이라는 생각이 바로 그것이다. 따라서 세습 왕조에 대한 집착이 프롤레타리아트 *Proletariat* 보다는 이를테면 소유 계층에게 더 적합한 것은 우연이 아니다.

그 밖에 경제에 대한 다양한 적응 가능성의 관계에 대하여 어떤 아주 일반적인 것을(그리고 이와 동시에 실제적으로 내용 있고 가치 있는 것을) 진술한다는 것은 확실히 불가능하다. 이것은 별도의 고찰에 의해서만 가능할 것이다. 모든 종류의 기회가 봉록화·봉건화되고 세습 카리스마적으로 전유되면, 이러한 발전이 카리스마로부터 시작하여 이루어졌든 가산제적이고 관료제적인 처음 상태로부터 시작하여 이루어졌든, 모든 경우에 인습화적인 영향을 끼칠 수 있으며, 이로써 경제에 다시 영향을 끼칠 수 있다. 경제적으로도 한결같이 강력하게 혁명을 일으키는—(아마도) 새롭고 '무조건적인' 지향성 때문에 처음에는 흔히 파괴적인—카리스마의 힘은 그렇게 되면 그 처음의 영향과는 반대 방향으로 작용을 하게 된다.

(카리스마적) 혁명의 경제학에 대해서는 경제를 이야기할 때 별도로 논의가 이루어져야 한다. 그것은 극도로 다양하다.

6. 봉건제

제12b항. 봉건제 · 봉토 봉건제

또한 앞서 제12항의 3번에서 언급했던 경우(c: 봉토)에 대해서는 별도의 논의가 이루어져야 한다. 그 이유는 더욱이 봉토로부터 봉건제라고 하는 일종의 지배 단체의 구조가 생겨나올 수 있기 때문이다. 이 봉건제는 가산제와 다를 뿐만 아니라 진정한 카리스마주의나 세습 카리스마주의와도 다르고 커다란 역사적 의의를 지녀왔다. 우리는 그 순수한 형식으로서 봉토 봉건제와 녹봉 봉건제를 구분하고자 한다. 그 밖에 군사적 용역에 대한 대가로 직전(職田)을 수여하는 형식이 '봉건제'라고 불리우는데, 이것은 모두가 사실은 가산제적인(가신주의적인) 성격의 것이며 여기서는 별도로 다루지 않겠다. 왜냐하면 다양한 종류의 녹봉에 대해서는 나중에 개별적인 서술을 할 때서야 비로소 논의할 것이기 때문이다[그리고 제12c항을 볼 것].

AA. 봉토는 언제나,

aa) 우두머리 권력과 우두머리 권리의 전유를 의미한다. 더구나 봉토로서는

α. 단지 자영 가계상의 [권력]만, 또는

β. 단체상의, 그리고 오직 경제적인(재정 회계적인) [권리]만, 또는

γ. 단체상의 명령권도[이에 대해서는 곧 이어지는 BB 이하의 논의를 볼 것] 전유될 수 있다.

봉토 수여는 특별한 용역에 대한 대가로서, 보통 일차적으로는 군사주의적인 용역과 이 외에 행정적인 용역에 대한 대가로서 수여됨으로써 이루어진다. 봉토의 수여는 매우 특별한 방식으로 이루어진다. 말하자면,

bb) 일차적으로는 순전히 개인적으로, 우두머리와 봉토 수령자(봉

건 가신)의 생명을 걸고서 이루어진다. 나아가,

cc) 계약에 힘입어, 그러니까 어느 자유로운 사람과의 계약에 힘입어 이루어진다.

dd) 이 자유인은 (여기서 봉토 봉건제라고 불리우는 관계의 경우에) 일종의 특별한 신분적(기사적) 생활을 운영한다.

ee) 봉토 계약은 통상적인 '거래 *Geschäft*'가 아니라, (물론) 불평등한 권리에로의 형제적 결합이며, 이 결과 양쪽 모두가 신의(信義) 의무를 지게 된다. 이러한 신의(信義) 의무는

αα) 신분적(기사적) 명예에 기초를 두고 있으며,

ββ) 확고한 한계가 설정되어 있다.

'α'(제12항, 3번의 'c에 관하여'를 논의하던 경우의) 유형으로부터 'β' 유형에로의 이행은 다음과 같은 곳에서 이루어진다.

aaa) 봉토가 세습적으로, 다만 온갖 새로운 우두머리가 들어설 때마다 온갖 새로운 점유자에 의한 신의(信義) 서약이 이루어질 수 있고 갱신된다는 전제 아래, 전유되는 곳에서. 그리고 이 외에

bbb) 모든 봉토가 신분 소속원의 급양 기금으로 여겨지기 때문에, 봉토적인 행정 간부가 강제적인 차용(借用)을 관철시키는 곳에서.

전자는 매우 이른 중세에 나타났고, 후자는 중세가 진행되는 중에 나타났다. 우두머리와 봉건 가신 사이의 싸움은 무엇보다도 이러한 원칙의 (암묵적인) 제거를 둘러싸고도 전개되었다. 이 원칙은 사실 우두머리 자신의 가산제적인 '왕가(王家)의 힘'의 창출이나 성취를 불가능하게 하였다.

BB. 봉토적 행정(봉토 봉건제)은 그것이 완전하게 실시될 경우에는 — 순수한 가산제와 마찬가지로 이처럼 절대적으로 순수한 모습이 관찰된 적은 일찍이 거의 없다 — 다음과 같은 것을 의미한다.

aa) 모든 우두머리 권력은 봉건 가신의 신의(信義) 서약에 힘입어

존재하는 용역 기회로 환원된다.

bb) 정치적 단체는 우두머리와 그의 봉건 가신, 이 봉건 가신과 이 봉건 가신이 다시금 봉토를 수여한(재봉토화된) 하급 봉건 가신, 그리고 나아가 경우에 따라서는 이 하급 봉건 가신의 또다른 하급 봉건 가신 사이의 순전히 개인적인 신의 관계의 체계로 완전히 대체된다. 우두머리는 그의 봉건 가신에게만 신의를 요구하며, 이 봉건 가신은 다시 그의 하급 봉건 가신에게만 신의를 요구한다.

cc) 오직 '배신(背信) Felonie'의 경우에만 우두머리는 봉건 가신으로부터, 그리고 이 봉건 가신은 그의 하급 봉건 가신으로부터 봉토를 박탈할 수 있다. 그리고 이 때 우두머리는 신의를 깨뜨린 봉건 가신에 대항하여 다른 봉건 가신에 의존하거나 '신의를 깨뜨린 자'의 하급 봉건 가신의 수동성에 의존하게 된다. 이러한 두 가지 경우 가운데 어떤 경우라도, 신의를 깨뜨린 자 이외의 다른 봉건 가신 및 신의를 깨뜨린 자의 파기자의 하급 봉건 가신 쪽에서도 그들의 동료 및 우두머리가 그의 우두머리에 대한 신의를 깨뜨리고 있다고 여길 경우에만 현실화될 수 있다. 이 때조차도 신의를 깨뜨린 자의 하급 봉건 가신에게서 그러한 수동성이 현실화되지 않을 수 있다. [상급] 우두머리가 적어도 이러한 경우를, 즉 자기의 우두머리가 상급 우두머리에 대항하여 싸우는 싸움을, 재봉토화 Subinfeudation에 있어서 제외하지 못했다면(이러한 제외를 관철시키기 위해서 끊임없는 노력이 경주되었지만, 반드시 달성되지는 않았다) 그러한 수동성이 현실화되지 않을 수 있다.

dd) 재봉토화의 순서에 따라 일종의 신분제적인 봉토 위계(작센 법전 Sachsenspiegel의 '군대 문장')가 존재한다. 그러나 이러한 순서는 '심급 순서'도 아니고 '위계'도 아니다. 왜냐하면 어떤 조처나 판결에 대하여 그 취소를 청구할 수 있는지의 여부와 누구에게 그러한 이의를 제기할 수 있는가 하는 문제는 원칙적으로 '최고 재판소'의 체계에 따라 해결되지, 봉토 위계적인 체계에 따라 해결되는 것은 아니기 때문이다(최고 재판소는 ── 이론적으로 ── 재판권 점유자의 동료에게 세습적인 대상으로서 수여될 수 있다. 이러한 수여가 사실적으로 흔한 경우는 아니었다고 할지라도 말이다).

ee) 봉토 위계에서 가산적인 우두머리 권력이나 단체상의 우두머리 권력을 지닌 봉토 담지자로서의 위치에 있지 않은 이들은 '농노', 즉 가산적으로 예속되어 있는 사람이다. 이들은 이들의 전통적인, 특히 신분적인 상태가 야기하거나 허용하는 한, 또는 이들로서는 전반적으로 그에 대항하여 방어할 능력이 없는 군사주의적 봉토 점유자의 권력이 예속을 강제할 줄 아는 한, 봉토 수령자에게 예속된다. 우두머리(강제적인 차용)에 대해서뿐만 아니라 봉토 비담지자에 대해서도 영주 없는 토지는 없다 *nulle terre sans seigneur*라고 하는 명제가 타당한 것이다. 과거의 직접적인 단체상의 우두머리 권력의 유일한 잔재는 거의 언제나 존속하는 다음과 같은 기본 명제이다. 즉, 봉건 영주가 우두머리 권력을, 무엇보다도 재판권을 갖고 있는 장소는 바로 그가 체류하는 곳이다.

ff) 자영 가계적인 권력(영토 · 노예 · 예속인에 대한 처분권), 단체상의 재정 회계적 권리(조세권 및 징세권), 단체상의 명령권(재판권과 징집권, 즉 '자유민'에 대한 권력)은 〔세 가지 권리 모두가〕 동일한 종류의 봉토화 대상이다.

그러나 단체상의 명령권은 한결같이 특수 규정에 종속된다.

고대 중국에서는 순수한 지대 봉토와 지역 봉토가 명칭에 있어서도 구별되었다. 서양의 중세에서는 이러한 구별이 없었지만, 신분적 자질과 여기서는 다루지 않은 수많은 개별적인 사항에 따라 분명히 구별이 이루어졌다.

단체상의 명령권이 봉토화된 재산권처럼 완전하게 전유되는 것은 흔히 여러 가지 이행적인 단계와 지체를 ── 이에 대해서는 나중에 따

472

로 논의할 것이다 —— 거쳐서만 관철된다. 변함없이 남아 있는 것은 한 결같이, 가계적인 권리나 순전히 재정 회계적인 권리만을 봉토로 수여받은 사람과 단체상의 명령권, 즉 재판 관할권(무엇보다도 생사 여탈권)과 군사적 관할권(특히 모병권)을 지닌 軍旗領 *Fahnleben*)을 봉토로 수여받은 사람(정치적 봉건 가신) 사이의 신분적인 차이이다.

순수한 봉토 봉건제에 근접하게 되면 우두머리의 권력은 말할 것도 없이 매우 불안정해진다. 왜냐하면 행정 자원을 소유하고서 봉토를 전유하고 있는 행정 간부의 복종 의사(意思)와 순수한 개인적인 신의에 우두머리 권력이 의존하게 되기 때문이다. 따라서 우두머리와 봉건 가신 사이에 우두머리 권력을 둘러싸고 벌어지는 잠재적인 싸움은 거기서 만성적이며, 실제로 이상형적인 봉토적 행정(aa~ff에 따른)은 그 어느 곳에서도 관철되거나 하나의 유효한 지속적 관계에 머물러 있지 않았다. 그게 아니라 우두머리는, 그가 그러한 능력을 지니고 있는 곳에서는, 다음과 같은 방책을 강구하였다.

gg) 우두머리는 순전히 개인적인 신의(信義)의 원칙(cc와 dd)에 대하여 다음과 같은 사항을 관철시키려고 한다.

αα) 한편으로는 재봉토화를 제한하거나, 그렇지 않은 경우에는 재봉토화를 금지시키고자 한다.

서양에서 빈번히 이러한 처분이 이루어졌는데, 바로 행정 간부가 자신의 세력에 대한 이해 관심 때문에 이 같은 처분을 시도하는 일이 흔하였다(중국에서는 기원전 630년의 제후 연합이 그러한 경우이다).

ββ) 최고 봉건 군주인 우두머리 자신에 대항하는 전쟁이 일어나는 경우에 하위 봉건 가신이 최고 봉건 군주에 대항하는 그들의 우두머리에 대하여 바쳐야 할 신의 의무가 타당성을 지니지 못하도록 하고자 한다. 그리고 가능하다면

γγ) 하위 봉건 가신도 그에게, 즉 최고 봉건 군주에게 직접적인 신

의 의무를 다하게 하고자 한다.

hh) 우두머리는 단체상의 우두머리 권력〔봉건 가신〕의 행정을 통제하는 그의 권리를 확보하려 한다. 이를 위한 수단에는 다음과 같은 것들이 있다.

$\alpha\alpha$) 농노가 그에게, 즉 최고 봉건 군주에게 소원을 제기할 수 있는 권리와 그의 재판을 탄원할 수 있는 권리,

$\beta\beta$) 정치적 봉건 가신의 궁정에 감독관의 배치,

$\gamma\gamma$) 모든 봉건 가신의 신민에 대한 독자적인 조세권,

$\delta\delta$) 정치적 봉건 가신의 일정한 관료의 임명,

$\varepsilon\varepsilon$) 다음과 같은 기본 명제의 고수.

    aaa) 다른 봉건 영주가 임석해 있거나, 나아가서 그가 다른 봉건 영주를 내세울 경우에도 모든 우두머리 권력이 그에게, 즉 최고 봉건 군주에게 남아 있다는 것.

    bbb) 그는 봉건 군주로서 온갖 사안에 대하여 자유 재량에 따라 그의 재판을 받도록 할 수 있다는 것.

우두머리가 봉건 가신을 상대로(그리고 우두머리 권력을 전유하고 있는 다른 사람에 대항하여) 이러한 권력을 획득하거나 주장할 수 있는 것은 다음과 같은 경우에만 가능하다.

ii) 우두머리가 자체적인 행정 간부를 조달하거나, 다시 조달하거나, 이에 상응하게 형성시킬 경우. 이러한 행정 간부는 다음과 같은 종류일 수 있다.

$\alpha\alpha$) 가산적인(가신주의적인) 행정 간부,

서양에서는 중세에 아주 여러 가지 종류가 있었고, 일본에서는 쇼군(將軍)의 바쿠후(幕府)에서 찾아볼 수 있는데, 쇼군은 다이묘(大名)들을 매우 민감하게 감독하였다.

$\beta\beta$) 가산 외적인, 신분적으로 문학자적인 행정 간부,

성직자(기독교 · 브라만교의)와 서기(書記) *Kayasth's*〔인도의 카스트
명칭〕(불교 · 라마교 · 이슬람교의), 또는 문학자(중국에서는 유학자).
이들의 특성과 강력한 문화적 영향에 대해서는 제IV장을 볼 것.

γ) 전문적으로, 특히 법률적 그리고 군사주의적으로 교육을 받은
행정 간부.

중국에서는 11세기에 왕안석이 제안하였지만 실패하였다(그러나 그
당시에는 더 이상 봉건 영주들 *die Feudalen*에 대항해서가 아니라, 문학
자들에 대항해서 그처럼 전문적인 행정 간부의 등용을 제안했다). 서양
에서는 민사 행정을 위해 교회(교회법을 통해서)와 국가(로마법을 통해
서, 영국에서는 로마의 사유 형식에 의해 합리화된 불문법 *Common Law*
을 통해서)에서 대학 교육이 시행되었다. 이것은 근대적인 서양 국가의
맹아였다. 서양의 군대 행정에 있어서는 17세기 이래로(영국과 프랑스에
서는 그 이전에) 자본주의적인 군대 기업가(용병 지휘자)가 군주의 합리
적인 재정 행정을 통해서 군주의 권력에 의해 몰수당함으로써 전문적인
행정 간부의 등용이 관철되었다.

우두머리와 봉토적 행정 간부 사이의 이러한 투쟁은 —— 이 투쟁이
서양에서는(일본에서는 그렇지 않았다) 신분 조합 *Stände-Korpo-
rationen*의 힘에 대항하는 우두머리의 투쟁과 흔히 동시에 일어났고,
실제로 부분적으로는 그것과 동일하였다 —— 근대 시대에는 어디서나,
그 중에서도 특히 서양에서는, 우두머리의 승리로 끝났다. 그리고 이
것은 관료제적 행정의 승리를 의미하였다. 이러한 승리가 맨 처음에
는 서양에서 이루어졌고, 그 다음으로 일본과 인도에서는(그리고 아
마도 중국에서는) 우선은 외세 지배의 형식으로 이루어졌다. 서양이
그렇게 될 수 있었던 데에는, 순전히 역사적으로 주어진 서양의 세력

판도(版圖) 이외에 경제적인 조건과, 무엇보다도 (오직 거기서만 서양적인 의미로 발전된) 도시를 근거로 한 시민층의 발생 및 개별 국가들 사이에 합리적인(즉, 관료제적인) 행정을 통해서 전개된 세력 경쟁, 그리고 재정 회계적인 이유 때문에 자본주의적인 이해 당사자와 체결한 동맹이 결정적인 역할을 하였다. 이에 대해서는 나중에 논의할 것이다.

제12c항. 녹봉 봉건제와 그 밖의 봉건제

온갖 '봉건제'가 서양적 의미에서의 봉토 봉건제는 아니다. 그게 아니라 그 외에도 특히 다음과 같은 봉건제가 있다.

A. 재정 회계적으로 야기된 녹봉 봉건제.

이슬람의 근동 아시아와 모굴Mogul 지배의 인도에서 전형적으로 나타났다. 이와 달리 진시황제 이전에 존재하던 고대 중국의 봉건제는 적어도 부분적으로는 봉토 봉건제였지만, 이 밖에도 물론 녹봉 봉건제가 나타났다. 일본의 봉건제는 다이묘(大名)의 경우 우두머리〔幕府〕자신의 독자적인 통제에 의해 완화되어진 봉토 봉건제이지만, 사무라이(武家)와 부케(侍)의 봉토는 (흔히 전유된) 가신 녹봉이다(이것은 고쿠다카〔石高〕—— 미곡 지대의 수확고 —— 에 따라 토지 대장에 등록되었다).

우리는 다음과 같은 경우를 녹봉 봉건제라 부르고자 한다.
aa) 녹봉의 전유가 관건인 경우, 즉 수익에 따라 평가되고 수여되는 지대가 관건인 경우. 나아가서
bb) 전유가 (근본적으로, 실제로는 반드시 그렇지 않다고 할지라도) 오직 개인적으로만, 그것도 업적에 따라, 그러니까 경우에 따라서는 승진과 더불어 이루어지는 경우.

터키의 시파이 *Sipahi* 녹봉이 적어도 합법적으로는 그러하였다.

그러나 무엇보다도 〔다음과 같은 경우를〕 녹봉 봉건제라 부르고자 한다.

cc) 일차적으로 우두머리와의 형제적 결합의 계약을 통해서 개인적이고 자유로운 인적 신의(信義) 이데올로기 Treue-Ideologie 관계가 개인적으로 수립되고 이에 따라 하나의 개인적인 봉토가 양도되는 것이 아니라, 일차적으로 우두머리의 더욱이 가산제적인(흔히 전제 군주제적인) 징세 단체의 재정 회계적인 목적이 존속하는 경우. 이러한 사정은 (대개) 토지 대장에 의해 세액이 사정(査定)된 수익 대상이 양도된다고 하는 사실에 표현된다.

봉토 봉건제의 일차적인 발생은, 반드시 그렇지는 않지만 아주 한결같이, (거의) 순전히 현물 경제적인, 그것도 정치적 단체의 인적인 수요 충족(봉사 의무·병역 의무)으로부터 이루어진다. 봉토 봉건제는 무엇보다도 교육되지 않고 경제적인 여유가 없으며 더 이상 스스로 무장할 능력이 없는 군대의 징집 대신에, 교육되고 전투 장비를 갖추고 있으며 개인적인 명예로 결합된 기사 군대를 원한다. 녹봉 봉건제의 일차적인 발생은 한결같이 화폐 경제적인 재정 행태의 변전(현물 용역적인 자금 조달에로의 '퇴행')이며, 다음과 같은 이유에서 이루어질 수 있다.

αα) 불안정한 수입의 위험 부담을 기업가에게 전가하기 위해(즉, 일종의 징세권 임대가 변화된 방식으로서). 그 대가로는

aaa) 가산 군주의 군대를 위해 일정한 전사(기마병, 경우에 따라서는 전차, 胸甲兵, 병참, 경우에 따라서는 화포)의 징집을 떠맡게 한다.

중세 중국에서 빈번히 그러하였다. 개별적인 종류의 전사가 단위 면적에 할당되었다.

경우에 따라서는 이 외에도 다음과 같은 대가를, 또는 오로지 다음

과 같은 대가만을 요구한다.

bbb) 민사 행정의 비용을 떠맡게 한다. 그리고

ccc) 조세 전액을 군주의 금고에 인도하도록 한다.

인도에서 흔히 그러하였다.

그에 대한 대가로는 다음과 같은 것이 당연히 보장된다(이러한 의무를 이행할 수 있기 위해서도).

ddd) 다양한 범위의 우두머리 권리의 전유가 보장된다. 이 권리는 우선 한결같이 해약이 가능하고 다시 매입할 수 있지만, 재정 수단이 부족할 경우에 사실적으로는 흔히 확정적으로 전유된다.

이 경우에는 그처럼 확정적인 전유자는 적어도 지주가 된다. 이들은 흔히 포괄적인 단체상의 우두머리 권력을 소유하기에 이르기도 한다.

무엇보다도 인도에서 그러하였다. 여기서는 차민다르 *Zamindar*, 야기르다르 *Jagirdar*, 그리고 탈루크다르 *Talukdar*의 장원 지배가 예외없이 그렇게 생겨났다. 그러나 베커 Carl Heinrich Becker (그는 서양의 봉토 제도와의 차이를 처음으로 올바르게 관찰했다)가 상술하였듯이, 동양의 근동 아시아의 수많은 지역에서도 그러하였다. 이것은 일차적으로는 징세권의 임대였고, 이러한 징세권의 임대가 변하여 이차적으로 '장원 지배'가 되었다. 루마니아의 '지주 귀족 *Bojaren*'은 지구상에서 가장 혼합적인 사회의 후예로서 유대인 · 독일인 · 그리스인 등으로 이루어져 있는데, 이들도 처음에는 조세 임차인으로서 우두머리 권리를 전유했다.

$\beta\beta$) 우두머리가 가산제적 군대의 급료를 지불할 능력이 없고 이 군대를 (추후에 합법화되는) 찬탈을 당하게 되면, 장교와 군대는 조세 원천을, 즉 경지와 신민을 전유하게 된다.

칼리프 *Khalifen* 제국의 유력한 대한(大汗)들 *Khanen*이 이러하였고, 동양의 모든 전유의 원천이나 모범은 마멜루켄 *Mameluken* 군대(이것은 사실 형식적으로는 일종의 노예 군대였다)의 그것에 이르기까지 이러하였다.

이 같은 전유가 반드시 토지 대장에 의해 규정되는 녹봉 봉토화를 초래하는 것은 아니다. 그러나 이러한 녹봉 봉토화에 근접해 있으며 또 이러한 봉토화를 초래할 수 있다는 것이다.

터키의 지파이 *Sipahi* 봉토가 어느 정도나 '봉토' 또는 '녹봉'에 더 가까운가 하는 것은 여기서는 아직 논의될 수 없다. 합법적으로 그 봉토는 '업적'에 의한 '승진'을 알고 있다.

이러한 두 가지 범주가 알아채기 어려운 이행 단계를 거쳐 결합되어 있으며, 어느 하나의 범주에 명확하게 지정하는 것이 거의 불가능하다고 하는 사실은 명백하다. 뿐만 아니라 녹봉 봉건제는 순수한 봉록화에 아주 근접해 있으며, 여기에도 유동적인 이행 단계들이 존재한다.

부정확한 전문 용어에 의하면, 우두머리와의 자유 계약에 근거한 봉토 봉건제 이외에도, 그리고 재정 회계적인 녹봉 봉건제 이외에도 또한:

B. (이른바) 도시 국가 봉건제가 있다. 이 봉건제는 상호 동일한 권리와 함께 순전히 군사주의적인 생활 운영과 높은 신분적 명예를 지닌 지주의 (실재적인 또는 가상적인) 공동 거주제 *Synoikismus*에 토대를 두고 있다. '선택된 신분 *Kleros*'이 경제적으로 의미하는 바는, 오직 개별적으로 상속을 이어갈 수 있는 자격을 갖춘 사람에게 개인적으로만 전유되는 경지 지분이 배당된다는 것이며, 이것은 (신분적 소

유로서 할당된) 노예화된 자의 봉사를 제공하며 자체 무장(武裝)의 토대를 이룬다.

대충 살펴보아도 이 같은 상태는 단지 고대 그리스Hellas에서만 증명될 수 있으며(오로지 스파르타 Sparta에서만 완전히 발달되었다) '남자의 집'에서 성장해 나왔다. 이들 지주의 특수한 신분적 명예 관습과 기사적 생활 운영 때문에 이러한 상태를 '봉건제'라고 부를 수도 있겠지만, 이것은 비유적인 표현일 뿐 본래적인 의미에서의 봉건제는 아니다. 로마에서는 '소유지fundus〔토지 및 그것으로부터의 수입〕'(=동료권)라는 표현이 헬레네의 클레로스χλῆρος에 상응하는 것이기는 하다. 그러나 비슷한 형태를 지니고 있었을 쿠리아 curia(co-viria = 안드레이온 ανδρεϊον · 남자의 집) 체제에 관해서 여기에 보고되어 있는 바는 없다.

신분적으로 특권을 부여받은 모든 군사주의적 계층, 제도, 그리고 관습을 흔히 가장 넓은 의미에서 '봉건적'이라고 부른다. 여기서는 이처럼 아주 부정확한 명칭을 피해야 마땅하다.
C. 그와 반대되는 이유 때문에: 즉, 비록 봉토화된 대상(봉토)이 존재하기는 하지만, 이것이
1. 자유로운 계약에 힘입은 것이 아니라(우두머리나 신분 동료와의 형제적 결합에 힘입어서가 아니라), 자기의 (가산적) 우두머리의 명령에 힘입은 것이거나, 또는 비록 자유로운 계약에 힘입은 것이라고 할지라도
2. 고결한 기사적 생활 운영을 바탕으로 인수된 것이 아니거나,
3. 자유로운 계약에 힘입은 것이 아닌 동시에 고결한 기사적 생활 운영을 바탕으로 인수된 것도 아닐 경우에는,
　　1에 관하여: 기사적으로 생활하지만 종속되어 있는 전사의 직무 봉토, 이와 마찬가지로
　　2에 관하여: 자유롭게 모집된 비기사적 전사에게 수여된 직무

봉토, 마지막으로

3에 관하여: 전사로서 이용되는 피보호인, 세습 소작인, 노예에
게 수여된 직무 봉토도

우리가 보기에는 또한 녹봉이다.

1에 관한 예: 서양과 동양의 가신, 일본의 사무라이.

2에 관한 예: 이것은 동양에서 나타났다. 예컨대 원래는 분명히 프톨
레메어 Ptolemäer(이집트의 왕조)의 전사에게서 나타났다. 이러한 직전
(職田)이 세습적으로 전유되었던 때문에 나중에는 전사도 직업으로서
전유된 것으로 여겨졌다고 하는 사실은 공출제 국가에로의 전형적인 발
전의 산물이다.

3에 관한 예: 고대 이집트의 이른바 '전사 카스트,' 중세 이집트의 마
멜루켄, 동양과 중국의 낙인 찍힌 전사(이들은 반드시 그러했던 것은 아
니지만 드물지 않게 경지를 봉토로 수여받았다) 등이 그 전형적인 예이
다.

여기에서도 ── 이 경우에는 (적어도 형식적으로는) 소극적으로 특
권을 부여받은 ── 순전히 군사주의적인 신분이 존재한다고 하는 의
미에서 '봉건제'를 운위한다면 이는 아주 부정확한 것이다. 이에 대
해서는 제IV장에 논의하게 될 것이다.

제13항. 다양한 지배 유형의 혼합

지금까지 진술한 내용을 두고 볼 때 다음과 같은 사실에 대해서는
의심의 여지가 있을 수 없다. 즉, 여태껏 논의된 '순수한' 유형들 가
운데 오직 어느 하나의 유형에만 속하는 지배 단체는 극히 드물다는
것이다. 특히 합법적 지배와 전통적 지배에 있어서 중요한 경우인 합
의제와 봉건제적 원칙이 아직 전혀 논의되지 않았거나 막연하게 암
시적으로 논의되었기 때문에도 더욱 그렇다. 그러나 일반적으로 확

정할 수 있는 점은, 온갖 지배의 근거는, 그러니까 온갖 순종의 근거는 지배하는 자(또는 지배하는 자들)를 위하는 믿음, 즉 그 '위세'에 대한 믿음이라는 것이다. 이러한 믿음이 아주 명확하게 오직 하나의 의미만을 지니고 있는 경우는 드물다. 이러한 믿음은 '합법적인' 지배의 경우에 결코 순수하게 합법적이지는 않다. 그게 아니라 합법성에 대한 믿음은 '익숙'해져 있다. 그러니까 그 자체가 전통에 제약되어 있는 것이다. 전통의 파괴는 이러한 믿음을 근절할 수가 있다. 그리고 합법성에 대한 믿음은 다음과 같은 소극적인 의미에서 또한 카리스마적이기도 하다. 즉, 어떤 정부든지 만회하기 어려운 명백한 실패를 하면 파멸에 이르게 되고 그 위세가 꺾이게 되며 카리스마적 혁명을 위한 시기를 무르익게 만든다는 것이다. 따라서 '왕조'로서는 패전이 위험하니 왕조의 카리스마를 '입증'되지 않은 것으로 보이게 하기 때문이고, '공화국'으로서는 승전이 위험하니 승전 장군을 카리스마적인 자질을 지닌 사람으로 추대하기 때문이다.

순전히 전통적인 공동체는 물론 존재하였다. 그러나 개인적으로 세습 카리스마적이거나 직위 카리스마적인 자격을 갖춘 정점(사정에 따라서는 순전히 전통적인 우두머리 이외에도)이 없이는 절대로 오래 가지 못했고, 이러한 정점이 없는 경우란 드물었다 — 이는 관료제적인 지배에도 해당된다 — . 일상의 경제 욕구는 전통적인 우두머리의 지휘 아래 충족되었고, 일상 외적인 경제 욕구(사냥·전리품)는 카리스마적인 지도자 아래서 충족되었다. '규약'의 가능성에 대한 생각도 그와 마찬가지로 매우 오래된 것이다(대개는 분명히 신탁에 의해 정당화되었다). 그리고 무엇보다도 행정 간부의 온갖 가산 외적 충원은 관료라고 하는 범주를 창출하였다. 이 범주가 합법적인 관료제로부터 구분될 수 있는 것은 오직 그 타당성의 최종적인 근거를 통해서만이지, 형식적으로는 그러한 구분이 불가능하다.

절대적으로 오직 카리스마적이기만 한(또한 오직 세습 카리스마적이기만 한 등등) 지배도 그와 마찬가지로 드물다. 카리스마적 지배로부터서는 ──나폴레옹에서처럼 ── 가장 엄격한 관료주의가 직접 생겨날 수 있거나, 또는 여러 가지 봉록제적 및 봉건제적 단체가 출현할 수 있다. 그러니까 전문 용어와 결의론(決疑論)은 역사적인 실재 현실을 모조리 다루겠다거나 도식에 붙들어매겠다는 목적을 결코 설정하지 않으며, 또 그러한 목적을 설정할 수가 없다. 전문 용어와 결의론의 효용은 다음과 같다. 즉, 어느 단체가 어떤 명칭을 부여받을 만한가 또는 어느 명칭에 가까운가 하는 것을 그때그때마다 진술할 수 있다는 것은 여하튼 때로는 상당한 이득이 된다는 것이다.

모든 지배 형식에 있어서 행정 간부가 존재하고 연속적으로 질서의 시행과 강제를 지향하는 행정 간부의 행위가 존재한다는 사실은 순종의 유지를 위해 긴요하다. 이러한 행위의 존재는 바로 '조직'이라는 단어가 의미하는 바이다. 또한 조직에 있어서는 행정 간부와 우두머리 사이의 (이념적 그리고 물질적인) 이해 관심의 연대가 결정적인 요소이다. 우두머리와 행정 간부 사이의 관계에 대해서는 다음과 같은 명제가 적합하다. 즉, 그러한 연대에 의지해 있는 우두머리는 각각의 개별적인 행정 간부의 구성원에 대해서는 보다 강력하고, 모든 행정 간부의 구성원에 대해서는 보다 약하다. 그러나 우두머리에 대항하는 방해 활동과 의식적인 반대 활동을 계획적으로, 그리하여 성공적으로 실행하고 우두머리의 지휘를 무력화하기 위해서는 행정 간부의 계획적인 이해 사회적 결합이 필요하다. 이와 마찬가지로 어느 지배를 꺾고자 하는 사람은 누구든지 독자적인 지배를 가능하게 하기 위해서는 독자적인 행정 간부의 창출을 필요로 한다. 그가 종래의 우두머리에 대항하는 기존 간부의 묵인과 협력을 확실하게 기대할 수 없다면 말이다. 행정 간부로서는 자기 자신의 정당성과 급양 보증이 우두머리의 그것에 좌우되는 경우에, 우두머리와의 그와 같은 이해 관심의 연대가 가장 강한 정도로 존재한다. 개개인으로서 이러한 연대를 벗어날 수 있는 가능성은 구조에 따라 매우 다양하다. 행정 자원으로부터 완전히 분리되어 있는 경우에는, 그러니까 순전히 가부장제적인(오직 전통에 근거한) 지배, 순전히 가산제적인 지배, 그리고 순전히 관료제적인(오직 규약에 근거한) 지배에서는 그러한 연대를 벗어나기가 가장 어렵고, 신분제적 전유(봉토·녹봉)의 경우에는 가장 쉽다.

그리고 마지막으로 특히 우두머리와 행정 간부 사이에 어느 한편이나 다른 한편의 전유 또는 몰수를 둘러싸고 전개되는 끊임없는, 대개는 잠재적인 싸움도 역사적인 실재 현실이다. 거의 전체적인 문화 발전에 대하여 결정적인 역할을 한 것은

1. 이러한 싸움의 결말 그 자체,

2. 우두머리에 종속되어 있으면서 우두머리를 도와 봉건적인 권력이나 다른 전유된 권력에 대항하는 싸움에서 승리를 거두도록 하였던 관료 계층의 성격이었다. 이러한 관료층으로는 의례적인 문학자, 성직자, 순전히 세속적인 피보호인, 가신, 법학적 교육을 받은 문학자, 전문적인 재정 관료, 민간의 명사를 들 수 있다(이들 개념에 대해서는 나중에 논의할 것이다).

그러므로 이러한 싸움과 발전의 방식에 따라서 행정사뿐만 아니라 문화사의 중요한 부분이 좌우되었다. 왜냐하면 교육의 방향이 그에 의해 규정되고, 신분 구성의 종류가 그에 의해 결정되었기 때문이다.

1. 봉급, 행정 수수료의 기회, 현물 급여, 봉토는 서로 매우 다른 정도와 의미로 간부를 우두머리에게 묶어 놓는다(이에 대해서는 나중에 논의할 것이다). 하지만 이 모두에 공통적인 점이란 해당 수입의 정당성과 행정 간부에 소속됨으로써 얻게 되는 사회적 힘 및 명예의 정당성은, 그러한 수입과 힘 그리고 명예를 수여했고 보증하는 우두머리의 정당성이 위협을 받을 때는, 언제나 위태롭게 보인다고 하는 사실이다. 이러한 이유 때문에 정당성은 별다른 주목을 받지 않으면서도 그처럼 중요한 [실재적인] 역할을 하는 것이다.

2. 1918년까지 [독일에서] 정당했던 지배가 붕괴한 역사는 다음과 같

은 사실을 보여주었다. 즉, 어떻게 해서 한편으로는 전쟁에 의한 전통 구속성의 파괴와 다른 한편으로는 패배에 의한 위신의 상실이 비합법적인 행태에의 체계적인 습성화와 결합하여 군대 규율과 노동 규율에 대한 순종을 동일한 정도로 교란시켜서 지배의 전복(顚覆)을 빚어내게 되었는지를 보여주었다. 또 한편으로 새로운 권력 점유자 아래서 과거의 행정 간부가 원활하게 계속해서 기능하고 그의 질서가 계속하여 유효하였던 것은, 관료제적 합리화의 상황 아래서는 이 간부의 개별적인 구성원이 그의 즉물적인 과제에 뗄레야 뗄 수 없이 구속되어 있다는 사실을 보여주는 하나의 훌륭한 예이다. 그 이유는, 이미 언급했다시피〔제III장, 제5항〕, 단지 사경제(私經濟)적인 것만은 결코 아니었다. 즉, 지위와 봉급 그리고 연금에 대한 염려 때문만은 결코 아니다(대다수의 관료에 있어서는 이러한 이유가 함께 작용하고 있다는 것이 자명하다고 하더라도 말이다). 그게 아니라 그 당시의 조건 아래서 행정을 중지한다는 것은 전체 주민에게(관료 자신을 포함하여) 가장 기초적인 생활 욕구를 충족시키는 일이 좌절된다는 것을 의미하게 될 것이라는 즉물적인(이데올로기적인) 이유도 그에 못지않게 작용했다. 따라서 관료의 (즉물적인) '의무감'에 성공적으로 호소되었으며, 여태까지 정당했던 권력과 그 신봉자들 자신에 의해서도 이러한 즉물적인 필요성이 인정되었다.

3. 그 당시의 전복 과정을 통해 새로운 행정 간부가 노동자 협의회와 사병 협의회에서 창출되었다. 이 새로운 간부를 양성하는 기술은 우선 '발명' 되어야만 했으며 그 밖에도 전쟁(무기 소유)이라는 상황의 구속을 받았는데, 전쟁이 일어나지 않았더라면 아무튼 전복은 불가능했을 것이다(이에 대해서 그리고 역사적으로 유사한 예에 대해서는 나중에 논의할 것이다). 오직 카리스마적인 지도자가 합법적인 상관에 대항하여 일어섬으로써만 그리고 카리스마적인 추종자를 만들어냄으로써만 과거 권력의 힘을 빼앗을 수 있었으며, 전문 관료를 유지함으로써 기술적으로도 힘의 확보를 성취할 수 있었다. 그러기 전에는 바로 근대적인 상황 아래서는 없어서는 아니될 전문 관료를 확보하지 못하고 독자적인 간부를 갖추지

못할 경우에는 어떤 혁명이든지 속절없이 좌초하였다. 예전의 모든 경우의 혁명에 있어서는 그 전제 조건이 매우 다양하였다(이에 대해서는 변혁 이론에 대한 장을 볼 것).

4. 행정 간부의 주도에 의한 지배의 전복은 과거에 매우 다양한 조건 아래서 발생하였다(이에 대해서는 전복 이론에 대한 장을 참조할 것). 그 전제 조건은 언제나 간부 구성원의 이해 사회적 결합이었다. 이러한 관계는, 구체적인 사정에 따라, 보다 당파적인 결탁의 성격을 띠거나 보다 일반적인 형제적 결합과 이해 사회적 결합의 성격을 띨 수 있었다. 바로 이러한 결합이야말로 근대 관료의 생존 조건 아래서는 매우 어렵게 되었다. 러시아의 상황이 보여주었던 것처럼 비록 그와 같은 결합이 전혀 불가능하지는 않다고 하더라도 말이다. 그러나 근대 관료는 대개의 경우, 노동자가 (정상적인) 파업을 통해서 달성하고자 하고 또 달성할 수 있는 것 이상의 의의 있는 것을 이루어내지는 못한다.

5. 어느 관료층의 가산제적인 성격은 무엇보다도 개인적인 예속(피보호인) 관계에 들어서도록 요구된다는 사실에서 표현된다(카롤링 왕조 시대의 '푸에르 레기스 *puer regis*〔국왕 직속의 비(반)자유인으로 왕의 측근이나 관료로서 봉사함〕,' 앙기오비넨가(家) Angiovinen 치하의 '파밀리아리스 *familiaris*〔종속민〕' 등). 그 잔재는 매우 오랫동안 존속하였다.

7. 카리스마를 지배에 생소하게 재해석하기

제14항. 카리스마를 지배에 생소하게 재해석하기

그 일차적인 의미에 의해 권위적으로 해석된 카리스마적 정당성의 원칙은 반(反)권위적으로 재해석될 수 있다. 왜냐하면 카리스마적 권위의 사실상의 타당성은 사실상 '입증'을 조건으로 한 피지배자의 인정에 전적으로 그 토대를 두고 있기 때문이다. 카리스마적 자질을 갖추고 있는, 그리고 그렇기 때문에 정당한 사람에 대한 이 같은 인정은 물론 당연한 의무이다. 그러나 단체 관계가 차츰 합리화되는 경우에는 다음과 같은 점이 분명해진다. 즉, 이러한 인정은 정당성의 결과라기보다는 정당성의 근거로 여겨지고(민주제적인 정당성), 행정 간부에 의한 (간혹 있을 수 있는) 임명은 '예비 선거'로, 전임자에 의한 임명은 '제안'으로 여겨지며, 자치공동체 자체에 의한 인정은 '선거'로 여겨진다는 것이다. 그렇게 되면 자기 자신의 카리스마에 힘입어 정당했던 우두머리는 피지배자의 은총에 의한 우두머리가 되고, 피지배자는 우두머리를 (형식적으로는) 자유롭게 자의대로 선출하고 자리에 앉히며, 경우에 따라서는 또한 물러나게 하기도 한다. 이것은 사실 카리스마와 그 입증의 상실이 진정한 정당성의 상실을 초래했던 것과 같다. 우두머리는 이제 자유롭게 선출된 지도자인 것이다. 그렇게 되면 카리스마적인 법적 지시가 자치공동체에 의하여 인정되어야 한다는 사실은 다음과 같은 관념으로 발전하게 된다. 즉, 진정으로 카리스마적인 지배에서는 무엇이 '올바른' 법인가 하는 문제를 둘러싸고 싸움이 벌어진 경우에 비록 사실적으로는 흔히 자치공동체의 결정에 의해 그 문제가 해결되었지만, 이러한 해결은 거기에는 오로지 하나의 당연하고 올바른 결정만이 있을 뿐이라는 심리적 압박 아래 이루어졌던 반면에, 자치공동체는 일반적으로뿐만 아니라 개별적인 경우에도 법을 자의적으로 제정하고 인정하며 폐지할 수 있다는 것이다. 이와 함께 법을 다루는 방식이 합법적인 관념에 접근하게 된다. 가장 중요한 이행 단계적 유형은 일반 투표제적 지배이다. 이 지배는 근대 국가에서의 '정당 지도자층'에서 그 대부분의 유형을 지니고 있다. 그러나 우두머리가 자신을 일반 대중의 신임자로 느끼며 또한 그러한 존재로 인정받는 곳에서는 어디서나 그와 같은 일반 투표제적 지배가 존재한다. 그에 적합한 수단은 일반 투표 *Plebiszit*이다. 두 나폴레옹의 고전적인 경우에 있어서는 국가 권력이 폭력적으로 약탈된 이후에 일반 투표가 적용되었고, 나폴레옹 3세의 경우에는 위신을 상실한 이후에 다시 일반 투표가 동원되었다. 우두머리가 자신의 실재

적인 가치를 어떻게 평가하고 있는가 하는 것은 (이 곳에서는) 문제
가 되지 않는다. 어떤 경우에는 일반 투표는 피지배자의 (형식적으로
그리고 가상적으로) 자유로운 신뢰로부터 지배의 정당성을 형식적으
로 이끌어내려는 특별한 수단이다.

  '선거' 원칙이 일단 카리스마에 대한 재해석으로서 우두머리에게
적용되면, 행정 간부에게도 적용될 수 있다. 선거 관료는 피지배자의
신뢰에 힘입어 정당성을 지니게 되며, 따라서 피지배자가 불신을 선
언하면 면직될 수 있다. 그러한 관료는 예컨대 미국과 같이 일정한
종류의 '민주제'에 전형적인 현상이다. 그들은 '관료제적인' 인물이
아니다. 그들은 독립적으로 정당화되었기 때문에, 그 지위에 있어 취
약한 위계적 종속의 상태에 있으며, 그들의 승진과 채용의 기회에 대
해서 '상관'이 영향을 끼칠 수가 없다(예컨대 달라이 라마 Dalai Lama
와 타쉬 라마 Taschi Lama 사이에 존재하는 것과 같은 여러 가지의 질적
으로 특수한 경우의 카리스마에 있어서의 유사점). 그러한 선거 관료로
이루어진 행정은 관료제적으로 **임명된** 관료로 구성된 행정에 비해
'정밀 기계(器械)'라는 면에서 기술적으로 훨씬 뒤떨어진다.

  1. '일반 투표제적인 민주제' —— 지도자 민주제의 가장 중요한 유형
—— 는 그 진정한 의미에 있어서는 일종의 카리스마적 지배이다. 이 카리
스마적 지배는 피지배자의 의사로부터 도출되며 오직 이러한 의사의 덕
택으로 존속하는 정당성의 형식 아래 은폐되어 있다. 지도자(민중 지도
자)는 사실상 그의 인물 자체에 대한 그의 정치적 추종자의 신봉과 신뢰
에 힘입어 지배한다. 처음에는 그를 위해 모집된 신봉자에 대하여, 나아
가서 이 신봉자들이 그에게 지배를 위탁하는 경우에는 단체 내에서 지배
한다. 이러한 유형으로는 고대와 근대 혁명에 있어서의 독재자들을 들
수 있다. 즉, 헬레네의 조정자 *Aisymneten*, 전제 군주와 민중 지도자, 로
마의 그라쿠스 Gracchus와 그의 후계자, 이탈리아 도시 국가들에서의 포
폴로의 우두머리 *Capitani del popolo*와 시장(그 독일적 유형으로는 취르

히 Zürch의 민주제적 독재가 있다), 근대 국가에서의 크롬웰 2세 Cromwell II의 독재, 프랑스에서의 혁명적인 권력 점유자와 일반 투표제적 제국주의가 바로 그것이다. 일반적으로 이러한 지배 형식의 정당성이 추구되는 곳에서는 언제나 그 같은 정당성이 주권을 지닌 인민에 의한 일반 투표제적 인정에서 구해진다. 개인적인 행정 간부는 재능 있는 평민으로부터 카리스마적으로 충원된다(크롬웰의 경우에는 종교적인 자격을 고려해서, 로베스피에르 Maximilien de Robespierre의 경우에는 개인적인 신뢰성 이외에도 또한 어떤 '윤리적인' 자질을 고려하여, 나폴레옹의 경우에는 전적으로 개인적인 재능과 황제의 '천재 지배'의 목적에의 사용 가능성에 따라). 혁명적 독재가 정점에 이르면 개인적인 행정 간부는 철회가 가능한 순전히 임시적인 위임에 힘입은 행정의 성격을 지니게 된다(복지 위원회 시대의 대리인 행정이 바로 그러하였다). 미국의 도시에서 개혁 운동을 통해 상승한 지방 자치단체의 독재자들에게도 이들의 조력자를 독자적으로 자유롭게 고용하도록 승인할 수밖에 없었다. 전통적인 정당성과 마찬가지로 형식적인 합법성도 혁명적인 독재에 의해서는 똑같이 무시된다. 실질적인 정의의 근거와 공리주의적인 목적 그리고 국가적 효용에 따라 처리되는 가부장제적 지배의 재판과 행정에 상응하는 유사 현상이 고대와 근대 사회주의에서 나타난 급진적 민주제의 혁명 재판소와 실질적 정의에 대한 가치 요청에서 발견된다(이에 대해서는 「법사회학」에서 논의될 것이다). 그리고 혁명적 카리스마의 일상화는 이에 상응하는 과정이 그 밖에도 드러내도록 하는 것과 비슷한 변형을 보여준다. 신앙 전사 군대의 자발성의 원칙의 잔재로서의 영국 용병대, 혁명적인 일반 투표제적 독재의 카리스마적 행정의 잔재로서 프랑스의 지방 장관 체제가 바로 그러하다.

2. 선거 관료는 어디서나 카리스마적 지도자의 우두머리 지위가 피지배자의 '봉사자'로서 근본적으로 재해석됨을 의미한다. 기술적으로 합리적인 관료제 내에는 선거 관료의 자리가 없다. 왜냐하면 그는 '상관'에 의해 임명되지 않았고, 자신의 승진 기회에서 상관에 좌우되지 않으

며, 그의 지위는 피지배자의 총애를 입은 덕택인 탓에, 상관의 칭찬을 얻기 위해서 민첩하게 규율을 준수하려는 이해 관심이 희박하기 때문이다. 따라서 선거 관료는 '자치적' 지배와 같은 작용을 한다. 따라서 선거에 의해 선출된 관료 간부를 통해서는 기술적으로 고도의 용역이 달성될 수 없는 것이 상례이다(예컨대 미국의 개별적인 주의 선거 관료와 영국의 임명된 관료를 비교하거나, 또한 지방 자치 단체의 선거 관료에서 겪었던 경험을 일반 투표에 의해 선출된 개혁 市長이 자기 재량에 따라 구성한 위원회에서 겪었던 경험과 비교해볼 수 있을 것이다). 일반 투표제적인 지도자 민주제의 유형은 (나중에 논의하게 될) 지도자 없는 민주제의 유형과 대립되는데, 후자는 인간에 대한 인간의 지배를 최소화하려는 노력에 의해 특징지어진다.

이 때 지도자 민주제의 성격에 특징적인 점은 일반적으로 지도자에 대한 헌신과 신뢰의 자연적인 감정적 성격이다. 모든 혁명의 유토피아적인 요소는 여기에 그 자연적인 토대를 갖고 있다. 여기에 또한 근대 시대에는 이러한 행정의 합리성의 한계가 있다. 이러한 행정은 미국에서도 반드시 기대에 부응하는 것은 아니었다.

경제에 대한 관계: 1. 카리스마의 반권위적인 재해석은 보통 합리성에로의 길을 걷도록 한다. 일반 투표에 의해 선출된 지배자는 한결같이 민첩하고 마찰 없이 기능하는 관료 간부에 의지하려 하게 된다. 그는 한편으로는 전사로서의 명성과 명예를 통해서든지, 그렇지 않은 경우에는 피지배자의 물질적인 행복을 증진시킴으로써 —— 경우에 따라서는 양자를 조합하려 함으로써 —— 피지배자를 '입증된 것'으로서의 그의 카리스마에 묶어두고자 한다. 그의 첫번째 목표는 전통적 · 봉건제적 · 가산제적, 그리고 그 밖의 권위적인 권력과 우대 기회를 와해시키는 일이고, 그의 두번째 목표는 그와 정당성의 연대를 통해서 결합되어 있는 경제적 이해 관심을 창출해내는 일이 될 것이다. 이 때 그가 법의 형식화와 합법화를 이용하는 한, 그는 '형식' 합리

적인 경제를 고도로 증진시킬 수 있다.

2. 일반 투표에 의해 선출된 권력은, 그 정당성이 일반 대중의 믿음과 헌신에 의해 좌우되기 때문에 거꾸로 실질적 정의에 대한 가치 요청을 경제적으로도 대변하지 않을 수 없는 한에서는, 그러니까 재판과 행정의 형식적인 성격을 실질적인 ('專斷') 재판 Kadi-Justiz (혁명 재판소, 구매 허가증 체계, 통제 배급되고 감독되는 모든 종류의 생산과 소비)으로써 깨뜨리지 않을 수 없는 한에서는, 경제의 (형식적인) 합리성을 쉬이 약화시키게 된다. 그러니까 일반 투표에 의해 선출된 지도자가 사회적 독재자인 한에서는, 경제의 (형식적) 합리성을 약화시킨다. 이러한 사정이 근대의 사회주의적인 형식에 구속되어 있는 것은 아니다. 언제 그러한 경우가 나타나며 또 어떤 귀결을 초래하게 되는가 하는 것에 대해서는 아직 여기서 논의할 수 없다.

3. 선거 관료층은 형식 합리적인 경제를 교란하는 원천이다. 왜냐하면 그들은 전문 교육을 받은 직업 관료층이 아니라 한결같이 정당 관료층이기 때문이며, 소환 면직되거나 재선되지 못할 수 있다는 가망성은 그들의 엄격하게 즉물적이고 결과에 구애받지 않는 재판과 행정을 가로막기 때문이다. 선거 관료층이 (형식) 합리적인 경제를 억제하더라도, 오랜 문화의 기술적·경제적 성과를 아직 전유되지 않은 제조 수단을 갖추고 있는 신대륙에 응용함으로써 경제 행위를 할 수 있는 가능성 때문에 (형식) 합리적인 경제의 기회가 충분히 넓은 활동의 여지를 지닌 곳에서만은, 그러한 억제의 사실을 인식할 수 없게 된다. 그러한 경우에는 선거 관료의 거의 불가피한 부패를 부대 비용으로 함께 셈해 넣어야 함에도 불구하고 최대 규모의 이윤을 달성하게 된다.

1.에 대해서는 보나파르트주의 Bonapartismus가 고전적인 범례를 이루고 있다. 나폴레옹 I세 아래서는 나폴레옹 법전 Napoléon Code이 만들어지고 유산이 강제적으로 분할되는가 하면 세계 도처에 있는 모든 전래

적인 권력의 파괴가 이루어졌던 한편, 공로가 있는 고위 관직자에게는 봉토가 수여되었다. 비록 군인은 모든 것을 얻고 시민은 아무것도 얻지 못했지만, 그 대신에 영예 *gloire*와 — 전체적으로는 — 소시민층의 급양을 얻었다. 나폴레옹 3세 아래서는 시민 왕의 구호인 '부유하게 될지어다 *enrichissez-vous*'가 명백하게 계속되었고, 대건축물이 세워졌으며, 동산 신용 *Crédit mobilier*이 설치되었는데, 이는 잘 알려진 귀결을 초래하였다.

2.에 대해서는 페리클레스Perikles 시대와 페리클레스 이후 시대의 그리스의 '민주제'가 고전적인 예이다. 소송은 로마의 소송처럼 대법관 *Prätor*에 의해 구속적으로 훈령되거나 법적 구속을 받는 개별 배심원에 의해 그리고 형식적인 법에 따라 판결되지 않았다. 그게 아니라 '실질적인' 정의에 따라, 실제로는 눈물, 아첨, 선동적인 비방과 기지에 따라 배심 재판소 *Heliaía*에서 판결이 내려졌다(아테네 웅변가의 '소송 변론'을 보면 될 것이다 — 로마에서는 오로지 정치적인 소송에서만 그러한 소송 변론이 발견된다. 즉, 시세로 Cicero가 그에 유사하다). 그 결과 로마식의 형식적인 법률과 형식적인 법학의 발전이 불가능했다. 왜냐하면 아테네의 그러한 배심 재판소는 프랑스 혁명과 독일 (협의회) 혁명의 '혁명 재판소'처럼 '인민 재판소'였기 때문인데, 이들 재판소는 결코 정치적으로 관련되어 있는 소송만을 비전문가 법정 앞에 세운 것이 아니었다. 이와 달리 영국의 어떤 혁명도, 극히 정치적인 소송 이외에는, 일찍이 사법을 침해하지는 않았다. 하지만 그 대신에 치안 판사 재판은 대부분 전단 재판이었다. 그러나 이것도 유산자(有産者)들의 이해 관심에 저촉되지 않는 한에서만, 그러니까 경찰의 성격을 갖는 한에서만 그러하였다.

3.에 대해서는 북아메리카 연방이 범례이다. 16년 전만 해도 앵글로 미국의 노동자들은, 왜 당신들은 흔히 매수되기 쉬운 정당인에게 통치를 위임하느냐고 묻는 나의 질문에 대하여 대답하기를, '우리의 거대한 나라'는 비록 수백만 달러가 절취·강탈·횡령된다고 하더라도 여전히 충분한 벌이가 남아 있을 만한 기회를 제공하기 때문이며, 이러한 '전문가

들'은 '우리' (노동자)가 '경멸'하는 일종의 카스트인 반면에, 독일식의 전문 관료는 '노동자를 경멸'할 일종의 카스트가 될 것이기 때문이라는 것이었다.

경제와의 연관에 대한 모든 자세한 사항은 훨씬 뒤에 따로 서술되어야 할 사항이지 여기서 논할 바는 아니다.

8. 합의제와 권력 분할

제15항. 합의제와 권력 분할

지배는 특수한 수단에 의해 전통적 또는 합리적으로 한정되고 제한될 수 있다.

그러니까 여기서는 지배가 전통 구속성이나 규약 구속성 그 자체에 의해 제한된다는 사실을 말하고자 하는 것이 아니다. 그것은 이미 논술된 곳(제3항 이하)에서 함께 논의된 바 있다. 그게 아니라 여기서 관건은 지배를 제한하는 특별한 사회적 관계와 단체이다.

1. 가산제적 지배나 봉건제적 지배는 신분적 특권에 의해 제한되며, 신분제적인 권력 분할에 의해서 최고도로 제한된다(제9항, 4번). 이것은 이미 거론되었던 사정이다.

2. 관료제적 지배는 관료제적인 위계 옆에 나란히 고유 권리를 지니고서 존재하는 관청에 의해 제한될 수 있다(그리고 바로 합법성의 유형이 완전히 발전되는 경우에는, 오로지 규칙에 의해서만 행정이 이루어지기 위해서는, 보통 제한될 수밖에 없다). 그리고 그러한 관청은,

a) 규약의 준수를 감독하고 경우에 따라서는 재검사하거나, 또는

b) 모든 규약의 제정이나 관료의 처분의 자유의 규모에 척도가 되는 규약의 제정도 독점하거나, 경우에 따라서는 그리고 무엇보다도

c) 행정에 필요한 자원의 허가도 독점한다.

이 자원에 대해서는 앞으로 별도로 논의하게 될 것이다(제16항).

3. 어떤 종류의 지배든지 그 단독 지배제적인 성격을, 즉 한 사람의 개인에 결합되는 성격을 합의제의 원칙에 의해 벗어날 수 있다. 그러나 이 원칙 자체는 매우 다양한 의미를 지닐 수 있다. 말하자면,

a) 우두머리 권력의 단독 지배제적인 점유자 옆에 나란히 그와 마찬가지로 단독 지배제적인 다른 권력 점유자가 존재한다는 의미를 지닐 수 있다. 후자가 전자의 처분에 대항하여 유예 심급이나 취소 심급으로서 기능할 수 있는 가능성을 효과적으로 제공하는 것은 전통이나 규약이다(파기 합의제 *Kassations-Kollegialität*).

그 가장 중요한 예로는 고대의 호민관(그리고 원래는 고대 스파르타의 민선 행정 감독관 *Ephore*), 중세의 포폴로의 우두머리, 1918년 11월 9일 이후부터서 정규적인 행정이 그들로부터 해방될 때까지의 노동자 협의회와 사병 협의회 그리고 그 신임자들을 들 수 있다(이들은 '副署'의 권리를 지닌 감독 심급으로서 정규적인 행정을 견제하였다).

또는,

b) 그와 아주 대립적인 다음과 같은 의미를 지닐 수 있다. 즉, 단독 지배제적이지 아니한 성격의 관청의 처분이 사전 자문과 투표에 의해 내려진다는 것, 그러니까 규약에 따르면 하나의 구속적인 처분이 통과되기 위해서는 어느 한 개인이 아니라 다수의 개인이 협력해야만 한다는 것이다(용역 합의제〔합의제적인 용역 결합 = 기술적 합의제〕). 이 경우에는 다음과 같은 원칙이 타당성을 지닐 수 있다.

α. 만장 일치의 원칙, 또는

β. 다수결의 원칙.

c) 경우 a(파기 합의제)에 상응하는 효과를 지닌 것으로서 다음과 같은 경우가 있다. 즉, 단독 지배제적인 권력을 약화시키기 위해 단

독 지배제적이고 동등한 권리를 지닌 우두머리 권력의 점유자가 용역의 특성화 없이 여럿 존재하는 경우가 그것이다. 그래서 동일한 사안의 해결을 둘러싸고 경쟁이 벌어지게 되면 누가 그것을 해결해야만 할 것인가 하는 문제는 기계적인 수단(추첨, 순번제, 신탁, 감독 심급의 개입: 2 a)에 의해 판결될 수밖에 없고, 온갖 권력 점유자가 온갖 다른 권력 점유자에 대립적인 파기 심급이 된다고 하는 효과가 나타난다.

그 가장 중요한 경우는 로마의 정당한 고위 관료(집정관 *Consul*, 대법관)의 합의제.

d) 경우 b(용역 합의제)에 가까운 것으로는 또한 다음과 같은 경우가 있다. 즉, 어느 관청에서 동등한 사람들 가운데서도 가장 높은 사람 *primus inter pares*이 실질적으로는 단독 지배제적인 성격을 지닌 채 존재한다고 하더라도, 지시는 보통 형식적으로 동일한 위계에 있는 다른 구성원과의 자문 *Beratung*에 의해서만 내려져야 하며, 중요한 경우에 의견이 어긋나게 되면 탈퇴에 의해 합의체가 해체되고 이와 함께 단독 지배제적인 우두머리의 지위가 위태롭게 되는 결과를 초래하는 경우가 있다(수석 지휘자를 두고 있는 용역 합의제).

그 가장 중요한 경우는 영국의 '내각 *Cabinett*' 내에서 '수상 *Prime Minister*' 의 지위. 이 지위는 주지하다시피 교체가 심하였다. 그러나 그 지위는 정식화한 바에 의하면 대부분의 경우 실질적으로 내각 정부 시대에 상응하는 것이었다.

단독 지배제적인 우두머리의 옆에서 자문하는 합의제적 법인체는 반드시 지배를 약화시키는 것이 아니라, 합리화한다는 의미에서 지배를 완화하게 된다. 그러나 이러한 합의제적 법인체는 그 효과에 있어서 우두머리에 대하여 우위를 획득할 수 있다. 특히 합의제적 법인체가 신분제적인 성격의 것이면, 그리할 수 있다. 그 주요한 경우로는,

e) 경우 d에 가까운 다른 경우로서 다음과 같은 것이 있다. 즉, 형식적으로 단지 자문하기만 하는 법인체가 이 자문 법인체의 결정에 전혀 구속되지 아니하는 어느 단독 지배제적인 우두머리에 부속되는 경우가 있다. 우두머리는 다만 전통이나 규약에 따라 자문 법인체의 —— 형식적으로 구속력이 없는 —— 조언을 요청할 의무가 있을 따름인데, 실패할 경우에는 그 조언을 경시한 데 따르는 책임을 진다.

가장 중요한 경우로는 원로원을 정무관 *Magistrat*의 자문 심급으로 부속시킨 경우가 있다. 이로부터 사실적으로는 정무관에 대한 원로원 우위의 지배가 발전되었다(재정을 감독함으로써). 물론 일차적인 것은 대략 위에서 묘사된 견해였다. 그러나 (사실상의) 재정 감독 때문에, 원로원 의원과 (형식적으로) 선출된 관료의 신분적 동일성 때문에는 더더군다나, 정무관이 실제적으로는 원로원의 결의에 구속되는 발전이 이루어졌다. '그들(정무관)의 의향에 들어맞는다면 *si eis placeret*'이라는 말은 원로원의 결의가 구속력이 없음을 표현하고 있는데, 나중에는 긴급한 지시를 내리게 되는 경우에 이를테면 '가장' 우리의 '마음에 드는 것'과 다름없는 뜻을 지니게 되었다.

f) 또 한편으로 위에서와는 약간 달리 어느 관청에 특성화된 합의제가 존재하는 경우가 있다. 즉, 전문 관할에 속하는 개별적인 사안의 준비와 보고는 전문가에게 —— 경우에 따라서는 동일한 사안에 대해서 다양한 전문가에게 —— 맡겨지지만, 결단은 전체 참여자의 투표에 의해 내려진다.

과거의 대부분의 추밀원 *Staatsräte* 및 추밀원과 같은 종류의 구성체에

서는 사정이 다소간에 순전히 이러하였다(내각 지배가 이루어지기 전의 시대에 영국의 추밀원이 그러하였다). 때로는 추밀원의 힘이 아주 막강하기도 했지만, 결코 군주의 힘을 몰수하지는 않았다. 이와 반대로 군주는 사정에 따라서는 영국에서처럼 (정당 지도자의) 내각 정부를 뒤흔들기 위해 추밀원과 다시 손을 잡으려 했는데, 헛된 일이었다. 이와 달리 이 유형은, **우두머리**(왕·대통령)가 **자기**를 보좌하도록 하기 위해 임명하는 세습 카리스마적인 유형의 전문 각료와 일반 투표에 의해 선출되는 권력 분할적(미국적) 유형의 전문 각료에 제법 상응한다.

g) 특성화된 합의제는 단순히 자문하기만 하는 법인체에 지나지 않을 수 있다. 이 자문 법인체에서 표명된 의견과 반대 의견은 우두머리가 자유롭게 결심하도록 그에게 제시된다(e의 경우에서와 같이).

이 경우에 차이는 다만 여기서는 용역의 특성화가 가장 원칙적으로 실시된다고 하는 점이다. 이 경우는 이를테면 프리드리히 빌헬름 I세 치하의 프로이센의 실제에 상응한다. 이러한 상태는 항상 우두머리의 힘을 북돋운다.

h) 합리적으로 특성화된 합의제에 가장 날카롭게 대립되는 것은 '최연장자들'의 전통적인 합의제이다. 이들의 합의제적 논의는 진짜로 전통적인 법을 밝혀내는 보증으로 여겨지며, 경우에 따라서는 전통에 위배되는 규약에 대항하여 이를 파기함으로써 전통을 유지하는 수단으로 이바지한다.

그 예로는 고대의 '원로 회의 *Gerusien*' 가운데 많은 것들이 그러하다. 파기의 예로는 아테네의 아레오파고스 법원 *Areopag*, 로마의 '원로원 *patres*'이 있다(하지만 이것은 일차적으로는 l 유형에 — 아래를 볼 것 — 속한다).

i) 지배의 약화는 합의제 원칙을 (형식적으로든 실질적으로든 상관없이) 최고의 (결정적인) 심급에(우두머리 자신에) 적용함으로써 시도될 수 있다. 이 경우에 대한 결의론(決疑論)은 d부터 g까지에서 논의된 경우와 전혀 동일한 종류의 것이다. 개별적인 관할권은 a) 순번에 따라 교체되거나, b) 개개인의 지속적인 '소관 사항'이 될 수 있다. 정당한 처분에 모든 사람의 (형식적인) 협력이 요구되는 한에서는 합의제가 존속된다.

그 가장 중요한 예로는 스위스의 연방 의회를 들 수 있는데 여기서는 소관 사항의 분배와 순번제 원칙이 명확하지 않았다. 러시아, 헝가리, 그리고 일시적으로는 독일에서의 '인민 위원'의 혁명적인 합의체가 그러한 예이고, 과거의 예로는 베네치아의 '11인 협의회,' 안치아넨 *Anzianen*의 합의체 등이 있다.

가산제적 또는 봉건제적 지배 단체 내에서 매우 많은 경우의 합의제는 다음의 어느 한 가지 경우에 속한다.

α. 신분제적 권력 분할의 경우(신분적 행정 간부나 신분적 전유자의 합의제),

β. 이해 사회적으로 결합되어 있는 신분적 권력 점유자에 대항하여 우두머리와 연대적인 가산 관료층의 합의제적 대표를 만들어내는 경우(추밀원; 위의 f 경우),

γ. 자문할 뿐만 아니라 사정에 따라서는 의결하기도 하는 법인체를 만들어내는 경우가 있다. 우두머리는 이 법인체의 의장이 되든지, 여기에 참관하든지, 또는 이 법인체의 의사(議事)와 판정에 대하여 보고를 받든지 한다. 그리고 이 법인체의 구성원을, 부분적으로는

αα) 전문적인 식견을 지닌 사람들로 구성하거나, 부분적으로

ββ) 특별한 신분적 위세를 지닌 사람들로 구성함으로써

우두머리는 ── 점증하는 전문적 요구에 견주어 볼 때 ── 그의 아마추어적이기만 한 정보력 *Informiertheit*을 점차 완전하게 하여 근거를 갖춘 독자적인 결단을 내릴 수 있는 정도가 되기를 희망할 수 있다(위의 g 경우).

γ의 경우들에 있어서 우두머리가 당연히 중시하는 것은 가능한 한 이질적이고 경우에 따라서는 대립적인

αα) 전문 의견과

ββ) 이해 관심이 주장되는 것인데, 이는

　　1. 모든 방면으로부터 정보를 얻고,

　　2. 서로 대립적인 요소를 상호 반목시켜 어부지리를 얻을 수 있기 위해서이다.

β의 경우에는 거꾸로 우두머리가 흔히(반드시 그러한 것은 아니다) 의견과 입장 표명의 일치 단결을 중시한다(이것은 이른바 '입헌제적인' 국가나 기타 효과적인 권력 분할적 국가에서의 '연대적인' 각료와 내각의 원천이다).

α의 경우에 전유를 대변하는 합의체는 의견의 일치와 연대를 중시하지만 반드시 이를 달성할 수는 없으니, 왜냐하면 신분적 특권에 의한 온갖 전유는 항상 서로 충돌하는 별도의 이해 관심을 만들어내기 때문이다.

α에 전형적인 예로는 신분 집회, 신분적 위원회, 그리고 이것보다 이전의 것으로서 서양 이외의 곳에서도 빈번했던 봉건 가신 회의(중국)가 있다. β에 전형적인 예로는 근대적인 왕조의 발생 당시에 처음으로 나타났던 완전히 합의제적인 관청이 있는데, 이 관청은 무엇보다도 법률가와 재정 전문가로 구성되어 있었다(그러나 이들로만 구성되었던 것은 아니다). γ에 전형적인 예로는 외국의 수많은 왕조와 발생 당시의 근대적인 서양 왕조의 추밀원이 있는데(18세기에도 때에 따라서는 대주교가 영국의 '내각'에 여전히 자리를 차지하고 있었다), 이 추밀원에는 '궁외 고

문관 *Räten von Haus aus*' 이 포함되어 있었고 명사와 전문 관료가 혼합
되어 있었다.

그처럼 신분적 이해 관심이 서로 대립되어 있는 상황은 우두머리
가 신분층과 흥정을 하고 다툴 경우에 그에게 유리하게 작용한다. 왜
냐하면

k) 서로 충돌하는 이념적, 세력적, 또는 물질적인 이해 관심의 파
견 위원으로서의 대표자들을 연합하여 타협을 통해서 이해 대립의 조
정을 달성하겠다고 하는 이해 사회적 결합도 —— 외적인 형식 때문에
—— '합의제적' 이라고 부를 수 있기 때문이다(직위 합의제와 의회의
투표 합의제에 대립되는 타협 합의제).

타협 합의제의 경우는 '신분제적' 권력 분할에 조야한 형식으로 존
재하며, 이러한 신분제적 권력 분할은 언제나 특권층의 타협에 의해
서만 결정에 이르렀다(곧 이어지는 논의를 볼 것). 타협 합의제는 그
합리화된 형식에 있어서는 지속적인 신분적 상태나 계급 상태(제IV장
을 볼 것) 또는 시의적인 이해 대립에 따라 파견 위원을 선별함으로
써 가능하다. 그와 같은 법인체에서는 —— 그 법인체가 이러한 성격을
지니는 한 —— '투표' 가 아무런 역할을 할 수 없고, 오히려 한편으로
는

α. 이해 당사자들의 협약된 타협이 어떤 역할을 하거나, 그렇지 않
은 경우에는

β. 다양한 이해 당사자들의 입장 표명이 청취된 연후 우두머리에
의해 강요되는 타협이 어떤 역할을 한다.

이른바 '신분제 국가' 의 독특한 구조에 대해서는 나중에 보다 상세한
것을 논의하게 될 것이다. 부회(部會) *Kurien* 의 분리(영국에서의 '귀족
부' 와 '평민부' —— 교회는 별도로 그의 '주교 회의 *convocations*' 를 갖
고 있었다 ——: 프랑스에서의 귀족, 성직자, 제3신분 *tiers état*; 독일 신

분층의 수많은 구성 단체)와 우선 개별적인 신분층 내에서, 그 다음에는 신분층들 사이에서 타협을 통해 결의(이것을 우두머리는 흔히 구속력이 없는 제안으로 취급하였다)에 이르러야 할 필요성은 이러한 타협 합의제에 어울리는 것이다. '직업 신분제적 대표'(제22항을 볼 것)에 관한 다른 한편으로는 매우 근대적인 이론의 흠은, 여기서는 일치가 아니라 타협이 유일하게 적절한 수단이라고 하는 통찰이 결여되어 있다는 것이다. 자유로운 노동자 협의회 내에서는 안건들이 실질적으로는 투표 문제로서 해결되는 것이 아니라, 경제적으로 야기된 힘의 문제로서 해결될 것이다.

l) 마지막으로 —— 타협 합의제와 친화적인 경우인 —— **투표 합의제**가 있다. 여기서는 이제까지 자치적이고 자율적이던 여러 단체가 하나의 새로운 단체에로 이해 사회적으로 결합되고, 나아가 그러한 여러 단체의 지휘자나 파견 위원이 투표권을 전유함으로써 결정에 영향을 끼칠 수 있는 (어떻게든 차등화된) 권리를 획득한다(융합 *Verschmelzung* 합의제).

그 예로는 다음과 같은 것이 있다. 고대 시의회 관청에서의 필레 *Phylen*〔아테네의 사회 계급〕대표, 프라트리엔 *Phratrien*〔그리스 도시 국가에서 씨족 공동체로 구성되어 있던 군사적 단체〕대표 및 문벌 대표, 집정관 *consules* 시대의 중세의 문벌 단체, 수공업자조합의 메르카단차 *Mercadanza*〔상인 단체〕, 노동자층의 중앙 협의회에 있어서 '전문 협의회'의 파견 위원, 연방 국가에서의 '연방 의회'나 상원, 연립 내각이나 연립 정부 합의체에서의 (효과적인) 합의제(이것은 비례 대표제에 따라 임용할 경우에 최고도에 이른다. 스위스가 그러하다).

m) 선출된 의회제적 대의원들의 투표 합의제는 일종의 특수한 성격을 지니고 있다. 따라서 이 합의제는 별도로 다루어져야 할 것이

다. 왜냐하면 이러한 투표 합의제는 한편으로는

    α. 지도자층에 토대를 두고 있으며 이 때 대의원이란 추종자층이고, 그렇지 않은 경우에는

    β. 정당 합의제적인 업무 운영에 토대를 두고 있으며 이 때는 '지도자 없는 의회주의'이기 때문이다.

    그러나 이러한 합의제에 대해서는 정당에 관한 논의가 필수적이다〔제18항을 볼 것〕.

    합의제는 —— 단독 지배제적인 파기 합의제의 경우 이외에는 —— 거의 불가피하게, 정확하고 명확한, 무엇보다도 신속한 결의의(그 비합리적인 형식에 있어서는 또한 전문 교육성의) 억제를 의미한다. 그러나 바로 정확하고 명확하고 신속하며 전문성을 띤 결의의 효과야말로 군주로서는 전문 관료층을 도입하면서 대개 원하는 바였다. 그러나 결의와 행위의 필요한 속도가 더욱 빨라지는데도, 합의제는 바로 그러한 효과를 점차 억눌러 왔던 것이다. 합의제적인 지휘 심급 내에서 지휘하는 구성원의 우세한 지위는 형식적·실질적으로 우월한 지위(교회에서는 주교·교황, 내각에서는 수상)에로 상승하는 것이 일반적이었다. 지휘의 합의제를 부활하려는 이해 관심은 대개 지배자 그 자체를 약화시키려는 욕구에서 기인한다. 그 다음으로는 지배자의 단독 지배제적인 지휘에 대한 불신과 복수심에서 기인하는데, 이것은 피지배자 —— 이들은 대개는 바로 '지도자'의 도래를 외치고 있다 —— 보다는 행정 간부의 구성원에 더 많다. 그러나 지배자의 단독 지배제적인 지휘에 대한 불신과 복수심은 전적으로 부정적인 특권층에만 해당되는 이야기가 아니고 또한 주로 이들에게만 해당되는 이야기도 아니며, 바로 긍정적인 특권층에게도 해당된다. 합의제는 특별히 '민주제적인 것'은 결코 아니다. 특권층이 부정적인 특권층으로부터의 위협에 대항하여 스스로를 지켜내야만 하는 곳에서는, 이러한 부정적인 특권층의 지지를 받을 수 있는 단독 지배제적인 우두머리 권력이 부상하지 못하도록 언제나 노력했고 또 그러한 노력을 기울여야

만 했다. 그러니까 특권층은 특권층의 가장 엄격한 평등 이외에도(이에 대해서는 다음 항에서 별도로 논의할 것이다), 감시 관청 그리고 유일한 결의 관청으로서의 합의제적인 관청을 만들어내고 또 이 합의제적 관청을 그러한 감시 및 결의 관청으로 유지했던 것이다.

그러한 유형들로는 다음과 같은 것이 있다. 스파르타, 베네치아, 그라쿠스 이전 시대와 술라 시대의 *vorgracchische und sullanische* 로마의 원로원, 18세기의 영국, 스위스의 베른 Bern과 그 밖의 다른 주(州)들 *Kantone*, 합의제적 집정관 *Konsuln* 을 둔 중세의 문벌 도시, 노동자 협동조합이 아니라 상인 협동조합을 포괄하였던 메르카단차. 그 당시의 노동자 협동조합은 아주 쉽게 귀족 *Nobili*이나 문벌 *Signoren*의 희생물이 되었다.

합의제는 행정을 검토하는 데 있어서 보다 커다란 '철저함'을 보장한다. 이러한 철저함이 정확성과 신속성을 희생하는 대가로 우선해야 마땅한 곳에서는, —— 위에서 언급된 동기 이외에 —— 오늘날에도 흔히 합의제가 다시 등장한다. 여하튼 합의제는 책임을 나누어 가지며, 비교적 규모가 큰 위원회에서는 책임이 완전히 사라진다. 반면에 단독 지배제는 책임을 명확하고 확실하게 규정해놓는다. 신속하게 통일적으로 해결해야 할 중대한 과제는 대체로 (그리고 물론 순전히 기술적인 이유 때문에도) 혼자서 책임을 부담하는 단독 지배제적인 '독재자'의 손에 놓인다.

대중 국가의 강력한 통일적인 대외 정치와 내정은 그 어느 것도 합의제적으로는 효과적으로 지휘될 수 없다. 특히 사회화의 목적을 달성하기 위한 '프롤레타리아트의 독재'는 바로 일반 대중의 신뢰를 받는 '독재자'를 필요로 한다. 그러나 바로 이러한 독재자를 견디어낼 수 없고 또 견디어내려고도 하지 않는 사람은 —— 이를테면 '일반 대중'이 아니라,

오히려 —— 대중 의회제적, 정당적인 권력 보유자나 또는 (이와 전혀 다를 바 없는) '협의회'에서 지배하는 권력 보유자이다. 오직 러시아에서만 그러한 독재자가 군사적 힘에 의해 나타났고, 경지를 새롭게 전유하게 된 농민의 연대(連帶)적 이해 관심에 의해 지지되었다.

이미 논술한 바를 부분적으로는 요약하고 부분적으로는 보충하는 몇 가지 소견을 다음에서 덧붙이고자 한다.

합의제는 역사적으로 이중의 의미를 지녀 왔다.

a) 동일한 직위에 여러 사람을 보직하거나 권한을 놓고 직접 서로 경쟁하는 직위를 여러 개 병설하여 상호 거부권을 갖도록 하는 것. 이 경우에 관건은 지배의 최소화를 목적으로 하는 기술적인 권력 분할이다. 무엇보다도 로마의 정무관직에 있어서의 '합의제'가 이러한 의미를 지니고 있었다. 이 합의제의 가장 중요한 의미는 모든 직위 활동에 대하여 이질적인 동등한 힘 *par potestas*이 개입하는 것을 가능하게 한다는 데 있었고, 이로써 개별적인 정무관의 지배를 약화시켰던 것이다. 그리고 이 경우에 온갖 개별 정무관은, 같은 직위를 여러 사람이 차지한 채, 어디까지나 개별 정무관으로 남아 있었다.

b) 합의제적인 의사 형성: 만장 일치의 원칙이든 또는 다수결의 원칙이든 오직 여러 사람의 협력에 의해서만 어느 명령이 정당하게 성립된다는 것. 이것은 근대적인 합의제 개념이다. 이러한 합의제 개념이 고대에 알려져 있지 않았던 것은 아니지만, 고대에 특징적인 개념은 아니었다. 이러한 종류의 합의제는 한편으로는 1. 최고 지위의 합의제, 그러니까 지배 자체의 합의제일 수 있거나, 그렇지 않은 경우에는 2. 집행 관청의 합의제일 수 있거나, 그렇지 않은 경우에는 3. 자문 관청의 합의제일 수 있다.

1. 지휘의 합의제는 다음과 같은 이유 때문에 생겨날 수 있다.

α. 해당 지배 단체가 여러 자치적인 지배 단체의 공동체적 결합이나 이해 사회적 결합에 토대를 두고 있으며 이러한 사회적 결합에 참가한 모든 단체가 힘의 지분을 요구하기 때문일 수 있다(씨족, 씨족 계급

Phratrien, 사회 계급에 따라 편성된 합의제적 협의회 관청을 둔 고대의 공동 거주제; 의석이 할당되어 있는 문벌 협의회를 둔 중세의 문벌 단체; 안치아넨의 협의회나 수공업자조합 파견원의 협의회를 둔 중세 메르카덴차에서의 수공업자조합 단체; 근대적인 연방 국가에서의 '연방 의회'; 정당 연립에 의해 세워지는 최고의 정부 합의체나 내각에 있어서의 효과적인 합의제(이것이 최고도에 이른 경우는 힘이 비례 대표제에 따라 할당되는 경우인데, 스위스에서 점차 그렇게 되고 있다). 이 경우에 합의제는 신분제적인 대의제 원칙이나 주별 대의제 원칙의 특수한 경우이다). 또는

β. 지도자 자리를 둘러싸고 경쟁하는 사람들의 질투로 인하여 또는 개별적인 사람의 지배를 최소화하려는 피지배자들의 노력으로 인하여 단일의 지도자가 결여되어 있기 때문일 수 있다. 대부분의 혁명에서는 이러한 이유들이 혼합되어, 혁명군의 장교나 심지어는 사병(士兵)의 '협의회'로서뿐만 아니라 '인민 위원'의 복지 위원회나 위원회로서 합의제가 등장했다. 정상적인 평시 행정에 있어서는 거의 언제나 두번째로 거론했던 동기가, 즉 개별적인 '실력자'에 대한 반감이 지휘 관청에 합의제를 도입하게 한 결정적인 요인이었다. 스위스와 예컨대 바덴Baden의 헌법〔1919년의〕이 그러한 경우이다(이러한 반감의 담지자는 이번에는 사회주의자였다. 이들은 사회화에 무조건 요구되는 엄격한 행정의 통일성을 '선거 군주'에 대한 우려 때문에 희생시켰다. 거기에서 결정적인 역할을 한 것은 특히 정당에서 관료층(노동조합 단체, 정당 단체, 市域Stadt-kreis 단체의)이 지도자에 대하여 지니고 있는 적대적인 경향의 감각 때문이었다. 또는

γ. 지휘부를 보직하는 데 있어서 결정적인 역할을 하며 그 소유를 독점하고 있는 계층의 신분적 '명사'로서의 성격 때문에, 그러니까 신분 귀족제적인 지배의 산물로서 합의제가 생겨날 수 있다. 신분적으로 특권을 부여받은 온갖 계층은 일반 대중의 감정적 헌신의 지지를 받는 지도자층을 적어도 지도자에 적대적인 민주제만큼이나 심하게 두려워한다.

원로원 지배와 폐쇄적인 협의회 법인체를 통해서 통치하려는 사실적인 시도가 이러한 경우에 속한다. 베네치아 헌법과 이와 비슷한 헌법이 그와 마찬가지의 경우이다. 또는

δ. 전문 교육을 받은 관료층에 의한 점진적인 몰수에 대항하여 군주층이 전개하는 싸움 때문일 수 있다. 근대적인 행정 조직은 서양의 여러 국가에서의(그리고 이 외에 서양에서의 발전에 모범이 되었던 동양의 가산제 국가에서의, 즉 중국, 페르시아, 칼리프 제국, 오스만 제국에서도 그와 비슷하게) 최고 지휘부에서는 예외없이 합의제적인 관청과 함께 시작되었다. 군주는 개개인의 우위를 두려워할 뿐만 아니라, 무엇보다도 합의체 내에서의 의견 표명과 반대 의견의 체계를 통해서 결정권 자체를 장악하기를 희망한다. 그리고 그는 점차 아마추어가 되어 가기 때문에 행정에 대하여 필요한 개관을 지니고 있기를 희망한다. 이는 개별 관료의 우위에 유리하도록 퇴위하는 것보다는 나은 것이다(최고 관청의 기능은 우선 자문하는 합의체와 처분하는 합의체 사이의 중간물이었다. 다만 재정 행태에 아주 비합리적인 영향을 끼치는 군주의 전제적 힘은 — 막시밀리안Maximilian 황제의 개혁에서처럼 — 전문 관료에 의해 즉각 꺾이었고, 여기서는 군주가 이론의 여지가 없는 이유 때문에 양보할 수밖에 없었던 것이다). 또는

ε. 전문가적인 전문 지향과 즉물적 또는 인적인 종류의 서로 어긋나는 이해 관심을 합의제적 자문에 의해 조정하려는, 그러니까 타협을 가능하게 하려는 바람 때문일 수 있다. 특히 지역 자치공동체의 행정을 지휘하는 경우가 그러한데, 이것은 한편으로는 국지적 조망이 가능한 아주 기술적인 문제를 마주하고 있으며, 다른 한편으로는 그리고 특히나 지역 자치공동체 행정의 성질상 물질적인 이해 당사자의 타협에 기반을 두고 있기가 아주 십상이다. 소유와 교육을 통해서 특권을 부여받은 계층의 지배를 적어도 일반 대중이 감수하는 한에서는 말이다. 각료의 합의제는 기술적으로 비슷한 이유를 지니고 있다. 예컨대 러시아와 (러시아에 비해서는 덜 뚜렷하게나마) [1918년까지의] 정체 아래서의 독일 제국에서

처럼 합의제가 결여된 곳에서는 정부의 직책 사이에 효과적인 연대가 결코 성립될 수 없었고, 소관 사항을 둘러싼 아주 격렬한 대리인 싸움 Satrapenkampf 만이 관찰될 수 있었을 따름이다.

α, γ, δ에서 거론한 이유들은 순전히 역사적인 성격의 것이다. 관료제적 지배의 근대적인 발전은 대중 단체에서는 — 그것이 국가이든 또는 대도시이든 상관없이 — 어디서나 효과적인 지휘를 하는 데 있어 합의제를 약화시키는 결과를 초래하였다. 왜냐하면 합의제는 1. 결의의 신속성, 2. 지도의 통일성, 3. 개개인의 명확한 책임성, 4. 대외적 엄중성과 내부적 규율의 유지를 불가피하게 감소시키기 때문이다. 따라서 대중 국가에서는 — 때가 되면 논의해야 할 경제적, 기술론적인 이유 때문에도 — 어디서나 중대한 정책에의 참여와 더불어 합의제는 약화되고, 이 합의제가 보존되어 있던 곳에서는 정치적 지도자(지도자 leader, 수상)의 우월한 지위가 유리한 고지를 점하게 되었다. 이 밖에 거의 모든 대규모의 가산주의적인 단체에 있어서도 그와 비슷하게, 특히나 엄격히 전제 군주제적인 단체에서는, 지도적 인물(대재상 Großvesier)에 대한 욕구가 언제나 다시 승리를 거두었다. '총신' 경제가 대용품을 만들어내지 못하는 한 말이다. 어느 한 사람이 책임을 져야 한다는 것이었다. 그러나 군주는 합법적으로는 책임이 없었다.

2. 집행 관청의 합의제는 행정의 즉물성과 무엇보다도 완전 무결성을 뒷받침하는 것을 목적으로 하며, 이에 대한 이해 관심에서 개개인의 힘을 약화시키고자 한다. 이러한 집행 관청의 합의제는 지휘부에 있어서와 같은 이유 때문에 거의 어디서나 단독 지배제의 기술적 우월성에 굴복하게 된다(프로이센의 '정부'가 그러한 경우이다).

3. 자문하기만 하는 법인체의 합의제는 어느 시대에나 존재했으며 분명히 모든 시대에 존재하게 될 것이다. 이것은 발전사적으로 매우 중요한 점이다(이에 관한 해당 장소에서 언급하게 될 것이다시피). 특히 고위 관직자 Magistrat 나 군주에 대한 '자문'이 세력 상태에 따라 사실상 '결정적인' 역할을 하였던 경우에 말이다. 이러한 합의제는 본 결의론

(決疑論)에 있어서는 논의가 필요하지 않다.

여기서 합의제란 언제나 지배의 합의제를 의미한다. 그러니까 한편으로는 스스로 행정을 하거나, 그렇지 않은 경우에는 행정에 직접 (자문함으로써) 영향을 끼치는 관청의 합의제를 뜻한다. 신분제적 또는 의회제적 회의에서의 행태는, 본문에서 암시했다시피, 아직 합의제에 속하지 않는다.

합의제는 역사적으로 '관청'이라는 개념을 처음으로 완전하게 발달하게 하였다. 왜냐하면 합의제는 언제나 '사무실'과 '가계' (구성원의)의 분리, 관청의 관료 간부와 사적인 관료 간부의 분리, 행정 자원과 사유 재산의 분리와 결합되어 있었기 때문이다. 바로 이 때문에 서양의 근대적인 행정사가 전문 관료로 구성된 합의제 관청의 발전과 함께 시작되었다고 하는 사실은 결코 우연이 아니다. 또한 가산제적, 신분제적, 봉건제적, 또는 다른 종류의 전통적인 정치적 단체의 온갖 지속적인 질서도 — 다른 방식으로 — 전문 관료로 구성된 합의제 관청의 발전과 함께 시작되었다. 오로지 합의제적인, 경우에 따라서는 연대적으로 단결되어 있는, 관료 법인체만이 특히 '아마추어 Dilettanten'가 되어 가는 서양의 군주를 점차 정치적으로 몰수할 수 있었다. 개별적인 관료로서는 군주의 비합리적인 지시에 반대하는 저항의 불가피한 고집을 군주에 대한 개인적인 복종 때문에 — 다른 사정이 같은 경우에는 — 훨씬 쉽게 버렸을 것이다. 돌이킬 수 없는 것으로 인식된 전문 관료 경제에로의 이행이 이루어진 이후에도 한결같이 군주는 의견을 발표하고 반대 의견을 표명할 수 있는 자문적 합의체 체계(추밀원 체계)를 확장하고자 하였으니, 이것은 그가 비록 아마추어이기는 하지만 어디까지나 우두머리로 남아 있기 위해서였다. 합리적인 전문 관료층이 궁극적인 되돌이킬 수 없는 승리를 거둔 다음에야 비로소 단독 지배제적으로 (수상에 의해) 지휘되는 최고 합의체의 연대에 대한 수요가 — 특히 의회를 상대로 하여(나중을 볼 것) ― 나타났는데, 이러한 수요는 군주에 의해 충족되었고 군주를 엄호하였으며, 이와 더불어 행정에서는 단독 지배제에로의 일반적인 경향과 함께 관료제가 승리를 거두고 등장하였다.

1. 근대적인 행정이 싹트던 시대에 합의제가 지녔던 의의는, 황제 막시밀리안 Maximilian〔I세〕가 최대의 위기(터키의 위협)에 처했을 때 만들었던 재정 관청과, 관료를 무시한 채 기분에 따라 흔히 임시 변동으로 지시를 내리고 담보 증서를 발급하던 그의 습관 사이의 싸움에서 아주 쉽게 알 수 있다. 군주의 힘이 몰수되기 시작한 것은 재정 문제에서였다. 군주는 여기에서 맨 먼저 정치적인 비전문가(아마추어)가 되었던 것이다. 최초로 이러한 몰수가 이루어졌던 곳은 상인적으로 정비된 회계 제도를 갖춘 이탈리아의 시뇨리아 *Signorie*〔문벌 독재 시대의 도시 자치공동체〕였고, 그 다음으로는 부르군트 프랑스의 대륙 국가 *burgundisch-französische Kontinentalstaaten*와 독일의 대륙 국가들이었으며, 이와는 독립적으로 시칠리아의 노르만족 *Normannen*과 영국(재무성 *Exchequer*)에서도 그러하였다. 동양에서는 터키의 추밀원 *Divane*, 중국에서는 야멘(衙門), 일본에서는 바쿠후(幕府) 등이 그러한 몰수의 역할을 담당했다. 다만 ― 합리적으로 교육을 받은 전문 관료가 결여되어 있었고 따라서 '연로한' 관료의 경험적인 지식에 의존하였기 때문에 ― 관료제화를 선도하는 역할을 수행하지는 못했다. 로마에서는 원로원이 그러한 몰수의 역할을 담당했다.
2. 합의제가 사적인 가계와 직위 행정을 분리시키는 데 있어서 수행하였던 역할은, 자발적인 대규모의 상업 회사가 가계와 영리 경영, 재산과 자본을 분리시키는 데 있어서 담당했던 역할과 비슷하다.

제16항. 특성화된 권력 분할
우두머리의 권력은 나아가 다음과 같은 방식으로 완화될 수 있다.
4. 특성화된 *spezifizierte* 권력 분할을 통해서: 다양하게 특별한 '기

능'이 합법성의 경우(입헌제적 권력 분할)에는 합리적으로 규정된 '기능'이, 우두머리 권력으로서 다양한 점유자에게 위임된다. 이 때 위임은 여러 점유자에 관계되는 사안에 대하여 점유자들 사이에 타협을 통해서만 지시가 정당하게 성립되는 방식으로 이루어진다.

1. '특성화된' 권력 분할이 의미하는 바는 '신분제적' 권력 분할과 달리 우두머리 권력이 그 즉물적인 성격에 따라 다양한 전권(또는 감독권) 점유자에게 '헌법에 따라'(반드시 제정되고 성문화된 헌법이라는 의미는 아니다) 분배된다는 것이다. 분배의 방식은, 한편으로는 다양한 종류의 처분이 다양한 전권 보유자에 의해서만 정당하게 내려질 수 있거나, 그렇지 않은 경우에는 동일한 종류의 처분이 여러 전권 보유자의 협력(그러니까 형식적으로 이끌어낼 수 없는 타협)에 의해서만 정당하게 내려질 수 있다. 그러나 여기서도 나누어지는 것은 '권한'이 아니라, 우두머리 권리 자체이다.

2. 특성화된 권력 분할이 무조건 근대적인 것은 아니다. 독립적인 정치적 권력과 독립적인 교권제적 권력의 구별이 —— 정교(政敎) 합일주의 *Cäsaropapismus*나 제정(祭政) 일치제 *Theokratie* 대신에 —— 특성화된 권력 분할에 속한다. 이에 못지 않게 로마의 정무관직의 특성화된 권한이 일종의 '권력 분할'로 파악될 수 있다. 또한 라마교 *Lamaismus*의 특성화된 카리스마들도 일종의 권력 분할로 파악될 수 있다. 또한 중국의 (유교적인) 한림원 *Hanlin-Akademie*과 '감찰관'이 군주를 상대로 지니고 있었던 상당히 독립적인 지위도 일종의 권력 분할로 파악될 수 있다. 이미 가산제적 국가에서 그리고 또한 로마의 최고 직위 *Prinzipat*에서 널리 행하여졌던 사법권 및 재정(민정)권과 군사권의 분리도 권력 분할이라고 할 수 있다. 그리고 마지막으로 물론 온갖 권한 분배를 모조리 권력 분할로 볼 수 있다. 다만 그렇게 되면 '권력 분할'이라는 개념은 온갖 정확성을 잃고 만다. 이 개념은 합목적적으로 최고의 우두머리 권력 자체의 분할에 국한되어야 한다. 권력 분할이라는 개념을 이렇게 제한하게 되

면, 규약(헌법 *Konstitution*)에 근거를 둔 합리적인 형식의 권력 분할이, 즉 입헌제적 권력 분할이 단연 근대적이다. 의회제적이지 아니한 '입헌제적' 국가에서는 어떤 예산이든 오로지 합법적인 권위(왕권과 — 하나 또는 여럿의 — 代議院)의 타협에 의해서만 성립될 수 있다. 이러한 상태는 역사적으로 유럽에서 신분제적인 '권력 분할'로부터 발전되었으며, 이론적으로는 영국에서 몽테스키외 Charles de Montesquieu에 의해, 그리고 그 다음으로 버크 Edmund Burke에 의해 토대를 갖추었다. 더욱 거슬러 올라가보면 권력 분할은 우두머리 권력과 행정 자원이 특권층에게 전유됨으로써 생겨났으며, 경제 · 사회적으로 야기된 정규적인 (행정) 욕구와 비정규적인(무엇보다도 전쟁에 의해 야기된) 재정 욕구가 증가하면서 성장하였다. 우두머리는 특권층의 동의 없이는 이러한 욕구를 충족시킬 수 없었지만, — 흔히 특권층 자체의 견해와 제안에 따라 — 충족시켜주어야 했다. 이를 위해서는 신분제적 타협이 필요했고, 이 타협으로부터 역사적으로 예산과 규약을 둘러싼 타협이 — 이것이 곧바로 입헌제적 권력 분할과 마찬가지의 의미에서의 신분제적 권력 분할은 결코 아니다 — 성장했다.

3. 입헌제적 권력 분할은 특별히 불안정한 구성체이다. 실제의 지배 구조는, 만일 규약에 따르자면 없어서는 아니될 타협(예컨대 예산에 대한)이 이루어지지 않을 경우에는 어떤 일이 일어나게 될 것인가 하는 물음이 어떻게 대답되어지는가에 따라 규정된다. 이 경우 예산 없이 통치하는 영국의 왕은 (오늘날) 그의 왕위를 상실할 수 있는 위험 부담을 안게 되지만, 예산 없이 통치하는 프로이센의 왕은 그렇지 않다. 혁명 이전의 독일 제국에서는 왕조의 권력이 결정권을 쥐고 있었을 것이다.

제17항. 정치적 권력 분할과 경제의 관계

경제와의 관계. 1. 합법적인 관청의 (합리적인 용역) 합의제는 처분의 즉물성을 증대시키고 처분에 대한 사적 영향을 감소시킴으로써 합리적인 경제의 생존 조건을 유리하게 조성할 수 있으며, 이러한 사정은 기능의 정확성이 억제되어 부정적인 효과를 가져오는 곳에서도 마찬가지이다. 그러나 오늘날 아주 커다란 자본주의적 권력의 보유자는 과거의 권력 보유자와 마찬가지로 그들에게 중요한 정치 생활 및 정당 생활 및 모든 단체 생활에서 바로 그렇기 때문에 단독 지배제를 선호한다. 단독 지배제는 (그 의미에 있어서) '보다 비밀이 지켜지고' 개인적으로 보다 쉽게 접근할 수 있으며 보다 쉽게 세력가의 이해 관심을 얻을 수 있는 형식의 사법과 행정인 것이다. 그리고 이러한 선호는 독일의 경험에 비추어 보아도 정당한 것이다. 파기 합의제와, 어느 전통적인 행정 간부가 힘을 비합리적으로 전유하는 데서 생겨나는 합의제적 관청은 거꾸로 비합리적인 영향을 끼칠 수 있다. 전문 관료층의 발전이 시작되던 때의 재정 관청의 합의제는 전체적으로 보아 의심할 나위 없이 경제의 (형식적인) 합리화를 촉진하였다.

이해 관심을 갖고 있는 정당 후원자에게는 단독 지배제적인 미국의 정당 보스가 '확실하게 신용할 수 있는' 존재이며, 흔히 합의제적인 공적 정당 행정은 그렇지 못하다. 따라서 보스는 없어서는 아니될 존재이다. 독일에서는 이른바 '중공업'의 대부분이 관료제의 지배를 지지하였고, (독일에서는 지금까지 합의제적으로 관리되고 있는) 의회주의를 지지하지 않았는데, 이것은 위와 동일한 이유 때문이었다.

2. 권력 분할은 흔히 경제의 (형식적인) 합리화에 유리하기 십상이다. 왜냐하면 권력 분할은 온갖 전유처럼 아직 합리적이지는 않더라도 고정적인 관할권을 만들어냄으로써 '계산 가능성'이라는 요소를 관청 기구의 기능에 들여오기 때문이다. 권력 분할을 지양하고자 하는 노력(협의회 공화국 *Räterepulik*, 국민 의회 *Konvent* 정부, 복지 위원회 정부)은 항상 경제를 (다소간에) 실질 합리적으로 개혁하고자 하며 따라서 형식적인 합리성을 저지하게 된다.

모든 상세한 것은 각론에서 다루어질 사항이다.

9. 정 당

제18항. 정당의 개념과 본질

정당이란 (형식적으로) 자유로운 선전 *Werbung* 을 토대로 이루어진 이해 사회적 결합으로서, 어느 단체 내에서 정당의 지휘자에게는 힘을 얻게 하고 이렇게 함으로써 능동적인 참여자에게는 (즉물적인 목표를 관철하거나, 사적인 이득을 얻거나, 이 두 가지를 모두 획득할 수 있는 이념적 또는 물질적인) 기회를 얻게 할 목적을 지니고 있다. 정당은 일시적인 이해 사회적 결합이거나 지속적인 존립을 지향하는 이해 사회적 결합일 수 있고, 온갖 종류의 단체에서 나타날 수 있으며, 온갖 형식의 단체로서 카리스마적인 추종자층, 전통적인 봉사자층 *Dienerschaft*, 합리적인(목적 합리적, 가치 합리적, 또는 '세계관적인') 신봉자층이 나타난다. 정당은 보다 사적인 이해 관심에 지향될 수도 있으며, 보다 즉물적인 목표에 지향될 수도 있다. 실제로 정당은 특히 지도자를 위해 세력을 얻고 지도자의 간부에게 행정 간부의 자리를 차지하도록 하는 일에만 공적으로나 효과적으로 전념할 수 있다 (직위 임명권 *Patronage* 정당). 또는 정당은 주로 그리고 의식적으로 신분이나 계급의 이해 관심에(신분적 정당 및 계급 정당) 또는 구체적인 즉물적 목적이나 추상적인 원칙에(세계관 정당) 지향될 수 있다. 그러나 당원이 행정 간부의 자리를 차지하는 것은 적어도 부차적인 목적인 경우가 흔하며, 즉물적인 '정강(政綱) *Programme*'은 국외자를 참여자로서 선전 모집하기 위한 수단에 지나지 않는 경우가 드물지 않다.

정당은 개념적으로 어느 단체 내에서만 가능하며, 정당은 이 단체의 지휘에 영향력을 행사하거나 지휘권을 차지하고자 한다. 그렇지만 간(間)단체적인 정당 카르텔이 있을 수 있으며 이러한 경우가 드물지 않다.

정당은 힘을 얻기 위해 모든 수단을 사용할 수 있다. 지휘하는 자리가 (형식적으로) 자유로운 선거에 의해 채워지고 규약이 투표에 의해 만들어지는 곳에서는. 정당이란 일차적으로 선거의 표를 끌어모으기 위한 조직이며, 규정된 방향으로 투표가 이루어지는 경우에는 합법적인 정당이다. 합법적인 정당이 그 원칙적으로 **자발주의적인** (자유로운 선전 모집에 근거한) 토대 때문에 실제로 의미하는 바는 언제나 정치의 경영이란 이해 당사자의 경영이라는 사실이다(이 때 여기서 '경제적' 이해 당사자에 관한 생각은 아직은 완전히 도외시된다. 여기서 관건은 정치적인, 그러니까 이데올로기적으로 지향된, 또는 힘 그 자체에 지향된 이해 당사자이다). 이것이 뜻하는 바는 다음과 같다. 즉, 정치의 경영이

a) 정당의 지휘자와 정당 간부의 손에 놓여 있다는 것, 이들을

b) 능동적인 정당원은 대개 찬성자로서만, 사정에 따라서는 감독 · 토론 · 충고 · 정당 결의의 심급으로서 돕는다는 것, 반면에

c) 능동적이지 않은 당원은 이해 사회적으로 결합되어 있는 일반 대중(선거인과 투표자)과 함께 선거나 투표가 이루어지는 때의 선전 대상이며(수동적인 '말단 당원 *Mitläufer*'), 이들의 목소리는 시의적인 힘 싸움이 일어나는 경우에 정당 간부의 선전 활동에 방향을 설정하는 수단으로서만 고려된다는 것.

한결같이(반드시 그러한 것은 아니지만)

d) 정당의 독지(篤志)적 후원자는 **은폐**되어 있다.

형식적 · 합법적인 단체에서 형식적 · 합법적으로 조직된 정당과 종류가 다른 정당은 일차적으로 다음과 같은 것일 수 있다.

a) 카리스마적 정당: 우두머리의 카리스마적 자질에 대한 이견(異見): 카리스마적으로 '올바른' 우두머리에 대한 이견(그 형식은 분파 *Schisma*);

b) 전통주의적 정당: 우두머리의 자유로운 자의와 은총의 영역에서 이루어지는 전통적인 권력의 행사 방식에 대한 이견(그 형식은 '혁신'에 대한 방해 공작과 공개적인 반란);

c) 신앙 정당, 한결같이 a와 동일하지만 반드시 그러한 것은 아니다: 세계관의 내용이나 신앙의 내용에 대한 이견(그 형식으로는 異端이 있는데, 이것은 합리적인 정당 — 사회주의 — 에서도 나타날 수 있다);

d) 순수한 전유 정당: 행정 간부를 보직하는 방식에 대한 우두머리 및 그 행정 간부와의 이견. 이것은 b와 동일한 경우가 아주 흔하다(그러나 반드시 그러한 것은 물론 아니다).

정당은 조직의 측면에서 볼 때 모든 다른 종류의 단체와 동일한 유형에 속할 수 있다. 그러니까 카리스마적, 일반 투표제적으로(지도자에 대한 믿음), 또는 전통적으로(우두머리나 우월한 이웃의 사회적 위세에 대한 지지), 또는 합리적으로('정관에 따른' 투표에 의해 조달된 지휘자와 간부에 대한 지지) 지향될 수 있다. 신봉자의 복종에 있어서뿐만 아니라 행정 간부의 복종에 있어서도 말이다.

모든 보다 상세한(실질적인) 것은 「국가사회학」에 속하는 사항이다.

경제적으로 정당의 자금 조달은 영향력의 분배 방식과 정당 행위의 실질적인 방향의 종류에 중심이 되는 중요한 문제이다. 일반 대중에 의한 소액의 기부인가, 이데올로기적인 독지적 후원인가, 또는 이해 관심에서 이루어진 (직접 그리고 간접적인) 매수인가, 정당을 통해서 획득된 기회에 대한 과세인가, 또는 표결에서 패배한 적대자에 대한 과세인가. 그러나 이러한 문제점도 자세한 것은 「국가사회학」에 속하는 사항이다.

1. 정당은 그 개념 정의에 따르면 단체(정치적인 또는 다른 종류의) 내에서만 그리고 단체의 지배를 둘러싼 싸움 속에서만 존재한다. 정당 내에서는 다시금 하부 정당이 존재할 수 있으며 또 존재하는 경우가 아주

흔하다(일시적인 이해 사회적 결합으로서 전형적인 것은 미국 정당의 온
갖 대통령 후보 지명전에서 나타났고, 지속적인 이해 사회적 결합으로서
는 예컨대 독일의 '청년 자유파 *Jungliberalen*'에서 나타났다). 간(間)단
체적인 정당에 대해서는 한편으로는(신분적으로) 13세기 이탈리아의 구
엘펜 Guelfen 당과 기벨리넨 Ghibellinen 당을, 다른 한편으로는 근대 사
회주의자들(계급)을 볼 것.

2. 여기서 (형식적으로!) 자유로운 선전이라고 하는 특징은 정당의
(단체 규칙의 입장에서 볼 때 형식적으로) 자발적인 토대로서 정당에 본
질적인 요소로 다루어지며, 어쨌든 단체 질서에 의해 규정되고 질서지어
진 모든 이해 사회적 결합과 대조해볼 때 사회학적으로 근본적인 차이를
의미한다. 단체 질서가 — 예컨대 아메리카 합중국이나 독일의 비례 선
거법에서와 같이 — 정당의 생존에 주의를 기울이고 있는 곳에서도, 심
지어는 정당의 헌법을 조절하려 하는 곳에서도 여하튼 그러한 자발적 요
소는 침해를 받지 않는다. 어느 정당이 단체 질서에 의해 행정 간부에게
편입되는 폐쇄적인 이해 사회적 결합이 되면 — 예를 들어 이탈리아 14
세기의 플로렌스 법규 *Florentiner Statuen*에서 '구엘파당 parte Guelfa'은
결국 그러한 이해 사회적 결합이 되고 말았듯이 — , 그것은 더 이상 '정
당'이 아니라 정치적 단체의 한 부분 단체이다.

3. 진정으로 카리스마적인 지배 단체에서의 정당이란 부득이 분파적
인 종파이고, 이들의 싸움은 신앙 싸움이며, 싸움 그 자체를 궁극적으로
해결한다는 것은 불가능하다. 엄격하게 가부장제적인 단체에서도 사정
이 그와 비슷할 수 있다. 이러한 두 가지 종류의 정당은, 그것이 순수하게
나타나는 곳에서는, 근대적인 의미에서의 정당에게 일반적으로 생소하
다. 봉토 요구자와 직위 요구자 같은 추종자들은 왕위 계승 요구자의 주
위에 모여드는데, 통상적인 세습 카리스마적 단체와 신분제적 단체에서
유형적으로 대립되어 있다. 개인적인 추종자층은 명사 단체에서도(귀족
제적인 도시 국가), 그리고 많은 민주제에서도 단연 주종을 이루고 있
다. 정당은 대의제적 헌법을 갖춘 합법적인 국가에서야 비로소 근대적인

유형을 갖춘다. 이에 관한 서술은 「국가사회학」에서 이어진다.

4. 근대 국가에서 순수한 직위 임명권 정당이 고전적인 방식으로 나타난 예는 최근 30년 사이의 미국의 양대 정당이다. 즉물적인 정당과 '세계관' 정당의 예로는 예전의 구보수주의와 구자유주의 그리고 구시민 민주제, 보다 나중의 사회 민주제와 —— 이들 모두에는 계급적 이해 관심의 요소가 매우 강하다 —— 카톨릭당 *Zentrum*이 있었다. 이 카톨릭당은 거의 모든 요구 사항을 관철시킨 이래로는 아주 순수한 직위 임명권 정당이 되고 말았다. 그러나 모든 정당에 있어서, 그리고 가장 순수한 계급정당에 있어서도 정당 지도자와 정당 간부의 태도에 결정적인 요소로 함께 작용하는 것은 힘과 직위상의 지위 그리고 급양에 대한 그들 자신의 (이념적 그리고 물질적인) 이해 관심이며, 그들이 유권자층의 이해에 관심을 기울이는 것은 당선 가망성을 위태롭게 하지 않도록 하기 위해서 불가피한 한에서이다. 마지막으로 거론했던 이러한 요소는 정당 제도에 반대하는 사람들이 내세우는 반대 이유이다.

3[5]. 정당의 조직 형식에 대해서는 때가 되면 별도로 논의하게 될 것이다. 정당의 모든 조직 형식에 공통적인 점은, 핵심부의 몇몇 사람들이 능동적인 지휘를 장악하며, 즉 슬로건을 정식화하고 후보자를 선택하며, 이들에 비해 훨씬 수동적인 역할을 하는 '당원'이 그들을 곁따르는 한편, 단체의 일원인 일반 대중은 객체적인 역할만을 수행할 뿐이고 정당에 의해 그들에게 제시된 여러 후보자와 정강 중에서 선택을 한다고 하는 사실이다. 이러한 실정은 정당의 경우 그 자발적인 성격 때문에 불가피하며, 여기서 '이해 당사자' 경영이라고 불리우는 것을 의미한다(여기서 '이해 당사자'란 이미 언급했다시피 '정치적인' 이해 당사자이지, 이를테면 '물질적인' 이해 당사자를 말하는 것은 아니다). 이것은 정당 제도 그 자체를 반대하는 두번째 주요 공격점이며, 정당과 마찬가지로 형식적으로는 자유로운 노동 선전에 토대를 두고 있는 자본주의적 경영과 정당 경영의 형식적인 친화성을 구성한다.

4[6]. 자금 조달의 토대로서의 독지적 후원은 결코 '시민적인' 정당에

만 고유한 것은 아니다. 예를 들어 파울 징거Paul Singer는 사회주의적 정당에 최대 규모로(그리고 어떻든 알려진 바에 의하면 아주 순수한 의도에서) 자금을 후원했던(게다가 또한 인도주의적이기도 했던) 사람이다. 그가 차지했던 정당의 수뇌로서의 지위는 전부 그러한 독지적 후원에 기인한 것이었다. 러시아 (케렌스키Kerenskij Alexander) 혁명에는 (여러 정당에서) 모스크바의 아주 유력한 독지적 후원자들이 함께 자금을 지원하였다. 다른 독일 정당들('우파 정당')은 중공업자로부터 자금을 조달받았고, 카톨릭당은 때때로 아주 부유한 카톨릭교도들로부터 자금을 지원받았다.

그리고 정당의 재정은 수긍할 만한 이유 때문에 정당의 역사에 관한 연구에 있어서 가장 덜 밝혀진 대목이기는 하지만 그 가장 중요한 대목 가운데 하나이다. 일종의 '기계' (코커스 Caucus[정당의 지방 대회], 이 개념에 대해서는 나중에 논의할 것이다)가 바로 '매수' 된다고 하는 사실은 개별적인 경우에 있을 수 있는 일이 되었다. 더욱이 다음과 같은 두 가지 선택 가능성이 있다. 한편으로는 선거 후보자가 선거 비용 가운데 가장 큰 몫을 부담하든지(영국식 체제) ― 그 결과는 후보자의 금권 정치 ―, 그렇지 않은 경우에는 '기계' 가 그러한 부담을 떠맡든지 ― 그 결과는 후보자가 정당 관료에게 예속된다 ― 한다. 정당이 지속적인 조직으로서 존재한 이래 정당의 자금 조달은 이러한 두 가지 방식 가운데 어느 한 형식으로 이루어졌고, 이는 14세기의 이탈리아나 오늘날이나 거의 마찬가지다. 다만 이러한 사정이 상투적인 말로써 은폐되어서는 아니된다. 정당의 자금 조달이란 확실히 그 힘에 한계가 있다. 그것은 전체적으로 '시장' 이 갖고 있는 것만을 선전 수단으로 등장시킬 수 있는 것이다. 그러나 오늘날에는 자본주의적인 기업가들의 경우처럼 광고 수단으로 인간의 영혼에 영향력을 행사하게 되면서(특히 우경이든 좌경이든 상관없이 '급진적인 정당' 의 경우에) 소비에 비해 공급의 힘이 엄청나게 증가하였다.

10. 지배에 생소한 단체 행정과 대의원 행정

제19항. 지배에 생소한 단체 행정과 대의원 행정

단체는 집행 기능과 — 어떤 최소한의 범위에서는 불가피하게 — 결합되어 있는 우두머리 권력을 될 수 있는 한 축소시키려는 노력을 할 수 있다(지배의 최소화). 단체의 행정을 담당하는 사람이 오로지 단체 동료의 의사에 따라, 단체 동료에 대한 '봉사'로서, 단체 동료로부터 위임받은 전권에 힘입어 직무를 수행하는 것으로 여겨짐으로써 말이다. 이것은 모든 동료가 한곳에 모일 수 있고 서로가 서로를 알며 사회적으로 평등하게 평가하는 소규모의 단체에서 최고도로 달성될 수 있지만, 보다 규모가 큰 단체(특히 지방 지역 *Landbezirk* 단체와 과거의 도시 단체)에서도 그러한 시도가 이루어졌다. 이를 위한 통상적인 기술적 수단은

a) 짧은 재직 기간, 가능한 한 다음의 동료 집회까지 동안만,

b) 언제라도 해임할 수 있는 권리(소환 *recall*),

c) 보직에 있어서의 순번제 원칙이나 추첨 원칙, 그리하여 누구에게나 한 번은 '차례가 돌아오기,' — 그러니까 전문적인 직무 지식과 비밀화(秘密化)된 직무 지식의 우위를 회피하기,

d) 직위 운영의 방식에 대해서 엄격하게 명령적인 위임(일반적인 권한이 아니라, 구체적인 권한), 동료 집회를 통해 확인된 위임으로서,

e) 동료 집회 앞에서의 엄격한 보고 의무,

f) 온갖 특수한 종류의 문제와 예견하지 못한 문제를 동료 집회(또는 위원회)에 제출해야 할 의무,

g) 수많은 동격(同格)의 직위와 특수 위임을 부여받은 직위, 그러니까

h) 직위의 부업적인 성격.

행정 간부가 선거에 의해 임용되는 경우에 선거는 동료 집회에서

이루어진다. 행정은 본질적으로 구두(口頭)로 이루어지며, 권리를 문서로 보관해야 할 경우에만 서면상의 기록이 이루어진다. 모든 중요한 지시는 동료 집회에 제출된다.

이러한 종류의 행정과 이 유형과 비슷한 종류의 행정은, 동료 집회가 실제로 효력을 발휘하는 한, '직접 민주제'를 뜻한다고 하겠다.

1. 북아메리카의 군구(郡區) *town-ship*와 스위스의 작은 주들(글라루스 Glarus, 슈비츠 Schwyz, 두 아펜젤 Appenzell 등)은 크기에 있어서 이미 '직접 민주제적인' 행정(그 기술에 대해서는 여기서 검토하지 않겠다)을 할 수 있는 가능성의 한계에 있다. 아테네의 시민 민주제는 실제로 이러한 한계를 훨씬 넘어섰었고, 초기 중세의 이탈리아 도시의 시민 집회 *parliamentum*는 더욱 그러하였다. 모든 종류의 결사체, 수공업자 조합, 학술 단체, 대학 단체, 체육 단체는 흔히 이러한 형식으로 행정이 이루어진다. 그러나 이러한 형식은 자기 위에 어떤 우두머리도 허용하지 않으려는 '귀족제적인' 우두머리 단체의 내적 평등에도 마찬가지로 전용될 수 있다.

2. 본질적인 전제 조건은 장소 및 인원상으로(가장 좋은 것은 두 가지 모두의 점에서) 단체의 규모가 작아야 한다는 것 이외에도 또한 전문적인 직업 관료에 의해서만 해결될 수 있는 질적인 과제가 없어야 한다는 것이다. 직업 관료층을 가장 엄격한 종속 상태에 두고자 하더라도, 직업 관료층은 어차피 관료제화의 싹을 내포하고 있으며, 무엇보다도 진정한 '직접 민주제적' 수단으로 고용되고 해임될 수 있는 것이 아니다.

3. 직접 민주제의 합리적인 형식은 원시적인 원로제적 단체나 가부장제적 단체에 내적으로 친밀하다. 왜냐하면 거기서도 '동료'에 대한 '봉사를 위해서' 행정이 이루어지기 때문이다. 그러나 거기에는 a) 행정력의 전유, b) (정상적으로는) 엄격한 전통에의 구속이 존재한다. 직접 민주제는 일종의 합리적인 단체이거나 아무튼 합리적인 단체일 수 있다. 이행 단계적인 유형에 대해서는 곧 언급하게 된다.

520

제20항. 명사 행정

'명사(名士) *Honoratioren*' 란 다음과 같은 사람을 뜻한다고 하겠다.

1. 그들의 경제적인 상태에 힘입어 어느 단체에서 계속하여 부업적으로 보수를 받지 않고서 또는 명목적인 보수나 명예라는 보수를 받고서 지휘하고 관리할 수 있는 처지에 있는 사람들, 그리고

2. 형식적인 직접 민주제에서 동료의 신뢰에 힘입어 처음에는 자발적으로, 마침내는 전통적으로 직위를 점유할 수 있는 기회를 지닐 정도로 사회적인 평가를 그 근거가 무엇이든 누리고 있는 사람들.

이러한 일차적 의의를 지닌 명사적 지위의 무조건적인 전제는, 즉 정치를 통해서 생계를 이어나가야 할 필요가 없이 정치를 위해 살 수 있기 위해서는, 자기의 사적인 업무로부터 벗어날 수 있는 특별한 정도의 '여유 *Abkömmlichkeit*' 가 있어야 한다는 것이다. 이러한 여유를 최고도로 지니고 있는 사람은 모든 종류의 지대 생활자, 즉 토지 · 노예 · 가축 · 가옥 · 유가 증권에 따른 지대로써 생활하는 사람이다. 그 다음으로는 정치적 업무를 부업적으로 처리하기가 아주 용이하게 할 수 있는 일을 직업으로 지닌 사람들, 즉 계절적 경영의 지휘자(따라서 농장주), 변호사(이들은 '사무실'을 갖고 있기 때문에), 그리고 개별적인 종류의 다른 자유 직업이 있다. 또한 임시적인 귀족 상인도 그러한 여유를 상당한 정도로 지니고 있다. 그 같은 여유를 가장 적게 지니고 있는 사람은 공업의 자영 기업가와 노동자이다. 온갖 민주제는 '명사 행정'으로 이행해가는 경향이 있다. 그 이념적인 이유로는, 명사가 경험과 즉물성 때문에 특히 자격을 갖춘 것으로 여겨진다는 사실을 들 수 있다. 물질적인 이유로는, 명사가 아주 적은 보수를 받고서, 사정에 따라서는 전혀 보수를 받지 않고 행정을 해주기 때문이다. 명사는 부분적으로는 물적 행정 자원을 소유하고 있거나 그의 재산을 행정 자원으로 이용하며, 부분적으로는 단체가 그에게 그러한 행정 자원을 제공한다.

1. 신분적 자질로서의 명사층의 결의론(決疑論)에 대해서는 나중에 논의할 것이다. 그 일차적인 원천은 모든 원시 사회에서는 부(富)이며, 흔히 부를 소유하고 있다는 사실만으로 '족장' 자격이 주어진다(그 조건에 대해서는 제IV장을 볼 것). 나아가 사정에 따라서는 세습 카리스마에 대한 평가나 또는 여유를 갖고 있다는 사실이 보다 중시될 수 있다.

2. 자연법적인 토대 위에 효과적인 순번제를 옹호하는 미국인의 군구(郡區)와 달리 직접 민주제적인 스위스의 주에서는 관료 명단을 검사해 보면 동일한 이름이 변함없이, 그리고 더구나 동일한 가족이 거듭 나타나는 것을 쉽게 추적할 수 있었다. 보다 많은 여유('소집된 민회 Ding'를 위한)가 있다고 하는 사실은 게르만족의 민회 자치공동체 내에서도 그리고 부분적으로는 초기에 엄격히 민주제적이었던 북부 독일의 도시에서도 '멜리오레스 meliores[시의회 귀족이 될 수 있는 자격을 갖춘 가족]'와 시의회의 귀족이 분화되어 나온 원천 가운데 하나이다.

3. 명사 행정은 온갖 종류의 단체에서 발견된다. 예컨대 관료제화되지 않은 정치적 정당에서도 전형적으로 발견된다. 명사 행정은 언제나 조방적인 extensive 행정을 의미한다. 따라서 만일 시의적이고 아주 긴급한 경제적 및 행정적 욕구가 정확한 행위를 필요로 하는 경우에는, 단체로서는 명사 행정이 비록 '비용은 들지 않는다'고 하더라도 때로는 단체의 개별적인 구성원에게는 '값비싼' 것이다.

진정한 직접 민주제뿐만 아니라 진정한 명사 행정도, 어느 일정한 (탄력적인) 양을 넘어서는 단체(완전한 권리를 지닌 수천명의 동료)가 문제되는 경우나, 또는 한편으로는 전문 교육을 요구하고 다른 한편으로는 지휘의 항상성을 요구하는 행정 과제가 관건인 경우에는 기술적으로 실패하고 만다. 여기서 교체되는 지휘자와 나란히 오직 지속적으로 고용되어 있는 전문 관료만 함께 일을 한다면, 사실상 행정은 고용된 전문 관료의 손에 놓여지는 것이 보통이며, 이들이 일을 하는 것이다. 반면에 교체되는 지휘자의 참견은 본질적으로 아마추어적인 성격의 것에 머무르게 된다.

겸직으로 대학 업무를 관리하지만 교체되는 대학 총장이 이사(理事)와 비교해볼 때, 사정에 따라서는 심지어 사무국 관료와 비교해볼 때, 처해 있는 상태는 그 전형적인 예이다. 비교적 긴 임기를 위해 자율적으로 선출되는 종합 대학 총장(미국적인 유형)만이 —— 예외적인 사람을 제외하고는 —— 대학에서 빈말과 허풍만은 아닌 '자치 행정'을 만들어낼 수 있을 것이고, 한편으로는 교수단의 허영심과 다른 한편으로는 힘에 대한 관료제의 이해 관심만이 그러한 귀결이 도출되는 것에 대해서 저항한다. 이러한 사정은 필요한 변경을 가하면 어디서나 마찬가지다.

나아가 지배를 벗어난 직접 민주제와 명사 행정은, 정당이 지속적인 구성체로서 발생하지도 않고 서로 싸우지도 않고 직위를 전유하려고도 하지 않는 한에서만, 진정으로 존재한다. 왜냐하면 정당이 지속적인 구성체로서 등장하여 서로 싸우고 직위를 전유하려고 하자마자, 싸우고 —— 어떤 수단으로든 상관없이 —— 이기는 정당의 **지도자**와 그의 행정 간부는 **지배** 구성체이기 때문이다. 종래 행정의 모든 형식이 유지된다고 하더라도 말이다.

이것은 '종전의' 상태가 파괴되는 형식 중에서도 극히 자주 나타나는 형식이다.

11. 대의제

제21항. 대의제의 본질과 형식

대의제 *Repräsentation*가 일차적으로 의미하는 바는 이미 (제I장, 제11항에서) 논의되었던 다음과 같은 실태를 말한다. 즉, 일정한 단체 소속원(대표자)의 행위가 그 밖의 다른 소속원에게 책임지어지거나, 그러한 대표자들에 의해 다른 소속원들에 대하여 '정당한' 것으로서 행하여져야 하고 소속원들에게 구속력을 지닌 것으로 여겨져야 하며 또 사실상 그리되는 것을 의미한다.

그러나 단체 **지배**의 내부에서 대의제는 몇 가지 전형적인 형식을 지니고 있다.

1. 전유(專有)적 대의제. 지휘자(또는 단체 간부의 구성원)가 전유적 대의권을 갖는다. 이러한 형식의 전유적 대의제는 아주 오랜 대의제이며 아주 다양한 종류의 가부장제적이고 카리스마적인(세습 카리스마적, 직위 카리스마적인) 지배 단체에서 발견된다. 대표권 *Vertretungsmacht*은 전통적인 범위를 지니고 있다.

씨족장이나 부족장, 카스트의 원로 *Kastenschrechths*, 종파의 세습 성직자, 촌장 *Dorf-pastels*, 대토지 소유주 *Obermärker*, 세습 군주, 그리고 모든 종류의 단체의 모든 비슷한 가부장제적이고 가산제적인 지휘자가 이러한 유형에 속한다. 계약을 체결할 수 있는 권능과 근린 단체의 최연장자와 규약적인 종류의 협정을 체결할 수 있는 권능은 그 밖의 점에서는 원시적인 상황에서도 이미 발견된다(오스트레일리아).

전유적 대의제와 매우 가까운 대의제로서

2. 신분적(고유 권리적) 대의제가 있다. 신분적 대의제가 일차적으로 자기 자신의 (전유적) 권리(특권)만을 대표하고 주장하는 것으로 여겨지는 한에서는 그것은 '대의제'가 아니다. 그러나 신분적 대의제는, 신분적 협상 결과에 대한 동의의 소급 효과가 특권 점유자 개인을 넘어서서 특권을 부여받지 못한 계층에까지, 즉 세습 소작인뿐만 아니라 특권에 의한 신분적 권리를 지니지 못한 다른 사람에게도 영향을 끼치는 한, 대의제의 성격을 지닌다(그리고 이 때문에 때에 따라서는 대의제 그 자체로도 여겨진다). 그리고 이러한 영향력은 한결같

이 비특권층의 구속성이 특권층의 협상에 의해 자명한 것으로 전제되거나 분명하게 요구됨으로써 발휘된다.

모든 봉토 회의 *Lehenshöfe*와 신분적으로 특권을 부여받은 집단의 집회, 그러나 그 중에서도 중세 후기의 독일과 근세의 '신분 대표 의회'가 이러한 유형에 속한다. 고대와 유럽 이외의 지역에서는 이 제도가 몇 가지 예를 통해서만 알려져 있을 뿐이지, 일반적인 '통과 단계'는 아니었다.

3. 신분적 대의제와 가장 날카로운 대립을 이루는 것으로서 구속된 대의제가 있다. 선출된(또는 순번제나 추첨에 의해, 또는 다른 종류의 수단에 의해 정해지는) 대리인의 대표권은 명령적 위임 *imperative Mandate*과 해임권에 의해 대내외적으로 제한되며 피대표자의 동의에 구속된다. 이 '대의원들'은 실제로는 이들에 의해 대표되는 사람들의 관료이다.

명령적 위임은 예로부터 그리고 아주 다양한 모든 종류의 단체에서 하나의 역할을 수행하여 왔다. 예를 들어 프랑스에서는 지방 자치 단체의 선출된 대표자들이 거의 언제나 '진정서 *cahiers de doèlances*'에 완전히 구속되어 있었다. 오늘날 이러한 종류의 대의제는 특히 협의회 공화국에서 발견되는데, 이들 공화국에 있어서는 구속된 대의제가 대중 단체에서는 불가능한 직접 민주제의 대용품이다. 구속된 수임자는 분명히 중세 및 근대 서양 이외의 곳에서도 아주 다양한 종류의 단체에서 알려져 있지만, 그 어느 곳에서도 커다란 역사적 의의를 지니지는 못했다.

4. 자유로운 대의제. 이 유형의 대의제에서는 대의원이 선출되는 것이(경우에 따라서는 형식적 또는 실제적으로 순번제에 의해 정해지는 것이) 아주 상례이며, 지시 *Instruktion*에 구속되는 것이 아니라 스스로

가 자기 자신의 행동에 대한 우두머리이다. 그는 자기 자신의 즉물적인 확신에만 의무를 질 따름이고, 그의 위임자의 이해 관심에 유의해야 하는 것은 아니다.

이러한 의미에서의 자유로운 대의제는 지시의 결함이나 실패에서 비롯된 불가피한 결과인 경우가 드물지 않다. 그러나 다른 경우에는 자유로운 대의제가 대의원 선거의 의미에 맞는 내용이다. 그리고 또 그러한 한에서는 대의원은 선거인에 의해 선출된 선거인의 우두머리이지, 그들의 '봉사자'는 아니다. 특히 근대 의회제적인 대의원이 이러한 성격을 지녀왔다. 이들 대의원은 합법적 지배의 특징적인 성격인 일반적 즉물화를, 즉 추상적(정치적·윤리적) 규범에의 구속을 이러한 형식으로 나누어 갖고 있다.

이 같은 특성을 최고도로 지니고 있는 것은 근대적인 정치적 단체의 대의제적 법인체인 의회이다. 의회의 기능은 정당의 자발적인 개입 없이는 설명될 수 없다. 정당은 정치적으로 수동적인 시민에게 후보자와 정강을 제시하고 의회 내에서의 타협이나 투표에 의해 행정을 위한 규범을 만들어내며, 만일 선거에서 다수를 획득하는 데 성공한 경우에는 행정을 스스로 통제할 수 있고 신임함으로써 지지할 수 있으며 지속적으로 신임을 거부하여 무너뜨릴 수 있는 존재이다.

정당의 지휘자와 그가 임명한 행정 간부인 각료·장관, 그리고 경우에 따라서 차관은 '정치적인,' 즉 그들이 속해 있는 정당의 선거에서의 승리에 그들의 자리가 좌우되며 선거에서 패배할 경우에는 물러나야만 하는, 국가 지휘자이다. 정당 지배가 완전하게 이루어진 곳에서는 그러한 국가 지휘자가 형식적인 우두머리에게, 즉 군주에게 정당 선거를 통해서 의회로 강요되며, 우두머리 권력을 몰수당한 군주는 다음과 같은 역할에 제한된다.

1. 지휘할 사람을 정당과 협상하여 선택하고 형식적으로 임명함으로써 정당화하는 역할, 그 밖에
2. 그때그때마다 지휘하고 있는 정당 당수의 처분을 합법화하는 기

관으로서 기능하는 역할.

이 경우에 각료의 '내각'은, 즉 다수 정당의 위원회는, 실질적으로 보다 단독 지배제적으로 또는 보다 합의제적으로 조직될 수 있다. 연립 내각에서는 후자가 불가피하고, 전자는 보다 정확하게 업무를 수행하는 형식이다. 통상적 세력 수단인 업무 지식의 비밀화와 대외적 연대는 자리를 구하는 신봉자나 적대자로부터의 공격을 방어하는 데 기여한다. 실질적인(효과적인) 권력 분할이 결여되어 있는 경우에 이러한 체계가 의미하는 바는 모든 힘이 그때그때마다의 정당 간부에 의해 완전히 전유된다고 하는 사실이다. 지휘하는 자리는, 그리고 흔히 전반적으로 관료의 자리도, 신봉자층의 녹봉이 된다: 의회제적 내각 정부.

이러한 체계에 반대하는 빌헬름 하스바하 Wilhelm Hasbach 의 훌륭한 정치적 논박서인 『의회제적 내각 정부 Die parlamentarische Kabinetts-regierung』(1919)에 실려 있는 그와 같은 사실에 관한 설명(이것은 그릇되게도 일종의 '정치적 서술'로 불리우고 있다)은 여러 차례 논의가 될 것이다. 「새로 질서지어진 독일에서의 의회와 정부 Parlament und Regierung im neu geordneten Deutschland」[1918]에 관한 내 자신의 글은 다만 시대적 상황으로부터 태어났을 뿐인 논박문으로서의 성격을 분명하게 강조하였다.

정당 정부에 의한 힘의 전유가 완벽하지 못하고 군주가(또는 군주에 상응하는, 예컨대 일반 투표에 의해 선출된 대통령이) 독자적인 세력으로 남아 있는 경우에는, 특히 직위 임명권(장교를 포함한)에 있어서 독자적인 세력으로 남아 있는 경우에는, 입헌제적 정부가 존재하게 된다. 입헌제적 정부는 특히 형식적인 권력 분할의 경우에 존재할 수 있다. 일반 투표제적인 대통령직이 대의제적 의회와 병존하는 것은 특수한 경우이다: 일반 투표제적 대의제 정부.

마지막으로 순전히 의회제적으로 통치되는 단체의 지휘부는 또한 다른 한편으로는 오로지 의회에 의한 정부 관청(또는 지휘자)의 선출을 통해서만 임용될 수 있다: 순수한 의회제적 정부.

대의적 기관의 통치권은 전반적으로 피지배자의 직접적인 심문을 허락함으로써 제한되고 정당화될 수 있다: 국민 투표 *Referendum* 규약.

1. 서양에 특유한 점은 대의제 그 자체가 아니라 그것이 자유로운 대의제라는 것과 대의가 의회제적 법인체에서 집합된다는 것이다. 이러한 두 가지 점은 고대와 그 밖의 곳에서는 맹아적 형태로만 발견된다(도시 동맹에서 발견되는 파견 위원의 집회가 그 하나의 예이지만, 이들 위원이 위임받은 권리는 원칙적으로 구속되어 있었다).

2. 명령적 위임을 파괴하는 데 아주 강력한 영향을 끼친 것은 군주의 입장 표명이었다. 프랑스 왕은 선거를 공시하면서 전체 삼부 회의 *Etats généraux*에 파견된 위원이 왕의 제안에 찬성 투표를 할 수 있는 자유를 요구하였다. 왜냐하면 그렇지 않을 경우에는 명령적 위임이 모든 것을 방해하였을 것이기 때문이다. 영국 의회에서는 (때가 되면 논의하게 될) 의회 구성과 업무 운영의 방식이 동일한 결과를 가져왔다. 이 때문에 1867년 선거 개혁이 이루어지기 전까지는 의회 의원들이 얼마나 심하게 스스로를 일종의 특권을 부여받은 신분으로 여겼는가 하는 것은 그들이 일반 공중을 엄격하게 배제하였던 데서 가장 분명하게 드러난다(議事를 보고하는 신문에 대해서는 18세기 중반에도 무거운 벌금이 부과되었다). 의회제적 대의원이 '전체 인민의 대표자'라고 하는 이론은, 다시 말해서 그가 위임에 구속되지 않는다('봉사자'가 아니라, 바로 —— 빈말이 아닌 —— 우두머리이다)고 하는 이론은, 프랑스 혁명이 이러한 이론에 혁명 이래로 고전적인 것이 되어 버린 (상투어적인) 형식을 부여하기 이전에, 이미 문헌 속에서 발전되었다.

3. 영국의 왕이(그리고 그와 같은 모양으로 다른 나라의 왕들이) 순전

히 정당에 지향되어 있는 비공식적인 내각 정부에 의해 점차 권력을 몰수당하였던 방식과, 그 자체가 특이한 발전이기는 했지만(영국에 관료제가 결여되어 있었다는 사정을 고려하면, 흔히 주장되는 것처럼, 그렇게 '우연한' 발전은 아니다) 보편적 의의를 지니게 된 이러한 발전이 이루어진 이유를 여기서는 아직 논의할 수 없다. 또한 기능적인 권력 분할을 하고 있는 미국의 일반 투표제적인 대의적 체계도, 국민 투표(본질적으로는 부패한 의회에 대항하는 불신의 도구)의 발전도, 스위스에서 그리고 지금은 독일의 많은 국가에서 국민 투표와 연계되어 있는 순수한 대의제적 민주제도, 여기서는 아직 논의할 수 없다. 여기서는 주요한 유형 가운데 몇 가지만을 확인할 수 있었을 뿐이다.

4. 이른바 '입헌제적' 군주제의 본질로는 흔히 무엇보다도 각료를 포함한 직위의 임명권과 군통수권이 군주에게 전유되어 있다는 점을 생각하는데, 이러한 입헌 군주제는 사실 순수한 의회제적(영국의) 군주제와 아주 비슷할 수 있다. 거꾸로 순수한 의회제적 군주제는 정치적으로 능력이 있는 군주(에드워드 7세 Eduard VII)가 단역(端役)으로서 정치의 지휘에 효과적으로 참여하는 것을 차단하지 않는 것과 같이 말이다. 세부적인 사항에 대해서는 나중에 논의할 것이다.

5. 대의제적 법인체는 이를테면 모든 사람의 권리(선거권)가 평등하다는 의미에서 반드시 '민주제적'이지는 않다. 그와는 정반대로 의회제적 지배가 존속할 수 있는 고전적인 토양은 흔히 귀족제나 금권 정치였다는 사실이 밝혀질 것이다(영국에서 그러하였다).

경제와의 연관. 이 연관은 극히 복잡해서 나중에 별도로 논의되어야 한다. 여기서는 미리 다음과 같은 점만을 일반적으로 말할 수 있을 따름이다.

1. 옛날 신분층의 경제적 토대의 해체는 '자유로운' 대의제에로의 이행을 야기하였다. 자유로운 대의제에서는 민중을 지도할 수 있는 재능을 지닌 사람이 신분의 구애를 받지 않고 자유롭게 앞길을 개척

했다. 그러한 경제적 토대의 해체가 이루어진 것은 근대 자본주의 때문이었다.

2. 법질서와 행정 기능의 계산 가능성과 신뢰성에 대한 욕구는 합리적인 자본주의의 긴요한 욕구인데, 시민층은 이러한 욕구 때문에 하나의 법인체를 통해서 가산 군주와 봉건 귀족의 힘을 제한하려는 노력을 하기에 이르렀다. 그리고 이 법인체에서는 시민이 결정적인 역할을 수행하며 함께 참여하고 행정과 재정을 감독하며 법질서를 변경하는 데 함께 영향력을 행사해야 한다는 것이었다.

3. 이러한 변혁이 이루어지던 당시에 프롤레타리아트의 발전은 아직 정치적인 세력으로서 비중이 크고 시민층에게 위험하게 보이는 것은 아니었다. 뿐만 아니라 유산자의 우위를 위협하는 온갖 요소는 재산 평가에 따라 선거권을 제한함으로써 단호하게 차단되었다.

4. 경제와 국가의 형식적인 합리화는 자본주의적인 발전의 이해 관심에 유리한 것으로서 의회에 의해 강력하게 촉진될 수 있었다. 정당에 대한 영향력은 쉽게 얻을 수 있는 것처럼 보였다.

5. 일단 존립하게 된 정당의 선동 정치는 선거권을 확대하는 길로 나아갔다. 대외적인 갈등의 경우에 프롤레타리아트를 획득해야 할 필요성과 시민층에 비해 '보수적인' 이들의 성격에 대한 — 깨어진 — 기대 때문에 군주와 각료는 어디서나 (결국은) 평등한 선거권을 두둔하였다.

6. 의회에서 '배우고 가진' 계급이 — 그러니까 명사가 — 말하자면 '그네들끼리 모든 것을 장악'하고 있었던 한에서는, 즉 순전히 계급 지향적인 정당들이 우세했던 것이 아니라 오로지 신분적 대립과 다양한 소유 방식에 의해 야기된 대립이 우세하였던 한에서는, 의회가 정상적으로 기능하였다. 순수한 계급 정당의 세력이 등장하면서, 특히 프롤레타리아트의 세력이 등장하면서, 의회의 상태는 변화하였고 또 변화하고 있다. 그리고 또한 정당의 관료제화(코커스 체계 *Cacus-System*)도 그러한 변화에 많이 기여하였다. 정당의 관료제화는

특별히 일반 투표제적인 성격을 지니고 있으며, 국회의원을 선거인의 '우두머리'로부터 정당 기계의 지도자의 봉사자로 만든다. 이에 대해서는 별도로 언급할 것이다.

제22항. 이해 대표자에 의한 대의제

5. 이해 대표자 *Interessenvertreter*에 의한 대의제란, 대의원의 임용이 직업적, 신분적, 또는 계급적인 소속을 고려하지 않고 자유롭게 이루어지는 것이 아니라, 대의원이 직업과 신분적 또는 계급적 상태에 따라 편성되어 제각기 그들과 같은 처지의 사람들에 의해 임용되어, 일종의 ── 지금 대개들 운위하는 바와 같이 ── '직업 신분제적 대표'를 결성하는 것과 같은 종류의 대의원 법인체를 뜻한다고 하겠다.

이와 같은 대의제는

1. 대의원 임용이 허가된 직업·신분·계급의 종류에 따라,

2. 다툼 *Streit*을 해결하는 수단이 투표인가 아니면 타협인가에 따라,

3. 다툼의 해결 수단이 투표인 경우에는 개별적인 범주가 수적으로 얼마만한 지분을 갖고 참여하는가 하는 방식에 따라,

근본적으로 서로 다른 것을 의미할 수 있다.

이러한 대의제는 매우 혁명적인 성격의 것일 수도 있고, 매우 보수적인 성격의 것일 수도 있다. 이것은 어느 경우에든 대규모의 계급 정당의 발생의 산물이다.

이러한 종류의 대의제를 만들어낸 의도는 보통 일정한 계층으로부터 선거권을 박탈하려는 의도와 결합되어 있다. 이러한 선거권의 박탈은 다음의 두 가지 가운데 어느 하나의 방식으로 이루어진다. 한편으로는

a) 직업에 의석을 배분하는 방식을 통해서 수적으로 언제나 우세한 일반 대중의 선거권을 실질적으로 박탈하든지, 그렇지 않은 경우에는

b) 무산자에게 선거권을 제한함으로써 경제적 우세를 통해 우위를

점하고 있는 계층의 선거권을 형식적으로 박탈한다(이른바 협의회 국가).

이러한 종류의 대의제에 의해서 — 적어도 이론적으로는 — 정치의(정당의) 배타적인 이해 당사자 경영이 이제까지의 모든 경험에 의하면 제거되지는 않는다고 하더라도 약화된다. 재정적인 선거 수단의 의의도 그 정도가 의심스럽기는 하지만 — 이론적으로는 — 약화될 수 있다. 이러한 종류의 대의제 법인체의 성격은 지도자를 배척하려는 성향이 있다. 왜냐하면 직업적인 이해 대표자로서는 자기의 모든 시간을 이해를 대표하는 업무에 바칠 수 있는 그러한 대의원만이, 그러니까 무산(無産) 계층의 경우에는 이해 당사자 단체의 유급 서기가 고려되기 때문이다.

1. 다툼을 조정하는 수단으로서 타협을 사용하는 대의제는 역사적으로 비교적 오래된 모든 '신분제적' 법인체에 고유한 점이다. 오늘날 '노동 공동체'에서는, 그리고 '부문별 회의 *itio in partes*'와 제각기 별도로 자문하고 결의하는 개별적인 직업 협동조합 사이의 협상을 질서로 삼고 있는 곳에서는, 어디서나 그러한 대의제가 지배하고 있다. 어느 직업의 '중요성'을 나타내는 수적 표현은 발견될 수 없기 때문에, 무엇보다도 노동자 대중의 이해 관심과 (수적으로 점차 감소해가는) 기업가의 이해 관심은 흔히 지극히 적대적이기 때문에, 특히 전문 지식을 지니고 있는 — 그러나 또한 개인적으로 이해 관심을 갖고 있는 것이 분명한 — 기업가들의 표는 그 수에 상관없이 어떻게든 비중이 클 수밖에 없기 때문에, 계급적 또는 신분적으로 아주 이질적인 요소가 혼합되어 있는 경우에 형식적인 '전원 투표'는 기계화된 넌센스이다. 최종적인 수단으로서의 투표 용지는 서로 다투며 타협을 통해서 협상하는 정당의 특징적인 성격이지만, '신분'의 특징적인 성격은 아니다.

2. '신분제'에 있어서 법인체가 사회적으로 대략 평등하게 질서지어진 요소로 구성되어 있는 경우에는, 예컨대 '협의회'처럼 오직 노동자들로

만 구성되어 있는 경우에는 투표 용지가 적합하다. 그 원형은 수공업자 조합들이 서로 싸우던 시대의 메르카단차에서 찾을 수 있다. 이것은 개별적인 수공업자조합이 파견하는 위원으로 구성되어 있었고 다수결에 따라 투표를 하지만, 그러나 특별히 보다 힘이 센 수공업자조합이 다수의 힘으로 승리를 차지하는 경우에는 사실적으로 분열의 위험을 안고 있었다. '피고용인'이 협의회에 가입하는 것만으로도 이미 문제가 싹트게된다. 이들의 투표 지분은 한결같이 기계적으로 제한되었던 것이다. 더욱이 농민과 수공업자의 대표자가 당연히 가입해야 하는 곳에서는 상태가 복잡해진다. 이른바 '보다 높은' 직업과 기업가가 함께 포함되어야 할 경우에는 투표 용지로써 결정을 짓는다는 것은 전혀 불가능하다. 전원투표를 하는 노동 공동체가 '동등한 권리를 지닌 노동자와 기업가로' 구성되어 있다는 사실이 뜻하는 바는, 황색의 노동조합원이 기업의 승리를 돕고, 아첨하는 기업가가 노동자의 승리를 거든다는 것이다. 그러니까 가장 계급적 품위를 지니지 않은 요소가 결정적인 역할을 한다는 것이다.

그러나 평온한 시대에는 순전히 프롤레타리아트적인 '협의회'에서 노동자들 사이에서도 날카로운 적대 관계가 만들어질 것이다. 이러한 적대 관계는 아마도 협의회를 사실상 마비시킬 것이며, 그리고 어쨌든 이해당사자를 서로 반목하게 하여 어부지리를 얻는 교묘한 정치가 이루어질 수 있는 모든 가망성을 야기시키게 될 것이다. 이러한 이유 때문에 관료제는 이러한 생각에 대하여 그다지도 우호적이었던 것이다. 게다가 농민 대표와 노동자 대표를 서로 반목하게 하여 어부지리를 얻을 수 있는 가망성이 존재하게 될 것이다. 어쨌든 그와 같은 대의제적 법인체가 엄격히 혁명적이지 아니한 요소로 구성되는 경우에는 언제나 마침내는 단지 '선거구 기하학'의 새로운 가망성을 다른 형식으로 열어놓는 결과를 초래할 뿐이다.

3. '직업 신분제적' 대표제가 이루어질 수 있는 가망성은 적지 않다. 기술적·경제적인 발전이 안정된 시기에는 이러한 기회가 대단히 커지게

된다. 하지만 그러한 경우에는 '정당 생활'이 아무튼 전반적으로 막을 내리게 된다. 이러한 전제가 존재하지 않는 한에서는 물론 직업 신분제적인 대의제적 법인체가 정당을 소멸시키게 될 것이라는 생각은 결코 할 수가 없다. 그렇기는커녕 '경영 협의회'를 비롯하여 —— 우리가 지금 이미 그 현상을 보고 있는 곳에서는 —— 전국 경제 협의회에 이르기까지 자질이 입증된 정당 소속원을 위해 새로운 녹봉이 만들어진다. 경제 생활은 정치화되고, 정치는 경제화되는 것이다. 이 모든 가망성에 대해서 사람들은 궁극적인 가치 입장에 따라 근본적으로 서로 다른 태도를 보일 수 있다. 다만 사실이 다름아니라 바로 그러하다는 것이다.

정치가 이해 당사자에 의해 자발적으로 경영되는 진정한 의회제적 대의제뿐만 아니라, 이러한 대의제로부터 발전된 일반 투표제적 정당 조직과 그 결과도, 그리고 이해 대표자에 의한 합리적 대의제라고 하는 근대적인 사상도, 서양에 특유한 것이며 오로지 서양에서의 신분 발전과 계급 발전을 통해서만 설명될 수 있다. 서양에서의 신분 발전과 계급 발전은 이미 중세에, 그것도 오직 서양에서만 그 싹이 생겨났다. '도시'와 '신분제'(왕과 왕국 *rex et regnum*), '시민'과 '프롤레타리아'는 오직 여기에만 존재하였던 것이다.

제 IV 장
신분과 계급

1. 개 념

제1항. 계급 상태, 계급, 소유 계급

'계급 상태 *Klassenlage*' 란

1. 재화 급양 *Güterversorgung*의,
2. 외적인 생활 지위 *Lebensstellung*의,
3. 내적인 생활 운명의

전형적인 가망성을 의미하는데, 재화나 용역 자격에 대한 처분권의 (또는 이러한 처분권의 결여의) 정도와 종류로부터 생겨나고, 어느 주어진 경제 질서 내에서 소득이나 수입을 달성하는 데 그러한 처분권을 이용할 수 있는 주어진 가능성의 종류로부터 생겨난다고 하겠다.

'계급'이란 어느 동일한 계급 상태에 놓여 있는 온갖 인간 집단을 뜻한다고 하겠다.

a) 소유 계급이란 소유의 차이가 일차적으로 계급 상태를 규정하는 한에서의 계급을 뜻한다고 하겠다.

b) 영리 계급이란 재화나 용역을 시장에서 이용할 수 있는 가망성이 일차적으로 계급 상태를 규정하는 한에서의 계급을 뜻한다고 하겠다.

c) 사회적 계급이란 계급 상태 사이의 교체가

α) 개인적으로,

β) 세대가 이어지는 가운데

쉽게 이루어질 수 있고 또 흔히 전형적으로 일어나는 계급 상태의 전체를 뜻한다고 하겠다.

세 가지 모든 계급 범주의 토양에서 계급적 이해 당사자의 이해 사회적 결합(계급 단체)이 생겨날 수 있다. 그러나 사정이 반드시 그러한 것만은 아니다. 계급 상태와 계급 그 자체는 단지 개개인뿐만 아니라 수많은 다른 사람들이 놓여 있는 동일한(또는 비슷한) 전형적인 이해 상태를 나타낼 뿐이다. 원칙적으로 온갖 종류의 향유재, 제조 수단, 재산, 영리 수단, 용역 자격에 대한 처분권은 제각기 별도의 계급 상태를 구성하며, 불안정한 고용 상태에 놓여 있는 노동 영리 의 존자인 무산자의 완전한 '미숙련성'만이 하나의 통일적인 계급 상태를 구성한다. 어느 하나의 계급 상태로부터 다른 계급 상태에로의 이행은 아주 다양하게 용이하고 가변적이다. 따라서 '사회적' 계급의 통일성은 아주 다양한 면모를 보이고 있다.

a)[에 관하여] 긍정적으로 특권을 부여받은 소유 계급의 일차적인 의의는 다음과 같은 곳에 있다.

α. 구매에 있어서 값비싼(비용이 부담스러운) 소비 급양의 독점화,

β. 판매에 있어서 독점 상태와 계획적인 독점 정책의 가능성,

γ. 소비되지 않은 잉여에 의한 재산 형성 기회의 독점화,

δ. 저축에 의한 자본 형성의 독점, 그러니까 대부 자본 *Leihkapital* 으로서의 재산 투자의 가능성의 독점화, 이와 아울러 지휘하는 (기업가) 위치에 대한 처분의 가능성의 독점화.

ε. 비용이 값비싼 한에서의 신분적인 (교육) 특권.

I. 긍정적으로 특권을 부여받은 소유 계급은 전형적으로 지대 생활자이다. 여기에는 다음과 같은 종류가 있을 수 있다.

a) 인간 지대 생활자(노예 소유자),

b) 경작지 지대 생활자,

c) 광산 지대 생활자,

d) 시설 지대 생활자(노동 시설과 기구의 소유자),

e) 선박 지대 생활자,

f) 채권자, 그것도,

α. 가축 채권자,

β. 곡물 채권자,

γ. 화폐 채권자;

g) 유가 증권 *Effekten* 지대 생활자.

II. 부정적으로 특권을 부여받은 소유 계급으로는 전형적으로 다음과 같은 것이 있다.

a) 소유의 대상(비자유민, ── '신분'에 관한 논의를 볼 것),

b) 영락 계급자 *Deklassierte*(고대적 의미에서의 '최하층민 *proletarii*'),

c) 채무자,

d) '빈민.'

위와 같은 두 가지 종류의 소유 계급 사이에는 '중산 계급 *Mittelstandsklasse*'이 있는데, 이 계급은 소유나 교육적 자격을 갖추고서 이로부터 자신의 영리를 벌어들이는 모든 종류의 계층을 포괄한다. 중산 계급 가운데 몇몇은 '영리 계급'일 수 있다(본질적으로는 긍정적으로 특권을 부여받은 기업가, 부정적으로는 특권을 부여받은 프롤레타리아). 그러나 모든 중산 계급(농민·수공업자·관료)이 반드시 영리 계급인 것은 아니다.

순수한 소유 계급적 편성은 '역동적'이지 않다. 즉, 순수한 소유 계급적 편성은 반드시 계급 싸움과 계급 혁명을 초래하는 것이 아니다. 예컨대 아주 긍정적으로 특권을 부여받은 소유 계급인 인간 지대 생활자는 훨씬 적게 긍정적으로 특권을 부여받은 소유 계급인 농민뿐만 아니라 사실 영락 계급자와도 흔히 아무런 계급적 대립 없이, 때로는 연대를 맺으며(예컨대 비자유민을 상대로) 병존한다. 다만 소유 계급적 대립은 다음과 같은 대립의 경우에 혁명적인 싸움을 초래할 수 있다.

1. 경작지 지대 생활자와 영락 계급자 사이의 대립,

2. 채권자와 채무자 사이의 대립(흔히 도시에 거주하는 세습 귀족 *Patrizier*과 농촌에 거주하는 농민이나 도시에 거주하는 小수공업자 사이의 대립). 그러나 이러한 혁명적 싸움이 반드시 경제 체제의 변경을 목적으로 하는 것은 아니고, 일차적으로는 다만 소유를 갖추고 분배하는 일의 변경을 목적으로 할 따름이다(소유 계급적 혁명).

계급 대립이 결여되어 있는 고전적인 예는 미국의 남부 주에서 '가난한 백인 잡동사니 *poor white trash*'(노예 없는 백인)와 농장 소유자 *Pflanzer* 사이의 상태였다. 가난한 백인 잡동사니는 흔히 가부장제적인 기분에 사로잡혀 있던 상태의 농장 소유자보다 훨씬 더 흑인에 적대적이었다. 유산자에 대항하는 영락 계급자의 싸움에 대해서는 고대에서 주요한 예를 찾을 수 있다. 또한 채권자와 채무자 사이의 대립, 그리고 경작지 지대 생활자와 영락 계급자 사이의 대립에 대해서도 고대가 주요한 예를 제공한다.

제2항. 영리 계급, 사회적 계급

b)〔에 관하여〕 긍정적으로 특권을 부여받은 영리 계급의 일차적인 의의는 다음에 있다.

α. 영리 이해에 대한 관심에서 재화 제조의 지휘의 독점화,

β. 정치적 단체 및 다른 종류의 단체의 경제 정책에 대한 영향력 행사에 의한 영리 기회의 확보.

I. 긍정적으로 특권을 부여받은 영리 계급은 전형적으로 기업가이다.

a) 상인,

b) 선주(船主),

c) 공업 기업가,

d) 농업 기업가,

e) 은행가와 금융 기업가, 사정에 따라서는,

f) 우대받는 능력을 갖추고 있거나 교육을 받은 '자유 직업'(변호사·의사·예술가),

g) 독점주의적인 (자기 자신의 고유한, 또는 양성된, 또는 교육된) 자격을 갖춘 노동자.

II. 부정적으로 특권을 부여받은 영리 계급은 전형적으로, 질적으로 구별되는 다양한 종류의 **노동자**이다.

a) 숙련 *gelernte* 노동자,

b) 반숙련 *angelernte* 노동자,

c) 미숙련 *ungelernte* 노동자.

위와 같은 두 가지 종류의 영리 계급 사이에는 여기서도 '중간 계급'으로서 자영 농민과 자영 수공업자가 있다. 나아가 중간 계급으로는 아주 흔히 다음과 같은 것이 있다.

a) 관료(공적 그리고 사적인),

b) I f에서 언급했던 범주와 예외적인 (자기 자신의 고유한, 또는 양성된, 또는 교육된) 독점주의적 자격을 갖춘 노동자〔I g〕.

c)〔에 관하여〕 사회적 계급에는 다음과 같은 종류가 있다.

α. 전체로서의 노동자, 노동 과정이 자동화되면 될수록,

β. 소시민층, 그리고

γ. 무산(無産) 지식층과 무산 전문 교육층(기술자, 상업적 및 다른 종류의 '피고용인,' 관료층, 이들은 교육 비용에 따라 서로간에 경우에 따라서는 사회적으로 아주 구분된다).

δ. 유산 계급과 교육에 의해 특권을 부여받은 자.

마르크스Karl Marx의 『자본론 *Das Kapital*』의 중단된 결론 부분은 프롤레타리아트의 질적 분화에도 불구하고 그 계급적 통일성의 문제를 다

루고자 했던 것이 분명하다. 이 문제에 있어서 결정적인 점은, 기계 자체에서 그리 길지 않은 기간 내에 속성으로 양성되는 반숙련 노동의 의의가 '숙련' 노동뿐만 아니라 때로는 '미숙련' 노동을 희생시키면서 증가하고 있다는 사실이다. 여하튼 짧은 기간 내에 속성으로 양성된 반숙련의 능력도 독점적인 자격이다(織工은 때때로 5년 후에 최고도의 능률에 이르는 것이 전형적이다!). 예전에는 온갖 노동자가 '자영' 소시민에로의 이동을 목표로서 추구하였다. 그러나 그 실현 가능성은 점점 더 적어지고 있다. 세대가 이어지는 가운데 α뿐만 아니라 β에 있어서도 사회적 계급 γ(기술자, 상업 회사원)에로의 '상승'은 상대적으로 가장 수월하다. δ계급 내에서는 화폐가 점차——적어도 세대가 이어지면서——모든 것을 사들인다. 계급 γ는 〔특히〕은행과 주식 기업에서, 관료는 〔비교적 높은 직급에서〕 δ에로 상승할 기회를 갖는다.

이해 사회적으로 결합된 계급 행위는 다음과 같은 방식으로 가장 쉽게 창출될 수 있다.
  a) 직접적인 이해 적대자에 대항하여(노동자는 기업가에 대항하는데, 실제로 '不勞' 소득을 벌어들이는 주주에게는 〔대항〕하지 않는다. 농민이 지주에게 대항하는 것도 아니다),
  b) 유형적으로 대량으로 비슷한 계급 상태에서만,
  c) 쉽게 결집할 수 있는 기술적 가능성이 있는 경우에, 특히 장소적으로 밀집된 노동 공동체의 경우에서(작업장 공동체),
  d) 한결같이 비계급 소속원(지식층)에 의해 강요되거나 해석되는 수긍이 가는 목표를 향하여 '지도'가 이루어지는 경우에.

제3항. 신분적 상태, 신분
  신분적 상태란 사회적 평가에 있어서 전형적으로 유효하게 요구되는 긍정적 또는 부정적인 특권화를 뜻한다고 하겠다. 이러한 특권화는 다음과 같은 것에 근거한다.

a) 생활 운영의 방식, 따라서

b) 형식적인 교육 방식, 그것도

  α. 경험적인, 또는

  β. 합리적인 가르침 *Lehre*, 그리고 그에 상응하는 생활 형식의 소유.

c) 가문(家門)의 위세나 직업의 위세.

신분적 상태는 무엇보다도 다음과 같은 곳에서 표현된다.

  α. 통혼(通婚) *connubium*,

  β. 공동 식사의 관습 *Kommensalität*, 경우에 따라서는

  γ. 흔히, 특권화된 영리 기회의 독점주의적 전유 또는 일정한 영리 방식의 기피,

  δ. 다른 종류의 신분적 관습('전통').

신분 상태는 일정한 계급 상태나 다의적인 종류의 계급 상태에 근거할 수 있다. 그러나 신분 상태는 오직 계급 상태에 의해서만 규정되는 것은 아니다. 화폐 소유와 기업가 상태는 그 자체가 이미 신분적 자격은 아니며──비록 신분적 자격을 갖도록 할 수 있다고 하더라도──, 재산이 없다고 하는 것 그 자체가 비록 신분적 실격을 초래할 수 있다고 하더라도 이미 신분적 실격인 것은 아니다. 다른 한편으로 신분적 상태는 어느 계급 상태를 함께 야기할 수 있거나 단독으로 야기할 수 있다. 그렇다고 해서 그 계급 상태와 동일하게 되지 않고서도 말이다. 어느 장교·관료·학생의 계급 상태는 이들의 재산에 의해 정해지며, 신분 상태를 분화하지 않아도 대단히 다양할 수 있다. 왜냐하면 교육에 의해 만들어진 생활 운영의 방식은 신분적으로 결정적인 점에 있어서는 동일하기 때문이다.

'신분'이란 어느 단체 내에서 유효하게

a) 신분적인 특수한 평가를, 그러니까 경우에 따라서는 또한

b) 신분적인 특수한 독점을

요구하는 다수의 인간을 뜻한다고 하겠다.

신분이 생겨날 수 있는 근거는 다음과 같다.

a) 일차적으로는, 독자적인 신분적 생활 운영에 의해, 그 가운데서도 특히 직업의 종류에 의해(생활 운영 신분 및 직업 신분),

b) 이차적으로는, 세습 카리스마적으로, 신분적 가문에 힘입어 성공적으로 위세를 요구함으로써(출생 신분),

c) 정치적 또는 교권제적인 우두머리 권력을 독점물로서 신분적으로 전유함으로써(정치적 및 교권제적 신분).

출생 신분적인 발전은 한결같이 특권이 어느 단체에게 또는 자격을 갖춘 개개인에게 (세습적으로) 전유되는 형식이다. 기회가, 특히 우두머리 [권력이나 영리] 기회가, 확고하게 전유되면 어떤 경우에든 신분이 형성되는 결과를 초래하는 경향이 있다. 온갖 신분 형성은 우두머리 권력과 영리 기회의 독점주의적 전유를 초래하는 경향이 있다.

영리 계급은 시장 지향적인 경제의 토양에서 성장하는 반면에, 신분은 주로 단체의 독점주의적인 공출제적, 봉건제적, 또는 신분 가산제적인 수요 충족의 토양에서 성장한다. 어느 사회가 '신분적'이라 함은 그 사회적 편성이 주로 신분에 따라 이루어지는 경우를 뜻하며, 어느 사회가 '계급적'이라 함은 그 사회적 편성이 주로 계급에 따라 이루어지는 경우를 뜻한다고 하겠다. '계급' 가운데서도 '사회적' 계급은 '신분'에 가장 가까우며, '영리 계급'은 '신분'으로부터 가장 멀리 떨어져 있다. 신분은 흔히 그 중점(重點)에 있어서 소유 계급에 의해 형성된다.

온갖 신분적 사회는 관습적으로, 생활 운영의 규칙에 의해 질서지어져 있다. 따라서 신분적 사회는 경제적으로 비합리적인 소비 조건을 만들어내고, 이러한 방식으로 독점주의적인 전유를 통해서 그리고 자기 자신의 영리 능력을 자유롭게 처분할 수 있는 가능성을 차단함으로써 자유로운 시장 형성을 저지한다. 이에 대해서는 별도로 논의하게 된다.

부 록

전사 신분[1]

I. 카리스마적인 전사 신분

1. 추종자층의 사람들 *Gefolgschaftsleute*. 한결같이 우두머리와의 특수한 신의(信義) 계약에 의해 채용된다.

메로빙 왕조 시대의 트루스티스 *merowingische Trustis*[왕이 보호하는 추종자]('안트루스티오네스 *antrustiones*[왕의 추종자].' 이들은 프랑크 살리에르족 Salier의 법전인 렉스 살리카 *Lex Salica*의 고본에 의하면 '왕의 보호 아래 있었다 *qui in truste dominica est*')가 그러하였고, 무기를 두고 이루어지는 신의(信義) 서약을 통해서 채용되었다. 이들은 호위하기 위해 말을 탄 군사적 추종자였다(이로부터 트루스티스라고 하는 명칭이 유래하였다. 이 명칭은 *adjutorium*[助力]이라는 말과 같은 뜻으로 해석되었고, 독일어로는 추측하건대 '劍士 *Degen*'라고 불리었을 것이다). 아마도 비잔틴 '황제의 친위병 *Scholen*'을 모방한 것인 듯하다(아래를 볼 것).

---

1) 다음의 논의는 분명히 신분 형성의 결의론에 대한——논의되지 않은——구상을 서술하고 있다. 유고 상태로 남아 있던 두 소묘를 여기에 덧붙이는 것은 그러한 구상이 계속 논의되었을 가능성을 구체적으로 예증하기 위해서이다(편집자 주).

이들의 특권은 a) 세 배의 살해 보상금. 원래는 자유로운 프랑크
인, 로마인, 왕의 보호 아래 있는 노예가 이러한
특권을 지니고 있었지만, 나중에는 자유민만 그
러하였다.

b) 별도의 소송 절차(렉스 살리카 제106조).

c) 동료에 불리한 증언을 하는 경우에 과태료 부
과.

d) 우두머리의 식탁에서의 급양 또는——나중에는
——별도로 봉토로서 부여된 단위 경제에서의
급양.

e) 우두머리의 자문에의 참여.

f) 중요한 직무와 왕실 직위에서의 우선적인 임용.

2. 트루스티스는 8세기에 소멸하였다. 카롤링 왕조의 추종자층은
추종자 *satillites*, 전사 *milites*, 남자다운 전사 *viri militares*라고 불리었
으며, 일부는 자유로운 봉건 가신이었고, 일부는 가신이었다. '콘실
리아리 *consiliarii*〔프랑크 왕국의 고문관〕' 는 일부는 궁내 관료이고, 일
부는 외거(外居) 명사이다.

트루스티스에의 가입은 전반적으로 궁중에서의 신분적 교육을 토
대로 이루어졌다. 부유한 사람은 그들의 자녀를 점차 이 곳으로 보냈
다.

II. 전통적인 전사 신분

1. 왕의 예속적인 봉사자: 국왕의 노예 *pueri regis, pueri aulici*(아마
도 바이에른Bayern에서의 하인 귀족 *Adelsschalke*도 이러한 봉사자였
던 것 같다), 때로는 왕의 추종 동료 *Antrustion*가 이러한 봉사자였다.
그리고 이들은 비자유민이었으며, 따라서 반자유민의 살해 보상금보
다 두 배를 더 받는다.

2. '군역에 복무하고 있는 *in borte*' 비자유민, 군사적으로 무장을
갖춘 세습 소작인·노예·가신. 직업적으로 행하여지는 경우에는

'호노라티 *bonorati*'라고 불리우며, 은급지(恩給地) *beneficia*를 수령할 수 있는 능력과 무장권을 지니고 있다.

Ⅲ. 봉건적인 전사 신분: 왕의 자유로운 봉건 가신, 이들은 자유로운 계약을 통해서 무기, 정치적인 우두머리 권력, 경지, 또는 지대를 세습적인 이용권으로서 우선은 종신으로 수여받으며, 이에 대한 대가로서는 신의 관계를 설정하는 의례적 행위 *Kommendation*, 신의의 맹세, 그리고 신분적 명예에 의해 보증되는 복종을 지불한다.

신분적인 자격: 기사적인 생활 운영과 군사적 · 궁정적인 교양. 이러한 전제 조건은 자유로운 '봉건 가신 *Vassen*'(켈트어의 개념)으로부터 우두머리의 '전사 *milites*'와 가신이 분화됨으로써야 비로소 발생하였다. 이것은 원래 직업 신분이며, 우두머리와의 관계의 방식에 의해 결정되는 신분이다.

이들은 봉토를 전유하게 되면 거꾸로 조상의 기사적인 생활에 의해 봉토를 수령할 수 있는 세습 카리스마적인 자격을 갖출 수 있다.

전사 신분

A. 일반 자유민 *Gemeinfreie*

1. 카리스마적인 전사 동료: 남자의 집 단체. 영웅 금욕 시험을 거친 후에 이루어지는 입회와 성년식에 의한 수련기.

이와 대립되는 동료는: 1. 어린이,
　　　　　　　　　　　2. 노인,
　　　　　　　　　　　3. 여성. 성년식을 거치지 않은 사람은 누구나 여기에 속한다.

이들의 생활 운영은 남자의 집의 가정 공산주의 속에서 가족 없이, 약탈, 사냥, 그리고 예속된 단위 경제(여성)의 음식 공양으로 생계를 유지하며 이루어진다.

이들의 신분적인 특권은 '경주마의 사육 *Rennstall*,' 무기 휴대, 도구 노동, 사냥 및 약탈 대열에의 참가, 식사(盛饌) 때의 우선권, 전사 주연(酒宴)(경우에 따라서는 食人 *Kannibalismus*)과 전사 제례(祭禮)에의 참가, 공물에 대한 권리, 경지와 노예 및 일정한 종류의 가축에 대한 처분 등이다.

이들은 때때로 상품 및 안전에 대한 감독을(카모라*Kamorra*와 같이) 독점하는 비밀 클럽에로 발전한다.

청년 군대 기간이 끝난 후에는 남자의 집으로부터 탈퇴하거나, 가족에 편입된다('병역 시기').

민병 대원으로서의 능력이 다한 경우에는 퇴직하거나, 살해되거나, 또는 거꾸로 주술적 전통의 전문가로서 숭배된다.

2. 전유적인 전통적 전사 동료.

이에 대립적인 동료로서는: 1. 부정적으로 특권을 부여받은 예속인(반자유민 *Liten*, 세습 소작인)과 노예,

　　　　　　　　　　2. 긍정적으로 특권을 부여받은 전사 신분.

일반 자유민은 완전히 무장할 의무가 있고——부정적으로 특권을 부여받은 사람들과 달리——유일하게 무장할 권리가 있다. 이들은 스스로 무기를 마련하며(자체 무장), 이러한 능력을 지니기 위해서는, 그러니까 자신의 전쟁 수단을 소유할 수 있기 위해서는 원래 충분히 독자적인 **토지** 소유를 갖추어야만 한다.

이들의 신분적 특권에는 임의 이주권, 면세, 완전한 경작권에의 자격, 민회 자치공동체 및 재판 자치공동체에의 참여, 군주의 즉위에 대한 동의 등이 있다.

인명 색인

사항 색인

552

관할권 *Zuständigkeit* 415~16, 431, 499, 513; 재판 — 473; 군사적 — 473

관행 *Brauch* 153~54

교권제 *Hierokratie* 162, 189, 190, 192, 197, 316, 398, 413, 417, 419, 424, 448, 456, 459, 467, 510, 542

교환 138, 171, 174, 179, 196, 207, 209~10, 213~15, 218~25, 227, 231, 234~35, 238, 247~50, 254, 284~85, 295, 312, 315, 319, 331, 333~35, 345, 352~53; — 가격 406; — 거래 250; — 경제 407; — 계약 201; — 관계 213, 217, 368, 372; — 기회 167, 225, 262, 268, 288; — 싸움 207, 210; — 수단 213~19, 239, 248, 352~54, 365, 388, 404; 시장 — 149, 244; — 영리 235, 296; — 이윤 404, 406; — 재 143, 233; — 조건 334, 342, 410; — 채무 212; — 판도 407

교회 *Kirche* 150, 162, 183, 187, 190, 192~93, 211, 415~16, 422, 449, 455, 464, 467, 475, 500, 502; — 국가 439; — 녹봉 420; — 법 413, 431, 475

구매력 237, 239, 264, 280, 312, 354, 375, 376, 383, 387, 445

구원재(救援財) *Heilsgüter* 160, 190, 192

국가 131~32, 134, 150~51, 162, 169, 182~83, 186~87, 189~92, 196~97, 205, 211~12, 217, 219, 234~35, 258, 265, 267, 274, 311, 323, 330, 334, 338, 340, 346, 348, 350~55, 357, 361, 365, 367~71, 374, 377, 380~81, 384~85, 388, 392, 394~98, 412, 415~16, 420, 422, 430, 439, 442~43, 446~49, 462~65, 467, 475~76, 479, 481, 487~89, 499~501, 503, 505~07, 509~11, 515~17, 526, 529~30, 532

국민 투표 *Referendum* 529; — 규약 528

국제법 *Völkerrecht* 162

국회의원 *Abgeordnete* 168, 531

군구(郡區) *township* 520, 522

556

임대 400; 화폐 — 국가 398; 현물 — 299, 444

날품팔이 *Stör* 290, 313, 321, 332

내각 *Kabinett* 416, 495, 499, 501~02, 505, 527; — 재판 432; — 정부 418, 495, 497, 527, 529; — 지배 497

노동 198~99, 204, 208, 220, 232, 243, 245, 249, 263, 269~78, 280, 285, 287~93, 298~99, 302~05, 308, 314, 317~18, 324~27, 335, 402~03, 406~07; 가내 — 289, 291, 314, 328, 332; 강제 — 345; — 결합 284~85, 302, 328, 347; — 공동체 265, 286, 368, 404, 532, 540; — 과정 277~78, 288, 306, 327, 539; — 규율 306, 485; — 규정 286, 410; 노예 — 302, 344; — 도구 321; 도구 — 546; —력 199, 201, 231, 238, 253, 258, 265, 273, 284, 287~89, 292~93, 313, 322, 343~44, 398; 미숙련 — 540; 반숙련 — 540; 부업 — 277; — 분업 303; — 분배 284~85; — 성향 325~27; — 수단 273~74, 280, 288, 296, 306; — 수익 404, 406; 숙련 — 540; — 시장 307, 311, 398; — 실습 324~25; — 영리 291, 316, 536; — 용역 237, 272, 274, 292; — 의욕 326~27, 329; — 이용 275, 287~88, 291; — 임금 326~27; 임금 — 356; — 임차 343; — 전문화 273, 302, 322, 328, 347; — 조건 403; — 조직 347; 자유로운 — 270, 273, 287, 290, 299, 326, 342, 344, 347, 448; 자유롭지 않은 — 273, 287~90, 298, 318, 323, 326, 343

노동조합 *Gewerkschaft* 211, 292, 300, 420, 465; — 단체 505; —원 177, 292, 300, 533

노동자 135, 209, 234, 243, 246~47, 251, 256, 263, 265, 273, 287~96, 299~308, 313~14, 317~18, 321~22, 326~28, 332, 342~44, 347, 381~82, 389, 403~04, 410, 417, 423, 486, 492~93, 501, 521, 532~33, 539~40; — 가계 273; 강제 — 278; — 계층 205; 공장 — 311, 329; 농업 — 286, 299, 314; 농장 — 291; — 단체 190, 291, 293, 296, 300, 305~06, 321; — 대표 177, 533; 도시 — 277; 미숙련 —

539; 반숙련 — 539; 숙련 — 539; 임금 — 235, 356; 작업장 — 291, 320; — 조합 302; — 카스트 291; — 협동조합 503; — 협의회 485, 494, 501

노비 지배 *Leibherrschaft* 317, 324

노예 192, 202, 235, 258, 267, 283, 288~89, 293, 298, 302, 318, 320, 332, 343~44, 391, 396, 405, 410~11, 420, 429~30, 432, 435, 438~39, 472, 479~80, 521, 536, 538, 544, 546

녹봉 *Pfründen* 177, 421, 433, 440, 441~42, 452, 459, 462~64, 469, 477, 480~81, 485, 528, 535; 교회 — 420; 동냥 — 330, 463; 조세 — 438; 지도자 — 266; 토지 — 285; 현물 — 250; —화 268, 394, 396, 398

농업 체제 *Agrarverfassung*; —의 다양성 323

농노 *Hintersassen* 332, 472, 475

농장 경제 *Gutswirtschaft* 286, 302, 318, 323

다수결의 원칙 *Mehrheitsprinzip* 166, 184, 458, 494, 504, 533

다이묘(大名) 474, 476

단독 지배제 *Monokratie* 418, 421~22, 494~96, 502~03, 507~09, 512, 527

단본위제 *Monometallismus* 360, 363

단체 *Verband* 181~85; — 경제 265, 282, 285, 393; 경제 조절적 — 211~12, 274~75, 283, 285, 295, 297, 310, 402; — 동료 183~84, 192, 297, 395, 434, 519; 정치적 — 180, 185~86, 189~91, 219, 249, 284, 296, 334, 336, 338, 340, 345, 365, 372, 387, 390~92, 395, 400, 443, 449, 459, 462, 464, 471, 477, 508, 516, 526, 538; — 질서 181~82, 216, 283, 322, 516; — 행위 181~82, 185~86, 189~92, 210~11, 391, 418

달라이 라마 *Dalai Lama* 457, 488

462, 464, 467~68, 479

봉사 용역 *Dienstleistung* 279, 299

봉쇄 화폐 *Sperrgeld* 352, 355, 360~64, 369, 371~78

봉토화 *Verlehnung* 472, 479~80, 재— *Subinfeudation* 471, 473

봉토 *Lehen* 177, 182, 226, 304, 410, 438~42, 446, 459, 462~63, 467, 469~73, 477~79, 481, 484, 492, 516, 525, 544~45; — 계약 432, 470; —적 행정 470, 473

부기(簿記); 복식 — 238

부담 체제 *Lastenverfassung*, 공적 — 399

부업(副業) 235, 276~77, 290, 302, 315, 334, 341, 421, 425, 455, 519, 521

부역 *Fronden* 267, 284~85, 311, 396~97, 444; — 경영 332; — 국가 396; — 농장 275, 284, 317; — 영주 311, 331

부족(部族) 204, 298, 317; — 공업 296, 317, 323, 331; — 형제 259

부채(負債) *Schulden* 180, 216, 218, 221, 240, 246, 252, 345, 351, 353, 380~81, 411

분파 *Schisma* 514, 516

분화 135~37, 262, 294, 522, 539, 541, 545; 사회적 — 136; 신분적 — 467

불황 *Kontraktion* 356

비합리성(적) 121~22, 124~25, 139~42, 149, 200, 207, 210, 227, 245~46, 251~52, 260, 264, 306, 308, 310~11, 328, 340, 343, 345, 347~48, 375, 388, 394, 398, 402, 424, 431, 445, 447, 448, 453, 502, 506, 508, 512, 542

사경제(私經濟) *Privatwirtschaft* 182, 186, 201, 240, 362~63, 398, 485

사도(使徒) *Jünger* 330, 452~56, 460~61

사무라이 *Samurai* 476, 481

사무실 *Büro* 157, 172, 177, 417, 422, 509, 522

선별(도태) *Auslese* 167~70, 172, 181, 292~93, 299, 305~06, 309~10, 325~26, 342, 344, 393, 396, 405, 428, 431, 433, 438, 440, 442, 445, 447

성공의 변호 *Apologie des Erfolges* 170

성직자 463~64, 475, 485, 501, 525

세력 *Macht* 346, 390, 446, 449, 473, 513, 528, 530~31, 531: — 경쟁 476: —권 415: — 상태 245~46, 507: — 수단 527: — 판도 260, 307

세습 소작인 *Kolonen* 291, 299, 318, 429~30, 435, 439, 480, 525, 544, 546

세습 군주 *Erbmonarch* 464, 524

세습 교권제 459

소득 *Einkommen* 230~31, 234~35, 237, 245~46, 248, 256, 310, 330, 353, 380~83, 386, 403~07, 454, 536: 명목 — 381, 383: — 분배 261, 312, 383: 불로 — 541: —세 393: 화폐 — 206, 232, 262, 280: 화폐 액면 — 352

소멸하지 않는 특성 *character indelebilis* 460

소유 계급 535~38, 542

소유권 *Eigentum* 175, 203, 208, 212, 233, 238, 245, 267, 303, 329, 436: —자 327~28

소재 가격제(素材價格制) *Hylodromie* 358~63, 372~73, 376, 378~79, 388: 비— 377~82, 388

수공업자조합 *Zunft* 176~78, 190, 211, 226, 259, 265, 287, 294, 300, 321, 324, 501, 505, 520, 533

수량 이론 *Quantitätstheorie* 388

수수료 *Gebühren* 333, 393, 396, 405, 428, 431, 433, 438, 440, 442, 445, 447

수요 충족 *Bedarfsdeckung* 205, 210, 221, 231~32, 234~35, 237~39, 243, 249~50, 253, 262~65, 272, 284~85, 297, 329, 390, 393,

519

307, 333, 335, 368, 404~05, 468, 472, 536~37

촌락 211, 283; — 경제 274, 283, 317; — 공동체 323; — 단체 298, 317; — 동료 298; — 부락 319; — 수공업(자) 283, 287; — 자치공동체 190; — 질서 317; — 체제 467; — 협동조합 317

총신(寵臣) *Günstlinge* 429, 432~33; — 경제 430, 507

추종자(층) *Gefolge, Gefolgschaft* 189, 452~56, 459~61, 465~66, 486, 489, 503, 514, 517, 544~45

출생 신분 *Geburtstände* 462, 467, 542

카리스마 *Charisma* 136, 140, 312, 329, 412~14, 418, 421, 434, 449~69, 483, 486~91, 498, 511, 514~17, 523, 525, 543~44, 546

카모라 *Camorra* 392, 546

카스트 *Kaste* 177, 281, 291, 296, 324, 391, 462, 474, 481, 492, 524; — 공업 319~20, 323

코커스 체계 *Cacus-System* 518, 531

클레로스 *kleros* 464, 480

타율 *Heteronomie* 183, 211, 235, 252, 262, 273, 281~82, 286, 310, 334

타치(他治) *Heterokephalie* 183, 187, 235, 252, 273, 281, 310~11

타협 171~72, 207, 233, 237, 260, 265, 309, 421, 437~38, 443, 446, 501~02, 507, 511~12, 527, 532~34; — 합의제 501~02

태환권 화폐 *notales Geld* 339, 354, 357, 360, 363~65, 367, 379, 388

테일러 체계 *Taylor-System* 252, 325

통계 124, 127~30, 141, 205, 255~57, 259

통용 화폐 *Kurantgeld* 216, 340, 348, 350, 357~58, 361~63

통치적 *regiminal* 349~52, 361~62, 367, 385

통혼(通婚) *connubium* 173, 541

투표 용지 533

194~98, 202~04, 206, 211~12, 222, 234, 244, 259, 261~62, 267, 272, 296, 315, 325, 335, 391, 393, 400, 408, 411, 455, 460; 사회적 —118~19, 124~26, 129, 132~33, 136~38, 141, 143~46, 150, 153~56, 159, 169~70, 172, 174, 185~86, 189, 191, 195, 201, 227, 261, 264, 268, 401, 403, 415, 428, 483, 502, 522, 524; — 유형 129, 137, 148~49

행정   183, 189, 328, 342, 354, 356, 358~59, 363, 367~68, 373, 376~80, 383, 385, 389~90, 400, 405, 414~15, 417~18, 421~24, 426, 429, 431, 435, 438~39, 443, 445, 447~48, 465~66, 469~70, 473~76, 478, 485, 488~91, 493~94, 503, 505~09, 511~12, 519~23, 526, 530; — 간부 181~83, 185~86, 188~92, 262, 265, 294, 304, 308, 333, 337, 352, 388, 391, 393~94, 401, 408~09, 411~12, 414, 417~18, 421, 427~30, 432~38, 440~41, 443~45, 449, 451~52, 456, 458, 460~66, 470, 473~75, 482~89, 498, 502, 512~13, 515~16, 519, 523, 526; 경제 — 376; — 관청 452; —권 425; — 규약 443; — 기술 198; — 녹봉 463; 단체 — 519; — 단체 185, 189, 207; 대의원 — 519; 명사 — 521~23; — 비용 442; —사 484, 508; — 수단(자원) 190, 352, 417, 419, 421~23, 425, 436~39, 473, 483, 511, 521; — 수수료 398, 405, 421, 442, 463, 484; — 원칙 428, 466; 자치 — 523; 재정 — 374, 475; — 조달 445; — 지휘부 215; — 질서 182, 185~86, 192, 342, 443; — 화폐 215~16, 350, 354~56, 358, 361, 364, 375~76, 378~79; 화폐 — 338, 361, 368, 388

헌법 *Verfassung*   184~85, 510, 516

현물   210, 214, 216, 219, 223, 225, 231~33, 235, 249~54, 256~57, 265, 274, 288~89, 294, 299, 368, 380, 383, 393, 396~98, 444~45; — 경제 *Naturalwirtschaft* 233, 248~49, 257, 356, 393, 404, 407, 417, 477; — 계산 228, 231~32, 235, 248~55, 257~59, 262; — 공출제 283~84, 444; — 교환 220, 248~50; — 급여 250, 285, 404~05, 421,